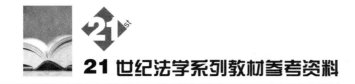

21世纪法学系列教材参考资料

人权法教学参考资料选编

◎ 白桂梅 刘 骁 编

北京大学出版社
PEKING UNIVERSITY PRESS

图书在版编目(CIP)数据

人权法教学参考资料选编/白桂梅,刘骁编.—北京:北京大学出版社,2012.3
(21世纪法学系列教材·参考资料)
ISBN 978-7-301-20113-8

Ⅰ.①人… Ⅱ.①白… Ⅲ.①人权-法规-汇编-世界-高等学校-教学参考资料 Ⅳ.①D913.09

中国版本图书馆 CIP 数据核字(2012)第 010911 号

书　　　名：人权法教学参考资料选编
著作责任者：白桂梅　刘　骁　编
责　任　编　辑：郭薇薇
标　准　书　号：ISBN 978-7-301-20113-8/D·3046
出　版　发　行：北京大学出版社
地　　　址：北京市海淀区成府路 205 号　100871
网　　　址：http://www.pup.cn　电子邮箱：law@pup.pku.edu.cn
电　　　话：邮购部 62752015　发行部 62750672　编辑部 62752027
　　　　　　出版部 62754962
印　刷　者：涿州市星河印刷有限公司
经　销　者：新华书店
　　　　　　730mm×980mm　16 开本　33.5 印张　634 千字
　　　　　　2012 年 3 月第 1 版　2012 年 3 月第 1 次印刷
定　　　价：54.00 元

未经许可,不得以任何方式复制或抄袭本书之部分或全部内容。
版权所有,侵权必究
举报电话：010-62752024　电子邮箱：fd@pup.pku.edu.cn

本书出版获得瑞典隆德大学罗尔·瓦伦堡人权与人道法研究所的协助
资金来源于瑞典国际发展合作署

The publication of this book was supported by Raoul Wallenberg Institute of Human Rights and Humanitarian Law, with the funding from the Swedish International Development Cooperation Agency (SIDA).

前　　言

"国家尊重和保障人权"是我国的宪法原则。在这项原则的指引下,我国的人权教育和研究均在稳步发展。然而,正如《国家人权行动计划(2009—2010年)》中所说的:"中国的人权发展还面临诸多挑战,不断推进人权事业发展任重道远。"

为了推进我国的人权事业,为我国从事人权教育、人权研究和人权实践活动的人们提供关于人权的第一手资料,我们编写了《人权法教学参考资料选编》(以下简称《选编》)。《选编》不仅包括联合国9个核心人权公约,还根据联合国2002年出版的《人权:国际文件汇编》的体例,按主题分类选编了其他国际人权文件。此外,《选编》还包括欧洲、美洲、非洲、亚洲和阿拉伯区域人权文件(该部分文件因无中文版本,全部由刘骁翻译,白桂梅校)。国际劳工组织通过的关于劳工权利的8个核心文件也收编进来。

考虑到国际人权机构通过的一般性意见对于全面理解国际人权公约及其实施的重要性,我们还选择了一些一般性意见将其放在相关公约的后面以便读者查阅。另外需要说明的是,由于《选编》中大多数资料均选取的是公认的权威译本,所以为了尽量保持原汁原味,对原文本中的文字和标点等细节编辑时采取了谨慎态度,能不修改的就尽量保持原样,以尊重原材料的权威性和普遍认知度。

由于水平有限,编写过程中的错误在所难免,请各位读者指正。

《选编》得到瑞典隆德大学罗尔·瓦伦堡人权与人道法研究所北京办事处葛珍珠和陈婷婷女士的大力支持,特此表示感谢。《选编》的责任编辑郭薇薇女士对本书体例和编排提出了许多宝贵意见,在此表示衷心感谢。

编者
2012年春

目　录

I　国际人权宪章与联合国核心国际人权公约

A. 国际人权宪章 ……………………………………………………（3）
1. 世界人权宣言 ………………………………………………………（3）
2. 经济、社会、文化权利国际公约 …………………………………（7）
3. 经济、社会、文化权利国际公约任择议定书 ……………………（14）
4. 公民权利和政治权利国际公约 ……………………………………（30）
5. 公民权利和政治权利国际公约任择议定书 ………………………（41）
6. 旨在废除死刑的《公民权利和政治权利国际公约》第二任择议定书 ……（44）

B. 联合国核心国际人权公约 ………………………………………（57）
7. 禁止酷刑和其他残忍、不人道或有辱人格的待遇或处罚公约 …（57）
8. 禁止酷刑和其他残忍、不人道或有辱人格的待遇或处罚公约任择议定书 ……（65）
9. 消除一切形式种族歧视国际公约 …………………………………（75）
10. 消除对妇女一切形式歧视公约 ……………………………………（89）
11. 消除对妇女一切形式歧视公约任择议定书 ………………………（97）
12. 儿童权利公约 ………………………………………………………（118）
13. 儿童权利公约关于儿童卷入武装冲突问题的任择议定书 ………（130）
14. 儿童权利公约关于买卖儿童、儿童卖淫和儿童色情制品问题的任择议定书 …（134）
15. 保护所有移徙工人及其家庭成员权利国际公约 …………………（157）
16. 残疾人权利公约 ……………………………………………………（179）
17. 保护所有人免遭强迫失踪国际公约 ………………………………（195）

II　人权行动及增进和保护人权

18. 德黑兰宣言 …………………………………………………………（209）
19. 维也纳宣言和行动纲领 ……………………………………………（211）
20. 关于个人、群体和社会机构在促进和保护普遍公认的人权和基本自由方面的权利和义务宣言 ………………………………………（227）
21. 联合国千年宣言 ……………………………………………………（231）

22. 关于国家机构的地位的原则("巴黎原则") ……………………………………（237）
23. 严重违反国际人权法和严重违反国际人道主义法行为受害人获得补救和赔偿的权利基本原则和导则 …………………………………………………（240）

Ⅲ 区域性人权文件

A. 欧洲人权文件 ……………………………………………………………（249）
24. 欧洲社会宪章（修订） ……………………………………………………（249）
25. 欧洲保护人权和基本自由公约 …………………………………………（270）
26. 欧洲人权公约第一议定书 ………………………………………………（280）
27. 欧洲人权公约第十二议定书 ……………………………………………（281）
28. 欧洲保护少数民族框架公约 ……………………………………………（283）
29. 欧洲防止酷刑和不人道或有辱人格的待遇或处罚公约 ………………（289）

B. 美洲人权文件 ……………………………………………………………（294）
30. 美洲人权公约 ……………………………………………………………（294）
31. 美洲人权公约经济、社会和文化权利领域附加议定书 ………………（309）

C. 非洲、阿拉伯和亚洲人权文件 ………………………………………（315）
32. 非洲人权和民族权宪章 …………………………………………………（315）
33. 阿拉伯人权宪章 …………………………………………………………（325）
34. 东南亚国家联盟宪章 ……………………………………………………（335）

Ⅳ 国际劳工组织文件

35. 歧视（就业及职业）公约 ………………………………………………（349）
36. 强迫劳动公约（国际劳工组织第二十九号公约） ……………………（352）
37. 废止强迫劳动公约 ………………………………………………………（358）
38. 结社自由和组织权利保护公约 …………………………………………（360）
39. 组织和集体谈判权利的原则应用公约 …………………………………（364）
40. 1951 年同酬公约（"第 100 号公约"） ………………………………（367）
41. 准予就业最低年龄公约 …………………………………………………（370）
42. 禁止和立即行动消除最恶劣形式的童工劳动公约 ……………………（375）
43. 关于促进就业和失业保护的公约（第 168 号） ………………………（378）

Ⅴ 自决权利

44. 给予殖民地国家和人民独立宣言 ………………………………………（389）

46. 联合国土著人民权利宣言 …………………………………………（391）

VI 防 止 歧 视

46. 禁止并惩治种族隔离罪行国际公约 …………………………………（401）
47. 取缔教育歧视公约 ……………………………………………………（405）
48. 种族与种族偏见问题宣言 ……………………………………………（409）

VII 奴隶制、奴役、强迫劳动和类似的制度与习俗

49. 禁奴公约 ………………………………………………………………（415）
50. 关于修正一九二六年九月二十五日在日内瓦签订的禁奴公约的议定书 …（418）
51. 废止奴隶制、奴隶贩卖及类似奴隶制的制度与习俗补充公约 ………（420）
52. 禁止贩卖人口及取缔意图营利使人卖淫的公约 ……………………（424）

VIII 保护被拘留或监禁的人

53. 囚犯待遇最低限度标准规则 …………………………………………（431）
54. 囚犯待遇基本原则 ……………………………………………………（442）
55. 关于医务人员、特别是医生在保护被监禁和拘留的人不受酷刑和其他残忍、不人道或有辱人格的待遇或处罚方面的任务的医疗道德原则 ……（443）
56. 关于保护面对死刑的人的权利的保障措施 …………………………（445）
57. 执法人员行为守则 ……………………………………………………（446）
58. 执法人员使用武力和火器的基本原则 ………………………………（449）
59. 关于律师作用的基本原则 ……………………………………………（453）
60. 关于检察官作用的准则 ………………………………………………（457）
61. 联合国非拘禁措施最低限度标准规则（"东京规则"）………………（461）
62. 联合国少年司法最低限度标准规则（"北京规则"）………………（468）
63. 关于司法机关独立的基本原则 ………………………………………（483）

IX 新 闻 自 由

64. 国际更正权公约 ………………………………………………………（489）

X 社会福利、进步和发展

65. 发展权利宣言 …………………………………………………………（495）

XI 国籍、无国籍状态、庇护和难民

66. 国家继承涉及的自然人国籍问题 …………………………………（501）
67. 关于难民地位的公约 ……………………………………………（506）
68. 关于难民地位的议定书 …………………………………………（516）

XII 战争罪行和危害人类罪行

69. 防止及惩治灭绝种族罪公约 ……………………………………（521）
70. 战争罪及危害人类罪不适用法定时效公约 ……………………（524）

I 国际人权宪章与联合国核心国际人权公约

A. 国际人权宪章

1. 世界人权宣言[①]

（联合国大会1948年12月10日通过）

序　　言

鉴于对人类家庭所有成员的固有尊严及其平等的和不移的权利的承认，乃是世界自由、正义与和平的基础，

鉴于对人权的无视和侮蔑已发展为野蛮暴行，这些暴行玷污了人类的良心，而一个人人享有言论和信仰自由并免于恐惧和匮乏的世界的来临，已被宣布为普通人民的最高愿望，

鉴于为使人类不致迫不得已铤而走险对暴政和压迫进行反叛，有必要使人权受法治的保护，

鉴于有必要促进各国间友好关系的发展，

鉴于各联合国家的人民已在联合国宪章中重申他们对基本人权、人格尊严和价值以及男女平等权利的信念，并决心促成较大自由中的社会进步和生活水平的改善，

鉴于各会员国也已誓愿同联合国合作以促进对人权和基本自由的普遍尊重和遵行，

鉴于对这些权利和自由的普遍了解对于这个誓愿的充分实现具有很大的重要性，

因此现在大会，

发布这一世界人权宣言，作为所有人民和所有国家努力实现的共同标准，以期每一个人和社会机构经常铭念本宣言，努力通过教诲和教育促进对权利和自由的尊重，并通过国家和国际的渐进措施，使这些权利和自由在各会员国本身人民及在其管辖下领土的人民中得到普遍和有效的承认和遵行。

[①] 此处需要对《世界人权宣言》、《经济、社会、文化权利国际公约》和《公民权利和政治权利国际公约》的中文本作一定的说明。目前在联合国和我国通行的这三个文件的中文本并非作准中文本，而是联合国的通行文本。这些通行中文本与作准中文本或作准英文本存在着一些差别，并有诸多谬误之处。根据《维也纳条约法公约》的规定，本汇编本应使用具有正式法律效力的作准中文本，但考虑到通行中文本在联合国和我国广为使用，已经成为理解和研究这些文件的主要依据，因此本汇编依然选择编入了这些通行文本。至于那些差别或谬误，中国社会科学院国际法研究所孙世彦教授作了大量的比对和研究工作，详见孙世彦：《〈公民及政治权利国际公约〉的两份中文本：问题、比较和出路》，载《环球法律评论》2007年第6期，第75—89页。

第一条

人人生而自由,在尊严和权利上一律平等。他们赋有理性和良心,并应以兄弟关系的精神相对待。

第二条

人人有资格享受本宣言所载的一切权利和自由,不分种族、肤色、性别、语言、宗教、政治或其他见解、国籍或社会出身、财产、出生或其他身份等任何区别。并且不得因一人所属的国家或领土的政治的、行政的或者国际的地位之不同而有所区别,无论该领土是独立领土、托管领土、非自治领土或者处于其他任何主权受限制的情况之下。

第三条

人人有权享有生命、自由和人身安全。

第四条

任何人不得使为奴隶或奴役;一切形式的奴隶制度和奴隶买卖,均应予以禁止。

第五条

任何人不得加以酷刑,或施以残忍的、不人道的或侮辱性的待遇或刑罚。

第六条

人人在任何地方有权被承认在法律前的人格。

第七条

法律之前人人平等,并有权享受法律的平等保护,不受任何歧视。人人有权享受平等保护,以免受违反本宣言的任何歧视行为以及煽动这种歧视的任何行为之害。

第八条

任何人当宪法或法律所赋予他的基本权利遭受侵害时,有权由合格的国家法庭对这种侵害行为作有效的补救。

第九条

任何人不得加以任意逮捕、拘禁或放逐。

第十条

人人完全平等地有权由一个独立而无偏倚的法庭进行公正的和公开的审讯,以确定他的权利和义务并判定对他提出的任何刑事指控。

第十一条

(一)凡受刑事控告者,有未经获得辩护上所需的一切保证的公开审判而依法证实有罪以前,有权被视为无罪。

(二)任何人的任何行为或不行为,在其发生时依国家法或国际法均不构成刑事罪者,不得被判为犯有刑事罪。刑罚不得重于犯罪时适用的法律规定。

第十二条

任何人的私生活、家庭、住宅和通信不得任意干涉,他的荣誉和名誉不得加以攻击。人人有权享受法律保护,以免受这种干涉或攻击。

第十三条

(一)人人在各国境内有权自由迁徙和居住。

(二)人人有权离开任何国家,包括其本国在内,并有权返回他的国家。

第十四条
(一) 人人有权在其他国家寻求和享受庇护以避免迫害。
(二) 在真正由于非政治性的罪行或违背联合国的宗旨和原则的行为而被起诉的情况下,不得援用此种权利。

第十五条
(一) 人人有权享有国籍。
(二) 任何人的国籍不得任意剥夺,亦不得否认其改变国籍的权利。

第十六条
(一) 成年男女,不受种族、国籍或宗教的任何限制,有权婚嫁和成立家庭。他们在婚姻方面,在结婚期间和在解除婚约时,应有平等的权利。
(二) 只有经男女双方的自由的和完全的同意,才能缔婚。
(三) 家庭是天然的和基本的社会单元,并应受社会和国家的保护。

第十七条
(一) 人人得有单独的财产所有权以及同他人合有的所有权。
(二) 任何人的财产不得任意剥夺。

第十八条
人人有思想、良心和宗教自由的权利;此项权利包括改变他的宗教或信仰的自由,以及单独或集体、公开或秘密地以教义、实践、礼拜和戒律表示他的宗教或信仰的自由。

第十九条
人人有权享有主张和发表意见的自由;此项权利包括持有主张而不受干涉的自由,和通过任何媒介和不论国界寻求、接受和传递消息和思想的自由。

第二十条
(一) 人人有权享有和平集会和结社的自由。
(二) 任何人不得迫使隶属于某一团体。

第二十一条
(一) 人人有直接或通过自由选择的代表参与治理本国的权利。
(二) 人人有平等机会参加本国公务的权利。
(三) 人民的意志是政府权力的基础;这一意志应以定期的和真正的选举予以表现,而选举应依据普遍和平等的投票权,并以不记名投票或相当的自由投票程序进行。

第二十二条
每个人,作为社会的一员,有权享受社会保障,并有权享受他的个人尊严和人格的自由发展所必需的经济、社会和文化方面各种权利的实现,这种实现是通过国家努力和国际合作并依照各国的组织和资源情况。

第二十三条
(一) 人人有权工作、自由选择职业、享受公正和合适的工作条件并享受免于失业的保障。
(二) 人人有同工同酬的权利,不受任何歧视。
(三) 每一个工作的人,有权享受公正和合适的报酬,保证使他本人和家属有一个符合人的尊严的生活条件，必要时并辅以其他方式的社会保障。

（四）人人有为维护其利益而组织和参加工会的权利。

第二十四条

人人有享受休息和闲暇的权利，包括工作时间有合理限制和定期给薪休假的权利。

第二十五条

（一）人人有权享受为维持他本人和家属的健康和福利所需的生活水准，包括食物、衣着、住房、医疗和必要的社会服务；在遭到失业、疾病、残废、守寡、衰老或在其他不能控制的情况下丧失谋生能力时，有权享受保障。

（二）母亲和儿童有权享受特别照顾和协助。一切儿童，无论婚生或非婚生，都应享受同样的社会保护。

第二十六条

（一）人人都有受教育的权利，教育应当免费，至少在初级和基本阶段应如此。初级教育应属义务性质。技术和职业教育应普遍设立。高等教育应根据成绩而对一切人平等开放。

（二）教育的目的在于充分发展人的个性并加强对人权和基本自由的尊重。教育应促进各国、各种族或各宗教集团间的了解、容忍和友谊，并应促进联合国维护和平的各项活动。

（三）父母对其子女所应受的教育的种类，有优先选择的权利。

第二十七条

（一）人人有权自由参加社会的文化生活，享受艺术，并分享科学进步及其产生的福利。

（二）人人对由于他所创作的任何科学、文学或美术作品而产生的精神的和物质的利益，有享受保护的权利。

第二十八条

人人有权要求一种社会的和国际的秩序，在这种秩序中，本宣言所载的权利和自由能获得充分实现。

第二十九条

（一）人人对社会负有义务，因为只有在社会中他的个性才可能得到自由和充分的发展。

（二）人人在行使他的权利和自由时，只受法律所确定的限制，确定此种限制的唯一目的在于保证对旁人的权利和自由给予应有的承认和尊重，并在一个民主的社会中适应道德、公共秩序和普遍福利的正当需要。

（三）这些权利和自由的行使，无论在任何情形下均不得违背联合国的宗旨和原则。

第三十条

本宣言的任何条文，不得解释为默许任何国家、集团或个人有权进行任何旨在破坏本宣言所载的任何权利和自由的活动或行为。

2. 经济、社会、文化权利国际公约[①]

（联合国大会1966年12月16日通过）

序　言

本公约缔约各国，

考虑到，按照联合国宪章所宣布的原则，对人类家庭所有成员的固有尊严及其平等的和不移的权利的承认，乃是世界自由、正义与和平的基础，

确认这些权利是源于人身的固有尊严，

确认，按照世界人权宣言，只有在创造了使人可以享有其经济、社会及文化权利，正如享有其公民和政治权利一样的条件的情况下，才能实现自由人类享有免于恐惧和匮乏的自由的理想，

考虑到各国根据联合国宪章负有义务促进对人的权利和自由的普遍尊重和遵行，

认识到个人对其他个人和对他所属的社会负有义务，应为促进和遵行本公约所承认的权利而努力，

兹同意下述各条：

第一部分

第一条

一、所有人民都有自决权。他们凭这种权利自由决定他们的政治地位，并自由谋求他们的经济、社会和文化的发展。

二、所有人民得为他们自己的目的自由处置他们的天然财富和资源，而不损害根据基于互利原则的国际经济合作和国际法而产生的任何义务。在任何情况下不得剥夺一个人民自己的生存手段。

三、本公约缔约各国，包括那些负责管理非自治领土和托管领土的国家，应在符合联合国宪章规定的条件下，促进自决权的实现，并尊重这种权利。

第二部分

第二条

一、每一缔约国家承担尽最大能力个别采取步骤或经由国际援助和合作，特别是经济和

[①] 如本选编中对《世界人权宣言》所加的注释，本《公约》的作准中文文本不是现在的文本，而且该作准文本的公约名称中的"国际公约"是"国际盟约"。详见前面《世界人权宣言》所加的注释。

技术方面的援助和合作,采取步骤,以便用一切适当方法,尤其包括用立法方法,逐渐达到本公约中所承认的权利的充分实现。

二、本公约缔约各国承担保证,本公约所宣布的权利应予普遍行使,而不得有例如种族、肤色、性别、语言、宗教、政治或其他见解、国籍或社会出身、财产、出生或其他身份等任何区分。

三、发展中国家,在适当顾到人权及它们的民族经济的情况下,得决定它们对非本国国民的享受本公约中所承认的经济权利,给予什么程度的保证。

第三条

本公约缔约各国承担保证男子和妇女在本公约所载一切经济、社会及文化权利方面有平等的权利。

第四条

本公约缔约各国承认,在对各国依据本公约而规定的这些权利的享有方面,国家对此等权利只能加以限制同这些权利的性质不相违背而且只是为了促进民主社会中的总的福利的目的的法律所确定的限制。

第五条

一、本公约中任何部分不得解释为隐示任何国家、团体或个人有权利从事于任何旨在破坏本公约所承认的任何权利或自由或对它们加以较本公约所规定的范围更广的限制的活动或行为。

二、对于任何国家中依据法律、惯例、条例或习惯而被承认或存在的任何基本人权,不得借口本公约未予承认或只在较小范围上予以承认而予以限制或克减。

第三部分

第六条

一、本公约缔约各国承认工作权,包括人人应有机会凭其自由选择和接受的工作来谋生的权利,并将采取适当步骤来保障这一权利。

二、本公约缔约各国为充分实现这一权利而采取的步骤应包括技术的和职业的指导和训练,以及在保障个人基本政治和经济自由的条件下达到稳定的经济、社会和文化的发展和充分的生产就业的计划、政策和技术。

第七条

本公约缔约各国承认人人有权享受公正和良好的工作条件,特别要保证:

(甲)最低限度给予所有工人以下列报酬:

(1)公平的工资和同值工作同酬而没有任何歧视,特别是保证妇女享受不差于男子所享受的工作条件,并享受同工同酬;

(2)保证他们自己和他们的家庭得有符合本公约规定的过得去的生活。

(乙)安全和卫生的工作条件;

(丙)人人在其行业中有适当的提级的同等机会,除资历和能力的考虑外,不受其他考虑的限制;

（丁）休息、闲暇和工作时间的合理限制，定期给薪休假以及公共假日报酬。

第八条

一、本公约缔约各国承担保证：

（甲）人人有权组织工会和参加他所选择的工会，以促进和保护他的经济和社会利益；这个权利只受有关工会的规章的限制。对这一权利的行使，不得加以除法律所规定及在民主社会中为了国家安全或公共秩序的利益或为保护他人的权利和自由所需要的限制以外的任何限制。

（乙）工会有权建立全国性的协会或联合会，有权组织或参加国际工会组织；

（丙）工会有权自由地进行工作，不受除法律所规定及在民主社会中为了国家安全或公共秩序的利益或为保护他人的利益和自由所需要的限制以外的任何限制；

（丁）有权罢工，但应按照各个国家的法律行使此项权利。

二、本条不应禁止对军队或警察或国家行政机关成员的行使这些权利，加以合法的限制。

三、本条并不授权参加一九四八年关于结社自由及保护组织权国际劳工公约的缔约国采取足以损害该公约中所规定的保证的立法措施，或在应用法律时损害这种保证。

第九条

本公约缔约各国承认人人有权享受社会保障，包括社会保险。

第十条

本公约缔约各国承认：

一、对作为社会的自然和基本的单元的家庭，特别是对于它的建立和当它负责照顾和教育未独立的儿童时，应给以尽可能广泛的保护和协助。缔婚必须经男女双方自由同意。

二、对母亲，在产前和产后的合理期间，应给以特别保护。在此期间，对有工作的母亲应给予给薪休假或有适当社会保障福利金的休假。

三、应为一切儿童和少年采取特殊的保护和协助措施，不得因出身或其他条件而有任何歧视。儿童和少年应予保护免受经济和社会的剥削。雇用他们做对他们的道德或健康有害或对生命有危险的工作或做足以妨害他们正常发育的工作，依法应受惩罚。各国亦应规定限定的年龄，雇用这个年龄以下的童工，应予禁止和依法应受惩罚。

第十一条

一、本公约缔约各国承认人人有权为他自己和家庭获得相当的生活水准，包括足够的食物、衣着和住房，并能不断改进生活条件。各缔约国将采取适当的步骤保证实现这一权利，并承认为此而实行基于自愿同意的国际合作的重要性。

二、本公约缔约各国既确认人人享有免于饥饿的基本权利，应为下列目的，个别采取必要的措施或经由国际合作采取必要的措施，包括具体的计划在内：

（甲）用充分利用科技知识、传播营养原则的知识、和发展或改革土地制度以使天然资源得到最有效的开发和利用等方法，改进粮食的生产、保存及分配方法；

（乙）在顾到粮食入口国家和粮食出口国家的问题的情况下，保证世界粮食供应，会按照需要，公平分配。

第十二条

一、本公约缔约各国承认人人有权享有能达到的最高的体质和心理健康的标准。

二、本公约缔约各国为充分实现这一权利而采取的步骤应包括为达到下列目标所需的步骤：

（甲）减低死胎率和婴儿死亡率，和使儿童得到健康的发育；

（乙）改善环境卫生和工业卫生的各个方面；

（丙）预防、治疗和控制传染病、风土病、职业病以及其他的疾病；

（丁）创造保证人人在患病时能得到医疗照顾的条件。

第十三条

一、本公约缔约各国承认，人人有受教育的权利。它们同意，教育应鼓励人的个性和尊严的充分发展，加强对人权和基本自由的尊重，并应使所有的人能有效地参加自由社会，促进各民族之间和各种族、人种或宗教团体之间的了解、容忍和友谊，和促进联合国维护和平的各项活动。

二、本公约缔约各国认为，为了充分实现这一权利起见：

（甲）初等教育应属义务性质并一律免费；

（乙）各种形式的中等教育，包括中等技术和职业教育，应以一切适当方法，普遍设立，并对一切人开放，特别要逐渐做到免费；

（丙）高等教育应根据成绩，以一切适当方法，对一切人平等开放，特别要逐渐做到免费；

（丁）对那些未受到或未完成初等教育的人的基础教育，应尽可能加以鼓励或推进；

（戊）各级学校的制度，应积极加以发展；适当的奖学金制度，应予设置；教员的物质条件，应不断加以改善。

三、本公约缔约各国承担，尊重父母和（如适用时）法定监护人的下列自由：为他们的孩子选择非公立的但系符合国家所可能规定或批准的最低教育标准的学校，并保证他们的孩子能按照他们自己的信仰接受宗教和道德教育。

四、本条的任何部分不得解释为干涉个人或团体设立及管理教育机构的自由，但以遵守本条第一款所述各项原则及此等机构实施的教育必须符合于国家所可能规定的最低标准为限。

第十四条

本公约任何缔约国在参加本公约时尚未能在其宗主领土或其他在其管辖下的领土实施免费的、义务性的初等教育者，承担在两年之内制定和采取一个逐步实行的详细的行动计划，其中规定在合理的年限内实现一切人均得受免费的义务性教育的原则。

第十五条

一、本公约缔约各国承认人人有权：

（甲）参加文化生活；

（乙）享受科学进步及其应用所产生的利益；

（丙）对其本人的任何科学、文学或艺术作品所产生的精神上和物质上的利益，享受被保护之利。

二、本公约缔约各国为充分实现这一权利而采取的步骤应包括为保存、发展和传播科学和文化所必需的步骤。

三、本公约缔约各国尊重进行科学研究和创造性活动所不可缺少的自由。

四、本公约缔约各国认识到鼓励和发展科学与文化方面的国际接触和合作的好处。

第四部分

第十六条

一、本公约缔约各国依照本公约这一部分提出关于在遵行本公约所承认的权利方面所采取的措施和所取得的进展的报告。

二、（甲）所有的报告应提交给联合国秘书长；联合国秘书长应将报告副本转交经济及社会理事会按照本公约的规定审议；

（乙）本公约任何缔约国，同时是一个专门机构的成员国者，其所提交的报告或其中某部分，倘若与按照该专门机构的组织法规定属于该机构职司范围的事项有关，联合国秘书长应同时将报告副本或其中的有关部分转交该专门机构。

第十七条

一、本公约缔约各国应按照经济及社会理事会在同本公约缔约各国和有关的专门机构进行谘商后，于本公约生效后一年内，所制定的计划，分期提供报告。

二、报告得指出影响履行本公约义务的程度的因素和困难。

三、凡有关的材料应经本公约任一缔约国提供给联合国或某一专门机构时，即不需要复制该项材料，而只需确切指明所提供材料的所在地即可。

第十八条

经济及社会理事会按照其根据联合国宪章在人权方面的责任，得和专门机构就专门机构向理事会报告在使本公约中属于各专门机构活动范围的规定获得遵行方面的进展作出安排。这些报告得包括它们的主管机构所采取的关于此等履行措施的决定和建议的细节。

第十九条

经济及社会理事会得将各国按照第十六条和第十七条规定提出的关于人权的报告和各专门机构按照第十八条规定提出的关于人权的报告转交人权委员会以供研究和提出一般建议或在适当时候参考。

第二十条

本公约缔约各国以及有关的专门机构得就第十九条中规定的任何一般建议或就人权委员会的任何报告中的此种一般建议或其中所提及的任何文件，向经济及社会理事会提出意见。

第二十一条

经济及社会理事会得随时和其本身的报告一起向大会提出一般性的建议以及从本公约各缔约国和各专门机构收到的关于在普遍遵行本公约所承认的权利方面所采取的措施和所取得的进展的材料的摘要。

第二十二条

经济及社会理事会得提请从事技术援助的其他联合国机构和它们的辅助机构以及有关

的专门机构对本公约这一部分所提到的各种报告所引起的任何事项予以注意,这些事项可能帮助这些机构在它们各自的权限内决定是否需要采取有助于促进本公约逐步切实的履行的国际措施。

第二十三条

本公约缔约各国同意为实现本公约所承认的权利而采取的国际行动应包括签订公约、提出建议、进行技术援助以及为磋商和研究的目的同有关政府共同召开区域会议和技术会议等方法。

第二十四条

本公约的任何部分不得解释为有损联合国宪章和各专门机构组织法中确定联合国各机构和各专门机构在本公约所涉及事项方面的责任的规定。

第二十五条

本公约中任何部分不得解释为有损所有人民充分地和自由地享受和利用他们的天然财富与资源的固有权利。

第五部分

第二十六条

一、本公约开放给联合国任何会员国或其专门机构的任何会员国、国际法院规约的任何当事国、和经联合国大会邀请为本公约缔约国的任何其他国家签字。

二、本公约须经批准。批准书应交存联合国秘书长。

三、本公约应开放给本条第一款所述的任何国家加入。

四、加入应向联合国秘书长交存加入书。

五、联合国秘书长应将每一批准书或加入书的交存通知已经签字或加入本公约的所有国家。

第二十七条

一、本公约应自第三十五件批准书或加入书交存联合国秘书长之日起3个月后生效。

二、对于在第三十五件批准书或加入书交存后批准或加入本公约的国家,本公约应自该国交存其批准书或加入书之日起三个月后生效。

第二十八条

本公约的规定应扩及联邦国家的所有部分,没有任何限制和例外。

第二十九条

一、本公约的任何缔约国均得提出对本公约的修正案,并将其提交联合国秘书长。秘书长应立即将提出的修正案转知本公约各缔约国,同时请它们通知秘书长是否赞成召开缔约国家会议以审议这个提案并对它进行表决。在至少有三分之一缔约国赞成召开这一会议的情况下,秘书长应在联合国主持下召开此会议。为会议上出席并投票的多数缔约国所通过的任何修正案,应提交联合国大会批准。

二、此等修正案由联合国大会批准并为本公约缔约国的三分之二多数按照它们各自的宪法程序加以接受后,即行生效。

三、此等修正案生效时,对已接受的各缔约国有拘束力,其他缔约国仍受本公约的条款和它们已接受的任何以前的修正案的拘束。

第三十条

除按照第二十六条第五款作出的通知外,联合国秘书长应将下列事项通知同条第一款所述的所有国家:

(甲)按照第二十六条规定所作的签字、批准和加入;

(乙)本公约按照第二十七条规定生效的日期,以及对本公约的任何修正案按照第二十九条规定生效的日期。

第三十一条

一、本公约应交存联合国档库,其中文、英文、法文、俄文、西班牙文各本同一作准。

二、联合国秘书长应将本公约的正式副本分送第二十六条所指的所有国家。

3. 经济、社会、文化权利国际公约任择议定书

(联合国大会2008年12月10日通过)

序　　言

本议定书缔约国,

根据《联合国宪章》宣告的原则,承认人类家庭所有成员的固有尊严及其平等和不可剥夺的权利,是世界自由、正义与和平的基础,

注意到《世界人权宣言》宣告,人人生而自由,在尊严和权利上一律平等,人人有资格享受《宣言》所载的一切权利和自由,不分种族、肤色、性别、语言、宗教、政治或其他意见、民族本源或社会出身、财产、出生或其他身份等任何区别,

忆及《世界人权宣言》和国际人权两公约确认,只有创造条件,使人人都可以享有公民、文化、经济、政治和社会权利,才能实现自由人类免于恐惧和匮乏的理想,

重申一切人权和基本自由都是普遍、不可分割、相互依存、相互关联的,

忆及《经济、社会、文化权利国际公约》(下称"《公约》")每一缔约国承诺单独采取步骤或通过国际援助和合作,特别是经济和技术援助和合作,采取步骤,尽最大能力,采用一切适当方法,尤其是包括采用立法措施,逐步争取充分实现《公约》所承认的权利,

考虑到为进一步实现《公约》的宗旨,落实《公约》各项规定,应设法使经济、社会和文化权利委员会(下称"委员会")能够履行本议定书规定的职能,

议定如下:

第一条　委员会接受和审议来文的权限

一、成为本议定书缔约方的《公约》缔约国承认委员会有权根据本议定书条款的规定接受和审议来文。

二、委员会不得接受涉及非本议定书缔约方的《公约》缔约国的来文。

第二条　来文

来文可以由声称因一缔约国侵犯《公约》所规定的任何经济、社会和文化权利而受到伤害的该缔约国管辖下的个人自行或联名提交或以其名义提交。代表个人或联名个人提交来文,应当征得当事人的同意,除非来文人能说明未经当事人同意而代为提交的正当理由。

第三条　可受理性

一、除非委员会已确定一切可用的国内补救办法均已用尽,否则委员会不得审议来文。如果补救办法的应用被不合理地拖延,本规则不予适用。

二、来文有下列情形之一的,委员会应当宣布为不可受理:

（一）未在用尽国内补救办法后一年之内提交,但来文人能证明在此时限内无法提交来文的情况除外;

（二）所述事实发生在本议定书对有关缔约国生效之前,除非这些事实存续至生效之日后;

（三）同一事项业经委员会审查或已由或正由另一国际调查或解决程序审查;

（四）不符合《公约》的规定;

（五）明显没有根据或缺乏充分证据,或仅以大众媒体传播的报道为根据;

（六）滥用提交来文的权利;或

（七）采用匿名形式或未以书面形式提交。

第四条 未显示处境明显不利的来文

委员会必要时可以对未显示来文人处于明显不利境况的来文不予审议,除非委员会认为来文提出了具有普遍意义的严重问题。

第五条 临时措施

一、委员会收到来文后,在对实质问题作出裁断前,可以随时向有关缔约国发出请求,请该国从速考虑根据特殊情况采取必要的临时措施,以避免对声称权利被侵犯的受害人造成可能不可弥补的损害。

二、委员会根据本条第一款行使酌处权,并不意味对来文的可受理性或实质问题作出裁断。

第六条 转交来文

一、除非委员会认定来文不可受理,不送交有关缔约国,否则任何根据本议定书提交委员会的来文,委员会均应当以保密方式提请有关缔约国注意。

二、收文缔约国应当在六个月内向委员会提交书面解释或陈述,澄清有关事项及该缔约国可能已提供的任何补救办法。

第七条 友好解决

一、委员会应当向有关当事方提供斡旋,以期在尊重《公约》规定的义务的基础上友好解决有关问题。

二、一旦达成友好解决协定,根据本议定书提交的来文审议工作即告结束。

第八条 审查来文

一、委员会应当根据提委员会的全部文件资料审查根据本议定书第二条收到的来文,但这些文件资料应当送交有关当事方。

二、委员会应当通过非公开会议审查根据本议定书提交的来文。

三、委员会在审查根据本议定书提交的来文时,可以酌情查阅其他联合国机构、专门机构、基金、方案和机制及包括区域人权系统在内的其他国际组织的相关文件资料,以及有关缔约国的任何意见或评论。

四、委员会在审查根据本议定书提交的来文时,应当审议缔约国依照《公约》第二部分规定采取的步骤的合理性。在这方面,委员会应当注意到缔约国可以为落实《公约》规定的权利而可能采取的多种政策措施。

第九条　委员会意见的后续行动

一、委员会在审查来文后,应当向有关当事方传达委员会对来文的意见及可能提出的任何建议。

二、缔约国应当适当考虑委员会的意见及可能提出的建议,并应当在六个月内向委员会提交书面答复,包括通报根据委员会意见和建议采取的任何行动。

三、委员会可以邀请缔约国就委员会的意见或建议所可能采取的任何措施提供进一步资料,包括在委员会认为适当的情况下,在缔约国随后根据《公约》第十六条和第十七条提交的报告中提供这些资料。

第十条　国家间来文

一、本议定书缔约国可以在任何时候根据本条作出声明,承认委员会有权接受和审议涉及一缔约国声称另一缔约国未履行《公约》所规定义务的来文。根据本条规定提交来文的缔约国须已声明本国承认委员会有此权限,委员会方可接受和审议此种来文。来文涉及尚未作出这种声明的缔约国的,委员会不得予以接受。

根据本条规定接受的来文,应当按下列程序处理:

(一)本议定书一缔约国如果认为另一缔约国未履行《公约》规定的义务,可以用书面函件提请该缔约国注意此事,也可以将此事通知委员会。收函国在收到函件后三个月内,应当以书面形式向发函国作出解释或其他陈述,澄清此事,其中应当尽可能和具体地提及已经对此事,即将对此事或可以对此事采取的国内程序和补救办法;

(二)如果在收函国收到最初函件后六个月内,有关事项尚未达成有关缔约国双方满意的解决,任何一方均有权以通知委员会和另一方的方式将此事提交委员会;

(三)对于提交委员会的事项,委员会只有在确定已经就该事援用并用尽一切可用的国内补救办法后,方可予以处理。如果补救办法的应用被不合理地拖延,本规则不予适用;

(四)在不违反本款第(三)项规定的情况下,委员会应当向有关缔约国提供斡旋,以期在尊重《公约》规定的义务的基础上友好地解决有关事项;

(五)委员会应当举行非公开会议审查根据本条提交的来文;

(六)对于依照本款第(二)项规定提交的任何事项,委员会可以要求第(二)项所提的有关缔约国提供任何相关资料;

(七)委员会审议有关事项时,本款第(二)项所提的有关缔约国有权派代表出席并提出口头和(或)书面意见;

(八)委员会应当在收到本款第(二)项规定的通知之日后尽可能适当地权宜行事,按照下列方式提出报告:

1. 如果按本款第(四)项规定达成解决办法,委员会的报告应当限于简要陈述事实及所达成的解决办法;

2. 如果未能按本款第(四)项规定达成解决办法,委员会的报告应当列举与有关缔约国之间问题相关的事实。有关缔约国的书面意见及口头意见记录应当附于报告之内。委员会也可以只向有关缔约国提出委员会认为与两国之间的问题相关的意见。在上述情况下,报告应当送交有关缔约国。

二、根据本条第一款作出的声明,应当由缔约国交存联合国秘书长,由秘书长将声明副本分送其他缔约国。任何声明可随时以通知秘书长的方式予以撤回。

撤回不得妨碍对业已根据本条发出的来文所涉任何事项的审议；在秘书长收到撤回声明的通知后，除非有关缔约国作出新的声明，否则不得再接受任何缔约国根据本条提交的其他来文。

第十一条 调查程序

一、本议定书缔约国可以在任何时候作出声明，承认本条规定的委员会权限。

二、如果委员会收到可靠资料，显示某一缔约国严重或有系统地侵犯《公约》规定的任何经济、社会和文化权利，委员会应当邀请该缔约国合作研究这些资料，并为此就有关资料提出意见。

三、在考虑有关缔约国可能提出的任何意见以及委员会掌握的任何其他可靠资料后，委员会可以指派一名或多名成员进行调查，从速向委员会报告。必要时，在征得有关缔约国同意后，调查可以包括前往该国领土访问。

四、调查应当以保密方式进行，并应当在程序的各个阶段寻求有关缔约国的合作。

五、对调查结果进行审查后，委员会应当将调查结果连同任何评论和建议一并送交有关缔约国。

六、有关缔约国应当在收到委员会送交的调查结果、评论和建议后六个月内，向委员会提交本国意见。

七、依照本条第二款规定进行的调查程序结束后，委员会经与有关缔约国协商，可以决定在本议定书第十五条规定的委员会年度报告中摘要介绍程序结果。

八、依照本条第一款规定作出声明的任何缔约国，可以随时通知秘书长撤回其声明。

第十二条 调查程序的后续行动

一、委员会可以邀请有关缔约国在其根据《公约》第十六条和第十七条提交的报告中，详述就根据本议定书第十一条进行的调查所采取的任何措施。

二、必要时，委员会可以在第十一条第六款所述六个月期间结束后，邀请有关缔约国向委员会通报该国就调查所采取的措施。

第十三条 保护措施

缔约国应当采取一切适当措施，确保在其管辖下的个人不会因为根据本议定书与委员会联络而受到任何形式的不当待遇或恐吓。

第十四条 国际援助与合作

一、对于显示有必要获得技术咨询或协助的来文和调查，委员会应当酌情在征得有关缔约国同意后，将委员会的意见或建议，连同缔约国可能就这些意见或建议提出的意见和提议，送交联合国各专门机构、基金和方案以及其他主管机构。

二、委员会也可以在征得有关缔约国同意后，提请上述机构注意任何根据本议定书审议的来文所引起的事项；此种事项可以协助它们在各自权限范围内决定是否应当采取可能具有促进作用的国际措施，以协助各缔约国在落实《公约》确认的权利方面取得进展。

三、应当依照大会相关程序设立一个依照《联合国财务条例和细则规定》管理的信托基金，以期在征得有关缔约国同意后，向缔约国提供专家和技术援助，加强《公约》所载权利的落实，推动根据本议定书在经济、社会和文化权利领域进行国家能力建设。

四、本条规定不妨碍各缔约国履行《公约》规定的义务。

第十五条　年度报告

委员会的年度报告应当摘要介绍根据本议定书开展的活动。

第十六条　传播与信息

各缔约国承诺广泛宣传和传播《公约》及本议定书，为获得信息以了解委员会的意见和建议，特别是涉及本国的事项的意见和建议提供便利，并在这方面以无障碍模式向残疾人提供信息。

第十七条　签署、批准和加入

一、本议定书开放供任何已签署、批准或加入《公约》的国家签署。

二、本议定书须经已批准或加入《公约》的国家批准。批准书交存联合国秘书长。

三、本议定书开放供任何已批准或加入《公约》的国家加入。

四、向联合国秘书长交存加入书后，加入即行生效。

第十八条　生效

一、本议定书在第十份批准书或加入书交存联合国秘书长之日起三个月后生效。

二、对于在第十份批准书或加入书交存后批准或加入议定书的国家，议定书在该国交存批准书或加入书之日起三个月后生效。

第十九条　修正

一、任何缔约国均可以对本议定书提出修正案，提交联合国秘书长。秘书长应当将任何提议的修正案通告各缔约国，请缔约国通知秘书长，表示是否赞成召开缔约国会议对提案进行审议和作出决定。在上述通告发出之日起四个月内，如果有至少三分之一的缔约国赞成召开缔约国会议，秘书长应当在联合国主持下召开会议。经出席并参加表决的缔约国三分之二多数通过的任何修正案，应当由秘书长提交联合国大会核准，然后提交所有缔约国接受。

二、依照本条第一款的规定通过并核准的修正案，应当在交存的接受书数目达到修正案通过之日缔约国数目的三分之二后第三十天生效。此后，修正案应当在任何缔约国交存其接受书后第三十天对该缔约国生效。修正案只对接受该项修正案的缔约国具有约束力。

第二十条　退约

一、缔约国可以随时书面通知联合国秘书长退出本议定书。退约应当在秘书长收到通知之日起六个月后生效。

二、退约不妨碍本议定书各项规定继续适用于退约生效之日前根据第二条和第十条提交的任何来文，以及退约生效之日前根据第十一条启动的任何程序。

第二十一条　秘书长的通知

联合国秘书长应当将下列具体情况通知《公约》第二十六条第一款所提的所有国家：

（一）本议定书的签署、批准和加入；

（二）本议定书和任何根据第十九条提出的修正案的生效日期；

（三）任何根据第二十条发出的退约通知。

第二十二条　正式语文

一、本议定书应当交存联合国档案库，其阿拉伯文、中文、英文、法文、俄文和西班牙文文本同等作准。

二、联合国秘书长应当将本议定书经证明无误的副本分送《公约》第二十六条所提的所有国家。

附 经济、社会、文化权利委员会一般性意见

经济、社会、文化权利委员会第三届会议(1989年)

第1号 一般性意见

缔约国提交报告情况

1. 《公约》第四部分中所载的报告义务的主要目的是帮助每个缔约国履行其《公约》义务,此外,还为理事会提供一个基础,以便使它能在委员会的协助下履行它监督缔约国完成它们的义务帮助根据《公约》条款实现经济、社会和文化权利方面的责任。委员会认为,如果以为报告主要是为了完成各缔约国向有关国际监督机构报告的正式义务的程序问题,那是不正确的。相反,根据《公约》的文字和精神,各国编写并提交报告的过程能够,并也的确应该,帮助实现多种目标。

2. 对要求有关缔约国在《公约》生效后两年之中提交的初步报告特别有意义的第一个目标是确保全面审查国家立法、行政规定和程序和惯例,以确保尽可能充分地符合《公约》。例如,这种审查可与每个有关的国家部委或负责在《公约》所包括的不同领域内制定和执行政策的其他当局共同进行。

3. 第二个目标是确保缔约国定期监督有关每项权利的实现情况,从而意识到在其领土内或在其管辖范围内的所有个人享有或不享有各种权利的程度。从委员会历来的经验来看,很明显,只是通过编写总的国家统计数字或预计数字是不可能实现这一目标的,还需要特别注意任何情况更差的区域或地区和看来特别容易受害或处于不利情况中的任何集团或分集团。由此,促进经济、社会和文化权利的实现的第一必要步骤是判断和了解目前情况。委员会认识到,监督和收集资料的方法很可能太花费时间,费用很高,很可能需要第2条(1)款、22和23条中所规定的国际援助和合作,还可能使一些缔约国能够履行有关义务。在这种情况下,缔约国最后认为它没有能力实行监督进程,而这一进程却是旨在促进公认的公共政策目标的任何进程之整体部分,而且是为了有效执行公约所为可缺少的进程,那么它可在其给委员会的报告中指出这一事实,并提出它可能需要的任何国际援助的性质和程度。

4. 监督的目的是详细全面审查目前情况,而这种审查的主要价值是提供一种依据,以便据以拟定审慎地提出了指标的明确政策,包括确定反映《公约》条款的优先考虑事项。因此,报告程序的第三个目标是使政府能够表明实际上已进行这种原则性的决策。虽然《公约》只在第14条中还未为所有人确保"免费的义务初级教育"的情况下明确规定这一义务,但第2条(1)的"……通过一切适当手段……采取步骤"的义务明确规定了"制定并通过详细的行动计划,以逐渐执行"《公约》中所载的每项权利的类似义务。

5. 报告程序的第四个目标是促进使公众对政府在经济、社会和文化方面的政策进行监督,和鼓励各国的经济、社会和文化部门参与制定、执行和审查有关政策。在审查至今提交给它的报告方面,委员会喜见:分别属于不同政治和经济制度的许多缔约国鼓励非政府团体投

入它们根据公约编写报告的工作。另一些国家则确切地将它们的报告广泛散发,使一般公众能够提出意见。这样,该报告的编写及其在国家一级的审议至少可与委员会和报告国代表在国际一级进行的建设性对话具有同样的价值。

6. 第五个目标是提供一个依据,使缔约国本身和委员会能够据以有效地评价实现《公约》所载义务的进度。为此目的,各国应提出具体的水准标点和目标,以便评价它们在特定领域中的工作。例如,人们普遍同意,必须制订具体目标,以使婴儿死亡率降低多少,为多少儿童接种疫苗,每个摄取多少热量,每位保健工作者护理多少人,等等。在许多这些领域中,全球性的指标用途有限,国家性或者其他更具体的指标却可极为有价值地显示进步的程度。

7. 在这方面,委员会提出,《公约》特别重视有关权利的"逐步实现"概念,为此原因委员会保证缔约国在它们的定期报告中说明一定时期内在有效实现有关权利方面所得到的进展。同样,为了充分评价情况,显然也需要有质量和数量方面的数据。

8. 第六个目标是使缔约国本身能够更好地理解在逐渐实现充分的经济、社会和文化权利方面所遇到的问题和缺点。为此原因,缔约国必须就妨碍实现其权利的"因素和困难"提出详细报告。根据这种查明和承认有关困难和程序,可以制定更适宜的政策。

9. 第七个目标是使委员会和使全体缔约国能够促进各国间的资料交流和更好地理解各国面临的共同问题,并且更充分地认识到可以采取哪种措施来促进《公约》中所载述的每项权利的有效实现。这种方法还使委员会能够确定国际社会可以根据《公约》第22和23条帮助各国的最适宜的手段。为强调委员会对此目标的重视,委员会第四届会议将讨论关于这些条款的另一条一般性意见。

第五届会议(1990年)*

第3号 一般性意见

缔约国义务的性质(《公约》第2条第1款)

1. 第2条对于充分理解《公约》来说具有特殊重要意义,必须把它看作与《公约》所有其他条款有着密切的关系。这一条说明了《公约》缔约国承担的一般法律义务的性质。这些义务既包括可称为行为义务的内容(依照国际法委员会的工作),也包括结果义务。有时人们特别注意这一条所使用的形式与《公民权利和政治权利国际公约》的第2条形式之间的区别,但同时并不一向认为这两者之间也有着重大的相同之处。具体而言,《公约》规定逐步实现权利并确认因资源有限而产生的局限,但它同时也规定了立刻生效的各种义务,基中有两项对于理解缔约国义务的准确性质特别重要。其中之一己在另一项一般性意见中作了处理,即"保障""在无歧视的条件下行使"有关权利。这项一般性意见将由委员会第六届会议审议。

2. 另一项是第2(1)条中"采取步骤"的义务,其本身不受其他问题的限定或限制。可以注意到其他一些不同的文本,借以了解这句话的完全含义,在英文本中,这一义务是"采取步骤";在法文本中是"采取行动"(S'engage a agir);在西班牙文中是"采取措施"(a adoptar medidas)。因此,虽然可以逐步争取完全实现有关的权利,但是,在《公约》对有关缔约国生效之后的合理较短时间之内就必须采取这一目标的步骤。此类步骤应当周密、具体、以尽可能明确地履行《公约》义务为目标。

3. 为履行采取步骤的义务而使用的手段载于第2(1)条,即"用一切适当方法,尤其包括用立法方法"。委员会认为,在许多情况之下立法是特别需要的,在有些情况下可能甚至是必不可少的。例如,如果必要的措施没有可靠的立法基础,可能就很难有效地反对歧视。另外,在卫生、保护儿童和母亲及教育领域及在第6至9条涉及的事务方面,立法从许多角度都会是不可或缺的一项内容。

4. 委员会注意到,普遍而言,缔约国自觉地详述了在这方面采取的至少一部分立法措施。但委员会希望强调,正如《公约》特别说明的那样,通过立法措施绝不是缔约国义务的终点。相反,"用一切适当方法"的措词必须完整和准确地理解。每一缔约国必须决定在每项权利的具体方面什么是自己最适当的方法,但是所选择的方法究竟是否适当并不一定是十分显然的。因此,缔约国的报告最好不仅应说明自己已经采取了的措施,而且就说明它们在具体情况下被认为最"适当"的依据。但是,最后应由委员会确定,是否已经采用了一切的适当办法。

5. 除了立法之外,可被认为是适当的措施中还包括,为根据国家法律制度看属于司法范围的权利提供司法补救办法。例如,委员会注意到,不受歧视地享有公认的人权往往可以通过司法或其他有效补救办法得到适当的促进。事实上,同属《公民权利和政治权利国际公约》缔约国的本《公约》缔约国已有义务根据该《公约》第2(第1和3款)、3和26条确保《公约》承认的权利或自由(包括平等和不受歧视权利)受侵犯的任何人"得到有效的补救"(第2(3)(a)条)。另外,在《经济、社会、文化权利国际公约》中还有其他一些条款,包括第3、7(a)(i)、8、10(3)、13(2)(a)、(3)、(4)和15(3)条,看来也能由许多国家法律体系的司法和其他机构加以立即适用。认为所说的条款本身无法加以执行的任何看法都是很难成立的。

6. 如果直接以实现《公约》确认的各项权利为目标的政策已经以立法形式确立,委员会则希望了解,除其他外,此类法律是否给予认为自己权利未能充分实现的个人或集团任何行动的权利。如果宪法中承认了特定的经济、社会和文化权利,或《公约》权利被直接列入国家法律,委员会希望得到资料,了解在何种程度上这些权利可诉诸司法(即能够在法庭加以援引)。委员会还希望得到具体的资料,说明有关经济、社会和文化权利的现有宪法条款是否有任何减弱或重大变化。

7. 其他一些措施也可被认为是"适当"的,因为第2(1)条的目的包括,但不仅限于,行政、财务、教育和社会措施。

8. 委员会指出,"采取步骤,……用一切适当方法,尤其包括用立法方法"的义务既不要求也不排除利用任何特别的政府或经济制度作为采取步骤的工具,只要这种制度是民主的,并尊重一切人权。因而,就政治和经济制度而言《公约》属于中立性质,不能把它的原则完全说成是出于社会主义或资本主义制度的需要,或出于中央计划经济或自由市场经济或两者兼而有之的经济需要,也不能把它归于任何其他特定的属性。在这方面,委员会重申《公约》的权利可在各种经济和政治制度下加以实现,只要所涉的制度承认和体现《公约》序言申明的两组人权之间的相互依存和不可分割性质。委员会还在这方面注意到其他人权的相关性,特别是发展权利。

9. 第2(1)条所反映的主要结果义务是采取步骤,"逐渐达到本《条约》中所承认的权利的充分实现"。"逐步实现"一语往往被用来说明这句话的意图。逐步实现的概念等于承认,在短时期内一般无法充分实现所有的经济、社会和文化权利。从这个意义上讲,这一义务与《公民权利和政治权利国际公约》第 2 条的义务有重大区别,该条中具有立即尊重和确保一切有关权利的义务。然而,不应把本《公约》中长期实现或逐步实现误解为解除了有其充分含义的义务。一方面这是一种有必要灵活性的安排,反映了当今世界的现实和任何国家争取充分实现经济、社会和文化权利面临的困难;另一方面,必须结合《公约》的总目标,即其存在的理由来理解这句话,这一目标就是为缔约国确立充分实现所涉及各种权利的明确义务。因而它确立了尽可能迅速和有效地争取目标的义务。而且,在这方面的任何后退的措施都需要最为慎重的考虑,必须有充分的理由,顾及到《公约》规定权利的完整性,并以充分利用了所有可能的资源为条件。

10. 委员会以本身其前身十几多年来审议缔约国报告所积累的大量经验为基础,认为每个缔约国均有责任承担最低限度的核心义务,确保至少使每种权利的实现达到一个最基本的水平。因此,如果在一缔约国内有任一较大数目的个人被剥夺了粮食、基本初级保健、基本住房或最基本的教育形式,该缔约国就等于没有履行《公约》下的义务。如果不把《公约》看做是确定了此种最起码的核心义务,就等于使其基础上失去了存在的理由。同样,必须指出,关于一缔约国是否履行了最起码的核心义务的任何评估都必须考虑到该国内的资源局限。第 21 条规定每一缔约国的义务是,"尽最大能力"采取必要步骤。一缔约国如果将未履行最低核心义务归因于缺乏资源,它就必须表明已经尽了一切努力利用可得的一切资源作为优先事项履行最起码的义务。

11. 但是,委员会希望强调,甚至在明显缺乏可得到资源的情况下,缔约国仍有义务努力争取保证在这种条件下尽可能广泛地享有有关的权利。另外,监测实现、或特别是未实现经济、社会和文化权利的程度的义务以及制订促进权利的战略和方案的义务决不能因为资源局限而有任何减损。委员会已在第 1 号(1989 年)一般性意见中论述了这个问题。

12. 与此相似,委员会强调,甚至在调整进程、经济衰退或其他因素造成严重资源困难的情况下,仍可以也必须通过耗资相对较少的专门方案保护社会中易受损害者。为支持这一立场,委员会注意到儿童基金会题为《注意到人的问题的调整:保护易受损害者和促进增长》1 的分析报告,开发计划署在《1990 年人文发展报告》2 中的分析以及世界银行在《1990 年世界发展报告》3 中的分析。

13. 在第 2(1)条中必须加以注意的最后一项内容是,所有缔约国承担的义务是"个别采取步骤或经由国际援助和合作,特别是经济和技术……合作"。委员会指出,《公约》起草人采用"尽最大能力"一语的意图是要提及一国内现有的资源和国际社会通过国际合作和援助可以提供的资源。另外,第 11、15、22 和 23 条中的特别规定又进一步强调了这种合作促进充分实现有关权利的重要作用。至于第 22 条,委员会已经在一般性意见 2(1990 年)中提请注意在国际合作方面存在着的一些机会和责任。第 23 条特别指明了"进行技术合作"及其他活动是"实现本《公约》所承认的权利而采取的国际行动"。

14. 委员会希望强调,根据《联合国宪章》第 55 条和第 56 条、国际法的确立原则以及所涉《公约》本身,国际合作争取发展从而实现经济、社会和文化权利是所有国家的一项义务。在这方面有援助其他国家能力的缔约国更有这一义务。委员会尤其注意到大会 1986 年 12

月4日第41/128号决议通过的《发展权利宣言》的重要意义以及各缔约国充分考虑其中承认的所有原则的必要性。委员会强调,如果没有能进行合作的缔约国制订的一项给予国际援助和合作的积极方案。全面实现经济、社会和文化权利在许多国家就将会一直成为未能实现的愿望。在这方面,委员会还再次提请注意一般性意见2(1990年)的措词。

第十一届会议(1994)
第5号 一般性意见:残疾人

1. 国际社会经常强调,《经济、社会、文化权利国际公约》对残疾人的人权来说极为重要。① 例如,1992年秘书长对《关于残疾人的世界行动纲领》和联合国残疾人10年的执行情况的审查得出的结论是,"残疾与经济和社会因素密切相关","世界多数地区的生活条件极差,因此,向所有人提供基本的需求——食物、水、住房、医疗保健和教育——应当成为国家方案的基础"。② 即便在生活水平较高的国家,残疾人也往往没有机会享受《公约》确认的一切经济、社会、文化权利。

2. 经济、社会、文化权利委员会和在该委员会之前的工作组曾明确要求大会③和人权委员会④监督《公约》缔约国对确保残疾人充分享受有关权利的义务的遵守情况。然而,委员会迄今为止的经验表明,缔约国在报告中对这一问题重视得很不够。这看来是与秘书长的结论相一致的,该结论说,"多数国家政府仍缺乏能有效改善残疾人状况的决定性的协同措施。"⑤因此,有必要研究并强调在《公约》所载义务方面出现与残疾人有关的问题的一些状况。

3. 目前,"残疾"一词仍没有国际上普遍接受的定义。不过,在此,只要采用1993年的《标准规则》采用的定义就够了,规则指出:"'残疾'一词概括地泛指世界各国任何人口中出现的许许多多的各种功能上的限制。人们出现的残疾既可以是生理、智力或感官上的缺陷,也可以是医学上的状况或精神疾病。此种缺陷、状况或疾病有可能是长期的,也可能是过渡性质的。"⑥

4. 按照《标准规则》采用的办法,本文采用"Persons with disabilities"一词,而不采用原先的"disabled persons"一词。有人指出,后一种说法有可能被误解成个人活动的能力丧失了。

5. 《公约》没有明确提及残疾人。不过,《世界人权宣言》则确认,人人生而自由,在尊严和权利上一律平等。而且,由于《公约》的条款完全适用于社会所有成员,残疾人显然有资格享受《公约》确认的一切权利。此外,只要有必要提供特殊待遇,缔约国就须酌情采取措施,尽最大可能利用所拥有的资源,使残疾人能够在享受《公约》明确规定的权利方面克服残疾带来的种种不利因素。再者,《公约》第2条第2款规定,"……所宣布的权利应予普遍行

---

① 关于问题的全面审查,见人权和残疾问题特别报告员Leandro Despouy先生编写的最后报告(E/CN. 4/Sub. 2/1991/31)。
② A/47/415,第5段。
③ 见大会1982年12月3日第37/52号决议(第1段)中通过的《关于残疾人的世界行动纲领》第165段。
④ 见人权委员会第1992/48号决议第4段和第1993/29号决议第7段。
⑤ A/47/415,第6段。
⑥ 大会1993年12月20日第48/96号决议,附件;《残疾人机会均等标准规则》(导言,第17段)。

使",而不得基于某些具体理由"或其他身份"而有任何歧视。该条款显然适用于基于残疾的歧视。

6.《公约》缺乏明确的与残疾相关的条款的原因在于:在至少25年前起草《公约》之时,对明确(而不是仅仅含蓄地)提及这一问题的重要性认识不够。不过,较为近期的国际人权文书则明确提及了这一问题。这些文书有:《儿童权利公约》(第23条);《非洲人权和人民权利宪章》(第18(4)条);《美洲人权公约经济、社会和文化权利附加议定书》(第18条)。由此表明现已得到广泛接受的观点是,必须通过总的乃至具体制定的法律、政策和方案来保护和促进残疾人的人权。

7. 按照这一途径,国际社会在下列文书中申明其确保残疾人的各项人权的承诺:(a)《关于残疾人的世界行动纲领》,该文书规定了一个政策框架,旨在推动"预防残疾的有效措施,推动康复和实现[残疾人]'充分参与'社会生活和发展以及'平等'的目标"⑦;(b) 1990年通过的《关于设立和发展国家残疾人问题协调委员会或类似机构的准则》⑧;(c) 1991年通过的《保护精神病患者和改善精神保健的原则》⑨;(d) 1993年通过的《残疾人机会均等标准规则》(下称《标准规则》),该文书的宗旨是确保所有残疾人"可行使其他人同样的权利与义务"。⑩

《标准规则》具有重大意义,在更精确地确定缔约国在《公约》之下承担的有关义务方面提供了极重要的指导。

1. 缔约国的一般义务

8. 据联合国估计,目前世界上有5亿多残疾人。其中,有80%居住在发展中国家的农村地区,估计有70%没有得到充分的所需的服务或根本没有得到此类服务。所以,改善残疾人的状况这一任务与《公约》每个缔约国直接相关。尽管为促进残疾人的经济、社会、文化权利的充分实现,各国所选择的手段必然会很不相同,但各国均须在政策和方案上作出重大努力。⑪

9.《公约》缔约国有义务在最大限度地利用其拥有的资源的情况下推动有关权利的逐步实现。这项义务显然要求政府加倍努力,不停留在仅仅不采取可能会对残疾人有不利影响的措施上面。针对这一极受打击和处于不利地位的群体,应承担的义务是:采取积极行动,减少结构性不利条件,并酌情给予残疾人优惠待遇,以实现所有残疾人充分参与社会和在社会中享有与其他人平等的地位的目标。这几乎必然意味着需为此提供更多的资源,需采取各种各样的专门措施。

10. 秘书长的一份报告指出,从残疾人的角度来看,发达国家和发展中国家过去10年的事态发展是极为不利的:"……经济和社会状况目前正在恶化,其标志是增长率降低、失业率上升、公共开支减少、目前结构调整方案的执行和私营化的实行……这些都对有关方案和服

---

⑦《关于残疾人的世界行动纲领》(见以上注3),第1段。
⑧ A/C.3/46/4,附件一。还见《发展中国家残疾人问题国家协调委员会的作用和职能国际会议的报告》,北京,1990年11月5日至11日(CSDHA/DDP/NDC/4)。另见经济及社会理事会1991/8号决议和大会1991年12月16日第46/96号决议。
⑨ 大会1991年12月17日第46/119号决议,附件。
⑩《标准规则》(见以上注6),导言,第15段。
⑪ 见 A/47/415,各处。

务产生了不利影响……如果目前的不利趋势继续下去,[残疾人]就可能被不断挤到社会的边缘,只得依靠临时救助。"⑫

正如委员会曾经指出的(第3号一般性评论(1990年第五届会议)第12段),在资源极为有限的时期,缔约国保护其社会中易受打击成员的义务显得更为重要,而不是不太重要。

11. 鉴于世界各国政府日益重视以市场为基础的政策,宜为此强调缔约国在某些方面的义务。其中一项是需确保这一点,即,使公营部门和私营部门都能在恰当限度内受规章条例的约束,以确保残疾人得到公平待遇。在提供公共服务的安排正日益私营化,对自由化市场的依赖程度之高属前所未有这一情况下,有必要使私人雇主、货物和服务的私人提供者以及其他非公营实体受到与残疾人相关的不歧视和平等准则的约束。只要此种保护不扩展到公营部门以外,残疾人参与社区活动的主流和作为社会的积极成员充分发挥其潜力的能力就会受到严重的甚至往往是任意的限制。这并不是说立法总是试图消除私营部门的歧视现象的最有效的手段。比如,《标准规则》尤为强调这一点,即各国有必要"采取行动,提高社会对残疾人及其权利、需要、潜能和贡献的认识"。⑬

12. 如果政府不进行干预,就往往会出现自由化市场的运行对残疾人个人或群体产生不利影响这一情况。在这种情况下,政府有义不容辞的责任酌情采取措施,减轻、补偿或消除市场力量造成的这类不利影响。同样,政府固然可以依靠私人志愿团体以各种方式援助残疾人,但这类安排绝不应免除政府确保充分遵守其在《公约》之下的义务的责任。正如《关于残疾人的世界行动纲领》所指出的,"针对导致损害的情形采取补救措施和应付残疾的后果的最终责任应由政府承担"。⑭

2. 履行义务的手段

13. 缔约国为履行《公约》之下对残疾人的义务应采用的方法大致与履行其他义务所用的方法相同(见第1号一般性评论(1989年第三届会议))。这些方法有:需通过经常性的监督,确定一国境内存在的问题的性质和范围;需针对已确定的要求执行恰当的专门政策和方案;需酌情制定立法,取消任何现行的有歧视性的立法;需作出适当的预算拨款,或在必要时寻求国际合作与援助。就后者而言,按照公约第22条和第23条提供国际援助,可能成为使一些发展中国家能够履行公约规定的义务的一个极为重要的因素。

14. 此外,国际社会曾一再确认,这一领域的政策制定和方案执行工作应在同有关人员群体的代表密切协商,并由这些代表参与的基础上进行。为此,《标准规则》建议,应尽力便利国家协调委员会或类似机构的设立,将其作为国家处理残疾人问题的中心机构。在这样做的过程中,政府应考虑到1990年的《关于设立和发展国家残疾人问题协调委员会或类似机构的准则》。⑮

3. 消除基于残疾的歧视的义务

15. 对残疾人法律上和事实上的歧视由来已久,而且有各种形式。这类歧视有明显使人反感的歧视,如剥夺受教育的机会;也有"难以察觉"的歧视,如通过设置实际和社会障碍来

---

⑫ 同上,第5段。
⑬ 《标准规则》(见以上注6),规则1。
⑭ 《关于残疾人的世界行动纲领》(见以上注3),第3段。
⑮ 见上注8。

隔离和孤立某些人。为公约的目的,"基于残疾的歧视"可界定为指以残疾为理由,其结果是取消或损害经济、社会、文化权利的承认、享受或行使的任何区分、排斥、限制或偏向、或合理的便利的剥夺。由于忽视、无知、偏见和不正确的推断以及排斥、区分或隔离,残疾人往往无法在与正常人平等的基础上行使其经济、社会或文化权利。基于残疾的歧视造成的影响在教育、就业、住房、交通、文化生活、进入公共场所和享受公共服务等方面尤为严重。

16. 尽管过去10年在立法方面有些进展⑯,但残疾人的法律状况仍然很差。为了消除以往和目前的歧视,抑制今后的歧视,看来实际上所有缔约国都必须在残疾人问题上制定全面的反歧视立法。此种立法既应当尽可能和尽量恰当地为残疾者规定司法补救措施,也应当规定执行社会政策方案,使残疾人过上正常、独立自主的生活。

17. 反歧视措施应基于残疾人和非残疾人权利相等的原则。用《关于残疾人的世界行动纲领》的话说,这"意味着每个人的需求具有同等重要性,这些需求应是规划社会的基础;意味着一切资源的利用均必须确保每个人有平等的机会进行参与。残疾人政策应确保[残疾人]能得到一切社区服务"。⑰

18. 鉴于需采取恰当措施消除现在歧视并为残疾人创造公平的机会,只要此类行动以平等原则为基础并仅为实现这一目标而采取,就不应视为《经济、社会、文化权利国际公约》第2(2)条意义上的歧视。

4.《公约》的具体条款

A. 第3条——男女享有平等权利

19. 残疾人有时被视为没有性别的人。因而,残疾妇女遭受的双重歧视往往被忽视了。⑱尽管国际社会再三呼吁,要求尤为重视残疾妇女的状况,残疾人十年间所作的努力仍甚少。秘书长关于《世界行动纲领》执行情况的报告不止一次提到了忽视残疾妇女的问题。⑲因此,委员会敦促缔约国处理残疾妇女问题,在今后将与经济、社会、文化权利相关的方案置于高度优先地位。

B. 第6条至第8条——与工作有关的权利

20. 就业领域是基于残疾的歧视极为突出和顽固的领域。在多数国家,残疾人的失业率高出正常人的两到三倍。残疾人即使被雇用,也大多从事低工资工作,几乎没有社会和法律保障,而且往往与劳务市场的主流隔离。各国应积极支持将残疾人纳入正规劳务市场这项工作。

21. 只要残疾工人唯一的真正机会是在所谓的"简易"设施内工作,其工作条件低于标准条件,"人人应有机会凭其自由选择和接受的工作来谋生的权利"(第6(1)条)就得不到实现。使某一类残疾人实际上仅限于某些职业或仅限于生产某些产品的安排,会使这项权利遭到侵犯。同样,根据《保护精神病患者和改善精神保健的原则》⑳原则13(3),精神病院相当于强迫劳动的"治疗"也是不符合公约规定的。在这方面,《公民权利和政治权利国际公约》

---

⑯ 见 A/47/415,第37—38段。
⑰ 《关于残疾人的世界行动纲领》(见以上注3),第25段。
⑱ 见 E/CN.4/Sub.2/1991/31(见以上注1),第140段。
⑲ 见 A/47/415,第35、46、74、77段。
⑳ 见以上注9。

关于禁止强迫劳动的规定也是相关的。

22. 《标准规则》规定,残疾人无论在农村还是城市,必须在劳务市场上享有从事生产性有偿就业的同等机会。㉑ 为此,极有必要消除阻碍融入社会尤其是就业的人为障碍。正如国际劳工组织指出,往往是社会先在交通、住房和工作地点等领域设置实际障碍,然后将其作为残疾人不能就业的理由。㉒ 例如,只要工作场所的设计和建造使轮椅无法进入,雇主就能将此作为不能雇用使用轮椅者的"理由"。政府也应制定政策,提倡并规定灵活和替代性工作安排,以照顾残疾人的需要。

23. 同样,由于政府没能确保使残疾人能使用有些交通方式,残疾人找到合适、正常的工作,接受教育和职业培训或乘坐公交车前往各类设施的机会大为减少。的确,提供便利,使这些人能利用适当的乃至专门的交通方式,对于残疾人落实公约确认的实际上所有权利来说至关重要。

24. 《公约》第6(2)条规定的"技术和职业指导及培训方案"应反映所有残疾人的需要,在没有歧视的环境中进行,并且应在残疾人代表充分参与的情况下规划和执行。

25. "享受公正和良好的工作条件"的权利(第7条)适用于所有残疾工人,不论其是在福利工厂工作还是在公开的劳务市场工作,如果残疾工人和非残疾工人做同样的工作,前者不应在工资或其他条件方面受到歧视。缔约国有责任确保残疾不被作为订立较低的劳工标准或支付低于最低工资的报酬的借口。

26. 与工会有关的权利(第8条)同样适用于残疾工人,不论这些二人是在专门的工厂工作还是在公开的劳务市场工作。此外,第8条同结社自由权利等其他权利结合起来看,强调了残疾人成立自己的组织的权利的重要性。要使这些组织真正促进和保护残疾人的经济和社会利益(第8(1)(a)条),政府机构和负责处理与残疾人有关的所有问题的机构就应定期征求这些组织的意见。可能还有必要向这些组织提供资助和其他方面的支持,以确保其健康发展。

27. 国际劳工组织已在残疾人与工作有关的权利方面拟定了重要和全面的文书,其中主要有关于残疾人职业康复和就业的第159(1983)号公约。㉓ 委员会鼓励公约缔约国考虑批准这项公约。

C. 第9条——社会保障

28. 社会保障和维持收入方案对残疾人来说极为重要。《标准规则》规定,"各国应确保向那些由于残疾或与残疾有关的原因而暂时丧失了收入或减少了收入,或得不到就业机会的残疾人提供适当的收入支助"㉔这种支助应体现特殊的需要和往往与残疾有关的其他费用。此外,支助还应尽可能涵盖负责照料残疾人的个人(其中大多数为妇女)。这些人,包括残疾人的家庭成员,由于从事照料工作而往往急需得到资助。㉕

29. 将残疾人置入一些机构,除非出于其他一些理由而变得有必要,不应视为对残疾人

㉑ 《标准规则》(见以上注6),规则7。
㉒ 见 A/CONF.157/PC/61/Add.10,第10页。
㉓ 还见关于残疾人职业康复的第99(1995)号建议和关于残疾人职业康复的第168(1983)号建议。
㉔ 《标准规则》(见以上注6),规则8,第1段。
㉕ 见 A/47/415,第78段。

的社会保障和收入支助权利的一种恰当的代替。

D. 第10条——保护家庭、母亲和儿童

30. 关于残疾人《公约》关于应向家庭提供"保护和协助"的规定意味着,应尽一切努力使残疾人(在其愿意的情况下)与其家人生活在一起。第10条也意味着,根据国际人权法一般原则,残疾人有权结婚并拥有自己的家庭。这些权利常常被忽视或剥夺,智力残疾者尤为如此。㉖ 在此种情况和其他情况下,应对"家庭"一词作广义解释,并应在解释时考虑到当地的恰当的习惯用法。缔约国应确保法律、社会政策和做法不阻碍这些权利的实现。残疾人应得到必要的咨询服务,以行使和履行其在家庭中的权利和义务。㉗

31. 残疾妇女也应有权在生育和妊娠方面得到保护和支助。《标准规则》规定,"不得剥夺残疾人过性生活、保持性关系和生儿育女的机会"。㉘ 应结合娱乐和生育这两方面来确认和对待所涉的需要和愿望。世界各地的男女残疾人通常享受不到这些权利。㉙ 事先未征得残疾妇女同意而使其绝育,使其流产,都是对第10(2)条严重违反。

32. 残疾儿童特别容易遭受剥削、虐待和遗弃,因而按照《公约》第10(3)条(《儿童权利公约》的相应条款使该条款得到加强)的规定,有权受到特殊保护。

E. 第11条——达到适足的生活水平的权利

33. 除了有必要确保残疾人得到充分的食物、出入方便的住房和其他基本资料以外,还有必要确保向残疾人提供"支助服务"包括辅助性器材,帮助他们提高日常生活方面的独立能力和行使他们的权利。㉚ 得到适足的衣着的权利对残疾人来说也特别重要,因为残疾人在衣着方面有特殊需要,落实这项权利能使其社会中充分和有效地发挥作用。还应尽可能酌情在这方面向个人提供协助。应以充分尊重有关人员的人权的方式并本着这种精神提供此种协助。同样,正如委员会在第4号一般性评论(1991年第六届会议)第8段中指出的,得到适足的住房的权利包括残疾人得到出入方便的住房的权利。

F. 第12条——身心健康的权利

34. 《标准规则》规定,"各国应确保对残疾人特别是对幼儿和儿童,如同其他社会成员一样,在同一系统内向他们提供同样水平的医疗护理"。㉛ 身心健康的权利也意味着有权得到并得益于有关的医疗和社会服务,包括矫形装置,以使残疾人无需依赖别人,防止进一步残疾并支持其融入社会。㉜ 同样,应向残疾人提供康复服务,以使其"达到最佳的独立和功能水平"。㉝ 在提供所有这些服务时,均应使有关人员能保持充分尊重其权利和尊严。

G. 第13条和第14条——受教育的权利

35. 当今许多国家的教学大纲都确认,残疾人能在总的教育体系中接受最好的教育。㉞

㉖ 见 E/CN.4/Sub.2/1991/31(见以上注1),第190、193段。
㉗ 见《关于残疾人的世界行动纲领》(见以上注3),第74段。
㉘ 《标准规则》(见上注6),规则9,第2段。
㉙ 见 E/CN.6/1991/2,第14和第59—68段。
㉚ 《标准规则》(见上注6),规则4。
㉛ 同上,规则2,第3段。
㉜ 见《残疾人权利宣言》(大会1975年12月9日第3447(XXX)号决议),第6段;《关于残疾人的世界行动纲领》(见以上注3),第95—107段。
㉝ 《标准规则》(见上注6),规则3。
㉞ 见 A/47/415,第73段。

《标准规则》规定,"各国应确认患有残疾的儿童、青年和成年人应能在混合班环境中享有平等的初级、中级和高级教育机会的原则"。㉟ 为了做到这一点,各国应确保向教员提供培训,使其能在正常学校中向残疾儿童传授知识,还应确保提供必要的设备和支助,以使残疾人达到与其非残疾同学相同的教育水平。比如,对于耳聋的儿童,应确认手势语为一种单独的语言,并向这类儿童提供,应承认该语言在这类儿童总的社会环境中的重要性。

H. 第 15 条——参与文化生活和享受科学进展带来的好处的权利

36. 《标准规则》规定,"各国应确保残疾人有机会发挥其创造力以及艺术和智力潜能,不仅为了他们自己,而且还为了丰富他们所在的城乡社区。……各国应促使各种文化表演和服务场所对残疾人开放……并作到无障碍……"。㊱ 娱乐、体育和旅游场所也应如此。

37. 残疾人充分参与文化和娱乐生活的权利还要求尽最大可能消除信息交流方面的障碍。这方面的一些有益措施可包括"采用有声读物、书面材料用简单的语言写成,格式清楚并配有色彩,以便利智力有残疾者;在播放电视时、在剧院采用专门办法便利耳聋者"。㊲

38. 为便利残疾人平等地参与文化生活,政府应在残疾问题上对公众进行宣传教育。具体而言,应采取措施消除对残疾人的偏见或迷信想法,例如,有人认为患癫痫是因为鬼怪缠身,残疾儿童是对家庭的一种惩罚等等。同样,还应对公众进行教育,使其接受这一点:残疾人在使用餐馆、旅馆、娱乐中心和文化设施方面有与其他任何人同等的权利。

㉟ 《标准规则》(见上注 6),规则 6。
㊱ 同上,规则 10,第 1—2 段。
㊲ 见 A/47/415,第 79 段。

4. 公民权利和政治权利国际公约①

(联合国大会1966年12月16日通过)

序　　言

本公约缔约各国,

考虑到,按照联合国宪章所宣布的原则,对人类家庭所有成员的固有尊严及其平等的和不移的权利的承认,乃是世界自由、正义与和平的基础,

确认这些权利是源于人身的固有尊严,

确认,按照世界人权宣言,只有在创造了使人人可以享有其公民和政治权利,正如享有其经济、社会、文化权利一样的条件的情况下,才能实现自由人类享有公民及政治自由和免于恐惧和匮乏的自由的理想,

考虑到各国根据联合国宪章负有义务促进对人的权利和自由的普遍尊重和遵行,

认识到个人对其他个人和对他所属的社会负有义务,应为促进和遵行本公约所承认的权利而努力,

兹同意下述各条:

第一部分

第一条

一、所有人民都有自决权。他们凭这种权利自由决定他们的政治地位,并自由谋求他们的经济、社会和文化的发展。

二、所有人民得为他们自己的目的自由处置他们的天然财富和资源,而不损害根据基于互利原则的国际经济合作和国际法而产生的任何义务。在任何情况下不得剥夺一个人民自己的生存手段。

三、本公约缔约各国,包括那些负责管理非自治领土和托管领土的国家,应在符合联合国宪章规定的条件下,促进自决权的实现,并尊重这种权利。

第二部分

第二条

一、本公约每一缔约国承担尊重和保证在其领土内和受其管辖的一切个人享有本公约

---

① 关于该公约作准文本和公约名称的问题,详见《世界人权宣言》和《经济、社会、文化权利国际公约》的注释。

所承认的权利,不分种族、肤色、性别、语言、宗教、政治或其他见解、国籍或社会出身、财产、出生或其他身份等任何区别。

二、凡未经现行立法或其他措施予以规定者,本公约每一缔约国承担按照其宪法程序和本公约的规定采取必要的步骤,以采纳为实施本公约所承认的权利所需的立法或其他措施。

三、本公约每一缔约国承担:

(甲)保证任何一个被侵犯了本公约所承认的权利或自由的人,能得到有效的补救,尽管此种侵犯是以官方资格行事的人所为;

(乙)保证任何要求此种补救的人能由合格的司法、行政或立法当局或由国家法律制度规定的任何其他合格当局断定其在这方面的权利;并发展司法补救的可能性;

(丙)保证合格当局在准予此等补救时,确能付诸实施。

第三条

本公约缔约各国承担保证男子和妇女在享有本公约所载一切公民和政治权利方面有平等的权利。

第四条

一、在社会紧急状态威胁到国家的生命并经正式宣布时,本公约缔约国得采取措施克减其在本公约下所承担的义务,但克减的程度以紧急情势所严格需要者为限,此等措施并不得与它根据国际法所负有的其他义务相矛盾,且不得包含纯粹基于种族、肤色、性别、语言、宗教或社会出身的理由的歧视。

二、不得根据本规定而克减第六条、第七条、第八条(第一款和第二款)、第十一条、第十五条、第十六条和第十八条。

三、任何援用克减权的本公约缔约国应立即经由联合国秘书长将它已克减的各项规定、实行克减的理由和终止这种克减的日期通知本公约的其他缔约国家。

第五条

一、本公约中任何部分不得解释为隐示任何国家、团体或个人有权利从事于任何旨在破坏本公约所承认的任何权利和自由或对它们加以较本公约所规定的范围更广的限制的活动或行为。

二、对于本公约的任何缔约国中依据法律、惯例、条例或习惯而被承认或存在的任何基本人权,不得借口本公约未予承认或只在较小范围上予以承认而加以限制或克减。

第三部分

第六条

一、人人有固有的生命权。这个权利应受法律保护。不得任意剥夺任何人的生命。

二、在未废除死刑的国家,判处死刑只能是作为对最严重的罪行的惩罚,判处应按照犯罪时有效并且不违反本公约规定和防止及惩治灭绝种族罪公约的法律。这种刑罚,非经合格法庭最后判决,不得执行。

三、兹了解:在剥夺生命构成灭种罪时,本条中任何部分并不准许本公约的任何缔约国以任何方式克减它在防止及惩治灭绝种族罪公约的规定下所承担的任何义务。

四、任何被判处死刑的人应有权要求赦免或减刑。对一切判处死刑的案件均得给予大赦、特赦或减刑。

五、对十八岁以下的人所犯的罪,不得判处死刑;对孕妇不得执行死刑。

六、本公约的任何缔约国不得援引本条的任何部分来推迟或阻止死刑的废除。

第七条

任何人均不得加以酷刑或施以残忍的、不人道的或侮辱性的待遇或刑罚。特别是对任何人均不得未经其自由同意而施以医药或科学试验。

第八条

一、任何人不得使为奴隶;一切形式的奴隶制度和奴隶买卖均应予以禁止。

二、任何人不应被强迫役使。

三、(甲)任何人不应被要求从事强迫或强制劳动;

(乙)在把苦役监禁作为一种对犯罪的惩罚的国家中,第三款(甲)项的规定不应认为排除按照由合格的法庭关于此项刑罚的判决而执行的苦役;

(丙)为了本款之用,"强迫或强制劳动"一辞不应包括:

(1)通常对一个依照法庭的合法命令而被拘禁的人或在此种拘禁假释期间的人所要求的任何工作或服务,非属(乙)项所述者;

(2)任何军事性质的服务,以及在承认良心拒绝兵役的国家中,良心拒绝兵役者依法被要求的任何国家服务;

(3)在威胁社会生命或幸福的紧急状态或灾难的情况下受强制的任何服务;

(4)属于正常的公民义务的一部分的任何工作或服务。

第九条

一、人人有权享有人身自由和安全。任何人不得加以任意逮捕或拘禁。除非依照法律所确定的根据和程序,任何人不得被剥夺自由。

二、任何被逮捕的人,在被逮捕时应被告知逮捕他的理由,并应被迅速告知对他提出的任何指控。

三、任何因刑事指控被逮捕或拘禁的人,应被迅速带见审判官或其他经法律授权行使司法权力的官员,并有权在合理的时间内受审判或被释放。等候审判的人受监禁不应作为一般规则,但可规定释放时应保证在司法程序的任何其他阶段出席审判,并在必要时报到听候执行判决。

四、任何因逮捕或拘禁被剥夺自由的人,有资格向法庭提起诉讼,以便法庭能不拖延地决定拘禁他是否合法以及如果拘禁不合法时命令予以释放。

五、任何遭受非法逮捕或拘禁的受害者,有得到赔偿的权利。

第十条

一、所有被剥夺自由的人应给予人道及尊重其固有的人格尊严的待遇。

二、(甲)除特殊情况外,被控告的人应与被判罪的人隔离开,并应给予适合于未判罪者身份的分别待遇;

(乙)被控告的少年应与成年人分隔开,并应尽速予以判决。

三、监狱制度应包括以争取囚犯改造和社会复员为基本目的的待遇。少年罪犯应与成年人隔离开,并应给予适合其年龄及法律地位的待遇。

第十一条

任何人不得仅仅由于无力履行约定义务而被监禁。

第十二条

一、合法处在一国领土内的每一个人在该领土内有权享受迁徙自由和选择住所的自由。

二、人人有自由离开任何国家,包括其本国在内。

三、上述权利,除法律所规定并为保护国家安全、公共秩序、公共卫生或道德、或他人的权利和自由所必需且与本公约所承认的其他权利不抵触的限制外,应不受任何其他限制。

四、任何人进入其本国权利,不得任意加以剥夺。

第十三条

合法处在本公约缔约国领土内的外侨,只有按照依法作出的决定才可以被驱逐出境,并且,除非在国家安全的紧迫原因另有要求的情况下,应准予提出反对驱逐出境的理由和使他的案件得到合格当局或由合格当局特别指定的一人或数人的复审,并为此目的而请人作代表。

第十四条

一、所有的人在法庭和裁判所前一律平等。在判定对任何人提出的任何刑事指控或确定他在一件诉讼案中的权利和义务时,人人有资格由一个依法设立的合格的、独立的和无偏倚的法庭进行公正的和公开的审讯。由于民主社会中的道德的、公共秩序的或国家安全的理由,或当诉讼当事人的私生活的利益有此需要时,或在特殊情况下法庭认为公开审判会损害司法利益因而严格需要的限度下,可不使记者和公众出席全部或部分审判;但对刑事案件或法律诉讼的任何判刑决应公开宣布,除非少年的利益另有要求或者诉讼系有关儿童监护权的婚姻争端。

二、凡受刑事控告者,在未依法证实有罪之前,应有权被视为无罪。

三、在判定对他提出的任何刑事指控时,人人完全平等地有资格享受以下的最低限度的保证:

(甲)迅速以一种他懂得的语言详细地告知对他提出的指控的性质和原因;

(乙)有相当时间和便利准备他的辩护并与他自己选择的律师联络。

(丙)受审时间不被无故拖延;

(丁)出席受审并亲自替自己辩护或经由他自己所选择的法律援助进行辩护;如果他没有法律援助,要通知他享有这种权利;在司法利益有此需要的案件中,为他指定法律援助,而在他没有足够能力偿付法律援助的案件中,不要他自己付费;

(戊)讯问或业已讯问对他不利的证人,并使对他有利的证人在与对他不利的证人相同的条件下出庭和受讯问;

(己)如他不懂或不会说法庭上所用的语言,能免费获得译员的援助;

(庚)不被强迫作不利于他自己的证言或强迫承认犯罪。

四、对少年的案件,在程序上应考虑到他们的年龄和帮助他们重新做人的需要。

五、凡被判定有罪者,应有权由一个较高级法庭对其定罪及刑罚依法进行复审。

六、在一人按照最后决定已被判定犯刑事罪而其后根据新的或新发现的事实确实表明发生误审,他的定罪被推翻或被赦免的情况下,因这种定罪而受刑罚的人应依法得到赔偿,除非经证明当时不知道的事实的未被及时揭露完全是或部分是由于他自己的缘故。

七、任何人已依一国的法律及刑事程序被最后定罪或宣告无罪者,不得就同一罪名再予审判或惩罚。

第十五条

一、任何人的任何行为或不行为,在其发生时依照国家法或国际法均不构成刑事罪者,不得据以认为犯有刑事罪。所加的刑罚也不得重于犯罪时适用的规定。如果在犯罪之后依法规定了应处以较轻的刑罚,犯罪者应予减刑。

二、任何人的行为或不行为,在其发生时依照各国公认的一般法律原则为犯罪者,本条规定并不妨碍因该行为或不行为而对任何人进行的审判和对他施加的刑罚。

第十六条

人人在任何地方有权被承认在法律前的人格。

第十七条

一、任何人的私生活、家庭、住宅或通信不得加以任意或非法干涉,他的荣誉和名誉不得加以非法攻击。

二、人人有权享受法律保护,以免受这种干涉或攻击。

第十八条

一、人人有权享受思想、良心和宗教自由。此项权利包括维持或改变他的宗教或信仰的自由,以及单独或集体、公开或秘密地以礼拜、戒律、实践和教义来表明他的宗教或信仰的自由。

二、任何人不得遭受足以损害他维持或改变他的宗教或信仰自由的强迫。

三、表示自己的宗教或信仰的自由,仅只受法律所规定的以及为保障公共安全、秩序、卫生或道德、或他人的基本权利和自由所必需的限制。

四、本公约缔约各国承担,尊重父母和(如适用时)法定监护人保证他们的孩子能按照他们自己的信仰接受宗教和道德教育的自由。

第十九条

一、人人有权持有主张,不受干涉。

二、人人有自由发表意见的权利;此项权利包括寻求、接受和传递各种消息和思想的自由,而不论国界,也不论口头的、书写的、印刷的、采取艺术形式的、或通过他所选择的任何其他媒介。

三、本条第二款所规定的权利的行使带有特殊的义务和责任,因此得受某些限制,但这些限制只应由法律规定并为下列条件所必需:

(甲)尊重他人的权利或名誉;

(乙)保障国家安全或公共秩序,或公共卫生或道德。

第二十条

一、任何鼓吹战争的宣传,应以法律加以禁止。

二、任何鼓吹民族、种族或宗教仇恨的主张,构成煽动歧视、敌视或强暴者,应以法律加以禁止。

第二十一条

和平集会的权利应被承认。对此项权利的行使不得加以限制,除去按照法律以及在民主社会中为维护国家安全或公共安全、公共秩序,保护公共卫生或道德或他人的权利和自由的需要而加的限制。

第二十二条

一、人人有权享受与他人结社的自由,包括组织和参加工会以保护他的利益的权利。

二、对此项权利的行使不得加以限制。除去法律所规定的限制以及在民主社会中为维护国家安全或公共安全、公共秩序,保护公共卫生或道德,或他人的权利和自由所必需的限制。本条不应禁止对军队或警察成员的行使此项权利加以合法的限制。

三、本条并不授权参加一九四八年关于结社自由及保护组织权国际劳工组织公约的缔约国采取足以损害该公约中所规定的保证的立法措施,或在应用法律时损害这种保证。

第二十三条

一、家庭是天然的和基本的社会单元,并应受社会和国家的保护。

二、已达结婚年龄的男女缔婚和成立家庭的权利应被承认。

三、只有经男女双方的自由的和完全的同意,才能缔婚。

四、本公约缔约各国应采取适当步骤以保证缔婚双方在缔婚、结婚期间和解除婚约时的权利和责任平等。在解除婚约的情况下,应为儿童规定必要的保护办法。

第二十四条

一、每一儿童应有权享受家庭、社会和国家为其未成年地位给予的必要保护措施,不因种族、肤色、性别、语言、宗教、国籍或社会出身、财产或出生而受任何歧视。

二、每一儿童出生后就立即加以登记,并应有一个名字。

三、每一儿童有权取得一个国籍。

第二十五条

每个公民应有下列权利和机会,不受第二条所述的区分和不受不合理的限制:

(甲)直接或通过自由选择的代表参与公共事务;

(乙)在真正的定期的选举中选举和被选举,这种选举应是普遍的和平等的并以无记名投票方式进行,以保证选举人的意志的自由表达;

(丙)在一般的平等的条件下,参加本国公务。

第二十六条

所有的人在法律前平等,并有权受法律的平等保护,无所歧视。在这方面,法律应禁止任何歧视并保证所有的人得到平等的和有效的保护,以免受基于种族、肤色、性别、语言、宗教、政治或其他见解、国籍或社会出身、财产,出生或其他身份等任何理由的歧视。

第二十七条

在那些存在着人种的、宗教的或语言的少数人的国家中,不得否认这种少数人同他们的集团中的其他成员共同享有自己的文化、信奉和实行自己的宗教或使用自己的语言的权利。

第四部分

第二十八条

一、设立人权事务委员会(在本公约里以下简称"委员会")。它应由十八名委员组成,执行下面所规定的任务。

二、委员应由本公约缔约国国民组成,他们应具有崇高道义地位和在人权方面有公认的专长,并且还应考虑使若干具有法律经验的人参加委员会是有用的。

第二十九条

一、委员会委员由具有第二十八条所规定的资格的人的名单中以无记名投票方式选出,这些人由本公约缔约国为此目的而提名。

二、本公约每一缔约国至多得提名二人,这些人应为提名国的国民。

三、任何人可以被再次提名。

第三十条

一、第一次选举至迟应于本公约生效之日起六个月内举行。

二、除按第三十四条进行补缺选举而外,联合国秘书长应在委员会每次选举前至少四个月书面通知本公约各缔约国,请它们在三个月内提出委员会委员的提名。

三、联合国秘书长应按姓名字母次序编造这样提出的被提名人名单,注明提名他们的缔约国,并应在每次选举前至少一个月将这个名单送交本公约各缔约国。

四、委员会委员的选举应在由联合国秘书长在联合国总部召开的本公约缔约国家会议举行。在这个会议里,本公约缔约国的三分之二应构成法定人数;凡获得最多票数以及出席并投票的缔约国代表的绝对多数票的那些被提名人当选为委员会委员。

第三十一条

一、委员会不得有一个以上的委员同为一个国家的国民。

二、委员会的选举应考虑到成员的公匀地域分配和各种类型文化及各主要法系的代表性。

第三十二条

一、委员会的委员任期四年。他们如被再次提名可以再次当选。然而,第一次选出的委员中有九名的任期在两年后即届满;这九人的姓名应由第三十条第四款所述会议的主席在第一次选举完毕后立即抽签决定。

二、任期届满后的选举应按公约本部分的上述各条进行。

第三十三条

一、如果委员会其他委员一致认为某一委员由于除暂时缺席以外的其他任何原因而已停止执行其任务时,委员会主席应通知联合国秘书长,秘书长应即宣布该委员的席位出缺。

二、倘遇委员会委员死亡或辞职时,主席应立即通知联合国秘书长,秘书长应宣布该席位自死亡日期或辞职生效日期起出缺。

第三十四条

一、按照第三十三条宣布席位出缺时,如果被接替的委员的任期从宣布席位出缺时起不在六个月内届满者,联合国秘书长应通知本公约各个缔约国,各缔约国可在两个月内按照第二十九条的规定,为填补空缺的目的提出提名。

二、联合国秘书长应按姓名字母次序编造这样提出来的被提名人名单,提交本公约各缔约国。然后按照公约本部分的有关规定进行被缺选举。

三、为填补按第三十三条宣布出缺的席位而当选的委员会委员的任期为按同条规定出缺的委员会委员的剩余任期。

第三十五条

委员会委员在获得联合国大会的同意时,可以按照大会鉴于委员会责任的重要性而决定的条件从联合国经费中领取薪俸。

第三十六条

联合国秘书长应为委员会提供必要的工作人员和便利,使能有效执行本公约所规定的职务。

第三十七条

一、联合国秘书长应在联合国总部召开委员会的首次会议。

二、首次会议以后,委员会应按其议事规则所规定的时间开会。

三、委员会会议通常应在联合国总部或联合国驻日内瓦办事处举行。

第三十八条

委员会每个委员就职以前,应在委员会的公开会议上郑重声明他将一秉良心公正无偏地行使其职权。

第三十九条

一、委员会应选举自己的职员,任期二年。他们可以连选连任。

二、委员会应制定自己的议事规则,但在这些规则中应当规定:

(甲)十二名委员构成法定人数;

(乙)委员会的决定由出席委员的多数票作出。

第四十条

一、本公约各缔约国承担在(甲)本公约对有关缔约国生效后的一年内及(乙)此后每逢委员会要求这样做的时候,提出关于它们已经采取而使本公约所承认的各项权利得以实施的措施和关于在享受这些权利方面所作出的进展的报告。

二、所有的报告应送交联合国秘书长转交委员会审议。报告中应指出影响实现本公约的因素和困难,如果存在着这种因素和困难的话。

三、联合国秘书长在同委员会磋商之后,可以把报告中属于专门机构职司范围的部分的副本转交有关的专门机构。

四、委员会应研究本公约各缔约国提出的报告,并应把它自己的报告以及它可能认为适当的一般建议送交各缔约国。委员会也可以把这些意见同它从本公约各缔约国收到的报告的副本一起转交经济及社会理事会。

五、本公约各缔约国得就按照本条第四款所可能作出的意见,向委员会提出意见。

第四十一条

一、本公约缔约国得按照本条规定,随时声明它承认委员会有权接受和审议一缔约国指控另一缔约国不履行它在本公约下的义务的通知。按照本条规定所做的通知,必须是由曾经声明其本身承认委员会有权的缔约国提出的,才能加以接受和审议。任何通知如果是关于尚未作出这种声明的缔约国的,委员会不得加以接受。按照本条规定所接受的通知,应按下列程序处理:

(甲)如本公约某缔约国认为另一缔约国未执行公约的规定,它可以用书面通知提请该国注意此事项。收到通知的国家应在收到后三个月内对发出通知的国家提供一项有关澄清此事项的书面解释或任何其他的书面声明,其中应可能地和恰当地引证在此事上已经采取的、或即将采取的、或现有适用的国内办法和补救措施。

(乙)如果此事项在收受国接到第一次通知后六个月内尚未处理得使双方满意,两国中任何一国有权用通知委员会和对方的方式将此事项提交委员会。

(丙)委员会对于提交给它的事项,应只在它认定在这一事项上已按照普遍公认的国际法原则求助于和用尽了所有现有适用的国内补救措施之后,才加以处理。在补救措施的采取被无理拖延的情况下,此项通知则不适用。

(丁)委员会审议按本条规定所作的通知时,应以秘密会议进行。

(戊)在服从分款(丙)的规定的情况下,委员会应对有关缔约国提供斡旋,以便在尊重本公约所承认的人权和基本自由的基础上求得此事项的友好解决。

(己)在提交委员会的任何事项上,委员会得要求分款(乙)内所述的有关缔约国提供任何有关情报。

(庚)在委员会审议此事项时,分款(乙)内所述的有关缔约国应有权派代表出席并提出口头和/或书面说明。

(辛)委员会应在收到按分款(乙)提出的通知之日起十二个月内提出一项报告:

(1)如果案件在分款(戊)所规定的条件下获得解决,委员在其报告中应限于对事实经过作一简短陈述;案件有关双方提出的书面说明和口头说明的记录,也应附在报告上。在每一事项上,应将报告送交各有关缔约国。

二、本条的规定应有十个本公约缔约国已经作出本条第一款所述的声明时生效。各缔约国的这种声明应交存联合国秘书长;秘书长应将声明副本转交其他缔约国。缔约国得随时通知秘书长撤回声明。此种撤回不得影响对曾经按照本条规定作出通知而要求处理的任何事项的审议;在秘书长收到缔约国撤回声明的通知后,对该缔约国以后所做的通知,不得再予接受,除非该国另外作出了新的声明。

第四十二条

一、(甲)如按第四十一条规定提交委员会处理的事项未能获得使各有关缔约国满意的解决,委员会得经各有关缔约国事先同意,指派一个专设和解委员会(以下简称"和委会")。和委会应对有关缔约国提供斡旋,以便在尊重本公约的基础上求得此事项的友好解决;

(乙)和委会由各有关缔约国接受的委员五人组成。如各有关缔约国于三个月内对和委会组成的全部或一部分未能达成协议,未得协议和委会委员应由委员会用无记名投票方式以三分之二多数自其本身委员中选出。

二、和委会委员以其个人身份进行工作。委员不得为有关缔约国的国民,或为非本公约缔约国的国民,或未按第四十一条规定作出声明的缔约国的国民。

三、和委会应选举自己的主席及制定自己的议事规则。

四、和委会会议通常应在联合国总部或联合国驻日内瓦办事处举行,但亦得在和委会同联合国秘书长及各有关缔约国磋商后决定的其他方便地点举行。

五、按第三十六条设置的秘书处应亦为按本条指派的和委会服务。

六、委员会所收集整理的情报,应提供给和委会,和委会亦得请有关缔约国提供任何其他有关情报。

七、和委会于详尽审议此事项后,无论如何应于受理该事项后十二个月内,向委员会主席提出报告,转送各有关缔约国:

(甲)如果和委会未能在十二个月内完成对案件的审议,和委会在其报告中应限于对其审议案件的情况作一简短的陈述;

(乙)如果案件不能在尊重本公约所承认的人权的基础上求得友好解决,和委会在其报告中应限于对事实经过和所获解决作一简短陈述;

(丙)如果案件不能在分款(乙)规定的条件下获得解决,和委会在其报告中应说明对于各有关缔约国间争执事件的一切有关事实问题的结论,以及对于就该事件寻求友好解决的各种可能性的意见。此项报告中亦应载有各有关缔约国提出的书面说明和口头说明的记录;

(丁)和委会的报告如系按分款(丙)的规定提出,各有关缔约国应于收到报告后三个月内通知委员会主席是否接受和委员的报告的内容。

八、本条规定不影响委员会在第四十一条下所负的责任。

九、各有关缔约国应依照联合国秘书长所提概算,平均负担和委会委员的一切费用。

十、联合国秘书长应被授权于必要时在各有关缔约国依本条第九款偿还用款之前,支付和委员会委员的费用。

第四十三条

委员会委员,以及依第四十二条可能指派的专设和解委员会委员,应有权享受联合国特权及豁免公约内有关各款为因联合国公务出差的专家所规定的各种便利、特权与豁免。

第四十四条

有关实施本公约的规定,其适用不得妨碍联合国及各专门机构的组织法及公约在人权方面所订的程序,或根据此等组织法及公约所订的程序,亦不得阻止本公约各缔约国依照彼此间现行的一般或特别国际协定,采用其他程序解决争端。

第四十五条

委员会应经由经济及社会理事会向联合国大会提出关于它的工作的年度报告。

第五部分

第四十六条

本公约的任何部分不得解释为有损联合国宪章和各专门机构组织法中确定联合国各机构和各专门机构在本公约所涉及事项方面的责任的规定。

第四十七条

本公约的任何部分不得解释为有损所有人民充分地和自由地享受和利用它们的天然财富与资源的固有的权利。

第六部分

第四十八条

一、本公约开放给联合国任何会员国或其专门机构的任何会员国、国际法院规约的任何当事国、和经联合国大会邀请为本公约缔约国的任何其他国家签字。

二、本公约须经批准。批准书应交存联合国秘书长。

三、本公约应开放给本条第一款所述的任何国家加入。

四、加入应向联合国秘书长交存加入书。

五、联合国秘书长应将每一批准书或加入书的交存通知已经签字或加入本公约的所有国家。

第四十九条

一、本公约应自第三十五件批准书或加入书交存联合国秘书长之日起三个月生效。

二、对于在第三十五件批准书或加入书交存后批准或加入本公约的国家，本公约应自该国交存批准书或加入书之日起三个月生效。

第五十条

本公约的规定应扩及联邦国家的所有部分，没有任何限制和例外。

第五十一条

一、本公约的任何缔约国均得提出对本公约的修正案，并将其提交联合国秘书长。秘书长应立即将提出的修正案转知本公约各缔约国，同时请它们通知秘书长是否赞成召开缔约国家会议以审议这个提案并对它进行表决。在至少有三分之一缔约国家赞成召开这一会议的情况下，秘书长应在联合国主持下召开此会议。为会议上出席投票的多数缔约国家所通过的任何修正案，应提交联合国大会批准。

二、此等修正案由联合国大会批准并为本公约缔约国的三分之二多数按照它们各自的宪法程序加以接受后，即行生效。

三、此等修正案生效时，对已加接受的各缔约国有拘束力，其他缔约国仍受本公约的条款和它们已接受的任何以前的修正案的拘束。

第五十二条

除按照第四十八条第五款作出的通知外，联合国秘书长应将下列事项通知同条第一款所述的所有国家：

（甲）按照第四十八条规定所作的签字、批准和加入；

（乙）本公约按照第四十九条规定生效的日期，以及对本公约的任何修正案按照第五十一条规定生效的日期。

第五十三条

一、本公约应交存联合国档库，其中文、英文、法文、俄文、西班牙文各本同一作准。

二、联合国秘书长应将本公约的正式副本送第四十八条所指的所有国家。

5. 公民权利和政治权利国际公约任择议定书

（联合国大会 1966 年 12 月 16 日通过）

本议定书缔约国，

认为为求进一步达成公民权利和政治权利国际公约（以下简称公约）的目标及实施其各项规定，允宜授权公约第四部分所设的人权事务委员会（以下简称委员会）依照本议定书所定办法，接受并审查个人声称因公约所载任何权利遭受侵害而为受害人的来文，

兹议定如下：

第一条

成为本议定书缔约国的公约缔约国承认委员会有权接受并审查该国管辖下的个人声称为该缔约国侵害公约所载任何权利的受害者的来文。来文所涉公约缔约国如非本议定书的缔约国，委员会不得予以接受。

第二条

以不违反第一条的规定为限，凡声称其在公约规定下的任何权利遭受侵害的个人，如对可以运用的国内补救办法，悉已援用无遗，得向委员会书面提出申请，由委员会审查。

第三条

依据本议定书提送的任何来文，如系不具名、或经委员会认为滥用此项呈文权、或不符合公约的规定者，委员会应不予受理。

第四条

一、除第三条规定外，委员会应将根据本议定书所提出的任何来文提请被控违反公约任何规定的本议定书缔约国注意。

二、收到通知的国家应于六个月内书面向委员会提出解释或声明，说明原委，如该国业已采取救济办法，则亦应一并说明。

第五条

一、委员会应参照该个人及关系缔约国所提出的一切书面资料，审查根据本议定书所收到的来文。

二、委员会不得审查任何个人来文，除非已断定：

（子）同一事件不在另一国际调查或解决程序审查之中；

（丑）该个人对可以运用的国内补救办法悉已援用无遗。但如补救办法的实施有不合理的拖延，则不在此限。

三、委员会审查本议定书所称的来文，应举行不公开会议。

四、委员会应向关系缔约国及该个人提出其意见。

第六条

委员会应将其根据本议定书进行的工作摘要列入公约第四十五条所规定的委员会年度报告。

第七条

在 1960 年 12 月 14 日联合国大会通过关于给予殖民地国家和人民独立宣言的第 1514（XU）号决议目标未达成以前,凡联合国宪章及联合国与其各专门机构主持下订立的其他国际公约与文书给予此等人民的请愿权利,不因本议定书各项规定而受任何限制。

第八条

一、本议定书开放给业已签署公约的国家签字。

二、本议定书须经业已批准或加入公约的国家批准。批准书应交存联合国秘书长。

三、本议定书开放给业已批准或加入公约的国家加入。

四、加入应向联合国秘书长交存加入书。

五、联合国秘书长应将每一批准书或加入书的交存,通知业已签署或加入本议定书的所有国家。

第九条

一、以公约生效为条件,本议定书应于第十件批准书或加入书交存联合国秘书长之日起三个月发生效力。

二、对于第十件批准书或加入书交存后批准或加入本议定书的国家,本议定书应自该国交存批准书或加入书之日起三个月发生效力。

第十条

本议定书各项规定应一律适用于联邦国家的全部领土,并无限制或例外。

第十一条

一、本议定书缔约国得提议修改本议定书,将修正案提交联合国秘书长。秘书长应将提议之修正案分送本议定书各缔约国,并请其通知是否赞成召开缔约国会议,以审议并表决所提议案。如缔约国三分之一以上赞成召开会议,秘书长应在联合国主持下召此会议。经出席会议并投票的缔约国过半数通过的修正案,应提请联合国大会核可。

二、修正案经联合国大会核可,并经本议定书缔约国三分之二各依本国宪法程序接受后,即发生效力。

三、修正案生效后,对接受此种修正的缔约国具有拘束力;其他缔约国仍受本议定书原订条款及其前此所接受修正案的拘束。

第十二条

一、任何缔约国得随时书面通知联合国秘书长退出本议定书。退约应于秘书长接得通知之日起三个月发生效力。

二、退约不得影响本议定书各项规定对于退约生效日期以前依照第二条提出的任何来文的继续适用。

第十三条

除本议定书第八条第五款的通知外,联合国秘书长应将下列事项通知公约第四十八条第一款所称的所有国家：

（子）依第八条所为的签字、批准及加入；

（丑）依第九条本议定书发生效力的日期，及依第十一条任何修正案发生效力的日期；

（寅）依第十二条提出的退约。

第十四条

一、本议定书应交存联合国档库，其中文、英文、法文、俄文及西班牙文各本同一作准。

二、联合国秘书长应将本议定书正式副本分送公约第四十八条所称的所有国家。

6. 旨在废除死刑的《公民权利和政治权利国际公约》第二任择议定书

（联合国大会 1989 年 12 月 15 日通过）

本议定书缔约国，

认为废除死刑有助于提高人的尊严和促使人权的持续发展，

回顾 1948 年 12 月 10 日通过的《世界人权宣言》的第三条和 1966 年 12 月 16 日通过的《公民权利和政治权利国际公约》的第六条，

注意到《公民权利和政治权利国际公约》第六条提到废除死刑所用的措词强烈暗示废除死刑是可取的，

深信废除死刑的所有措施应被视为是在享受生命方面的进步，

切望在此对废除死刑作出国际承诺，

兹议定如下：

第一条

一、在本议定书缔约国管辖范围内，任何人不得被处死刑。

二、每一缔约国应采取一切必要措施在其管辖范围内废除死刑。

第二条

一、本议定书不接受任何保留，唯在批准或加入时可提出这样一项保留：即规定在战时可对在战时犯下最严重军事性罪行被判罪的人适用死刑。

二、提出这项保留的缔约国在批准或加入时应向联合国秘书长递交在战时适用的本国法律有关规定。

三、提出这项保留的缔约国应把适用于其本国领土的任何战争状态的开始或结束通知秘书长。

第三条

本议定书缔约国应在其按照公约第四十条的规定向人权事务委员会提交的报告中载列他们为实施本议定书而采取的措施的资料。

第四条

对于按照公约第四十一条作出声明的缔约国，人权事务委员会关于接受和审议缔约国声称另一缔约国不履行其义务的来文的权限，应扩大以包括本议定书的各项规定，除非有关缔约国在批准或加入时作出相反的声明。

第五条

对于 1966 年 12 月 16 日通过的《公民权利和政治权利国际公约》第一任择议定书的缔约

国,人权事务委员会关于接受和审议受有关国家管辖的个人的来文的权限,应扩大以包括本议定书的各项规定,除非有关缔约国在批准或加入时作出相反的声明。

第六条

一、本议定书的规定应作为公约的附加规定予以适用。

二、在不妨碍可能根据本议定书第二条提出保留的条件下,本议定书第一条第一款所保证的权利不应受到公约第四条的任何克减。

第七条

一、本议定书开放给业已签署公约的国家签字。

二、本议定书须经业已批准或加入公约的国家批准。批准书应交存联合国秘书长。

三、本议定书开放给业已批准或加入公约的国家加入。

四、加入时应向联合国秘书长交存加入书。

五、联合国秘书长应将每一批准书或加入书的交存通知业已签署或加入本议定书的所有国家。

第八条

一、本议定书应于第十件批准书或加入书交存联合国秘书长之日起三个月后发生效力。

二、对于第十件批准书或加入书交存后批准或加入本议定书的国家,本议定书应自该国交存批准书或加入书之日起三个月后发生效力。

第九条

本议定书各项规定应一律适用于联邦国家的全部领土并无限制或例外。

第十条

联合国秘书长应将下列事项通知公约第四十八条第一款所称的所有国家:

（a）根据本议定书第二条提出的保留意见、来文和通知；

（b）据本议定书第四或第五条提出的声明；

（c）根据本议定书第八条所作的签署、批准和加入；

（d）根据本议定书第八条本议定书发生效力的日期。

第十一条

一、本议定书应交存联合国档案库,其阿拉伯文、中文、英文、俄文和西班牙文各本同一作准。

二、联合国秘书长应将本议定书正式副本分送公约第四十八条所称的所有国家。

附 人权事务委员会一般性意见

第十三届会议(1981年)

第4号 一般性意见

第3条 男女平等享有所有公民权利和政治权利

1.《公约》第3条规定各缔约国保证男女在享有《公约》所规定的一切公民权利和政治权利方面有平等的权利。许多缔约国的报告对这一点没有充分讨论,它引起了一些忧虑,其中有两点可以着重指出。

2. 第一,第3条,如同第2(1)条和第26条[主要讨论防止基于各种理由(性别是其中之一)的歧视],不仅要求采取保护措施,还要求采取旨在保证积极享有权利的正面行动。这不能单凭立法来完成。因此,通常需要更多有关妇女实际地位的资料,以确定在纯粹的法律保护措施以外,还采取了或正在采取什么措施,以实施第3条规定的明确积极的义务,并确定在这方面有何进展和遇到什么因素或困难。

3. 第二,各缔约国承担该条规定的积极义务本身就可能对专为管理不在《公约》内但会严重影响《公约》确认的权利的事务而制定的法律或行政措施有着不可避免的影响。其中一例是,区分男女公民的移民法会不会达到严重影响妇女与非公民结婚或担任公职的权利的程度。

4. 因此,委员会认为,如果特别注意由专门指定的机构或机关对男女有别而严重影响到《公约》规定的权利的法律或措施进行审查,将会对缔约国有帮助。再者,各缔约国应在其报告中提供旨在执行其本条规定的义务的一切法律或其他的措施的具体资料。

5. 委员会认为,如能够更多利用现有的国际合作方法,以求在解决关于保证男女平等权利的实际问题中交换经验和安排援助,可能有帮助于缔约国履行这项义务。

第十六届会议(1982年)
第7号 一般性意见

第7条

1. 在审查缔约国的报告时,委员会成员经常要求根据第7条提供进一步的资料。该条首先禁止酷刑或残忍、不人道或侮辱性的待遇或惩罚。委员会回顾,根据第4条第2款规定,即便在诸如第4条第1款所设想的社会紧急状态,这项规定也不得予以克减。本条款的宗旨是保护个人的人格完整和尊严。委员会注意到,禁止这种待遇或惩罚,或使它构成一种罪行,并不足以保证本条得以执行。大多数国家的刑法对滥施酷刑或使用类似手段的案例都有适用的规定。由于这种情况仍然发生,根据第7条,连同本《公约》第2条的规定,缔约国应当通过某种管制机构,保证提供有效的保护,有关当局必须有效调查人们因受虐待而提出的申诉,查明有罪的人必须承担罪责,指称的被害人本身应当有办法谋求有效的补救措施,包括得到补偿的权利,或许可以达成有效管制的保护措施有:禁止单独监禁的规定,在不妨碍调查的情况下,允许诸如医生、律师和家庭成员等人同被拘禁人会面,明文规定被拘禁人应当拘留在公开认可的场所,同时被拘禁人的姓名和拘禁地点应当记载在诸如家属等有关人士可以查询的中央登记簿内,规定自供状或通过酷刑或违反第7条规定的其他待遇取得的其他证据不得呈交法庭以及在对执法人员的训练和指示中应禁止他们施加这种待遇。

2. 从本条款的规定看来,需要提供保护的范围极广,远远超过一般所知的酷刑。明确地区分各种被禁止的待遇或惩罚或许是不必要的,这些差别视某一种特定待遇的种类、目的或严厉的程度而定。委员会认为,禁止的范围应当扩及肉刑,包括以毒打作为教训和惩戒措施。根据情况,甚至连诸如单独监禁这样的措施,特别是当禁止与外界接触时,也可能违反本条款的规定。此外,本条款显然不仅保护被逮捕或被监禁的人,而且也保护教育和医疗机构内的学生和病人。最后,即便犯这种罪的人并没有任何法定权力或在法定的权力之外犯罪,政府仍有责任确保法律提供保护,禁止施加这种待遇。对于所有被剥夺自由的人,除了禁止施加违反第7条的待遇之外,还要采取《公约》第10条第1款所规定的积极措施。该款规定,对他们应当给予人道和尊重其固有人格尊严的待遇。

3. 这些禁例特别扩及未经有关个人自由同意而施加的医学或科学实验(第7条,第2句)。委员会注意到,关于这一点,缔约国报告所提供的资料一般相当少,甚或完全不提。它认为,至少在科学和医药十分发达的国家里,如果它们的实验影响到境外的人民和地区,则甚至对这些人民和地区,也应当加倍照顾,注意是否有需要确保这项规定得到遵守和可能的办法。当这些人没有能力表示同意时,对于这种实验就需要特别加以防护。

第二十一届会议(1984年)
第12号 一般性意见

第1条

1. 依照《联合国宪章》的宗旨和原则,《公民权利和政治权利国际公约》第1条确认所有人民都有自决权。自决权具有特别重要的意义,因为自决权的实现是有效地保障和遵守个人人权以及促进及巩固这些权利的基本条件。基于这些原因,缔约国将自决权载列在两项公约的成文法条款中,并将此权利与由两项公约所提的其他权利加以区别,作为第1条列于所有其他权利之前。

2. 第1条第1款和第2款包含了所有人民的不可剥夺权利。他们凭这种权利自由"决定他们的政治地位,并自由谋求他们的经济、社会和文化的发展"。该条款要求各缔约国承担相应的义务。这项权利及落实这项权利的义务是与《公约》的其他条款和国际法的条例相互关联的。

3. 虽然各缔约国有义务就第1条提出报告,但只有一些报告对该条每款作出详细的解释。委员会指出许多报告完全忽视了第1条,提供的资料不足够,或只限于提及选举法。委员会认为缔约国的报告最好载有关于第1条各款的资料。

4. 关于第1条第1款,缔约国应说明实际允许行使该项权利的宪法程序和政治程序。

5. 第2条申明自决权的经济含义某一方面;即所有人民得为他们自己的目的自由"处置他们的天然财富和资源,而不损害根据基于互利原则的国际经济合作和国际法而产生的任何义务。在任何情况下不得剥夺一个人民自己的生存手段"。由于这项权利,各缔约国和国际社会应当承担相应的义务。各缔约国应指出有哪些因素或困难使它们不能依照本款的规定自由处置其天然财富和资源,并说明这些因素或困难使《公约》所述其他权利的享有受到任何程度的影响。

6. 委员会认为第3款特别重要,因为依照该款的规定,缔约国不仅对其本国人民承担具体的义务,而且对无法行使自决权或被剥夺了行使自决权机会的所有人民都要承担具体的义务。从该款的起草过程可以确证该款的总括性质。该款规定:"本公约缔约各国,包括那些负责管理非自治领土和托管领土的国家,应在符合联合国宪章规定的条件下,促进自决权的实现,并尊重这种权利"。无论享有自决权的人民是否附属于本《公约》缔约国,这项义务都应予承担。为此,《公约》缔约各国应采取积极的行动,促进人民自决权的实现,并尊重这种权利。这种积极的行动必须符合《联合国宪章》和国际法规定下各国应该承担的义务。缔约各国尤其不要干预其他国家的内政,以免对自决权的行使产生不利的影响。提出的报告应载有资料说明履行这些义务的情况和为此目的而采取的措施。

7. 关于《公约》第 1 条,委员会提到与所有人民的自决权有关的其他国际文书,特别提到大会 1970 年 10 月 24 日通过的《关于各国依联合国宪章建立友好关系及合作的国际法原则的宣言》[大会第 2625(XXV)号决议]。

8. 委员会认为,历史证明实现各尊重人民的自决权,有助于在各国之间建立友好关系及合作,以及加强国际和平与谅解。

第三十七届会议(1989 年)
第 18 号 一般性意见:不得歧视

1. 不得歧视、法律面前平等以及法律的无所歧视的平等保护,是保护人权的基本而普遍的原则。因此,《公民权利和政治权利国际公约》的第 2 条第 1 款规定,每一缔约国应承担尊重和保证在其领土内和受其管辖的一切个人享有本《公约》所承认的权利,不分种族、肤色、性别、语言、宗教、政治或其他见解、国籍或社会出身、财产、出生或其他身份等任何区别、第 26 条不仅使所有人在法律面前平等,并有权受法律的平等保护,而且也禁止法律的任何歧视并保证所有的人得到平等的和有效的保护,以免受基于种族、肤色、性别、语言、宗教、政治或其他见解、国籍或社会出身、财产、出生或其他身份等任何理由的歧视。

2. 不得歧视的原则确实非常基本,以致第 3 条规定,各缔约国应承担保证男子和妇女在享有本《公约》所载一切公民和政治权利方面有平等的权利。尽管第 4 条第 1 款允许缔约国在公共紧急状态下采取措施克减其在本《公约》下所承担的义务,但是,该条特别规定这些措施不得包含纯粹基于种族、肤色、性别、语言、宗教或社会出身的理由的歧视。此外,第 20 条第 2 款规定,缔约国应以法律禁止构成煽动歧视的任何鼓吹民族、种族或宗教仇恨的主张。

3. 由于不得歧视、法律面前平等以及法律的平等保护等原则具有基本和普遍性质,在谈到特定人权的条款中有时也明白加以引证。第 14 条第 1 款规定,所有人在法庭和裁判面前一律平等,并且同一条的第 3 款规定,在判定对他提出的任何刑事指控时,人人完全平等地有权享受第 3 款(a)至(g)项所列的最低限度的保证。同样,第 25 条规定,每个公民不受第 2 条所述区分的限制而平等地参加公共生活。

4. 缔约国可自行决定执行有关条款的适当措施。但是,应向委员会报告这类措施的性质以及它们是否符合不得歧视、法律面前平等以及法律的平等保护等原则。

5. 委员会谨提请缔约国注意,本公约有时明白要求它们采取措施,保证有关人员的权利的平等。例如,第 23 条第 4 款规定,缔约国应采取适当步骤去保证缔婚双方在缔婚、结婚期间和解除婚约时的权利和责任平等。这类步骤可采取立法、行政或其他措施为形式,但缔约国有积极义务确保缔婚双方如本《公约》所规定的享有平等权利。对于儿童,第 24 条规定,第一儿童应有权享有家庭社会和国家为其未成年地位给予的必要保护措施,不因种族、肤色、性别、语言、宗教、国籍、或社会出身、财产或出生而受任何歧视。

6. 委员会注意到本《公约》既未为"歧视"一词下定义，也未指明歧视的内容。但是，《消除一切形式种族歧视国际公约》第1条规定，"种族歧视"是指基于种族、肤色、世系或民族或人种的任何区别、排斥、限制或优惠，其目的或效果为取消或损害在政治、经济、社会、文化或公共生活任何其他方面平等确认、享受或行使人权及基本自由。同样，《消除对妇女一切形式歧视公约》第1条规定，"对妇女的歧视"是指基于性别而作的任何区别、排斥或限制，其影响或其目的均足以妨碍或否认妇女不论已婚未婚在男女平等的基础上认识、享有或行使在政治、经济、社会、文化、公民或任何其他方面的人权和基本自由。

7. 尽管这些公约只适用于根据特定理由的歧视事件，委员会认为，本《公约》中所用"歧视"一词的含义应指任何基于种族、肤色、性别、语言、宗教、政治或其他见解、国籍或社会出身、财产、出生或其他身份的任何区域、排斥、限制或优惠，其目的或效果为否认或妨碍任何人在平等的基础上认识、享有或行使一切权利和自由。

8. 但是，在平等的基础上享受权利和自由并不意味着在每一情况下的同等待遇。在此方面，本《公约》有明文规定。例如，第6条第5款禁止对18岁以下的人判处死刑。同一款禁止对孕妇执行死刑。同样，第10条第3款规定把少年罪犯与成年人隔离开。此外，第25条保证因公民身份而取得的某些政治权利。

9. 许多缔约国的报告中载有关于防止歧视的法律保护的立法和行政措施以及法院裁决的资料，但常常缺乏揭露歧视事实的资料。缔约国就本《公约》第2条第1款、第3条和第20条提出报告时，通常引证它们的宪法或机会均等法中关于人人平等的条款。这些资料固然有用，但委员会想了解的是是否存在任何实际歧视的问题，这种歧视可能是由公共机关、社区或私人或私人机构实行的。委员会希望了解旨在减少或消除这种歧视的法律规定和行政措施。

10. 委员会还希望指出，平等原则有时要求缔约国采取积极行动，以减少或消除会引起本公约所禁止的歧视或使其持续下去的条件。例如，如果一国中某一部分人口的普遍状况阻碍或损害他们对人权的享受，国家应采取具体行动纠正这种状况。这种行动可包括在一般时间内给予有关部分人口在具体事务上某些比其他人口优惠的待遇。但是，只要这种行动是纠正事实上的歧视所必要的，就是本公约下的合法差别待遇。

11. 第2条第1款和第26条都列举了种族、肤色、性别、语言、宗教、政治或其他见解、国籍或社会出身、财产、出生或其他身份等歧视理由。委员会注意到，一些宪法和法律并未列举第2条第1款所述的禁止歧视的所有理由。因此，委员会希望从缔约国处获得有关这类遗漏的重要影响的资料。

12. 尽管第2条把受到保护不得歧视的各项权利限制在本《公约》规定的范围内，第26条却未具体规定这种限制。这就是说，第26条规定，所有的人在法律面前平等，并有权受法律的平等保护，无所歧视，并且法律应保证所有的人得到平等和有效的保护，以免受基于任何所列原因的歧视。委员会认为，第26条并不仅仅重复第2条已经作出的保证，而是本身就规定了一项单独存在的权利。它禁止公共当局管理和保护的任何领域中法律上或事实上的歧视。因此，第26条关心的是缔约国在立法及其应用方面承担的义务。因此，当某一缔约国通过立法时，必须符合第26条的要求，其内容不应是歧视性的。换言之，第26条所载的非歧视原则不仅适用于《公约》规定的权利。

13. 最后,委员会注意到,并非所有区别待遇都是歧视,只要这种区别的标准是合理和客观的,并且是为了达到根据《公约》视为合法的目的。

第五十届会议(1994 年)
第 23 号　一般性意见

第 27 条　少数群体的权利

1. 《公约》第 27 条规定,凡存在种族宗教或语言少数的国家,属于这种少数的人不应被剥夺了与同一群体的其他成员一起享受自己文化、信奉自己宗教、或使用自己语言的权利。委员会认为,这一条规定并确认了赋予属于少数群体的个人的权利,这种权利有别于、并且自外于、人人已经能够根据《公约》享受的一切其他权利。

2. 在根据任择议定书提交委员会的一些来文中,受到第 27 条保护的权利已经同《公约》第 1 条中所宣示的人民自决权利混淆了。此外,在缔约国根据《公约》第 40 条提交的报告中,缔约国根据第 27 条应有的义务有时候也与它们根据第 2 条第 1 款确保人人丝毫不受歧视地享受在《公约》中得到保证的权利的责任互相混淆,也同第 26 条规定的人人在法律前平等并且受法律的平等保护的权利互相混淆。

3.1　《公约》区分了自决权利和根据第 21 条受到保护的权利。前者被表示为属于民族的权利,在《公约》的另一部分(第一部分)中作出规定。自决并不是可依任择议定书予以确认的权利。另一方面,第 27 条则涉及赋予个人的这类权利,并且同涉及给予个人的其他个人权利一样,载于《公约》的第三部分,并且能够在《公约》中予以确认。①

3.2　第 27 条中所载述权利的享受不得违反缔约国的主权和领土完整。同时,依照该条受到保护的权利的这个或那个方面——例如享受某一种特定文化——可能是同领土和资源的使用密切相关的一种生活方式。② 对构成少数的土著社区成员来说,这一点可能特别真切。

4. 《公约》也区别依照第 27 条受到保护的权利和依第 2 条第 1 款和第 26 条得到的保证。依照第 2 条第 1 款有权丝毫不受歧视地享受《公约》规定的情况适用于领土范围内或国家管辖范围内的所有个人,无论这些人是否属于少数群体。此外,第 26 条规定了:人人在法律前平等、有权受法律的平等保护的情况在国家所给予的权利和所责成的义务上丝毫不受歧视。这一条制约着缔约国以法律赋予其境内或管辖范围内的个人的一切权利的行使——无论这些权利是否在《公约》下得到保护,也不论这些个人是否属于第 27 条中所载述的少数群体。③ 有些声称不基于种族、语言或宗教原因进行歧视的缔约国光是以这个论点为依据,错误地坚持认为,他们没有任何少数群体。

---

①　见《大会正式纪录,第三十九届会议,补编第 40 号》,(A/39/40),附件六,一般性意见第 12(21)号(第 1 条),也载于 CCPR/C/21/Rev. 1 号文件印发;《同上,第四十五届会议,补编第 40 号》,(A/45/40),第二卷,附件四,A 节,第 167/1984 号来文(BERNARDOMINAYAK, CHIEF OF THE LUBICON LAKE BAND 诉加拿大),1990 年 3 月 26 日通过的意见。

②　见《大会正式纪录,第四十三届会议,补编第 40 号》,(A/43/40),附件七,G 节,第 197/1985 号来文(KITOK 诉瑞典),1988 年 7 月 27 日通过的意见。

③　见《大会正式纪录,第四十二届会议,补编第 40 号》,(A/42/40),附件八,D 节,第 182/1984 号来文(F. H. ZWAAN-DE VRIES 诉荷兰),1987 年 4 月 9 日通过的意见;同上,C 节,第 180/1984 号来文(L. G. DANNING 诉荷兰),1987 年 4 月 9 日通过的意见。

5.1 第27条中的用语表明,所要保护的人是属于某一群体的人,这种人共同享有某种文化、宗教和/或某种语言。这些用语也表明,所要保护的个人不必是缔约国的公民。在这方面,来源于第2条第1款的义务也是适切的,因为第2条责成缔约国确保在其境内或者在其管辖范围内的所有个人都能够根据《公约》享受受到保护的权利,但是第25条所规定的政治权利等明文规定只适用于公民的权利除外。因此,缔约国不得限定第27条所规定的权利只适用于公民。

5.2 第27条赋予"存在于"缔约国内的、属于少数的人一些权利。鉴于该条所设想的权利的性质和范围,确定"存在"一词所指的永久程度并不妥当。这些权利只是,属于少数群体的个人不应该被剥夺了与他们的群体一起享受自己的文化、信奉自己的宗教和说自己的语言的权利。正如同他们不必是国民或公民一样,他们也不必是永久居民。因此,在缔约国内构成这种少数群体的移徙工人甚或游客行使上述权利的权利都是不容剥夺的。如同缔约国境内的任何其他个人一样,他们也为了这种目的拥有结社自由、集会自由、和言论自由、等普遍性权利。某一缔约国是否有在种族、宗教和语言上属于少数的人并不取决于该缔约国的决定,而是按照客观的标准予以确定的。

5.3 在语言上属于少数的人在他们之间、私下、或公开、使用自己语言的权利有别于依照《公约》得到保护的其他语言权利。尤其,它应该有别于依照第19条享有得到保护的言论自由的普遍权利。所有的人都能够享有后一权利,不论他们是否属于少数群体。此外,依照第27条得到保护的权利应该有别于公约第14条第3款赋予被告的、对在法庭上使用的、他们不能懂或不能说的语言提供翻译的特定权利。在任何其他情形下,第14条第3款都不给予被告在法庭诉讼中使用或说自己选择的语言的权利。④

6.1 虽然第27条用否定的措辞方式表示,但该条并不确认某种"权利"存在,而是规定,不应予以否定。因此,缔约国有责任确保这种权利的存在和行使,使其不致受到否定和违反。因此需要采取的积极措施,不仅针对缔约国本身的行为——无论是通过其立法、司法或行政当局采取的行为,而且针对缔约国境内任何其他人的行为。

6.2 虽然依照第27条受到保护的权利是个人的权利,它们又取决于少数人群体维持其文化、语言和宗教的能力。因此可能也有必要由国家采取积极的措施以保护少数人群体的特性以及其成员享受和发展自己的文化和语言并同群体内的其他成员一起信奉宗教的权利。在这一点上,应该注意,上述措施必须在处理不同少数群体之间关系和处理少数群体成员与人口中其余部分之间关系上尊重公约第2条第1款和第26条的规定。但是只要这些措施的目的是改正妨碍或损害对第27条所保证的权利的享受的状况,它们可能在公约下构成某种合法的区别,条件是这种区别必须以合理和客观的标准为基础。

7. 关于第27条所保护的文化权利的行使,委员会认为,文化本身以多种形式表现出来,包括与土地资源的使用有联系的特定生活方式,土著人民的情况更是这样。这种权利可能包括渔猎等传统活动和受到法律保护的住在保留区内的权利。⑤ 为了享受上述权利,可能需要

---

④ 见《大会正式纪录,第四十五届会议,补编第40号》,(A/45/40),第二卷,附件十,A 节,第 220/1987 号来文(T. K. 诉法国),1989 年 11 月 8 日通过的决定;同上,B 节,第 222/1987 号来文(M. K. 诉法国),1989 年 11 月 8 日通过的决定。

⑤ 见上注1和注2,第 167/1984 号来文(BERNARD OMINAYAK, CHIEF OFTHELUBICON LAKE BAND 诉加拿大),1990 年 3 月 26 日通过的意见和第 197/1985 号来文(KITOK 诉瑞典),1988 年 7 月 27 日通过的意见。

采取积极的法律保护措施和确保少数群体的成员切实参与涉及他们的决定。

8. 委员会认为,《公约》第 27 条所保护的权利的行使方式和范围均不得违反《公约》的其他规定。

9. 委员会总结认为,第 27 条载述了其保护对缔约国形成特定义务的一些权利。保护这些权利的目的是要确保有关少数群体的文化、宗教和社会特性得以存活和持续发展,从而加强整个社会的结构。因此,委员会认为,这些权利应该以上述方式予以保护,而不应该同依照《公约》赋予一个人和所有人的其他人身权利混淆起来。因此缔约国有义务确保这些权利的行使得到充分的保护,缔约国应该在提交的报告中说明为此目的采取了哪些措施。

第七十二届会议(2001 年)

第 29 号 一般性意见

第 4 条 (紧急状态期间的克减问题)

1.《公约》第 4 条对于《公约》的人权保护制度是极为重要的。一方面,它允许缔约国单方面暂时克减其在《公约》下所承担的一部分义务。另一方面,第 4 条规定,这一克减措施以及其实质后果得遵守一个特别的保障制度。克减《公约》义务的缔约国,其主要目标应是恢复正常状态,确保重新全面遵守《公约》。委员会的这项一般性意见,将取代其第十三届会议(1981)通过的第 5 号一般性意见,目的是力求帮助缔约国遵守第四条的规定。

2. 克减《公约》条款的措施,必须是非常性和临时性措施。一个国家在援引第 4 条时,必须符合两个基本条件:情况之紧急已威胁到民族之存亡,且缔约国必须已经正式宣布紧急状态。后一项要求对于在最有此需要时维持合法的原则和法治是必要的。在宣布可能引起克减《公约》任何条款的紧急状态时,国家采取的行动必须符合其宪法,以及宣布紧急状态和行使紧急状态权力的其他法律规定;委员会的任务,是在有关法律是否能够和确保遵守第四条方面,对之进行监督。为了让委员会履行其任务,《公约》缔约国应在其按照第四十条提交的报告中,包括有关其在紧急权力领域里的法律和做法的充分和精确资料。

3. 并非每一起骚乱或灾祸都符合第四条第一款的规定,属危及民族存亡的公共紧急情况。在武装冲突期间,不论是国际性或非国际性的,均应适用国际人道主义法的规则,这方面的规则与《公约》第四条和第五条第一款的规定一样,有助于防止国家滥用紧急权力。《公约》规定,即使在武装冲突期间,也只能在形势威胁到国家存亡的情况下并在此范围内,才允许采取克减《公约》的措施。如果缔约国考虑在武装冲突之外的情况下援引第 4 条,它们应仔细考虑为什么在这些情况下这一措施是必要和合法的理由。对有些缔约国克减《公约》所保护的权利,或缔约国国内法似乎允许在第四条以外的情况下允许这类克减,委员会曾多次表示关切。①

---

① 见下列结论性意见:坦桑尼亚联合共和国(1992),CCPR/C/79/Add.12,第 7 段;多米尼加共和国(1993),CCPR/C/79/Add.18,第 4 段;大不列颠及北爱尔兰联合王国(1995),CCPR/C/79/Add.55,第 23 段;秘鲁(1996),CCPR/C/79/Add.67,第 11 段;玻利维亚(1997),CCPR/C/79/Add.74,第 14 段;哥伦比亚(1997),CCPR/C/79/Add.76,第 25 段;黎巴嫩(1997),CCPR/C/79/Add.78,第 10 段;乌拉圭(1998),CCPR/C/79/Add.90,第 8 段;以色列(1998),CCPR/C/79/Add.93,第 11 段。

4. 第4条第1款规定,任何克减《公约》的措施,其基本要求是,这类措施必须严格限于紧急情势所需的范围之内。这一规定涉及紧急状态以及由于紧急状态引起的任何克减措施的期限、地理范围和物质范围。在紧急情况下克减一些《公约》义务,显然有别于即使在正常情况下也可对《公约》的一些条款实行的限制。② 然而,任何克减只限于紧急情势的严格需要这一义务,反映了对克减和权力限制都适用的相称原则。此外,对某一具体条款的一项可允许的克减可能由情势的需要而合理,但这一事实并没有排除根据克减所采取的特殊措施也必须反映情势需要的规定。实际上,这就保证了《公约》的任何条款,不论受到任何有效的克减,都不会完全不适用于缔约国的行为。在审议缔约国报告时,委员会曾表示过它对相称原则未受到充分注意的关切。③

5. 在什么时候可克减权利以及克减的程度这两个问题不能从《公约》第4条第1款的规定中分开,根据该项规定,任何克减缔约国根据《公约》应承担的义务的措施,必须"以紧急情势所严格需要者为限"。这个条件要求缔约国不单为它们宣布紧急情况的决定,也为根据这一宣布采取的任何具体措施提出确切的理由。如果国家想在某些情况下援引克减《公约》的权利,如发生自然灾害、大规模示威游行包括发生暴力的情况,或发生重大工业事故,它必须能够提出理由,不单证明这一情势构成对民族存亡的威胁,而且也需证明,它们所采取的所有克减《公约》措施都是情势所严格需要的。委员会认为,在上述情况下,可采取措施,限制《公约》规定的某些权利,如迁徙自由(第12条)或集会自由(第21条),一般而言已经足够,情况需要不足以成为克减有关条款的理由。

6. 《公约》的一些条款在第4条第2款中被列为不可克减的条款,这一事实并不是说对《公约》其他条款可随意加以克减,即使在发生对国家生命有威胁的情况下。将所有克减缩减到紧急情势所严格需要的程度这一法律义务,为缔约国和委员会这两方面都规定一项责任,即根据对实际情势的客观评估,对《公约》的每一条进行仔细的分析。

7. 《公约》第4条第2款明确规定下列条款不得予以克减:第6条(生命权);第7条(禁止酷刑或残忍的、不人道或侮辱性的待遇或刑罚,或未经同意而施以医药或科学试验);第8条第1款和第2款(禁止奴隶制度、奴隶买卖和役使);第11条(禁止不得仅仅由于无力履行约定义务而被监禁);第15条(在刑法领域里的法律原则,即刑事责任和刑罚限于行为或不行为发生时适用的明确法律规定,除非在稍后的一条法律规定应处以较轻刑罚的情况下);第16条(承认人人在法律前的人格)和第18条(思想、良心和宗教自由)。这些条款中所载权利是不可克减的,因为它们被列在第4条第2款中。对于那些为《旨在废除死刑的公约第二项任择议定书》的缔约国来说,该议定书第6条的规定也同样适用。理论上,一项被称为不可克减的《公约》条款,并不是说无论如何都没有理由进行限制。第4条第2款中提到第18条,后者在其第3款中特别包括一个关于限制的规定,这表明,是否允许限制与克减问题无关。即使在最严重的公共紧急情势下,干预宗教或信仰自由的国家必须按照第18条第3款的规定提出它们的行动根据。根据第4条第2款,一些权利是不可克减的但由于缔约国的

---

② 见,举例说,《公约》第12条和第19条。
③ 见,举例说,关于以色列的结论性评论(1998年),CCPR/C/79/Add.93,第11段。

法律制度不健全而受到克减或有可能受到克减,对此,委员会曾多次表示关切。④

8. 按照第 4 条第 1 款,克减《公约》的其中一个条件是所采取的措施不得包含纯粹基于种族、肤色、性别、语言、宗教或社会出身的理由的歧视。即使第 26 条或有关非歧视性的其他《公约》条款(第 2 条、第 3 条、第 14 条第 1 款、第 23 条第 4 款、第 24 条第 1 款和第 25 条)未被列入第 4 条第 2 款的不可克减条款内,一些不受歧视权利的要素和方面在任何情况下都不能予以克减。特别是,在采取克减《公约》措施时,如对不同的人作出区别,就必须遵守第 4 条第 1 款。

9. 此外,第 4 条第 1 款规定,任何克减《公约》的措施不得与它根据国际法所负有的其他义务,特别是国际人道主义法的规则有所抵触。《公约》第 4 条不能被解释为克减《公约》的理由,如果这种克减会导致该国不遵守其他国际义务,不论这些义务来自条约或一般国际法。《公约》第 5 条第 2 款也反映了这一点,它规定对其他文书中规定的任何基本权利不得借口《公约》未予承认或只在较小范围上予以承认而加以限制或克减。

10. 虽然人权事务委员会的职能并不是去审查缔约国在别的条约下的行为,委员会根据《公约》赋予它的职能,在审议《公约》是否允许缔约国克减《公约》某些条款时,有权考虑到缔约国的其他国际义务。因此,缔约国在援引第四条第一款时,或按照第 40 条报告有关紧急情势的法律框架时,应提出它们关于保护有关权利的其他国际义务的资料,特别是那些适用于紧急状态时期的义务。⑤ 在这方面,缔约国应充分考虑到国际法内在紧急状态下适用人权标准的发展。⑥

11. 第 4 条列出的不可克减条款,是关于但不等同于某些人权义务是否具国际法绝对标准性质的问题。在第 4 条第 2 款中宣布《公约》某些条款具有不可克减的性质应视为部分地承认了《公约》里以条约形式保证了一些基本权利的绝对性质(例如第 6 条和第 7 条)。然后,《公约》的一些其他条款显然是因为在一个紧急情势下,从来无必要克减这些权利而被包括在不可克减条款清单内(如第 11 条和第 18 条)。此外,这一类绝对标准超过第 4 条第 2 款所列的不可克减条款清单。缔约国不论在什么情况下都不能援引《公约》第 4 条作为违反人

---

④ 见下列结论性意见:多米尼加共和国(1993),CCPR/C/79/Add.18,第 4 段;约旦(1994),CCPR/C/79/Add.35,第 6 段;尼泊尔(1994),CCPR/C/79/Add.42,第 9 段;俄罗斯联邦(1995),CCPR/C/79/Add.54,第 27 段;赞比亚(1996),CCPR/C/79/Add.62,第 11 段;加蓬(1996),CCPR/C/79/Add.71,第 10 段;哥伦比亚(1997),CCPR/C/79/Add.76,第 25 段;以色列(1998),CCPR/C/79/Add.93,第 11 段;伊拉克(1997),CCPR/C/79/ Add.84,第 9 段;乌拉圭(1998),CCPR/C/79/Add.90,第 8 段;亚美尼亚(1998),CCPR/C/79/Add.100,第 7 段;蒙古(2000),CCPR/C/79/Add.120,第 14 段;吉尔吉斯斯坦(2000),CCPR/CO/69/KGZ,第 12 段。

⑤ 这里提到的是几乎所有《公约》缔约国都已批准了的《儿童权利公约》并不包括一项克减条款。正如《公约》第 38 条明显指出,《公约》适用于紧急情势。

⑥ 这里是指秘书长根据人权委员会的有关决议提出的报告,包括根据关于最低人道主义标准(后改称基本人道主义标准)的第 1998/29、第 1996/65 和第 2000/69 号决议提出的报告,E/CN.4/1999/92,E/CN.4/2000/94 和 E/CN.4/2001/91,以及较早为确定对所有情况都适用的基本权利而作出的努力,如《紧急情势下巴黎最低人权标准》(国际法协会,1984 年);关于《公民权利和政治权利国际公约》限制和克减条款的叙拉克原则,小组委员会特别报告员 Leandro Despouy 先生关于人权与紧急状态问题的最后报告(E/CN.4/Sub.2/1997/19 和 Add.1),关于国内流离失所问题的指导原则(E/CN.4/1998/53/Add.2),关于最低人道主义标准的 Turku(Åbo)宣言(1990)(E/CN.4/1995/116)。至于目前正在进行的进一步的工作,还应提到第二十六届红十字会和红新月会国际会议(1995)的决定,该决定要求红十字会国际委员编写一份关于适用于国际和非国际武装冲突的国际人道主义法习惯规则的报告。

道主义法律或国际法绝对标准的理由,例如通过任意剥夺自由或偏离包括无罪推定的公正审判原则,劫持人质、强加集体性惩罚。

12. 在评估合法克减《公约》的范围时,可在某些诸如危害人类罪行的侵犯人权定义中找到一项标准。如果在一个国家权威下进行的行动构成从事一项危害人类罪行行动的人士的个别刑事责任基础,《公约》第四条就不能作为理由使紧急情势下的有关国家免除其同一行为的责任。因此,最近为了司法权的目的,在国际刑事法院的规约中编纂了危害人类罪对于《公约》第4条的解释是有用的。⑦

13. 在第4条第2款没有列出的《公约》条款中,委员会认为有些要素不能根据第4条受到合法的克减。下面举出一些例子。

（a）对所有被剥夺自由的人应给予人道及尊重其固有的人格尊严的待遇。虽然《公约》第10条规定的这项权利并没有在第4条第2款的不可克减权利清单中被单独提及,委员会认为《公约》在这里表达了不可克减的一项普遍国际法标准。《公约》前言中提到的固有人格尊严及第7条和第10条之间的密切关系都支持这一看法。

（b）禁止扣作人质、诱拐或私下扣留的条款也不能予以克减。对这些行为的绝对禁止性质,(即使在紧急情势下),是因为这些标准是一般国际法的标准。(c) 委员会认为对属于少数的人的权利的国际保护包括在所有情况下都应尊重的要素。这反映在国际法中对灭绝种族的禁止,和在第4条内(第1款)列入了一项不歧视规定,以及第18条的不可克减性质中。

（d）正如罗马《国际刑事法院规约》所证实的,在没有国际法所允许的理由下实行驱逐出境或人口强迫迁移,不论是以驱逐或其他胁迫手段将有关人等从其合法居住的地方强迫迁移到别处都构成危害人类罪。⑧ 在紧急状态下克减《公约》第12条约合法权利绝不能被接受为采取这些措施的理由。

（e）缔约国不能援引按照第四条第一款作出的紧急状态声明,违反第20条,从事战争宣传或主张可构成煽动歧视敌对行为或暴力的民族、种族或宗教仇恨。

14. 《公约》第2条第3款要求《公约》缔约国为违犯《公约》条款的任何行为提供补救。第4条第2款所列的不可克减条款清单中没有提到这一条,但是它构成全体《公约》内在的一项条约义务。即使一个缔约国在一项紧急情势下并在紧急情势严格需要时,可对它们有关司法或其他补救程序的实际运作作出调整,缔约国必须遵守第2条第3款的基本义务,提供有效的补救。

15. 在保护第4条第2款明确承认为不可克减权利时,显然必须通过常常包括司法保证在内的程序保证来实行。《公约》中有关程序性保障的条款绝不能受到一些措施的左右,如这些措施会妨碍对不可克减权利的保护。在引用第4条时,其方式不应导致不可克减的权利的克减。因此,举例说,由于《公约》第6条整体不能被克减,在紧急状态下,任何导致死刑的审判必须符合《公约》各条款,包括第14条和第15条的所有规定。

---

⑦ 见2001年7月1日已有35国批准的《规约》第6条(种族灭绝)和第7条(危害人类罪)。虽然《规约》第7条所列的许多具体行为与《公约》第4条第2款列为不可克减的侵犯人权行为直接有关,但该条款中规定的危害人类罪,也包括对上述《公约》条款中没有提到的一些规定的违反。例如,对第27条的某些严重侵犯也可能同时构成国际刑事法院规约第六条下的灭绝种族罪行,而第7条在《公约》第6、7和8条之外,也包括第9、12、26和27条。

⑧ 见国际刑事法院规约第7(1)(d)条和第7(2)(d)条。

16. 《公约》第 4 条中关于克减的保障的根据是《公约》整体内在的法律和法治原则。由于国际人道主义法律明确保障武装冲突时期受到公正审判权利的某些内容,委员会认为没有理由在其他紧急状态下克减这些保障。委员会认为法律原则和法治原则要求在紧急状态下必须尊重公正审判的基本规定。只有法庭能就一宗刑事案审判一个人。必须尊重无罪推定的原则。为了保护不可克减的权利,缔约国克减《公约》的决定,不应影响到向法庭提出诉讼的权利,使法庭能够立即决定拘留是否合法。⑨

17. 根据第 4 条第 3 款,当缔约国援用第四条授予它们的克减权时,应同意遵守一项国际通知制度。援用克减权的缔约国必须立即经由联合国秘书长,将它已克减的各项规定和实行克减的理由通知其他缔约国。这种通知,不单对于委员会履行其职能极之重要,特别是在评估缔约国所采取的措施是否紧急情势所严格需要时,而且也允许其他缔约国监督它是否遵守《公约》各条款。鉴于过去收到的许多通知的摘要性质,委员会强调在通知中应包括所采取的措施的全部资料,以及采取措施的明确理由,并附上有关其法律的全部文献。如果缔约国随后根据第四条采取进一步措施,例如延长紧急状态的时间,它必须作出进一步通知。立即通知的规定也同样适用于终止克减的情况。这些义务并不是总得到遵守:如缔约国没有经由秘书长通知其他缔约国关于其宣布紧急状态和因此采取的、克减《公约》一项或多项条款的措施,缔约国在行使其紧急权力时,有时候忽略了提出有关领土方面或其他变动的通知。⑩ 有时候只在审议缔约国报告过程中,委员会才偶然注意到存在着紧急状态和缔约国是否克减了《公约》条款的问题。委员会强调每当缔约国采取措施克减其《公约》义务时,必须遵守立即国际通知的义务。委员会监督一缔约国的法律和做法是否遵守第 4 条的责任并不取决于该缔约国是否提出了通知。

---

⑨ 见委员会关于以色列的结论性意见(1998)(CCPR/C/79/Add.93)第 21 段:"……委员会认为目前执行的行政拘留不符合《公约》第 7 条和第 16 条,这两条都不允许在公共紧急状态下予以克减……然而,委员会强调,缔约国不能背离对拘留进行有效的司法审查的要求。"并见委员会对防止歧视和保护少数小组委员会关于《公约》第三份《任择议定书》草稿的建议:"委员会感到满意的是,缔约国一般都了解人身保护和宪法保护权不应仅限于在紧急状态下实施。此外,委员会认为,第 9 条第 3 和 4 款规定的补偿办法,联系第 2 条来看,乃是整个《盟约》所固有的。"(大会正式记录,第四十九届会议,补篇第 40 号(A/49/40),第一卷,附件十一,第 2 段。)

⑩ 见关于下列国家的结论性意见:秘鲁(1992),CCPR/C/79/Add.8,第 10 段;爱尔兰(1993),CCPR/C/79/Add.21,第 11 段;埃及(1993),CCPR/C/79/Add.23,第 7 段;喀麦隆(1994),CCPR/C/79/Add.33,第 7 段;俄罗斯联邦(1995),CCPR/C/79/Add.54,第 27 段;赞比亚(1996),CCPR/C/79/Add.62,第 11 段;黎巴嫩(1997),CCPR/C/79/Add.78,第 10 段;印度(1997),CCPR/C/79/Add.81,第 19 段;墨西哥(1999),CCPR/C/79/Add.109,第 12 段。

B. 联合国核心国际人权公约

7. 禁止酷刑和其他残忍、不人道或有辱人格的待遇或处罚公约

（联合国大会1984年12月10日通过）

本公约缔约各国，考虑到根据《联合国宪章》宣布的原则，承认人类大家庭一切成员具有平等与不可剥夺的权利是世界自由、公正与和平的基础；

认识到上述权利源于人的固有尊严；考虑到《宪章》尤其是第五十五条中规定，各国有义务促进对人权和基本自由的普遍尊重和遵守；

注意到《世界人权宣言》第五条和《公民权利和政治权利国际公约》第七条都规定不允许对任何人施行酷刑和其他残忍、不人道或有辱人格的待遇或处罚；

并注意到大会于1975年12月9日通过的《保护人人不受酷刑和其他残忍、不人道或有辱人格的待遇或处罚宣言》，希望在全世界更有效地开展反对酷刑和其他残忍、不人道或有辱人格的待遇或处罚的斗争，兹协议如下：

第一部分

第一条

1. 就本公约而言，"酷刑"是指为了向某人或第三者取得情报或供状，为了他或第三者所作或涉嫌的行为对他加以处罚，或为了恐吓或威胁他或第三者，或为了基于任何一种歧视的任何理由，蓄意使某人在肉体或精神上遭受剧烈疼痛或痛苦的任何行为，而这种疼痛或痛苦是由公职人员或以官方身份行使职权的其他人所造成或在其唆使、同意或默许下造成的。纯因法律制裁而引起或法律制裁所固有或附带的疼痛或痛苦则不包括在内。

2. 本条规定并不妨碍载有或可能载有适用范围更广的规定的任何国际文书或国家法律。

第二条

1. 每一缔约国应采取有效的立法、行政、司法或其他措施，防止在其管辖的任何领土内出现施行酷刑的行为。

2. 任何特殊情况，不论为战争状态、战争威胁、国内政局动荡或任何其他社会紧急状态，均不得援引为施行酷刑的理由。

3. 上级官员或政府当局的命令不得援引为施行酷刑的理由。

第三条

1. 如有充分理由相信任何人在另一国家将有遭受酷刑的危险,任何缔约国不得将该人驱逐、遣返或引渡至该国。

2. 为了确定这种理由是否存在,有关当局应考虑到所有有关的因素,包括在适当情况下,考虑到在有关国家境内是否存在一贯严重、公然、大规模地侵犯人权的情况。

第四条

1. 每一缔约国应保证,将一切酷刑行为均应定为刑事罪行。该项规定也应适用于施行酷刑的企图以及任何人合谋或参与酷刑的行为。

2. 每一缔约国应根据上述罪行的严重程度,规定适当的惩罚。

第五条

1. 每一缔约国应采取各种必要措施,确定在下列情况下,该国对第四条所述的罪行有管辖权:

(a) 这种罪行发生在其管辖的任何领土内,或在该国注册的船舶或飞机上;

(b) 被控罪犯为该国国民;

(c) 受害人为该国国民,而该国认为应予管辖。

2. 每一缔约国也应采取必要措施,确定在下列情况下,该国对此种罪行有管辖权:被控罪犯在该国管辖的任何领土内,该国不按第八条规定将其引渡至本条第1款所述的任何国家。

3. 本公约不排除依照国内法行使的任何刑事管辖权。

第六条

1. 任何缔约国管辖的领土内如有被控犯有第四条所述罪行的人,该国应于审查所获情报后确认根据情况必要时,将此人拘留,或采取其他法律措施确保此人留在当地。拘留和其他法律措施应合乎该国法律的规定,但延续时间只限于进行任何刑事诉讼或引渡程序所需的时间。

2. 该缔约国应立即对事实进行初步调查。

3. 按照本条第一款被拘留的任何人,应得到协助,立即与距离最近的本国适当代表联系,如为无国籍人,则与其通常居住国的代表联系。

4. 任何国家依据本条将某人拘留时,应立即将此人已被拘留及构成扣押理由的情况通知第五条第1款所指的国家。进行本条第二款所提的初步调查的国家,应迅速将调查结果告知上述国家,并说明是否有意行使管辖权。

第七条

1. 缔约国如在其管辖的领土内发现有被控犯有第四条所述任何罪行的人,在第五条所指的情况下,如不进行引渡,则应将该案提交由主管当局以便起诉。

2. 主管当局应根据该国法律,以审理情节严重的任何普通犯罪案件的同样方式作出判决。对第五条第二款所指的情况,起诉和定罪所需的证据标准决不应宽于第五条第一款所指情况适用的标准。

3. 任何人因第四条规定的任何罪行而被起诉时,应保证他在诉讼的所有阶段都得到公平的待遇。

第八条

1. 第四条所述各种罪行应视为属于缔约各国间现有的任何引渡条约所列的可引渡罪行。缔约各国保证将此种罪行作为可引渡罪行列入将来相互之间缔结的每项引渡条约。

2. 以订有条约为引渡条件的缔约国,如收到未与其签订引渡条约的另一缔约国的引渡请求,可将本公约视为对此种罪行要求引渡的法律根据。引渡必须符合被请求国法律规定的其他条件。

3. 不以订有条约为引渡条件的缔约国,应在相互之间承认此种罪行为可引渡罪行,但须遵守被请求国法律规定的各种条件。

4. 为在缔约国间进行引渡的目的,应将此种罪行视为不仅发生在行为地,而且发生在按照第五条第1款必须确定管辖权的国家领土内。

第九条

1. 缔约各国在就第四条所规定的任何罪行提出刑事诉讼方面,应尽力相互协助,其中包括提供它们所掌握的为诉讼所必需的一切证据。

2. 缔约各国应依照它们之间可能订有的关于相互提供司法协助的条约履行本条第1款下的义务。

第十条

1. 每一缔约国应保证在可能参与拘留、审讯或处理遭到任何形式的逮捕、扣押或监禁的人的民事或军事执法人员、医务人员、公职人员及其他人员的训练中,充分列入关于禁止酷刑的教育和资料。

2. 每一缔约国应将禁止酷刑列入所发关于此类人员职务的规则或指示之中。

第十一条

每一缔约国应经常有系统地审查对在其管辖的领土内遭到任何形式的逮捕、扣押或监禁的人进行审讯的规则、指示、方法和惯例以及对他们的拘留和待遇的安排,以避免发生任何酷刑事件。

第十二条

每一缔约国应确保在有适当理由认为在其管辖的任何领土内已发生酷刑行为时,其主管当局立即进行公正的调查。

第十三条

每一缔约国应确保凡声称在其管辖的任何领土内遭到酷刑的个人有权向该国主管当局申诉,并由该国主管当局对案件进行迅速而公正的审查。应采取步骤确保申诉人和证人不因提出申诉或提供证据而遭受任何虐待或恐吓。

第十四条

1. 每一缔约国应在其法律体制内确保酷刑受害者得到补偿,并享有获得公平和充分赔偿(其中包括尽力使其完全复原)的强制执行权利的费用。如果受害者因受酷刑死亡,其受抚养人应享有获得赔偿的权利。

2. 本条任何规定均不影响受害者或其他人根据国家法律规定可能获得赔偿的任何权利。

第十五条

每一缔约国应确保在任何诉讼程序中不得援引任何业经确定系以酷刑取得的口供为证据,但这类口供可用作被控施用酷刑者刑讯逼供的证据。

第十六条

1. 每一缔约国应保证防止公职人员或以官方身份行使职权的其他人在该国管辖的任何领土内施加、唆使、同意或默许未达到第一条所述酷刑程度的其他残忍、不人道或有辱人格的待遇或处罚的行为。特别是第十、十一、十二、十三条所规定义务均应适用,唯其中酷刑一词均以其他形式的残忍、不人道或有辱人格的待遇或处罚等字代替。

2. 本公约各项规定不妨碍任何其他国际文书或国家法律中关于禁止残忍、不人道或有辱人格的待遇或处罚、或有关引渡或驱逐的规定。

第二部分

第十七条

1. 应设立禁止酷刑委员会(以下简称委员会),履行下文所规定的职责。委员会应由具有高尚道德地位和公认在人权领域具有专长的十名专家组成,他们应以个人身份任职。专家应由缔约国选举产生,同时考虑到公平地区分配和一些具有法律经验人员参加的好处。

2. 委员会成员应从缔约国提名的名单中以无记名投票方式选举产生。每一缔约国可从本国国民中提名一人。缔约国应考虑到:从根据《公民权利和政治权利国际盟约》成立的人权事务委员会委员中提名愿意担任禁止酷刑委员会成员的人是有好处的。

3. 委员会成员的选举在由联合国秘书长召开的两年一期的缔约国会议上进行。这些会议以三分之二缔约国的出席为法定人数,获得票数最多且占出席并参加表决的缔约国代表所投票数的绝对多数者,即当选为委员会成员。

4. 委员会的第一次选举应在本公约生效之日起六个月内进行。联合国秘书长应在委员会每次选举日之前的至少四个月,以书面邀请本公约缔约国在三个月内提出委员会成员候选人名单。秘书长应将经提名的所有人选按字母顺序开列名单,注明提名的缔约国,并将名单送交本公约缔约国。

5. 委员会成员当选后任期应为四年。如再度提名,连选可连任。但首次当选的成员中有五名成员的任期应于二年届满;首次选举后,本条第3款所指会议的主席应立即以抽签方式选定这五位成员。

6. 如委员会成员死亡,或辞职,或因任何其他原因不能履行其在委员会的职责,提名他的缔约国应从其国民中任命另一位专家补足其任期,但须获得过半数缔约国的同意。在联合国秘书长通知提议的任命的六个星期内,如无半数或半数以上缔约国表示反对,这一任命应被视为已获同意。

7. 缔约各国应负担委员会成员履行委员会职责时的费用。

第十八条

1. 委员会选举主席团成员,任期两年。连选可连任。

2. 委员会应自行制定其议事规则,但该规则中除其他外应规定:

（a）六名成员构成法定人数；

（b）委员会的决定应以出席成员的过半数票作出。

3. 联合国秘书长应提供必要的人员和设施，供委员会有效履行本公约规定的职责。

4. 联合国秘书长应召开委员会的首次会议。首次会议以后，委员会应按其议事规则规定的时间开会。

5. 缔约各国应负责支付缔约国以及委员会举行会议的费用，包括偿付联合国依据本条第3款所承付提供工作人员和设施等任何费用。

第十九条

1. 缔约国应在本公约对其生效后一年内，通过联合国秘书长向委员会提交关于其履行公约义务所采措施的报告。随后，缔约国应每四年提交关于其所采新措施的补充报告以及委员会可能要求的其他报告。

2. 联合国秘书长应将这些报告送交所有缔约国。

3. 每份报告应由委员会加以审议，委员会可以对报告提出它认为适当的一般性评论，并将其转交有关缔约国。该缔约国可以随时向委员会提出任何说明，作为答复。

4. 委员会可以斟酌决定将它依照本条第3款所作的任何评论，连同从有关缔约国收到的这方面的说明，载入其按照第二十四条所编写的年度报告中。应有关缔约国的请求，委员会还可在其中附载根据本条第一款提交的报告。

第二十条

1. 如果委员会收到可靠的情报，认为其中有确凿证据迹象显示在某一缔约国境内经常施行酷刑，委员会应请该缔约国合作研究该情报，并为此目的就有关情报提出说明。

2. 委员会考虑到有关缔约国可能提出的任何说明以及可能得到的其他有关情报，如果认为有正当理由，可以指派一名或一名以上成员进行秘密调查并立即向委员会提出报告。

3. 如果是根据本条第二款进行调查，委员会应寻求有关缔约国的合作。在该缔约国的同意下，这种调查可以包括到该国境内访问。

4. 委员会审查其成员按照本条第二款所提交的调查结果后，应将这些结果连同根据情况似乎适当的任何意见或建议一起转交该有关缔约国。

5. 本条第一款至第四款所指委员会的一切程序均应保密，在程序的各个阶段，均应寻求缔约国的合作。这种按照第二款所进行的调查程序完成后，委员会在与有关缔约国协商后，可将关于这种程序的结果摘要载入其按照第二十四条所编写的年度报告。

第二十一条

1. 本公约缔约国可在任何时候根据本条，声明承认委员会有权接受和审议某一缔约国声称另一缔约国未履行本公约所规定义务的来文。但须提出此种来文的缔约国已声明本身承认委员会有此权限，委员会方可按照本条规定的程序予以接受和审议此种来文。如来文涉及未曾作此种声明的缔约国，则委员会不得根据本条规定加以处理。根据本条规定所接受的来文应按下列程序处理：

（a）某一缔约国如认为另一缔约国未实行本公约的规定，可用书面通知提请后者注意这一问题。收文国在收到通知后三个月内应书面向发文国提出解释或任何其他声明以澄清问题，其中应尽量适当地提到对此事已经采取、将要采取或可以采取的国内措施和补救办法；

(b) 如在收文国收到最初来文后六个月内,未能以有关缔约国双方均感满意的方式处理这一问题,任何一方均有权以通知方式将此事提交委员会,并通知另一方;

(c) 委员会对根据本条提交给它的事项,只有在已查明对该事项已依公认的国际法原则援引和用尽一切国内补救办法时,方可予以处理,但补救办法的施行如发生不当稽延,或因违反本公约行为的受害者不可能得到有效救济,则此一规则不适用;

(d) 委员会根据本条审查来文时,应举行非公开会议;

(e) 在不违反(c)项规定的前提下,委员会应对有关缔约国提供斡旋,以便在尊重本公约所规定义务的基础上,友好地解决问题。为此,委员会可于适当时设立特设调解委员会;

(f) 委员会对根据本条提交的任何事项均可要求(b)项所指有关缔约国提供任何有关的资料;

(g) 委员会审议此事时,(b)项所指有关缔约国应有权派代表出席并提出口头和(或)书面意见;

(h) 委员会应在收到(b)项规定的通知之日起十二个月内提出报告:

(i) 如能按(e)项规定解决,委员会的报告应限于简单叙述事实和所达成的解决办法;

(ii) 如不能按(e)项规定解决,委员会的报告应限于简单叙述事实;有关缔约国的书面意见和口头意见记录应附于报告之后。关于上述每种情况的报告均应送交有关缔约国。

2. 在本公约的五个缔约国根据本条第1款规定作出声明后,本条规定即行生效。缔约国应将这种声明交存于联合国秘书长,秘书长应将声明副本分送其他缔约国。此类声明可随时通知秘书长予以撤销。这种撤销不得妨碍对根据本条已发文书中所载任何事项的审议。秘书长在收到任何缔约国通知撤销的声明后,不应再接受其根据本条所发的其他来文,除非有关缔约国作出新的声明。

第二十二条

1. 本公约缔约国在任何时候根据本条,声明承认委员会有权接受和审议在该国管辖下声称因该缔约国违反本公约条款而受害的个人或其代表所送交的来文。如来文涉及未曾作出这种声明的缔约国,则委员会不应予以接受。

2. 根据本条提出的任何来文。如采用匿名方式或委员会认为滥用提出此类文书的权利或与本公约规定不符,委员会应视为不能接受。

3. 在不违反第二款规定的前提下,对于根据本条提交委员会的任何来文,委员会应提请根据第1款作出声明并被指称违反本公约任何规定的本公约缔约国予以注意。收文国应在六个月内向委员会提出书面解释或声明以澄清问题,如该国已采取补救办法,也应加以说明。

4. 委员会应根据个人或其代表以及有关缔约国所提供的一切资料,审议根据本条所收到的来文。

5. 委员会除非已查明下述情况,不应审议个人根据本条提交的来文:

(a) 同一事项过去和现在均未受到另一国际调查程序或解决办法的审查;

(b) 个人已用尽一切国内补救办法;但在补救办法的施行已发生不当稽延或对违反本公约行为的受害者不可能提供有效救济的情况下,本规则不适用。

6. 委员会根据本条审查来文时,应举行非公开会议。

7. 委员会应将其意见告知有关缔约国和个人。

8. 在本公约的五个缔约国根据本条第一款规定作出声明后,本条规定即行生效。缔约国应将这种声明交存于联合国秘书长,秘书长应将声明副本分送其他缔约国。此类声明可随时通知秘书长予以撤销。这种撤销不得妨碍对根据本条已发文书中所载任何事项的审议。秘书长在收到任何缔约国通知撤销的声明后,不应再接受个人或其弋表根据本条所发的其他来文,除非有关缔约国作出新的声明。

第二十三条

委员会成员和根据第二十一条第一款(e)项任命的特设调解委员会成员,可根据《联合国特权和豁免公约》有关章节的规定,应享有为联合国服勤的专家的便利、特权和豁免。

第二十四条

委员会应根据本公约向缔约国和联合国大会提交一份关于其活动的年度报告。

第三部分

第二十五条

1. 本公约对所有国家开放签字。

2. 本公约需经批准。批准书应交存于联合国秘书长。

第二十六条

本公约对所有国家开放加入。一旦加入书交存于联合国秘书长,加入即行生效。

第二十七条

1. 本公约在第二十份批准书或加入书交存于联合国秘书长之日起第三十天开始生效。

2. 在第二十份批准书或加入书交存后批准或加入本公约的国家,本公约在其批准书或加入书交存之日起第三十天对该国开始生效。

第二十八条

1. 各国在签署或批准本公约或在加入本公约时,可声明不承认第二十条所规定的委员会的职权。

2. 按照本条第1款作出保留的任何缔约国,可随时通知联合国秘书长撤销其保留。

第二十九条

1. 本公约任何缔约国均可提出修正案,并送交联合国秘书长。然后,由秘书长将这一建议的修正案转交缔约各国,并要求它们通知秘书长是否同意举行一次缔约国会议以便审议和表决这一提案。如在来文发出之日起四个月内至少有三分之一的缔约国同意召开这样一次会议,秘书长应在联合国主持下召开这次会议。由出席会议并参加表决的缔约国过半数通过的任何修正案应由秘书长提请所有缔约国同意。

2. 当本公约三分之二的缔约国通知联合国秘书长,它们已按照本国的宪法程序同意这一修正案时,根据本条第一款通过的修正案即行生效。

3. 修正案一经生效,即应对同意修正案的国家具有约束力,其他国家则仍受本公约条款或以前经其同意的修正案的约束。

第三十条

1. 两个或两个以上缔约国之间有关本公约的解释或适用的任何争端,如不能通过谈判解决,在其中一方的要求下,应提交仲裁。如果自要求仲裁之日起六个月内各方不能就仲裁之组织达成一致意见,任何一方均可按照国际法院规约要求将此争端提交国际法院。

2. 每一国家均可在签署或批准本公约或加入本公约时,宣布认为本条第1款对其无拘束力。其他缔约国在涉及作出这类保留的任何国家时,亦不受本条第1款的拘束。

3. 按照本条第二款作出保留的任何缔约国,可随时通知联合国秘书长撤销其保留。

第三十一条

1. 缔约国可以书面通知联合国秘书长退约。秘书长收到通知书之日起一年后,退约即行生效。

2. 这种退约不具有解除缔约国有关退约生效之日前发生的任何行为或不行为在本公约下所承担的义务的效能。退约也不得以任何方式妨碍委员会继续审议在退约生效前已在审议的任何问题。

3. 自一个缔约国的退约生效之日起,委员会不得开始审议有关该国的任何新问题。

第三十二条

联合国秘书长应将下列事项通知联合国所有会员国和本公约所有签署国或加入国:

(a) 根据第二十五条和第二十六条进行的签署、批准和加入情况;

(b) 本公约根据第二十七条生效日期;任何修正案根据第二十九条生效日期;

(c) 根据第三十一条退约情况。

第三十三条

1. 本公约的阿拉伯文、中文、英文、法文、俄文和西班牙文文本具有同等效力,应交存于联合国秘书长。

2. 联合国秘书长应将本公约的正式副本转送给所有国家。

8. 禁止酷刑和其他残忍、不人道或有辱人格的待遇或处罚公约任择议定书

（联合国大会 2002 年 12 月 18 日通过）

序　　言

本议定书缔约国，

重申酷刑和其他残忍、不人道或有辱人格的待遇或处罚一律在禁止之列并且构成对人权的严重侵犯，

确信需要采取进一步措施实现《禁止酷刑和其他残忍、不人道或有辱人格的待遇或处罚公约》（下称《公约》）的目标，需要加强保护被剥夺自由者免受酷刑和其他残忍、不人道或有辱人格的待遇或处罚，

忆及《禁止酷刑和其他残忍、不人道或有辱人格的待遇或处罚公约》第 2 条和第 16 条要求每一缔约国采取有效措施防止在其管辖的任何领土内出现酷刑和其他残忍、不人道或有辱人格的待遇或处罚行为，

确认各国负有执行这些条款的首要责任，确认加强保护被剥夺自由的人和全面尊重其人权是所有各方的共同责任，并确认国际执行机构机制的作用是补充和加强国内措施，

忆及有效防止酷刑和其他残忍、不人道或有辱人格的待遇或处罚要求进行教育并综合采取立法、行政、司法或其他措施，

又忆及 1993 年 6 月在维也纳举行的世界人权会议切实宣告，为消灭酷刑而进行的努力首先应注重预防，并要求通过一项《公约》的任择议定书，以便建立一个预防性的定期查访拘留地点的制度，

坚信以定期查访拘留地点为基础的预防性非司法手段可加强对被剥夺自由者的保护使其免受酷刑和其他残忍、不人道或有辱人格的待遇或处罚，

兹协议如下：

第一部分　一般原则

第 1 条

本议定书的目标是建立一个由独立国际机构和国家机构对存在被剥夺自由者的地点进行定期查访的制度，以预防酷刑和其他残忍、不人道或有辱人格的待遇或处罚。

第 2 条

1. 应设立禁止酷刑委员会预防酷刑和其他残忍、不人道或有辱人格待遇或处罚小组委员会(以下简称预防小组委员会),该小组委员会应履行本议定书所规定的职能。

2. 预防小组委员会应在《联合国宪章》的范围内工作,并遵循其宗旨和原则以及联合国关于被剥夺自由者待遇的准则。

3. 预防小组委员会还应遵守保密、公正、非选择性、普遍性和客观性原则。

4. 预防小组委员会和缔约国应在执行本议定书方面相互合作。

第 3 条

每一缔约国应在国内一级设立、指定或保持一个或多个预防酷刑和其他残忍、不人道或有辱人格的待遇或处罚的查访机构(下称国家预防机制)。

第 4 条

1. 每一缔约国应允许第 2 条和第 3 条所指机制按照本议定书的规定对其管辖和控制下任何确实或可能按照公共机关的命令或怂恿或在其同意或默许下剥夺人的自由的地方(下称拘留地点)进行查访。进行这种查访目的在于必要时加强对这类人的保护,使其免于酷刑和其他残忍、不人道或有辱人格的待遇或处罚。

2. 为本议定书的目的,剥夺自由指任何形式的拘留或监禁或将人置于公共或私人扣押之下并由于按照任何司法、行政或其他公共机关的命令而不准其凭意愿离开。

第二部分　预防小组委员会

第 5 条

1. 小组委员会应由十名委员组成。在五十个国家批准或加入本议定书后,预防小组委员会委员应增加到二十五名。

2. 预防小组委员会委员应从品德高尚的人士中遴选,这些人士应确实具有裁判领域公认的专业经验,特别是刑法、监狱或警察管理或与被剥夺自由者待遇有关的领域公认的专业经验。

3. 小组委员会的组成应适当考虑到委员的公平地域分配以及缔约国的不同文明形式和法律制度的代表性。

4. 小组委员会的组成还应根据男女平等和不歧视原则考虑到男女代表性的均衡。

5. 预防小组委员会中不得有任何两名委员为同一国家的国民。

6. 小组委员会委员应以个人身份任职,应保持独立和公正,并应能随时从事预防工作,高效率地为小组委员会服务。

第 6 条

1. 每个缔约国可根据第 2 款最多提出具备第 5 条所规定资格并符合其要求的两名候选人,同时应提供关于被提名者资格的详细资料。

2. (a) 小组委员会委员候选人应具有本议定书缔约国的国籍。

(b) 两名候选人中至少应有一名具有提名缔约国的国籍。

(c) 一个缔约国获提名的国民不得超过两名。

(d) 一个缔约国在提名另一个缔约国的国民之前,应征求并获得该缔约国的书面同意。

3. 联合国秘书长应至少在进行选举的缔约国会议举行之日前五个月致函缔约国,请其在三个月之内提交提名。秘书长应提交按姓氏字母顺序排列的所有这样提名的人员名单,同时标明提名的缔约国。

第7条

1. 小组委员会委员应以下述方式选出:

(a) 首要考虑应当是符合第5条的要求和标准;

(b) 初次选举最迟应在本议定书生效之日后六个月内进行;

(c) 缔约国应以无记名投票的方式选举预防小组委员会委员;

(d) 预防小组委员会委员的选举应在由联合国秘书长每两年召开一次的缔约国会议上进行。参加会议的缔约国法定数目应是三分之二,选出的小组委员会委员应是获得票数最多并是获得出席会议并参加投票的缔约国代表票数的绝对多数的人。

2. 如果在选举过程中有一个缔约国的两名国民符合作为委员会委员的资格,获得票数较多的候选人应成为小组委员会委员。在两名国民所获得票数相等的情况下,按下述程序确定:

(a) 在这两名候选人中只有一名是提名缔约国国民的情况下,该国民应成为小组委员会委员;

(b) 在这两名候选人均为提名缔约国国民的情况下,应单独进行一次无记名投票以决定哪位国民应成为小组委员会委员;

(c) 在这两名候选人均不是提名缔约国国民的情况下,应单独进行一次无记名投票以决定哪位国民应为小组委员会委员。

第8条

如果预防小组委员会的一名委员死亡或辞职,或由于其他原因不能再履行职责,该委员的提名缔约国应在考虑到保持各领域胜任能力的适当平衡所需要的情况下,提出另一名具有第5条所规定资格并符合其要求的人员,以在小组委员会工作到下一次缔约国会议,但需得到多数缔约国的同意。除非半数或更多缔约国在收到联合国秘书长关于建议任命的通知以后六周内表示反对,否则即应认为已经同意。

第9条

预防小组委员会委员任期四年。他们如果再次被提名,可连选一次。第一次选出委员的半数任期为两年;第7条第1款d项所指会议的主席在第一次选举之后应立即通过抽签确定这部分委员的名单。

第10条

1. 预防小组委员会应选出主席团委员,任期两年。他们可连选连任。

2. 预防小组委员会应制定自己的议事规则,这些规则除其他外应规定:

(a) 半数加一名委员为法定人数;

(b) 预防小组委员会的决定由出席会议委员的多数票作出;

(c) 预防小组委员会的会议不公开。

3. 预防小组委员会首次会议由联合国秘书长召集。首次会议之后,小组委员会在其议事规则规定的时间开会。预防小组委员会和禁止酷刑委员会每年至少应有一届会议同时举行。

第三部分 预防小组委员会的职权范围

第 11 条

预防小组委员会应:

(a) 查访第 4 条所指地点,并就保护被剥夺自由的人免于遭受酷刑和其他残忍、不人道或有辱人格的待遇或处罚向缔约国提出建议;

(b) 对于国家预防机制:

(一) 在必要时就这些机制的设立向缔约国提供咨询意见和援助;

(二) 与国家预防机制保持直接的联系,必要情况下保持机密联系,并为其提供培训和技术援助,以加强这些机制的能力;

(三) 在评估需求和必要措施方面向这些机制提供咨询和援助,以加强对被剥夺自由者的保护,使其免遭酷刑和其他残忍、不人道或有辱人格的待遇或处罚;

(四) 向缔约国提出建议和意见,以便加强国家预防机制预防酷刑和其他残忍、不人道或有辱人格的待遇或处罚的能力和任务;

(c) 为从总的方面预防酷刑,与有关的联合国机关和机制合作,并与致力于加强保护人民使其免遭酷刑和其他残忍、不人道或有辱人格的待遇或处罚的国际、区域和国家机构或组织合作。

第 12 条

为使预防小组委员会能够行使第 11 条所列的职权,缔约国承诺:

(a) 在其领土上接待预防小组委员会并准予查访本议定书第 4 条所界定的拘留地点。

(b) 提供预防小组委员会可能要求的一切有关资料,以便评估存在哪些需求和应采取哪些措施,以加强对被剥夺自由者的保护,使其免遭酷刑和其他残忍、不人道或有辱人格的待遇或处罚;

(c) 鼓励和便利预防小组委员会与国家预防机制进行联系;

(d) 研究预防小组委员会的建议并就可采取的执行措施与小组委员会进行对话。

第 13 条

1. 预防小组委员会应为执行第 11 条所定任务确定对缔约国进行定期查访的计划,第一次应以抽签方式确定。

2. 在进行磋商以后,预防小组委员会应将查访计划通知缔约国,使之能够立即为查访作出必要的实际安排。

3. 查访应至少由预防小组委员会的两名委员负责进行。必要时,可由经证明具备本议定书所涉领域专业经验和知识的专家陪同委员进行查访,这些专家应从依据缔约国、联合国人权事务高级专员办事处以及联合国国际预防犯罪中心提出的建议准备的专家名册中选出。在准备专家名册时,有关缔约国最多可提出五名本国专家。缔约国可反对某一专家参加查访,在这种情况下,预防小组委员会应提议另派专家。

4. 如果预防小组委员会认为适当,可提出在定期查访之后进行一次短时间的后续查访。

第14条

1. 为使预防小组委员会能够完成其任务,本议定书缔约国承诺准予小组委员会:

(a) 不受限制地得到关于第4条所界定的拘留地点内被剥夺自由者人数及拘留地点数目和位置的所有资料;

(b) 不受限制地得到关于这些人的待遇和拘留条件的所有资料;

(c) 在不违反第2款的前提下,不受限制地查看所有拘留地点及其装置和设施;

(d) 有机会亲自或认为必要时在译员的协助下,在没有旁人在场时自由会见被剥夺自由者以及小组委员会认为可提供相关资料的任何其他人;

(e) 自由选择准备查访的地点和准备会见的人。

2. 只有出于紧急和迫切的国防、公共安全、自然灾害或被查访地点严重动乱的原因暂时不能进行查访,才允许反对查访特定拘留地点。缔约国不得援引存在宣布的紧急状态本身作为反对查访的理由。

第15条

任何人或组织向预防小组委员会或其成员提供任何资料,不论真实与否,任何公共机关或官员不得因此而下令、实施、准许或容忍对该人或该组织的任何惩处,也不得以任何其他方式损害该人或该组织。

第16条

1. 预防小组委员会应将其建议和意见秘密交送缔约国,并在相关的情况下交送国家预防机制。

2. 预防小组委员会应在有关缔约国提出请求的情况下公布报告以及该缔约国的任何评论。如果该缔约国公布报告的一部分,预防小组委员会可公布报告的全部或其中的一部分。然而,有关个人的资料非经该人明确同意不得公布。

3. 预防小组委员会应向禁止酷刑委员会提交一份公开的年度报告。

4. 如果缔约国拒绝按照第12条和第14条与预防小组委员会合作或该拒绝按照小组委员会的建议采取措施改善有关情况,禁止酷刑委员会可以在应小组委员会要求,在为该缔约国提供机会表示自己的意见之后,以委员的多数票决定就该事项发表公开声明或公布小组委员会的报告。

第四部分 国家预防机制

第17条

每个缔约国最迟在本议定书生效或其批准或加入一年后应保持、指定或设立一个或多个独立的国家预防机制,负责在本国一级预防酷刑。为本议定书的目的,在符合议定书规定的前提下,可将中央一级以下的单位设立的机制指定为国家预防机制。

第18条

1. 缔约国应保证国家预防机制职能的独立性及其工作人员的独立性。

2. 缔约国应采取必要措施确保国家预防机制的成员具有必需的能力和专业知识。缔约国应争取实现性别平衡和使各民族群体和少数人群体得到适当代表。

3. 缔约国承诺为国家预防机制的运作提供必要的资源。

4. 缔约国在设立国家预防机制时应充分考虑到《有关促进和保护人权的国家机构的地位的原则》。

第 19 条

国家预防机制最低限度应具有如下权力：

（a）定期检查在第 4 条所界定地点的被剥夺自由者的境况，以期必要时加强保护使其免受酷刑和其他残忍、不人道或有辱人格的待遇或处罚；

（b）联系联合国的有关准则，向主管机关提出建议，以期改善被剥夺自由者的待遇和条件，防止酷刑和其他残忍、不人道或有辱人格的待遇或处罚；

（c）就有关这一问题的立法草案或已有立法提出建议或意见。

第 20 条

为了使国家预防机制能够履行任务，本议定书的缔约国承诺允许这些机制：

（a）得到关于第 4 条所界定拘留地点内被剥夺自由者人数及这些地点的数目和所在位置的所有资料；

（b）得到关于这些人的待遇和拘留条件的所有资料；

（c）查看所有拘留地点及其装置和设施；

（d）有机会亲自或认为必要时在译员的协助下，在没有旁人在场时自由会见被剥夺自由者以及国家预防机制认为可提供相关资料的任何其他人；

（e）自由选择准备查访的地点和准备会见的人；

（f）有权与小组委员会接触、通报情况和会晤。

第 21 条

1. 任何人或组织向国家预防机制提供任何资料，不论真实与否，任何公共机关或官员不得因此而下令、实施、准许或容忍对该人或该组织的任何惩处，也不得以任何其他方式损害该人或该组织。

2. 国家预防机制收集的机密资料不予透露。个人资料非经有关个人明确同意不得公布。

第 22 条

有关缔约国的主管机关应研究国家预防机制的建议，并就可采取的执行措施与该机制进行对话。

第 23 条

本议定书缔约国承诺公布并散发国家预防机制的年度报告。

第五部分 声　　明

第 24 条

1. 缔约国在批准本议定书时，可声明推迟履行根据第三部分或第四部分承担的义务。

2. 推迟期不超过三年。在缔约国作出适当陈述并与预防小组委员会磋商之后，禁止酷刑委员会可将推迟期再延长两年。

第六部分 财务条款

第 25 条

1. 预防小组委员会在执行本议定书方面的开支由联合国承担。
2. 联合国秘书长应为小组委员会依照本议定书有效行使职能提供必要的工作人员和便利。

第 26 条

1. 应根据大会的有关程序设立一个特别基金,按照联合国的财务条例和细则加以管理,以便帮助为缔约国在预防小组委员会查访之后落实小组委员会的建议以及开展国家预防机制的教育方案提供经费。
2. 特别基金的经费可来自各国政府、政府间组织和非政府组织以及其他私营或公营实体的自愿捐款。

第七部分 最后条款

第 27 条

1. 本议定书开放供所有已签署《公约》的国家签字。
2. 本议定书须经已批准或加入《公约》的任何国家批准。批准书应交存联合国秘书长。
3. 本议定书开放供已批准或加入《公约》的任何国家加入。
4. 加入应于加入书交存联合国秘书长之时生效。
5. 联合国秘书长应将每一批准书或加入书的交存通知所有已签署或加入本议定书的国家。

第 28 条

1. 本议定书自第二十份批准书或加入书交存联合国秘书长之日起三十天生效。
2. 对于在第二十份批准书或加入书交存联合国秘书长之后批准或加入的每一国家,本议定书应于该国交存批准书或加入书之日起三十天生效。

第 29 条

本议定书各项规定适用于联邦国家的全部领土,无任何限制或例外。

第 30 条

不得对本议定书提出保留。

第 31 条

本议定书的规定不影响缔约国根据建立查访拘留地点制度的区域公约承担的义务。鼓励预防小组委员会与根据这些区域公约设立的机构进行磋商和合作,以避免工作重复,并有效促进实现的议定书的目标。

第 32 条

本议定书的规定不影响 1949 年 8 月 12 日《日内瓦四公约》及其 1997 年 6 月 8 日《附加议定书》缔约国的义务,也不应影响任何缔约国批准红十字国际委员会在国际人道主义法未涵盖的情形中查访拘留地点的可能性。

第33条

1. 任何缔约国得随时书面通知联合国秘书长退出本议定书,秘书长随后应通知本议定书和《公约》的其他缔约国。退出议定书应从秘书长收到通知之日起一年后生效。

2. 退出议定书并不免除缔约国根据本议定书在以下方面承担的义务:在退出生效之日前发生的任何行为或情况;预防小组委员会已经决定或可能决定对有关缔约国采取的行动;退出也绝不影响预防小组委员会继续审议退出生效之日前已在审议的任何问题。

3. 在缔约国退出生效之日后,预防小组委员会不应再开始有关该国家的任何新事项的审议。

第34条

1. 本议定书的任何缔约国均可提出修正案并将其提交联合国秘书长。秘书长应立即将提出的修正案送达本议定书各缔约国,同时请它们通知秘书长是否赞成召开缔约国会议以审议此项提案并对之进行表决。在送达之日起四个月内至少有三分之一缔约国赞成召开这一会议的情况下,秘书长应召集联合国主持下的会议。修正案在得到出席会议并参加表决的三分之二多数缔约国通过之后,应由秘书长提交所有缔约国予以接受。

2. 根据本条第1款通过的修正案经本议定书三分之二多数的缔约国根据各自的宪法程序予以接受后即行生效。

3. 修正案一旦生效,即对接受修正案的缔约国具有约束力,其他缔约国则仍受本议定书各项规定和它们早先接受的任何修正案的约束。

第35条

预防小组委员会委员及国家预防机制成员应享有独立行使其职能所需要的特权和豁免。预防小组委员会委员应享有1946年2月13日《联合国特权与豁免公约》第二十二节所规定的特权与豁免,但须遵守该公约第二十三节的规定。

第36条

预防小组委员会委员在缔约国进行查访时,应在不妨害本议定书的规定和宗旨及他们应享有的特权和豁免的情况下:

(a) 遵守接受查访的国家的法律和规章;

(b) 避免任何不符合他们任务的公正和国际性质的行为或活动。

第37条

1. 本议定书的阿拉伯文、中文、英文、法文、俄文和西班牙文本具有同等效力,交联合国秘书长保存。

2. 联合国秘书长应将本议定书经核证——的副本转发所有国家。

附 禁止酷刑委员会一般性意见

第十六届会议(1996年)

第1号 一般性意见:参照《公约》第22条执行第3条的情况

鉴于《禁止酷刑和其他残忍、不人道或有辱人格的待遇或处罚公约》第22条第4款要求

禁止酷刑委员会"参照个人或其代表以及有关缔约国所提供的一切资料,审议根据第22条所收到的来文",

鉴于因适用委员会《议事规则》(CAR/C/3/Rev.2)规则111第3段所引起的需要,并

鉴于有必要根据《公约》第22条预订的程序为实施第3条拟订准则,

禁止酷刑委员会第十九届会议1997年11月21日第317次会议通过了下列一般意见,作为各缔约国和撰文人的指导:

1. 第3条仅适用于有充足理由认为撰文人可能遭受《公约》第1条定义的酷刑的案件。

2. 委员会认为,第3条中的"另一国家"指所涉个人正在被驱逐、遣返或引渡的国家以及撰文人今后可能被驱逐、遣返或引渡的国家。

3. 根据第1条,在第3条第2款中提及的"一贯严重、公然、大规模侵犯人权情况"的标准,仅指由公职人员或以官方身份行事的其他人施行或煽动或认可或默许的侵犯人权情况。

能否受理

4. 委员会认为,撰文人有责任遵守委员会《议事规则》规则107的各项要求,提出表面上证据确凿的案情,以便委员会根据《公约》第22条受理其来文。

事实依据

5. 就根据《公约》第3条确定一个案件的事实依据而言,撰文人有责任提出可以论证的案件。也就是说,撰文人的立场必须有充足的事实依据,才能要求缔约国作出答复。

6. 铭记缔约国和委员会有义务评估是否有充足理由认为撰文人如被驱逐、遣返或引渡可能遭受酷刑,在评估遭受酷刑的危险时,绝不能仅仅依据理论或怀疑。但是,不必证明这种危险极有可能发生。

7. 撰文人必须证明自己可能遭受酷刑,这样认为的理由如所述的那样充足,这种危险是针对个人的,而且切实存在。双方均可以就此事提出一切有关资料。

8. 下列资料虽然不详尽,但切合需要:

(a) 是否有证据表明所涉国家是一个一贯严重、公然或大规模侵犯人权的国家(见第3条第2款)?

(b) 撰文人是否曾遭受公职人员或以官方身份行事的人施行或煽动或认可或默许的酷刑或虐待?如果是,是否是最近发生的?

(c) 是否有医疗证据或其他独立证据证明撰文人关于曾遭受酷刑或虐待的指控?酷刑是否有后遗症?

(d) 上文(a)段提及的情况是否已发生变化?境内人权情况是否已发生变化?

(e) 撰文人是否在所涉国家境内外从事政治活动或其他活动,使得他(她)如被驱逐、遣返或引渡到该国,特别容易遭受酷刑?

(f) 是否有任何证据证明撰文人是可信的?

(g) 撰文人的指控中是否存在与事实不符的情况?如果存在,是否有重大关系?

9. 铭记禁止酷刑委员会不是一个上诉机构、准司法机构或行政机构,而是由缔约国自己设立的仅享有确认法律关系权力的监测机构,因此:

（a）委员会在行使《公约》第 3 条规定的管辖权时,将极其重视所涉缔约国机关的调查结论;但

（b）委员会不受这种结论的约束,而是根据《公约》第 22 条第 4 款,委员会有权依据每个案件的全部案情自由评估事实真相。

9. 消除一切形式种族歧视国际公约

（联合国大会 1965 年 12 月 21 日通过）

本公约缔约国，

鉴于联合国宪章系以全体人类天赋尊严与平等的原则为基础，所有会员国均担允采取共同及个别行动与本组织合作，以达成联合国宗旨之一，即不分种族、性别、语言或宗教，增进并激励对于全体人类的人权及基本自由的普遍尊重与遵守，

鉴于世界人权宣言宣示人皆生而自由，在尊严及权利上均各平等，人人有权享受该宣言所载的一切权利与自由，无分轩轾，尤其不因种族、肤色或民族而分轩轾，

鉴于人人在法律上悉属平等并有权享受法律的平等保护，以防止任何歧视及任何煽动歧视的行为，

鉴于联合国已谴责殖民主义及与之并行的所有隔离及歧视习例，不论其所采形式或所在地区为何，又一九六〇年十二月十四日给予殖民地国家和人民独立宣言（大会第 1514（XV）号决议）已确认并郑重宣示有迅速无条件终止此类习例的必要，

鉴于一九六三年十一月二十日联合国消除一切形式种族歧视宣言（大会第 1904（XVIII）号决议）郑重宣告迅速消除全世界一切种族歧视形式及现象及确保对人格尊严的了解与尊重，实属必要，

深信任何基于种族差别的种族优越学说，在科学上均属错误，在道德上应予谴责，在社会上均属失平而招险，无论何地，理论上或实践上的种族歧视均无可辩解，

重申人与人间基于种族、肤色或人种的歧视，为对国际友好和平关系的障碍，足以扰乱民族间的和平与安全，甚至共处于同一国内的人与人间的和谐关系，

深信种族壁垒的存在为任何人类社会理想所嫉恶，

怵于世界若干地区仍有种族歧视的现象，并怵于基于种族优越或种族仇恨的政府政策，诸如"种族隔离"、分隔或分离政策，

决心采取一切必要措施迅速消除一切种族歧视形式及现象，防止并打击种族学说及习例，以期促进种族间的谅解，建立毫无任何形式的种族隔离与种族歧视的国际社会，

念及一九五八年国际劳工组织所通过关于就业及职业歧视公约与一九六〇年联合国教育、科学及文化组织所通过取缔教育歧视公约，

亟欲实施联合国消除一切形式种族歧视宣言所载的原则并确保为此目的尽早采取实际措施，

爰议定条款如下：

第一部分

第一条

一、本公约称"种族歧视"者,谓基于种族、肤色、世系或民族或人种的任何区别、排斥、限制或优惠,其目的或效果为取消或损害政治、经济、社会、文化或公共生活任何其他方面人权及基本自由在平等地位上的承认、享受或行使。

二、本公约不适用于缔约国对公民与非公民间所作的区别、排斥、限制或优惠。

三、本公约不得解释为对缔约国关于国籍、公民身份或归化的法律规定有任何影响,但以此种规定不歧视任一籍民为限。

四、专为使若干须予必要保护的种族或民族团体或个人获得充分进展而采取的特别措施以期确保此等团体或个人同等享受或行使人权及基本自由者,不得视为种族歧视,但此等措施的后果须不致在不同种族团体间保持各别行使的权利,且此等措施不得于所定目的达成后继续实行。

第二条

一、缔约国谴责种族歧视并承诺立即以一切适当方法实行消除一切形式种族歧视与促进所有种族间的谅解的政策,又为此目的:

(子)缔约国承诺不对人、人群或机关实施种族歧视行为或习例,并确保所有全国性及地方性的公共当局及公共机关均遵守此项义务行事;

(丑)缔约国承诺对任何人或组织所施行的种族歧视不予提倡、维护或赞助;

(寅)缔约国应采取有效措施对政府及全国性与地方性的政策加以检查,并对任何法律规章足以造成或持续不论存在于何地的种族歧视者,予以修正、废止或宣告无效;

(卯)缔约国应以一切适当方法,包括依情况需要制定法律,禁止并终止任何人、任何团体或任何组织所施行的种族歧视;

(辰)缔约国承诺于适当情形下鼓励种族混合主义的多种族组织与运动,以及其他消除种族壁垒的方法,并劝阻有加深种族分野趋向的任何事物。

二、缔约国应于情况需要时在社会、经济、文化及其他方面,采取特别具体措施确保属于各该国的若干种族团体或个人获得充分发展与保护,以期保证此等团体与个人完全并同等享受人权及基本自由,此等措施于所定目的达成后,绝不得产生在不同种族团体间保持不平等或个别行使权利的后果。

第三条

缔约国特别谴责种族分隔及"种族隔离"并承诺在其所辖领土内防止、禁止并根除具有此种性质的一切习例。

第四条

缔约国对于一切宣传及一切组织,凡以某一种族或属于某一肤色或人种的人群具有优越性的思想或理论为根据者,或试图辩护或提倡任何形式的种族仇恨及歧视者,概予谴责,并承诺立即采取旨在根除对此种歧视的一切煽动或歧视行为的积极措施,又为此目的,在充分顾及世界人权宣言所载原则及本公约第五条明文规定的权利的条件下,除其他事项外:

（子）应宣告凡传播以种族优越或仇恨为根据的思想,煽动种族歧视,对任何种族或属于另一肤色或人种的人群实施强暴行为或煽动此种行为,以及对种族主义者的活动给予任何协助者,包括筹供经费在内,概为犯罪行为,依法惩处;

（丑）应宣告凡组织及有组织的宣传活动与所有其他宣传活动的提倡与煽动种族歧视者,概为非法,加以禁止,并确认参加此等组织或活动为犯罪行为,依法惩处;

（寅）应不准全国性或地方性公共当局或公共机关提倡或煽动种族歧视。

第五条

缔约国依本公约第二条所规定的基本义务承诺禁止并消除一切形式种族歧视,保证人人有不分种族、肤色或民族或人种在法律上一律平等的权利,尤得享受下列权利:

（子）在法庭上及其他一切司法裁判机关中平等待遇的权利;

（丑）人身安全及国家保护的权利以防强暴或身体上的伤害,不问其为政府官员所加抑为任何私人、团体或机关所加;

（寅）政治权利,其尤著者为依据普遍平等投票权参与选举——选举与竞选——参加政府以及参加处理任何等级的公务与同等服公务的权利;

（卯）其他公民权利,其尤著者为:

(1) 在国境内自由迁徙及居住的权利;

(2) 有权离去任何国家,连其本国在内,并有权归返其本国;

(3) 享有国籍的权利;

(4) 缔结婚姻及选择配偶的权利;

(5) 单独占有及与他人合有财产的权利;

(6) 继承权;

(7) 思想、良心与宗教自由的权利;

(8) 主张及表达自由的权利;

(9) 和平集会及结社自由的权利;

（辰）经济、社会及文化权利,其尤著者为:

(1) 工作、自由选择职业、享受公平优裕的工作条件、免于失业的保障、同工同酬、获得公平优裕报酬的权利;

(2) 组织与参加工会的权利;

(3) 住宅权;

(4) 享受公共卫生、医药照顾、社会保障及社会服务的权利;

(5) 享受教育与训练的权利;

(6) 平等参加文化活动的权利;

（巳）进入或利用任何供公众使用的地方或服务的权利,如交通工具、旅馆、餐馆、咖啡馆、戏院、公园等。

第六条

缔约国应保证在其管辖范围内,人人均能经由国内主管法庭及其他国家机关对违反本公约侵害其人权及基本自由的任何种族歧视行为,获得有效保护与救济,并有权就此种歧视而遭受的任何损失向此等法庭请求公允充分的赔偿或补偿。

第七条

缔约国承诺立即采取有效措施尤其在讲授、教育、文化及新闻方面以打击导致种族歧视之偏见,并增进国家间及种族或民族团体间的谅解、宽恕与睦谊,同时宣扬联合国宪章之宗旨与原则、世界人权宣言、联合国消除一切形式种族歧视宣言及本公约。

第二部分

第八条

一、兹设立消除种族歧视委员会(以下简称"委员会")由德高望重、公认公正的专家十八人组成,由本公约缔约国自其国民中选出,以个人资格任职;选举时须顾及公匀地域分配及各种不同文明与各主要法系的代表性。

二、委员会委员应以无记名投票自缔约国推荐的人员名单中选出。缔约国得各自本国国民中推荐一人。

三、第一次选举应自本公约生效之日起六个月后举行。联合国秘书长应于每次选举日前至少三个月时函请缔约国于两个月内提出其所推荐之人的姓名。秘书长应将所有如此推荐的人员依英文字母次序,编成名单,注明推荐此等人员的缔约国,分送各缔约国。

四、委员会委员的选举应在秘书长于联合国会所召开的缔约国会议中举行。该会议以三分之二缔约国为法定人数,凡得票最多,且占出席及投票缔约国代表绝对多数票者当选为委员会委员。

五、(子)委员会委员任期四年。但第一次选举产生的委员中,九人的任期应于两年终了时届满,第一次选举后,此九人的姓名应即由委员会主席抽签决定。

(丑)临时出缺时,其专家不复担任委员会委员的缔约国,应自其国民中指派另一专家,经委员会核准后,填补遗缺。

六、缔约国应负责支付委员会委员履行委员会职务时的费用。

第九条

一、缔约国承诺于(子)本公约对其本国开始生效后一年内,及(丑)其后每两年,并凡遇委员会请求时,就其所采用的实施本公约各项规定的立法、司法、行政或其他措施,向联合国秘书长提出报告,供委员会审议。委员会得请缔约国递送进一步的情报。

二、委员会应按年将工作报告送请秘书长转送联合国大会,并得根据审查缔约国所送报告及情报的结果,拟具意见与一般建议。此项意见与一般建议应连同缔约国核具的意见,一并提送大会。

第十条

一、委员会应自行制订其议事规则。

二、委员会应自行选举职员,任期两年。

三、委员会的秘书人员应由联合国秘书长供给。

四、委员会会议通常应在联合国会所举行。

第十一条

一、本公约一缔约国如认为另一缔约国未实施本公约的规定,得将此事通知委员会注意。委员会应将此项通知转知关系缔约国。收文国应于三个月内,向委员会提出书面说明或声明,以解释此事,如已采取补救办法并说明所采办法。

二、如此事于收文国收到第一次通知后六个月内,当事双方未能由双边谈判或双方可以采取的其他程序,达成双方满意的解决,双方均有权以分别通知委员会及对方的方法,再将此事提出委员会。

三、委员会对于根据本条第二款规定提出委员会的事项,应先确实查明依照公认的国际法原则,凡对此事可以运用的国内补救办法皆已用尽后,始得处理。但补救办法的实施拖延过久时不在此例。

四、委员会对于收受的任何事项,得请关系缔约国供给任何其他有关资料。

五、本条引起的任何事项正由委员会审议时,关系缔约国有权遣派代表一人于该事项审议期间参加委员会的讨论,但无投票权。

第十二条

一、(子)委员会主席应于委员会搜集整理认为必需的一切情报后,指派一专设和解委员会(以下简称和解会),由五人组成,此五人为委员会委员或非委员会委员均可。和解会委员之指派,须征得争端当事各方的一致充分同意,和解会应为关系各国斡旋俾根据尊重公约的精神,和睦解决问题。

(丑)遇争端各当事国于三个月内对和解会的组成的全部或一部未能达成协议时,争端各当事国未能同意的和解会委员,应由委员会用无记名投票法以三分之二多数票从其本身的委员中选举。

二、和解会委员以私人资格任职。和解会委员不得为争端当事各国的国民,亦不得为非本公约缔约国的国民。

三、和解会自行选举主席,制订议事规则。

四、和解会会议通常应在联合国会所举行,或和解会决定的方便地点举行。

五、依本公约第十条第三款供给的秘书人员,于缔约国间发生争端,致成立和解会时,应亦为和解会办理事务。

六、争端各当事国依照联合国秘书长所提概算,平均负担和解委员会的一切费用。

七、秘书长于必要时,有权在争端各当事国依本条第六款偿付之前,支付和解会委员的费用。

八、委员会所搜集整理的情报应送交和解会,和解会得请关系国家供给任何其他有关情报。

第十三条

一、和解会应于详尽审议上称事项后,编撰报告书,提交委员会主席,内载其对于与当事国间争执有关的一切事实问题的意见,并列述其认为适当的和睦解决争端的建议。

二、委员会主席应将和解会报告书分送争端各当事国。各当事国应于三个月内,通知委员会主席是否接受和解会报告书所载的建议。

三、委员会主席应于本条第二款规定的期限届满后,将和解会报告书及关系缔约国的宣告,分送本公约其他缔约国。

第十四条

一、缔约国得随时声明承认委员会有权接受并审查在其管辖下自称为该缔约国侵犯本公约所载任何权利行为受害者的个人或个人联名提出的来文。本文所指为未曾发表此种声明的缔约国时,委员会不得接受。

二、凡发表本条第一款所规定的声明的缔约国得在其本国法律制度内设立或指定一主管机关,负责接受并审查在其管辖下自称为侵犯本公约所载任何权利行为受害者并已用尽其他可用的地方补救办法的个人或个人联名提出之请愿书。

三、依照本条第一款所发表的声明及依照本条第二款所设立或指定的任何机关名称应由关系缔约国交存联合国秘书长,再由秘书长将其副本分送本公约其他缔约国。上述声明得随时通知秘书长撤回,但此项撤回不得影响正待委员会处理的来文。

四、依照本条第二款设立或指定的机关应置备请愿书登记册,此项登记册的正式副本应经适当途径每年转送秘书长存档,但以不得公开揭露其内容为条件。

五、遇未能从依本条第二款所设立或指定的机关取得补偿时,请愿人有权于六个月内将此事通知委员会。

六、(子)委员会应将其所收到的任何来文秘密提请据称违反公约任何条款的缔约国注意,但非经关系个人或联名个人明白表示同意,不得透露其姓名。委员会不得接受匿名来文。

(丑)收文国应于三个月内向委员会提出书面说明或声明,解释此事,如已采取补救办法,并说明所采办法。

七、(子)委员会应参照关系缔约国及请愿人所提供的全部资料,审议来文。非经查实请愿人确已用尽所有可用的国内补救办法,委员会不得审议请愿人的任何来文。但补救办法之实施拖延过久时,不在此例。

(丑)委员会倘有任何意见或建议,应通知关系缔约国及请愿人。

八、委员会应于其常年报告书中列入此种来文的摘要,并斟酌情形列入关系缔约国之说明与声明及委员会的意见与建议的摘要。

九、委员会应于本公约至少已有十缔约国受依照本条第一款所发表声明的拘束后始得行使本条所规定的职权。

第十五条

一、在大会一九六○年十二月十四日第1514(XV)号决议所载给予殖民地国家和人民独立宣言的目标获致实现前,本公约各项规定绝不限制其他国际文书或联合国及其各专门机构授予此等人民的请愿权。

二、(子)依本公约第八条第一款设立的委员会应自处理与本公约原则目标直接有关事项而审理托管及非自治领土居民或适用大会第1514(XV)号决议的一切其他领土居民所递请愿书的联合国各机关,收受本公约事项有关的请愿书副本,并就各该请愿书向各该机关表示意见及提具建议。

(丑)委员会应收受联合国主管机关所递关于各管理国家在本条(子)项所称领土内所实施与本公约原则目标直接有关的立法、司法、行政或其他措施之报告书,表示意见并提具建议。

三、委员会应在其提送大会的报告书内列入其自联合国各机关所收到请愿书与报告书的摘要及委员会对各该请愿书及报告书的意见与建议。

四、委员会应请联合国秘书长提供关于本条第二款(子)项所称领土之一切与本公约目标有关并经秘书长接获的情报。

第十六条

本公约关于解决争端或控诉之各项条款的适用,应不妨碍联合国及其专门机构组织法或所通过公约内关于解决歧视方面争端或控诉规定的其他程序,亦不阻止本公约缔约国依照彼此间现行一般或特殊国际协定,采用其他程序以解决争端。

第三部分

第十七条

一、本公约开放给联合国会员国或其任何专门机构的会员国、国际法院规约当事国及经联合国大会邀请成为本公约缔约国的任何其他国家签字。

二、本公约须经批准。批准书应交存联合国秘书长。

第十八条

一、本公约应开放给本公约第十七条第一款所称的任何国家加入。

二、加入应向联合国秘书长交存加入书。

第十九条

一、本公约应自第二十七件批准书或加入书交存联合国秘书长之日后第三十日起发生效力。

二、本公约对于在第二十七件批准书或加入书交存后批准或加入公约之国家应自该国交存批准书或加入书之日后第三十日起发生效力。

第二十条

一、秘书长应收受各国于批准或加入时所作的保留并分别通知本公约所有缔约国或可成为缔约国的国家。凡反对此项保留的国家应于从此项通知书日期起算之九十日内,通知秘书长不接受此项保留。

二、凡与本公约的目标及宗旨抵触的保留不得容许,其效果足以阻碍本公约所设任何机关之业务者,也不得准许。凡经至少三分之二本公约缔约国反对者,应视为抵触性或阻碍性之保留。

三、前项保留得随时通知秘书长撤销。此项通知自收到之日起生效。

第二十一条

缔约国得以书面通知联合国秘书长退出本公约。退约应于秘书长接获通知之日起,一年后发生效力。

第二十二条

两个或两个以上缔约国间关于本公约的解释或适用的任何争端不能以谈判或以本公约所明定的程序解决者,除争端各方商定其他解决方式外,应于争端任何一方请求时提请国际法院裁决。

第二十三条

一、任何缔约国得随时以书面向联合国秘书长提出修改本公约之请求。

二、联合国大会应决定对此项要求采取的步骤。

第二十四条

秘书长应将下列事项通知本公约第十七条第一款所称的所有国家：

（子）依第十七条及第十八条所为的签字、批准及加入；

（丑）依第十九条本公约发生效力的日期；

（寅）依第十四条及第二十条及第二十三条接获的来文及声明；

（卯）依第二十一条所为的退约。

第二十五条

一、本公约应交存联合国档库，其中文、英文、法文、俄文及西班牙文各本同一作准。

二、联合国秘书长应将本公约的正式副本分送所有属于本公约第十七条第一款所称各类之一的国家。

为此，下列各代表秉其本国政府正式授予之权，谨签字于自一九六六年三月七日起得由各国在纽约签署的本公约，以昭信守。

附 消除种族歧视委员会一般性意见

第四十八届会议（1996年）

关于自决权的一般性建议二十一

1. 委员会注意到，种族或宗教团体或少数群体经常提到自决权，视之为指称的分离权利的基础。在这方面，委员会希望提出下列意见。

2. 人民自决权是国际法的一项基本原则。这项权利明确载于《联合国宪章》第1条、《经济、社会、文化权利国际公约》第1条和《公民权利和政治权利国际公约》第1条以及其他国际人权文书。《公民权利和政治权利国际公约》除了规定种族、宗教或语言少数群体享有自己的文化、信仰和实践自己的宗教或使用自己的语言的权利外，还规定了人民自决权。

3. 委员会强调，根据联合国大会1970年10月24日第2625(XXV)号决议核准的《关于各国按照联合国宪章建立友好关系及合作国际法原则的宣言》，缔约国有义务促进人民自决权。但是，自决原则的落实需要每个国家按照《联合国宪章》的规定，通过共同和单独行动促进对人权和基本自由的普遍尊重和遵守。在这方面，委员会提请各国政府注意大会1992年12月18日第47/135号决议通过的《在民族或族裔、宗教和语言上属于少数群体的人的权利宣言》。

4. 关于人民自决权，必须对两个方面加以区别。人民自决权具有内在方面，即所有人民有权在不受外来干预的情况下自由实现其经济、社会和文化发展。在这方面，与《消除一切形式种族歧视国际公约》第5条（寅）项提到的每个公民参加各级公共事务管理的权利是相联系的。因此，政府应代表全体人民，而不分种族、肤色、出身或民族或族裔。自决的外在方面意味着所有人民有权根据权利平等的原则自由决定其政治地位和其在国际社会中的地位。体现这一方面的具体实例是人民摆脱殖民主义而获得解放和禁止将人民置于外国征服、统治和剥削之下。

5. 为了充分尊重一国之内各民族的权利,委员会再次呼吁各国政府遵守和充分执行国际人权文书,特别是《消除一切形式种族歧视国际公约》。各国政府的政策必须以关心对个人权利的保护为指导原则,不得有基于种族、族裔、部落、宗教或其他理由的歧视。根据《消除一切形式种族歧视国际公约》第2条和其他有关国际文书,各国政府应该高度关心属于种族群体的人的权利,特别是他们保持尊严、保护其文化、公平分享国民生产增长的成果和在他们是其公民的国家政府中发挥作用的权利。各国政府也应该根据各自的宪法酌情赋予作为其公民一分子的属于种族或语言群体的人从事与维护这种人或群体的特征特别有关的活动的权利。

6. 委员会强调,根据《友好关系宣言》,不得将委员会的任何行动理解为同意或鼓励完全或部分肢解或破坏独立主权国家的领土完整或政治团结,只要这些国家按照权利平等和人民自决的原则管理国家事务并有一个代表领土上全体人民的政府,而不分种族、信仰或肤色、委员会认为,国际法并未承认各民族单方面宣布脱离一个国家的一般权利。在这方面,委员会同意《和平议程》中表示的意见(第17段及以后各段),即国家分裂可能对保护人权以及对维护和平与安全有害。但是,这并不排除有关各方有可能经自由协议达成的安排。

第五十一届会议(1997年)
关于土著人民权利的一般性建议二十三

1. 依照消除种族歧视委员会的惯例,尤其是在审查缔约国依照《消除一切形式种族歧视国际公约》第九条提交的报告时,土著人民的状况一直是密切注意和关心的事项。在这方面,委员会一贯申明,对土著人民的歧视属于《公约》管辖范围,必须采取一切适当方式对付和消除这种歧视。

2. 委员会注意到大会于1994年12月10日宣布世界土著人民国际十年,委员会重申《消除一切形式种族歧视国际公约》条款适用于土著人民。

3. 委员会知道,在世界许多区域土著人民一直并且仍然受到歧视,他们的人权和基本自由被剥夺,尤其是他们的土地和资源落入殖民主义者、商业公司和国家企业之手。因此,他们的文化和历史身份的维护一直并且仍然岌岌可危。

4. 委员会特别吁请缔约国:

(a) 承认并尊重独特的土著文化、历史、语言和生活方式,将其作为丰富缔约国文化特征的财富,并促进对这笔财富的保护;

(b) 确保土著人民成员的自由及在尊严和权利方面平等,不受任何歧视,尤其是基于土著血统或身份的歧视;

(c) 向土著人民提供条件,使其能够以符合自己文化特点的方式获得可持续的经济和社会发展;

(d) 确保土著人民成员享有有效参与公共生活的平等权利,除非他们在知情情况下同意,否则不得作出同其权利和利益直接有关的任何决定;

(e) 确保土著人民能够行使自己的权利,保留和发扬自己的文化传统和习俗,保持并使用自己的语言。

5. 委员会特别吁请缔约国承认并保护土著人民拥有、开展、控制和使用自己部族的土地、领土和资源的权利,并且,如果没有征得他们在自由和知情情况下的同意而剥夺他们传统上拥有或以其他方式居住或使用的土地和领土,则必须采取措施归还这些土地和领土。只有在由于事实上的理由不可能做到这一点时,才能以获得公正、公平和迅速赔偿的权利取代恢复原状的权利。此种赔偿应尽可能采取土地和领土的形式。

6. 委员会还吁请本国领土上居住着土著人民的缔约国考虑到《公约》所有有关条款,在其定期报告中列入有关土著人民状况的充分资料。

第五十六届会议(2000年)
关于种族歧视与性别有关方面的一般性建议二十五

1. 委员会指出,种族歧视并不总是同样影响或以同样方式影响妇女和男人。在某些情况下,种族歧视只影响或主要影响妇女,或以不同方式影响妇女,或影响程度不同于对男人的影响。如果不明确承认妇女和男人在社会生活和私人生活方面的不同经验,这种种族歧视往往难以察觉。

2. 由于妇女的性别,某些形式的种族歧视可能是专门针对她们的,例如,在拘留或武装冲突期间,对特定种族或族裔群体妇女成员的性暴力行为;强迫土著妇女绝育;非正式部门雇主对女工或国外雇主对家庭女佣的性侵犯。种族歧视的后果可能主要影响或只影响妇女,如种族偏见驱使的强奸所造成的怀孕;在某些社会中,这种强奸的妇女受害者可能还会被驱逐。由于与性别有关的障碍,如法律制度中的性别偏向和私人生活领域中对妇女的歧视,妇女还可能不能利用种族歧视补救办法和申诉机制。

3. 由于认识到某些形式的种族歧视可能对妇女产生特别的具体影响,委员会将在其工作中考虑到可能与种族歧视有关联的性别因素或问题。委员会相信,为了评估和监察对妇女的种族歧视,以及妇女由于其种族、肤色、世系或民族或族裔在充分享有公民、政治、经济、社会和文化权利方面的不利地位、障碍和困难,如果能与缔约国合作共同制定一种更系统和一致的办法,这将有助于委员会做好这方面的工作。

4. 因此,委员会希望在审查各种形式的种族歧视时加强从性别角度看问题,在其会议工作方法中增加性别分析,鼓励使用考虑到性别的语言,包括对缔约国报告的审查、结论性意见、早期预警机制和紧急行动程序,以及一般性建议。

5. 作为充分考虑到种族歧视与性别有关的方面的方法的一部分,委员会将在其会议工作方法中增加对性别与种族歧视关系的分析,其中将特别考虑到:
(a) 种族歧视的形式和表现;
(b) 种族歧视发生的情况;
(c) 种族歧视的后果;
(d) 种族歧视补救办法和申诉机制的存在和可利用性。

6. 委员会注意到,缔约国提交的报告中往往没有关于在妇女方面执行《公约》的具体或充分资料,因此,要求缔约国从数量和质量方面尽可能详细说明影响确保妇女在没有种族歧视的情况下平等享有《公约》所规定权利的各种因素以及在这方面所遇到困难。按种族或族裔分类、进而在种族和族裔群体中按性别分类的资料将有助于缔约国和委员会发现、比较本来可能不被注意和解决的对妇女的各种形式种族歧视问题,并采取措施,给予补救。

第 1391 次会议
2000 年 3 月 20 日

第五十七届会议(2000 年)

关于歧视吉普赛人的一般性建议二十七

消除种族歧视委员会,

考虑到《消除一切形式种族歧视国际公约》缔约国提交的资料、根据《公约》第九条提交的定期报告以及委员会在审议缔约国定期报告之后通过的结论性意见;

安排举行了关于歧视吉普赛人问题的专题讨论会,收到委员会成员提供的资料,以及联合国机构、其他条约机构和区域组织专家提供的资料,

还收到有关非政府组织在与它们一起举行的非正式会议上以口头和书面形式提交的资料,

考虑到《公约》的规定,

建议《公约》缔约国根据各自的具体情况为保护吉普赛社区成员的利益,除其他外,特别要视情况采取下述全部和部分措施:

1. 一般性措施

1. 视情况审查和制定或修订立法,以按照《公约》消除对吉普赛人以及其他人或群体的一切形式种族歧视。

2. 通过和执行国家战略和方案,表示坚定的政治意愿和精神领导,改善吉普赛人的境遇,加强国家机关以及个人或组织对他们的保护,使他们免受歧视。

3. 在群体指定和归属方面,尊重吉普赛人的愿望。

4. 确保有关公民资格和入籍的立法不歧视吉普赛社区成员。

5. 采取一切必要措施避免对吉普赛移民或寻求庇护者的歧视。

6. 在所有计划和执行的方案和项目以及所有措施中,考虑到时常遭受双重歧视的吉普赛妇女的情况。

7. 采取适当措施确保吉普赛社区成员在其基本权利和自由遭受侵犯的情况下得到有效补救,确保立即和充分为他们伸张正义。

8. 制定和鼓励实行吉普赛社区与中央和地方当局进行交流和对话的适当形式。

9. 鼓励进行真诚对话、协商或其他适当交流,努力改善吉普赛社区和非吉普赛社区的关系,特别是在地方,以便促进相互容忍,克服偏见和成见,促进调整和适应,避免歧视,确保所有人充分享有人权和自由。

10. 承认在第二次世界大战期间对吉普赛社区实行的驱逐和消灭的错误做法,考虑如何

给他们以赔偿。

11. 与民间社会合作采取必要措施,实行政治文化发展计划,以不歧视、尊重他人和容忍精神教育民众,特别是要平等对待吉普赛人。

2. 针对种族暴力的保护措施

12. 为确保吉普赛人的安全和尊严,使他们不受任何歧视,采取措施预防出于种族歧视对他们的暴力行为;确保警察、检察官和司法机关立即采取行动进行调查,惩罚这种行为;确保肇事者,不论是政府官员还是其他人,不享受任何程度的免罚。

13. 采取措施防止警察对吉普赛人非法使用武力,特别是逮捕和拘留。

14. 为鼓励适当安排警察与吉普赛社区和协会的交流和对话,为防止种族偏见引起的冲突,与对这些社区成员和其他人的种族主义暴力行为作斗争。

15. 鼓励招募吉普赛社区成员进入警察部门和其他执法机关。

16. 促进缔约国和其他负有责任的国家或当局在冲突后地区采取行动,以便防止对吉普赛社区成员的暴力行为和他们的被迫流离失所。

3. 教育领域的措施

17. 支持教育系统吸收吉普赛儿童,采取行动降低辍学率,特别是吉普赛女童的辍学率,为此,与吉普赛家长、协会和当局社区积极合作。

18. 可能防止和避免分隔吉普赛学生,保持开放提供双语或母语学费的可能性,为此,努力提高各学校的教育质量和少数社区学校的成绩水平,从吉普赛社区成员中招聘学校工作人员,促进多种文化教育。

19. 考虑在教育领域与家长合作采取有利于吉普赛儿童的措施。

20. 采取坚决行动消除对吉普赛学生的任何歧视或种族骚扰。

21. 采取必要措施使流动社区的吉普赛儿童得到基础教育,包括允许他们在地方学校临时上学,在他们的宿营地设置临时教室,或利用新技术进行远距离教育。

22. 确保在教育方案、项目和运动中考虑到吉普赛女童和妇女的不利地位。

23. 采取紧急和持续措施在吉普赛学生中培训教师、教育者和助理人员。

24. 采取行动改善教职员与吉普赛儿童、吉普赛社区和家长的对话和交流,更多使用从吉普赛人中挑选的助理人员。

25. 确保为吉普赛社区过龄成员采取适当的教育形式和方案,以提高其成人文化水平。

26. 在适当年级的课本中增加有关吉普赛人历史和文化的内容,鼓励和支持出版和发行关于其历史和文化的书籍和其他印刷材料以及在电视和电台广播有关节目,包括以其所使用语言进行广播。

4. 改善生活条件的措施

27. 通过或改进立法,禁止在就业方面以及劳动市场中对吉普赛社区成员的歧视,保护他们免受歧视作法的影响。

28. 采取特别措施,促进吉普赛人在政府机关以及私营企业中就业。

29. 在可能的情况下,在中央和地方各级采取和执行有利于吉普赛人承担政府工作的特别措施,如公共承包或政府提供资金的其他活动,或对吉普赛人进行各种技能和职业培训。

30. 制订和执行旨在避免吉普赛社区在住房方面被隔离的政策和项目;吸收吉普赛社区

和协会和其他人一起参与住房项目建设、正常化和维护。

31. 采取坚决行动,制止主要是地方当局和私人房主在选择居住地点和租用住房方面对吉普赛人的歧视性作法;采取坚决行动废除剥夺吉普赛人居住权利或非法驱逐他们的地方措施,避免将吉普赛人安置在居住区之外、与居住区隔离没有保健和其他设施的营地。

32. 视情况采取必要措施为游牧或流动吉普赛人提供具有必要设施的放置拖车的营地。

33. 确保吉普赛人能平等享受医疗保健和社会保障服务,取消在这些方面对他们的歧视性作法。

34. 制订和执行吉普赛人,特别是妇女和儿童的保健方案和项目,其中要考虑到由于极端贫困和低教育水平以及文化差别他们所处的不利地位;吸收吉普赛协会和社区及其代表,特别是妇女参与制订和执行与吉普赛群体有关的保健方案和项目。

35. 防止、取消和适当惩罚禁止吉普赛人进入供广大公众使用的场所和服务设施,包括饭店、旅馆、剧院、音乐厅、迪斯科舞厅等的歧视性作法。

5. 媒体领域的措施

36. 按照《公约》的规定,在媒体方面采取适当行动,消除任何种族或族裔优越思想和种族仇恨,禁止煽动对吉普赛人的歧视和暴力行为。

37. 鼓励所有媒体专业人员认识到自己的特殊责任,不传播对吉普赛人的偏见,在涉及吉普赛社区个别成员的事件报道中避免谴责整个社区。

38. 开展教育和媒体宣传运动,让公众了解吉普赛人的生活、社会和文化,以及建立一种具有包容性的社会、尊重吉普赛人的人权和身份的重要性。

39. 鼓励和促进吉普赛人利用包括报纸、电视台和电台等媒体,建立他们自己的媒体,培训吉普赛新闻工作者。

40. 鼓励媒体采取自我监督办法,例如,制定和实行媒体组织行为守则,以避免种族歧视或有偏见的语言。

6. 促进参与社会生活的措施

41. 采取必要措施,包括特别措施,保证吉普赛少数或群体有平等机会参与所有中央和地方政府机关的工作。

42. 在中央和地方各级建立吉普赛政党、协会和代表进行协商的形式和机制,以便在考虑涉及吉普赛社区的问题和通过有关决定时和他们协商。

43. 在制订和执行影响到吉普赛人的政策和方案的开始阶段吸收吉普赛社区、协会及其代表参加,确保这种政策和方案具有足够的透明度。

44. 让吉普赛社区成员更多意识到有必要更积极参与公共和社会生活,共同促进他们本身的利益,例如,其子女的教育和他们自己的职业培训。

45. 安排对吉普赛族政府官员和代表以及可能担任这些职务的吉普赛候选人的培训,以便加强其政治、决策和管理技能。

委员会还建议:

46. 缔约国在定期报告中以适当形式增加有关在其管辖下的吉普赛社区的资料,包括有关吉普赛人参加政治生活及其经济、社会和文化情况的统计资料,其中包括按性别分类的资料,以及有关本建议执行情况的资料。

47. 政府间组织在其与各缔约国的合作和对它们的援助项目中视情况考虑到吉普赛社区的情况，努力促进其经济、社会和文化进步。

48. 人权事务高级专员在高级专员署范围内设立一个吉普赛问题中心。

委员会还建议：

49. 反对种族主义、种族歧视、仇外和有关不容忍现象世界会议适当审议上述建议，同时考虑到吉普赛社区在当前世界中处于最不利地位、最受歧视的群体中的地位。

第 1424 次会议
2000 年 8 月 16 日

10. 消除对妇女一切形式歧视公约

（联合国大会 1979 年 12 月 18 日通过）

本公约缔约各国，

注意到《联合国宪章》重申对基本人权、人格尊严和价值以及男女平等权利的信念，

注意到《世界人权宣言》申明不容歧视的原则，并宣布人人生而自由，在尊严和权利上一律平等，且人人都有资格享受该宣言所载的一切权利和自由，不得有任何区别，包括男女的区别，

注意到有关人权的各项国际公约的缔约国有义务保证男女平等享有一切经济、社会、文化、公民和政治权利，

考虑到在联合国及各专门机构主持下所签署旨在促进男女权利平等的各项国际公约，

还注意到联合国和各专门机构所通过旨在促进男女权利平等的决议、宣言和建议，

关心到尽管有这些各种文件，歧视妇女的现象仍然普遍存在，

考虑到对妇女的歧视违反权利平等和尊重人的尊严的原则，阻碍妇女与男子平等参加本国的政治、社会、经济和文化生活，妨碍社会和家庭的繁荣发展，并使妇女更难充分发展为国家和人类服务的潜力，

关心到在贫穷情况下，妇女在获得粮食、保健、教育、训练、就业和其他需要等方面，往往机会最少，

深信基于平等和正义的新的国际经济秩序的建立，将大有助于促进男女平等，

强调彻底消除种族隔离、一切形式的种族主义、种族歧视、新老殖民主义、外国侵略、外国占领和外国统治、对别国内政的干预，对于男女充分享受其权利是必不可少的，

确认国际和平与安全的加强，国际紧张局势的缓和，各国不论其社会和经济制度如何彼此之间的相互合作，在严格有效的国际管制下全面彻底裁军、特别是核裁军，国与国之间关系上正义、平等和互利原则的确认，在外国和殖民统治下和外国占领下的人民取得自决与独立权利的实现，以及对各国国家主权和领土完整的尊重，都将会促进社会进步和发展，从而有助于实现男女的完全平等，

确信一国的充分和完全的发展，世界人民的福利以及和平的事业，需要妇女与男子平等充分参加所有各方面的工作，

念及妇女对家庭的福利和社会的发展所作出的巨大贡献至今没有充分受到公认，又念及母性的社会意义以及父母在家庭中和在养育子女方面所起的作用，并理解到妇女不应因生育的任务而受到歧视，因为养育子女是男女和整个社会的共同责任，

认识到为了实现男女完全平等需要同时改变男子和妇女在社会上和家庭中的传统任务，

决心执行《消除对妇女歧视宣言》内载的各项原则，并为此目的，采取一切必要措施，消

除这种歧视的一切形式及现象，

兹协议如下：

第一部分

第一条

在本公约中，"对妇女的歧视"一词是指基于性别而作的任何区别、排斥或限制，其影响或目的均足以妨碍或否认妇女不论已婚未婚在男女平等的基础上认识、享有或行使在政治、经济、社会、文化、公民或任何其他方面的人权和基本自由。

第二条

缔约各国谴责对妇女一切形式的歧视，协议立即用一切适当办法，推行消除对妇女歧视的政策。为此目的，承担：

（a）男女平等的原则如尚未列入本国宪法或其他有关法律者，应将其列入，并以法律或其他适当方法，保证实现这项原则；

（b）采取适当立法和其他措施，包括在适当情况下采取制裁，禁止对妇女的一切歧视；

（c）为妇女确立与男子平等的权利的法律保护，通过各国的主管法庭及其他公共机构，保证切实保护妇女不受任何歧视；

（d）不采取任何歧视妇女的行为或做法，并保证公共当局和公共机构的行动都不违背这项义务；

（e）采取一切适当措施，消除任何个人、组织或企业对妇女的歧视；

（f）采取一切适当措施，包括制定法律，以修改或废除构成对妇女歧视的现行法律、规章、习俗和惯例；

（g）废止本国刑法内构成对妇女歧视的一切规定。

第三条

缔约各国应承担在所有领域，特别是在政治、社会、经济、文化领域，采取一切适当措施，包括制定法律，保证妇女得到充分的发展和进步，以确保妇女在与男子平等的基础上，行使和享有人权和基本自由。

第四条

1. 缔约各国为加速实现男女事实上的平等而采取的暂行特别措施，不得视为本公约所指的歧视，亦不得因此导致维持不平等的标准或另立标准；这些措施应在男女机会和待遇平等的目的达到之后，停止采用。

2. 缔约各国为保护母性而采取的特别措施，包括本公约所列各项措施，不得视为歧视。

第五条

缔约各国应采取一切适当措施：

（a）改变男女的社会和文化行为模式，以消除基于因性别而分尊卑观念或基于男女任务定型所产生的偏见、习俗和一切其他做法。

（b）保证家庭教育应包括正确了解母性的社会功能和确认教养子女是父母的共同责任，当然在任何情况下都应首先考虑子女的利益。

第六条

缔约各国应采取一切适当措施,包括制定法律,以禁止一切形式贩卖妇女及意图营利使妇女卖淫的行为。

第二部分

第七条

缔约各国应采取一切适当措施,消除在本国政治和公共生活中对妇女的歧视,特别应保证妇女在与男子平等的条件下:

(a) 在一切选举和公民投票中有选举权,并在一切民选机构有被选举权;

(b) 参加政府政策的制订及其执行,并担任各级政府公职,执行一切公务;

(c) 参加有关本国公众和政治生活的非政府组织和协会。

第八条

缔约各国应采取一切适当措施,保证妇女在与男子平等不受任何歧视的条件下,有机会在国际上代表本国政府参加各国际组织的工作。

第九条

1. 缔约各国应给予妇女与男子有取得、改变或保留国籍的同等权利。缔约各国应特别保证,与外国人结婚或于婚姻存续期间丈夫改变国籍均不当然改变妻子的国籍,使她成为无国籍人,或把丈夫的国籍强加于她。

2. 缔约各国在关于子女的国籍方面,应给予妇女与男子平等的权利。

第三部分

第十条

缔约各国应采取一切适当措施以消除对妇女的歧视,以保证妇女在教育方面享有与男子平等的权利,特别是在男女平等的基础上保证:

(a) 在各种教育机构,不论其在城市或农村,在专业和职业辅导、取得学习机会和文凭等方面都有相同的条件。在学前教育、普通教育、技术、专业和高等技术教育以及各种职业训练方面,都应保证这种平等;

(b) 课程、考试、师资的标准、校舍和设备的质量一律相同;

(c) 为消除在各级和各种方式的教育中对男女任务的任何定型观念,应鼓励实行男女同校和其他有助于实现这个目的的教育形式,并特别应修订教科书和课程以及相应地修改教学方法;

(d) 领受奖学金和其他研究补助金的机会相同;

(e) 接受成人教育、包括成人识字和实用读写能力的教育的机会相同,特别是为了尽早缩短男女之间存在的教育水平上的一切差距;

(f) 减少女生退学率,并为离校过早的少女和妇女安排种种方案;

(g) 积极参加运动和体育的机会相同;

(h) 有接受特殊知识辅导的机会,以有助于保障家庭健康和幸福,包括关于计划生育的知识和辅导在内。

第十一条

1. 缔约各国应采取一切适当措施,消除在就业方面对妇女的歧视,以保证她们在男女平等的基础上享有相同权利,特别是:

(a) 人人有不可剥夺的工作权利;

(b) 享有相同就业机会的权利,包括在就业方面相同的甄选标准;

(c) 享有自由选择专业和职业、提升和工作保障、一切服务的福利和条件、接受职业培训和进修,包括实习培训、高等职业培训和经常性培训的权利;

(d) 同等价值的工作享有同等报酬(包括福利)和享有平等待遇的权利,在评定工作的表现方面,也享有平等待遇的权利;

(e) 享有社会保障的权利,特别是在退休、失业、疾病、残废和老年或在其他丧失工作能力的情况下,以及享有带薪假的权利。

(f) 在工作条件方面享有健康和安全保障,包括保障生育机能的权利。

2. 缔约各国为使妇女不致因结婚或生育而受歧视,又为保障其有效的工作权利起见,应采取适当措施:

(a) 禁止以怀孕或产假为理由予以解雇,以及以婚姻状况为理由予以解雇的歧视,违反规定者予以制裁;

(b) 实施带薪产假或具有同等社会福利的产假,而不丧失原有工作、年资或社会津贴;

(c) 鼓励提供必要的辅助性社会服务,特别是通过促进建立和发展托儿设施系统,使父母得以兼顾家庭义务和工作责任并参与公共事务;

(d) 对于怀孕期间从事确实有害于健康的工种的妇女,给予特别保护。

3. 应根据科技知识,定期审查与本条所包涵的内容有关的保护性法律,必要时应加以修订、废止或推广。

第十二条

1. 缔约各国应采取一切适当措施,消除在保健方面对妇女的歧视,保证她们在男女平等的基础上取得包括有关计划生育的保健服务。

2. 尽管有本条第一款的规定,缔约各国应保证为妇女提供有关怀孕、分娩和产后期间的适当服务,于必要时予以免费,并保证在怀孕和哺乳期间得到充分营养。

第十三条

缔约各国应采取一切适当措施以消除在经济和社会生活的其他方面对妇女的歧视,保证她们在男女平等的基础上有相同权利,特别是:

(a) 领取家属津贴的权利;

(b) 银行贷款、抵押和其他形式的金融信贷的权利;

(c) 参与娱乐活动、运动和文化生活各个方面的权利。

第十四条

1. 缔约各国应考虑到农村妇女面临的特殊问题和她们对家庭生计包括她们在经济体系中非商品化部门的工作方面所发挥的重要作用,并应采取一切适当措施,保证对农村妇女适用本公约的各项规定。

2. 缔约各国应采取一切适当措施,以消除对农村地区妇女的歧视,保证她们在男女平等的基础上参与农村发展并受其益惠,尤其是保证她们有权:

(a) 参与各级发展规划的拟订和执行工作;

(b) 利用充分的保健设施,包括计划生育方面的知识、辅导和服务;

(c) 从社会保障方案直接受益;

(d) 接受各种正式和非正式的培训和教育,包括有关实用读写能力的培训和教育在内,以及除了别的以外,享受一切社区服务和推广服务的益惠,以提高她们的技术熟练程度;

(e) 组织自助团体和合作社以通过受雇和自雇的途径取得平等的经济机会;

(f) 参加一切社区活动;

(g) 有机会取得农业信贷,利用销售设施,获得适当技术,并在土地改革和土地垦殖计划方面享有平等待遇;

(h) 享受适当的生活条件,特别是在住房、卫生、水电供应、交通和通讯等方面。

第四部分

第十五条

1. 缔约各国应给予男女在法律面前平等的地位。

2. 缔约各国应在公民事务上,给予妇女与男子同等的法律行为能力,以及行使这种行为能力的相同机会。特别应给予妇女签订合同和管理财产的平等权利,并在法院和法庭诉讼的各个阶段给予平等待遇。

3. 缔约各国同意,旨在限制妇女法律行为能力的所有合同和其他任何具有法律效力的私人文书,应一律视为无效。

4. 缔约各国在有关人身移动和自由择居的法律方面,应给予男女相同的权利。

第十六条

1. 缔约各国应采取一切适当措施,消除在有关婚姻和家庭关系的一切事务上对妇女的歧视,并特别应保证她们在男女平等的基础上:

(a) 有相同的缔结婚约的权利;

(b) 有相同的自由选择配偶和非经本人自由表示、完全同意不缔结婚约的权利;

(c) 在婚姻存续期间以及解除婚姻关系时,有相同的权利和义务;

(d) 不论婚姻状况如何,在有关子女的事务上,作为父母亲有相同的权利和义务。但在任何情形下,均应以子女的利益为重;

(e) 有相同的权利自由负责地决定子女人数和生育间隔,并有机会使妇女获得行使这种权利的知识、教育和方法;

(f) 在监护、看管、受托和收养子女或类似的制度方面,如果国家法规有这些观念的话,有相同的权利和义务。但在任何情形下,均应以子女的利益为重;

(g) 夫妻有相同的个人权利,包括选择姓氏、专业和职业的权利;

(h) 配偶双方在财产的所有、取得、经营、管理、享有、处置方面,不论是无偿的或是收取价值酬报的,都具有相同的权利。

2. 童年订婚和结婚应不具法律效力,并应采取一切必要行动,包括制定法律,规定结婚最低年龄,并规定婚姻必须向正式机构登记。

第五部分

第十七条

1. 为审查执行本公约所取得的进展,应设立一个消除对妇女歧视委员会(以下称委员会),由在本公约所适用的领域方面德高望重和有能力的专家组成,其人数在本公约开始生效时为十八人,到第三十五个缔约国批准或加入后为二十三人。这些专家应由缔约各国自其国民中选出,以个人资格任职,选举时须顾及公平地域分配原则及不同文化形式与各主要法系的代表性。

2. 委员会委员应以无记名投票方式自缔约各国提名的名单中选出。每一缔约国得自本国国民中提名一人候选。

3. 第一次选举应自本公约生效之日起六个月后举行。联合国秘书长应于每次举行选举之日至少三个月前函请缔约各国于两个月内提出其所提名之人的姓名。秘书长应将所有如此提名的人员依英文字母顺序,编成名单,注明推荐此等人员的缔约国,分送缔约各国。

4. 委员会委员的选举应在秘书长于联合国总部召开的缔约国会议中举行。该会议以三分之二缔约国为法定人数,凡得票最多且占出席及投票缔约国代表绝对多数票者当选为委员会委员。

5. 委员会委员任期四年。但第一次选举产生的委员中,九人的任期应于两年终了时届满,第一次选举后,此九人的姓名应立即由委员会主席抽签决定。

6. 在第三十五个国家批准或加入本公约后,委员会将按照本条第2、3、4款增选五名委员,其中两名委员任期为两年,其名单由委员会主席抽签决定。

7. 临时出缺时,其专家不复担任委员会委会的缔约国,应自其国民中指派另一专家,经委员会核可后,填补遗缺。

8. 委员会委员应经联合国大会批准后,鉴于其对委员会责任的重要性,应从联合国资源中按照大会可能决定的规定和条件取得报酬。

9. 联合国秘书长应提供必需的工作人员和设备,以便委员会按本公约规定有效地履行其职务。

第十八条

1. 缔约各国应就本国实行本公约各项规定所采取的立法、司法、行政或其他措施以及所取得的进展,向联合国秘书长提出报告,供委员会审议:

(a) 在公约对本国生效后一年内提出,并且

(b) 自此以后,至少每四年并随时在委员会的请求下提出。

2. 报告中得指出影响本公约规定义务的履行的各种因素和困难。

第十九条

1. 委员会应自行制订其议事规则。

2. 委员会应自行选举主席团成员,任期两年。

第二十条

1. 委员会一般应每年开会为期不超过两星期以审议按照本公约第十八条规定提出的报告。

2. 委员会会议通常应在联合国总部或在委员会决定的任何其他方便地点举行。

第二十一条

1. 委员会应就其活动,通过经济及社会理事会,每年向联合国大会提出报告,并可根据对所收到缔约各国的报告和资料的审查结果,提出意见和一般性建议。这些意见和一般性建议,应连同缔约各国可能提出的评论载入委员会所提出的报告中。

2. 联合国秘书长应将委员会的报告转送妇女地位委员会,供其参考。

第二十二条

各专门机构对属于其工作范围内的本公约各项规定,有权派代表出席关于其执行情况的审议。委员会可邀请各专门机构就在其工作范围内各个领域对本公约的执行情况提出报告。

第六部分

第二十三条

如载有对实现男女平等更为有利的任何规定,其效力不得受本公约的任何规定的影响,如:

(a) 缔约各国的法律;或

(b) 对该国生效的任何其他国际公约、条约或协定。

第二十四条

缔约各国承担在国家一级采取一切必要措施,以充分实现本公约承认的各项权利。

第二十五条

1. 本公约开放给所有国家签署。

2. 指定联合国秘书长为本公约的保存者。

3. 本公约须经批准,批准书交存联合国秘书长。

4. 本公约开放给所有国家加入,加入书交存联合国秘书长后开始生效。

第二十六条

1. 任何缔约国可以随时向联合国秘书长提出书面通知,请求修正本公约。

2. 联合国大会对此项请求,应决定所须采取的步骤。

第二十七条

1. 本公约自第二十份批准书或加入书交存联合国秘书长之日后第三十天开始生效。

2. 在第二十份批准书或加入书交存后,本公约对于批准或加入本公约的每一国家,自该国交存其批准书或加入书之日后第三十天开始生效。

第二十八条

1. 联合国秘书长应接受各国在批准或加入时提出的保留书,并分发给所有国家。

2. 不得提出与本公约目的和宗旨抵触的保留。

3. 缔约国可以随时向联合国秘书长提出通知,请求撤销保留,并由他将此项通知通知各有关国家。通知于收到的当日生效。

第二十九条

1. 两个或两个以上的缔约国之间关于本公约的解释或适用方面的任何争端,如不能谈判解决,经缔约国一方要求,应交付仲裁。如果自要求仲裁之日起六个月内,当事各方不能就仲裁的组成达成协议,任何一方得依照《国际法院规约》提出请求,将争端提交国际法院审理。

2. 每一个缔约国在签署或批准本公约或加入本公约时,得声明本国不受本条第一款的约束,其他缔约国对于作出这项保留的任何缔约国,也不受该款的约束。

3. 依照本条第二款的规定作出保留的任何缔约国,得随时通知联合国秘书长撤回该项保留。

第三十条

本公约阿拉伯文、中文、英文、法文、俄文和西班牙文文本具有同等效力,均应交存联合国秘书长。

下列署名的全权代表,在本公约之末签名,以昭信守。

11. 消除对妇女一切形式歧视公约任择议定书

（联合国大会1999年10月6日通过）

本议定书缔约国，

注意到《联合国宪章》重申对基本人权、人的尊严和价值以及男女权利平等的信念，

又注意到《世界人权宣言》宣布，人人生而自由，在尊严和权利上一律平等，人人有资格享受该宣言所载一切权利和自由，不得有任何区别，包括男女的区分，

回顾国际人权盟约以及其他国际人权文书禁止基于性别的歧视，

又回顾《消除对妇女一切形式歧视公约》（"公约"），其中各缔约国谴责对妇女一切形式的歧视，商定毫不拖延地采取一切适当措施，执行消除对妇女歧视的政策，

重申他们决心确保妇女充分和平等地享有所有人权和基本自由，并采取有效的行动，防止侵犯这些权利和自由，

兹商定如下：

第1条

本议定书缔约国（"缔约国"）承认消除对妇女歧视委员会（"委员会"）有权接受和审议根据第2条提出的来文。

第2条

来文可由声称因为一缔约国违反公约所规定的任何权利而受到伤害的该缔约国管辖下的个人或个人联名或其代表提出。如果代表个人或联名的个人提出来文，应征得该个人或联名的个人同意，除非撰文者能说明有理由在未征得这种同意时，可由其代表他们行事。

第3条

来文应以书面提出，不得匿名。委员会不应收受涉及非本议定书缔约方之公约缔约国的来文。

第4条

1. 委员会受理一项来文之前，必须确定所有可用的国内补救办法已经用尽，或是补救办法的应用被不合理地拖延或不大可能带来有效的补救，否则不得审议。

2. 在下列情况下，委员会应宣布一项来文不予受理：

（a）同一事项业经委员会审查或已由或正由另外一项国际调查或解决程序加以审查；

（b）来文不符合公约的规定；

（c）来文明显没有根据或证据不足；

（d）来文滥用提出来文的权利；

（e）来文所述的事实发生在本议定书对有关缔约国生效之前，除非这些事实在该日期之后仍继续存在。

第 5 条

1. 在收到来文后并在确定是非曲直之前,委员会可随时向有关缔约国转送一项要求,请该国紧急考虑采取必要的临时措施,以避免对声称被侵权的受害者造成可能无法弥补的损害。

2. 委员会根据本条第 1 款行使斟酌决定权并不意味来文的是否可予受理问题或是非曲直业已确定。

第 6 条

1. 除非委员会认为一项来文不可受理而不必通知有关缔约国,否则委员会应在所涉个人同意向该缔约国透露其身份的情况下,以机密方式提请有关缔约国注意根据本议定书向委员会提出的任何来文。

2. 在六个月内,接到要求的缔约国应向委员会提出书面解释或声明,澄清有关事项并说明该缔约国可能已提供的任何补救办法。

第 7 条

1. 委员会应根据个人或联名的个人或其代表提供的和有关缔约国提供的一切资料审议根据本议定书收到的来文,条件是这些资料须转送有关各方。

2. 委员会在审查根据本议定书提出的来文时,应举行非公开会议。

3. 审查来文后,委员会应将关于来文的意见和可能有的建议转送有关各方。

4. 缔约国应适当考虑委员会的意见及其可能有的建议,并在六个月内向委员会提出书面答复,包括说明根据委员会意见和建议采取的任何行动。

5. 委员会可邀请缔约国就其依据委员会的意见或可能有的建议采取的任何措施提供进一步资料,包括如委员会认为适当的话,在缔约国此后根据公约第 18 条提交的报告中提供更多的资料。

第 8 条

1. 如果委员会收到可靠资料表明缔约国严重地或系统地侵犯公约所规定的权利,委员会应邀请该缔约国合作审查这些资料,并为此目的就有关资料提出意见。

2. 在考虑了有关缔约国可能已提出的任何意见以及委员会所获得的任何其他可靠资料后,委员会可指派一个或多个成员进行调查,并赶紧向委员会报告。如有正当理由并征得缔约国同意,此项调查可包括前往该缔约国领土进行访问。

3. 在审查这项调查的结果之后,委员会应将这些结果连同任何评论和建议一并转送有关缔约国。

4. 有关缔约国应在收到委员会转送的调查结果、评论和建议六个月内,向委员会提出意见。

5. 此项调查应以机密方式进行,在该程序的各个阶段均应争取缔约国的合作。

第 9 条

1. 委员会可邀请有关缔约国在其根据公约第 18 条提交的报告中包括为响应根据本议定书第 8 条进行的调查所采取任何措施的细节。

2. 委员会于必要时可在第 8 条第 4 款所述六个月期间结束后邀请有关缔约国向它通告为响应此项调查而采取的措施。

第 10 条

1. 每一缔约国可在签署或批准或加入本议定书时声明不承认第 8 和 9 条给予委员会的管辖权。

2. 根据本条第 1 款作出声明的任一缔约国可随时通知秘书长,撤销这项声明。

第 11 条

缔约国应采取一切适当步骤确保在其管辖下的个人不会因为根据本议定书同委员会通信而受到虐待或恐吓。

第 12 条

委员会应在其根据公约第 21 条提出的年度报告中包括它根据本议定书进行的活动的纪要。

第 13 条

每一缔约国承诺广为传播并宣传公约及本议定书,便利人们查阅关于委员会意见和建议的资料,特别是涉及该缔约国的事项。

第 14 条

委员会应制订自己的议事规则,以便在履行本议定书所赋予的职能时予以遵循。

第 15 条

1. 本议定书开放给已签署、批准或加入公约的任何国家签字。

2. 本议定书须经已批准或加入公约的任何国家批准。批准书应交存联合国秘书长。

3. 本议定书应开放给已批准或加入公约的任何国家加入。

4. 凡向联合国秘书长交存加入书,加入即行生效。

第 16 条

1. 本议定书自第十份批准书或加入书交存联合国秘书长之日后三个月开始生效。

2. 在本议定书生效后批准或加入本议定书的每一个国家,本议定书自该国交存其批准书或加入书之日后三个月开始生效。

第 17 条

不允许对本议定书提出保留。

第 18 条

1. 任何缔约国可对本议定书提出修正案并将修正案送交联合国秘书长备案。秘书长应立即将任何提议的修正案通报缔约国,请它们向秘书长表示是否赞成举行缔约国会议以便就该提案进行审议和表决。如有至少三分之一缔约国赞成举行会议,则秘书长应在联合国主持下召开这一会议。经出席会议并参加表决的多数缔约国通过的任何修正案须提交联合国大会核准。

2. 各项修正案经联合国大会核准并经本议定书缔约国三分之二多数依其本国宪法程序接受即行生效。

3. 各项修正案一生效,即应对已接受修正案的缔约国具有约束力,其他缔约国则仍受本议定书的规定以及它们已接受的先前任何修正案的约束。

第 19 条

1. 任何缔约国可随时以书面形式通知联合国秘书长,宣告退出本议定书。退约应于秘书长收到通知之日后六个月开始生效。

2. 退约不妨碍本议定书的规定继续适用于在退约生效日之前根据第2条提出的任何来文或根据第8条所发起的任何调查。

第20条

联合国秘书长应通知所有国家：

（a）根据本议定书的签署、批准和加入；

（b）本议定书以及根据第18条提出的任何修正案开始生效的日期；

（c）根据第19条宣告的任何退约。

第21条

1. 本议定书的阿拉伯文、中文、英文、法文、俄文和西班牙文文本具有同等效力，均应交存联合国档库。

2. 联合国秘书长应将本议定书业经核准无误的副本转送公约第25条所指的所有国家。

附 消除对妇女歧视委员会一般性意见

第八届会议（1989年）

第13号 一般性建议：同工同酬

消除对妇女歧视委员会，

回顾《国际劳工组织关于男女同工同酬的第100号公约》，《消除对妇女一切形式歧视公约》的绝大多数缔约国都已批准了该公约，

又回顾自1983年以来已审议了缔约国的51份初次报告和5份第二次定期报告，

考虑到虽然各缔约国的报告表明，即使许多国家在立法中已接受了同工同酬的原则，但要在实践中确保落实这项原则，尚要作出更多的努力，从而克服劳动力市场上划分男女的状况，

建议《消除对妇女一切形式歧视公约》的各缔约国，

1. 为充分实施《消除对妇女一切形式歧视公约》，鼓励那些尚未批准劳工组织第100号公约的缔约国批准该公约；

2. 考虑研究、制定和实行以不分性别标准为基础的工作评价制度，在将便于对目前主要以妇女为主的不同性质的工作和目前主要以男子为主的那些工作进行价值方面的比较，各缔约国还应在向消除对妇女歧视委员会提交的报告中列入所取得的成绩情况；

3. 尽可能支持创建执行机构，并鼓励适用的集体劳资协议的各当事方，努力确保同工同酬原则得到执行。

第九届会议（1990年）

第14号 一般性建议：女性割礼

消除对妇女歧视委员会，

关切到女性割礼习俗和对妇女健康有害的其他传统习俗仍然继续存在，

满意地注意到那些存在这种习俗的国家政府全国妇女组织、非政府组织以及联合国系统各机关,诸如世界卫生组织、联合国儿童基金会以及人权委员会及其防止歧视及保护少数小组委员会,特别认识到诸如女性割礼的传统习俗对妇幼造成严重的健康和其他后果,仍在处理这个问题,

感兴趣地注意到关于影响妇幼健康的传统习俗的特别报告员研究报告以及关于传统习俗的特别工作组研究报告,

认识到妇女自己正采取重要行动以确认对妇幼健康和福利有害的习俗并与之进行斗争。

相信妇女和所有有关团体现正采取的重要行动需要各国政府的支持和鼓励,

严重关切地注意到促成延续诸如女性割礼的有害习俗的文化、传统和经济压力仍然存在,

向各缔约国建议:

(a) 各缔约国采取适当有效措施以期铲除女性割礼习俗。这种措施应包括:

(Ⅰ) 大学、医学或护理协会、全国妇女组织或其他机构搜集和散播关于这种传统习俗的基本数据;

(Ⅱ) 支持国家和地方等级的妇女组织努力消除女性割礼和其他对妇女有害的习俗;

(Ⅲ) 鼓励政治家、专业人员,各等级的宗教和社区领导人,包括大众传媒和艺术在内,进行合作以影响对铲除女性割礼的态度;

(Ⅳ) 举办以女性割礼所引起的问题的研究结果为依据的适当的教育和培训方案及研讨会;

(b) 在其国家卫生政策内载列旨在铲除公共保健中女性割礼的适当战略。这种战备可包含卫生人员(包括传统助产人员)负有特别责任解释女性割礼的有害效果;

(c) 请联合国系统有关组织提供援助、资料和咨询意见以支援和协助进行中的关于消除有害的传统习俗的工作;

(d) 在向委员会提出的报告中在《消除对妇女一切形式歧视公约》第10条和第12条之下载列关于消除妇女割礼的措施的资料。

第十届会议(1991年)*

第17号 一般性建议:妇女无偿家务活动的衡量和定量及其在国民生产总值中的确认

消除对妇女歧视委员会,

铭记《消除对妇女一切形式歧视公约》第11条,

忆及《提高妇女地位内罗毕前瞻性战略》第120段,

申明妇女的无偿家务活动为国家的发展作出了贡献,对这种无偿活动进行衡量和定量将有助于揭示妇女实际上的经济作用,

深信这种衡量和定量将为制定提高妇女地位的新政策提供依据,

注意到统计委员会第二十五届会议就目前修订国民核算制度和拟订妇女统计数字问题所作的讨论。

建议缔约国：

（a）鼓励和支持调查和实验研究来衡量妇女无偿家务活动的价值；例如进行对时间利用的调查作为全国家庭调查方案的一部分，并收集按性别编制的关于参与家务活动和劳动力市场活动所花时间的统计数字；

（b）根据《消除对妇女一切形式歧视公约》和《提高妇女地位内罗毕前瞻性战略》的各项规定，定量计算妇女的无偿家务活动并将其列入国民生产总值；

（c）在其根据《公约》第18条提交的报告中列入关于为衡量无偿家务活动的价值所进行的调查和试验性研究的资料以及在将妇女的无偿家务活动纳入国民核算方面取得的进展的资料。

第十一届会议（1992年）
第19号　一般性建议：对妇女的暴力行为

背　景

1. 基于性别的暴力是严重阻碍妇女与男子平等享受权利和自由的一种歧视形式。

2. 1989年委员会建议缔约国在其报告内列入关于暴力及对付暴力所拟实行的措施的资料（第八届会议第12号一般性建议）。

3. 1991年第十届会议上，委员会决定在第十一届会议分出部分时间，讨论并研究第6条和关于对妇女的暴力行为和性骚扰及色情剥削的其他条款。选择这个主题是为1993年世界人权会议做好准备，该会议根据大会1990年12月18日第45/155号决议规定召开。

4. 委员会的结论是，缔约国的报告没有充分反映出歧视妇女、以性别为基础的暴力、侵犯人权和基本自由之间的密切关系。《公约》的充分执行需缔约国采取积极措施，消除对妇女施加的一切形式暴力。

5. 委员会建议缔约国审查其法律与政策，根据《公约》规定提交报告时，应照顾到委员会关于对基于性别的暴力的下列意见。

一般性意见

6. 《公约》第1条界定对妇女的歧视。歧视的定义包括基于性别的暴力，即因为女人是女人而对之施加暴力，或女人受害比例特大。它包括施加身体的、心理的或性的伤害或痛苦、威胁施加这类行动、压制和其他剥夺自由行动。基于性别的暴力可能违犯《公约》的具体条款，不论这些条款是否明文提到暴力。

7. 基于性别的暴力损害或阻碍妇女依照一般国际法或具体的人权公约享受人权和基本自由，符合《公约》第1条所指的歧视。这些权利和自由除其他外，有：

（a）生命权；

（b）不受酷刑、不人道或有辱人格的待遇或惩罚的权利；

（c）在国际或国内武装冲突时享受人道主义规范的平等保护的权利；

（d）自由和人身安全权利；

（e）法律之前平等保护权；

（f）家庭平等权；

（g）可达到的最高身心健康权；

（h）工作条件公平有利的权利。

8. 《公约》适用于公共当局所犯的暴力。这种暴力行为除了违反《公约》规定之外，也可能违反缔约国根据国际人权法和其他公约所负的义务。

9. 但是，应当指出，《公约》所指的歧视并不限于政府或以政府名义所作的行为（见第2条（e）款、第2条（f）款和第5条）。例如，《公约》第2条（e）款呼吁缔约国采取一切适当措施，以消除任何个人、组织或企业对妇女的歧视。根据一般国际法和具体的人权盟约规定，缔约国如果没有尽力防止侵犯权利或调查暴力行为并施以惩罚及提供赔偿，也可能为私人行为承担责任。

关于《公约》具体条款的意见

第2条和第3条

10. 第2条和第3条规定了除第5至16条所规定的具体义务外，消除一切形式歧视的全面义务。

第2条（f）款、第5条和第10条（c）款

11. 传统态度认为妇女处于从属地位或者具有传统定型的角色任务。这种态度长期助长广泛存在的一些做法，其中涉及暴力或胁迫，例如家庭暴力和虐待、强迫婚姻、嫁妆不足受屈死亡、被浇酸液、女性割礼等等。这类偏见和做法可证明，基于性别的暴力是保护或控制妇女一种形式。这类暴力对妇女身心健康的影响很大，使她们不能平等享受、行使和知晓人权和基本自由。虽然这项评论意见主要针对实际发生或威胁进行的暴力而说的，但这些基于性别的暴力形式的后果助成了妇女的从属地位，使她们很少参与政治、受教育不多、技术水平低下和很少工作机会。

12. 这类态度也助长色情文化的传播，将妇女形容为性玩物而不是完整个人。这反过来又助长基于性别的暴力。

第6条

13. 第6条要求缔约国采取措施，禁止一切形式贩卖妇女及意图营利使妇女卖淫的行为。

14. 贫穷和失业增加贩卖妇女的机会。除既有的贩卖妇女形式外，还有新形式的性剥削，例如性旅游，向发展中国家征聘劳工到发达国家去工作，安排发展中国家妇女同外国人结婚，这些做法与妇女平等享有权利以及尊重其权利和尊严都不相容。它们使妇女特别容易受到暴力和虐待。

15. 贫穷和失业还逼良为娼，包括年轻少女。妓女尤其容易受到暴力，她们由于地位不合法，往往受到排斥。她们需要平等的法律保护，使她们不被强奸和受到其他形式的暴力。

16. 战争、武装冲突、占领领土等往往导致娼妓人数以及贩卖妇女和对妇女进行性攻击的行为增加、需要采取具体的保护和惩罚性措施。

第11条

17. 如果妇女遭到基于性别的暴力，例如在工作单位的性骚扰时，就业平等权利也会严重减损。

18. 性骚扰包括不受欢迎的具有性动机的行为，如身体接触和求爱动作，带黄色的字眼，出示淫秽书画和提出性要求,不论是以词语还是用行动来表示。这类行为可以是侮辱人的,构成健康和安全的问题。如果妇女有合理理由相信,她如拒绝的话,在工作包括征聘或升级方面、对她都很不利,或者造成不友善的工作环境,则这类行为就是歧视性的。

第12条

19. 第12条要求各国采取措施保证平等取得保健服务。对妇女施加暴力会使她们的健康和生命都有危险。

20. 在某些国家,文化和传统长期助长了对妇女和儿童的健康都有害的一些传统习俗。这些习俗包括对孕妇饮食方面的限制、重男轻女、女性割礼或切割生殖器。

第14条

21. 农村妇女容易遭受基于性别的暴力,因为在许多农村社区,有关妇女的从属作用的传统观念仍顽固存在。农村社区的姑娘离开农村到城里找工作时特别容易遭到暴力和性剥削。

第16条(和第5条)

22. 强制绝育或堕胎对妇女的身心健康有不利的影响,并且侵犯妇女决定生育子女的数目和间隔的权利。

23. 家庭暴力是对妇女的最有害的暴力形式之一。它在所有的社会都普遍存在。在家庭关系中,各个年龄的子女都会遭受各种各样的暴力,包括殴打、强奸、其他形式的性攻击、精神方面的暴力以及由于传统观念而长期存在的其他形式的暴力。因缺乏经济独立,许多妇女被迫处在暴力关系之中。男子不承担其家庭责任的行为,也是一种形式的暴力和胁迫。这些形式的暴力置妇女的健康于危险之中,并损及她们平等地参与家庭生活及公共生活的能力。

具体建议

24. 鉴于这些评论意见,消除对妇女歧视委员会建议:

(a) 缔约国应采取适当而有效的措施,以扫除一切形式基于性别的暴力,不论是出于公共或私人行为;

(b) 缔约国应确保关于家庭暴力、强奸、性攻击及其基于性别的暴力的法律均能充分保护所有妇女并且尊重她们的人格完整和尊严。应向受害者提供适当保护和支助服务。向司法和执法人员及其他公务官员提供对性别问题敏感的培训,对于有效执行《公约》是根本必要的;

(c) 应鼓励缔约国汇编关于暴力的程度、原因和后果以及防止和处理暴力措施的有效性的统计并进行有关的研究;

(d) 应采取有效措施,确保新闻媒介尊重妇女和促进对妇女的尊重;

(e) 缔约国报告中应查明助长妇女受到暴力的态度、风俗和做法的性质和程度,以及产生哪一类暴力。它们应报告为克服暴力而采取的措施以及这些措施的效果;

(f) 应采取有效措施来克服这些态度和做法。各国应展开教育和新闻方案,帮助消除妨碍妇女平等的偏见(1987年第3号建议);

(g) 必须采取具体的预防和惩罚性措施,来消除贩卖妇女和性剥削的行为;

(h) 缔约国报告中应叙述这些问题的严重程度以及为保护卖淫妇女或被贩卖妇女或受到其他形式性剥削的妇女而采取的措施,包括刑罚规定、预防性和康复性措施。也应说明这些措施的有效性；

(i) 应有有效的申诉程序和补救办法，包括赔偿损失；

(j) 缔约国应在其报告中载列有关性骚扰的资料以及为保护妇女在工作单位不受性骚扰及其他形式胁迫暴力而采取的措施；

(k) 缔约国应为家庭暴力、强奸、性攻击及其他形式基于性别的暴力的受害者建立服务或给予支助，包括收容所、特别受过训练的保健工作者、康复和咨询；

(l) 缔约国应采取措施来克服这些传统习俗并应在报告健康问题时考虑到委员会关于女性割礼的建议（第14号建议）；

(m) 缔约国报告中应确保采取措施，防止在生育繁殖方面的胁迫行为，并确保妇女不致由于节育方面缺少适当服务而被迫寻求不安全的医疗手术，例如非法堕胎；

(n) 缔约国报告中应说明这些问题的严重程度，并应说明已经采取的措施及其效果；

(o) 缔约国应确保农村妇女能够获得为暴力受害者措施的服务并确保必要时向边远社区提供特别服务；

(p) 保护她们不受暴力的措施应包括培训和就业机会以及监测从事家务劳动者的雇用条件；

(q) 缔约国应报告农村妇女面临的危险、她们遭受的暴力和虐待的程度和性质、她们对支助及其他服务的需要和获得情况以及克服暴力措施的有效性；

(r) 为克服家庭暴力所必需的措施应包括：

（Ⅰ）如出现家庭暴力，必要时刑事处罚以及民事补救办法；

（Ⅱ）立法规定在女性家庭成员受到殴打或杀害的情况下排除保护名誉；

（Ⅲ）提供服务以确保家庭暴力受害者的人身安全和保障，包括收容所、咨询和康复方案；

（Ⅳ）为家庭暴力的行为者开办改造方案；

（Ⅴ）为出现乱伦或性虐待的家庭提供支助服务；

(s) 缔约国应报告家庭暴力和性虐待的程度，并报告已经采取的预防、惩罚和补救措施；

(t) 缔约国应采取一切必要的法律及其他措施，有效地保护妇女不受基于性别的暴力，这种措施除其他外，包括：

（Ⅰ）有效的法律措施，包括刑事处罚、民事补救和赔偿措施，以保护妇女不受各种暴力、其中包括家庭暴力和虐待、工作单位的性攻击和性骚扰；

（Ⅱ）预防措施，包括新闻和教育方案，以改变人们对男女角色和地位的观念；

（Ⅲ）保护措施，包括为身为暴力受害者或易遭受暴力的妇女提供收容所、咨询、康复和支助服务；

(u) 缔约国应报告一切形式基于性别的暴力情况，并且这种报告应载列关于每种形式的暴力发生情况以及关于这种暴力对受害妇女的影响的一切现有数据；

(v) 缔约国报告中应载列关于为克服对妇女暴力而已经采取的各项法律、预防和保护措施及其有效性的资料。

第十三届会议(1994 年)

第 21 号　一般性建议:婚姻和家庭关系中的平等

1.《消除对妇女一切形式歧视公约》(大会第 34/180 号决议,附件)确认男女在社会上和家庭中享有平等的人权。《公约》在各项有关人权的国际条约中占有重要地位。

2. 其他公约和宣言均对家庭和妇女在家庭中的地位赋予重要地位。这些公约和宣言包括《世界人权宣言》(大会第 217 A(III)号决议,附件)、《公民权利和政治权利国际公约》(第 2200 A(XXI)号决议,附件)、《已婚妇女国籍公约》(第 1040(XI)号决议,附件)、《关于结婚的同意、结婚最低年龄及婚姻登记的公约》(第 1763 A(XVII)号决议,附件)及其后的有关建议(第 2018(XX)号决议)和《提高妇女地位内罗毕前瞻性战略》。

3.《消除对妇女一切形式歧视公约》回忆已经写入上述公约和宣言内的妇女的固有权利,但更进一步地确认文化和传统对于男女思想和行为具有重要性并且对妇女行使基本权利起到限制作用。

背　　景

4. 大会第 44/82 号决议指定 1994 年为国际家庭年。委员会希望利用这个机会强调遵循妇女在家庭中的基本权利以此作为支持和鼓励各国即将进行的庆祝活动的措施之一深具重要性。

5. 选择以此方式庆祝国际家庭年,委员会希望对《公约》中对于妇女在家庭中的地位具有特别重要的意义的三项条文进行分析:

第 9 条

1. 缔约各国应给予妇女与男子有取得、改变或保留国籍的同等权利。它们应特别保证,与外国人结婚或于婚姻存续期间丈夫改变国籍,均不当然改变妻子的国籍,使她成为无国籍人,或把丈夫的国籍强加于她。

2. 缔约各国在关于子女的国籍方面,应给予妇女与男子平等的权利。

意　　见

6. 国籍对于充分参加社会生活至为重要。一般而言,国家对出生于本国的人给予国籍。也可由于定居的理由获得国籍,或由于人道理由如无国籍身份而获给予国籍。妇女没有国民或公民的地位,就没有选举或担任公职的权利,并且可能无从获得公共福利和选择居所。成年妇女应能改变国籍,不应由于结婚或婚姻关系的解除或由于丈夫或父亲改变国籍而其国籍被专横地改变。

第 15 条

1. 缔约各国应给予男女在法律面前平等的地位。

2. 缔约各国应在公民事务上,给予妇女与男子同等的法律行为能力,以及行使这种行为能力的相同机会。特别应给予妇女签订合同和管理财产的平等权利,并在法院和法庭诉讼的各个阶段给予平等待遇。

3. 缔约各国同意,旨在限制妇女法律行为能力的所有合同和其他任何具有法律效力的私人文书,应一律视为无效。

4. 缔约各国在有关人身移动和自由择居的法律方面,应给予男女相同的权利。

意 见

7. 妇女如根本不能签订合同或取得金融信贷,或者只能经其丈夫或男性亲属的同意或保证才能签订合同或取得金融信贷,就被剥夺了法律自主权。这种限制使她不能作为唯一的所有者拥有财产,并使她不能对自己的物业进行合法的管理或订立任何其他形式的合同。这种限制严重限制了妇女养活自己和其受抚养人的能力。

8. 在有些国家,妇女提出诉讼的权利受到法律限制,或受到难以得到法律咨询、没有能力向法院申诉的限制。在其他一些国家,妇女作为证人的地位和其证词并不如男子那样受到尊重,或不如男子那么有分量。这种法律或习俗限制了妇女有效地谋求或保有其平等财产份额的权利,削弱了她们作为其所在社区的独立、负责和受尊重成员的地位。当国家法律限制妇女的法律行为能力或允许个人或机构的这种做法时,实际上就剥夺了妇女与男子平等的权利,限制了妇女养活自己和其受抚养人的能力。

9. 在普通法国家,户籍这个概念是指一个人打算居住并受其管辖的国家。子女原先是通过父母得到户籍,但在成年时,户籍是指一个人通常居住并且打算永久居住的国家。像有关国籍的情形一样,审查缔约国的报告显示,法律并不总是允许妇女选择其自己的户籍。成年妇女应能根据自己的意愿改变户籍,而不论其婚姻状况如何,就像有关国籍的情形一样。对于妇女在与男子相同的基础上选择户籍的权利的任何限制,就可能限制她在居住国向法庭申诉或阻碍她自身有权利自由进入或离开一国国境。

10. 暂时在另一国居住和工作的移徙女工应获允许有与男性移徙工人同样的权利,使她们的配偶、伴侣和子女与她们团聚。

第16条

1. 缔约各国应采取一切适当措施,消除在有关婚姻和家庭关系的一切事务上对妇女的歧视,并特别应保证妇女在男女平等的基础上:

(a) 有相同的缔婚的权利;

(b) 有相同的自由选择配偶和非经本人自由表示、完全同意不缔结婚约的权利;

(c) 在婚姻存续期间以及解除婚姻关系时有相同的权利和义务;

(d) 不论婚姻状况如何,在有关子女的事务上,作为父母亲有相同的权利和义务。但在任何情形下,均应以子女的利益为重;

(e) 有相同的权利自由负责地决定子女人数和生育间隔,并有机会获得使她们能够行使这种权利的知识、教育和方法;

(f) 在监护、看管、受托和收养子女或类似的制度方面,如果国家法规有这些观念的话,有相同的权利和义务。但在任何情形下,均应以子女的利益为重;

(g) 夫妻有相同的个人权利,包括选择姓氏、专业和职业的权利;

(h) 配偶双方在财产的所有、取得、经营、管理、享有、处置方面,不论是无偿的或是收取价值酬报的,都具有相同的权利。

2. 童年订婚和结婚应不具法律效力,并应采取一切必要行动,包括制定法律,规定结婚最低年龄,并规定婚姻必须向正式机构登记。

意 见

公共生活和私人生活

11. 有史以来,人类的公共生活和私人生活受到不同的看待,并因而受到不同的管理。在所有社会,传统上在私人或家庭范围内担当任务的妇女其活动长期以来被贬低。

12. 由于这类活动对社会的存续而言是宝贵的,因而没有理由对这些活动适用不同的歧视性的法律或习俗。缔约国报告表明,仍有国家在其国内不存在法律上的平等。妇女没有取得资源的平等机会,不能享有家庭中和社会上的平等地位。即使存在有法律上的平等,所有的社会都为妇女指定了被视为是低下的不一样的角色任务。这样就违反了特别是《公约》第16条以及第2、5和24条内所载公正和平等的原则。

家庭的各种形式

13. 家庭的形式和概念因国家而异,甚至一国之内不同地区也不相同。不论其形式如何,也不论一国之内的法律制度、宗教、习俗或传统如何,在法律上和在私人生活之中,必须按照如《公约》第2条所规定的对所有人平等和公正的原则对待妇女。

一夫多妻制婚姻

14. 缔约国报告还表明在一些国家有一夫多妻的习俗。一夫多妻婚姻与男女平等的权利相抵触,会给妇女和其受抚养人带来严重的情感和经济方面的后果,这种婚姻应予抑制和禁止。委员会关切地注意到,有些缔约国其宪法保障平等权利,却按照属人法或习惯法而允许一夫多妻的婚姻,这违反了妇女的宪法权利,也有违《公约》第5条(a)项的规定。

第16条第1款(a)和(b)项

15. 大多数国家报告说,它们的宪法和法律与《公约》相符,但习俗和传统以及实际上未能执行这些法律是与《公约》相抵触的。

16. 选择配偶和自由缔婚的权利对妇女一生以及对其作为个人的尊严和平等而言是非常重要的。对缔约国报告的审查表明,有些国家基于习俗、宗教信仰或某一特殊族群的民族渊源,允许迫婚或强迫再婚。其他一些国家允许妇女屈服于为钱财或出于某一方选择而安排的婚姻,在另一些国家,妇女为贫穷所迫而嫁给外国公民以求得经济上的保障。除了由于例如年幼或因与对方有血缘关系等合理的限制条件之外,妇女选择何时结婚、是否结婚、与谁结婚的权利,必须得到法律保护和执行。

第16条第1款(c)项

17. 对缔约国的审查报告表明,许多国家通过依赖适用普通法原则、宗教法或习惯法而非遵循《公约》所载原则,在其法律制度中规定婚姻配偶双方的权利和责任。这些与婚姻有关的法律和实际做法方面的差异对妇女具有广泛的影响,普遍地限制了她们在婚姻中的平等地位和责任。这种限制往往导致丈夫被给予一家之主和主要决策者的地位,从而与《公约》规定有所抵触。

18. 此外,一般来说,事实上的结合关系完全不获法律保护。在这种关系中的妇女,应在家庭生活和共享受到法律保护的收入和资产方面享有与男子平等的地位。她们在照料和哺育受抚养子女或家庭成员方面应享有与男子平等的权利和责任。

第16条第1款(d)和(f)项

19. 如第5条(b)项中所规定的,大多数国家承认在照料、保护以及抚养子女方面,父母应共同分担责任,《儿童权利公约》(大会第44/25号决议,附件)中列入了"应以子女的利益为重"这一原则,现在似乎已得到普遍的接受。然而,在实际做法中,一些国家并不遵守给予孩子父母平等地位的原则,特别是在双方未缔结婚姻的情况下,这种结合所生的子女并不总是享有与婚生子女相同的地位,而在父母离婚或分居的情况下,许多父亲在子女的照料、保护和抚养方面没有负起责任。

20.《公约》所阐述的这些共同分担的权利和责任应当能够通过监护、看管、受托和收养等法律概念依法并酌情得到实施。缔约国应确保其法律规定,不论父母的婚姻状况如何,也不论他们是否与子女共同生活,父母双方平等分担对子女的权利和责任。

第16条第1款(e)项

21. 妇女必须生育和哺养子女的责任,影响到其接受教育、就业以及其他与个人发展有关的活动。还给妇女带来了不平等的工作负担。子女的人数和生育间隔对妇女的生活也会产生同样的影响,并影响到她们及其子女的身心健康。因此妇女有权决定子女的人数和生育间隔。

22. 有些报告表明,采取了一些对妇女有严重影响的强制性手段诸如强迫怀孕,人工流产或绝育。关于是否生养孩子,最好是与配偶或伴侣协商作出决定,但绝不应受到配偶、父母亲、伴侣或政府的限制。为了对安全可靠的避孕措施作出知情的决定起见,妇女必须获得有关避孕措施及其使用的信息,并能按照《公约》第10条(h)项获得接受性教育和计划生育服务的保证机会。

23. 人们普遍认为,如有自愿调节生育的免费可获得的适当措施,家庭所有成员的健康、发展和幸福都可获改善。此外,这种服务还有助于提高人民的总体生活质量和健康,自愿调节人口增长可帮助养护环境,取得持续的经济和社会发展。

第16条第1款(g)项

24. 稳定的家庭是建立在每一家庭成员平等、公正和个人满足基础上的。配偶双方必须能够按照《公约》第11条(a)和(c)项有权选择从事适合于自己的能力、资历和抱负的职业或工作,同样配偶双方都应有权利选择自己的姓氏以保持个人特性,在社区中的身份,并使其区别于其他社会成员。如果法律或习俗迫使妇女由于结婚或离婚而改变姓氏时,则其就被剥夺了此种权利。

第16条第1款(h)项

25. 本条确定的权利部分重复和补充了第15条第2款中的规定,后者责成缔约国给予妇女签订合同和管理财产的平等权利。

26. 第15条第1款保障男女在法律面前平等。不论其婚姻状况如何,有对财产的所有、经营、享有和处置权,对妇女享有经济独立的权利来说,是十分重要的,在许多国家,对妇女谋取生计的能力以及对为她及其家庭提供充分的住房和营养而言,是十分关键的。

27. 国家如实施土地改革方案或向不同族裔群体重新分配土地,妇女不论其婚姻状况如何,与男子平等地分享这种重新分配的土地的权利,应当得到审慎的尊重。

28. 在大多数国家,相当人数的妇女为单身或离婚的,并且许多可能有独力养家的责任。认为男子有抚养其家庭里妇女和孩童的完全责任而他可以并会信实地履行此一责任,根据这种假定而在财产分配方面带有任何歧视,显然是不切实际的。因此任何法律或习俗规定在婚姻结束或事实上的关系结束时,或在亲属死亡时,给予男子较大的分享财产的权利,都是歧视性的,将对妇女提出与丈夫离婚、负担她自己或其家庭以及作为独立个人尊严地生活的实际能力产生严重的影响。

29. 无论妇女的婚姻状况如何,所有这些权利都应得到保证。

婚 姻 财 产

30. 一些国家不承认妇女在婚姻或事实上的关系期间以及在婚姻或关系结束时,享有同丈夫平等分享财产的权利。许多国家承认这一权利,但妇女行使这一权利的实际能力可能受到法律先例或习俗的限制。

31. 即便赋予妇女这些法定权利,法院也实施这些权利,妇女在婚姻期间或离婚时拥有的财产仍可能由男子管理。在许多国家,包括存在共同财产制的国家,并没有法律明文规定,要求在出售或处置双方在婚姻或事实上的关系期间所拥有的财产时必须征求女方的意见,这限制了妇女控制财产处置或处置后的收入的能力。

32. 在一些国家,在分配婚姻财产时,更多地强调婚姻期间对所获财产的经济贡献,而轻视其他贡献,诸如哺育子女、照顾老年亲属以及从事家务职责等。通常,正是由于妻子的这种非经济贡献,才使得丈夫得以挣取收入,增加资产。对经济贡献和非经济贡献应同等看重。

33. 在许多国家,法律对待事实上的关系期间所积累的财产不同于婚姻期间所获得的财产。在关系终止时,女方总是比男方获得的份额小得多。在这方面应废除或制止歧视有无子女的已婚或未婚妇女的财产法和习俗。

继 承 权

34. 缔约国的报告应按照《公约》和经济及社会理事会第 884 D(XXXIV) 号决议的规定,载有对与影响妇女地位的继承权法有关的法规或习俗规定所作的评论意见,经社理事会该决定曾建议各国确保同死者具有同样近亲关系的男子和妇女应有权同等分享财产,在继承顺序中具有同等地位,这一规定并未得到普遍执行。

35. 许多国家有关继承权和财产的法律和实际做法导致了对妇女的严重歧视。这一不公平的待遇使得妇女在丈夫或父亲死后所获的财产,比鳏夫或儿子在这种情况下所获的财产份额小。在一些情况下,妇女只获得有限的和受控制的权利,只能从死者的财产中获得收入。寡妇的继承权往往不能反映婚姻期间所获财产平等拥有权的原则。这种规定与《公约》相抵触,应予废止。

第 16 条第 2 款

36. 1993 年 6 月 14 日至 25 日在维也纳举行的世界人权会议通过的《维也纳宣言和行动纲领》敦促缔约国废止歧视女童和引起对女童的伤害的现行法律和条例并废除这类习俗和惯例。第 16 条第 2 款和《儿童权利公约》均规定防止缔约国允许未成年者结婚或使这种婚姻生效。根据《儿童权利公约》,"儿童系指 18 岁以下的任何人,除非对其适用之法律规定成年年龄低于 18 岁"。尽管有此定义并且注意到《维也纳宣言》的规定,委员会仍认为男女结婚的最低年龄都应为 18 岁。男女结婚时承担重要的责任。因此不应准许他们在达到成年和取得充分行为能力之前结婚。根据世界卫生组织的观点,未成年人,特别是少女结婚生小孩,对其健康会有不利影响,同时妨碍其学业教育。结果,她们的经济自立也受到限制。

37. 这不仅影响妇女个人,还限制她们的能力发展和独立性,减少她们就业机会,从而对其家庭和社区都有不利影响。

38. 一些国家规定了男女不同的最低结婚年龄。这种规定不正确地假定,妇女的心智发展速度与男子不同,或者她们结婚时的生理的心智发展无关重要,这些规定应予废除。在其他一些国家,少女婚配或由其家人为其作主缔婚是许可的。这种措施不仅与《公约》规定相抵触,而且损害了妇女自由选择配偶的权利。

39. 缔约国还应要求所有婚姻必须登记,不论其是根据民法或是根据习俗或宗教法缔结的。这样,国家就能够确保遵守《公约》的规定,并规定配偶双方平等、婚姻最低年龄、禁止重婚或一夫多妻并保护儿童的权利。

建　　议

对妇女的暴力

40. 在审议妇女在家庭生活中的地位时,委员会要强调指出,有关对妇女的暴力行为的第19号一般性建议(第十一届会议)的规定,对妇女能够享有与男子平等的权利和自由,有着重大的意义。务请各缔约国遵行该项一般性建议,确保在公共生活和家庭生活中,妇女可免遭基于性别的暴力行为,此种暴力行为还严重阻碍了妇女作为个人应有的权利和自由。

保留

41. 委员会震惊地注意到为数不少的缔约国,在特别是已对第2条提出保留的情况下,对第16条全文或部分提出了保留,声称遵行规定会与基于文化或宗教信仰或国家经济或政治状况而所共同持有的家庭观念相冲突。

42. 在这些国家中,许多国家持有父权结构家庭的信念,认为父亲、丈夫或儿子的地位居先。在一些国家,原教旨主义或其他极端主义思想或经济的困难境况鼓励回归古老价值和传统,妇女在家庭中的地位更形恶化。在其他一些国家,由于已认识到现代社会的经济进展和社会普遍福祉平等地依赖所有成年成员,不论其性别,这种禁忌和反动的或极端主义的思想就逐渐地受到抑制。

43. 委员会按照第2条、第3条和特别是第24条,要求所有缔约国逐渐进展到以下阶段,即由于坚决制止妇女在家庭中不平等的观念,每个国家将可撤销其保留,特别是对《公约》第9条、第15条和第16条的保留。

44. 缔约国应坚决制止法律、宗教或私法或习俗所确认的男女不平等的任何观念,进展到撤销特别是对第16条的保留的阶段。

45. 委员会注意到,根据其对初次报告和以后的定期报告的审查,在一些无保留地批准或加入《公约》的缔约国,有若干法律特别是关于家庭的法律,事实上不符合《公约》的规定。

46. 这些法律仍然载有根据规范、习俗和社会文化歧见歧视妇女的许多措施。鉴于这些国家在有关条款方面的特殊情况,委员会很难评价和了解妇女的地位。

47. 委员会特别是根据《公约》第1和第2条的规定,请那些缔约国作出必要努力,审查关于问题的实际情况,并在仍然载有歧视妇女的条款的国内立法中制订必要的措施。

报告

48. 缔约国参照本一般性建议的意见,在其报告中应:

(a) 指出国家移除对《公约》的所有保留、特别是对第16条的保留的进展所达阶段。

(b) 说明其法律是否遵循第9条、第15条和第16条的原则,以及由于宗教法或私法或习俗,遵循法律或《公约》的规定受到阻碍的情形。

立法

49. 缔约国应于必要时遵循《公约》以及特别是为遵守第 9 条、第 15 条和第 16 条规定,制订并实施立法。

鼓励遵循《公约》

50. 缔约国参照本一般性建议的意见,并按照第第 2 条、第 3 条和第 24 条的规定,应制订措施,以期鼓励充分遵循《公约》的各项原则,特别是当宗教法或私法或习俗与这些原则相冲突时。

第三十届会议(2004 年)

第 25 号 一般性建议:《公约》第 4 条第 1 款(暂行特别措施)

一、导 言

1. 消除对妇女歧视委员会 1999 年第二十届会议依照《消除对妇女一切形式歧视公约》第 21 条决定,拟订关于《公约》第 4 条第 1 款的一般性建议。这项新的一般性建议将借鉴以前各项一般性建议,包括关于暂行特别措施的一般性建议 5(第七届会议,1988 年)、关于执行《公约》第 8 条的一般性建议 8(第七届会议,1988 年)和关于妇女参与公共生活的一般性建议 23(第十六届会议,1997 年),还将借鉴《公约》缔约国提交的报告和委员会关于这些报告的结论意见等。

2. 关于本项一般性建议,委员会的目的是阐明第 4 条第 1 款的性质和含义,以便于并确保缔约国在执行《公约》过程中充分利用该条款。委员会鼓励缔约国将该一般性建议翻译成本国语文和地方语文,并普通散发给包括行政管理机构在内的政府立法机关、行政机关和司法机关,以及包括媒体、学术界、人权及妇女协会和机构在内的民间社会。

二、背景:《公约》的目标和宗旨

3. 《公约》是一项活的文书。自 1979 年通过《公约》以来,委员会及国家一级和国际一级的其他行动者一直以进步的思维协同阐明和理解《公约》各项条款的实质性内容、歧视妇女的特别性质及消除此种歧视的文书。

4. 必须依照《公约》的总体目标和宗旨,即消除对妇女的一切形式歧视,确定第四条第 1 款的范围和含义,以期在享受人权和基本自由方面实现法律上和事实上的男女平等。《公约》缔约国有法律义务尊重、保护、促进和实现妇女不受歧视的权利,确保妇女发展和地位提高,以改善她们的处境,实现法律上和事实上的男女平等。

5. 《公约》超越了许多国家和国际法律标准和准则中使用的歧视概念。虽然这些标准和准则都禁止性别歧视,保护男女免受专横、不公平和(或)不公正的待遇,但《公约》的重点是歧视妇女问题,强调妇女因为是妇女而一直并且继续遭受形形色色的歧视。

6. 第 1 条至第 5 和第 24 条构成《公约》所有实质性条款的一般性解释框架;第 1 条至第 5 条和第 24 条的总和表明三项义务是缔约国努力消除歧视妇女的核心所在。应以综合方式履行这些义务,它们已超出男女平等待遇的纯粹正式法律的义务范畴。

7. 首先,缔约国有义务确保在其法律中没有直接或间接①歧视妇女的内容,并通过主管法庭及制裁和其他补救办法确保妇女在公共和私人领域都不受公共当局、司法机构、机关、企业或私人的——歧视。第二,缔约国有义务通过实行具体、有效的政策和方案改善妇女的实际状况。第三,缔约国有义务处理普遍的性别关系②及基于性别的定型观念,这一切不仅通过个人的个别行为而且在法律、立法和社会结构和机构中都对妇女产生影响。

8. 委员会认为,仅仅采取正式法律或方案的方式不足以实现委员会解释为实际平等的事实上的男女平等。此外,《公约》要求男女起点平等,并通过创造有利于实现结果平等的环境赋予妇女权力。仅仅保证男女待遇相同是不够的。必须考虑到妇女和男子的生理差异以及社会和文化造成的差别。在某些情况下,必须给予男女不同待遇,以纠正这些差别。实现实际平等还需要有效的战略,目的是纠正妇女代表名额不足的现象,在男女之间重新分配资源和权力。

9. 结果平等是事实上或实际平等可想而知的必然结果。这些结果可能是数量和(或)质量性质的结果;即妇女与男子在各领域享有有关权利的人数几乎相等,享有同等的收入以及同等的决策权和政治影响力,和妇女不遭受暴力。

10. 必须有效处理歧视妇女和男女不平等的根本原因,才能改善妇女的状况。在审视妇女和男子的生活时必须考虑到这方面的前因后果,并采取措施以促进机会、机构和制度的真正改变,不再以历史沿袭的男性权力和生活方式的规范为基础。

11. 应区分妇女生理上决定的长期不变的需要和经历和下列情况造成的其他需要:过去和现在对妇女的歧视个体行为;占主导地位的性别意识形态;社会、文化结构和机构中歧视妇女的各种表现。由于正在采取步骤消除对妇女的歧视,妇女的需要可能改变或消失,或成为男女的共同需要。因此,需要继续监测旨在实现妇女事实上或实际平等的法律、方案和措施,以避免使可能已失去理由的不同待遇永久化。

12. 某些妇女群体除受性别歧视外,还受到基于种族、族裔或宗教、残疾、年龄、阶级、种姓或其他因素的多种形式的歧视。此类歧视首先可能影响到这些群体的妇女,也可能在不同程度上或以不同方式影响到男子。缔约国可能需要采取具体的暂行特别措施,消除对妇女的多种形式的歧视及其对妇女产生的复合不利影响。

13. 除《消除对妇女一切形式歧视公约》之外,联合国系统通过的其他国际人权文书和政策文件也包含关于采取暂行特别措施支持实现平等的条款。这些措施以不同术语表述,赋予它们的含义和解释也有所不同。委员会希望,本文所载的关于第4条第1款的一般性建议将

---

① 如果法律、政策和方案基于似乎不分性别但实际上对妇女有不利影响的标准,则会发生间接歧视妇女的情况。不分性别的法律、政策和方案保留过去歧视妇女的后果可能并非故意,以男人生活方式为模式因而未考虑到与男子生活方式不同的妇女生活经历也可能出于无心。存在这些区别是因为基于男女生理区别对妇女的陈规定型期望、态度和行为,还可能因为普遍存在的男尊女卑现象。

② "给予生理性性别差异的社会含义便是性别观念的定义。性别观念是一种意识形态和文化概念,但是也再生于物质实践领域内,然后反过来影响这种实践的结果。它影响到资源、财富、工作、决策和政治权力的分配,还影响到家庭及公共生活中权利和待遇的享受。尽管文化各异,时间变迁,全世界范围内的性别关系均导致男女之间的权利不均衡,这是一个普遍特征。因此,性别是一个划分社会阶层的因素,在此意义上讲,它类似于种族、阶级、族裔、性行为和年龄等其他划分阶层的因素。这有助于我们了解性别特征的社会构造和作为两性关系基础的不平等权力结构。"《1999年关于妇女在发展中的作用的世界概览》,第7页,联合国,纽约,1999年。

有助于阐明术语。③

14.《公约》所针对是过去和现在阻碍妇女享受人权和基本自由的社会和文化上的歧视，其目标是消除对妇女一切形式歧视，包括消除事实上或实际不平等的根源和后果。因此，根据《公约》采取暂行特别措施是实现妇女事实上或实际平等的手段之一，而不是不歧视和平等准则的例外。

三、《消除对妇女一切形式歧视公约》中暂行特别措施的意义和范围

第 4 条第 1 款

缔约各国为加速实现男女事实上的平等而采取的暂行特别措施，不得视为本公约所指的歧视，亦不得因此导致维持不平等的标准或另立标准；这些措施应在男女机会和待遇平等的目的达到之后，停止采用。

第 4 条第 2 款

缔约各国为保护母性而采取的特别措施，包括本公约所列各项措施，不得视为歧视。

A. 第 4 条第 1 款和第 2 款之间的关系

15. 第 4 条第 1 款和第 4 条第 2 款中"特别措施"的目的明显不同。第 4 条第 1 款的目的是加速改善妇女状况以实现事实上或实际男女平等，寻求必要的结构、社会和文化变革，以纠正过去和现在歧视妇女的形式和后果，并向妇女提供补偿。这些措施是暂行措施。

16. 第 4 条第 2 款对由于妇女与男子生理上的差异而给予他们的不同待遇作出了规定。这些措施是永久性措施，至少直至第 11 条第 3 款中提到的科学技术知识证明有理由进行审查。

B. 术语

17. 在《公约》的准备材料中使用了不同术语来指称第 4 条第 1 款中的"暂行特别措施"。委员会在以前的一般性建议中也使用各种术语。缔约国往往把纠正、补偿和促进意义的术语"特别措施"与"平权行动"、"积极行动"、"积极措施"、"反向歧视"和"积极的区别对待"等术语等同起来。这些术语源自讨论和各国在不同情况下采取的各种措施。④ 在本项一般性建议中，根据审议缔约国报告的惯例，委员会按照第 4 条第 1 款的要求只使用"暂行特别措施"这一术语。

---

③ 例如，见《消除一切形式种族歧视国际公约》，其中准许暂行特别措施。包括消除种族歧视委员会、经济、社会和文化权利委员会和人权事务委员会在内的条约监测机构的惯例表明，这些机构认为，要想达成各该条约的目标，必须执行暂行特别措施。在国际劳工组织主持下通过的各项公约和联合国教育、科学及文化组织的各种文件都明确或含蓄规定采取此类措施。促进和保护人权小组委员会审议了这一问题，并指定一名特别报告员编写报告供小组委员会审议和采取行动。妇女地位委员会于 1992 年审查了采取暂行特别措施的情况。联合国妇女问题世界会议通过的成果文件，包括 1995 年第四次妇女问题世界会议行动纲要及其 2000 年后续行动审查，提到积极行动是实现事实上平等的工具。联合国秘书长采取暂行特别措施是妇女就业领域的实例，包括秘书处实行关于妇女招聘、晋升和职位安排的行政指示。这些措施的目的是在各级、特别是较高级别实现 50/50 的男女比例。

④ 在美利坚合众国和一些联合国文件中使用"平权行动"，而在欧洲和许多联合国文件中目前普遍使用"积极行动"。但"积极行动"在国际人权法中有另一个含义，用于说明"积极的国家行动"（国家采取行动的义务相对于国家不采取行动的义务）。因此，"积极行动"这个术语不明确，因为其意思不限于《公约》第 4 条第 1 款中所理解的暂行特别措施。一些评论家批评"反向歧视"或"积极的区别对待"这两个术语不恰当。

C. 第 4 条第 1 款的关键内容

18. 缔约国根据第 4 条第 1 款采取的措施应旨在加速妇女在政治、经济、社会、文化、民间或其他任何领域的平等参与。委员会认为,实施这些措施并非不歧视准则的例外,而是作出一种强调,即暂行特别措施是缔约国的一项必要战略的组成部分,其目的是在享受人权和基本自由方面实现事实上或实际男女平等。虽然实施暂行特别措施往往补救过去歧视妇女的造成的结果,但不管过去歧视妇女的证据如何,缔约国仍应承担《公约》规定的义务,改进妇女状况以实现事实上或实际男女平等。委员会认为,根据《公约》通过并执行此类措施的缔约国没有歧视男子。

19. 缔约国应明确区分根据第 4 条第 1 款采取的暂行特别措施和其他一般性社会政策,前者旨在加速实现妇女事实上或实际平等的具体目标,后者旨在改善妇女和女童的状况。并非所有可能或将会有利于妇女的措施都是暂行特别措施。提供一般条件保证妇女和女童的公民、政治、经济、社会和文化权利并确保她们过上有尊严、不受歧视的生活,这些不能称之为暂行特别措施。

20. 第 4 条第 1 款案文阐明此类特别措施的"暂行"性质。因此,不应将此类措施视为永久的需要,即使"暂行"其实是意味长期采取此类措施。暂行特别措施的延续时间应根据处理具体问题的效果而定,不应预先确定。如果预期效果已实现并持续了一段期间,则必须中止暂行特别措施。

21. 虽然"特别"这一术语与人权论述相符,但仍然应对其作出缜密解释。有时使用该术语会让妇女和其他受歧视群体显得脆弱、易受伤害并需要额外或"特别"措施才能参与社会或在社会中竞争。但在制定第 4 条第 1 款时,"特别"的真正含义是这些措施旨在实现具体目标。

22. "措施"这一术语广泛包括各种立法、执行、行政和其他管理文书及政策和惯例,如:推广方案或支助方案;分配和(或)重新分配资源;优惠待遇;定向征聘、雇用和晋升;与一定时期有关的数目指标和配额制度。选择特定"措施"将取决于第 4 条第 1 款适用的情况,以及旨在实现的具体目标。

23. 通过并执行暂行特别措施可能导致讨论其对象群体或个人的资格和才干,并提出理由反对在政策、教育和就业等领域优待据称资格低于男子的妇女。由于暂行特别措施旨在加速实现事实上或实际平等,所以应认真审查资格和才干问题是否涉及性别偏见,特别是在公营和私营部门就业领域,因为资格和才干是由规范和文化确定的。在任命、甄选或选举担任公职和政治职务的人员时,除资格和才干以外的因素或许也应起作用,包括实行民主公正原则和选举原则。

24. 须参照第 1、2、3、5 和 24 条,对第 6 至 16 条适用第 4 条第 1 款;第 6 至 16 条规定缔约国"应采取一切适当措施"。因此,委员会认为,如果能够说明暂行特别措施对第 6 至 16 条的无论哪一条是必要而恰当的,缔约国应就其通过并执行暂行特别措施,以便加速实现妇女事实上或实际平等的总体或特定目标。

四、对缔约国的建议

25. 缔约国的报告应说明根据《公约》第 4 条第 1 款采取或未采取暂行特别措施的情况,缔约国最好坚持使用"暂行特别措施"这一术语,以避免混乱。

26. 缔约国应明确区分暂行特别措施和通过并执行的其他一般性社会政策,前者旨在加速实现妇女事实上或实际平等的具体目标,后者旨在改善妇女和女童的状况。缔约国应注意,并非所有现在或将来可能会有利于妇女的措施都是暂行特别措施。

27. 缔约国在实施暂行特别措施以加速实现妇女事实上或实际平等时,应分析妇女在所有生活领域以及特定、有针对性的领域中的状况。缔约国应评估暂行特别措施对国内特定目标的可能影响,并采取它们认为最适当的暂行特别措施来加速实现妇女事实上或实际平等。

28. 缔约国应说明选择一种措施而不选择另一种措施的理由。实施此类措施的理由应包括:说明妇女或受到多种形式的歧视的特定妇女群体的实际生活状况,包括决定其生活和机会的各种条件和影响;实施此类暂行特别措施将加速改进她们在缔约国的状况。与此同时,应阐明这些措施和一般性措施与努力改善妇女状况之间的关系。

29. 缔约国应就未采取暂行特别措施作出充分解释。不能以下列方式证明有理由不采取暂行特别措施:声称无能为力;或说明不行动的原因是占主导地位的市场力量或政治力量,如私营部门、私人组织或政党所固有的这些力量。此外,提请缔约国注意,应参照其他各条解释的《公约》第 2 条要求缔约国对这些行动者的行动负责。

30. 缔约国可就若干条款提出关于暂行特别措施的报告。根据第 2 条,请缔约国就这些措施的法律或其他依据提出报告,并说明选择某种办法的理由。此外,还请缔约国详细说明关于暂行特别措施的立法,特别是该立法是否对暂行特别措施的强制性质或自愿性质作出规定。

31. 缔约国应在其宪法或国家立法中规定,允许采取暂行特别措施。委员会提请缔约国注意,全面反歧视法、机会平等法或关于男女平等的行政命令等立法能够指导应采取哪种暂行特别措施,以实现特定领域的一个或数个特定目标。关于就业或教育的具体立法也可提供此类指导。关于不歧视和暂行特别措施的有关立法应涉及政府行动者及私营组织或企业。

32. 委员会提请缔约国注意,暂行特别措施还可基于国家、区域或当地行政部门包括公共就业和教育部门制定并通过的指令、政策指示和(或)行政准则。这类暂行特别措施可包括公务员制度、政治领域以及私营教育和就业部门。委员会还提请缔约国注意,公营或私营就业部门的社会伙伴也可通过谈判达成此类措施,或由公营或私营企业、组织、机构和政党在自愿的基础上予以实施。

33. 委员会重申,应根据具体国情和打算克服的问题的具体性质,拟订、实施和评价暂行特别措施行动计划。委员会建议,缔约国在报告中详细说明旨在实现下列目标的行动计划:为妇女创造机会,克服她们在某些领域任职人数不足的问题;在某些领域重新分配资源和权力;和(或)开始进行体制改革,消除过去或现在的歧视现象,加速实现事实上的平等。报告还应说明,此类行动计划是否考虑到此类措施可能意外造成的有害影响,以及为保护妇女免受这种影响可能采取的行动。缔约国还应在其报告中说明暂行特别措施的成果,并评估可能致使这种措施失败的因素。

34. 根据第三条,请缔约国提出报告,说明负责拟订、执行、监督、评价和推行此类暂行特别措施的机构。现有或计划设立的国家机构可承担这一责任,如妇女部、各部或总统办公室内的妇女司、监察员、法庭或其他公营或私营实体等,这些机构都应具有拟订具体方案、监督方案执行及评价方案影响和成果的任务规定。委员会建议,缔约国确保妇女,特别是受影响的妇女,在拟订、执行和评价此类方案方面发挥作用。此外,还特别建议与民间社会和代表各妇女团体的非政府组织进行合作和协商。

35. 委员会提请注意并重申其关于妇女状况统计数据的一般性建议9,建议缔约国提供按性别分列的数据,以便衡量在实现妇女事实上或实际平等方面取得的进展和暂行特别措施的效果。

36. 缔约国应报告根据《公约》有关条款在具体领域采取的暂行特别措施类型。根据有关条款提出的报告应提到具体的目标和指标、时间表、选择特定措施的理由、让妇女能够参与这些措施的步骤以及负责监督执行情况和进展的机构。还请缔约国说明受某措施影响及因暂行特别措施而有机会参加某领域的妇女人数,或说明国家打算在多长时间内向多少妇女重新分配多少资源和权力。

37. 委员会重申其一般性建议5、8和23,其中委员会建议在下列领域实施暂行特别措施:教育、经济、政治和就业;妇女在国际一级代表政府参加国际组织工作;政治和公共生活。缔约国应根据本国国情加强此类努力,特别是涉及各级教育所有方面及各级培训、就业和参加公共和政治生活所有方面的努力。委员会回顾,在所有情况下,特别是在医疗卫生领域,缔约国应仔细区分每个领域中持续及永久的措施和暂行措施。

38. 请缔约国注意,应采取暂行特别措施加速改变和消除歧视妇女或对妇女不利的文化、定型态度和行为。在信贷和贷款、运动、文化和娱乐及法律宣传领域也应采取暂行特别措施。如有必要,应针对受多重歧视的妇女,包括农村妇女,采取此类措施。

39. 虽然不可能对《公约》所有条款适用暂行特别措施,但委员会建议在下述情况考虑采取暂行特别措施:每当涉及加速提供平等参与的机会和加速重新分配权力和资源的问题;如果能够说明在特定情况下需要这些措施,而且这些措施最适合。

12. 儿童权利公约

（联合国大会1989年11月20日通过）

序　　言

本公约缔约国，**考虑到**按照《联合国宪章》所宣布的原则，对人类家庭所有成员的固有尊严及其平等和不移的权利的承认，乃是世界自由、正义与和平的基础，

铭记联合国人民在《宪章》中重申对基本人权和人格尊严与价值的信念，并决心促成更广泛自由中的社会进步及更高的生活水平，

认识到联合国在《世界人权宣言》和国际人权盟约中宣布和同意：人人有资格享受这些文书中所载的一切权利和自由，不因种族、肤色、性别、语言、宗教、政治或其他见解、国籍或社会出身、财产、出生或其他身份等而有任何区别，

回顾联合国在《世界人权宣言》中宣布：儿童有权利享受特别照料和协助，

深信家庭作为社会的基本单元，作为家庭所有成员、特别是儿童的成长和幸福的自然环境，应获得必要的保护和协助，以充分负起它在社会上的责任，

确认为了充分而和谐地发展其个性，应让儿童在家庭环境里，在幸福、亲爱和谅解的气氛中成长，

考虑到应充分培养儿童可在社会上独立生活，并在《联合国宪章》宣布的理想的精神下，特别是在和平、尊严、宽容、自由、平等和团结的精神下，抚养他们成长，

铭记给予儿童特殊照料的需要已在1924年《日内瓦儿童权利宣言》和在大会1959年11月20日通过的《儿童权利宣言》中予以申明，并在《世界人权宣言》、《公民权利和政治权利国际盟约》（特别是第23条和第24条）、《经济、社会、文化权利国际盟约》（特别是第10条）以及关心儿童福利的各专门机构和国际组织的章程及有关文书中得到确认，

铭记如《儿童权利宣言》所示，"儿童因身心尚未成熟，在其出生以前和以后均需要特殊的保护和照料，包括法律上的适当保护"，

回顾《关于儿童保护和儿童福利、特别是国内和国际寄养和收养办法的社会和法律原则宣言》、《联合国少年司法最低限度标准规则》（北京规则）以及《在非常状态和武装冲突中保护妇女和儿童宣言》，

确认世界各国都有生活在极端困难情况下的儿童，对这些儿童需要给予特别的照顾，

适当考虑到每一民族的传统及文化价值对儿童的保护及和谐发展的重要性，

确认国际合作对于改善每一国家、特别是发展中国家儿童的生活条件的重要性，

兹协议如下：

第一部分

第 1 条

为本公约之目的,儿童系指 18 岁以下的任何人,除非对其适用之法律规定成年年龄低于 18 岁。

第 2 条

1. 缔约国应尊重本公约所载列的权利,并确保其管辖范围内的每一儿童均享受此种权利,不因儿童或其父母或法定监护人的种族、肤色、性别、语言、宗教、政治或其他见解、民族、族裔或社会出身、财产、伤残、出生或其他身份而有任何差别。

2. 缔约国应采取一切适当措施确保儿童得到保护,不受基于儿童父母、法定监护人或家庭成员的身份、活动、所表达的观点或信仰而加诸的一切形式的歧视或惩罚。

第 3 条

1. 关于儿童的一切行动,不论是由公私社会福利机构、法院、行政当局或立法机构执行,均应以儿童的最大利益为一种首要考虑。

2. 缔约国承担确保儿童享有其幸福所必需的保护和照料,考虑到其父母、法定监护人、或任何对其负有法律责任的个人的权利和义务,并为此采取一切适当的立法和行政措施。

3. 缔约国应确保负责照料或保护儿童的机构、服务部门及设施符合主管当局的标准,尤其是安全、卫生、工作人员数目和资格以及有效监督等方面的标准。

第 4 条

缔约国应采取一切适当的立法、行政和其他措施以实现本公约所确认的权利。关于经济、社会及文化权利,缔约国应根据其现有资源所允许的最大限度并视需要在国际合作范围内采取此类措施。

第 5 条

缔约国应尊重父母或于适用时尊重当地习俗认定的大家庭或社会成员、法定监护人或其他对儿童负有法律责任的人以下的责任、权利和义务,以符合儿童不同阶段接受能力的方式适当指导和指引儿童行使本公约所确认的权利。

第 6 条

1. 缔约国确认每个儿童均有固有的生命权。

2. 缔约国应最大限度地确保儿童的存活与发展。

第 7 条

1. 儿童出生后应立即登记,并有自出生起获得姓名的权利,有获得国籍的权利,以及尽可能知道谁是其父母并受其父母照料的权利。

2. 缔约国应确保这些权利按照本国法律及其根据有关国际文书在这一领域承担的义务予以实施,尤应注意不如此儿童即无国籍之情形。

第 8 条

1. 缔约国承担尊重儿童维护其身份包括法律所承认的国籍、姓名及家庭关系而不受非法干扰的权利。

2. 如有儿童被非法剥夺其身份方面的部分或全部要素,缔约国应提供适当协助和保护,以便迅速重新确立其身份。

第 9 条

1. 缔约国应确保不违背儿童父母的意愿使儿童与父母分离,除非主管当局按照适用的法律和程序,经法院审查,判定这样的分离符合儿童的最大利益而确有必要。在诸如由于父母的虐待或忽视、或父母分居而必须确定儿童居住地点的特殊情况下,这种裁决可能有必要。

2. 凡按本条第 1 款进行诉讼,均应给予所有有关方面以参加诉讼并阐明自己意见之机会。

3. 缔约国应尊重与父母一方或双方分离的儿童同父母经常保持个人关系及直接联系的权利,但违反儿童最大利益者除外。

4. 如果这种分离是因缔约国对父母一方或双方或对儿童所采取的任何行动,诸如拘留、监禁、流放、驱逐或死亡(包括该人在该国拘禁中因任何原因而死亡)所致,该缔约国应按请求将该等家庭成员下落的基本情况告知父母、儿童或适当时告知另一家庭成员,除非提供这类情况会有损儿童的福祉。缔约国还应确保有关人员不致因提出这类请求而承受不利后果。

第 10 条

1. 按照第 9 条第 1 款所规定的缔约国的义务,对儿童或其父母要求进入或离开一缔约国以便与家人团聚的申请,缔约国应以积极的人道主义态度迅速予以办理。缔约国还应确保申请人及其家庭成员不致因提出这类请求而承受不利后果。

2. 父母居住在不同国家的儿童,除特殊情况以外,应有权同父母双方经常保持个人关系和直接联系。为此目的,并按照第 9 条第 1 款所规定的缔约国的义务,缔约国应尊重儿童及其父母的权利。离开任何国家的权利只应受法律所规定并为国家安全、公共秩序、公共卫生或道德、或他人的权利和自由所必需且与本公约所承认的其他权利不相抵触的限制约束。

第 11 条

1. 缔约国应采取措施制止非法将儿童移转国外和不使返回本国的行为。

2. 为此目的,缔约国应致力缔结双边或多边协定或加入现有协定。

第 12 条

1. 缔约国应确保有主见能力的儿童有权对影响到本人的一切事项自由发表自己的意见,对儿童的意见应按照其年龄和成熟程度给以适当的看待。

2. 为此目的,儿童特别应有机会在影响到儿童的任何司法和行政中,以符合国家法律的诉讼规则的方式,直接或通过代表或适当机构陈述意见。

第 13 条

1. 儿童应有自由发表言论的权利;此项应包括通过口头、书面或印刷、艺术形式或儿童所选择的任何其他媒介,寻求、接受和传递各种信息和思想的自由,而不论国界。

2. 此项权利的行使可受某些限制约束,但这些限制仅限于法律所规定并为以下目的所必需:

(a) 尊重他人的权利和名誉;或

(b) 保护国家安全或公共秩序或公共卫生或道德。

第 14 条

1. 缔约国应尊重儿童享有思想、信仰和宗教自由的权利。

2. 缔约国应尊重父母并于适用时尊重法定监护人以下的权利和义务,以符合儿童不同阶段接受能力的方式指导儿童行使其权利。

3. 表明个人宗教或信仰的自由,仅受法律所规定并为保护公共安全、秩序、卫生或道德或他人之基本权利和自由所必需的这类限制约束。

第 15 条

1. 缔约国确认儿童享有结社自由及和平集会自由的权利。

2. 对此项权利的行使不得加以限制,除非符合法律所规定并在民主社会中为国家安全或公共安全、公共秩序、保护公共卫生或道德或保护他人的权利和自由所必需。

第 16 条

1. 儿童的隐私、家庭住宅或通信不受任意或非法干涉,其荣誉和名誉不受非法攻击。

2. 儿童有权享受法律保护,以免受这类干涉或攻击。

第 17 条

缔约国确认大众传播媒介的重要作用,并应确保儿童能够从多种的国家和国际来源获得信息和资料,尤其是旨在促进其社会、精神和道德福祉和身心健康的信息和资料。为此目的,缔约国应:

(a) 鼓励大众传播媒介本着第 29 条的精神散播在社会和文化方面有益于儿童的信息和资料;

(b) 鼓励在编制、交流和散播来自不同文化、国家和国际来源的这类信息和资料方面进行国际合作;

(c) 鼓励儿童读物的著作和普及;

(d) 鼓励大众传播媒介特别注意属于少数群体或土著居民的儿童在语言方面的需要;

(e) 鼓励根据第 13 条和第 18 条的规定制定适当的准则,保护儿童不受可能损害其福祉的信息和资料之害。

第 18 条

1. 缔约国应尽其最大努力,确保父母双方对儿童的养育和发展负有共同责任的原则得到确认。父母、或视具体情况而定的法定监护人对儿童的养育和发展负有首要责任,儿童的最大利益将是他们主要关心的事。

2. 为保证和促进本公约所列举的权利,缔约国应在父母和法定监护人履行其抚养儿童的责任方面给予适当协助,并应确保发展育儿机构、设施和服务。

3. 缔约国应采取一切适当措施确保就业父母的子女有权享受他们有资格得到的托儿服务和设施。

第 19 条

1. 缔约国应采取一切适当的立法、行政、社会和教育措施,保护儿童在受父母、法定监护人或其他任何负责照管儿童的人的照料时,不致受到任何形式的身心摧残、伤害或凌辱,忽视或照料不周,虐待或剥削、包括性侵犯。

2. 这类保护性措施应酌情包括采取有效程序以建立社会方案,向儿童和负责照管儿童的人提供必要的支助,采取其他预防形式,查明、报告、查询、调查、处理和追究前述的虐待儿童事件,以及在适当时进行司法干预。

第 20 条

1. 暂时或永久脱离家庭环境的儿童,或为其最大利益不得在这种环境中继续生活的儿童,应有权得到国家的特别保护和协助。

2. 缔约国应按照本国法律确保此类儿童得到其他方式的照顾。

3. 这种照顾除其他外,包括寄养、伊斯兰法的"卡法拉"(监护)、收养或者必要时安置在适当的育儿机构中。在考虑解决办法时,应适当注意有必要使儿童的培养教育具有连续性和注意儿童的族裔、宗教、文化和语言背景。

第 21 条

凡承认和(或)许可收养制度的国家应确保以儿童的最大利益为首要考虑,并应:

(a) 确保只有经主管当局按照适用的法律和程序并根据所有可靠的资料,判定鉴于儿童有关父母、亲属和法定监护人方面的情况允许收养,并且判定必要时有关人士已根据可能必要的辅导对收养表示知情的同意,方可批准儿童的收养;

(b) 确认如果儿童不能安置于寄养或收养家庭,或不能以任何适当方式在儿童原籍国加以照料,跨国收养可视为照料儿童的一个替代办法;

(c) 确保得到跨国收养的儿童享有与本国收养相当的保障的标准;

(d) 采取一切适当措施确保跨国收养的安排不致使所涉人士获得不正当的财务收益;

(e) 在适当时通过缔结双边或多边安排或协定本条的目标,并在这一范围内努力确保由主管当局或机构负责安排儿童在另一国收养的事宜。

第 22 条

1. 缔约国应采取适当措施,确保申请难民身份的儿童或按照适用国际法或国内法及程序可视为难民的儿童,不论有无父母或其他任何人的陪同,均可得到适当的保护和人道援助,以享有本公约和该有关国家为其缔约国的其他国际人权或人道主义文书所规定的可适用权利。

2. 为此目的,缔约国应对联合国和与联合国合作的其他主管的政府间组织或非政府组织所作的任何努力提供其认为适当的合作,以保护和援助这类儿童,并为只身的难民儿童追寻其父母或其他家庭成员,以获得必要的消息使其家庭团聚。在寻不着父母或其他家庭成员的情况下,也应使该儿童获得与其他任何由于任何原因而永久或暂脱离家庭环境的儿童按照本公约的规定所得到的同样保护。

第 23 条

1. 缔约国确认身心有残疾的儿童应能在确保其尊严、促进其自立、有利于其积极参与社会生活的条件下享有充实而适当的生活。

2. 缔约国确认残疾儿童有接受特别照顾的权利,应鼓励并确保在现有资源范围内,依据申请,斟酌儿童的情况和儿童的父母或其他照料人的情况,对合格儿童及负责照料该儿童的人提供援助。

3. 鉴于残疾儿童的特殊需要,考虑到儿童的父母或其他照料人的经济情况,在可能时应免费提供按照本条第 2 款给予的援助,这些援助的目的应是确保残疾儿童能有效地获得接受教育、培训、保健服务、康复服务、就业准备和娱乐机会,其方式应有助于该儿童尽可能充分地参与社会,实现个人发展,包括其文化和精神方面的发展。

4. 缔约国应本着国际合作精神,在预防保健以及残疾儿童的医疗、心理治疗和功能治疗领域促进交换适当资料,包括散播和获得有关康复教育方法和职业服务方面的资料,以其使缔约国能够在这些领域提高其能力和技术并扩大其经验。在这方面,应特别考虑到发展中国家的需要。

第 24 条

1. 缔约国确认儿童有权享有可达到的最高标准的健康,并享有医疗和康复设施。缔约国应努力确保没有任何儿童被剥夺获得这种保健服务的权利。

2. 缔约国应致力充分实现这一权利,特别是应采取适当措施,以

(a) 降低婴幼儿死亡率;

(b) 确保向所有儿童提供必要的医疗援助和保健,侧重发展初级保健;

(c) 消除疾病和营养不良现象,包括在初级保健范围内利用现有可得的技术和提供充足的营养食品和清洁饮水,要考虑到环境污染的危险和风险;

(d) 确保母亲得到适当的产前和产后保健;

(e) 确保向社会各阶层、特别是向父母和儿童介绍有关儿童保健和营养、母乳育婴的优点、个人卫生和环境卫生及防止意外事故的基本知识,使他们得到这方面的教育并帮助他们应用这种基本知识;

(f) 开展预防保健、对父母的指导以及计划生育教育和服务。

3. 缔约国应致力采取一切有效和适当的措施,以期废除对儿童健康有害的传统习俗。

4. 缔约国承担促进和鼓励国际合作,以其逐步充分实现本条所确认的权利,在这方面,应特别考虑到发展中国家的需要。

第 25 条

缔约国确认在有关当局为照料、保护或治疗儿童身心健康的目的下受到安置的儿童,有权获得对给予的治疗以及与所受安置有关的所有其他情况进行定期审查。

第 26 条

1. 缔约国应确认每个儿童有权受益于社会保障、包括社会保险,并应根据其国内法律采取必要措施充分实现这一权利。

2. 提供福利时应酌情考虑儿童及负有赡养儿童义务的人的经济情况和环境,以及与儿童提出或代其提出的福利申请有关的其他方面因素。

第 27 条

1. 缔约国确认每个儿童均有权享有足以促进其生理、心理、精神、道德和社会发展的生活水平。

2. 父母或其他负责照顾儿童的人负有其能力和经济条件许可范围内确保儿童发展所需生活条件的首要责任。

3. 缔约国按照本国条件并在其能力范围内,应采取适当措施帮助父母或其他负责照顾儿童的人实现此项权利,并在需要时提供物质援助和支助方案,特别是在营养、衣着和住房方面。

4. 缔约国应采取一切适当措施,向在本国境内或境外儿童的父母或其他对儿童负有经济责任的人追索儿童的赡养费。尤其是,遇到儿童负有经济责任的人住在与儿童不同的国家的情况时,缔约国应促进加入国际协定或缔结此类协定以及作出其他适当安排。

第 28 条

1. 缔约国确认儿童有受教育的权利,为在机会均等的基础上逐步实现此项权利,缔约国尤应:

(a) 实现全面的免费义务小学教育;

(b) 鼓励发展不同形式的中学教育、包括普通和职业教育,使所有儿童均能享有和接受这种教育,并采取适当措施,诸如实行免费教育和对有需要的人提供津贴;

(c) 以一切适当方式根据能力使所有人均有受高等教育的机会;

(d) 使所有儿童均能得到教育和职业方面的资料和指导;

(e) 采取措施鼓励学生按时出勤和降低辍学率。

2. 缔约国应采取一切适当措施,确保学校执行纪律的方式符合儿童的人格尊严及本公约的规定。

3. 缔约国应促进和鼓励有关教育事项方面的国际合作,特别着眼于在全世界消灭愚昧与文盲,并便利获得科技知识和现代教学方法。在这方面,应特别考虑到发展中国家的需要。

第 29 条

1. 缔约国一致认为教育儿童的目的应是:

(a) 最充分地发展儿童的个性、才智和身心能力;

(b) 培养对人权和基本自由以及《联合国宪章》所载各项原则的尊重;

(c) 培养对儿童的父母、儿童自身的文化认同、语言和价值观、儿童所居住国家民族价值观、其原籍国以及不同于其本国的文明的尊重;

(d) 培养儿童本着各国人民、族裔、民族和宗教群体以及原为土著居民的人之间谅解、和平、宽容、男女平等和友好的精神,在自由社会里过有责任感的生活;

(e) 培养对自然环境的尊重。

2. 对本条或第 28 条任何部分的解释均不得干涉个人和团体建立和指导教育机构的自由,但须始终遵守本条第 1 款载列的原则,并遵守在这类机构中实行的教育应符合国家可能规定的最低限度标准的要求。

第 30 条

在那些存在有族裔、宗教或语言方面属于少数人或原为土著居民的人的国家,不得剥夺这种属于少数人或原为土著居民的儿童与其群体的其他成员共同享有自己的文化、自己的宗教并举行宗教仪式、或使用自己的语言的权利。

第 31 条

1. 缔约国确认儿童有权享有休息和闲暇,从事与儿童年龄相宜的游戏和娱乐活动,以及自由参加文化生活和艺术活动。

2. 缔约国应尊重并促进儿童充分参加文化和艺术生活的权利,并应鼓励提供从事文化、艺术、娱乐和休闲活动的适当和均等的机会。

第 32 条

1. 缔约国确认儿童有权受到保护，以免受经济剥削和从事任何可能妨碍或影响儿童教育或有害儿童健康或身体、心理、精神、道德或社会发展的工作。

2. 缔约国应采取立法、行政、社会和教育措施确保本条得到执行。为此目的，并鉴于其他国际文书的有关规定，缔约国尤应：

（a）规定受雇的最低年龄；

（b）规定有关工作时间和条件的适当规则；

（c）规定适当的惩罚或其他制裁措施以确保本条得到有效执行。

第 33 条

缔约国应采取一切适当措施，包括立法、行政、社会和教育措施，保护儿童不致非法使用有关国际条约中界定的麻醉药品和精神药物，并防止利用儿童从事非法生产和贩运此类药物。

第 34 条

缔约国承担保护儿童免遭一切形式的色情剥削和性侵犯之害，为此目的，缔约国尤应采取一切适当的国家、双边和多边措施，以防止：

（a）引诱或强迫儿童从事任何非法的性活动；

（b）利用儿童卖淫或从事其他非法的性行为；

（c）利用儿童进行淫秽表演和充当淫秽题材。

第 35 条

缔约国应采取一切适当的国家、双边和多边措施，以防止为任何目的或以任何形式诱拐、买卖或贩运儿童。

第 36 条

缔约国应保护儿童免遭有损儿童福利的任何方面的一切其他形式的剥削之害。

第 37 条

缔约国应确保：

（a）任何儿童不受酷刑或其他形式的残忍、不人道或有辱人格的待遇或处罚。对未满 18 岁的人所犯罪行不得判以死刑或无释放可能的无期徒刑；

（b）不得非法或任意剥夺任何儿童的自由。对儿童的逮捕、拘留或监禁应符合法律规定并仅应作为最后手段，期限应为最短的适当时间；

（c）所有被剥夺自由的儿童应受到人道待遇，其人格固有尊严应受尊重，并应以考虑到他们这个年龄的人的需要的方式加以对待。特别是，所有被剥夺自由的儿童应同成人隔开，除非认为反之最有利于儿童，并有权通过信件和探访同家人保持联系，但特殊情况除外；

（d）所有被剥夺自由的儿童均有权迅速获得法律及其他适当援助，并有权向法院或其他独立公正的主管当局就其被剥夺自由一事合法性提出异议，并有权迅速就任何此类行动得到裁定。

第 38 条

1. 缔约国承担尊重并确保尊重在武装冲突中对其适用的国际人道主义法律中有关儿童的规则。

2. 缔约国应采取一切可行措施确保未满15岁的人不直接参加敌对行动。

3. 缔约国应避免招募任何未满15岁的人加入武装部队。在招募已满15岁但未满18岁的人时，缔约国应致力首先考虑年龄最大者。

4. 缔约国按照国际人道主义法律规定它们在武装冲突中保护平民人口的义务，应采取一切可行措施确保保护和照料受武装冲突影响的儿童。

第39条

缔约国应采取一切适当措施，促使遭受下述情况之害的儿童身心得以康复并重返社会：任何形式的忽视、剥削或凌辱虐待；酷刑或任何其他形式的残忍、不人道或有辱人格的待遇或处罚；或武装冲突。此种康复和重返社会应在一种能促进儿童的健康、自尊和尊严的环境中进行。

第40条

1. 缔约国确认被指称、指控或认为触犯刑法的儿童有权得到符合以下情况方式的待遇，促进其尊严和价值感并增强其对他人的人权和基本自由的尊重。这种待遇应考虑到其年龄和促进其重返社会并在社会中发挥积极作用的愿望。

2. 为此目的，并鉴于国际文书的有关规定，缔约国尤应确保：

（a）任何儿童不得以行为或不行为之时本国法律或国际法不禁止的行为或不行为之理由被指称、指控或认为触犯刑法；

（b）所有被指称或指控触犯刑法的儿童至少应得到下列保证：

（Ⅰ）在依法判定有罪之前应被假定为无罪；

（Ⅱ）迅速直接地被告知其被控罪名，适当时应通过其父母或法定监护人告知，并获得准备和提出辩护所需的法律或其他适当协助；

（Ⅲ）要求独立公正的主管当局或司法机构在其得到法律或其他适当协助的情况下，通过依法公正审理作出判决，并且须有其父母或法定监护人在场，除非认为这样做不符合儿童的最大利益，特别要考虑到其年龄或状况；

（Ⅳ）不得被迫作口供或认罪；应可盘问或要求盘问不利的证人，并且使自己的证人在平等条件下出庭并受盘问；

（Ⅴ）若被判定触犯刑法，有权要求高一级独立公正的主管当局或司法机构依法复查此一判决及由此对之采取的任何措施；

（Ⅵ）若儿童不懂或不会说所用语言，有权免费得到译员的协助；

（Ⅶ）其隐私在诉讼的所有阶段均得到充分尊重。

3. 缔约国应致力于促进规定或建立专门适用于被指称、指控或确认为触犯刑法的儿童的法律、程序、当局和机构，尤应：

（a）规定最低年龄，在此年龄以下的儿童应视为无触犯刑法之行为能力；

（b）在适当和必要时，制订不对此类儿童诉诸司法程序的措施，但须充分尊重人权和法律保障。

4. 应采用多种处理办法，诸如照管、指导和监督令、辅导、察看、寄养、教育和职业培训方案及不交由机构照管的其他办法，以确保处理儿童的方式符合其福祉并与其情况和违法行为相称。

第 41 条

本公约的任何规定不应影响更有利于实现儿童权利且可能载于下述文件中的任何规定：

（a）缔约国的法律；

（b）对该国有效的国际法。

第二部分

第 42 条

缔约国承担以适当的积极手段，使成人和儿童都能普遍知晓本公约的原则和规定。

第 43 条

1. 为审查缔约国在履行根据本公约所承担的义务方面取得的进展，应设立儿童权利委员会，执行下文所规定的职能。

2. 委员会应由 10 名品德高尚并在本公约所涉领域具有公认能力的专家组成。委员会成员应由缔约国从其国民中选出，并应以个人身份任职，但须考虑到公平地域分配原则及主要法系。

3. 委员会成员应以无记名表决方式从缔约国提名的人选名单中选举产生。每一缔约国可从其本国国民中提名一位人选。

4. 委员会的初次选举应最迟不晚于本公约生效之日后的 6 个月进行，此后每两年举行一次。联合国秘书长至少在选举之日前 4 个月函请缔约国在两个月内提出其提名的人选。秘书长随后应将已提名的所有人选按字母顺序编成名单，注明提名此等人选的缔约国，分送本公约缔约国。

5. 选举应在联合国总部由秘书长召开的缔约国会议上进行。在此等会议上，应以 2/3 缔约国出席作为会议的法定人数，得票最多且占出席并参加表决缔约国代表绝对多数票者，当选为委员会成员。

6. 委员会成员任期 4 年。成员如获再次提名，应可连选连任。在第一次选举产生的成员中，有 5 名成员的任期应在两年结束时届满；会议主席应在第一次选举之后立即以抽签方式选定这 5 名成员。

7. 如果委员会某一成员死亡或辞职或宣称因任何其他原因不再能履行委员会的职责，提名该成员的缔约国应从其国民中指定另一名专家接替余下的任期，但须经委员会批准。

8. 委员会应自行制订其议事规则。

9. 委员会应自行选举其主席团成员，任期 2 年。

10. 委员会会议通常应在联合国总部或在委员会决定的任何其他方便地点举行。委员会通常应每年举行一次会议。委员会的会期应由本公约缔约国会议决定并在必要时加以审查，但需经大会核准。

11. 联合国秘书长应为委员会有效履行本公约所规定的职责提供必要的工作人员和设施。

12. 根据本公约设立的委员会的成员，经大会核可，得从联合国资源领取薪酬，其条件由大会决定。

第 44 条

1. 缔约国承担按下述办法,通过联合国秘书长,向委员会提交关于它们为实现本公约确认的权利所采取的措施以及关于这些权利的享有方面的进展情况的报告:

（a）在本公约对有关缔约国生效后两年内;

（b）此后每五年一次。

2. 根据本条提交的报告应指明可能影响本公约规定的义务履行程度的任何因素和困难。报告还应载有充分的资料,以使委员会全面了解本公约在该国的实施情况。

3. 缔约国若已向委员会提交全面的初次报告,就无须在其以后按照第 1 款（b）项提交的报告中重复原先已提供的基本资料。

4. 委员会可要求缔约国进一步提供与本公约实施情况有关的资料。

5. 委员会应通过经济及社会理事会每两年向大会提交一次关于其活动的报告。

6. 缔约国应向其本国的公众广泛供应其报告。

第 45 条

为促进本公约的有效实施和鼓励在本公约所涉领域进行国际合作:

（a）各专门机构、联合国儿童基金会和联合国其他机构应有权派代表列席对本公约中属于它们职责范围内的条款的实施情况的审议。委员会可邀请各专门机构、联合国儿童基金会以及它可能认为合适的其他有关机关就本公约在属于它们各自职责范围内的领域的实施问题提供专家意见。委员会可邀请各专门机构、联合国儿童基金会和联合国其他机构就本公约在属于它们活动范围内的领域的实施情况提交报告;

（b）委员会在其可能认为适当时应向各专门机构、联合国儿童基金会和其他有关机构转交缔约国要求或说明需要技术咨询或援助的任何报告以及委员会就此类要求或说明提出的任何意见和建议;

（c）委员会可建议大会请秘书长代表委员会对有关儿童权利的具体问题进行研究;

（d）委员会可根据依照本公约第四十四和四十五条收到的资料提出提议和一般性建议。此类提议和一般性建议应转交有关的任何缔约国并连同缔约国作出的任何评论一并报告大会。

第三部分

第 46 条

本公约应向所有国家开放供签署。

第 47 条

本公约须经批准。批准书应交存联合国秘书长。

第 48 条

本公约应向所有国家开放供加入。加入书应交存于联合国秘书长。

第 49 条

1. 本公约自第 20 份批准书或加入书交存联合国秘书长之日后的第 30 天生效。

2. 本公约对于在第 20 份批准书或加入书交存之后批准或加入本公约的国家,自其批准书或加入书交存之日后的第 30 天生效。

第 50 条

1. 任何缔约国均可提出修正案,提交给联合国秘书长。秘书长应立即将提议的修正案通知缔约国,并请它们表明是否赞成召开缔约国会议以审议提案并进行表决。如果在此类通知发出之日后的 4 个月内,至少有 1/3 的缔约国赞成召开这样的会议,秘书长应在联合国主持下召开会议。经出席会议并参加表决的缔约国多数通过的任何修正案应提交联合国大会批准。

2. 根据本条第 1 款通过的修正案若获大会批准并为缔约国 2/3 多数所接受,即行生效。

3. 修正案一旦生效,即应对接受该项修正案的缔约国具有约束力,其他缔约国则仍受本公约各项条款和它们已接受的任何早先的修正案的约束。

第 51 条

1. 联合国秘书长应接受各国在批准或加入时提出的保留,并分发给所有国家。

2. 不得提出内容与本公约目标和宗旨相抵触的保留。

3. 缔约国可随时向联合国秘书长提出通知,请求撤销保留,并由他将此情况通知所有国家。通知于秘书长收到当日起生效。

第 52 条

缔约国可以书面通知联合国秘书长退出本公约。秘书长收到通知之日起 1 年后退约即行生效。

第 53 条

指定联合国秘书长为本公约的保管人。

第 54 条

本公约的阿拉伯文、中文、英文、法文、俄文和西班牙文文本具有同等效力,应交存联合国秘书长。

下列全权代表,经各自政府正式授权,在本公约上签字,以资证明。

13. 儿童权利公约关于儿童卷入武装冲突问题的任择议定书

（联合国大会 2000 年 5 月 25 日通过）

本议定书缔约国，

欣慰地注意到儿童权利公约获得极大的支持，可见各方决心致力于促进和保护儿童权利，

重申必须特别保护儿童权利，要求一视同仁地不断改善儿童的情况，使儿童在和平与安全的条件下成长和接受教育，

不安地注意到武装冲突对儿童造成有害和广泛的影响，并对持久和平安全和发展造成长期后果，

谴责在武装冲突情况中以儿童为目标，以及直接攻击受国际法保护的物体，包括学校和医院等一般有大量儿童的场所的行为，

注意到国际刑事法院规约获得通过，特别是将征募或招募不满 15 岁的儿童，或在国际武装冲突和非国际武装冲突中利用他们积极参与敌对行动定为战争罪，

因此，考虑到为进一步加强行使儿童权利公约确认的权利，需要加强保护儿童，使其不卷入武装冲突，

注意到儿童权利公约第 1 条规定，为该公约的目的，儿童系指不满 18 岁的任何人，除非对其适用的法律规定成年年龄低于 18 岁，

深信公约任择议定书提高可被招募加入武装部队和参加敌对行动的人的年龄，将切实促进落实有关儿童的一切行动均应以儿童的最大利益为首要考虑的原则，

注意到 1995 年 12 月第二十六届红十字会和红新月会国际会议特别建议冲突各当事方采取一切可行措施，确保不满 18 岁的儿童不参加敌对行动，

欢迎国际劳工组织关于禁止和立即行动消除最有害的童工形式的第 182 号公约于 1999 年 6 月获得一致通过，其中也禁止强迫或强制招募儿童参加武装冲突，

最严重关切并谴责非国家武装部队的武装团体在境内外招募训练和使用儿童参加敌对行动，并确认在这方面招募训练和使用儿童的人所负的责任，

回顾武装冲突各当事方均有义务遵守国际人道主义法的规定，

强调本议定书不妨碍联合国宪章所载的宗旨和原则，包括其第五十一条以及有关的人道主义法规范，

铭记以充分尊重宪章所载的宗旨和原则以及遵守适用的人权文书为基础的和平与安全是充分保护儿童的必要条件，在武装冲突和外国占领期间尤其如此，

确认因其经济或社会状况或性别特别容易被人以违反本议定书的方式招募或用于敌对行动的儿童的特殊需要,

注意到必须考虑儿童卷入武装冲突的经济社会和政治根源,

深信需要加强国际合作执行本议定书,帮助受武装冲突之害的儿童恢复身心健康和重返社会,

鼓励社区尤其是儿童和受害儿童参与传播有关执行本议定书的宣传和教育方案,

兹协议如下:

第1条

缔约国应采取一切可行措施,确保不满18周岁的武装部队成员不直接参加敌对行动。

第2条

缔约国应确保不满18周岁的人不被强制招募加入其武装部队。

第3条

1. 考虑到儿童权利公约第38条所载原则,并确认公约规定不满18周岁的人有权获得特别的保护,缔约国应提高该条第3款所述个人自愿应征加入本国武装部队的最低年龄。

2. 每一缔约国在批准或加入本议定书时应交存一份具有约束力的声明,规定其允许自愿应征加入本国武装部队的最低年龄,并说明其为确保不强迫或胁迫进行此类招募而采取的保障措施。

3. 允许不满18周岁的人自愿应征加入本国武装部队的缔约国应设置保障措施,至少确保:

(a) 此种应征确实是自愿的;

(b) 此种应征得到本人父母或法定监护人的知情同意;

(c) 这些人被充分告知此类兵役所涉的责任;

(d) 这些人在被接纳服本国兵役之前提供可靠的年龄证明。

4. 每一缔约国可随时加强其声明,就此事通知联合国秘书长,由秘书长通知所有缔约国,此种通知在秘书长收到之日起生效。

5. 按照儿童权利公约第28条和第29条,提高本条第1款所述入伍年龄的规定不适用于缔约国武装部队开办或控制的学校。

第4条

1. 非国家武装部队的武装团体在任何情况下均不得招募或在敌对行动中使用不满18周岁的人。

2. 缔约国应采取一切可行措施防止此种招募和使用,包括采取必要的法律措施,禁止并将这种做法按刑事罪论处。

3. 本条的适用不影响武装冲突任何当事方的法律地位。

第5条

本议定书的任何规定不得被解释为排除更有利于实现儿童权利的缔约国法律或国际文书和国际人道主义法的规定。

第6条

1. 每一缔约国应采取一切必要的法律、行政和其他措施,确保在其管辖范围内有效执行

和实施本议定书的规定。

2. 缔约国承诺以适当手段使成人和儿童普遍知晓并向他们宣传本议定书的各项原则和规定。

3. 缔约国应采取一切可行措施,确保在违反本议定书的情况下被招募或用于敌对行动的本国管辖范围内的人退伍或退役,缔约国在必要时应向这些人提供一切适当援助,协助其恢复身心健康和重返社会。

第 7 条

1. 缔约国应通过技术合作和财政援助等方式合作执行本议定书,包括防止违反本议定书的任何活动,协助受违反本议定书行为之害的人康复和重返社会提供此类援助和合作时,应与有关缔约国和有关国际组织磋商。

2. 缔约国在有能力的情况下应通过现有的多边双边或其他方案或通过按联合国大会规则设立的自愿基金提供此类援助。

第 8 条

1. 每一缔约国应在本议定书对其生效两年内向儿童权利委员会提交一份报告,提供详尽资料,说明本国为执行议定书的规定而采取的措施,包括为执行关于参加和招募的条款而采取的措施。

2. 提交全面报告后,每一缔约国应在根据公约第 44 条提交儿童权利委员会的报告中,提供与执行本议定书有关的任何进一步资料。议定书的其他缔约国应每五年提交一份报告。

3. 儿童权利委员会可要求缔约国提供与执行本议定书有关的进一步情况。

第 9 条

1. 本议定书开放供公约任何缔约国或已签署公约的任何国家签署。

2. 本议定书须经批准并开放供任何国家加入。批准书或加入书应交存联合国秘书长。

3. 秘书长应以公约和本议定书保管人的身份,通知公约所有缔约国和已签署公约的所有国家根据第 13 条送交的每一份声明。

第 10 条

1. 本议定书在第 10 份批准书或加入书交存后 3 个月生效。

2. 对于在本议定书生效后批准或加入的国家,议定书在其批准书或加入书交存之日后一个月生效。

第 11 条

1. 缔约国可在任何时候书面通知联合国秘书长退出本议定书,秘书长应立即通知公约其他缔约国和已签署公约的所有国家。退约应于秘书长收到通知之日后 1 年生效。但是,在该年结束时如果退约缔约国正处于武装冲突之中,退约在武装冲突终止之前应仍未生效。

2. 此类退约不解除缔约国依本议定书对退约生效日期前发生的任何行为所承担的义务,退约也绝不妨碍委员会继续审议在退约生效日前业已开始审议的任何事项。

第 12 条

1. 任何缔约国均可提出修正案提交给联合国秘书长。秘书长应立即将提议的修正案通知各缔约国,并请它们表明是否赞成召开缔约国会议以审议提案并进行表决。如果在此类通知发出之后的 4 个月内,至少有 1/3 的缔约国赞成召开这样的会议,秘书长应在联合国主持下召开会议,经出席会议并参加表决的缔约国过半数通过的任何修正案应提交联合国大会批准。

2. 根据本条第 1 款通过的修正案如果获得大会批准并为缔约国 2/3 多数接受,即行生效。

3. 修正案一旦生效,即应对接受该次修正案的缔约国具有约束力,其他缔约国则仍受本议定书各项条款和它们已接受的任何早先的修正案的约束。

第 13 条

1. 本议定书的阿拉伯文、中文、英文、法文、俄文和西班牙文文本具有同等效力,均应交存联合国档案库。

2. 联合国秘书长应将本议定书经证明无误的副本分送公约所有缔约国和已签署公约的所有国家。

14. 儿童权利公约关于买卖儿童、儿童卖淫和儿童色情制品问题的任择议定书

（联合国大会 2000 年 5 月 25 日通过）

本议定书各缔约国，

考虑到为了进一步实现儿童权利公约的宗旨并执行其各项规定，特别是第 1 条、第 11 条、第 21 条、第 32 条、第 33 条、第 34 条、第 35 条和第 36 条，应当扩大各缔约国应为确保保护儿童免遭买卖儿童、儿童卖淫和儿童色情制品之害而采取的各项措施，

又考虑到儿童权利公约确认儿童有权受到保护，不受经济剥削，不从事可能有危害性或可能影响其教育或有害儿童的健康或身体心理精神道德或社会发展的任何工作，

严重关切为买卖儿童、儿童卖淫和儿童色情制品的目的而进行的国际儿童贩运十分猖獗且日益严重，

深切关注特别容易侵害儿童的色情旅游仍然广泛存在，因为它直接助长了买卖儿童、儿童卖淫和儿童色情制品，

认识到包括女童在内的一些特别脆弱的群体较易遭受性剥削，并认识到性剥削的受害人以女童居多，

关注互联网和其他不断发展的技术提供的儿童色情制品越来越多，并回顾 1999 年在维也纳召开的打击互联网上的儿童色情制品国际会议，特别是其结论要求世界各地将儿童色情制品的制作分销出口传送进口蓄意拥有和广告宣传按刑事罪论处，并强调各国政府与互联网业界建立更加密切的合作与伙伴关系的重要性，

认为应采用一种全面的方法来消除引发性因素，其中包括发展不足、贫困经济、失衡社会经济结构、不公平家庭瘫痪、缺乏教育、城乡移徙性别歧视、不负责任的成人性行为、有害的传统习俗、武装冲突和贩卖儿童，从而有助于消除买卖儿童、儿童卖淫和儿童色情制品，

又认为需要努力提高公众意识，以减少消费者对买卖儿童、儿童卖淫和儿童色情制品的需求，还认为必须加强各行动者的全球合作以及在国家一级改善执法行动的重要性，

注意到关于保护儿童的国际法律文书的各项规定，其中包括保护儿童和国家间收养方面合作海牙公约、国际儿童拐骗事件的民事问题海牙公约、关于在父母责任和保护儿童措施方面的管辖权适用法律、承认执行和合作的海牙公约以及国际劳工组织关于禁止和立即行动消除最有害的童工形式的第 182 号公约，

欣慰地注意到儿童权利公约获得极大的支持，可见各方决心致力于促进和保护儿童权利，

认识到执行防止买卖儿童、儿童卖淫和儿童色情制品行动纲领和 1996 年 8 月 27 日至 31

日在斯德哥尔摩举行的反对利用儿童从事商业色情活动世界大会的宣言和行动议程的规定以及有关国际组织的其他有关决定和建议的重要性,

适当考虑到每一民族的传统及文化价值对儿童的保护及和谐发展的重要性,

兹协议如下:

第 1 条

缔约国应根据本议定书的规定,禁止买卖儿童、儿童卖淫和儿童色情制品。

第 2 条

为本议定书的目的:

(a) 买卖儿童系指任何人或群体将儿童转予另一人或群体以换取报酬或其他补偿的行为或交易;

(b) 儿童卖淫系指在性活动中利用儿童以换取报酬或其他补偿;

(c) 儿童色情制品系指以任何手段显示儿童进行真实或模拟的露骨性活动或主要为诲淫而显示儿童性器官的制品。

第 3 条

1. 每一缔约国应起码确保本国刑法对下列行为和活动作出充分的规定,不论这些犯罪行为是在国内还是跨国实施的,也不论是个人还是有组织地实施的:

(a) 在第 2 条界定的买卖儿童的范围内,这些罪行是指为下述目的以任何手段提供送交或接受儿童:

a. 对儿童进行性剥削;

b. 为牟利而转移儿童器官;

c. 使用儿童从事强迫劳动;

d. 作为中介不正当地诱使同意,以违反适用的有关收养的国际法律文书的方式收养儿童;

(b) 出售、获取、介绍或提供儿童,进行第 2 条所界定的儿童卖淫活动;

(c) 为上述目的制作、分销、传送、进口、出口、出售、销售或拥有第 2 条所界定的儿童色情制品。

2. 在不违反缔约国本国法律规定的情况下,同样的法律规定应适用于这些行为的犯罪未遂共谋或共犯。

3. 每一缔约国应按照罪行的严重程度,以适当刑罚惩处这些罪行。

4. 在不违反本国法律规定的情况下,每一缔约国应酌情采取适当措施确定法人对本条第 1 款规定的罪行的责任。在不违反缔约国的法律原则的情况下,可将法人的这一责任定为刑事、民事或行政责任。

5. 缔约国应采取一切适当的法律和行政措施,确保参与儿童收养的所有人均按照适用的国际法律文书行事。

第 4 条

1. 当第 3 条第 1 款所述罪行在其境内或其为注册国的船只或飞行器上实施时,每一缔约国应采取必要的措施,确立其对这些罪行的管辖权。

2. 每一缔约国可在下列情况下采取必要措施,确立其对第 3 条第 1 款所述罪行的管辖权：

（a）犯罪嫌疑人为该国国民或惯常居所在该国境内的人；

（b）受害人为该国国民。

3. 犯罪嫌疑人在该国境内而该国因罪行系由其国民所实施而不将其引渡至另一个缔约国时，该缔约国也应采取必要措施确立它对上述罪行的管辖权。

4. 本议定书不排除根据国内法行使的任何刑事管辖权。

第 5 条

1. 第 3 条第 1 款所述罪行应视为可引渡罪行列入缔约国之间现有的任何引渡条约，并且应根据各缔约国之间后来缔结的每一项引渡条约所规定的条件将这些罪行作为可引渡罪行列入这些条约。

2. 以订有条约为引渡条件的缔约国在接到未与其缔结任何引渡条约的另一个缔约国提出的引渡请求时，可将本议定书视为就这些罪行进行引渡的法律依据引渡应当符合被请求国法律规定的条件。

3. 不以订有条约作为引渡条件的缔约国应将这类罪行视为在它们之间可进行引渡的罪行，但必须遵守被请求国法律规定的条件。

4. 为了在缔约国之间进行引渡的目的，此类罪行不仅应被视为在罪行发生地实施的罪行，而且应被视为在必须根据第 4 条确立其管辖权的国家境内实施的罪行。

5. 就第 3 条第 1 款所述的一项罪行提出引渡要求时，如果被请求的缔约国基于罪犯的国籍而不予引渡或不愿引渡，则该国应当采取适当措施将案件提交其主管当局进行起诉。

第 6 条

1. 对第 3 条第 1 款所述罪行进行调查或提起刑事诉讼或引渡程序时，各缔约国应当相互给予最大程度的协助，其中包括协助获取它们掌握的对进行这种程序所必要的证据。

2. 各缔约国应当根据它们之间可能已存在的任何司法互助条约或其他安排履行它们在本条第 1 款之下承担的义务。在不存在这类条约或安排的情况下，各缔约国应根据其国内法提供互助。

第 7 条

缔约国应根据本国法律的规定：

（a）采取措施，规定酌情扣押和没收用于实施或便利进行本议定书所规定的罪行的材料、资产和其他工具等物品和犯罪所得收益；

（b）执行另一个缔约国提出的请求扣押或没收（a）和（b）项所述物品或收益；

（c）采取措施暂时或永久地查封用于实施这些罪行的场所。

第 8 条

1. 缔约国应当采取适当措施，在刑事司法程序的各个阶段保护受本议定书所禁止的行为之害的儿童的权益，特别应当：

（a）承认受害儿童的脆弱性并变通程序，以照顾他们的特别需要，其中包括作证儿童的特别需要；

（b）向受害儿童讲述其权利作用和程序的范围时间和进度以及对其案件的处置；

（c）按照本国法律的程序规则允许在影响到受害儿童的个人利益的程序中提出和考虑

受害儿童的意见需要和问题；

(d) 在整个法律程序中向受害儿童提供适当的支助服务；

(e) 适当保护受害儿童的隐私和身份，并根据本国法律采取措施，避免不当发布可能导致暴露受害儿童身份的消息；

(f) 在适当情况下确保受害儿童及其家庭和为其作证的人的安全，使他们不受恐吓和报复；

(g) 在处理案件和执行向受害儿童提供赔偿的命令或法令方面避免不必要的延误。

2．缔约国应当确保受害人实际年龄不详不妨碍开展刑事调查，包括旨在查明受害人年龄的调查。

3．缔约国应当确保刑事司法系统在对待受本议定书所述罪行之害的儿童方面，应以儿童的最大利益为首要考虑。

4．缔约国应当采取措施，确保对在业务上与本议定书所禁止的罪行的受害人接触的人员进行适当的培训，特别是法律和心理培训。

5．缔约国应在适当情况下采取措施，保护从事防止这种罪行和保护和帮助这种罪行的受害人康复的人员和/或组织的安全和完整性。

6．本条的任何规定均不应解释为妨碍或违反被告人享有公平和公正审判的权利。

第 9 条

1．缔约国应制定或加强执行和宣传法律行政措施、社会政策和方案，以防止本议定书所述各项罪行，应当特别重视保护特别容易遭受这些做法伤害的儿童。

2．缔约国应当通过以各种恰当手段进行宣传教育和培训，提高包括儿童在内的广大公众对本议定书所述罪行的预防措施以及这些罪行的有害影响的认识，缔约国在履行其在本条款下承担的义务时应当鼓励社区特别是儿童和受害儿童参与包括在国际一级开展的这类宣传教育和培训方案。

3．缔约国应当采取一切可行措施，确保向这些罪行的受害人提供一切适当的援助，包括使他们真正重返社会并使他们身心完全康复。

4．缔约国应当确保本议定书所述罪行的所有受害儿童均应有权提起适当程序，在无歧视的情况下要求应负法律责任者作出损害赔偿。

5．缔约国应当采取适当措施，有效禁止制作和散播宣传本议定书所述罪行的材料。

第 10 条

1．缔约国应采取一切必要步骤，加强国际合作，作出多边区域和双边安排，以防止侦察调查起诉和惩治涉及买卖儿童、儿童卖淫、儿童色情制品和狎童旅游行为的责任者，缔约国还应促进本国政府机关和国际非政府组织和国际组织的国际合作与协调。

2．缔约国应当促进国际合作，协助受害儿童身心康复和重返社会，并协助遣送受害儿童回国。

3．缔约国应当促进加强国际合作，以消除贫困和发展不足等促使儿童易受买卖儿童、儿童卖淫、儿童色情制品和狎童旅游等行为之害的根源。

4．缔约国在有能力的情况下应当通过现有的多边区域双边或其他方案提供财政技术或其他援助。

第 11 条

本议定书的任何规定不应影响更有利于实现儿童权利的任何规定,包括下列法律所载的任何规定:

(a) 缔约国的法律;或

(b) 对该国生效的国际法。

第 12 条

1. 每一缔约国应在本议定书对该缔约国生效后两年内向儿童权利委员会提交一份报告,提供其为执行本议定书的规定而采取的各项措施的详尽资料。

2. 在提交全面报告后,每一缔约国应在其根据公约第 44 条向儿童权利委员会递交的报告中进一步列入执行本议定书的任何其他资料。本议定书的其他缔约国应每五年递交一份报告。

3. 儿童权利委员会可要求各缔约国提供有关执行本议定书的进一步资料。

第 13 条

1. 本议定书开放供公约任何缔约国或已签署公约的任何国家签署。

2. 本议定书须经批准并开放供任何国家加入。批准书或加入书应交存联合国秘书长。

第 14 条

1. 本议定书在第 10 份批准书或加入书交存后 3 个月生效。

2. 对于在本议定书生效后批准或加入的国家,议定书在其交存批准书或加入书之日后 1 个月生效。

第 15 条

1. 任何缔约国均可在任何时候书面通知联合国秘书长退出本议定书,秘书长应当立即通知公约其他缔约国和签署公约的所有国家。退约在秘书长收到通知之日后 1 年生效。

2. 此类退约不解除缔约国依本议定书对退约生效日期前发生的任何罪行承担的义务。退约也绝不妨碍委员会继续审议在退约生效日期前业已开始审议的任何事项。

第 16 条

1. 任何缔约国均可提出修正案,提交给联合国秘书长。秘书长应立即将提议的修正案通知各缔约国,并请它们表明是否赞成召开缔约国会议,以审议提案并进行表决。如果在此类通知发出之后的 4 个月内,至少有 1/3 的缔约国赞成召开这样的会议,秘书长应在联合国主持下召开会议,经出席会议并参加表决的缔约国过半数通过的任何修正案应提交联合国大会批准。

2. 根据本条第 1 款通过的修正案如果获得大会批准并为缔约国 2/3 多数接受,即行生效。

3. 修正案一旦生效,即应对接受该项修正案的缔约国具有约束力,其他缔约国则仍受本议定书各项条款和它们已接受的任何早先的修正案的约束。

第 17 条

1. 本议定书的阿拉伯文、中文、英文、法文、俄文和西班牙文文本具有同等效力,应交存联合国档案库。

2. 联合国秘书长应将本议定书经证明无误的副本分送公约所有缔约国和签署公约的所有国家。

附 儿童权利委员会通过的一般性意见

第二十六届会议(2001年)

第1号 一般性意见:教育的目的

第29条第1款的重要意义

1.《儿童权利公约》第29条第1款具有深远的重要意义。其中所列经所有缔约国商定的教育的目的促进、支持和保护《公约》的核心价值:每个儿童固有的人的尊严及其平等和不可剥夺的权利。第29条第1款分五项列出的这些目标,全部与实现儿童的人的尊严和权利直接相连,同时考虑到了儿童的特殊发展需要和不同的发展能力。目的是:充分发展儿童的全部潜力(第29条第1款(a)项)、包括培养对人权的尊重(第29条第1款(b)项)、增强对特性和属性的意识(第29条第1款(c)项)、儿童的社会化和与他人(第29条第1款(d)项)及社会(第29条第1款(e)项)的交往。

2. 第29条第1款不仅为第28条所确认的受教育权增加了一个实质层面,反映了儿童的各项权利和固有尊严,而且还坚持,教育的必要性应以儿童为中心,与儿童友善并扶持儿童,该款突出了教育进程应以所述各项原则本身为基础。① 每个儿童有权享有的教育是为了培养儿童的生活技能,增强儿童享有全面人权的能力和促进渗透着适当人权价值观的文化。这一目标是要通过培养儿童的技能、学习和其他能力、人的尊严、自尊和自信来扶助儿童。这种"教育"远远超过了正规学校教育的范围,包含着广泛的生活经验和学习过程,使儿童个人和集体能够发展自己的人格、才智和能力,在社会中全面和满意地生活。

3. 儿童的受教育权不仅是一个途径问题,而且也是内容问题。将内容坚实地植根于第29条第1款的价值观中的教育,对于每个儿童在生活过程中以稳妥和有益于人权的方式应付在全球化、新技术和相关现象推动之下的剧变时期带来的挑战,是一种必不可少的工具。除其他外,这种挑战包括全球与局部、个人与集体、传统与现代、长期考虑与短期考虑、竞争与机会平等、知识扩张与了解知识的能力、精神与物质之间的种种矛盾和紧张。② 然而,在真正起决定性作用的国家和国际教育方案和政策中,往往看不到多少第29条第1款的内容,或只是用这来做一种点缀。

4. 第29条第1款写明,缔约各国同意,应用广泛的价值观作为教育的方向。这一协议克服了跨越世界许多地方所建立起的宗教、民族和文化界限。初看上去,第29条第1款明示的多样化价值观在某些情况下可能被认为是相互矛盾的。因此,第1款(d)项所提到的促进所有人民之间的理解、容忍和友谊的努力可能并不总是与第1款(c)项所述为培养对尊重儿童自身的文化认同、语言和价值观、儿童所居住国家的民族价值观、其原籍国以及不同于其本国的文明而制订的各项政策自动相符。但事实上,这一规定的部分重要性恰恰在于承认需要

---

① 在这方面,委员会注意到经济、社会、文化权利委员会关于受教育权的第13号一般性意见(1999),其中除其他外,阐述了《经济、社会、文化权利国际公约》第13条第1款所述之教育目标。委员会还提请注意关于缔约国根据《公约》第44条第1款提交定期报告的格式和内容的一般性准则(CRC/C/58),第112至116段。

② 教科文组织,《学习:内在的宝藏》,载《21世纪国际教育委员会的报告》,1996年,第16—18页。

以兼顾稳妥的方式对待教育,通过对话和对差异的尊重,成功地调和不同价值观。而且,儿童有能力发挥一种独特作用,弥合曾经在历史上将不同的人民分隔开来的许多差异。

第 29 条第 1 款的功能

5. 第 29 条第 1 款远远超过了综述和罗列教育应当实现的不同目标的范围。在《公约》的整体之内,第 29 条第 1 款除其他外,起着突出下列各个层面的作用。

6. 首先,该款强调了《公约》各项规定必不可少的互联性质。该款发展、加强、综合和充实了大量的其他规定,脱离这些规定孤立地看是无法正确理解的。除了《公约》的不歧视(第 2 条)、儿童的最大利益(第 3 条)、生命、生存和发展权(第 6 条)、表示意见和意见得到考虑的权利(第 12 条)等一般原则之外,还可提到许多其他规定,例如但不仅限于父母的权利和责任(第 5 条和第 18 条)、表达自由(第 13 条)、思想自由(第 14 条)、知情权(第 17 条)、残疾儿童权利(第 23 条)、受保健教育权(第 24 条)、受教育权(第 28 条)及少数人群体的儿童的语言和文化权利(第 30 条)。

7. 儿童权利并不是脱离实际的抽象或孤立的价值观,而是存在于范围更广的道德框架之内,《公约》第 29 条第 1 款和序言对此作了部分阐述。这一规定具体回答了对于《公约》提出的许多批评。例如,该条强调必须尊重父母,需要在较大的道德、道义、精神、文化或社会框架内看待权利,以及必须考虑到多数的儿童权利并不是外部强加的,而是从当地社区的价值观中产生的。

8. 第二,该条规定高度重视促进受教育权的进程。因此,教育进程所灌输的价值观绝不能妨碍促进享有其他权利的努力,而是应当加强这方面的努力。这不仅包括教学大纲的内容,而且也包括教育进程、教学方法及开展教育的环境,无论是在家,在校还是在其他地方。儿童不会因为走进了学校大门就失去了人权。例如,提供教育的方式必须尊重儿童的固有尊严,使儿童能够根据第 12 条第 1 款表达自己的意见和参加学校生活。提供教育的方式还必须尊重第 28 条第 2 款反映出的关于纪律的严格限制,在学校宣传非暴力。委员会在结论性意见中一再表明,体罚手段既不尊重儿童的固有尊严,也不尊重关于学校纪律的严格限制。遵守第 29 条第 1 款确认的各种价值观显然要求学校最充分地与儿童友善,在所有方面合乎儿童的尊严。在学习和体验权利实现的过程中,应当推动儿童参与学校生活,建立学校社区和学生会,互帮互学,以及由儿童参与校园的纪律决定。

9. 第三,第 28 条的重点是缔约国在建立教育体系和确保教育准入方面的义务,而第 29 条第 1 款强调了享有特定教育质量的个人和主体权利。这种规定符合《公约》对于本着儿童最大利益行事的重要性的侧重,突出了教育以儿童为中心的意思:教育的关键目标是培养儿童个人的个性、才智和能力,确认每个儿童均有独特的性格、兴趣、能力和学习需要。③ 因此,教学大纲必须与儿童的社会、文化、环境和经济情况直接联系,与儿童的现在与未来需要直接联系,并充分考虑到儿童的发展能力,这些方法应当兼顾不同儿童的需要。教学目标必须是确保每个儿童学会基本的生活技能,不能有一个儿童在离校时还没有掌握应付生活挑战的能力。基本技能不仅包括识字和算术,而且也包括生活技能,例如有能力作出妥善的决定,以非暴力方式解决冲突,培养健康的生活方式,良好的社会关系和责任,辨别是非,创造才能及

---

③ 教科文组织《关于特殊教育需要的萨拉曼卡声明和框架》,1994 年,第 viii 页。

使儿童掌握追求生活目标的工具的其他能力。

10. 基于《公约》第2条所列任何理由的歧视,无论是公开歧视或是隐蔽的歧视,都是有悖于儿童的人的尊严的,可能破坏甚至摧毁儿童从教育机会中获益的能力。剥夺儿童的受教育机会主要是《公约》第28条涉及的问题,但还有不符合第29条第1款所载各项原则的许多其他方式,会产生类似的结果。一种极端的例子是,不符合男女平等原则的教学大纲、限制女生获益于教学机会的某些安排、不利于女生入学的不安全或不友好的环境都可能助长性别歧视。在许多正规教育系统和大量非正规教育的环境中,包括在家庭内,也广泛存在着对残疾儿童的歧视。④ 受艾滋病毒感染和患有艾滋病的儿童在这两种环境中也受到严重歧视。⑤

所有这些歧视做法都直接违反了第25条第1款(a)项关于教育方向是最充分地培养儿童的个性、才智和身心能力的规定。

11. 委员会还愿强调第29条第1款与反对种族主义、种族歧视、仇外心理和相关不容忍的斗争之间的关联。在愚昧的地方、在没有根据地对种族、族裔、宗教、文化和语言或其他形式的不同感到恐惧的地方、在偏见受人利用的地方,或者传授和散布扭曲的价值观的地方,种族主义和相关现象必然盛行。可靠和长久地克服所有这些荒谬的一和办法是提供教育,促进对第29条第1款所载价值观的理解和赞赏,包括尊重不同,并对歧视和偏见的所有方面提出质疑。因此,在反对种族主义和相关现象的邪恶势力的所有运动中,都应把教育放在最高优先地位。另外还必须侧重有关种族主义的教学,因为种族主义有其历史背景,尤其是在特定社区之内表现或曾经表现出来。种族主义行为并不仅仅是"别人"才有的。因此,在开展关于人权和儿童权利及不歧视原则的教育时,必须以儿童本身的社区为重点。此种教学可有效地促进防止和消除种族主义、种族歧视、仇外心理和相关不容忍现象。

12. 第四,第29条第1款坚持以全面的方式对待教育,确保所提供的教育机会能够恰当地兼顾促进教育的身体、智力、精神和感情方面,知识、社会和实践层面,以及童年和人生的各个方面。教育的总体目标是尽可能扩大儿童全面和负责任地参加自由社会的能力和机会。应当强调,偏重知识的积累,推动竞争和导致儿童作业负担过重的教学类型可能会严重妨碍儿童和谐发展,不能最充分地发挥儿童的能力和才智。教育应当以儿童为友,激励和推动儿童个人。学校应当培养人文气氛,使儿童按照自己能力的发展得到培养。

13. 第五,该款强调,涉及和提供教育的方式需要促进和增强《公约》所载一系列特定的道德价值观,包括以综合全面的方式开展和平、容忍及爱护自然环境的教育。这可能需要采取一种多学科方式。促进和增强第29条第1款所载价值观不仅由于其他方面的问题而成为必要,而且还必须注重儿童本身社区内的问题。这方面的教育应在家庭内开展,但是学校和社区也必需发挥一种重要作用。例如,为了培养对自然环境的尊重,教育必须把环境和可持续发展问题与社会经济、社会文化和人口问题联系起来。同样,儿童乜应在家庭、学校和社区内学会爱护自然环境,关心各种国内和国际问题,还应积极地使儿童参与当地、区域或全球的环境项目。

14. 第六,这一规定反映了恰当的教育机会促进所有其他人权和有利于人们了解人权不

---

④ 见经济、社会、文化权利委员会关于残疾人的第5号一般性意见(1994)。
⑤ 见儿童权利委员会1998年关于生活在有艾滋病毒/艾滋病的世界中的儿童的一般性讨论日之后通过的建议(A/55/41,第1536段)。

可分割性的关键作用。儿童充分和负责任地参加自由社会的能力不仅会由于直接剥夺教育机会,而且也会由于不能增进对本条所确认的价值观的了解而受到妨碍或破坏。

人权教育

15. 另外,还可将第29条第1款视为1993年在维也纳举行的世界人权会议要求并得到国际机构推进的多种人权教育方案的基石。然而,儿童的权利在这些活动中并没有始终得到所必要的突出地位。人权教育应当提供关于人权条约内容的信息。但儿童也应该通过目睹人权标准在实践中的执行而了解人权,无论是在家,在校或在社区内。人权教育应当是一种全面、终生的进程,起点就是在儿童的日常生活和经历中反映出人权价值观。⑥

16. 第29条第1款体现的各种价值观涉及的是在和平中生活的儿童,但对生活在冲突或紧急局势中的儿童来说,这些价值观更为重要。如《达喀尔行动框架》所述,在受冲突、自然灾害和动乱影响的教育体系中,执行教育方案的方式必须促进相互理解、和平和容忍,有助于防止暴力和冲突。⑦ 对于落实第29条第1款来说,关于国际人道主义法的教育也是一个重要的努力方向,但经常受到忽视。

执行、监测和审查

17. 这一条款所体现的目标和价值观是以相当一般化的措词阐述的,内中的含义可能很广。这似乎使许多国家认为,在立法或行政指令中体现相关原则是不必要或甚至是不适当的。这种假设不可取。如果在国家法律或政策中没有任何具体的正式认可,有关原则似乎不可能也不会被真正用作教育政策的参照标准。因此,委员会呼吁所有缔约国采取必要措施将这些原则纳入所有各级的教育政策和立法。

18. 切实推行第29条第1款要求从根本上重新拟订教学大纲,纳入各项教育目标,有系统地修订教科书和其他教学材料和技术以及学校政策。简单地将这一条款的目标和价值观塞给现行制度而不鼓励任何更深入变革的方法,显然是不恰当的。如果理应传播、促进、施教和尽可能以实例验证这些价值观的人本身并不相信其中的重要性,有关的价值观就不可能切实融入和符合范围较广的教学大纲。因此,增进第29条第1款所体现的各项原则的任职前培训和在职培训,对于教员、教育行政人员和参与儿童教育的其他人员至关重要。另外,学校的施教方法也必须体现《儿童权利公约》的精神和教育理论以及第29条第1款列明的教育目标。

19. 除此之外,校园环境本身也必须体现第29条第1款(b)项和(d)项所要求的各项自由和各国人民、族裔、民族和宗教群体以及原为土著居民的人之间的谅解、和平、宽容、男女平等和友好精神。一所学校如果容许发生欺压或其他暴力和排斥行为,就是不符合第29条第1款规定的学校。"人权教育"一语的使用现在往往严重地将其内涵加以简单化。除了正规的人权教育之外,目前需要的是,不仅在各类学校和大学内而且也在更广泛的社区内促进有利于人权的价值观和政策。

20. 一般而言,如果不能按照第42条的规定广为散发《公约》文本本身,要求缔约国按照《公约》义务采取的多种行动就不会有坚实的基础。散发《公约》文本也有利于儿童在日常生

---

⑥ 见1994年12月23日宣布联合国人权教育十年的大会第49/184号决议。
⑦ 2000年4月26日至28日在达喀尔举行的的世界教育论坛会议通过的《人人享有教育:履行我们的集体承诺》。

活中发挥儿童权利促进者和捍卫者的作用。为了便利广为散发,缔约国应报告为实现这一目标而采取的措施,人权事务高级专员办事处应当为已经发行的各种《公约》文本开发一个综合数据库。

21. 广义而言的大众媒介在促进第29条第1款的价值观和目标方面,以及在确保其活动不会破坏其他方面促进这些目标的努力方面,也可发挥中心作用。按照公约第17条(a)项,各国政府有义务采取适当步骤"鼓励大众传播媒介散播在社会和文化方面有益于儿童的信息和资料"。⑧

22. 委员会呼吁缔约国更多地注意教育这个动态进程,并订出方法结合第29条第1款衡量随时间发生的变化。每个儿童有权受到质量良好的教育,而这就需要注重学习环境的质量、教学过程和教材的质量以及学习结果的质量。委员会注意到各种普查十分重要,通过普查有可能以考虑这一进程所有参与者的意见为基础评估取得的进展,这些参与者包括目前在校或离校的儿童、教师和青年领袖、父母以及教育行政人员和监管人员。在这方面,委员会强调力争旨在儿童、父母和教员都对涉及教育的决定提供投入的国家级监测所具有的作用。

23. 委员会吁请缔约各国制订一项全面的国家行动计划以增进和监测第29条第1款所列各项目标的实现。如果是在国家儿童行动计划、国家人权行动计划或国家人权教育战略的较大框架内制订这样一项计划,政府就必须确保这一计划无论如何处理第29条第1款述及的所有问题,并从儿童权利的角度入手。委员会敦促联合国和其他与教育政策和人权教育有关的国际机构更好地相互协调,以便增强落实第29条第1款的实效。

24. 设计和执行用以增本条所列价值观的方案应当成为各国政府应付发生了各种侵犯人权情况的几乎所有局势的标准对策。例如,在发生涉及18岁以下少年儿童的种族主义、种族歧视、仇外心理和相关不容忍重大事件时,就可以合理地假设,政府没有作到为增进整个《公约》和尤其是第29条第1款所述各价值观而应当作的所有工作。因此,应当按照第29条第1款采取适当的其他措施,包括研究和采用对于实现《公约》确认的各项权利可能产生积极作用的任何教育方法。

25. 缔约国家还应考虑建立一种审查程序,处理关于现行政策或作法不符合第29条第1款的申诉。此种审查程序并不一定涉及建立新的法律、行政或教育机构。也可将这一任务交给国家人权机构或现有行政机构完成。委员会请每一缔约国提出有关本条的报告时说明对于据称不符合《公约》的国家或地方级现行方法加以审查的实际可能性。应当说明如何发起此种审查,在报告所涉期间执行了多少次此种审查程序。

26. 为了更好地着重审查缔约国述及第29条第1款的报告,并根据第44条关于报告应说明各种因素和困难的规定,委员会请每一缔约国在定期报告中详细说明为了促进这一规定所载价值观,缔约国认为在其管辖范围内需要进一步更多协调努力的最重要优先事项,并且要说明缔约国为处理查出的问题而在今后5年拟议开展的活动方案。

27. 委员会吁请联合国各机关和机构及《公约》第45条强调了其作用的其他主管机构更为积极和更有系统地促进委员会在第29条第1款方面开展的工作。

28. 为促进遵守第29条第1款而执行全面的国家行动计划需要人力和财力资源,应根

---

⑧ 在这方面,委员忆及1996年关于儿童与传播媒介的一般性讨论日所产生的各项建议(见A/53/41第1396段)。

据第 4 条尽最大可能予以提供。因此,委员会认为,资金局限不能成为缔约国不采取任何或足够必要措施的理由。在这方面,并考虑到缔约国一般而言(《公约》第 4 条和第 45 条)和在教育方面(第 28 条第 3 款)促进和鼓励国际合作的义务,委员会促请提供发展合作的缔约国确保设计方案时充分考虑到第 29 条第 1 款所载各项原则。

第三十一届会议(2002 年)
第 2 号 一般性意见:独立的国家人权机构在增进和保护儿童权利方面的作用

1. 《儿童权利公约》第 4 条责成缔约国"采取一切适当的立法、行政和其他措施以实现本公约所确认的权利。"独立的国家人权机构是促进和确保执行《公约》的重要机制,儿童权利委员会认为建立这种机构属于缔约国在批准时所作关于确保执行公约和促进普遍实现儿童权利的承诺的范围。在这方面,委员会欢迎建立国家人权机构和儿童监察专员/儿童专员以及类似的独立机构,以促进和监督一些缔约国对《公约》的执行。

2. 委员会发表本一般性意见的目的是,鼓励缔约国建立促进和监督执行《公约》的独立机构,并通过阐明这类机构的基本要素及其应开展的活动在这方面予以支持。对已经建立这种机构的国家,委员会呼吁它们审查其地位及其在促进和保护《儿童权利公约》和其他有关国际文书所规定儿童权利方面的效力。

3. 1993 年举行的世界人权会议在《维也纳宣言和行动纲领》中重申,"……国家机构在促进和保护人权方面的重要和建设性作用,"并鼓励"……建立和加强人权机构。"联合国大会和人权委员会多次呼吁建立国家人权机构,强调国家人权机构在增进和保护人权,提高公众对这些权利的认识方面可发挥的重要作用。委员会的《定期报告一般准则》要求缔约国提供关于"为增进和保护儿童权利而建立的任何独立机构……"的资料①,因此,它在与缔约国的对话中不断提到这个问题。

4. 应根据联合国大会 1993 年通过的《关于国家机构地位的原则》("巴黎原则")设立国家人权机构。② 上述最低标准由人权委员会于 1992 年传达③,这些标准提供了关于这种国家机构的设立、权限、职责、组成,包括它们的多元化、独立性、活动方法和准司法活动等方面的指导。

5. 虽然成年人和儿童都需要独立的国家人权机构保护他们的人权,但还有一些原因说明对儿童的人权必须给予特别注意。这些原因是:儿童处于成长时期,他们的人权特别容易遭到侵犯,他们的意见仍然很少得到考虑;大多数儿童没有投票权,在决定政府对人权的反应的政治进程中不能发挥有意义的作用;在利用司法制度保护他们的权利或者争取对侵犯他们权利的行为作补救时,儿童遇到严重的问题;儿童诉诸可以保护他们权利的组织的权利普

---

① 《关于缔约国根据公约第 44 条第 1 款(b)项所提交定期报告的形式和内容的一般准则》(CRC/C/58),第 18 段。
② 《关于增进和保护人权的国家机构地位的原则》("巴黎原则"),1993 年 12 月 20 日联合国大会第 48/134 号决议,附件。
③ 人权委员会 1992 年 3 月 3 日第 1992/54 号决议,附件。

遍有限。

6. 越来越多的缔约国设立了专门处理儿童问题的独立人权机构、监察专员或人权权利专员。在资源有限的地方，必须考虑确保将现有资源最有效地用于增进和保护每个人的人权，包括儿童的人权；在这方面，逐渐建立一个基础广泛的国家人权机构，其中包括一个具体处理儿童问题的联络中心，这可能是最佳办法。基础广泛的国家人权机构应在其组织结构内设一个专门负责儿童权利的职能明确的专员或者设一个具体负责儿童权利的科或司。

7. 委员会认为，每个国家都需要有一个负责增进和保护儿童权利的独立人权机构。委员会关注的主要问题是，这种机构，不管其形式是什么，均应能够独立有效地监督、增进和保护儿童权利。对儿童权利的增进和保护必须"纳入主流"，各国现有的所有人权机构必须为此密切合作。

任务和权力

8. 设立国家人权机构应在尽可能在宪法中作出规定，必须至少有立法授权。委员会认为，它们在增进和保护人权方面应当有尽量广阔的任务范围，包括执行《儿童权利公约》及其任择议定书和其他有关的国际人权文书，从而有效地涵盖所有的儿童人权，特别是他们的公民、政治、经济、社会和文化权利。立法应参照《儿童权利公约》及其任择议定书作出有关具体职能、权力和义务的规定。如果国家人权机构在《公约》存在之前就已建立，或未把执行《公约》明确纳入其职能范围，则应作出必要的安排，包括颁布或修订立法，以确保这种机构的任务与《公约》的原则和规定一致。

9. 应赋予国家人权机构有效执行任务所必要的权力，包括听取任何人的陈述并获得评估属它们授权范围的情况所必要的资料和文件的权力。这些权力应包括根据缔约国的司法，不仅对国家，而且还对所有有关的公共实体和私人实体开展增进和保护所有儿童的权利的活动。

国家人权机构的设立

10. 在国家人权机构的设立应通过与各方面进行协商，应具有透明度，并由政府最高层发起和得到其支持，征求国家各部门、立法机关和民间社会的意见。为了确保独立性和有效监督，独立的国家人权机构必须有充足的基础设施、资金（包括在基础广泛的机构内专门用于儿童权利的资金）、工作人员、房舍，并不受影响其独立性的任何财务控制。

资源

11. 委员会承认这是一个非常敏感的问题，而且各缔约国掌握的经济资源多少不同，但认为，根据《公约》第4条，为国家人权机构的运作提供合理的资金，是国家的义务。如果国家机构不具备有效行使权力的手段，其任务和权力就会失去意义，或其权力的行使就会受到限制。

多元代表性

12. 国家人权机构应确保它们的组成的多元代表性，包括参与增进和保护人权的民间社会的各种群体。它们应主要从事下列活动：人权、反对歧视和儿童权利非政府组织，包括由儿童和青年领导的组织；工会；社会和专业组织（医生、律师、记者、科学家等）；大学和专家，包括儿童权利专家。政府各部门只能以咨询身份参加。国家人权机构应具有适当透明的任命程序，包括公开和竞争性的选举程序。

儿童权利受侵犯的补救措施

13. 国家人权机构必须有权审议个人申诉和请愿并进行调查,包括代表儿童或者儿童直接提出的申诉和请愿。为能够有效进行这种调查,它们必须有权迫使证人作证并向他们提问,有权获得有关的书面证据,有权进入拘留地点。它们还有义务争取确保儿童对任何侵犯他们权利的行为获得有效的补救——独立咨询、维护和申诉程序。在适当的情况下,国家人权机构应对申诉作调解和调停。

14. 国家人权机构应有权支持儿童向法院提起诉讼,包括有权(a)以国家人权机构的名义承办涉及儿童问题的案件以及(b)介入法院案件,让法院了解案件所涉的人权问题。

可接触性和参与

15. 国家人权机构在地理位置和体制上应便于所有儿童接触。根据《公约》第 2 条的精神,它们应积极接触所有儿童群体,特别是最弱势和处于不利地位的群体,如(但不只限于)受监护或被拘留的儿童、少数人群体和土著群体的儿童、残疾儿童、生活贫困的儿童、难民和移民儿童、流浪儿童和在文化、语言、健康和卫生方面有特殊需要的儿童。关于独立的国家人权机构的法律应包括这种机构在保护隐私条件下接触各种替代性监护下儿童和进入收容儿童的所有机构的权利。

16. 国家人权机构对促进政府和整个社会根据《公约》第 12 条尊重儿童在影响到他们的所有事务上的意见可发挥关键作用。这一普遍原则适用于国家人权机构的建立、组织和活动。机构必须确保它们能直接接触儿童,而且儿童能适当参与并被征求意见。例如,可创立作为国家人权机构的咨询机构的儿童理事会,以便于儿童参加他们关注的事务。

17. 国家人权机构应制定专用的磋商方案和富有想象力的交流战略,以确保充分遵守《公约》第 12 条。应建立一系列的适当途径,使儿童能够与机构交流。

18. 国家人权机构必须有权直接、独立和单独就儿童权利的状况向公众和议会机构报告。在这方面,缔约国必须确保议会每年举行一次辩论,以便向议员提供讨论独立的国家人权机构在儿童权利和国家遵守《公约》方面的工作的机会。

建议进行的活动

19. 以下是国家人权机构在根据《公约》普遍原则落实儿童权利方面应该开展的各种活动清单,它只是示范性的,并非包括全部活动:

(a) 在授权范围内,对有关侵犯儿童权利的任何情况、申诉或主动进行调查;

(b) 对涉及儿童权利的问题进行调查;

(c) 应国家当局的要求或者主动就涉及增进和保护儿童权利的任何问题拟订和公布意见、建议和报告;

(d) 不断审查涉及保护儿童权利的法律和做法是否适当和有效;

(e) 促进国内立法、规章和做法与《儿童权利公约》及其任择议定书和与儿童权利有关的其他国际人权文书的协调,促进它们的有效执行,包括通过在解释和适用《公约》方面向政府机构和私人机构提供咨询;

(f) 确保国家经济决策者在制定和评估国家经济和发展计划时考虑到儿童权利;

(g) 对政府落实儿童权利和监督儿童权利状况的情况进行审查并提出报告,争取确保对统计数字作适当分类,并定期收集其他资料,以确定在落实儿童权利方面必须采取的行动;

（h）鼓励批准或加入有关的国际人权文书；

（i）根据关于要求在所有涉及儿童的行动方面最优先考虑儿童的最大利益的《公约》第3条，确保仔细考虑法律和政策从拟订到执行以及执行以后对儿童的影响；

（j）根据第12条，确保在涉及儿童人权的问题上和在确定涉及他们权利的问题方面表示和听取儿童的意见；

（k）倡导和促进儿童权利非政府组织，包括由儿童自己建立的组织有意义地参加拟订影响到儿童的问题的国内立法和国际文书；

（l）促进公众了解和认识儿童权利的重要性，并为此与媒体密切合作，开展或赞助实地研究和教育活动；

（m）根据《公约》第42条要求缔约国承担的义务，即"以适当的积极手段，使成人和儿童都能普遍知晓本公约的原则和规定，"使政府、公共机构和大众了解《公约》的规定，监督国家对这方面义务的履行；

（n）协助拟订教授和研究儿童权利，并将儿童权利纳入学校和大学以及专业界的课程的方案；

（o）开展特别重点在儿童的人权教育（除提高公众对儿童权利的重要性的认识以外）；

（p）进行法律诉讼，在全国维护儿童权利，或向儿童提供法律援助；

（q）在向法院提出诉讼前，酌情开展调解和调停工作；

（r）在适当的案件中作为"法庭之友"或者调解人在儿童权利方面向法院提供专门知识；

（s）根据《公约》第3条要求缔约国履行的义务，即"确保负责照料或保护儿童的机构、服务部门及设施符合主管当局规定的标准，尤其是安全、卫生、工作人员数目和资格以及有效监督等方面的标准"，对少年收容所（和为教养或惩罚而拘留儿童的所有场所）和照料机构进行访问，提出情况报告和改进的建议；

（t）开展上述活动附带的其他活动。

向儿童权利委员会提交报告以及国家人权机构、联合国机构和人权机制之间的合作

20. 国家人权机构应为《公约》和其他有关国际文书所规定报告的编写工作作出单独贡献，注意政府向国际条约机构提交的关于儿童权利的报告是否全面，包括通过在会前工作组会议上与儿童权利委员会进行对话和与其他有关条约机构进行对话了解对报告的意见。

21. 委员会请缔约国在提交委员会的报告中提供关于国家人权机构的立法基础、任务和主要有关活动的详细情况。缔约国在编写提交委员会的报告过程中应与独立人权机构磋商。但是，缔约国必须尊重这些机构的独立性及其在向委员会提供资料方面的独立作用。不宜委托国家人权机构起草报告或者在委员会审议报告时将它们纳入政府代表团。

22. 国家人权机构还应与人权委员会特别程序，包括国别和专题机制，特别是关于买卖儿童、儿童卖淫和儿童色情制品问题特别报告员以及负责儿童和武装冲突问题的秘书长特别代表进行合作。

23. 联合国在建立和加强国家人权机构方面有一个长期的援助方案。该方案设在人权事务高级专员办事处（人权高专办）内，它提供技术援助，促进国家人权机构之间的区域和全球合作和交流。缔约国应在必要时利用这种援助。联合国儿童基金会（儿童基金会）还在这一领域提供专门知识和技术合作。

24. 根据《公约》第 45 条的规定,委员会还可以在认为适当时向联合国专门机构、人权署和其他主管机构转交载有在建立国家人权机构方面要求技术咨询或援助或者表明这种需要的缔约国报告。

国家人权机构与缔约国

25. 国家批准《儿童权利公约》,承担充分执行《公约》的义务。国家人权机构的作用是独立监督国家的遵守情况和在执行方面的进展,并尽力确保充分尊重儿童的权利。虽然这可能要求人权机构制定项目,加强增进和保护儿童权利,但它不应造成政府将它的监督义务委托给国家机构的情况。机构必须完全保持制定自己的议程和确定自己的活动的自由。

国家人权机构与非政府组织

26. 非政府组织对增进人权和儿童权利可发挥至关重要的作用。国家人权机构的作用因其立法基础和具体权力,是辅助性的。机构必须与非政府组织密切合作,政府尊重国家人权机构和非政府组织的独立性。

区域和国际合作

27. 区域和国际进程和机制可通过交流经验和技能加强和巩固国家人权机构,因为国家人权机构在各自国家内面临共同的增进和保护人权问题。

28. 在这方面,国家人权机构应与有关国家、区域和国际机构以及负责儿童权利问题的机构磋商并进行合作。

29. 儿童的人权问题不受国界限制,现在越来越有必要为解决各种儿童权利问题(包括但不只限于贩卖妇女儿童、儿童色情制品、儿童兵、童工、虐待儿童、难民和移民儿童等等)制定出适当的区域和国际对策。应鼓励建立国际和区域机制和交流,因为这可为国家人权机构提供相互学习经验,集体加强各自的地位和促进解决影响国家和区域的人权问题的机会。

第三十三届会议(2003 年)

第 4 号 一般性意见:在《儿童权利公约》框架内青少年的健康和发展

导　言

《儿童权利公约》界定儿童系指"18 岁以下的任何人,除非对其适用之法律规定成年年龄低于 18 岁"(第 1 条)。因此,直至 18 岁的青少年是《公约》所载一切权利的享有者;他们有权享有特殊的保护措施,并照儿童不同阶段的接受能力,逐渐行使其各项权利(第 5 条)。青春期是以身体、认知和社会意识迅速变化、包括性和生殖成熟为特点的时期;逐渐地形成具备成年人行为和作用的能力,承担须掌握新知识和新技能的新责任。虽然,青少年在总体上是一个健康的人口群体,但青春期因青少年相对的脆弱性和来自社会(包括同龄人)的压力而可能染上健康风险行为,因此也对健康和发展构成新的挑战。这些挑战问题包括个性特征的形成和如何处理个人的性问题。由于青少年有很强的能力迅速地接受新事物,体验新的多种多样的经历,发展并运用批评性思维,接受自由意识,有创造力和有社交能力,因此充满活力的向成人的过渡阶段一般也是积极变化的时期。儿童权利委员会关切地注意到,各缔约国在执行《公约》所规定的义务时,并未充分地注意到青少年作为权利享有者的一些具体关注问题,并未注意增进他们的健康和发展。这促使委员会通过了本项一般性意见,以提高各缔约国的认识,指导和支持缔约国采取包括制定具体战略和政策在内的办法,努力确保尊重、保护和充分履行青少年的权利。委员会从较宽泛的含义理解"健康和发展"概念,并不严格限于《公约》第6条(生命、生存和发展权)和第24条(健康权)界定的范围。本一般性意见的目标之一,就是为了指出必须加以增进和保护的主要人权,以确保青少年切实享有可达到的最高健康水平、全面发展,并且为进入成年做好充分的准备,从而在他们的社区和社会中发挥建设性的作用。本项一般性意见应当与《公约》及其关于买卖儿童、儿童卖淫和儿童色情制品问题和关于儿童卷入武装冲突问题的两项任择议定书,以及其他相关国际人权准则和标准一并阅读。①

一、基本原则和缔约国的其他义务

1. 正如世界人权会议(1993年)所确认和委员会一再重申的,儿童权利也是不可分割和相互关联的权利。除了第6条和第24条之外,《公约》的其他条款和原则也是青少年充分享有其健康和发展权利的关键保障。

不受歧视权

2. 缔约国有义务确保所有18岁以下的人不受歧视地享有《公约》所载的一切权利(第2条),包括不因"种族、肤色、性别、语言、宗教、政治或其他见解、民族、族裔或社会出身、财产、伤残、出生或其他身份"而有任何差别。上述这些还包括青少年的性倾向和健康状况(包括艾滋病毒/艾滋病以及精神健康状况)。遭歧视的青少年更容易蒙受虐待、其他类型的暴力和剥削,并使他们的健康和发展面临更大的风险。因此,他们有权得到社会各阶层的特殊关注和保护。

行使权利的适当指导

3. 《公约》承认父母(或其他对儿童负有法律责任者)有责任、权利和义务"以符合儿童不同阶段接受能力的方式适当指导和指引儿童行使本公约所确认的权利"(第5条)。委员会认为,父母或其他对儿童负有法律责任者必须悉心履行他们的权利和责任,引导和指导他们照管下的青少年儿童行使其权利。他们有义务根据青少年年龄和成熟程度,考虑他们的意见,提供安全和扶助性的环境,从而可使青少年得到发展。青少年的家庭环境成员必须承认青少年是积极的权利享有者,只要给予适当的引导和指导,他们有能力成为完全的、负责任的公民。

尊重儿童的意见

4. 自由表达意见,并且给予其意见应有考虑的权利(第12条)对于实现青少年健康和发展权也具有根本意义。缔约国必须确保,尤其在家庭、学校及其社区中,青少年有真正的机会,就一切涉及其本人的事务自由地表达他们的意见。为了使青少年能够安全和恰当地行使这些权利,公共当局、父母以及其他与或为儿童工作的成年人必须创造一个基于信任、相互沟通、能够倾听并提供良好指导的环境,从而有助于青少年平等地参与包括决策在内的进程。

---

① 这些包括《公民权利和政治权利国际公约》、《经济、社会、文化权利国际公约》、《禁止酷刑和其他残忍、不人道或有辱人格的待遇或处罚公约》、《消除一切形式种族歧视国际公约》、《保护所有移徙工人及其家庭成员权利国际公约》和《消除对妇女一切形式歧视公约》。

法律和司法措施及程序

5.《公约》第 4 条规定,"缔约国应采取一切适当的立法、行政和其他措施以实现本公约所确认的权利"。在关于青少年健康和发展权方面,缔约国必须确保根据国内法保障各项具体法律条款,包括确定在未征求父母同意情况下,表示性同意、婚姻和给予可能的医学治疗的最低年龄。上述最低年龄对男、女孩应一视同仁(《公约》第 2 条)并密切地体现出,根据 18 岁以下者的能力、年龄和成熟程度的各个阶段,承认他们为权利享有者的地位(第 5 条和第 12 至 17 条)。此外,还必须在特别注意到隐私权的情况下(第 16 条),便利于青少年诉诸于保证公平和适当程序的个人投诉体制以及司法和适当的非司法性补救机制。

公民权利和自由

6.《公约》第 13 至 17 条界定了儿童和青少年的公民权利和自由。这对于保障青少年健康和发展权具有根本意义。第 17 条指出,儿童有权"能够从多种的国家和国际来源获得信息和资料,尤其是旨在促进其社会、精神和道德福祉和身心健康的信息和资料"。若缔约国要促进具有成本效益的措施,包括通过法律、政策和方案,处治与健康相关的许多问题,包括第 24 和 33 条所列的诸如计划生育、防止事故、提供保护避免包括早婚和女性生殖器残割在内的有害传统习俗、酗酒嗜烟及其他有害毒品之害,青少年悉知适当信息的权利具有决定性意义。

7. 为了增强青少年的健康和发展,还应鼓励缔约国严格尊重青少年的隐私和保密权,包括关于就健康问题提供的规劝和咨询意见(第 16 条)。保健服务提供方必须铭记《公约》的基本原则,有义务保证有关青少年医务资料的保密性。这类资料只有在得到有关青少年同意的情况下,或者在适用于违反成年人保密的同样情况下,才可透露被认为具有足够成熟程度的,不需要父母或其他人在场的情况下接受咨询意见的青少年,应享有隐私权并可要求保密性的服务,包括治疗。

为免遭一切形式虐待、忽视、暴力和剥削提供保护②

8. 缔约国必须采取有效措施确保青少年得到保护,免遭一切形式的暴力、虐待、忽视和剥削(第 19 条、第 32 至 36 条和第 38 条),更多地关注危害这一年龄组的各种特定形式的虐待、忽视、暴力和剥削。各缔约国尤其应采取专门措施,确保尤其易遭虐待和忽视的残疾青少年,在生理、性和精神上的完整性。缔约国还应确保,社会上遭排斥的贫困青少年不被视为犯罪者。为此,必须拨出财力和人力增强研究,从而为制定有效的地方和国家法律、政策和方案提供情况。应定期对政策和战略进行审查并作相应修改。缔约国在采取这些措施时,必须考虑到青少年各阶段的接受能力,并且以适当的方式让青少年参与旨在保护青少年的制订工作措施,包括各种方案的制订。为此,委员会强调,同龄人的教育具有积极的影响力,以及恰当的榜样,尤其是那些艺术、文艺和体育界的榜样具有积极的影响作用。

资料收集

9. 为了能够监测青少年的健康和发展情况,缔约国必须系统地收集资料。缔约国应设立资料收集机制,以便按性别、年龄、血统和社会经济状况进行详细分类,从而可跟踪各不同群体的情况。数据的收集还可对少数民族和/或土著人、移民或难民青少年、残疾青少年、工

---

② 还参见委员会 2000 和 2001 年举行的关于"对儿童使用暴力"问题一般性讨论日的报告,以及就此通过的建议(见 CRC/C/100,第五章和 CRC/C/111,第五章)。

作青少年等各特定群体情况展开研究。应酌情让青少年参与这些分析,以确保按敏感地关注青少年的方式理解和运用这些资料。

二、建立安全和扶助性的环境

10. 青少年所生活的环境有力地决定了青少年的健康和发展。要创建安全和扶助性的环境,就必须解决好青少年所处的直接环境——家庭、同龄人、学校和各服务部门形成的环境,以及尤其由社区和宗教领导人、传媒、全国和当地政策和立法形成的更广泛环境——这两个环境的态度和行动。宣传和实施《公约》条款和原则,特别是第 2 至 6 条、第 12 至 17 条、第 24 条、第 28 条、第 29 条和第 31 条,是保障青少年健康和发展权的关键。缔约国应通过制定政策或颁布立法并落实专为青少年制定的方案,采取措施提高认识并促进和/或调节行动。

11. 委员会强调了家庭环境,包括大家族式家庭和社区成员,或其他在法律上对儿童或青少年负有责任者的重要性(第 5 和 18 条)。虽然大部分青少年是在家庭运作良好的环境中成长的,但某些青少年家庭,并非安全和扶助性的环境。

12. 委员会呼吁各缔约国以符合青少年各阶段接受能力的方式,制定和执行立法、政策和方案,促进青少年的健康和发展:(a) 为父母(或法律监护人)提供适当的援助,通过设立各种机构、设施和服务部门,包括在必要时提供有关营养、衣着和住房等方面物质援助,以充分地支助青少年的福祉(第 27 条第 3 款);(b) 提供充分的信息和为人父母的支持,以便建立起信赖和信任关系,从而可公开地讨论例如性和性行为以及有风险的生活方式的问题,并寻求尊重青少年权利的可接受的解决办法(第 27 条第 3 款);(c) 为身为青少年的父母提供有关其本人及其子女福祉的支持和指导(第 24 条 (f) 项、第 27 条第 2 款和第 3 款);(d) 在尊重少数民族和其他少数人价值观和准则的情况下,特别关注、指导并支持那些生活中的传统和准则可能与其生活的社会中其他人不同的青少年及父母(或法律监护人);和 (e) 确保对家庭采取干预行动是为了保护青少年,并在必要时,例如在发生虐待或忽视的情况下,按照适用的法律和程序,将他/她与其家庭隔离。此类法律和程序应加以审查,确保它们符合《公约》的原则。

13. 学校作为学习、发展和社会交往的场所,在许多青少年的生活中发挥着重要的作用。第 29 条第 1 款指出,教育必须旨在"最充分地发展儿童的个性、才智和身心能力"。此外,关于教育目的的第一号一般性意见指出:"教育还必须旨在确保……儿童在离开学校之后不会毫无准备地面对他或她在生活中预期会遇到的挑战。基本的技能应包括……有能力做出周全的决定;以非暴力的方式解决冲突;并且形成健康的生活方式[和]良好的社会关系……"。鉴于适当的教育对青少年当前和今后健康与发展及其子女的重要性,委员会促请各缔约国遵照《公约》第 28 和 29 条,(a) 确保向所有人提供便于就读的高质量免费义务教育,并且向所有青少年提供便于就读的中等和高等教育;(b) 提供运作良好的学校以及不会对学生造成健康风险的娱乐设施,包括供水和卫生设备以及上下学的旅途安全;(c) 采取必要的行动在校园内防止和禁止学校工作人员以及学生之间发生一切形式暴力和虐待行为,包括性虐待、体罚和其他不人道、有辱人格或侮辱性的待遇或惩罚;(d) 通过在教学大纲中设定有关的课题,倡导和支持增进健康行为的措施、态度和活动。

14. 越来越多的青年人,在青春期离开学校开始工作,以养家糊口,或者在正规或非正规部门工作挣取工资。依照国际标准参加工作,只要不损害青少年享有任何其他权利,包括健康和教育权,也许有利于青少年的发展。委员会敦促各缔约国采取一切必要措施,从消除最有害的形式着手,废除一切童工形式,经常不断地审查全国最低就业年龄条例,以期使这些条例符合国际标准,并(根据《公约》第32条以及国际劳工组织第138和182号公约)管制就业青少年的工作环境和条件,从而确保青少年得到充分保护并可诉诸法律补救机制。

15. 委员会还强调,根据《公约》第23条第3款,应当考虑到残疾青少年的特别权利并提供援助,确保残疾儿童/青少年的有效参与和得到质量良好的教育。国家应确认,只要有可能,就应让残疾儿童/青少年在常规学校平等地接受初级、中级和高等教育的原则。

16. 委员会感到关注的是,早婚和怀孕是涉及性卫生和生殖健康,包括与艾滋病毒/艾滋病相关健康问题的重大因素。若干缔约国内的法定和实际最低婚姻年龄,尤其是女孩的婚姻年龄仍然很低。同时,还有一些与健康无关的关注问题:结婚的儿童,尤其是女孩,往往被迫离开教育体制,并被排斥在社会活动之外。此外,有些缔约国对已婚儿童,即使年龄不足18岁,也在法律上当作成年人,剥夺了他们根据《公约》规定应享有的一切特殊保护措施。委员会强烈地建议各缔约国审查并酌情改革其立法和做法,将得到和未得到父母同意的男女孩最低婚姻年龄提高到18岁。消除对妇女歧视委员会也提出了类似的建议(1994年第21号一般性意见)。

17. 在大部分国家中,由于暴力造成的事故性伤害或损伤是导青少年致死亡或终身残疾的根源。在这方面,委员会关切地感到,青少年因公路交通事故造成的伤害和死亡比例偏高。缔约国应颁布并实施包括对青少年驾驶教育和驾驶考试在内的立法和方案,提高公路安全,以及通过和增强已知高度有效的立法,如必须持有有效驾驶证、系好座椅安全带、戴防护头盔,以及划定行人区等。

18. 委员会还极为关注青少年年龄群体自杀率高的问题。青少年的精神紊乱症和心理社会疾病相对较普遍。在许多国家中,忧郁症、饮食紊乱和自毁行为等症状有时导致自我损伤和自杀的现象日趋增长。这些情况尤其可能与学校内外的暴力、虐待、欺凌和忽视,包括性虐待、不现实的期望过高,和/或欺压和欺负行为相关。缔约国应当为这些青少年提供一切必要的服务。

19. 暴力源于个人、家庭、社区和社会各因素之间相互复杂作用的结果。那些无家可归或生活在养育院内的、参加团伙帮派或被招募为儿童兵的脆弱青少年,尤其易遭受体制性和人与人之间的暴力。根据《公约》第19条,缔约国必须采取一切适当的措施③防止和消除:(a) 摧残青少年的体制性暴力,包括在与青少年有关的公共和民间机构(学校、残疾青少年收容所、少年管教机构等)中,采取立法和行政措施,并且培训和监督那些负责被收容儿童的工作人员,或者那些因为其工作与儿童接触的人员,包括警察;和(b) 青少年相互之间个人的暴力,开展包括充分支持如何为人父母和机会在内的儿童早期社会和教育发展,树立起非暴力的文化准则和价值观念(正如《公约》第29条所设想的),严格控制火器,限制酒类和毒品的渠道。

20. 根据《公约》第3、6、12和19条以及第24条第3款,缔约国应采取一切有效措施消除危险青少年生命权,包括为名声杀人的行为和活动。委员会强烈敦促各缔约国制订和开展

---

③ 同上。

宣传运动、教育方案和立法,旨在改变流行的观念,并扭转形成有害传统习俗的性别角色和陈规陋习。此外,缔约国应推动建立多学科信息和咨询中心,探讨有关某些传统性习俗,包括早婚和女性生殖器残割等有害问题。

21. 对于推销不健康的产品和生活方式对青少年健康行为形成的影响,委员会感到关切。缔约国必须根据《公约》第17条,在强调青少年有权了解来自各类国家和国际渠道的信息和材料的同时,保护青少年免遭对其健康和发展有害的信息的影响。因此,委员会敦促缔约国管制或禁止尤其是针对儿童和青少年的有关酒类和烟草等物品的宣传和销售。④

三、信息、技能培养、咨询和保健服务

22. 青少年有获得对其健康和发展以及使之能有意义地进行社会参与至关重要的充分信息的权利。缔约国有义务确保所有男女青少年在学校内外得到,而不是被拒绝,关于如何保护其健康以及形成并奉行健康的行为的准确和适当的信息。这应包括有关使用和滥用烟草、烈酒和其他物品、安全和得当的社会和性行为、饮食和体育活动的信息。

23. 为将这些信息充分地落实在行动上,青少年必须培养形成各种技能,包括诸如如何筹划和准备营养上平衡的饭菜,适当的个人卫生习惯之类必要的自我照顾的生活技能,以及诸如如何开展人与人之间的交流、决策以及应付压力和冲突等特别社会情况的技能。各缔约国尤其应通过正规和非正规教育以及培训方案、青年组织和传媒,促进和支持培养此类技能的机会。

24. 根据《公约》第3、17和24条,缔约国应当使青少年有机会了解性和生殖信息,包括有关计划生育和避孕、早期怀孕的危险性、预防艾滋病毒/艾滋病和性传染疾病的预防和治疗方面的信息。此外,缔约国应确保,不论青少年的婚姻状况如何,及其父母或监护人是否同意,青少年都能获得适当的信息。至关重要的是,要找到充分的并针对男女青少年特点及其专有权利的适当方式和方法提供这些信息。为此,鼓励各缔约国确保通过学校以外的各类渠道,包括青年组织、宗教、社区和其他群体和传媒,促使青少年积极地参与编制和宣传这些信息。

25. 依据《公约》第24条,敦促缔约国为患有精神紊乱症的青少年提供充分治疗和康复护理,使社区了解早期迹象和症状,以及这些症状的严重程度,保护青少年免遭不应有的压力,包括心理社会压力。同时敦促缔约国依照第2条规定的义务,制止对精神紊乱症的歧视和消除就此形成的耻辱感。每一位患有精神紊乱症的青少年都有权在他或她的生活社区内得到尽可能的治疗和照顾。当必须住院或安置在精神病院时,这样的决定必须符合儿童的最高利益原则。在住院或安置精神病院时,患者应给予尽可能大的机会享有《公约》确认的他或她的一切权利,包括获得教育并从事娱乐活动的权利。⑤ 只要适宜,青少年就应与成年人分开。缔约国必须确保,除其家庭成员之外,在必要和适当时,青少年还可有同代表其本人利益的个人代表的沟通渠道。⑥ 根据《公约》第25条,缔约国应定期审查安置在医院或精神病院内青少年患者的情况。

---

④ 正如世界卫生组织《烟草控制框架公约》(2003年)中所提出的。
⑤ 关于这一专题的进一步详情,请参阅《保护精神病患者和改善精神保健的原则》(大会1991年12月17日第46/119号决议附件)。
⑥ 同上,尤其是第2、3和7条原则。

26. 男女青少年都面临着遭受性传染疾病,包括艾滋病毒/艾滋病传染和影响的风险。⑦ 各国应当确保供应并开放适当的物质、服务和信息,以预防和治疗性传染疾病,包括艾滋病毒/艾滋病。为此,敦促各缔约国:(a)制订有效的预防方案,包括各种措施,旨在改变有关的文化观念,认清为青少年提供避孕器具和预防性传染疾病的必要性,并且解决围绕着青少年性问题的文化和其他禁忌;(b)制定立法制止各种增加青少年受传染的风险,或造成对已经感染了性传染疾病(包括艾滋病毒)的青少年排斥的做法;(c)采取措施消除妨碍青少年获得信息、避孕套之类预防措施和护理的障碍。

27. 少女应当能了解早婚和早孕可造成危害的信息,而那些已怀孕的少女应当得到敏感地关注到她们的权利及特殊需要的保健服务。各缔约国应采取措施,减少少女产妇,尤其是因早孕和不安全堕胎手法造成的患病率和死亡率并支助成为父母的少年。年轻母亲尤其在得不到支助时易陷入沮丧和焦虑的情绪,会损害她们照顾其子女的能力。委员会敦促各缔约国:(a)制订和落实提供性卫生和生殖健康服务的方案,包括计划生育、避孕器具和在堕胎不违反法律的情况下,提供安全堕胎服务,以及充分和全面的妇科保健和咨询;(b)鼓励青少年的父母对青少年已经生儿育女采取积极和支助的态度;(c)制定可使少年母亲继续接受教育的政策。

28. 在父母表示同意之前,必须让青少年有机会自由地表达他们的意见,并且根据《公约》第 12 条,赋予青少年意见以适当的分量。然而,若青少年具有足够的成熟程度,则应征得青少年,他或她本人知情的同意,同时通报父母,只要这样做符合"儿童的最大利益"(第 3 条)。

29. 关于隐私和保密和与接受治疗的知情同意相关的问题,缔约国应:(a)制定法律或法规,确保向青少年提供有关治疗的保密咨询意见,从而他们能够做出知情的同意。这类法律或条例应当规定,适用这项程序的年龄,或者阐明儿童各不同阶段的接受能力;和(b)对保健工作人员就有关青少年的隐私和保密、了解治疗方案并就治疗给予知情同意等方面的权利开展培训。

四、脆弱性和风险

30. 为确保对青少年健康和发展权的尊重,应当考虑至那些会加剧青少年脆弱性和风险的个人行为和环境因素。诸如武装冲突或社会排斥之类的环境因素,增加了青少年易遭受虐待、其他形式暴力和剥削的脆弱性,从而严重地限制了青少年做出个人、健康行为选择的能力。例如,参与不安全性行为的决定,会增加有损于青少年健康的风险。

31. 根据《公约》第 23 条,精神和/或肢体残疾的青少年具有享有可达到的最高身心健康水平的平等权利。缔约国有义务的为残疾青少年提供实现其权利的必要手段。⑧ 缔约国应:(a)确保为所有残疾人提供并开放保健设施、物质和服务,而且这些设施和服务会增强残疾人的自立能力及其对社区的积极参与;(b)确保提供必要的设备和个人支助,以使他们具备行动、参与和交流的能力;(c)特别关注残疾青少年有关性问题的特殊需要;和(d)消除妨碍残疾青少年实现其权利的障碍。

---

⑦ 关于此问题的进一步情况,参见关于"艾滋病毒/艾滋病与儿童权利"的第 3 号一般性意见(2003)。
⑧ 《联合国残疾人机会均等标准规则》。

32. 缔约国必须向无家可归的青少年，包括那些在非正规部门中工作的青少年提供特殊的保护。无家可归青少年尤其易遭受他人的暴力、虐待和性剥削；易陷入自毁行为、滥用毒品和精神紊乱。为此，缔约国必须：(a) 制定出政策并颁布和实施立法，保护此类青少年免遭诸如执法人员等暴力之害；(b) 制订各项战略以提供适当教育、医疗保健以及培养生活技能的机会。

33. 遭性剥削，包括卖淫和制作色情制品的青少年面临着重大的健康风险，包括感染上性传染疾病、艾滋病毒/艾滋病、不希望的怀孕、不安全的堕胎、暴力和心理压抑症。青少年有权得到身心上的康复，并在有助于健康、自尊和有尊严的环境中重新回归社会（第39条）。缔约国的义务是颁布和实施禁止一切形式性剥削以及与之相关的贩运；与其他缔约国协作消除国家间的贩运活动；并为那些遭受性剥削的青少年提供适当的健康和咨询服务，保证不将他们视为犯罪者，而作为受害者对待。

34. 此外，那些遭受贫困，武装冲突，各种形式的不公正待遇，家庭破裂，政治、社会和经济不稳定，以及各种类型的移徙的青少年尤其易受害。这些情况都可严重地妨碍青少年的健康和发展。缔约国在预防政策和措施上做出大量投入，可大幅度地削减易受害程度和风险因素；并将为社会提供具有成本效益的方式，协助青少年在自由社会中得到和谐的发展。

五、国家义务的性质

35. 缔约国在履行其关于青少年健康和发展的义务时，应当始终充分考虑到《公约》的四项总的原则。委员会认为，缔约国必须采取一切适当的立法、行政和其他措施，实现并监督《公约》所确认的青少年的健康和发展权。为此，缔约国尤其应履行下列各项义务：

(a) 在家庭、学校、一切可能安置青少年生活的机构、其工作地点内和/或乃至整个社会中，为青少年创建一个安全和扶助性的环境；

(b) 确保青少年能了解到对其健康和发展至关重要的信息，并使他们能够有机会参与（尤其是以知情同意和保密权的方式）涉及其健康的决策，获得生活技能和充分的、与年龄相宜的信息，以及作出适当的健康行为选择；

(c) 确保向所有青少年提供适当质量并针对青少年关注问题的促健设施、商品和服务，包括有关精神和性卫生及生殖健康的咨询和保健服务；

(d) 确保男女少年有机会积极地参与为其本身健康和发展制订计划和方案的工作；

(e) 保护青少年免除一切形式的可能有损于他们享有各项权利的劳动，尤其是通过废除一切形式童工制度，并根据国际标准管制工作环境和条件；

(f) 保护青少年免遭一切蓄意和无意的伤害，包括由于暴力和交通事故造成的伤害；

(g) 保护青少年摆脱诸如早婚、为名声的杀害行为和女性生殖器残割等一切有害的传统习俗；

(h) 确保在履行上述一切义务时，尤其充分考虑到属于特别弱势群体的青少年；

(i) 实施防止青少年精神紊乱症和增进精神健康的措施。

36. 委员会提请缔约国注意经济、社会、文化权利委员会关于实现可达到的最高健康水准权利的第14号一般性评论。该评论指出，"缔约国应为青少年提供安全和扶助性的环境，保证能够参与影响他们健康的决定，有机会学习生活技能、获得相关的信息、得到咨询，和争取他们自己做出健康行为的选择。要实现青少年的健康权，就要建立起敏感地关注青年，尊重保密和隐私,包括适当的性和生殖保健服务的健康保健制度。"

37. 根据《公约》第24、39条和其他有关条款,缔约国应以敏感地关注全体青少年的需要和人权的方式,提供保健服务,尤其关注以下特点：

（a）可提供性。初级卫生保健应包括针对青少年需求的服务,尤其关注性卫生和生殖健康及精神健康的问题；

（b）可获取性。应毫无歧视地让所有青少年都了解并容易地获得（经济上、物质上和社会上）卫生设施、商品和服务。必要时,应保证保密性；

（c）可接受性。在全面尊重《公约》条款和原则的同时,所有的保健设施、商品和服务都应尊重文化价值观、要有性别敏感性、尊重医德,并且为青少年及其所生活的社区所能接受；

（d）质量。保健服务和商品应具有科学和医学上的恰当性,必须配备训练有素的人员护理青少年、充分的设施和科学上可接受的方式。

38. 只要可行,缔约国就应采取多部门的方式,推动所有各有关行为者之间建立有效和持久的联系和合作,以增强和保护青少年的健康和发展。为在国家一级采取这类方式,必须在政府内实行密切和系统的合作与协调,从而确保所有各有关的政府实体必要的参与。国家应鼓励和协助青少年所使用的公共保健与其他服务部门争取尤其与民间和/或传统合作伙伴、专业协会、医药界和各个为青少年弱势群体提供服务的组织携手合作。

39. 若无国际合作,增强和保护青少年健康的多部门方针就不可能有成效。因此,各缔约国应酌情寻求与联合国各专门机构、方案和机关,国际非政府组织和双边援助机构、国际专业协会和其他非国家行为者建立起此类合作。

15. 保护所有移徙工人及其家庭成员权利国际公约

（联合国大会 1990 年 12 月 18 日通过）

序　　言

本公约缔约国，

考虑到联合国关于人权的各项基本文书，尤其是《世界人权宣言》、《经济、社会、文化权利国际公约》、《公民及政治权利国际公约》、《消除一切形式种族歧视国际公约》、《消除对妇女一切形式歧视公约》和《儿童权利公约》内载的原则，

又考虑到在国际劳工组织体制内拟订的各项有关文书内载的原则和标准，特别是《关于移徙就业的公约》（第 97 号）和《关于恶劣情况下的移徙和促进移徙工人机会和待遇平等的公约》（第 143 号）、《关于移徙就业的建议书》（第 86 号）和《关于移徙工人的建议书》（第 151 号），以及《关于强迫或强制劳动的公约》（第 29 号）和《关于废止强迫劳动的公约》（第 105 号），

重申联合国教育、科学及文化组织《反对教育歧视公约》内载的原则的重要性，

回顾《禁止酷刑和其他残忍、不人道或有辱人格的待遇或处罚公约》、《第四届联合国预防犯罪和罪犯待遇大会宣言》、《执法人员行为守则》和各项有关禁奴的公约，

回顾按照国际劳工组织的章程，劳工组织的目标之一是保护非在本国就业的工人的利益，铭记该组织在有关移徙工人及其家庭成员的事项方面具有专家知识和经验，

认识到在联合国各机关内，所进行的有关移徙工人及其家庭成员的工作的重要性，特别是在人权委员会和社会发展委员会，在联合国粮食及农业组织、联合国教育、科学及文化组织和世界卫生组织以及在其他国际组织内，

又认识到一些国家在区域或双边基础上在保护移徙工人及其家庭成员的权利方面所取得的进展，以及在这个领域各项双边和多边协定的重要性和效用，

认识到移徙现象的重要性和规模，涉及千百万人和影响到国际社会中的许多国家，

意识到移徙工人的流动对各国和有关人民的影响，并愿意建立规范，通过接受关于移徙工人及其家庭成员待遇的基本原则，或可帮助协调各国的看法，

考虑到移徙工人及其家庭成员往往由于离开了他们的原籍国以及在就业国逗留可能遭遇到困难等等原因而面临的脆弱处境，

深信移徙工人及其家庭成员的权利尚未在世界各地得到充分的确认，因此需要适当的国际保护，

考虑到移徙往往对移徙工人的家庭成员及其本人造成严重问题，特别是由于家庭分散

的原因，

铭记移徙过程中所涉及的人的问题在不正常的移徙中更为严重，因此深信应鼓励采取适当行动以期防止和消灭对移徙工人的秘密移动和运输，同时保证他们的基本人权得到保护，

考虑到没有证件或身份不正常的工人受雇的工作条件往往比其他工人不利，并且考虑到一些雇主认为这正是雇用这种劳力的一个诱因，以便坐享不公平竞争之利，

并考虑到如果所有移徙工人的基本人权受到更为广泛的确认，雇用身份不正常的移徙工人的做法将会受阻，并且给予身份正常的移徙工人及其家庭成员某些其他权利，将可鼓励所有移徙的人和雇主尊重并遵守有关国家所制定的法律和程序，

因此深信需要制订一项全面的、可以普遍适用的公约以重申并建立基本规范，对所有移徙工人及其家庭成员的权利提供国际保护，

兹协议如下：

第一部分　范围和定义

第1条

1. 本公约，除此后另有规定外，适用于所有移徙工人及其家庭成员，不分性别、种族、肤色、语言、宗教或信念、政治见解或其他意见、民族、族裔或社会根源、国籍、年龄、经济地位、财产、婚姻状况、出身或其他身份地位等任何区别。

2. 本公约适用于移徙工人及其家庭成员的整个移徙过程，包括准备移徙、离开、过境和整个逗留期间，在就业国的有报酬活动以及回返原籍国或惯常居住国。

第2条

为本公约的目的：

1. "移徙工人"一词指在其非国民的国家将要、正在或已经从事有报酬的活动的人。

"边境工人"一词指在一邻国保持惯常住所并通常每日返回或至少每星期返回一次该国的移徙工人；

(b) "季节性工人"一词指其工作性质视季节性条件而定并且只在一年内的部分期间工作的移徙工人；

(c) "海员"一词包括渔民在内，指受雇在其非国民的国家注册船舶上工作的移徙工人；

(d) "近海装置上的工人"一词指受雇在其非国民的国家管辖范围的近海装置上工作的移徙工人；

(e) "行旅工人"一词指其惯常住所在一国但由于其职业性质须在另一国或另外一些国家从事短期逗留的移徙工人；

(f) "项目工人"一词指为就业国所接纳在规定时间内完全从事其雇主在该国所进行特定项目工作的移徙工人；

(g) "特定聘用工人"一词指以下情况的移徙工人：

（Ⅰ）由其雇主送往就业国并在限制和规定时间内从事某一特定工作或任务者；或

（Ⅱ）在限制和规定时间内从事需要专业、商业、技术或其他高度专门技能的工作者；或

（Ⅲ）应就业国雇主的要求，在限制和规定时间内从事暂时或短期的工作者；且该人于获准停留期届满时，或在此以前如不再承担特定任务或从事该工作时，必须离开就业国；

（h）"自营职业工人"一词是指从事非属雇用合同的有报酬活动，通常是单独或与其家庭成员共同通过此种活动谋生的移徙工人，以及经就业国适用的立法或双边或多边协定承认为从事自营职业的任何其他移徙工人。

第 3 条

本公约不适用于：

（a）国际组织和机构派遣或雇用或一国外派或在其境外雇用的从事公务的人员，他们的入境和身份由一般国际法或特定的国际协定或公约加以规定；

（b）一国外派或在其境外雇用或代表一国参与发展方案和其他合作方案的人员，他们的入境和身份由与就业国达成的协定加以规定并且按照该协定他们不被视为移徙工人；

（c）作为投资者在非原籍国居住的人；

（d）难民和无国籍的人，但有关缔约国的有关国家法律或对其生效的国际文书规定适用的情况除外；

（e）学生和受训人员；

（f）未获就业国接纳入境居住和从事有报酬活动的海员和近海装置上的工人；

第 4 条

为本公约的目的，"家庭成员"一词指移徙工人的已婚配偶或依照适用法律与其保持具有婚姻同等效力关系的人，以及他们的受抚养子女和经适用法律或有关国家间适用的双边或多边协定所确认为家庭成员的其他受养人。

第 5 条

为本公约的目的，移徙工人及其家庭成员：

（a）如在就业国内依照该国法律和该国为缔约国的国际协定，获准入境、逗留和从事有报酬活动，则视为有证件或身份正常；

（b）如不符合本条(a)项所规定的条件，则视为没有证件或身份不正常。

第 6 条

为本公约的目的：

（a）"原籍国"一词指当事人为其国民的国家；

（b）"就业国"一词指视情形而定，移徙工人将要、正在或已经从事有报酬活动的所在国家；

（c）"过境国"一词指当事人前往就业国或从就业国前往原籍国或惯常居住国的任何旅途中所通过的任何国家。

第二部分　权利方面不歧视

第 7 条

缔约国依照关于人权的各项国际文书，承担尊重并确保所有在其境内或受其管辖的移徙工人及其家庭成员，享有本公约所规定的权利，不分性别、种族、肤色、语言、宗教或信念、政治见解或其他意见、民族、族裔或社会根源、国籍、年龄、经济地位、财产、婚姻状况、出身或其他身份地位等任何区别。

第三部分　所有移徙工人及其家庭成员的人权

第 8 条

1. 移徙工人及其家庭成员应可自由离开任何国家,包括其原籍国在内。除法律规定,为保护国家安全、公共秩序、公共卫生或道德或他人的权利和自由,并且不违反本公约本部分所承认的其他权利的限制外,此项权利不受任何限制。

2. 移徙工人及其家庭成员应有权随时进入其原籍国并在其原籍国停留。

第 9 条

移徙工人及其家庭成员的生命权应受法律保护。

第 10 条

移徙工人或其家庭成员不应受到酷刑或残忍、不人道、有辱人格的待遇或处罚。

第 11 条

1. 移徙工人或其家庭成员不得被使为奴隶或受奴役。

2. 移徙工人或其家庭成员不得被要求从事强迫或强制劳动。

3. 在苦役监禁得作为对犯罪的一种处罚的国家,本条第 2 款的规定不应视为排除按照主管法庭关于此项刑罚的判决而执行的苦役。

4. 为本条的目的,"强迫或强制劳动"一词不应包括:

(a) 通常对依照法庭的合法命令被拘禁的人或对从此种拘禁中有条件释放的人所要求的任何工作或劳务,非属本条第 3 款所述者;

(b) 在威胁社会生活或福祉的紧急状态或灾难的情况下任何强制的劳务;

(c) 有关国家公民也需承担的属于正常公民义务一部分的任何工作或劳务。

第 12 条

1. 移徙工人及其家庭成员应有权享有思想、良心和宗教自由。这项权利应包括信仰或皈依自己所选择的宗教或信仰的自由,以及不论个别或是集体、公开或是私下,通过礼拜、虔守、举行仪式或传播教义等等来表明其宗教或信仰的自由。

2. 移徙工人及其家庭成员不得受胁迫从而有损其信仰或皈依所选宗教或信仰的自由。

3. 表明其宗教或信仰的自由得仅受法律所规定并为保护公共安全、秩序、卫生或道德或他人的基本权利和自由所必需的限制。

4. 本公约缔约国承允尊重至少有一方为移徙工人的父母和适用时法定监护人确保他们的子女按照他们自己的信仰接受宗教和道德教育的自由。

第 13 条

1. 移徙工人及其家庭成员应有权持有主张,不受干涉。

2. 移徙工人及其家庭成员应有权享有表达意见的自由;这项权利应包括通过不论是采取口头、书面或印刷方式、以艺术形式或通过他们所选择的任何其他媒介,寻求、接受和传递各种消息和思想的自由,而不论国界。

3. 本条第 2 款所规定的权利的行使带有特殊的义务和责任。因此其行使得受某些限制,但这些限制只应由法律规定并为下列条件所必需:
(a) 尊重他人的权利或名誉;
(b) 保护有关国家的国家安全或公共秩序、或公共卫生或道德;
(c) 防止任何战争宣传;
(d) 防止任何鼓吹民族、种族或宗教仇恨而构成煽动歧视、敌视或暴力的行为。

第 14 条

移徙工人或其家庭成员的隐私、家庭、住宅、通信或其他联系,不应受任意或非法干涉,其荣誉和名誉也不受非法攻击。移徙工人及其家庭成员应有权享有法律保护,不受此种干涉或攻击。

第 15 条

移徙工人或其家庭成员的财产,不论个人所有或与他人共有,不应被任意剥夺。在根据就业国现行法律,移徙工人或其家庭成员的财产全部或部分被没收时,当事人应有权获得公平和适当的赔偿。

第 16 条

1. 移徙工人及其家庭成员应有权享有人身自由和安全。
2. 移徙工人及其家庭成员应有权受到国家的有效保护,以免遭到无论公务人员或个人、团体或机构施以暴力、身体伤害、威胁和恫吓。
3. 执法人员对移徙工人或其家庭成员身份的任何核查,均应按照法律规定的程序进行。
4. 移徙工人及其家庭成员不应遭到个别或集体任意逮捕或拘禁;除根据法律所规定的这种理由并按照法律所规定的这种程序外,他们不得被剥夺自由。
5. 被逮捕的移徙工人及其家庭成员应在被逮捕之时尽可能以他们所了解的语言被告知逮捕理由,并应以他们所了解的语言被迅速告知对他们提出的任何指控。
6. 因刑事指控被逮捕或拘留的移徙工人及其家庭成员,应迅速由法官或经法律授权行使司法权力的其他官员予以传讯,并应有权在合理的时间内受审或获释。候审期间通常不应予以拘押,但其释放可以保证在司法程序的任何其他阶段出庭受审并于必要时出庭接受判决的执行为条件。
7. 遇某一移徙工人或其一家庭成员遭逮捕或审前关押或拘押或者以任何其他方式拘留时:
(a) 如当事人有此要求,应毫不拖延地将其逮捕或拘禁情事及其理由告知其原籍国的领事或外交当局或代表该国利益的领事或外交当局;
(b) 当事人应有权与上述当局联系,对当事人给上述当局的任何通信应毫不拖延地予以传递,当事人也应有权在毫不拖延的情况下接到上述当局送出的通信;
(c) 应毫不拖延地告知当事人此项权利及按照有关国家间适用的任何有关条约规定的各种权利,与上述当局的代表通信和会面,并同他们安排其法律代理人。
8. 因遭逮捕或拘禁而被剥夺自由的移徙工人及其家庭成员应有权向法庭提出诉讼,以期该法庭可毫不拖延地就其拘禁合法与否作出判决,并在拘禁不合法时下令予以释放。他们出庭时,如不懂或不会说庭上所用语言,应于必要时获得无需他们支付费用的译员的协助。

9. 遭到非法逮捕或拘禁的移徙工人及其家庭成员,应享有获得可强制执行的赔偿的权利。

第 17 条

1. 被剥夺自由的移徙工人及其家庭成员应受到人道的对待,并尊重其固有的人的尊严和文化特性。

2. 被控告的移徙工人及其家庭成员,除特殊情况外,应与已经定罪的人隔离,并应给予合乎其未定罪者身份的分别待遇。被控告的未成年人应与成年人隔开,并应尽快予以审判。

3. 任何移徙工人或其家庭成员在过境国或就业国因触犯移徙条例被拘留时,应尽实际可能,被安置于与已经定罪的人或拘留候审的人分开的处所。

4. 在法庭所判的服刑监禁任何期间内,对移徙工人或其家庭成员的待遇的基本宗旨应在改造他们,使他们日后能过正常的社会生活。未成年犯应与成年犯隔离,并应给予合乎其年龄和法律地位的待遇。

5. 在拘禁或监禁期间,移徙工人及其家庭成员应如国民一样,享有家人探访的权利。

6. 遇某一移徙工人被剥夺自由时,有关国家的主管当局应注意其家庭成员可能遭遇的问题,特别是其配偶和未成年子女的问题。

7. 根据就业国或过境国现行法律受到任何形式的拘禁或监禁的移徙工人及其家庭成员,应享有与处于相同情况的这些国家国民同样的权利。

8. 如因检查任何违反有关移徙条例情事的目的而将某一移徙工人或其一家庭成员加以拘留,不得要求其负担由此产生的任何费用。

第 18 条

1. 在法院和法庭上,移徙工人及其家庭成员有权享有与有关国家国民平等的地位。在审判对他们提出的任何刑事指控或他们在诉讼案中的权利和义务时,他们应有权获得一个依法设立的独立公正的主管法庭进行公平而且公开的审理。

2. 受刑事控告的移徙工人及其家庭成员,未经依法证实有罪之前,应有权被假定为无罪。

3. 在审判对他们提出的任何刑事指控时,移徙工人及其家庭成员应有权享有下列最低限度的保证:

(a) 迅速以一种他们所了解的语言详细告知对他们提出的指控性质和案由;

(b) 有充分时间和便利准备他们的辩护并同他们自己选择的律师联系;

(c) 立即受审,不得无故拖延;

(d) 出庭受审并亲自或通过自己所选择的法律援助进行辩护;如果没有法律援助,应通知他们享有这项权利;在审判有此必要的任何情况下,为他们指定法律援助,并在他们没有足够能力支付的任何这种情况下,可免自己付费;

(e) 诘问或间接诘问他造证人,并且使自己的证人在他造证人同样的条件下出庭并受诘问;

(f) 如他们不懂或不会说法庭所用语言,可免费获得译员的协助;

(g) 不被强迫作不利自己的证言或强迫承认犯罪。

4. 对未成年人案件,审判程序应考虑到他们的年龄和帮助他们重新做人的需要。

5. 被判定犯罪的移徙工人及其家庭成员,应有权由上级法庭对其定罪和判刑依法进行复审。

6. 遇某一移徙工人或其一家庭成员经最终判决判定犯有刑事罪而其后因新的或新发现的案情确实表明审判不当时,其定罪被撤销或其被赦免的情况下,因这种定罪而受到刑罚的人应依法得到赔偿,但经证明未知案情未能及时揭露应由其本人完全或部分负责者除外。

7. 对移徙工人或其家庭成员已按照有关国家法律和刑事程序经最终定罪或无罪开释者,不得就同一罪名再予审判或科刑。

第 19 条

1. 移徙工人或其家庭成员的任何行为或不行为,于发生时依照国内法或国际法均不构成刑事犯罪者,不得据以认为犯有任何刑事罪,也不得被加以重于犯罪时适用的刑罚。如果在犯罪之后,法律规定应处以较轻的刑罚,则其应受益。

2. 在对某一移徙工人或其一家庭成员所犯刑事罪量刑时,应就该移徙工人的身份、尤其是有关其居住或工作的权利给予人道的考虑。

第 20 条

1. 移徙工人或其家庭成员不得仅由于未履行合同义务而被监禁。

2. 移徙工人或其家庭成员不得仅由于未履行工作合同产生的义务,而被剥夺其居住许可或工作许可,或被驱逐出境,除非履行这种义务构成这种许可的一个条件。

第 21 条

除依法经正当授权的公务人员外,任何人没收、销毁或企图销毁身份证件、准许入境或在一国境内逗留、居住或营业的证件,或工作许可证,均属非法。经授权对这类证件进行没收,必须提出详细收据。在任何情况下,不允许销毁某一移徙工人或其一家庭成员的护照或等同证件。

第 22 条

1. 不得对移徙工人及其家庭成员采取集体驱逐的措施。对每一宗驱逐案件都应逐案审查和决定。

2. 只有按照主管当局依法作出的决定,方可将移徙工人及其家庭成员从缔约国境内驱逐出境。

3. 应以他们所了解的语言将判决传达给他们。如果没有另外的强制性规定,经他们要求,应以书面方式将判决传达给他们,除涉及国家安全的特殊情况外,应说明判决的理由。在作出判决之前或至迟在作出判决之时,应把这些权利告知当事人。

4. 除司法当局作出最终判决的情况外,当事人应有权提出其不应被驱逐的理由,并由有关当局对其案件进行复审,除因国家安全的重大理由另有规定外。在进行这类复审之前,当事人应有权要求暂缓执行驱逐的判决。

5. 已经执行的驱逐判决如其后予以取消,当事人应有权依法要求赔偿,而以前的判决不得被用来阻止当事人再次进入有关国家。

6. 如被驱逐出境,当事人在离境之前或之后应有合理机会解决任何应得工资和其他应享权利的要求以及任何未决义务。

7. 在不影响一宗驱逐判决的执行的情况下,该一判决所涉的某一移徙工人或其一家庭成员可寻求进入非其原籍国的国家。

8. 遇某一移徙工人或其一家庭成员被驱逐出境时,驱逐出境的费用不应由其负担。但得要求当事人支付自己的旅费。

9. 从就业国被驱逐出境的事实不得损害某一移徙工人或其一家庭成员按照该国法律所获的任何权利,包括接受工资及其他应享的权利。

第 23 条

移徙工人及其家庭成员在本公约所承认的权利受到损害时,应有权寻求其原籍国领事或外交机关或代表该国利益的国家的领事或外交机关的保护和协助。特别是在处理驱逐出境时,应毫不拖延地将此项权利告知当事人,驱逐国当局并应为行使这项权利提供便利。

第 24 条

每个移徙工人及其每一家庭成员均应有权在任何地方获得承认其在法律之前的人格。

第 25 条

1. 移徙工人在工作报酬和以下其他方面,应享有不低于适用于就业国国民的待遇:

(a) 其他工作条件,即加班、工时、每周休假、有薪假日、安全、卫生、雇佣关系的结束,以及依照国家法律和惯例,本词所涵盖的任何其他工作条件;

(b) 其他雇用条件,即最低就业年龄、在家工作的限制,以及依照国家法律和惯例经认为是雇用条件的任何其他事项。

2. 在私人雇用合约中,克减本条第 1 款所述的平等待遇原则,应属非法。

3. 缔约国应采取一切适当措施,确保移徙工人不因其逗留或就业有任何不正常情况而被剥夺因本原则而获得的任何权利。特别是雇主不得由于任何这种不正常情况而得免除任何法律的或合同的义务,或对其义务有任何方式的限制。

第 26 条

1. 缔约国承认移徙工人及其家庭成员有权:

(a) 参与工会的及任何其他为保护他们经济、社会、文化和其他利益而依法成立的协会的集会和活动,仅受有关组织规则的限制;

(b) 自由参加任何工会或上述任何这类协会,仅受有关组织规则的限制;

(c) 向任何工会或上述任何这类协会寻求援助和协助。

2. 这些权利的行使除受法律所规定并在民主社会为了国家安全、公共秩序或保护他人的权利和自由所需要的限制以外,不受任何其他限制。

第 27 条

1. 在社会保障方面,移徙工人及其家庭成员应享有与就业国国民同样的待遇,只要他们符合该国适用的立法以及适用的双边或多边条约的规定。原籍国和就业国的有关当局可在任何时候作出必要安排来确定适用这一准则的方式。

2. 在适用的立法不允许移徙工人及其家庭成员享有一种福利的情况下,有关国家应审查是否可能根据处于类似情况的本国国民所获待遇,偿还当事人对这种福利所缴的款额。

第 28 条

移徙工人及家庭成员应有权按与有关国家国民同等的待遇接受维持其生命或避免对其健康的不可弥补的损害而迫切需要的任何医疗。不得以他们在逗留或就业方面有任何不正常情况为由,而拒绝给予此种紧急医疗。

第 29 条

移徙工人的每一名子女均应享有具备姓名、进行出生登记和获得国籍的权利。

第 30 条

移徙工人的每一名子女应照与有关国家国民同等的待遇享有接受教育的基本权利。不得以其父亲或母亲在就业国的逗留或就业方面有任何不正常情况为由或因为其本人的逗留属不正常的情况,而拒绝或限制其进入公立幼儿园或学校。

第 31 条

1. 缔约国应保证尊重移徙工人及其家庭成员的文化特性,并且不得阻碍他们与其原籍国保持文化联系。

2. 缔约国可采取适当措施协助和鼓励这方面的努力。

第 32 条

移徙工人及其家庭成员在结束他们在就业国的逗留时,应有权汇兑他们的收益和储蓄,并且根据有关国家适用的立法,带走他们的私人财物和物品。

第 33 条

1. 移徙工人及其家庭成员应有权获得视情形而定原籍国、就业国或过境国告知以下方面的资料:

(a) 本公约所赋予他们的权利;

(b) 有关国家的法律和惯例规定的接纳他们入境的条件、他们的权利和义务以及使他们遵守该国行政的或其他的正规手续的这类其他事项。

2. 缔约国应采取其认为适当的一切措施传播上述资料或确保雇主、工会或其他有关机关或机构提供上述资料。并应酌情与其他有关国家合作。

3. 经请求应向移徙工人及其家庭成员免费并尽可能以他们所能了解的语言充分提供此类资料。

第 34 条

本公约本部分的任何规定不得有以下影响:免除移徙工人及其家庭成员遵守任何过境国家或就业国的法律和规章的义务,或免除他们尊重该等国家居民的文化特性的义务。

第 35 条

本公约本部分的任何规定不得解释为意含没有证件或身份不正常的移徙工人或其家庭成员情况的正常化,或其情况得致这种正常化的任何权利,也不得损害旨在确保本公约第六部分所规定的合理而且公平的国际移徙的措施。

第四部分　有证件或身份正常的移徙工人及其家庭成员的其他权利

第 36 条

在就业国境内有证件或身份正常的移徙工人及其家庭成员,除享有本公约第三部分所列的各项权利之外,还享有本部分所列的各项权利。

第 37 条

移徙工人及其家庭成员有权在离国以前或至迟在就业国接受其入境之时,获原籍国或就业国酌情充分告知适用于其入境的一切条件,特别是有关下述事项的条件:他们的逗留,他们可从事的有报酬活动,他们在就业国必须符合的规定,以及这些条件有任何变动时他们必须联系的机关。

第 38 条

1. 就业国应尽可能批准移徙工人及其家庭成员暂时离开而不影响视情形而定其逗留许可或其工作许可。就业国这样做时,应考虑到移徙工人及其家庭成员的特殊需要和义务,特别是在其原籍国的特殊需要和义务。

2. 移徙工人及其家庭成员有权充分获知批准这类暂时离开的条件。

第 39 条

1. 移徙工人及其家庭成员有权在就业国领土内自由迁移和在当地自由选择住所。

2. 本条第 1 款所述权利不应受任何限制,但经法律规定为保护国家安全、公共秩序、公共卫生或道德或他人的权利和自由所必需且不违反本公约所承认的其他各项权利的限制除外。

第 40 条

1. 移徙工人及其家庭成员应有权在就业国成立社团和工会,以促进和保护其经济、社会、文化和其他利益。

2. 除法律所规定且在民主社会为国家安全、公共秩序的利益或为保护他人的权利和自由所必需之外,不得对行使对这一项权利施加任何限制。

第 41 条

1. 移徙工人及其家庭成员应有权按照其原籍国的立法规定,参加该国的公共事务,并在该国的选举中有选举权和被选举权。

2. 有关国家应酌情并按照本国立法规定,便利这些权利的行使。

第 42 条

1. 缔约国应考虑设立各种程序或机构,以便可在原籍国和在就业国通过这些程序或机构考虑到移徙工人及其家庭成员的特殊需要、愿望和义务,并应酌情考虑是否可能让移徙工人及其家庭成员在这些机构中有他们自由选出的代表。

2. 就业国在有关地方社区的生活和行政的决定方面,应按照其本国立法的规定,便利移徙工人及其家庭成员进行磋商或参加。

3. 移徙工人在就业国可享有该国行使其主权所给予他们的政治权利。

第 43 条

1. 移徙工人在以下方面应享有与就业国国民同等的待遇:

(a) 在符合有关机构和服务的入学规定和其他规章的情况下,享用教育机构和服务;

(b) 享受职业指导和就业服务;

(c) 享受职业训练和再训练设施和机构;

(d) 享受住房、包括公共住宅计划,以及在租金方面不受剥削的保障;

(e) 享受社会服务和保健服务,但需符合参加各该种计划的规定;

(f) 参加合作社和自行管理的企业,但这不应意味他们移徙工人地位的改变,并应符合有关机构的条例和规章;

(g) 享受和参加文化生活。

2. 缔约国应促进确保待遇实际平等的条件,使移徙工人在就业国批准的逗留条件符合适当的规定时,能够享有本条第1款所述的权利。

3. 就业国不应阻止移徙工人的雇主为其提供住房或社会或文化服务设备。依照本公约第70条的规定,就业国可要求所提供的这类设备符合该国一般适用的关于设置此类设备的规定。

第 44 条

1. 缔约国确认家庭是社会的自然基本单元并有权受到社会和国家的保护,应采取适当措施,确使保护移徙工人的家庭完整。

2. 缔约国应采取其认为妥当并符合其权限范围的措施,便利移徙工人同他们的配偶或依照适用法律与移徙工人的关系具有相当于婚姻效力的个人以及同受他们抚养的未成年未婚子女团聚。

3. 就业国应根据人道的理由,有利地考虑按照本条第2款规定给予移徙工人其他家庭成员同等的待遇。

第 45 条

1. 移徙工人的家庭成员在就业国内在以下方面应享有与该国国民同等的待遇:

(a) 在符合有关机构和服务的入学规定和其他规章的情况下,享用教育设施和服务;

(b) 享受职业指导和训练机构和服务,但需符合参加的规定;

(c) 享受社会服务和保健服务,但需符合参加各该种计划的规定;

(d) 享受和参加文化生活。

2. 就业国应斟酌情况同原籍国协作,实施一项旨在促进移徙工人的子女进入当地学校系统就读的政策,特别是在有关教学当地语文方面。

3. 就业国应努力促进移徙工人子女的母语和文化学习,原籍国在这方面应斟酌情况给予协作。

4. 就业国可以移徙工人子女的母语提供特别教学方案,必要时可同原籍国协作。

第 46 条

移徙工人及其家庭成员在:

(a) 离开原籍国或惯常居住国时;

(b) 最初进入就业国时;

(c) 最后离开就业国时;

(d) 最后回返原籍国或惯常居住国时;

其个人和家庭财物以及其获准进入就业国从事有报酬活动所需的设备,按照有关国家适用的立法规定以及有关的国际协定和有关国家因参加关税联盟而承担的义务,享有免付进出口税捐和税款的待遇。

第 47 条

1. 移徙工人应有权将其收益和储蓄、特别是为维持其家庭生计所需的款项,从就业国汇至原籍国或其他任何国家。这种汇兑应遵从有关国家适用的立法所规定的程序并遵从适用的国际协定。

2. 有关国家应采取适当措施便利这种汇兑。

第 48 条

1. 在不妨碍适用的双重征税协定的情况下,移徙工人及其家庭成员在就业国内的收益方面:

(a) 不应缴付比本国国民在类似情况所缴付的为高或繁重的任何种类税款、税捐或规费;

(b) 有权享受适用于本国国民在类似情况所享任何种类税款的减免办法,或任何税款的宽减办法,包括其受抚养家庭成员所享的税款宽减办法。

2. 缔约国应致力采取适当措施,避免对移徙工人及其家庭成员的收益和储蓄双重课税。

第 49 条

1. 在国家法律规定居留和就业须要分别获得许可时,就业国应至少在准许移徙工人从事有报酬活动的同一期间,给予他们居留许可。

2. 在就业国内被允许自由选择其有报酬活动的移徙工人,不应仅由于在其工作许可或类似许可到期之前终止其有报酬活动,而被视为身份不正常或丧失其居留许可。

3. 为允许本条第 2 款所指移徙工人有足够时间寻找其他有报酬活动,至少在相当于可享有失业津贴的期间,不应撤销其居留许可。

第 50 条

1. 遇某一移徙工人死亡或解除婚姻关系,就业国应有利地考虑准许以家庭团聚为由在该国居住的该移徙工人的家庭成员留在该国;就业国应考虑到他们已在该国居住时间的长短。

2. 未获这种许可的家庭成员,应准许他们在离境前一段合理时间处理其在就业国的事务。

3. 本条第 1 款和第 2 款的规定不得解释为损害到就业国的立法或适用于该国的双边和多边条约在其他情况下给予这些家庭成员的任何逗留和工作的权利。

第 51 条

在就业国内不被允许自由选择其有报酬活动的移徙工人,不应仅由于在其工作许可到期之前终止其有报酬活动,而被视为身份不正常或丧失其居留许可,但居留许可明确规定以入境从事某项有报酬活动为条件者不在此列。此类移徙工人有权在工作许可所余期间寻找其他工作、参加公共工程计划和再训练,但须符合工作许可具体规定的此类条件和限制。

第 52 条

1. 移徙工人在就业国内应有权自由选择其有报酬活动,但须符合下列限制或条件。

2. 就业国得对任何移徙工人:

(a) 根据本国利益的需要和国家立法的规定,限制从事某些种类的工作、职务、服务或活动;

(b) 根据其关于对境外取得的职业资格给予承认的立法规定,限制自由选择有报酬活动。但有关缔约国应尽力对这类资格给予承认。

3. 对获准工作的时间有限制的移徙工人,就业国并得:

(a) 对自由选择其有报酬活动的权利附加以下条件,即移徙工人已合法在其境内居留以从事国家立法规定一段期间不超过两年的有报酬活动;

(b) 为推行给予本国国民或给予依据立法或双边或多边协定为此目的同化为国民的人优先的政策,限制移徙工人从事有报酬的活动。任何此类限制对已合法在其境内居留以从事国家立法规定一段期间不超过五年的有报酬活动的移徙工人应停止适用。

4. 就业国应规定已获接纳入境工作的移徙工人可获准自行从事工作的条件。应考虑到该移徙工人已在就业国合法停留的期间。

第 53 条

1. 如某一移徙工人的家庭成员本人的居留或入境许可没有时间限制或可自动延期时,则他们应获准依照本公约第 52 条所规定适用于该移徙工人的同样条件,自由选择他们有报酬的活动。

2. 关于某一移徙工人的不被允许自由选择他们有报酬活动的家庭成员,除适用的双边和多边协定另有规定外,缔约国应对他们申请从事有报酬活动的许可给予较申请进入就业国的其他工人为优先的有利考虑。

第 54 条

1. 在不损及关于其居住许可或其工作许可规定以及本公约第 25 条和第 27 条规定的权利的情况下,移徙工人在下列方面应享有与就业国国民同等的待遇:

(a) 解雇保障;

(b) 失业津贴;

(c) 参加旨在遏制失业现象的公共工程计划;

(d) 在失去工作时或在其他有报酬活动终止时获得其他工作,但须符合本公约第 52 条的规定。

2. 某一移徙工人如声称其雇主违反了工作合同上的条件,应有权按照本公约第 18 条第 1 款的规定,向就业国主管当局提出申诉。

第 55 条

获准从事一项有报酬活动的移徙工人,在符合该种许可所附的条件的情况下,享有与从事该项有报酬活动的就业国国民同等的待遇。

第 56 条

1. 本公约本部分所指移徙工人及其家庭成员,除根据就业国国家立法规定的理由,并依照第三部分所述的保障规定外,不得从就业国被驱逐出境。

2. 不得为了剥夺某一移徙工人或其一家庭成员根据居留许可和工作许可而享有的权利的目的而进行驱逐。

3. 在考虑是否驱逐某一移徙工人或其一家庭成员时,应照顾到人道的考虑和当事人已在就业国居住时间的长短。

第五部分 适用于特殊类别的移徙工人及其家庭成员的规定

第 57 条

本公约本部分具体规定的持有证件或身份正常的特殊类别的移徙工人及其家庭成员，应享有第三部分所列权利以及除下面所述例外情况外第四部分所列权利。

第 58 条

1. 本公约第 2 条第 2 款(a)项界定的边境工人，考虑到他们的惯常住所不在就业国境内，应享有第四部分所规定由于他们身在该国并在其境内工作而可适用他们的权利。

2. 就业国应有利地考虑在经过一段规定期间后，给予边境工人自由选择其有报酬活动的权利。给予该项权利应不影响他们作为边境工人的身份。

第 59 条

1. 本公约第 2 条第 2 款(b)项界定的季节工人，考虑到他们在就业国只逗留一年中的部分时间，应有第四部分所规定由于他们身在该国并在其境内工作而可适用他们并符合他们在该国作为季节工人的身份的权利。

2. 就业国对于在其境内已受雇相当一段期间的季节工人，应在符合本条第 1 款的规定下，考虑给予从事其他有报酬活动的可能性，并且在符合适用的双边和多边协定下，给予较申请进入该国的其他工人为优先的机会。

第 60 条

本公约第 2 条第 2 款(e)项界定的行旅工人，应享有第四部分所规定由于他们身在就业国并在其境内工作而可给予他们并符合在该国作为行旅工人的身份的权利。

第 61 条

1. 本公约第 2 条第 2 款(f)项界定的项目工人及其家庭成员，应享有第四部分所规定的各项权利，但以下条款的规定除外：第 43 条第 1 款(b)项和(c)项、有关公共住宅计划的第 43 条第 1 款(d)项、第 45 条第 1 款(b)项和第 52 至 55 条。

2. 某一项目工人如声称其雇主违反了工作合同上的条件，应有权按照本公约 18 条第 1 款的规定，向对该名雇主具有管辖权的国家主管当局提出申诉。

3. 有关缔约国依其现行双边或多边协定的规定，应致力使项目工人在从事项目工作期间仍受原籍国或惯常居住国社会保障制度的充分保护。有关缔约国应采取适当措施，以避免在这方面权利受到任何否定或要重复缴款。

4. 在不损及本公约第 47 条规定以及有关双边或多边协定的情况下，有关缔约国应允许项目工人的工资在其原籍国或惯常居住国给付。

第 62 条

1. 本公约第 2 条第 2 款(g)项界定的特定聘用工人，应享有第四部分所规定的各项权利，但以下条款的规定除外：第 43 条第 1 款(b)项和(c)项、有关公共住宅计划的第 43 条第 1 款(d)项、第 52 条和第 54 条第 1 款(d)项。

2. 特定聘用工人的家庭成员应享有本公约第四部分有关移徙工人家庭成员的权利，但第 53 条的规定除外。

第 63 条

1. 本公约第 2 条第 2 款(h)项界定的自营职业工人,应享有第四部分所规定的各项权利,但只适用于持有雇用合同的工人的权利除外。

2. 在不损及本公约第 52 和 79 条的情况下,自营职业工人结束经济活动本身并不表示对其本人或其家庭成员在就业国内逗留或从事有报酬活动许可的撤销,但明确规定居住许可取决于接纳他们入境从事具体有报酬活动的情况除外。

第六部分 增进工人及其家庭成员国际移徙的合理、公平、人道和合法条件

第 64 条

1. 在不损及本公约第 79 条的情况下,有关缔约国应酌情进行协商与合作,以期增进工人及其家庭成员国际移徙的合理、公平和人道条件。

2. 在这方面,不仅应适当顾及劳力需求和资源,还应顾到所涉移徙工人及其家庭成员的社会、经济、文化及其他需要以及这种移徙对有关社会造成的后果。

第 65 条

1. 缔约国应设有适当机构来处理有关工人及其家庭成员的国际移徙问题。除其他外,这种机构的职务应包括:

(a) 制订和执行关于这种移徙的政策;

(b) 同涉及这种移徙的其他缔约国的主管当局交换资料,进行协商与合作;

(c) 提供关于有关移徙和就业的政策、法律和规章、关于同其他国家就移徙缔结的协定和关于其他有关事项的适当资料,特别是向雇主、工人和他们的组织提供这种资料;

(d) 向移徙工人及其家庭成员提供关于离境、旅行、到达、逗留、从事有报酬活动、出境和返回所需的许可、正规手续和安排的资料,以及关于在就业国内工作和生活的条件和关于关税、货币、税款和其他有关法律和规章的资料,并给予这些方面的适当协助。

2. 缔约国应酌情便利提供满足移徙工人及其家庭成员的社会、文化和其他需要所必需的适当领事服务和其他服务。

第 66 条

1. 在符合本条第 2 款的规定下,进行活动以招募工人在另一国就业的权利应限于:

(a) 进行这种活动的所在国的公共机构或机关;

(b) 根据有关国家间的协定,就业国的公共机构或机关;

(c) 按双边或多边协定设立的机关。

2. 如经有关缔约国按照本国立法和惯例可能设立的公共当局授权、核可和监督,机构、未来雇主或代表它们的人员也可被允许进行这种活动。

第 67 条

1. 有关缔约国应酌情合作采取措施,使移徙工人及其家庭成员在决定返回或在居住许可或工作许可满期时或在其在就业国身份不正常时,有秩序地返回其原籍国。

2. 关于身份正常的移徙工人及其家庭成员,有关缔约国应根据这些国家共同议定的条

件酌情进行合作,为他们重新定居创造适当的经济条件,并便利他们在原籍国在社会和文化方面的持久重新融合。

第 68 条

1. 缔约国、包括过境国在内,应进行协作,以期防止和杜绝身份不正常的移徙工人非法或秘密移动和就业。有关各国管辖范围内为此目的采取的措施应包括:

(a) 制止散播有关移民出境和入境的错误资料的适当措施;

(b) 侦查和杜绝移徙工人及其家庭成员的非法或秘密移动,并对组织、办理或协助组织或办理这种移动的个人、团体或实体加以有效制裁的措施;

(c) 对于对身份不正常的移徙工人或其家庭成员使用暴力、威胁或恫吓的个人、团体或实体加以有效制裁的措施。

2. 就业国应采取杜绝其境内身份不正常的移徙工人的就业的一切适当和有效措施,包括适当时对雇用此类工人的雇主加以制裁。这些措施不得损害移徙工人由于受雇对其雇主而言的权利。

第 69 条

1. 缔约国遇其境内有身份不正常的移徙工人及其家庭成员时,应采取适当措施确保这种情况不会继续下去。

2. 有关缔约国在考虑按照适用的国家立法和双边或多边协定使这类人的身份正常化的可能性时,应适当顾及他们在就业国入境时的情况、他们逗留的时间长短及其他有关的考虑,特别是有关其家庭状况的考虑。

第 70 条

缔约国应采取不亚于适用于本国国民的措施,确保身份正常的移徙工人及其家庭成员的工作和生活条件符合强健、安全、卫生的标准和人的尊严的原则。

第 71 条

1. 缔约国应在必要时提供便利,将死亡移徙工人或死亡家庭成员的遗体运回原籍国。

2. 关于涉及某一移徙工人或其一家庭成员的死亡赔偿问题,缔约国应酌情协助当事人及时解决问题。这些问题的解决应按照本公约的规定和任何有关的双边或多边协定,根据适用的国家法律进行。

第七部分　公约的适用

第 72 条

1. (a) 为审查本公约适用情况的目的,应设立保护所有移徙工人及其家庭成员权利委员会(以下简称"委员会");

(b) 委员会在本公约开始生效时应由十名专家组成,在本公约对第四十一个缔约国生效之后由十四名专家组成,这些专家应是德高望重、公正不偏且在本公约所涉领域具有公认能力的。

2. (a) 委员会的成员应由缔约国从缔约国提名的人员名单中以无记名投票方式选出,同时应适当考虑到公平地域分配、包括原籍国和就业国,以及考虑到各主要法系的代表性。

每一缔约国可从其本国国民中提名一人；

(b) 成员应以个人资格当选和任职。

3. 第一次选举应在本公约生效之日起六个月内举行，其后的选举每两年举行一次。联合国秘书长应在每一次选举日期至少四个月之前向所有缔约国发出信件，请它们在两个月内提名候选人。秘书长应按字母顺序开列被提名人名单，注明提名的缔约国，并应至迟在该次选举日期前一个月内将被提名人的名单及履历一并提交缔约国。

4. 委员会成员的选举应由秘书长在联合国总部召开缔约国会议进行。该会议的法定人数应为缔约国的三分之二，获得出席并参加表决的缔约国最多票数并为绝对多数票者当选为成员。

5. (a) 委员会成员的任期应为四年。但第一次选举的当选成员五人的任期应在两年结束时届满，该五名成员应由缔约国会议主席在第一次选举后立即由抽签方式选定；

(b) 应在本公约对第四十一个缔约国生效时，根据本条第2、3和4款的规定，选举委员会的另四名成员。此次选举的当选成员二人的任期应在两年结束时届满；该二名成员应由缔约国会议主席以抽签方式选定；

(c) 委员会成员如获提名可连选连任。

6. 如果委员会的一名成员死亡或辞职，或是宣布因任何其他理由而无法再履行委员会的职责，提名该专家的缔约国应从该国国民任命另一名专家接任，直到此项任期届满。新任命须经委员会认可。

7. 联合国秘书长应为委员会有效履行职责提供所需的工作人员和设施。

8. 委员会成员应依照大会所定的条件，从联合国资源支取薪酬。

9. 委员会成员应享有《联合国特权及豁免公约》有关章节为执行联合国任务的专家所规定的便利、特权和豁免。

第73条

1. 缔约国承允：

(a) 在公约对有关缔约国生效后一年内；

(b) 此后每隔五年及当委员会要求时；就其为实施本公约各项规定所采取的立法、司法、行政和其他措施的情况，向联合国秘书长提出报告，供委员会审议。

2. 按照本条编写的报告还应说明影响本公约执行情况的任何因素和困难，并应载列涉及有关缔约国的移徙流动的特征资料。

3. 委员会应决定适用于报告内容的任何进一步指导方针。

4. 缔约国应向本国的民众广泛提供其报告。

第74条

1. 委员会应审查每一缔约国所提出的报告，并应将它可能认为适当的这类评论递送有关缔约国。该缔约国可向委员会提出对委员会按照本条所作任何评论的意见。在审议这些报告时，委员会可要求缔约国提供补充资料。

2. 联合国秘书长应在委员会每届常会召开前的适当时间，将有关缔约国提出报告的副本以及与审议这些报告有关的资料送交国际劳工局总干事，以便劳工局可就本公约所涉属于国际劳工组织职权范围内的事项提供专家意见以协助委员会。委员会在审议时应考虑劳工局可能提供的这类评论和材料。

3. 联合国秘书长同委员会磋商后,还可将这些报告中属于其他专门机构和政府间组织主管范围内的有关部分的副本送交它们。

4. 委员会可请各专门机构和联合国其他机构以及政府间组织和其有关机关就本公约所涉属于它们活动范围内的事项提交书面资料,供委员会审议。

5. 委员会应邀请国际劳工局指定代表以咨询身份参加委员会会议。

6. 委员会可邀请其他专门机构和联合国各机构以及政府间组织的代表出席委员会审议属于它们主管领域事项的会议并发表意见。

7. 委员会应向联合国大会就本公约的执行情况提出年度报告,其载有它本身根据特别是审查缔约国提出的报告和任何意见所提出的考虑和建议。

8. 联合国秘书长应将委员会的年度报告递送本公约缔约国、经济及社会理事会、联合国人权委员会、国际劳工总局总干事和其他有关组织。

第 75 条

1. 委员会应自行制订其议事规则。
2. 委员会应选出其主席团成员,任期两年。
3. 委员会通常应每年举行会议。
4. 委员会会议一般应在联合国总部举行。

第 76 条

1. 本公约缔约国可在任何时候根据本条规定宣布它承认委员会受理和审议以下来文的权限:一个缔约国指称另一个缔约国没有履行其在本公约规定下所承担义务的来文。根据本条规定,只有已作出声明承认委员会对它的权限的缔约国所提出的来文,方可予以受理和审议。委员会不得受理涉及尚未作出这种声明的缔约国的来文。根据本条规定所受理的来文应按以下程序处理。

(a) 如本公约一个缔约国认为另一个缔约国没有履行其在本公约规定下所承担的义务,可用书面函件将此事项提请该缔约国注意。缔约国也可将此事项通知委员会。受函国在收到函件三个月内,应给予送函国一个书面解释或任何其他说明以澄清事项,其中在可能和有关情况下,应提及就此事项所采取的、尚待采取的或者已经有的国内程序和补救措施;

(b) 在受函国收到初次函件后六个月内,就此事项如果未能有令双方满意的调整,任何一方应有权向委员会和向对方发出通知,将此事项向委员会提出;

(c) 遵照公认的国际法原则,委员会只有在它已确定就此事项已采取并试尽一切可能的国内补救办法之后,才应处理提交给它的事项。但在委员会认为补救办法的施行发生不当稽延的情况下,本规则不适用;

(d) 在符合本款(c)项规定情况下,委员会应向有关缔约国提供斡旋,以期在尊重本公约所载列的义务的基础上友好地解决问题;

(e) 委员会审查根据本条规定的来文时,应举行非公开会议;

(f) 对于按照本款(b)项规定向它提出的任何事项,委员会可要求(b)项所指的有关缔约国提供任何有关资料;

(g) 本款(b)项所指的有关缔约国应有权在委员会审议该事项时出席会议并作出口头

和(或)书面陈述;

(h)委员会应在收到根据本款(b)项提出的通知后十二个月内提出报告:

(一)如在本款(d)项的范围内达成解决办法,委员会的报告应限于简述事实经过和达成的解决办法;

(二)如未在本款(d)项的范围内达成解决办法,委员会的报告应载列关于有关缔约国之间问题的相关事实。报告应附有有关缔约国的书面函件和口头陈述的记录。委员会还可仅向有关缔约国传达它或许认为与它们之间问题有关的任何意见。任何情形下,报告都应送交有关缔约国。

2. 本条规定应在本公约十个缔约国根据本条第1款作出声明时即行生效。缔约国应将这种声明交存联合国秘书长,秘书长应将副本分送其他缔约国。可随时通知秘书长撤销声明。这种撤销不应影响对根据本条已分送来文所载任何事项的审议;在秘书长收到撤销声明的通知后,根据本条不得受理任何缔约国的其他来文,除非有关缔约国已作出新的声明。

第 77 条

1. 本公约缔约国可在任何时候根据本条规定宣布它承认委员会受理和审议以下来文的权限:在该缔约国管辖下声称本公约所规定的他们的个人权利受到该缔约国侵犯的个人或其代表送交的来文。委员会不得受理涉及尚未作出这种声明的缔约国的来文。

2. 根据本条规定,任何来文如采用匿名方式或经委员会认为滥用提出此类来文的权利或与本公约规定不符,委员会应视为不能受理。

3. 委员会除非已查明下述情况,不应审议个人根据本条规定的任何来文:

(a)同一事项过去和现在均未受到另一国际调查程序或解决办法的审查;而且

(b)个人已用尽一切国内补救办法:但在委员会认为补救办法的施行发生不当稽延或是对该个人不可能有任何实质性上的助益的情况下,本规则不适用。

4. 在符合本条第2款规定情况下,委员会对于根据本条规定提交委员会的任何来文,应提请根据第1款已作出声明且被指称违反本公约任何规定的缔约国予以注意。受函国应在六个月内向委员会提出书面解释或说明以澄清事项,如该国已采取任何补救办法,也应加以说明。

5. 委员会应参照个人或其代表以及有关缔约国所提供的一切资料,审议根据本条所受理的来文。

6. 委员会审查根据本条规定的来文时,应举行非公开会议。

7. 委员会应将其意见告知有关缔约国和个人。

8. 本条规定应在本公约十个缔约国根据本条第1款作出声明时即行生效。缔约国应将这种声明交存联合国秘书长,秘书长应将副本分送其他缔约国。可随时通知秘书长撤销声明。这种撤销不应影响对根据本条已分送来文所载任何事项的审议;在秘书长收到撤销声明的通知后,根据本条不得受理个人或其代表的其他来文,除非有关缔约国已作出新的声明。

第 78 条

本公约第76条规定的适用,不得妨碍联合国及其各专门机构的组织法文书或通过的各项公约所规定的关于解决本公约所适用领域的争端或控诉的任何程序,也不得阻碍缔约国按照相互之间现行的国际协定诉诸任何解决争端的程序。

第八部分 一 般 规 定

第 79 条
本公约的任何规定不得影响每一缔约国制定批准移徙工人及其家庭成员入境的准则的权利。关于有关移徙工人及其家庭成员的合法情况和待遇的其他事项,缔约国应受本公约规定的限制的约束。

第 80 条
本公约任何规定不得解释为减损《联合国宪章》和各专门机构组织法中关于联合国各机构和各专门机构在本公约所涉事项方面个别职责的各项规定。

第 81 条
1. 本公约任何规定不得影响由于以下的规定给予移徙工人及其家庭成员较为有利的权利或自由：
（a）缔约国的法律或惯例；或
（b）对有关缔约国生效的任何双边或多边条约。
2. 本公约任何规定不得解释为任何国家、团体或个人有权从事任何活动或行动以损害本公约所载列的任何权利和自由。

第 82 条
本公约所规定的移徙工人及其家庭成员的权利不得放弃。不容许对移徙工人及其家庭成员施加任何形式压力以图他们放弃或摒绝上述任何权利。不得以合同方式克减本公约所承认的权利。缔约国应采取适当措施确保这些原则获得尊重。

第 83 条
本公约每一缔约国承允：
（a）确保任何被侵犯本公约所承认的权利或自由的人应得到有效的补救,尽管此种侵犯是执行公职之人所为；
（b）确保任何寻求此种补救的人应由主管司法、行政或立法当局或由国家法律制度规定的任何其他主管当局审查和裁决其要求,并研拟司法补救的可能性；
（c）确保主管当局在准予此等补救时应予施行。

第 84 条
每一缔约国承允采取立法及其他必要措施以执行本公约各项规定。

第九部分 最 后 条 款

第 85 条
指定联合国秘书长为本公约保管人。

第 86 条
1. 本公约开放给所有国家签署。本公约须经批准。
2. 本公约开放给任何国家加入。

3. 批准书或加入书应交由联合国秘书长保存。

第 87 条

1. 本公约自第二十份批准书或加入书交存之日起三个月后的月份首日发生效力。

2. 对于在本公约生效后批准或加入的每一国家,本公约对该国自交存批准书或加入书之日起三个月后的月份首日发生效力。

第 88 条

批准或加入本公约的国家不得拒绝适用本公约的任何一个部分,或在不损及第 3 条的情况下,在适用本公约时排斥任何一类移徙工人。

第 89 条

1. 任何缔约国可在本公约对该有关国家生效五年以后,向联合国秘书长提出一项书面通知,退出本公约。

2. 退约应于联合国秘书长收到通知之日起十二个月后的月份首日发生效力。

3. 退约不得有以下这种作用:免除在退约生效之前按照本公约对任何行为或不行为应负的义务;退约也决不得影响委员会继续审议退约生效之前已经开始审议的任何问题。

4. 自缔约国退约生效之日起,委员会不应开始审议关于该国的任何新问题。

第 90 条

1. 在本公约生效五年后,任何缔约国可随时以书面通知联合国秘书长要求修订公约。秘书长即可向缔约国传达任何修订提议,并要求缔约国就是否赞同召开缔约国会议审议并表决提议事宜通知秘书长。在通知发出四个月内如有至少三分之一的缔约国同意召开会议,秘书长应召开由联合国主持的此种会议。任何修订经出席并参加表决的大多数缔约国通过,应提交大会批准。

2. 此等修订由联合国大会批准并为缔约国三分之二多数按照各自的宪法程序加以接受后,即行生效。

3. 此等修订生效时,对已予接受的缔约国有约束力,其他缔约国仍受本公约的规定和它们已接受的任何先前修订的约束。

第 91 条

1. 联合国秘书长应接受缔约国在签署、批准或加入时提出的保留,并将保留案文分发所有国家。

2. 不得提出与本公约目的和宗旨抵触的保留。

3. 缔约国可随时向联合国秘书长提出通知,请求撤销保留,并由他将此项通知告知所有国家。该项通知收到后,当日生效。

第 92 条

1. 两个或两个以上的缔约国之间关于本公约的解释或适用方面的任何争端,如不能谈判解决,经一方要求,应交付仲裁。如果自要求仲裁之日起六个月内,当事各方不能就仲裁的组成达成协议,任何一方得遵照《国际法院规约》提出请求,将争端提交国际法院审理。

2. 每一缔约国得在签署或批准本公约或加入本公约时,声明该国不受本条第 1 款的约束。其他缔约国对于作出这项声明的任何缔约国,也不受该款的约束。

3. 按照本条第 2 款的规定作出声明的任何缔约国,可随时通知联合国秘书长撤回该项

声明

第 93 条

1. 本公约的阿拉伯文、中文、英文、法文、俄文、西班牙文文本具有同等效力,均交存联合国秘书长。

2. 联合国秘书长向所有国家递送本公约证明无误之副本。

为此,下列全权代表经由各自政府正式授权,在本公约上签字,以昭信守。

16. 残疾人权利公约

(联合国大会 2006 年 12 月 13 日通过)

序　　言

本公约缔约国，

（一）回顾《联合国宪章》宣告的各项原则确认人类大家庭所有成员的固有尊严和价值以及平等和不可剥夺的权利，是世界自由、正义与和平的基础，

（二）确认联合国在《世界人权宣言》和国际人权公约中宣告并认定人人有权享有这些文书所载的一切权利和自由，不得有任何区别，

（三）重申一切人权和基本自由都是普遍、不可分割、相互依存和相互关联的，必须保障残疾人不受歧视地充分享有这些权利和自由，

（四）回顾《经济、社会、文化权利国际公约》、《公民及政治权利国际公约》、《消除一切形式种族歧视国际公约》、《消除对妇女一切形式歧视公约》、《禁止酷刑和其他残忍、不人道或有辱人格的待遇或处罚公约》、《儿童权利公约》和《保护所有移徙工人及其家庭成员权利国际公约》，

（五）确认残疾是一个演变中的概念，残疾是伤残者和阻碍他们在与其他人平等的基础上充分和切实地参与社会的各种态度和环境障碍相互作用所产生的结果，

（六）确认《关于残疾人的世界行动纲领》和《残疾人机会均等标准规则》所载原则和政策导则在影响国家、区域和国际各级推行、制定和评价进一步增加残疾人均等机会的政策、计划、方案和行动方面的重要性，

（七）强调必须使残疾问题成为相关可持续发展战略的重要组成部分，

（八）又确认因残疾而歧视任何人是对人的固有尊严和价值的侵犯，

（九）还确认残疾人的多样性，

（十）确认必须促进和保护所有残疾人的人权，包括需要加强支助的残疾人的人权，

（十一）关注尽管有上述各项文书和承诺，残疾人作为平等社会成员参与方面继续面临各种障碍，残疾人的人权在世界各地继续受到侵犯，

（十二）确认国际合作对改善各国残疾人，尤其是发展中国家残疾人的生活条件至关重要，

（十三）确认残疾人对其社区的全面福祉和多样性作出的和可能作出的宝贵贡献，并确认促进残疾人充分享有其人权和基本自由以及促进残疾人充分参与，将增强其归属感，大大推进整个社会的人的发展和社会经济发展以及除贫工作，

（十四）确认个人的自主和自立，包括自由作出自己的选择，对残疾人至关重要，

（十五）认为残疾人应有机会积极参与政策和方案的决策过程，包括与残疾人直接有关的政策和方案的决策过程，

（十六）关注因种族、肤色、性别、语言、宗教、政治或其他见解、民族本源、族裔、土著身份或社会出身、财产、出生、年龄或其他身份而受到多重或加重形式歧视的残疾人所面临的困难处境，

（十七）确认残疾妇女和残疾女孩在家庭内外往往面临更大的风险，更易遭受暴力、伤害或凌虐、忽视或疏忽、虐待或剥削，

（十八）确认残疾儿童应在与其他儿童平等的基础上充分享有一切人权和基本自由，并回顾《儿童权利公约》缔约国为此目的承担的义务，

（十九）强调必须将两性平等观点纳入促进残疾人充分享有人权和基本自由的一切努力之中，

（二十）着重指出大多数残疾人生活贫困，确认在这方面亟需消除贫穷对残疾人的不利影响，

（二十一）铭记在恪守《联合国宪章》宗旨和原则并遵守适用的人权文书的基础上实现和平与安全，是充分保护残疾人，特别是在武装冲突和外国占领期间充分保护残疾人的必要条件，

（二十二）确认无障碍的物质、社会、经济和文化环境、医疗卫生和教育以及信息和交流，对残疾人能够充分享有一切人权和基本自由至关重要，

（二十三）认识到个人对他人和对本人所属社区负有义务，有责任努力促进和遵守《国际人权宪章》确认的权利，

（二十四）深信家庭是自然和基本的社会组合单元，有权获得社会和国家的保护，残疾人及其家庭成员应获得必要的保护和援助，使家庭能够为残疾人充分和平等地享有其权利作出贡献，

（二十五）深信一项促进和保护残疾人权利和尊严的全面综合国际公约将大有助于在发展中国家和发达国家改变残疾人在社会上的严重不利处境，促使残疾人有平等机会参与公民、政治、经济、社会和文化生活，

议定如下：

第一条　宗旨

本公约的宗旨是促进、保护和确保所有残疾人充分和平等地享有一切人权和基本自由，并促进对残疾人固有尊严的尊重。

残疾人包括肢体、精神、智力或感官有长期损伤的人，这些损伤与各种障碍相互作用，可能阻碍残疾人在与他人平等的基础上充分和切实地参与社会。

第二条　定义

为本公约的目的：

"交流"包括语言、字幕、盲文、触觉交流、大字本、无障碍多媒体以及书面语言、听力语言、浅白语言、朗读员和辅助或替代性交流方式、手段和模式，包括无障碍信息和通信技术；

"语言"包括口语和手语及其他形式的非语音语言；

"基于残疾的歧视"是指基于残疾而作出的任何区别、排斥或限制,其目的或效果是在政治、经济、社会、文化、公民或任何其他领域,损害或取消在与其他人平等的基础上,对一切人权和基本自由的认可、享有或行使。基于残疾的歧视包括一切形式的歧视,包括拒绝提供合理便利;

"合理便利"是指根据具体需要,在不造成过度或不当负担的情况下,进行必要和适当的修改和调整,以确保残疾人在与其他人平等的基础上享有或行使一切人权和基本自由;

"通用设计"是指尽最大可能让所有人可以使用,无需作出调整或特别设计的产品、环境、方案和服务设计。"通用设计"不排除在必要时为某些残疾人群体提供辅助用具。

第三条　一般原则

本公约的原则是:

(一) 尊重固有尊严和个人自主,包括自由作出自己的选择,以及个人的自立;

(二) 不歧视;

(三) 充分和切实地参与和融入社会;

(四) 尊重差异,接受残疾人是人的多样性的一部分和人类的一份子;

(五) 机会均等;

(六) 无障碍;

(七) 男女平等;

(八) 尊重残疾儿童逐渐发展的能力并尊重残疾儿童保持其身份特性的权利。

第四条　一般义务

一、缔约国承诺确保并促进充分实现所有残疾人的一切人权和基本自由,使其不受任何基于残疾的歧视。为此目的,缔约国承诺:

(一) 采取一切适当的立法、行政和其他措施实施本公约确认的权利;

(二) 采取一切适当措施,包括立法,以修订或废止构成歧视残疾人的现行法律、法规、习惯和做法;

(三) 在一切政策和方案中考虑保护和促进残疾人的人权;

(四) 不实施任何与本公约不符的行为或做法,确保公共当局和机构遵循本公约的规定行事;

(五) 采取一切适当措施,消除任何个人、组织或私营企业基于残疾的歧视;

(六) 从事或促进研究和开发本公约第二条所界定的通用设计的货物、服务、设备和设施,以便仅需尽可能小的调整和最低的费用即可满足残疾人的具体需要,促进这些货物、服务、设备和设施的提供和使用,并在拟订标准和导则方面提倡通用设计;

(七) 从事或促进研究和开发适合残疾人的新技术,并促进提供和使用这些新技术,包括信息和通信技术、助行器具、用品、辅助技术,优先考虑价格低廉的技术;

(八) 向残疾人提供无障碍信息,介绍助行器具、用品和辅助技术,包括新技术,并介绍其他形式的协助、支助服务和设施;

(九) 促进培训协助残疾人的专业人员和工作人员,使他们了解本公约确认的权利,以便更好地提供这些权利所保障的协助和服务。

二、关于经济、社会和文化权利,各缔约国承诺尽量利用现有资源并于必要时在国际合作框架内采取措施,以期逐步充分实现这些权利,但不妨碍本公约中依国际法立即适用的义务。

三、缔约国应当在为实施本公约而拟订和施行立法和政策时以及在涉及残疾人问题的其他决策过程中,通过代表残疾人的组织,与残疾人,包括残疾儿童,密切协商,使他们积极参与。

四、本公约的规定不影响任何缔约国法律或对该缔约国生效的国际法中任何更有利于实现残疾人权利的规定。对于根据法律、公约、法规或习惯而在本公约任何缔约国内获承认或存在的任何人权和基本自由,不得以本公约未予承认或未予充分承认这些权利或自由为借口而加以限制或减损。

五、本公约的规定应当无任何限制或例外地适用于联邦制国家各组成部分。

第五条 平等和不歧视

一、缔约国确认,在法律面前,人人平等,有权不受任何歧视地享有法律给予的平等保护和平等权益。

二、缔约国应当禁止一切基于残疾的歧视,保证残疾人获得平等和有效的法律保护,使其不受基于任何原因的歧视。

三、为促进平等和消除歧视,缔约国应当采取一切适当步骤,确保提供合理便利。

四、为加速或实现残疾人事实上的平等而必须采取的具体措施,不得视为本公约所指的歧视。

第六条 残疾妇女

一、缔约国确认残疾妇女和残疾女孩受到多重歧视,在这方面,应当采取措施,确保她们充分和平等地享有一切人权和基本自由。

二、缔约国应当采取一切适当措施,确保妇女充分发展,地位得到提高,能力得到增强,目的是保证妇女能行使和享有本公约所规定的人权和基本自由。

第七条 残疾儿童

一、缔约国应当采取一切必要措施,确保残疾儿童在与其他儿童平等的基础上,充分享有一切人权和基本自由。

二、在一切关于残疾儿童的行动中,应当以儿童的最佳利益为一项首要考虑。

三、缔约国应当确保,残疾儿童有权在与其他儿童平等的基础上,就一切影响本人的事项自由表达意见,并获得适合其残疾状况和年龄的辅助手段以实现这项权利,残疾儿童的意见应当按其年龄和成熟程度适当予以考虑。

第八条 提高认识

一、缔约国承诺立即采取有效和适当的措施,以便:

(一)提高整个社会,包括家庭,对残疾人的认识,促进对残疾人权利和尊严的尊重;

(二)在生活的各个方面消除对残疾人的定见、偏见和有害做法,包括基于性别和年龄的定见、偏见和有害做法;

(三)提高对残疾人的能力和贡献的认识。

二、为此目的采取的措施包括:

(一)发起和持续进行有效的宣传运动,提高公众认识,以便:

1. 培养接受残疾人权利的态度;
2. 促进积极看待残疾人,提高社会对残疾人的了解;
3. 促进承认残疾人的技能、才华和能力以及他们对工作场所和劳动力市场的贡献;

(二)在各级教育系统中培养尊重残疾人权利的态度,包括从小在所有儿童中培养这种态度;

(三)鼓励所有媒体机构以符合本公约宗旨的方式报道残疾人;

(四)推行了解残疾人和残疾人权利的培训方案。

第九条 无障碍

一、为了使残疾人能够独立生活和充分参与生活的各个方面,缔约国应当采取适当措施,确保残疾人在与其他人平等的基础上,无障碍地进出物质环境,使用交通工具,利用信息和通信,包括信息和通信技术和系统,以及享用在城市和农村地区向公众开放或提供的其他设施和服务。这些措施应当包括查明和消除阻碍实现无障碍环境的因素,并除其他外,应当适用于:

(一)建筑、道路、交通和其他室内外设施,包括学校、住房、医疗设施和工作场所;

(二)信息、通信和其他服务,包括电子服务和应急服务。

二、缔约国还应当采取适当措施,以便:

(一)拟订和公布无障碍使用向公众开放或提供的设施和服务的最低标准和导则,并监测其实施情况;

(二)确保向公众开放或为公众提供设施和服务的私营实体在各个方面考虑为残疾人创造无障碍环境;

(三)就残疾人面临的无障碍问题向各有关方面提供培训;

(四)在向公众开放的建筑和其他设施中提供盲文标志及易读易懂的标志;

(五)提供各种形式的现场协助和中介,包括提供向导、朗读员和专业手语译员,以利向公众开放的建筑和其他设施的无障碍;

(六)促进向残疾人提供其他适当形式的协助和支助,以确保残疾人获得信息;

(七)促使残疾人有机会使用新的信息和通信技术和系统,包括因特网;

(八)促进在早期阶段设计、开发、生产、推行无障碍信息和通信技术和系统,以便能以最低成本使这些技术和系统无障碍。

第十条 生命权

缔约国重申人人享有固有的生命权,并应当采取一切必要措施,确保残疾人在与其他人平等的基础上切实享有这一权利。

第十一条 危难情况和人道主义紧急情况

缔约国应当依照国际法包括国际人道主义法和国际人权法规定的义务,采取一切必要措施,确保在危难情况下,包括在发生武装冲突、人道主义紧急情况和自然灾害时,残疾人获得保护和安全。

第十二条 在法律面前获得平等承认

一、缔约国重申残疾人享有在法律面前的人格在任何地方均获得承认的权利。

二、缔约国应当确认残疾人在生活的各方面在与其他人平等的基础上享有法律权利能力。

三、缔约国应当采取适当措施,便利残疾人获得他们在行使其法律权利能力时可能需要的协助。

四、缔约国应当确保,与行使法律权利能力有关的一切措施,均依照国际人权法提供适当和有效的防止滥用保障。这些保障应当确保与行使法律权利能力有关的措施尊重本人的权利、意愿和选择,无利益冲突和不当影响,适应本人情况,适用时间尽可能短,并定期由一个有资格、独立、公正的当局或司法机构复核。提供的保障应当与这些措施影响个人权益的程度相称。

五、在符合本条的规定的情况下,缔约国应当采取一切适当和有效的措施,确保残疾人享有平等权利拥有或继承财产,掌管自己的财务,有平等机会获得银行贷款、抵押贷款和其他形式的金融信贷,并应当确保残疾人的财产不被任意剥夺。

第十三条　获得司法保护

一、缔约国应当确保残疾人在与其他人平等的基础上有效获得司法保护,包括通过提供程序便利和适龄措施,以便利他们在所有法律诉讼程序中,包括在调查和其他初步阶段中,切实发挥其作为直接和间接参与方,包括其作为证人的作用。

二、为了协助确保残疾人有效获得司法保护,缔约国应当促进对司法领域工作人员,包括警察和监狱工作人员进行适当的培训。

第十四条　自由和人身安全

一、缔约国应当确保残疾人在与其他人平等的基础上:

(一)享有自由和人身安全的权利;

(二)不被非法或任意剥夺自由,任何对自由的剥夺均须符合法律规定,而且在任何情况下均不得以残疾作为剥夺自由的理由。

二、缔约国应当确保,在任何程序中被剥夺自由的残疾人,在与其他人平等的基础上,有权获得国际人权法规定的保障,并应当享有符合本公约宗旨和原则的待遇,包括提供合理便利的待遇。

第十五条　免于酷刑或残忍、不人道或有辱人格的待遇或处罚

一、不得对任何人实施酷刑或残忍、不人道或有辱人格的待遇或处罚。特别是不得在未经本人自由同意的情况下,对任何人进行医学或科学试验。

二、缔约国应当采取一切有效的立法、行政、司法或其他措施,在与其他人平等的基础上,防止残疾人遭受酷刑或残忍、不人道或有辱人格的待遇或处罚。

第十六条　免于剥削、暴力和凌虐

一、缔约国应当采取一切适当的立法、行政、社会、教育和其他措施,保护残疾人在家庭内外免遭一切形式的剥削、暴力和凌虐,包括基于性别的剥削、暴力和凌虐。

二、缔约国还应当采取一切适当措施防止一切形式的剥削、暴力和凌虐,除其他外,确保向残疾人及其家属和照护人提供考虑到性别和年龄的适当协助和支助,包括提供信息和教育,说明如何避免、识别和报告剥削、暴力和凌虐事件。缔约国应当确保保护服务考虑到年龄、性别和残疾因素。

三、为了防止发生任何形式的剥削、暴力和凌虐,缔约国应当确保所有用于为残疾人服

务的设施和方案受到独立当局的有效监测。

四、残疾人受到任何形式的剥削、暴力或凌虐时,缔约国应当采取一切适当措施,包括提供保护服务,促进被害人的身体、认知功能和心理的恢复、康复及回归社会。上述恢复措施和回归社会措施应当在有利于本人的健康、福祉、自尊、尊严和自主的环境中进行,并应当考虑到因性别和年龄而异的具体需要。

五、缔约国应当制定有效的立法和政策,包括以妇女和儿童为重点的立法和政策,确保查明、调查和酌情起诉对残疾人的剥削、暴力和凌虐事件。

第十七条 保护人身完整性

每个残疾人的身心完整性有权在与其他人平等的基础上获得尊重。

第十八条 迁徙自由和国籍

一、缔约国应当确认残疾人在与其他人平等的基础上有权自由迁徙、自由选择居所和享有国籍,包括确保残疾人:

(一) 有权获得和变更国籍,国籍不被任意剥夺或因残疾而被剥夺;

(二) 不因残疾而被剥夺获得、拥有和使用国籍证件或其他身份证件的能力,或利用相关程序,如移民程序的能力,这些能力可能是便利行使迁徙自由权所必要的;

(三) 可以自由离开任何国家,包括本国在内;

(四) 不被任意剥夺或因残疾而被剥夺进入本国的权利。

二、残疾儿童出生后应当立即予以登记,从出生起即应当享有姓名权利,享有获得国籍的权利,并尽可能享有知悉父母并得到父母照顾的权利。

第十九条 独立生活和融入社区

本公约缔约国确认所有残疾人享有在社区中生活的平等权利以及与其他人同等的选择,并应当采取有效和适当的措施,以便利残疾人充分享有这项权利以及充分融入和参与社区,包括确保:

(一) 残疾人有机会在与其他人平等的基础上选择居所,选择在何处、与何人一起生活,不被迫在特定的居住安排中生活;

(二) 残疾人获得各种居家、住所和其他社区支助服务,包括必要的个人援助,以便在社区生活和融入社区,避免同社区隔绝或隔离;

(三) 残疾人可以在平等基础上享用为公众提供的社区服务和设施,并确保这些服务和设施符合他们的需要。

第二十条 个人行动能力

缔约国应当采取有效措施,确保残疾人尽可能独立地享有个人行动能力,包括:

(一) 便利残疾人按自己选择的方式和时间,以低廉费用享有个人行动能力;

(二) 便利残疾人获得优质的助行器具、用品、辅助技术以及各种形式的现场协助和中介,包括以低廉费用提供这些服务;

(三) 向残疾人和专门协助残疾人的工作人员提供行动技能培训;

(四) 鼓励生产助行器具、用品和辅助技术的实体考虑残疾人行动能力的各个方面。

第二十一条 表达意见的自由和获得信息的机会

缔约国应当采取一切适当措施,包括下列措施,确保残疾人能够行使自由表达意见的权

利,包括在与其他人平等的基础上,通过自行选择本公约第二条所界定的一切交流形式,寻求、接受、传递信息和思想的自由:

(一)以无障碍模式和适合不同类别残疾的技术,及时向残疾人提供公共信息,不另收费;

(二)在正式事务中允许和便利使用手语、盲文、辅助和替代性交流方式及残疾人选用的其他一切无障碍交流手段、方式和模式;

(三)敦促向公众提供服务,包括通过因特网提供服务的私营实体,以无障碍和残疾人可以使用的模式提供信息和服务;

(四)鼓励包括因特网信息提供商在内的大众媒体向残疾人提供无障碍服务;

(五)承认和推动手语的使用。

第二十二条 尊重隐私

一、残疾人,不论其居所地或居住安排为何,其隐私、家庭、家居和通信以及其他形式的交流,不得受到任意或非法的干预,其荣誉和名誉也不得受到非法攻击。残疾人有权获得法律的保护,不受这种干预或攻击。

二、缔约国应当在与其他人平等的基础上保护残疾人的个人、健康和康复资料的隐私。

第二十三条 尊重家居和家庭

一、缔约国应当采取有效和适当的措施,在涉及婚姻、家庭、生育和个人关系的一切事项中,在与其他人平等的基础上,消除对残疾人的歧视,以确保:

(一)所有适婚年龄的残疾人根据未婚配偶双方自由表示的充分同意结婚和建立家庭的权利获得承认;

(二)残疾人自由、负责任地决定子女人数和生育间隔,获得适龄信息、生殖教育和计划生育教育的权利获得承认,并提供必要手段使残疾人能够行使这些权利;

(三)残疾人,包括残疾儿童,在与其他人平等的基础上,保留其生育力。

二、如果本国立法中有监护、监管、托管和领养儿童或类似的制度,缔约国应当确保残疾人在这些方面的权利和责任;在任何情况下均应当以儿童的最佳利益为重。缔约国应当适当协助残疾人履行其养育子女的责任。

三、缔约国应当确保残疾儿童在家庭生活方面享有平等权利。为了实现这些权利,并为了防止隐藏、遗弃、忽视和隔离残疾儿童,缔约国应当承诺及早向残疾儿童及其家属提供全面的信息、服务和支助。

四、缔约国应当确保不违背儿童父母的意愿使子女与父母分离,除非主管当局依照适用的法律和程序,经司法复核断定这种分离确有必要,符合儿童本人的最佳利益。在任何情况下均不得以子女残疾或父母一方或双方残疾为理由,使子女与父母分离。

五、缔约国应当在近亲属不能照顾残疾儿童的情况下,尽一切努力在大家庭范围内提供替代性照顾,并在无法提供这种照顾时,在社区内提供家庭式照顾。

第二十四条 教育

一、缔约国确认残疾人享有受教育的权利。为了在不受歧视和机会均等的情况下实现这一权利,缔约国应当确保在各级教育实行包容性教育制度和终生学习,以便:

(一)充分开发人的潜力,培养自尊自重精神,加强对人权、基本自由和人的多样性的尊重；

（二）最充分地发展残疾人的个性、才华和创造力以及智能和体能；

（三）使所有残疾人能切实参与一个自由的社会。

二、为了实现这一权利，缔约国应当确保：

（一）残疾人不因残疾而被排拒于普通教育系统之外，残疾儿童不因残疾而被排拒于免费和义务初等教育或中等教育之外；

（二）残疾人可以在自己生活的社区内，在与其他人平等的基础上，获得包容性的优质免费初等教育和中等教育；

（三）提供合理便利以满足个人的需要；

（四）残疾人在普通教育系统中获得必要的支助，便利他们切实获得教育；

（五）按照有教无类的包容性目标，在最有利于发展学习和社交能力的环境中，提供适合个人情况的有效支助措施。

三、缔约国应当使残疾人能够学习生活和社交技能，便利他们充分和平等地参与教育和融入社区。为此目的，缔约国应当采取适当措施，包括：

（一）为学习盲文，替代文字，辅助和替代性交流方式、手段和模式，定向和行动技能提供便利，并为残疾人之间的相互支持和指导提供便利；

（二）为学习手语和宣传聋人的语言特性提供便利；

（三）确保以最适合个人情况的语文及交流方式和手段，在最有利于发展学习和社交能力的环境中，向盲、聋或聋盲人，特别是盲、聋或聋盲儿童提供教育。

四、为了帮助确保实现这项权利，缔约国应当采取适当措施，聘用有资格以手语和（或）盲文教学的教师，包括残疾教师，并对各级教育的专业人员和工作人员进行培训。这种培训应当包括对残疾的了解和学习使用适当的辅助和替代性交流方式、手段和模式、教育技巧和材料以协助残疾人。

五、缔约国应当确保，残疾人能够在不受歧视和与其他人平等的基础上，获得普通高等教育、职业培训、成人教育和终生学习。为此目的，缔约国应当确保向残疾人提供合理便利。

第二十五条　健康

缔约国确认，残疾人有权享有可达到的最高健康标准，不受基于残疾的歧视。缔约国应当采取一切适当措施，确保残疾人获得考虑到性别因素的医疗卫生服务，包括与健康有关的康复服务。缔约国尤其应当：

（一）向残疾人提供其他人享有的，在范围、质量和标准方面相同的免费或费用低廉的医疗保健服务和方案，包括在性健康和生殖健康及全民公共卫生方案方面；

（二）向残疾人提供残疾特需医疗卫生服务，包括酌情提供早期诊断和干预，并提供旨在尽量减轻残疾和预防残疾恶化的服务，包括向儿童和老年人提供这些服务；

（三）尽量就近在残疾人所在社区，包括在农村地区，提供这些医疗卫生服务；

（四）要求医护人员，包括在征得残疾人自由表示的知情同意基础上，向残疾人提供在质量上与其他人所得相同的护理，特别是通过提供培训和颁布公共和私营医疗保健服务职业道德标准，提高对残疾人人权、尊严、自主和需要的认识；

（五）在提供医疗保险和国家法律允许的人寿保险方面禁止歧视残疾人，这些保险应当以公平合理的方式提供；

（六）防止基于残疾而歧视性地拒绝提供医疗保健或医疗卫生服务，或拒绝提供食物和液体。

第二十六条　适应训练和康复

一、缔约国应当采取有效和适当的措施，包括通过残疾人相互支持，使残疾人能够实现和保持最大程度的自立，充分发挥和维持体能、智能、社会和职业能力，充分融入和参与生活的各个方面。为此目的，缔约国应当组织、加强和推广综合性适应训练和康复服务和方案，尤其是在医疗卫生、就业、教育和社会服务方面，这些服务和方案应当：

（一）根据对个人需要和体能的综合评估尽早开始；

（二）有助于残疾人参与和融入社区和社会的各个方面，属自愿性质，并尽量在残疾人所在社区，包括农村地区就近安排。

二、缔约国应当促进为从事适应训练和康复服务的专业人员和工作人员制订基础培训和进修培训计划。

三、在适应训练和康复方面，缔约国应当促进提供为残疾人设计的辅助用具和技术以及对这些用具和技术的了解和使用。

第二十七条　工作和就业

一、缔约国确认残疾人在与其他人平等的基础上享有工作权，包括有机会在开放、具有包容性和对残疾人不构成障碍的劳动力市场和工作环境中，为谋生自由选择或接受工作的权利。为保障和促进工作权的实现，包括在就业期间致残者的工作权的实现，缔约国应当采取适当步骤，包括通过立法，除其他外：

（一）在一切形式就业的一切事项上，包括在征聘、雇用和就业条件、继续就业、职业提升以及安全和健康的工作条件方面，禁止基于残疾的歧视；

（二）保护残疾人在与其他人平等的基础上享有公平和良好的工作条件，包括机会均等和同值工作同等报酬的权利，享有安全和健康的工作环境，包括不受骚扰的权利，并享有申诉的权利；

（三）确保残疾人能够在与其他人平等的基础上行使工会权；

（四）使残疾人能够切实参加一般技术和职业指导方案，获得职业介绍服务、职业培训和进修培训；

（五）在劳动力市场上促进残疾人的就业机会和职业提升机会，协助残疾人寻找、获得、保持和恢复工作；

（六）促进自营就业、创业经营、创建合作社和个体开业的机会；

（七）在公共部门雇用残疾人；

（八）以适当的政策和措施，其中可以包括平权行动方案、奖励和其他措施，促进私营部门雇用残疾人；

（九）确保在工作场所为残疾人提供合理便利；

（十）促进残疾人在开放劳动力市场上获得工作经验；

（十一）促进残疾人的职业和专业康复服务、保留工作和恢复工作方案。

二、缔约国应当确保残疾人不被奴役或驱役，并在与其他人平等的基础上受到保护，不被强迫或强制劳动。

第二十八条 适足的生活水平和社会保护

一、缔约国确认残疾人有权为自己及其家属获得适足的生活水平,包括适足的食物、衣物、住房,以及不断改善生活条件;缔约国应当采取适当步骤,保障和促进在不受基于残疾的歧视的情况下实现这项权利。

二、缔约国确认残疾人有权获得社会保护,并有权在不受基于残疾的歧视的情况下享有这项权利;缔约国应当采取适当步骤,保障和促进这项权利的实现,包括采取措施:

(一)确保残疾人平等地获得洁净供水,并且确保他们获得适当和价格低廉的服务、用具和其他协助,以满足与残疾有关的需要;

(二)确保残疾人,尤其是残疾妇女、女孩和老年人,可以利用社会保护方案和减贫方案;

(三)确保生活贫困的残疾人及其家属,在与残疾有关的费用支出,包括适足的培训、辅导、经济援助和临时护理方面,可以获得国家援助;

(四)确保残疾人可以参加公共住房方案;

(五)确保残疾人可以平等享受退休福利和参加退休方案。

第二十九条 参与政治和公共生活

缔约国应当保证残疾人享有政治权利,有机会在与其他人平等的基础上享受这些权利,并应当承诺:

(一)确保残疾人能够在与其他人平等的基础上,直接或通过其自由选择的代表,有效和充分地参与政治和公共生活,包括确保残疾人享有选举和被选举的权利和机会,除其他外,采取措施:

1. 确保投票程序、设施和材料适当、无障碍、易懂易用;

2. 保护残疾人的权利,使其可以在选举或公投中不受威吓地采用无记名方式投票、参选、在各级政府实际担任公职和履行一切公共职务,并酌情提供使用辅助技术和新技术的便利;

3. 保证残疾人作为选民能够自由表达意愿,并在必要时根据残疾人的要求,为此目的允许残疾人自行选择的人协助投票;

(二)积极创造环境,使残疾人能够不受歧视地在与其他人平等的基础上有效和充分地参与处理公共事务,并鼓励残疾人参与公共事务,包括:

1. 参与涉及本国公共和政治生活的非政府组织和社团,参加政党的活动和管理;

2. 建立和加入残疾人组织,在国际、全国、地区和地方各级代表残疾人。

第三十条 参与文化生活、娱乐、休闲和体育活动

一、缔约国确认残疾人有权在与其他人平等的基础上参与文化生活,并应当采取一切适当措施,确保残疾人:

(一)获得以无障碍模式提供的文化材料;

(二)获得以无障碍模式提供的电视节目、电影、戏剧和其他文化活动;

(三)进出文化表演或文化服务场所,例如剧院、博物馆、电影院、图书馆、旅游服务场所,并尽可能地可以进出在本国文化中具有重要意义的纪念物和纪念地。

二、缔约国应当采取适当措施,使残疾人能够有机会为自身利益并为充实社会,发展和利用自己的创造、艺术和智力潜力。

三、缔约国应当采取一切适当步骤,依照国际法的规定,确保保护知识产权的法律不构成不合理或歧视性障碍,阻碍残疾人获得文化材料。

四、残疾人特有的文化和语言特性,包括手语和聋文化,应当有权在与其他人平等的基础上获得承认和支持。

五、为了使残疾人能够在与其他人平等的基础上参加娱乐、休闲和体育活动,缔约国应当采取适当措施,以便:

(一)鼓励和促进残疾人尽可能充分地参加各级主流体育活动;

(二)确保残疾人有机会组织、发展和参加残疾人专项体育、娱乐活动,并为此鼓励在与其他人平等的基础上提供适当指导、训练和资源;

(三)确保残疾人可以使用体育、娱乐和旅游场所;

(四)确保残疾儿童享有与其他儿童一样的平等机会参加游戏、娱乐和休闲以及体育活动,包括在学校系统参加这类活动;

(五)确保残疾人可以获得娱乐、旅游、休闲和体育活动的组织人提供的服务。

第三十一条 统计和数据收集

一、缔约国承诺收集适当的信息,包括统计和研究数据,以便制定和实施政策,落实本公约。收集和维持这些信息的工作应当:

(一)遵行法定保障措施,包括保护数据的立法,实行保密和尊重残疾人的隐私;

(二)遵行保护人权和基本自由的国际公认规范以及收集和使用统计数据的道德原则。

二、依照本条规定收集的信息应当酌情分组,用于协助评估本公约规定的缔约国义务的履行情况,查明和清除残疾人在行使其权利时遇到的障碍。

三、缔约国应当负责传播这些统计数据,确保残疾人和其他人可以使用这些统计数据。

第三十二条 国际合作

一、缔约国确认必须开展和促进国际合作,支持国家为实现本公约的宗旨和目的而作出的努力,并将为此在双边和多边的范围内采取适当和有效的措施,并酌情与相关国际和区域组织及民间社会,特别是与残疾人组织,合作采取这些措施。除其他外,这些措施可包括:

(一)确保包容和便利残疾人参与国际合作,包括国际发展方案;

(二)促进和支持能力建设,如交流和分享信息、经验、培训方案和最佳做法;

(三)促进研究方面的合作,便利科学技术知识的获取;

(四)酌情提供技术和经济援助,包括便利获取和分享无障碍技术和辅助技术以及通过技术转让提供这些援助。

二、本条的规定不妨害各缔约国履行其在本公约下承担的义务。

第三十三条 国家实施和监测

一、缔约国应当按照本国建制,在政府内指定一个或多个协调中心,负责有关实施本公约的事项,并应当适当考虑在政府内设立或指定一个协调机制,以便利在不同部门和不同级别采取有关行动。

二、缔约国应当按照本国法律制度和行政制度,酌情在国内维持、加强、指定或设立一个框架,包括一个或多个独立机制,以促进、保护和监测本公约的实施。在指定或建立这一机制时,缔约国应当考虑与保护和促进人权的国家机构的地位和运作有关的原则。

三、民间社会,特别是残疾人及其代表组织,应当获邀参加并充分参与监测进程。

第三十四条 残疾人权利委员会

一、应当设立一个残疾人权利委员会(以下称"委员会"),履行下文规定的职能。

二、在本公约生效时,委员会应当由十二名专家组成。在公约获得另外六十份批准书或加入书后,委员会应当增加六名成员,以足十八名成员之数。

三、委员会成员应当以个人身份任职,品德高尚,在本公约所涉领域具有公认的能力和经验。缔约国在提名候选人时,务请适当考虑本公约第四条第三款的规定。

四、委员会成员由缔约国选举,选举须顾及公平地域分配原则,各大文化和各主要法系的代表性,男女成员人数的均衡性以及残疾人专家的参加。

五、应当在缔约国会议上,根据缔约国提名的本国国民名单,以无记名投票选举委员会成员。这些会议以三分之二的缔约国构成法定人数,得票最多和获得出席并参加表决的缔约国代表的绝对多数票者,当选为委员会成员。

六、首次选举至迟应当在本公约生效之日后六个月内举行。每次选举,联合国秘书长至迟应当在选举之日前四个月函请缔约国在两个月内递交提名人选。秘书长随后应当按英文字母次序编制全体被提名人名单,注明提名缔约国,分送本公约缔约国。

七、当选的委员会成员任期四年,可以连选连任一次。但是,在第一次选举当选的成员中,六名成员的任期应当在两年后届满;本条第五款所述会议的主席应当在第一次选举后,立即抽签决定这六名成员。

八、委员会另外六名成员的选举应当依照本条的相关规定,在正常选举时举行。

九、如果委员会成员死亡或辞职或因任何其他理由而宣称无法继续履行其职责,提名该成员的缔约国应当指定一名具备本条相关规定所列资格并符合有关要求的专家,完成所余任期。

十、委员会应当自行制定议事规则。

十一、联合国秘书长应当为委员会有效履行本公约规定的职能提供必要的工作人员和便利,并应当召开委员会的首次会议。

十二、考虑到委员会责任重大,经联合国大会核准,本公约设立的委员会的成员,应当按大会所定条件,从联合国资源领取薪酬。

十三、委员会成员应当有权享有联合国特派专家根据《联合国特权和豁免公约》相关章节规定享有的便利、特权和豁免。

第三十五条 缔约国提交的报告

一、各缔约国在本公约对其生效后两年内,应当通过联合国秘书长,向委员会提交一份全面报告,说明为履行本公约规定的义务而采取的措施和在这方面取得的进展。

二、其后,缔约国至少应当每四年提交一次报告,并在委员会提出要求时另外提交报告。

三、委员会应当决定适用于报告内容的导则。

四、已经向委员会提交全面的初次报告的缔约国,在其后提交的报告中,不必重复以前提交的资料。缔约国在编写给委员会的报告时,务请采用公开、透明的程序,并适当考虑本公约第四条第三款的规定。

五、报告可以指出影响本公约所定义务履行程度的因素和困难。

第三十六条　报告的审议

一、委员会应当审议每一份报告,并在委员会认为适当时,对报告提出提议和一般建议,将其送交有关缔约国。缔约国可以自行决定向委员会提供任何资料作为回复。委员会可以请缔约国提供与实施本公约相关的进一步资料。

二、对于严重逾期未交报告的缔约国,委员会可以通知有关缔约国,如果在发出通知后的三个月内仍未提交报告,委员会必须根据手头的可靠资料,审查该缔约国实施本公约的情况。委员会应当邀请有关缔约国参加这项审查工作。如果缔约国作出回复,提交相关报告,则适用本条第一款的规定。

三、联合国秘书长应当向所有缔约国提供上述报告。

四、缔约国应当向国内公众广泛提供本国报告,并便利获取有关这些报告的提议和一般建议。

五、委员会应当在其认为适当时,把缔约国的报告转交联合国专门机构、基金和方案以及其他主管机构,以便处理报告中就技术咨询或协助提出的请求或表示的需要,同时附上委员会可能对这些请求或需要提出的意见和建议。

第三十七条　缔约国与委员会的合作

一、各缔约国应当与委员会合作,协助委员会成员履行其任务。

二、在与缔约国的关系方面,委员会应当适当考虑提高各国实施本公约的能力的途径和手段,包括为此开展国际合作。

第三十八条　委员会与其他机构的关系

为了促进本公约的有效实施和鼓励在本公约所涉领域开展国际合作:

(一)各专门机构和其他联合国机构应当有权派代表列席审议本公约中属于其职权范围的规定的实施情况。委员会可以在其认为适当时,邀请专门机构和其他主管机构就公约在各自职权范围所涉领域的实施情况提供专家咨询意见。委员会可以邀请专门机构和其他联合国机构提交报告,说明公约在其活动范围所涉领域的实施情况;

(二)委员会在履行任务时,应当酌情咨询各国际人权条约设立的其他相关机构的意见,以便确保各自的报告编写导则、提议和一般建议的一致性,避免在履行职能时出现重复和重叠。

第三十九条　委员会报告

委员会应当每两年一次向大会和经济及社会理事会提出关于其活动的报告,并可以在审查缔约国提交的报告和资料的基础上,提出提议和一般建议。这些提议和一般建议应当连同缔约国可能作出的任何评论,一并列入委员会报告。

第四十条　缔约国会议

一、缔约国应当定期举行缔约国会议,以审议与实施本公约有关的任何事项。

二、联合国秘书长至迟应当在本公约生效后六个月内召开缔约国会议。其后,秘书长应当每两年一次,或根据缔约国会议的决定,召开会议。

第四十一条　保存人

联合国秘书长为本公约的保存人。

第四十二条　签署

本公约自二〇〇七年三月三十日起在纽约联合国总部开放给所有国家和区域一体化组织签署。

第四十三条　同意接受约束

本公约应当经签署国批准和经签署区域一体化组织正式确认,并应当开放给任何没有签署公约的国家或区域一体化组织加入。

第四十四条　区域一体化组织

一、"区域一体化组织"是指由某一区域的主权国家组成的组织,其成员国已将本公约所涉事项方面的权限移交该组织。这些组织应当在其正式确认书或加入书中声明其有关本公约所涉事项的权限范围。此后,这些组织应当将其权限范围的任何重大变更通知保存人。

二、本公约提及"缔约国"之处,在上述组织的权限范围内,应当适用于这些组织。

三、为本公约第四十五条第一款和第四十七条第二款和第三款的目的,区域一体化组织交存的任何文书均不在计算之列。

四、区域经济一体化组织可以在缔约国会议上,对其权限范围内的事项行使表决权,其票数相当于已成为本公约缔约国的组织成员国的数目。如果区域一体化组织的任何成员国行使表决权,则该组织不得行使表决权,反之亦然。

第四十五条　生效

一、本公约应当在第二十份批准书或加入书交存后的第三十天生效。

二、对于在第二十份批准书或加入书交存后批准、正式确认或加入的国家或区域一体化组织,本公约应当在该国或组织交存各自的批准书、正式确认书或加入书后的第三十天生效。

第四十六条　保留

一、保留不得与本公约的目的和宗旨不符。

二、保留可随时撤回。

第四十七条　修正

一、任何缔约国均可以对本公约提出修正案,提交联合国秘书长。秘书长应当将任何提议修正案通告缔约国,请缔约国通知是否赞成召开缔约国会议以审议提案并就提案作出决定。在上述通告发出之日后的四个月内,如果有至少三分之一的缔约国赞成召开缔约国会议,秘书长应当在联合国主持下召开会议。经出席并参加表决的缔约国三分之二多数通过的任何修正案应当由秘书长提交联合国大会核可,然后提交所有缔约国接受。

二、依照本条第一款的规定通过和核可的修正案,应当在交存的接受书数目达到修正案通过之日缔约国数目的三分之二后的第三十天生效。此后,修正案应当在任何缔约国交存其接受书后的第三十天对该国生效。修正案只对接受该项修正案的缔约国具有约束力。

三、经缔约国会议协商一致决定,依照本条第一款的规定通过和核可但仅涉及第三十四条、第三十八条、第三十九条和第四十条的修正案,应当在交存的接受书数目达到修正案通过之日缔约国数目的三分之二后的第三十天对所有缔约国生效。

第四十八条　退约

缔约国可以书面通知联合国秘书长退出本公约。退约应当在秘书长收到通知之日起一年后生效。

第四十九条 无障碍模式

应当以无障碍模式提供本公约文本。

第五十条 作准文本

本公约的阿拉伯文、中文、英文、法文、俄文和西班牙文文本同等作准。

下列签署人经各自政府正式授权在本公约上签字,以昭信守。

17. 保护所有人免遭强迫失踪国际公约

（联合国大会 2006 年 12 月 20 日通过）

序　　言

本公约缔约国,

考虑到各国在《联合国宪章》下的义务——促进普遍尊重和遵守人权和基本自由,

考虑到《世界人权宣言》,

回顾《经济、社会、文化权利国际公约》、《公民及政治权利国际公约》及人权、人道主义法和国际刑法领域的其他有关国际文书,

又回顾联合国大会 1992 年 12 月 18 日第 47/133 号决议中通过的《保护所有人不遭受强迫失踪宣言》,

认识到强迫失踪的极端严重性,认为它是一项罪行,且在国际法界定的某些情况下,构成危害人类罪,

决心防止强迫失踪,制止犯有强迫失踪罪而不受惩罚的现象,

认为任何人都享有不遭受强迫失踪的权利,受害人有得到司法公正和赔偿的权利,

申明任何受害人对强迫失踪的案情和失踪者的下落,享有了解真相的权利,并享有为此目的自由查找、接受和传递信息的权利,

兹商定如下条款：

第一部分

第一条

一、任何人不应遭到强迫失踪。

二、任何情况,不论是处于战争状态或受到战争威胁、国内政治动乱,还是任何其他公共紧急状态,均不得用来作为强迫失踪的辩护理由。

第二条

在本公约中,"强迫失踪"系指由国家代理人,或得到国家授权、支持或默许的个人或组织,实施逮捕、羁押、绑架,或以任何其他形式剥夺自由的行为,并拒绝承认剥夺自由之实情,隐瞒失踪者的命运或下落,致使失踪者不能得到法律的保护。

第三条

各缔约国应采取适当措施,调查未得到国家授权、支持或默许的人或组织制造的第二条

所界定的行为,并将责任人绳之以法。

第四条

各缔约国应采取必要措施,确保在本国的刑法中将强迫失踪行为列为犯罪。

第五条

大规模或有组织的强迫失踪行为,构成相关国际法所界定的危害人类罪,应招致相关国际法所规定的后果。

第六条

一、各缔约国应采取必要措施,至少追究下列人员的刑事责任:

(一)所有制造、指令、唆使或诱导制造或企图制造强迫失踪的人,以及同谋或参与制造强迫失踪的人;

(二)上级官员:

1. 知情,或已有清楚迹象表明受其实际领导或控制的下属正在或即将犯下强迫失踪罪而故意对有关情况置若罔闻者;

2. 对与强迫失踪罪有牵连的活动,实际行使过责任和控制;

3. 没有在本人的权限范围内采取一切必要、合理的措施,防止或制止强迫失踪,阻止犯下此种罪行,或将有关问题提交主管机关调查或起诉。

(三)以上第(二)项并不影响相关国际法对于军事指挥官或实际上担任军事指挥的人所适用的更高标准的责任。

二、任何文职的、军事的,或其他方面的公共当局下达的命令或指示,都不得用以作为强迫失踪罪的辩护理由。

第七条

一、各缔约国应考虑到强迫失踪罪的极端严重性,对之给予相应的处罚。

二、各国可规定:

(一)减轻罪行的情况,特别是虽参与制造强迫失踪,但还是实际帮助解救了失踪者的人,或帮助查明强迫失踪案件、指认制造强迫失踪罪犯的人;

(二)在不影响其他刑事程序的条件下,加重罪行的情节,特别是在失踪者死亡的情况下,或制造强迫失踪的对象是怀孕妇女、未成年人、残疾人或其他特别易受害的人。

第八条

在不影响第五条的情况下,

一、对强迫失踪案件实行诉讼时效的缔约国,应采取必要措施,确保对刑事诉讼的时效:

(一)有较长的时段,并与此种犯罪的极端严重性相称;

(二)考虑到强迫失踪犯罪的持续性,从停止犯罪之时算起。

二、各缔约国应保证,在时效持续期间,强迫失踪的受害人享有得到有效补偿的权利。

第九条

一、各缔约国应采取必要措施,确定对下述强迫失踪罪案行使管辖权:

(一)犯罪发生在其管辖的任何领土上,或发生在在该国注册的船只或飞机上;

(二)指称的罪犯为其国民;

(三)失踪人为其国民,缔约国认为适当的情况下。

二、各缔约国还应采取必要措施,在指称的罪犯留在任何该国管辖的领土上时,确定对该强迫失踪罪案的司法管辖权,除非该国根据其国际义务将嫌犯引渡或移交给另一国家,或移交给该国承认其管辖权的某个国际刑事法庭。

三、本公约不排除根据国内法行使任何其他刑事管辖权。

第十条

一、对强迫失踪罪的犯罪嫌疑人,任何缔约国在研究了所掌握的材料后,确定情况属实,案情需要,应将在其境内的嫌犯拘留,或采取其他必要法律措施,确保其不得潜逃。这种拘留和其他法律措施,应根据该缔约国的法律规定,但在时间上仅限于确保对该人的刑事诉讼、移交或引渡程序所必需。

二、采取本条第一款所述措施的缔约国,应立即展开初步询问和调查,确定事实。该国还应将根据本条第一款所采取的措施,包括拘留和致使实施拘留的犯罪情节,以及初步询问和调查的结果,通知第九条第一款中所指的缔约国,并表明它是否准备行使其管辖权。

三、根据本条第一款被羁押的任何人,得立即与本人所持国籍国之最接近的适当代表取得联系,如他或她为无国籍人,应与其惯常居住地国的代表取得联系。

第十一条

一、缔约国在其管辖的领土上发现据称犯有强迫失踪罪的人,如果不按其国际义务将该人引渡或移交给另一国家,或移交该缔约国承认其司法权的某一国际刑事法庭,则该国应将案件提交本国的主管机关起诉。

二、主管机关应按该缔约国的法律规定,以审理任何性质严重的普通犯罪案件相同的方式作出判决。在第九条第二款所指的情况下,起诉和定罪的证据标准,不得比第九条第一款所指的情况应采用的标准宽松。

三、因强迫失踪罪而受到起诉的任何人,应保证其在起诉的各个阶段受到公正待遇。因强迫失踪罪而受到审判的任何人,应在依法设立的主管、独立和公正的法院或法庭受到公正审判。

第十二条

一、各缔约国应确保任何指称有人遭受强迫失踪的人,有权向主管机关报告案情,主管机关应及时、公正地审查指控,必要时立即展开全面、公正的调查。必要时并应采取适当措施,确保举报人、证人、失踪人家属及其辩护律师,以及参与调查的人得到保护,不得因举报或提供任何证据而受到任何虐待或恐吓。

二、在有正当理由相信有人遭到强迫失踪的情况下,即使无人正式告发,缔约国也应责成本条第一款所指的机关展开调查。

三、各缔约国应确保本条第一款所指主管机关:

(一)拥有展开有效调查所需的权利和资源,包括查阅与调查有关的文件和其他材料;

(二)有权进入任何拘留场所,或有正当理由认为可能藏匿失踪者的任何其他地点,必要时事先取得司法机关的授权,司法机构也应尽快作出裁决。

四、各缔约国应采取必要措施,防止和惩处妨碍展开调查的行为。各缔约国尤应确保,涉嫌犯有强迫失踪罪的人不得利用其地位影响调查的进行,例如对投诉人、证人、失踪者亲属或他们的辩护律师,及参与调查的人员施加压力、恐吓,或实施报复。

第十三条

一、就缔约国之间的引渡而言,不应将强迫失踪罪视为政治犯罪、与政治犯罪有联系的普通犯罪,或带有政治动机的犯罪。因此,不得仅以这些理由拒绝对此种犯罪提出的引渡要求。

二、本公约生效前各缔约国之间已有的任何引渡条约,应将强迫失踪罪均视为可予引渡的罪行。

三、各缔约国承诺,今后彼此之间签订的所有引渡条约,均将强迫失踪罪列为可引渡的犯罪。

四、以条约为引渡条件的缔约国,当收到另一个与之未签订引渡条约的缔约国提出的引渡要求时,可考虑将本公约作为对强迫失踪罪给予引渡的必要法律依据。

五、不以条约作为引渡条件的缔约国,应承认强迫失踪罪为彼此之间可予引渡的犯罪。

六、在所有情况下,引渡均须符合被请求缔约国的法律规定或适用的引渡条约所规定的条件,特别应包括有关引渡的最低处罚要求,和被请求缔约国可能拒绝引渡或要求引渡符合某些条件的理由。

七、如果被请求缔约国有充分理由认为,提出引渡要求的目的,是因某人的性别、种族、宗教、国籍、族裔、政治见解或属于某个特定的社会群体而对之进行起诉或惩罚,或同意引渡将在上述原因的某个方面造成对该人的伤害,则本公约的任何内容均不得解释为强制的引渡义务。

第十四条

一、缔约国在对强迫失踪罪提起刑事诉讼方面,应彼此提供最大限度的司法协助,包括提供所掌握的诉讼所必需的全部证据。

二、此种司法协助应符合被请求缔约国国内法或适用的司法协助条约规定的要件,特别是被请求缔约国可藉以拒绝提供司法协助的理由,或对提供司法协助附加的条件。

第十五条

各缔约国应相互合作,并应彼此给予最大限度的协助,援助强迫失踪的受害人,查找、发现和解救失踪者,在失踪者死亡的情况下,挖掘和辨认遗体,并将之送返原籍。

第十六条

一、如果有充分理由相信,将某人驱逐、送返("驱回")、移交或引渡到另一国家,有造成此人遭受强迫失踪的危险,任何缔约国均不得采取上述行动。

二、为确定是否存在这种理由,主管当局应斟酌一切有关因素,包括在适用的情况下,考虑有关国家是否存在一贯严重、公然或大规模侵犯人权或严重违反国际人道主义法的情况。

第十七条

一、任何人都不应受到秘密监禁。

二、在不影响缔约国在剥夺自由问题方面的其他国际义务前提下,各缔约国应在本国的法律中:

(一)规定下令剥夺自由的条件;

(二)说明有权下令剥夺自由的主管机关;

(三)保证任何被剥夺自由的人,只能关押在官方认可并加以监督的地点;

（四）保证任何被剥夺自由的人都能获准与其家属、律师或他或她选择的任何其他人取得联系并接受探视，且仅受法律规定条件的限制，如果此人是外国人，应根据相应的国际法，准许其与本国的领事机构联系；

（五）保证主管机关和法律授权机构的人员可进入被剥夺自由人的关押地点，如有必要，应事先得到司法机关的批准；

（六）保证任何被剥夺自由的人，或在怀疑发生强迫失踪的情况下，由于被剥夺自由的人无法行使这项权利，任何有合法利益的人，如被剥夺自由人的家属、他们的代表或律师，在任何情况下都有权向法院提起诉讼，以便法院立即对剥夺其自由是否合法作出裁决，如果剥夺自由不合法，则应下令释放。

三、各缔约国应保证编制并维持一份或数份被剥夺自由者的最新官方登记册和/或记录，并在收到要求时，及时将之提供给有关缔约国在这方面有法律授权的任何司法或其他主管机关或机构，或该国已加入的任何相关国际法律文书所授权的司法或其他主管机关或机构。登记册中收入的资料至少应包括以下内容：

（一）被剥夺自由者的身份；

（二）被剥夺自由的人，收监的日期、时间和地点，以及剥夺此人自由的负责机关；

（三）下令剥夺自由的机关及剥夺自由的理由；

（四）负责监管剥夺自由的机关；

（五）剥夺自由的地点、收押日期和时间，以及剥夺自由地点的负责机关；

（六）被剥夺自由者健康的主要情况；

（七）若在剥夺自由期间死亡，死亡的情况和死因，以及遗体的下落；

（八）释放或转移到另一羁押地点的日期和时间、目的地，及负责转移的机关。

第十八条

一、在不违反第十九条和第二十条的情况下，各缔约国应保证，任何对以下信息有合法利益的人，例如被剥夺自由者的亲属、他们的代表或律师，应至少能获得以下信息：

（一）下令剥夺自由的机关；

（二）剥夺该人自由以及收押的日期、时间和地点；

（三）负责监管剥夺自由的机关；

（四）被剥夺自由者的下落，包括在转往另一监押场所的情况下，转移的地点和负责转移的机关；

（五）释放的日期、时间和地点；

（六）被剥夺自由者健康的主要情况；

（七）若在剥夺自由期间死亡，死亡的情况和死因，以及遗体的下落。

二、必要时应采取适当措施，保护本条第一款中讲到的人和参与调查的人员，不得因查寻被剥夺自由者的情况，而受到任何虐待、恐吓或处罚。

第十九条

一、在查找失踪者的过程中收集和/或转交的个人资料，包括医疗和遗传学资料，不得用于查找失踪者以外之其他目的，或提供给其他方面。这一规定不影响在审理强迫失踪罪的刑事诉讼中，或在行使获得赔偿权过程中使用这些资料。

二、收集、处理、使用和储存个人资料,包括医疗和遗传学资料,不得侵犯或实际上造成侵犯个人的人权、基本自由或人的尊严。

第二十条

一、只有在对某人采取法律保护措施,且剥夺自由受到司法控制的条件下,或者转交资料会对该人的隐私或安全造成不利影响、妨碍刑事调查,或出于其他相当原因,方可作为例外,在严格必需和法律已有规定的情况下,依法并遵照相关国际法和本公约的目标,对第十八条中讲到的信息权加以限制。对第十八条所述信息权的任何限制,如可能构成第二条所界定的行为或违反第十七条第一款的行为,均在禁止之列。

二、在不影响审议剥夺某人自由是否合法的前提下,缔约国应保证第十八条第一款中所指的人有权得到及时、有效的司法补救,以便立即得到第十八条第一款中所提到的信息。这项获得补救的权利,在任何情况下都不得取消或受到限制。

第二十一条

各缔约国应采取必要措施,确保被剥夺自由的人获释能得到可靠核实,即他们确实得到释放。各缔约国还应采取必要措施,确保获释时这些人的身体健全并能完全行使他们的权利,且不得影响这些人在本国法律下可能承担的任何义务。

第二十二条

在不影响第六条的情况下,每一缔约国都应采取必要措施,防止和惩处以下行为:

(一)拖延或阻碍第十七条第二款第(六)项以及第二十条第二款中讲到的补救办法;

(二)任何人被剥夺自由而未予记录,或记录的任何信息并不准确,而负责官方登记的官员了解这一情况或应当知情;

(三)尽管已经满足提供有关情况的法律要求,但仍拒绝提供某人被剥夺自由的情况,或提供不准确的情况。

第二十三条

一、各缔约国应确保,对执法人员、文职或军事人员、医务人员、国家官员和其他可能参与监押或处置任何被剥夺自由者的人的培训,应包括对本公约相关规定的必要教育和信息,以便:

(一)防止这类官员卷入强迫失踪案件;

(二)强调防止和调查强迫失踪案件的重要性;

(三)确保认识到解决强迫失踪案件的迫切性。

二、各缔约国应确保禁止发布任何命令和指示,指令、授权或鼓励制造强迫失踪。各国应保证,拒绝遵守这类命令的人不得受到惩罚。

三、各缔约国应采取必要措施,确保当本条第一款所指的人有理由相信强迫失踪案件已经发生或正在计划之中时,应向上级报告,并在必要时报告拥有审查权或补救权的有关当局或机关。

第二十四条

一、在本公约中,"受害人"系指失踪的人和任何因强迫失踪而受到直接伤害的个人。

二、每一受害者都有权了解强迫失踪案情的真相,调查的进展和结果,以及失踪者的下落。各国应在这方面采取适当措施。

三、各缔约国应采取一切适当措施，查寻、找到和解救失踪者，若失踪者已经死亡，应找到、适当处理并归还其遗体。

四、各缔约国应在其法律制度范围内，确保强迫失踪的受害人有权取得补救和及时、公正和充分的赔偿。

五、本条第四款中所指的获得补救的权利，涵盖物质和精神损害，以及视情况而定，其他形式的补救，如：

（一）复原；

（二）康复；

（三）平反，包括恢复尊严和名誉；

（四）保证不再重演。

六、在不影响缔约国的义务——继续调查，直至查明失踪者下落的条件下，对尚未查明下落的失踪者，各缔约国应对其本人及家属的法律地位问题，在社会福利、经济问题、家庭法和财产权等方面，采取必要措施。

七、各缔约国必须保证自由组织和参加有关组织和协会的权利，以求查明强迫失踪的案情和失踪者的下落，及为强迫失踪受害人提供帮助。

第二十五条

一、各缔约国应采取必要措施，根据本国刑法防止并惩处以下行为：

（一）非法劫持遭受强迫失踪的儿童，其父母或法律监护人遭受到强迫失踪的儿童，或母亲在遭受强迫失踪期间出生的儿童；

（二）伪造、藏匿或销毁证明以上第（一）项中所指儿童真实身份的证件。

二、各缔约国应采取必要措施，查找和认定本条第一款第（一）项所指的儿童，并根据法律程序和适用的国际协议，将儿童归还本来的家庭。

三、各缔约国应相互协助，查找、辨认和找到本条第一款第（一）项中所指的儿童。

四、鉴于必须保护本条第一款第（一）项中所指的儿童的最佳利益，他们保留或恢复本人身份的权利，包括法律承认的国籍、姓名和家庭关系，承认领养关系或其他安置儿童形式的缔约国应制定法律程序，审查领养或安置程序，并在适当情况下宣布任何源自强迫失踪的儿童领养或安置无效。

五、在所有情况下，特别是在本条所涉的所有问题上，儿童的最大利益均应作为首要考虑，有独立见解能力的儿童应有权自由表达意见，并应根据儿童的年龄和成熟程度，对本人的意见给予适当考虑。

第二部分

第二十六条

一、将设立一个强迫失踪问题委员会（下称"委员会"），履行本公约规定的职能。委员会将由十名德高望重、在人权领域的才能受到公认的专家组成，他们应以个人身份任职，秉持独立、公正之立场。委员会成员将由缔约国根据公平地域分配的原则选出。应适当考虑吸收具有相关法律资历的人士参加委员会的工作，注意代表的性别平衡。

二、委员会成员的选举，应由联合国秘书长为此目的每两年召开一次缔约国会议，由缔约国从本国国民中提名，对提名的名单通过无记名投票方式选出。在这些会议上，三分之二的缔约国即构成法定人数，当选的委员会委员为获得票数最多、且获得出席会议并投票的各缔约国代表绝对多数票之人士。

三、第一次选举应在本公约生效之日起六个月内举行。联合国秘书长应在每一次选举日之前四个月致函各缔约国，请他们在三个月之内提名候选人。秘书长应将所有提名的人按字母顺序列出名单，注明每个候选人的提名缔约国，并将此名单提交所有缔约国。

四、当选的委员会委员任期四年，可连任一次。然而，在首次选举中当选的五位委员，他们的任期将在两年后届满，在首次选举结束后，本条第二款中所指会议的主席将立刻通过抽签方式确定这五位委员的姓名。

五、如果委员会的一位委员死亡、辞职或由于任何其他原因不能继续履行他或她在委员会的职责，提名的缔约国应根据本条第1款所列标准，从其国民中指定另一位候选人完成剩下的任期，但须征得多数缔约国的核准。除非一半或更多的缔约国在联合国秘书长向其通报了拟议的任命后六周内表示反对，否则应认为已获得这一核准。

六、委员会应制定自身的议事规则。

七、联合国秘书长应为有效履行委员会的职能，向委员会提供一切必要的手段、工作人员和设施。应由联合国秘书长召开委员会的第一次会议。

八、委员会委员应享有《联合国特权与豁免公约》有关章节所规定的联合国出访专家所享有的各项便利、特权和豁免权。

九、各缔约国应在其接受的委员会职能范围内，与委员会合作，为委员会委员履行任务提供协助。

第二十七条

在本公约生效后至少四年但最多六年，应举行缔约国会议，评估委员会的工作，并依照第四十四条第二款确定的程序，在不排除任何可能性的前提下，决定是否应根据第二十八至三十六条规定的职能，将本公约的监督职能转交给另一机构。

第二十八条

一、委员会应在本公约所授予的权限范围内，与所有联合国有关机关、办事处、专门机构和基金合作，与各项国际文书所建立的条约机构、联合国的特别程序合作，并与所有有关的区域政府间组织和机构，以及一切从事保护所有人不遭受强迫失踪的有关国家机构、机关或办事处合作。

二、委员会在履行任务时，应与相关国际人权文书所设立的其他条约机构磋商，特别是《公民及政治权利国际公约》设立的人权事务委员会，以确保彼此提出的意见和建议相互一致。

第二十九条

一、各缔约国应当在本公约对该缔约国生效后两年内，通过联合国秘书长向委员会提交一份报告，说明为履行本公约义务而采取措施的情况。

二、联合国秘书长应将报告提供给所有缔约国。

三、委员会应对每份报告进行审议，之后酌情提出评论、意见或建议。评论、意见或建议应当转达有关缔约国,缔约国可主动或应委员会的要求作出答复。

四、委员会也可要求缔约国提供有关履行本公约的补充资料。

第三十条

一、失踪者的亲属、他们的法律代表、律师或任何得到其授权的人,以及任何拥有合法权益的其他人,均可作为紧急事项,向委员会提出查找失踪者的请求。

二、如果委员会认为根据本条第一款提出紧急行动请求:

(一)并非明显地毫无依据;

(二)并不构成滥用提交来文请求之权利;

(三)在可能的情况下,已经正式提交有关缔约国的主管机关,如有权展开调查的机关;

(四)并不违背本公约的规定;及

(五)同一问题目前未由同一性质的另一国际调查或解决程序审理;

委员会应请有关缔约国在委员会限定的时间内,向其提供所查找人员境况的资料。

三、根据有关缔约国依本条第二款所提供的资料,考虑到情况的紧迫性,委员会可向缔约国提出建议,如请缔约国采取一切必要措施,包括一些临时措施,遵照本公约,找到有关个人并加以保护,并在委员会限定的时间内,向委员会报告采取措施的情况。委员会应将它的建议和委员会收到的国家提供的情况,通报提出紧急行动要求的人。

四、在查明失踪人士的下落之前,委员会应继续与有关缔约国共同作出努力。应随时向提出请求的人通报情况。

第三十一条

一、缔约国可在批准本公约时,或在之后的任何时候宣布,承认委员会有权接受和审议受该国管辖、声称是该缔约国违反公约规定之受害人本人或其代理提出的来文。委员会不得受理来自未作此宣布之缔约国的来文。

二、委员会不应受理下列来文:

(一)匿名来文;

(二)来文构成滥用提交此类来文的权利,或不符合本公约的规定;

(三)同一事项正由具有同一性质的另一国际调查或解决程序审理;

(四)尚未用尽一切有效的国内补救办法。如果补救请求长期拖延,不合情理,本规则不复适用。

三、如果委员会认为来文满足本条第二款规定的要求,委员会应将来文转交有关缔约国,并请该国在委员会限定的时间内提出意见和评论。

四、在收到来文后,但在确定是非曲直之前,委员会可随时向有关缔约国提出请求,请该国紧急考虑采取必要的临时措施,以避免对指称侵权行为的受害人造成不可弥补的损害。委员会行使酌处权,并不意味着已就来文是否可予受理或其是非曲直作出决定。

五、委员会在根据本条审查来文时应举行非公开会议。委员会应当向来文提交人通报有关缔约国所作的答复。委员会在决定结束程序后,应将委员会的意见通报缔约国和来文提交人。

第三十二条

本公约缔约国可在任何时候声明,承认委员会有权接受和审议一个缔约国声称另一缔约国未履行本公约义务的来文。委员会不接受涉及一个尚未作此声明的缔约国的来文，也不接受未作此声明的缔约国的来文。

第三十三条

一、如果委员会收到可靠消息，表明一个缔约国正在严重违反本公约的规定，委员会可在征求有关缔约国的意见后，请一位或几位委员前往调查，并立即向委员会提出报告。

二、委员会应将安排访问的意图书面通知有关缔约国，并说明代表团的组成情况和访问的目的。缔约国应在合理的时间内向委员会作出答复。

三、委员会在收到缔约国提出的有充分依据的请求后，可决定推迟或取消访问。

四、如果缔约国同意接待来访，委员会应与有关缔约国共同制定访问计划，缔约国应为顺利完成访问，向委员会提供一切必要的便利。

五、访问结束后，委员会应向有关缔约国通报它的意见和建议。

第三十四条

如果委员会收到的消息表明，有充分迹象显示，某缔约国管辖下的领土正在发生大规模或有组织的强迫失踪问题，委员会可向有关缔约国索取一切有关资料，并通过联合国秘书长，将问题紧急提请联合国大会注意。

第三十五条

一、委员会的管辖权仅限于本公约生效后发生的强迫失踪案件。

二、若一国在本公约生效后成为缔约国，则该国对委员会的义务仅限于本公约对该国生效后发生的强迫失踪案件。

第三十六条

一、委员会应就本公约下开展活动的情况，向缔约国和联合国大会提交年度报告。

二、在年度报告中发表对缔约国的意见之前，应事先通报有关缔约国，并给予适当时间作出答复。该缔约国可以要求在报告中发表其评论或意见。

第三部分

第三十七条

本公约的任何内容均不影响对保护所有人不遭受强迫失踪更有利的规定，包括以下法律中的规定：

（一）缔约国的法律；

（二）对该国有效的国际法。

第三十八条

一、本公约对联合国所有会员国开放供签署。

二、本公约供联合国所有会员国批准。批准书应交存联合国秘书长。

三、本公约对联合国所有会员国开放供加入。加入经向联合国秘书长交存加入书后生效。

第三十九条

一、本公约于第二十件批准书或加入书交存联合国秘书长之日起第三十天生效。

二、在第二十件批准书或加入书交存之后批准或加入本公约的每个国家,本公约将于该国交存批准书或加入书之日起第三十天生效。

第四十条

联合国秘书长应将下列事项通知联合国所有会员国以及已签署或加入本公约的所有国家:

(一)根据第三十八条签署、批准和加入的情况;

(二)根据第三十九条本公约生效的日期。

第四十一条

本公约各项规定适用于联邦国家的全部领土,无任何限制或例外。

第四十二条

一、两个或两个以上缔约国之间对本公约的解释或适用出现任何争端,如不能通过谈判或本公约明文规定的程序得到解决,应在其中一方的要求下提交仲裁。如在提出仲裁要求之日起六个月内各方不能就仲裁组织达成协议,则任何一方均可根据国际法院规约,请求将争端提交国际法院。

二、各国在签署、批准,或在加入本公约时,可声明不受本条第一款的约束。其他缔约国对发表此项声明的任何缔约国,也不受本条第一款之约束。

三、根据本条第二款发表声明的任何缔约国,可随时通知联合国秘书长撤回其声明。

第四十三条

本公约不影响国际人道主义法的规定,包括缔约国依1949年8月12日日内瓦四公约及其1977年6月8日两项附加议定书承担的各项义务,也不影响任何国家在国际人道主义法没有做出规定的情况下,授权红十字国际委员会查访羁押地点。

第四十四条

一、本公约任何缔约国均可提出修正案并将其提交联合国秘书长。秘书长应随即将提议的修正案发给公约各缔约国,并请各缔约国表明他们是否赞成召开缔约国会议,审议该项提案并对之进行表决。在发出通知之日起四个月内,如果至少三分之一的缔约国赞成召开这一会议,秘书长应在联合国主持下召开会议。

二、得到出席会议并参加表决的三分之二缔约国通过的所有修正案,均将由秘书长提交所有缔约国接受。

三、根据本条第一款通过的修正案,经本公约三分之二缔约国根据本国宪法程序予以接受后即行生效。

四、修正案一旦生效,即对接受修正案的各缔约国具有约束力,其他缔约国仍受本公约各项规定及之前他们已接受的一切修正案的约束。

第四十五条

一、本公约阿拉伯文、中文、英文、法文、俄文和西班牙文各文本同一作准,交存联合国秘书长。

二、联合国秘书长应将经过核证的公约副本发送第三十八条中提到的所有国家。

II 人权行动及增进和保护人权

18. 德黑兰宣言

(国际人权会议于1968年5月13日在德黑兰宣布)

国际人权会议,

于一九六八年四月二十二日至五月十三日在德黑兰举行,检查世界人权宣言通过二十年以来所获进展,并拟订未来方案,

业已审议与联合国增进激励人权及基本自由的尊重的工作有关诸问题,

鉴于本会议通过的各决议,

察悉举行庆祝国际人权年正值世界发生空前大变革之时,

顾及科学与技术迅速进步,新的机会于焉呈现眼前,

认为际兹世界许多地方冲突暴乱频仍的时代,人类互相依赖,需要精诚团结,较之往昔,益形显而易见,

确认和平乃人类普遍的心愿,而和平与正义又为充分实现人权及基本自由之所必需,

爰郑重宣告:

一、国际社会各成员履行其增进激励对于全体人类人权及基本自由的尊重的神圣义务,不分种族、肤色、性别、语言、宗教、政见或其他主张,乃当务之急。

二、世界人权宣言宣示世界各地人民对于人类一家所有成员不可割让、不容侵犯的权利的共同认识,是以构成国际社会各成员的义务。

三、公民权利和政治权利国际盟约,经济、社会、文化权利国际盟约,给予殖民地国家和人民独立宣言,消除一切形式种族歧视国际盟约,以及联合国、各专门机构、各区域政府间组织主持下所通过的人权方面其他公约及宣言已订立新标准,创设新义务,各国家均应遵守。

四、世界人权宣言通过以来,联合国对于明定享有与保护人权及基本自由的标准,已获重大进展。在此期间,许多重要国际文书业经通过。但对于此等权利及自由的实施,尚待努力之处依然甚多。

五、联合国在人权方面的主要目的为人人获享最大的自由与尊严。欲达到此一目标,各国法律必须准许人人享有发表自由、新闻自由、良知自由及宗教自由,以及参加本国政治、经济、文化及社会生活的权利,不分种族、语言、宗教或政治信仰。

六、各国应重申有效实行联合国宪章及有关人权及基本自由的其他国际文书所尊崇原则的决心。

七、令人憎恶的种族隔离政策重大否定人权,为国际社会所严重关怀。此项种族隔离政策前经斥为危害人类罪,现仍严重扰乱国际和平与安全。是以国际社会亟须用尽一切可能方法,祛除此种罪恶。消除种族隔离的斗争业经认为合法。

八、举世人民均应使之充分认识种族歧视的罪恶,合力消除之。联合国宪章、世界人权

宣言及人权方面其他国际文书所载此项不歧视原则,乃人类在国际及国内阶层最迫切的任务。所有基于种族优越及种族上不容异己的意识形态均须予以谴责阻止。

九、大会通过给予殖民地国家和人民独立宣言八年于兹,而殖民主义问题仍为国际社会所耿耿于怀。故全体会员国与联合国有关机关合作,采取有效措施,使此项宣言得充分实施,实属刻不容缓。

十、侵略或任何武装冲突,结局悲惨,使人类痛苦莫名,其所引起之大规模否定人权,使人心鼎沸,足令整个世界兵连祸结,靡有宁日。是以开诚合作,铲除此种祸害,乃国际社会之义务。

十一、因种族、宗教、信仰或意见表示而实行歧视,其因此而起之重大否定人权,凌辱人类良知,并危害世界自由、正义及和平的基础。

十二、经济上发达国家与发展中国家日益悬殊,驯至妨碍国际社会人权的实现。"发展十年"即未能达成其所望非奢之目标,则各国应视其力之所及,尽最大努力,以消灭悬殊,更属切要。

十三、人权及基本自由既不容分割,若不同时享有经济、社会及文化权利,则公民及政治权利决无实现之日。且人权实施方面长久进展之达成,亦有赖于健全有效之国内及国际经济及社会发展政策。

十四、全世界文盲数逾七亿,对于实现联合国宪章的目的宗旨及世界人权宣言的规定的一切努力,实为重大障碍。是以亟须注意采取国际行动,以扫除世上文盲,提倡各级教育。

十五、世界各地区妇女仍受歧视,此种歧视,必须消除。妇女地位卑下,与联合国宪章以及世界人权宣言之规定有悖。人类欲求进步,非充分实施消除对妇女歧视宣言不可。

十六、家庭及儿童之保护仍为国际社会所关怀。父母享有自由负责决定子女人数及其出生时距的基本人权。

十七、少壮一代渴望充分实现人权及基本自由之优美世界,对此抱负,应予最大之鼓励。青年参与人类前途之塑造,至为切要。

十八、最近科学发现与技术进步固为经济、社会、文化进步开辟广大的远景,但此种发展可能危及个人权利及自由,不可不经常注意。

十九、裁军可使目前用于军事的庞大人力物力移作别用。此两大资源应用于增进人权及基本自由之途。全面彻底裁军实为所有各民族最大抱负之大。

因此,

国际人权会议,

一、重申对于世界人权宣言及此方面其他国际文书所载原则的信念,

二、促请所有民族及政府致力信奉世界人权宣言所崇奉的原则,加倍努力,使全体人类克享合乎自由与尊严、有裨身心、社会及精神福利的生活。

19. 维也纳宣言和行动纲领

(世界人权大会于1993年6月25日在维也纳通过)

序 一

世界人权会议,

考虑到促进和保护人权是国际社会的一件优先事项,而这会议又是一独特的机会,由此可全面分析国际人权体系和人权保护机制,争取以公正、均衡的方式增强并促成更充分地遵守这些权利,

承认并肯定一切人权都源于人与生俱来的尊严和价值,人是人权和基本自由的中心主体,因而应是这些权利和自由的主要受益者,应积极参与这些权利和自由的实现,

重申坚决维护《联合国宪章》和《世界人权宣言》所载的宗旨和原则,

重申《联合国宪章》第五十六条中的承诺,愿意采取共同和个别行动,适当地注重发展有效的国际合作,以达成第五十五条所载之宗旨,包括普遍尊重和遵守所有人的人权和基本自由,

强调各国按照《联合国宪章》有责任促进和鼓励尊重所有人的人权和基本自由,不分种族、性别、语言、宗教,

回顾《联合国宪章》的序言部分,特别是决心重申对基本人权、人的尊严与价值、男女的权利平等、大国小国的权利平等之信念,

又回顾《联合国宪章》序言部分表示决心欲免后世再遭战祸,创造适当环境,俾克维持正义,尊重由条约与国际法其他渊源而起之义务,久而弗懈,促成大自由中之社会进步及较善之民生,力行容恕,彼此以善邻之道,和睦相处,运用国际机构,以促成全球人民经济及社会之进展,

强调《世界人权宣言》是各国人民和所有国家所争取实现的共同标准,是启迪的源泉,是联合国据之以推进现有国际人权文书、特别是《公民权利和政治权利国际盟约》和《经济、社会、文化权利国际盟约》所载标准的制订工作的基础,

考虑到国际舞台上正发生着重大变化,各国人民渴望建立国际秩序,以《联合国宪章》所载原则为基础,包括促进和鼓励尊重所有人的人权和基本自由,尊重平等权利和人民自决原则,实现和平、民主、正义、平等、法治、多元化发展,提高生活水平,同舟共济,

深切关注妇女在世界上继续面对着多种形式的歧视和暴力,

承认联合国人权领域的活动需要合理化,加以扩充,以便增强联合国在人权领域的机制,促进普遍尊重遵守国际人权标准的目标,

考虑到在突尼斯、圣约瑟和曼谷召开的三个区域会议通过的宣言以及各国政府提出的意见,并考虑到政府间组织和非政府组织所作的建议以及独立专家在世界人权会议筹备过程中编写的研究报告,

喜见1993年被定为世界土著人民国际年,国际社会以此重申有决心确保土著人民能享受一切人权和基本自由,尊重他们的文化和特性的价值和多姿多彩,

还承认国际社会应当设法克服眼前的障碍,迎接对充分实现一切人权的挑战,制止由此在世界上继续发生的侵犯人权事件,

宣告我们时代的精神和现实,要求世界人民和联合国全体会员国再接再厉,献身于促进和保护一切人权和基本自由的全球任务,以确保这些权利能被充分和普遍地享受,

决心为国际社会的承诺迈出新的一步,更努力、持续地从事国际合作和团结,使人权事业能取得实际的进展,

庄严通过《维也纳宣言和行动纲领》。

一

1. 世界人权会议重申,所有国家庄严承诺依照《联合国宪章》、有关人权的其他国际文书和国际法履行其促进普遍尊重、遵守和保护所有人的一切人权和基本自由的义务。这些权利和自由的普遍性质不容置疑。

在这一框架内,加强人权领域的国际合作对于充分实现联合国的宗旨至关重要。

人权和基本自由是全人类与生俱来的权利;保护和促进人权和基本自由是各国政府的首要责任。

2. 所有民族均拥有自决的权利。出于这种权利,他们自由地决定自己的政治地位,自由地追求自己的经济、社会和文化发展。

考虑到受殖民统治或其他形式外来统治或外国占领的人民的特殊情况,世界人权会议承认各民族有权依照《联合国宪章》采取合法行动,实现他们不可让与的自决权利。世界人权会议认为拒绝自决权是违反了人权,强调有效实现自决权的重要性。

根据《各国依联合国宪章建立友好合作关系的国际法原则宣言》,这不得被解释为授权或鼓励采取任何行动去全面或局部地解散或侵犯主权和独立国家的领土完整或政治统一,只要这些主权和独立国家是遵从平等权利和民族自决的原则行事,因而拥有一个代表无区别地属于领土内的全体人民的政府。

3. 对处于外来占领下的人民应采取有效国际措施,保障并监测人权标准的执行,并应依据人权准则和国际法,特别是依据1949年8月14日《关于战时保护平民的日内瓦公约》以及其他适用的人道主义法标准。

4. 促进和保护所有的人权和基本自由必须按照联合国的宗旨和原则,特别是国际合作的宗旨,视为联合国的一项首要目标。在这些宗旨和原则的框架内,促进和保护所有的人权是国际社会合法的关注。因此,凡是与人权有关的各机体和专门机构应在一贯和客观地执行人权文书的基础上进一步加强协调其活动。

5. 一切人权均为普遍、不可分割、相互依存、相互联系。国际社会必须站在同样地位上、

用同样重视的眼光、以公平、平等的态度全面看待人权。固然,民族特性和地域特征的意义、以及不同的历史、文化和宗教背景都必须要考虑,但是各个国家,不论其政治、经济和文化体系如何,都有义务促进和保护一切人权和基本自由。

6. 联合国系统争取所有人的人权和基本自由得到普遍尊重和遵守的努力,能依据《联合国宪章》促进在国与国间发展和平友好关系所需的稳定和福利,有助于改进和平与安全以及社会和经济发展的条件。

7. 促进和保护人权的进程应当按照《联合国宪章》的宗旨和原则以及国际法推动。

8. 民主、发展和尊重人权和基本自由是相互依存、相辅相成的。民主的基础是人民自由表达决定自己政治、经济、社会和文化制度的意愿,充分参与生活的一切方面。在上述条件下,在国家级和国际级促进和保护人权和基本自由应当普遍,在执行过程中不得附加条件。国际社会应当支持在全世界加强和促进民主,发展及尊重人权和基本自由。

9. 世界人权会议重申,国际社会应支持决心实行民主化和经济改革的最不发达国家,其中许多是非洲的最不发达国家,使它们能够成功地过渡到民主和经济发展。

10. 世界人权会议重申,《发展权利宣言》所阐明的发展权利是一项普遍的、不可分割的权利,也是基本人权的一个组成部分。

正如《发展权利宣言》所声明,人是发展的中心主体。

虽然发展能促进人权的享受,但缺乏发展并不得被援引作为剥夺国际公认的人权的理由。

各国应互相合作,确保发展和消除发展障碍。国际社会应促进有效的国际合作,实现发展权利,消除发展障碍。

为了在执行发展权利方面取得持久的进展,需要国家一级实行有效的发展政策,以及在国际一级创造公平的经济关系和一个有利的经济环境。

11. 发展权应得到履行,俾以平等地满足今后世代的发展和环境需要。世界人权会议承认,非法倾弃毒性和危险物质和废料有可能对每个人享受生命和健康的人权构成一种严重的威胁。

因此,世界人权会议呼吁所有国家通过并大力执行有关倾弃毒性和危险产品和废料的现有各公约,并进行合作,防止非法倾倒。

人人有权享受科学进步及其实用的利益。世界人权会议注意到某些进展,特别是在生物医学和生命科学以及信息技术领域,有可能对个人的完整尊严和人权起到潜在的不良后果,呼吁进行国际合作,以确保人权和尊严在此普遍受关注领域得到充分的尊重。

12. 世界人权会议呼吁国际社会作出一切努力,减轻发展中国家的债务负担,以便补足这些国家政府的努力,争取全面实现这些国家人民的经济、社会和文化权利。

13. 各国和各国际组织有必要同非政府组织合作,为在国家、区域和国际各级确保充分和有效地享受人权创造有利的条件。各国必须消除所有侵犯人权的现象及其原因,消除享受这些权利所面临的障碍。

14. 极端贫穷的广泛存在妨碍人权的充分和有效享受;立即减轻和最终消除贫穷仍然必须是国际社会的高度优先事项。

15. 无任何区别地尊重人权和基本自由是国际人权法的一项基本规则。迅速和全面消除一切形式的种族主义和种族歧视、仇外情绪以及与之相关的不容忍,这是国际社会的优先任务之一。各国政府应采取有效措施加以防止,与之斗争。促请各团体、机构、政府间组织和非政府组织以及个人加紧努力,合作和协调开展抵制这类邪恶的活动。

16. 世界人权会议欢迎在废除种族隔离方面取得的进展,呼吁国际社会和联合国系统协助这一进程。

世界人权会议痛惜企图破坏寻求以和平方式废除种族隔离的努力的暴力行为仍不断在发生。

17. 恐怖主义行为、手段和做法的一切形式和表现,以及在某些国家与贩毒的联系,是旨在摧毁人权、基本自由和民主的活动,威胁到领土的完整和国家的安全,破坏合法政府的稳定。国际社会应采取必要步骤,加强合作,防范和打击恐怖主义。

18. 妇女和女童的人权是普遍性人权当中不可剥夺和不可分割的一个组成部分。使妇女能在国家、区域和国际各级充分、平等地参与政治、公民、经济和文化生活,消除基于性别的一切形式歧视,这是国际社会的首要目标。

基于性别的暴力和一切形式的性骚扰和剥削,包括产生于文化偏见和国际贩卖的此类活动,都不符合人的尊严和价值,必须铲除。这一目标可通过法律措施、借力于经济和社会发展、教育、安全婉育和保健、以及社会支助等领域的国家行动和国际合作来付诸实现。

妇女的人权应成为联合国人权活动、包括促进有关妇女的所有人权文书的工作的一个组成部分。

世界人权会议促请各国政府、机构、政府间和非政府组织加强努力,保护和促进妇女和女童的人权。

19. 考虑到促进和保护属于少数群体的人的权利之极为重要,有助于这些人所居住的国家的政治和社会安定。

世界人权会议重申,各国有义务依照《在民族、种族、宗教和语言上属于少数人的权利宣言》,确保属于少数群体的人可不受歧视、在法律面前完全平等地充分和有效行使一切人权和基本自由。

属于少数群体的人有权自由地、不受干预、不受任何形式歧视地享有自己的文化、信仰和奉行自己的宗教,私下或公开使用自己的语言。

20. 世界人权会议确认土著人民固有其尊严,对社会发展和多元化能作出独特贡献,坚决重申国际社会致力于土著人民的经济、社会和文化福利,让他们享受可持续发展的成果。各国应确保土著人民充分和自由参与社会的各个方面,特别是与其有关的事务。考虑到促进和保护土著人民权利之重要,还考虑到促进和保护其权利有助于这些人民所居住国家的政治和社会稳定,各国应依照国际法协调采取积极步骤,确保在平等和不歧视的基础上尊重土著人民的一切人权和基本自由,承认其独有特性、文化和社会组织的价值和多元化。

21. 世界人权会议欣悉许多国家早日批准了《儿童权利公约》,注意到世界儿童问题首脑会议通过的《儿童生存、保护和发展世界宣言》和《行动计划》确认了儿童的人权,促请各国在1995年之前普遍批准这项公约,并通过一切必要的法律、行政和其他措施,为此尽量调拨可用资源,有效地实施公约。在有关儿童的所有行动中应首先考虑非歧视和儿童的最佳利益,适当注意儿童的意见。应加强国家和国际机制和方案保卫和保护儿童,特别是保护女童、被弃儿童、街童、受到包括儿童色情、儿童卖淫或贩卖人体器官进行的经济和性剥削的儿童、受到包括艾滋病在内疾病之害的儿童、难民和流离失所的儿童、受拘留的儿童、武装冲突中的儿童、以及受饥荒、旱灾和其他紧急局势之害的儿童。应促进国际合作与团结,支持执行公约,使儿童权利在联合国全系统的人权行动中占有优先地位。

世界人权会议还强调,为了儿童身心品质的充分和协调发展,应让他们在家庭环境中成长,因此家庭应得到更多的保护。

22. 需要特别注意确保残疾人不受歧视、平等地享有一切人权和基本自由,包括积极参与社会的各个方面。

23. 世界人权会议重申,每一个人无任何区别地有权在其他国家寻求并获得躲避迫害的庇护,并有权返回自己的国家。在这方面,会议强调下列文书的重要性:《世界人权宣言》、1951年《关于难民地位的公约》、该公约的1967年《议定书》、以及各区域文书。会议赞赏有些国家继续在其领土内接纳和收容大量难民,并赞赏联合国难民事务高级专员办事处全力以赴执行其任务。会议还对联合国近东巴勒斯坦难民救济和工程处表示赞赏。

世界人权会议确认包括武装冲突在内的严重侵犯人权行为是导致人民流离失所的多重复杂因素之一。

世界人权会议确认,鉴于全球难民危机十分复杂,国际社会必须依据《联合国宪章》、有关国际文书和国际团结的要求,本着负担分摊的精神,在顾及联合国难民事务高级专员职权的前提下与有关国家和有关组织协调合作采取综合办法。这其中应包括制订战略处理难民和其他流离失所者迁移的根源和影响,加强应急准备和反应机制,提供有效的保护和援助,同时要考虑到妇女和儿童的特殊需要,设法达成持久的解决,最好争取尊严和安全的自愿遣返,包括各国际难民会议采纳的办法等。世界人权会议强调国家的责任,特别是有关原籍国的责任。

按照这种综合方针,世界人权会议强调,必须通过政府间组织和人道主义组织等渠道,特别注意与国内流离失所者有关的各种问题,包括他们的自愿和安全遣返和康复,找出持久的解决办法。

根据《联合国宪章》和人道主义法原则,世界人权会议进而强调向所有自然和人为灾难的受害者提供人道主义援助的重要性和必要性。

24. 必须高度重视促进和保护属于被置于脆弱地位群体的人、包括移徙工人的人权,消除对他们的一切形式的歧视,加强和更有效地执行现有的人权文书。各国有义务制订和保持国家级的适当措施,特别是教育、保健和社会支助领域的措施,以争取促进和保护属其人口脆弱层次者的权利,确保其中关心解决自己问题的人能够参与其事。

25. 世界人权会议申明,绝对贫困和被排除在社会之外是对人的尊严的侵犯,必须采取紧急措施,加强对绝对贫困现象及其成因的了解,包括与发展问题有关的原因,以便促进最贫困者的人权,解决极端贫困和被社会排斥问题,让他们享有社会进步的成果。各国必须扶助最贫困者参与他们所生活的社区的决策进程,促进人权和努力扫除绝对贫困现象。

26. 世界人权会议对在编纂人权文书方面取得的进展表示欢迎,认为这是一个具有活力的演进进程,敦促所有国家普遍批准人权条约,鼓励所有国家加入这些国际文书,鼓励所有国家尽可能避免做出保留。

27. 每个国家均应提供一个有效的补救框架,解决人权方面的冤屈或人权遭受侵犯的问题。司法工作,包括执法和检察机关、特别是独立的司法和法律专业部门,完全符合国际人权文书所载的适用标准,是充分和不歧视地实现人权的关键,也是民主和可持久的发展进程所不可或缺的。在这方面,从事司法工作的机构应得到适当的资金,国际社会应增加技术和奖金的援助。联合国有责任优先安排利用咨询服务特别方案,实现有力的和独立的司法行政。

28. 世界人权会议对于大规模的侵犯人权表示震撼,特别是以种族灭绝、"种族净化"和战时有组织地强奸妇女等形式出现,造成了大批难民外逃和人民的流离失所。世界人权会议强烈谴责这些骇人听闻的行为,再次呼吁惩治罪犯,立即停止此类暴行。

29. 世界人权会议对于世界各地继续发生无视国际人权文书所载标准、无视国际人道主义法的侵犯人权的事件,而且受害人得不到充分、有效的补救,表示严重关切。

世界人权会议对于武装冲突中平民、特别是妇女、儿童、老人和残疾者的人权受到侵犯,深感关注。因此,会议呼吁各国和武装冲突的所有当事方严格遵守1949年《日内瓦公约》所列之国际人道主义法及国际法的其他规则和原则、严格遵守各项国际盟约所规定保护人权的最起码标准。

世界人权会议重申,1949年日内瓦四公约和国际人道主义法的其他有关文书都曾列明受害者有得到人道主义组织援助的权利,呼吁保障此类援助的安全和及时送达及接受。

30. 世界人权会议还对严重阻碍充分享受所有人权的严重和蓄意侵犯事件和情况在世界各地继续发生表示震撼和谴责。此类侵犯事件和障碍还包括酷刑和残忍、不人道和有辱人格的待遇或处罚、即决和任意处决、失踪、任意拘留、所有形式的种族主义、种族歧视和种族隔离、外国占领和外来统治、仇外情绪、贫困、饥饿和其他剥夺经济、社会和文化权利的形式、宗教不容忍、恐怖主义、对妇女的歧视和缺少法治。

31. 世界人权会议呼吁各国避免采取不符合国际法和《联合国宪章》、为各国间贸易制造障碍、妨碍充分实现《世界人权宣言》和国际人权文书所列人权,特别是人人享有对其健康和福利而言所需的生活水平包括粮食和医疗保健及必要社会服务的权利的单方面措施。世界人权会议申明:粮食不应被用来作为施加政治压力的工具。

32. 世界人权会议重申,审议人权问题必须确保普遍性、客观性和非选择性。

33. 世界人权会议重申,依照《世界人权宣言》和《经济、社会、文化权利国际公约》以及其他国际人权文书,各国有义务确保教育的目的是加强对人权和基本自由的尊重。世界人权会议强调有必要在教育方案中加进人权主题,要求各国都采取这样的做法。教育应增进各民族、所有种族或宗教群体之间的谅解、容忍和友谊,能鼓励联合国为实现这些目标开展活动。所以,从理论和实践上开展人权教育,传播适合的资料,对于促进和尊重不分种族、性别、语言或宗教的所有个人的人权,可以发挥重要作用,应成为国家和国际一级教育政策的组成部分。世界人权会议注意到,资源紧张、体制不健全,都可能成为迅速实现这些目标的障碍。

34. 应当更加努力,根据要求援助各国,以创造条件,使每一个人都能享受普遍的人权和基本自由。促请各国政府、联合国系统和其他多边组织大量增加拨付给有关方案的资源,这些方案旨在建立和加强国家立法、国家机构和有关基础设施,通过培训、讲授和教育、大众参与和公民社会等方式坚持法治和民主、协助选举和提高人权意识。

人权中心的咨询服务和技术合作方案应予加强,使之更加有效,透明度更高,从而为提高对人权的尊重作出重大贡献。请各国敦促联合国经常预算拨出更多资金,同时提供自愿捐助,增加对这些方案的捐助。

35. 要充分、有效地执行联合国促进和保护人权的活动,必须响应《联合国宪章》对人权的高度重视,体现会员国提出的对联合国人权活动的各种要求。为此,联合国的人权活动应获得更多的资源。

36. 世界人权会议重申国家机构在促进和保护人权方面的重要和建设性作用,特别是向主管当局提供咨询意见的作用,以及它们在纠正侵犯人权行为、传播人权信息和进行人权教育的作用。

世界人权会议考虑到《关于国家机构地位的原则》,确认每个国家有权选择最适于自己国家一级特殊需要的框架,鼓励设立和加强国家机构。

37. 区域安排在促进和保护人权方面起着根本性作用。它们应加强载于各项国际人权文书的普遍性人权标准和对它们的保护。世界人权会议赞同正在进行的加强这些安排与提高其效力的努力,同时强调与联合国人权活动合作的重要性。

世界人权会议重申,需要探讨在尚无促进和保护人权的区域和分区域安排的地方设立这类安排的可能性。

38. 世界人权会议承认非政府组织在国家、区域和国际各级促进人权和人道主义活动中的重要作用。世界人权会议赞赏非政府组织对提高公众对人权问题的认识。对开展这一领域的教育、培训和研究及对促进和保护人权和基本自由而作的贡献。在承认制订标准的主要责任在于国家的同时,世界人权会议还赞赏非政府组织对这一进程的贡献。

在这方面,世界人权会议强调政府和非政府组织继续对话和合作的重要性。真正从事人权领域工作的非政府组织及其成员应当享有世界人权宣言承认的权利和自由,并受到国内法的保护。这些权利和自由的行使不得有违于联合国的宗旨和原则。非政府组织应可在国家法律和《世界人权宣言》的框架内不受干涉地自由进行其人权活动。

39. 世界人权会议强调有必要客观、负责和公正地宣传人权和人道主义问题,鼓励大众媒介更多参与,大众媒介的自由和保护应在国家法律的框架内得到保证。

二

A. 增强联合国系统内人权方面的工作的协调

1. 世界人权会议建议增强联合国系统内支持人权和基本自由工作的协调。为此,世界人权会议促请所有联合国负责人权活动的机关、机构和专门机构进行合作,在考虑到避免不必要重复的同时,加强、精简其活动,并使之合理化。世界人权会议还建议秘书长请联合国有关机构和专门机构的高级官员在其年度会议上,除了协调其活动外,也评估其战略和政策对享有所有人权的影响。

2. 此外,世界人权会议吁请区域性组织和主要的国际和区域金融和发展机构也评估其政策和方案对享有人权的影响。

3. 世界人权会议确认联合国系统负责人权活动的专门机构、机构和机关在拟订、促进和执行人权标准方面可按其各自的职权范围发挥关键性作用；它们应按各自职责充分合作携手执行世界人权会议的成果。

4. 世界人权会议强烈建议作出协调一致的努力，鼓励和便利批准和加入或继承在联合国系统框架内通过的国际人权条约和议定书，以期争取它们得到普遍的接受。秘书长应与各条约机构协商，考虑同未加入这些人权文书的国家展开对话，以便认明障碍，寻求克服障碍的办法。

5. 世界人权会议鼓励各国考虑限制它们对人权文书所作出的任何保留的程度，尽可能精确和小幅度地拟出保留，确保任何保留不会与有关条约的目标和宗旨相抵触，并定期予以审查，以期撤消保留。

6. 世界人权会议确认需要保持现有国际标准的高质量，重申大会第41/120号决议中关于拟订新国际文书的指导原则，要求联合国人权机构在考虑拟订新的国际标准时铭记这些指导原则，就起草新标准的必要性与人权机构协商，并请秘书处对建议的新文书进行技术审查。

7. 世界人权会议建议在必要情况下向本组织的区域办事处派驻人权官员，目的是传播人权领域的情况、进行人权方面的培训和提供其他有关的技术援助。被指派负责人权方面的工作的国际公务员应受到有组织的人权培训。

8. 世界人权会议欢迎人权委员会召开紧急会议，认为这是一项积极的主动行动，并希望考虑联合国有关机构也用其他方法对付残暴侵犯人权的行为。

资源

9. 世界人权会议对于人权事务中心的任务同执行任务可加利用的人力、财力和其他资源的不平衡感到关注，铭记联合国其他重要方案需要的资源，请秘书长和大会大幅度提高联合国现有和将来经常性预算中用于人权方案的资金，并采取紧急措施设法增加预算外资金。

10. 在这一框架内，应提高经常性预算中直接划拨给人权事务中心的比例，以支付其费用以及由人权事务中心承付的其他费用，包括同联合国各人权机构有关的费用。该中心技术合作活动的自愿筹资方法应加强这一提高的预算；世界人权会议吁请对现有信托基金提供慷慨捐助。

11. 世界人权会议请秘书长和大会向人权事务中心提供充分的人力、财力和其他资源，使其有能力有效、高效率和迅速开展活动。

12. 世界人权会议注意到有必要确保提供人力和财力资源，以开展政府间机构责成的人权活动，促请秘书长和各会员国按照《联合国宪章》第一百零一条采用协调方针，确保配合秘书处更繁重任务，增拨资源。世界人权会议请秘书长考虑调整方案预算周期程序对于及时、有效地执行会员国所托付的人权活动是否必要，是否有帮助。

人权事务中心

13. 世界人权会议强调有必要加强联合国人权事务中心。

14. 人权事务中心应在协调全系统对人权的注意方面发挥重要作用。该中心要能与联合国其他机构和机关充分合作才能最好地发挥其枢纽作用。人权事务中心的协调作用还意味着人权事务中心纽约办事处应予加强。

15. 人权事务中心应确保有充分的手段，供专题和国别报告员、专家、工作组和条约机构体系之用。贯彻建议应成为人权委员会考虑的优先事项。

16. 人权事务中心应在促进人权方面发挥更大的作用。要体现这一作用,应同会员国合作,加强咨询服务和技术援助方案。现有的自愿基金必须有一定程度的扩大,以更有效、更协调的方法管理。所有活动都应按照严格和透明的项目管理规则进行,并应定期对项目评价。为此,应定期提供此种评价活动的结果和其他有关资料。特别是,中心至少应每年举办一次情况介绍会,对所有会员国和直接进行这些项目和方案的组织开放。

调整和加强联合国人权机制,包括关于设立联合国人权高级专员的问题

17. 世界人权会议确认,必须不断调整联合国的人权机制,使其能如本宣言所体现,在所有人均衡和可持续发展的框架内迎合促进和保护人权的当前和未来需要。特别是联合国的人权机关应改进其协调,提高其效率和效力。

18. 世界人权会议建议联合国大会在其第四十八届会议上审查本会议报告时优先着手审议为促进和保护所有人权而设立人权高级专员的问题。

B. 平等、尊严和容忍

一、种族主义、种族歧视、仇外和其他形式的不容忍

19. 世界人权会议认为,消除种族主义和种族歧视,特别是消除其制度化形式,诸如种族隔离或由种族优越或种族排斥理论而产生的形式或种族主义的当代形式和表现,这是国际社会人权领域世界范围促进方案的首要目标之一。联合国各机关和各机构应加强努力,执行与种族主义和种族歧视进行战斗的第三个十年有关的一项行动纲领以及由此而来的争取同一目标的职权。世界人权会议强烈呼吁国际社会为与种族主义和种族歧视进行战斗的十年方案信托基金提供慷慨捐助。

20. 世界人权会议促请各国政府立即采取措施和制订得力的政策,防止和打击一切形式的种族主义、仇外或与之相联的不容忍及其表现,必要时应颁布适当的立法,包括刑法措施,并设立打击这些现象的国家机构。

21. 世界人权会议欢迎人权委员会决定任命一位当代形式种族主义、种族歧视、仇外及与之相联的不容忍问题特别报告员。世界人权会议还呼吁《消除一切形式种族歧视国际盟约》的所有缔约国考虑作出盟约第十四条规定的声明。

22. 世界人权会议促请各国政府,根据其国际义务,适当地考虑到各自的法律制度,采取一切适当措施,抵制基于宗教或信仰的不容忍和有关的暴力,包括歧视妇女的做法,也包括对宗教场所的亵渎,要确认每一个人都有权享受思想、良心、表达和宗教自由。会议还请所有国家执行《消除基于宗教或信仰原因的一切形式不容忍和歧视宣言》的规定。

23. 世界人权会议强调,所有犯下或批准种族净化罪行的人均须为这种侵犯人权的行为承担一切个人责任并受到追究,同时国际社会应尽一切努力将依法应负责的人绳之以法。

24. 世界人权会议呼吁各国政府立即采取措施,个别和集体地抑制种族净化的做法,并迅速加以制止。种族净化这种恶行的受害者有权利用适当有效的补救措施。

二、在民族、种族、宗教和语言上属于少数群体的人

25. 世界人权会议要求人权委员会审查一些方式和方法,以有效促进和保护联合国关于

《在民族、种族、宗教和语言上属于少数人的权利宣言》所阐述的属于少数群体的人的权利。在这方面,世界人权会议呼吁人权事务中心在有关政府要求下并作为其咨询服务和技术援助的一部分,提供关于少数群体问题的人权以及关于预防和解决争端方面的高质量的专门知识,帮助解决涉及少数人的现有和潜在的各种情况。

26. 世界人权会议促请各国和国际社会根据联合国《在民族、种族、宗教和语言上属于少数人的权利宣言》,促进和保护在民族、种族、宗教和语言上属于少数群体的人的权利。

27. 采取的措施也应酌情便利他们充分参与政治、经济、社会、宗教和文化等各方面的社会生活,充分参与国家的经济进步和发展。

土著人民

28. 世界人权会议呼吁防止歧视及保护少数小组委员会的土著居民问题工作组在其第十一届会议上完成土著人民权利宣言的起草工作。

29. 世界人权会议建议人权委员会在土著人民权利宣言完成起草之后,延续和更新土著居民问题工作组的职权。

30. 世界人权会议还建议联合国系统内的咨询服务和技术援助方案积极响应各国提出的能直接为土著人民造福的援助请求。世界人权会议进一步建议,在本文件所设想加强人权事务中心活动的总框架内,向中心提供充分的人力和财政资源。

31. 世界人权会议促请各国保证土著人民能充分和自由地参与社会所有方面的工作,特别是参与同他们有关的事务。

32. 世界人权会议建议联合国大会宣布一个世界土著人民国际十年,从 1994 年 1 月开始,包括各种有待同土著人民合作决定的面向行动的方案。为此目的应建立一个适当的自愿信托基金。在这样一个十年的框架内,应考虑在联合国系统内为土著人民建立一个常设论坛。

移徙工人

33. 世界人权会议促请所有国家作出保证,保护所有移徙工人及其家属的人权。

34. 世界人权会议认为特别有必要创造条件,在移徙工人同他们居住国社会的其他群体之间促成更大的和谐与容忍。

35. 世界人权会议请各国考虑可否尽早签署和批准《保护所有移徙工人及其家庭成员权利国际公约》。

三、妇女的平等地位和人权

36. 世界人权会议促请使妇女充分和平等地享受所有的人权,将此列为各国政府和联合国的优先事项。世界人权会议还强调,妇女极有必要作为参加者和受益者充分参与发展进程,与之结合,重申联合国环境和发展会议(1992 年 6 月 3—14 日,巴西里约热内卢)通过的《关于环境与发展的里约宣言》和《21 世纪议程》第二十四章中提出的妇女争取可持久和平等发展全球行动的有关目标。

37. 妇女的平等地位和妇女人权应纳入联合国全系统活动的主流。联合国的有关机构和机制都应定期地、有系统地处理这些问题。尤其应采取措施,加强妇女地位委员会、人权委员会、消除对妇女一切形式歧视委员会、联合国妇女发展基金、联合国开发计划署以及联合国其他机构相互之间的合作,鼓励它们进一步结合它们的目标。在这方面,应加强人权事务中心和提高妇女地位司之间的合作和协调。

38. 世界人权会议尤其强调有必要努力消除公共和私人生活中对妇女施加的暴力,消除一切形式的性骚扰、性剥削和贩卖妇女的行为,在司法中消除性别偏见,根除妇女权利同某些传统或习俗、文化偏见和宗教极端主义的有害影响所可能产生的任何冲突。世界人权会议呼请联合国大会通过关于对妇女施暴的宣言草案,促请各国依照该宣言的规定,同对妇女施暴行为作斗争。在武装冲突中一切侵害妇女人权的行为都是违反国际人权和人道主义法的基本原则的。对所有此类侵害,特别是杀害和有系统的强奸、性奴役和强制致孕,需要作出特别有效的反应。

39. 世界人权会议促请根除对妇女的一切形式的隐含和公开的歧视。联合国应鼓励争取所有国家到2000年时普遍批准《消除对妇女一切形式歧视公约》。应鼓励以各种方式和方法处理对该公约提出的特别多的保留。除其他外,消除对妇女一切形式歧视委员会应当继续审查对公约的保留。促请各国撤销与公约的目的和宗旨有抵触、或与国际条约法不相符合的保留。

40. 条约监测机构应散发必要资料,使妇女能更有效地利用现有的执行程序,追求充分、平等地享受人权而不受歧视。还应采纳新程序,以加强履行对妇女平等和妇女人权的承诺。妇女地位委员会和消除对妇女一切形式歧视委员会应迅速拟订《消除对妇女一切形式歧视公约》任择议定书,研究采纳请愿权的可能性。世界人权会议欢迎人权委员会决定在其第五十届会议上考虑任命一名对妇女暴力问题特别报告员。

41. 世界人权会议认识到妇女终生享受最高标准的身心健康的重要性。针对世界妇女会议、《消除对妇女一切形式歧视公约》和1968年《德黑兰宣言》,世界人权会议依据男女平等原则,重申妇女有权享受充分的、易于获得的医疗保健,享受最广泛的计划生育服务,平等接受各级的教育。

42. 条约监测机构应利用按性别分列的资料,将妇女地位和妇女人权纳入它们的审议工作和调查结论。应鼓励各国在提交条约监测机构的报告中提供关于妇女在法律和事实上的情况。世界人权会议满意地注意到人权委员会第四十九届会议1993年3月8日通过第1993/46号决议,认为也应鼓励人权领域的报告员和工作组这样做。提高妇女地位司还应与联合国其他机构、特别是联合国人权事务中心合作,采取步骤保证联合国的人权活动经常处理侵犯妇女人权的情况,包括针对性别的侵权。应鼓励培训联合国人权和人道主义救济工作人员,帮助他们认识并处理侵犯人权、特别是侵犯妇女人权的行为,在工作中避免性别偏向。

43. 世界人权会议促请各国政府、区域和国际组织便利妇女取得决策职位,更多地参与决策过程。它鼓励在联合国秘书处内采取进一步措施,根据《联合国宪章》任命和提拔妇女工作人员,并鼓励联合国其他主要机构和附属机构保证妇女能在平等条件下参与。

44. 世界人权会议欢迎1995年在北京举行世界妇女会议,并促请按照世界妇女会议的平等、发展、和平的优先议题,使妇女人权在其审议中占重要地位。

序 二

四、儿童权利

45. 世界人权会议重申"一切以儿童为重"的原则,在这方面强调有必要在各国和国际上为促进尊重儿童生存权、保护权、发展权和参与权作出重大努力,特别是强调联合国儿童基金会的努力。

46. 应采取措施争取使《儿童权利公约》在 1995 年之前得到普遍批准,争取世界儿童问题首脑会议通过的《儿童生存、保护和发展世界宣言》和《行动计划》,能得到普遍签署和有效执行。世界人权会议促请各国撤回对《儿童权利公约》所作的与公约目标和宗旨相抵触、或与国际条约法相抵触的保留。

47. 世界人权会议促请所有国家在可用资源的最大限度内,在国际合作的支持下,采取措施,争取实现《世界首脑会议行动计划》的目标。世界人权会议吁请各国在本国行动计划中结合《儿童权利公约》的规定。通过这些国家行动计划和国际努力,应特别优先设法降低婴儿死亡率和产妇死亡率,减少营养不良,减少文盲,让人们能享用安全的饮水和基础教育。必要时,国家行动计划应订有措施,以对付自然灾害和武装冲突造成的紧急情况以及同样严重的处于极端贫困中的儿童的问题。

48. 世界人权会议促请所有国家在国际合作的支持下处理处于极端贫困中的儿童的尖锐问题。应与剥削和虐待儿童行为展开积极的斗争,正视其根源。需要采取有效措施制止杀害女婴、有害的童工雇用、贩卖儿童和器官、儿童卖淫、儿童色情以及其他形式的性虐待。

49. 世界人权会议支持联合国及其专门机构为确保有效保护和促进女孩人权而采取的一切措施。世界人权会议促请各国废止歧视和伤害女孩的现有法律和规章,消除这类习俗和做法。

50. 世界人权会议大力赞成请秘书长着手研究改进武装冲突中儿童保护办法的建议。应执行人道主义准则,采取措施,保护战区的儿童,便利为他们提供援助。措施应包括提供保护,防范滥用一切战争武器,特别是杀伤地雷。必须立即正视受战争创伤儿童调养康复的需要。世界人权会议吁请儿童权利委员会研究提高武装部队最低征兵年龄的问题。

51. 世界人权会议建议联合国系统的所有有关机关和机制以及专门机构的监督单位根据各自职权定期审查和监测与儿童的人权和处境有关的事项。

52. 世界人权会议确认非政府组织在有效执行一切人权文书、特别是《儿童权利公约》方面发挥的重要作用。

53. 尤其考虑到前所未有的许多国家已批准公约,随后需要提交国别报告,世界人权会议建议设法让儿童权利委员会能在人权事务中心协助下迅速有效地履行职权。

五、免受酷刑

54. 世界人权会议欢迎许多会员国批准《禁止酷刑和其他残忍、不人道或有辱人格的待遇或处罚公约》,鼓励所有其他会员国也迅速批准该公约。

55. 世界人权会议强调,酷刑是一种最为残暴侵犯人的尊严的行为,其结果摧残受害者的尊严,损害他们继续生活和活动的能力。

56. 世界人权会议重申,根据人权法和人道主义法,免受酷刑是一项在所有情况下,包括国内或国际上发生动乱或武装冲突之时,都必须予以保护的权利。

57. 世界人权会议因此敦请所有国家立即停止使用酷刑,通过全面执行《世界人权宣言》和有关公约,以及必要时加强现行机制,来彻底根除这一罪恶。世界人权会议呼吁所有国家在酷刑问题特别报告员履行职责时与他充分合作。

58. 应特别注意确保联合国大会通过的《关于医务人员,特别是医生在保护被监禁和拘留的人不受酷刑和其他残忍、不人道或有辱人格的待遇或处罚方面的任务的医疗道德原则》得到普遍遵守和有效执行。

59. 世界人权会议强调,必须在联合国框架内进一步采取具体行动,以便向酷刑受害者提供援助,并确保采取更为有效的补救措施,促进受害者的身心和社会康复。应当优先考虑为此目的提供必要资源,包括向支援酷刑受害者自愿基金提供更多的捐款。

60. 各国应废除关于严重侵犯人权如施加酷刑者不受惩罚的法律,对这种侵犯人权行为进行起诉,从而建立扎实的法治基础。

61. 世界人权会议重申,铲除酷刑的努力首先应当集中在预防工作上,因此呼吁早日通过《禁止酷刑和其他残忍、不人道或有辱人格的待遇或处罚公约》的任择议定书,该议定书的目的是建立定期查访拘留地的预防制度。

被迫失踪

62. 世界人权会议喜见大会通过《保护所有人免遭强迫失踪国际公约》,呼吁所有国家采取有效的立法、行政、司法或其他措施,防止、制止和惩治迫使人失踪的行为。世界人权会议重申,所有国家都有责任在无论何种情况下凡有理由认为在其管辖领土内发生被迫失踪事件即开展调查,如指控属实,即查办肇事者。

六、残疾人的权利

63. 世界人权会议重申所有人权和基本自由都具有普遍性,因而毫无保留地适用于残疾人。人人生而平等,享有同样的生命权和得到福利、教育和工作的权利、独立生活的权利,以及在各方面积极参与社会的权利。因此,对残疾人的任何直接歧视或其他对之不利的差别待遇均属侵犯其权利。世界人权会议呼吁各国政府在必要时通过或调整法律,保证残疾人获得这些权利和其他权利。

64. 残疾人到处都有。残疾人的平等机会应当得到保证,为此要消除一切排除或限制他们充分参与社会、由社会情况决定的障碍,无论这些障碍是身体、财政、社会抑或心理上的。

65. 忆及联合国大会第三十七届会议通过的《关于残疾人的世界行动纲领》,世界人权会议呼吁联合国大会和经济及社会理事会在它们1993年的会议上通过为残疾人提供平等机会的标准规则草案。

C. 合作、发展和加强人权

66. 世界人权会议建议优先采取促进民主、发展和人权的国家和国际行动。

67. 应特别强调有助于加强和建设人权机构的措施、有助于加强多元化法治社会和保护陷入脆弱境况群体的措施。在这方面,尤有必要应各国政府要求为举行自由公正的选举提供援助,包括在选举的人权工作和宣传工作方面的援助。提供援助,加强法治,促进言论自由和司法工作,帮助人民真正和有效地参与决策过程,也属同样重要。

68. 世界人权会议强调必须落实加强人权事务中心的咨询服务和技术援助活动。中心应根据各国的请求,就具体的人权问题提供援助,包括编写各项人权条约下的报告和实施协调一致的和全面的促进和保护人权的行动计划。加强人权和民主体制、用法律保护人权,对官员和其他人进行培训,从事广泛教育和宣传工作以促进对人权的尊重,均应成为这些方案的组成部分。

69. 世界人权会议积极建议在联合国内制订一个综合性方案,以帮助各国建立和加强能直接促进全面遵守人权、维护法治的适当国家机构。该方案应由人权事务中心进行协调,根据有关政府的请求,向国家项目提供技术和财政援助,以改革刑法和教养机构,对律师、法官和治安部队进行人权教育和培训,支助其他一切与法治良好运作有关的活动领域。该方案将向各国提供援助,执行促进和保护人权的行动计划。

70. 世界人权会议请联合国秘书长向联合国大会提出建议,同时也提出拟议方案的设立、结构、活动方式和筹资的备选办法。

71. 世界人权会议建议每个会员国考虑是否可以拟订国家行动计划,认明该国为促进和保护人权所应采取的步骤。

72. 世界人权会议重申,《发展权利宣言》所确认的普遍和不可剥夺的发展权利必须获得执行和实现。在这方面,世界人权会议欢迎人权委员会设立关于发展权的专题工作组,并促请该工作组与联合国其他部门和机构协商与合作,为消除执行和实现《发展权利宣言》的障碍立即拟订全面和有效的措施,并提出各国实现发展权的方式方法,以便联合国大会能早日审议。

73. 世界人权会议建议让从事发展和(或)人权领域工作的非政府组织和其他基层组织在国家、国际一级发挥重要作用,积极参加与发展权利有关的辩论、活动和执行,在发展合作的所有有关方面与政府配合行动。

74. 世界人权会议呼吁各国政府、各主管机关的机构大量增加提供资源,用于建立能够保护人权、有效运行的法律制度和这个领域的国家机构。发展合作领域的参与者应铭记发展、民主和人权之间的相辅相成关系。合作应立足于对话和透明度。世界人权会议还呼吁制订全面方案,包括建立资料库,配备具有加强法治和民主体制的专门知识的人员。

75. 世界人权会议鼓励人权委员会同经济、社会和文化权利委员会合作,继续审查《经济、社会、文化权利国际盟约》任择议定书。

76. 世界人权会议建议提供更多资源在人权中心的咨询服务和技术援助方案下加强或建立促进和保护人权的区域安排,它也鼓励会员国申请援助,以便按照国际人权文书规定的普遍人权标准加强区域安排,举办区域和分区域讲习班、讨论会和情报交流会等等,促进和保护人权。

77. 世界人权会议支持联合国及其有关专门机构按照《经济、社会、文化权利国际公约》和其他有关国际文书的规定为确保有效促进和保护工会权而采取的一切措施。世界人权会议呼吁所有国家充分遵守国际文书在这方面所订的义务。

D. 人权教育

78. 世界人权会议认为,必须开展人权教育、培训和宣传,以便促进和实现社区与社区之间的稳定和谐关系,促成相互了解、容忍与和平。

79. 各国应努力消除文盲,使教育目标针对充分发展人格,加强对人权和基本自由的尊重。世界人权会议呼吁所有国家和机构将人权、人道主义法、民主和法治作为学科纳入所有正式和非正式教学机构的课程。

80. 人权教育应包括各项国际和区域人权文书所载的和平、民主、发展和社会正义,以便达成共识和了解,从而增强对人权的普遍承诺。

81. 考虑到国际人权和民主教育大会1993年3月通过的《世界人权和民主教育行动计划》和其他人权文书,世界人权会议建议各国特别考虑妇女的人权需要,制订具体方案和战略,保证最广泛地进行人权教育和散发宣传资料。

82. 各国政府应在政府间组织、国家机构和非政府组织的协助下,促进对人权和相互容忍的认识。世界人权会议强调有必要加强联合国从事的世界公众宣传运动。它们应发起和支持人权教育,有效地散发这一领域的公众宣传资料。联合国系统的咨询服务和技术援助方案应能够立即响应各国的要求,帮助它们进行人权领域的教育和培训活动,以及关于各项国际人权文书和人道主义法所载的标准,并将这些标准适用于军队、执法人员、警察和医疗专业人员的特别教育。应考虑宣布联合国人权教育十年,以推动、鼓励以及重点突出这些教育活动。

E. 执行和监测办法

83. 世界人权会议促请各国政府将国际人权文书中的标准纳入国家立法,并加强能在促进和保障人权方面发挥作用的国家结构、机构和社会组织。

84. 世界人权会议建议加强联合国的活动和方案,以满足那些希望建立或加强其国家机构、以促进和保护人权的国家的援助要求。

85. 世界人权会议还鼓励特别是通过资料交换和经验交流,加强促进和保护人权的国家机构的代表之间的合作,也加强同区域组织和联合国的合作。

86. 在这方面,世界人权会议极力建议促进和保护人权的国家机构代表在人权事务中心的主持下定期举行会议,研究如何改善他们的机制,分享经验。

87. 世界人权会议建议各人权条约机构、各条约机构主持人会议和缔约国会议继续采取步骤协调各项人权公约关于编写国别报告的许多要求和准则,研究是否确如建议所认为,由每一缔约国就其承担的条约义务提出一份全面报告可以提高这些程序效率,扩大这些程序的影响。

88. 世界人权会议建议国际人权文书的缔约国、联合国大会和经济及社会理事会审议研究现有的人权条约机构以及一些专题机制和程序,以期考虑到必须避免职权和任务的不必要的重复重叠,更好地协调不同的机构、机制和程序,提高效率和效力。

89. 世界人权会议建议继续努力参照这方面的多项有关提议,改进条约机构的工作,包括监测任务,考虑到这方面提出的许多建议,特别是条约机构本身和条约机构主持人会议的建议。同时,也应鼓励采用儿童权利委员会所拟的综合性国家方针。

90. 世界人权会议建议人权条约缔约国考虑接受所有的任择来文程序。

91. 世界人权会议关切地注意到侵犯人权的肇事者逍遥法外的问题,并支持人权委员会和防止歧视及保护少数小组委员会努力审查这一问题的所有方面。

92. 世界人权会议建议人权委员会审查是否可能更好地在国际和区域一级执行现有人权文书,并鼓励国际法委员会继续进行设立一个国际人权法庭的工作。

93. 世界人权会议呼吁尚未加入1949年8月12日《日内瓦公约》及其议定书的国家加入这些公约和议定书,并采取一切适当的本国措施,包括立法措施,以期充分执行这些公约和议定书。

94. 世界人权会议建议迅速拟定并通过关于个人、群体和社会机关促进和保护普遍承认的人权和基本自由的权利和责任的宣言草案。

95. 世界人权会议强调有必要维持和加强人权委员会和防止歧视及保护少数小组委员会的特别程序、报告员、代表、专家和工作组制度,使他们得以在全世界各国执行其任务,并有必要向他们提供所需的人力物力。应定期举行会议,使各种程序和机制能够协调其工作,并使之合理化。请各国同这些程序和机制进行充分的合作。

96. 世界人权会议建议联合国在促进和保护人权方面发挥更积极的作用,以确保国际人道主义法在所有武装冲突中根据联合国宪章的宗旨和原则获得遵守。

97. 世界人权会议认识到人权内容对联合国一些维持和平行动的个别安排能起到重要作用,建议秘书长按照联合国宪章,考虑到人权中心和人权机构的报导、经验和能力。

98. 为了加强经济、社会和文化权利的享用,应审查新的一些做法,例如拟订一套指数,用以衡量在实现《经济、社会、文化权利国际公约》所规定权利方面所取得的进展。大家必须协同作出努力,确保经济、社会和文化权利能在国家、区域和国际各级得到承认。

F. 世界会议后续行动

99. 世界人权会议建议联合国大会、人权委员会和联合国系统内与人权有关的其他机关和机构考虑用什么方法立即全面执行本宣言所载的建议,包括可能宣布"联合国人权十年"。世界人权会议还建议人权委员会每年审查为此而取得的进展。

100. 世界人权会议请联合国秘书长在《世界人权宣言》发表50周年之际邀请所有国家以及联合国系统内与人权有关的所有机关和机构向他报告执行本宣言方面的进展,并通过人权委员会和经济及社会理事会向大会第五十三届会议提交一份报告。同样,区域人权机构和相关的国家人权机构以及非政府组织也可向联合国秘书长提出它们对本宣言执行进展的意见。应特别注意评估朝向普遍批准联合国系统框架内通过的国际人权条约和议定书这一目标所取得的进展。

20. 关于个人、群体和社会机构在促进和保护普遍公认的人权和基本自由方面的权利和义务宣言

(联合国大会 1999 年 3 月 8 日通过)

大会,

重申亟须遵守《联合国宪章》的宗旨和原则以增进和保护世界各国所有人的所有人权和基本自由,

还重申《世界人权宣言》[第 217 A(III)号决议]和各项国际人权盟约[第 2200 A(XXI)号决议,附件]作为促进普遍尊重和遵行人权和基本自由的国际努力的基本要素的重要性,以及联合国系统和在区域一级所通过的其他国际文书的重要性,

强调国际社会所有成员必须共同地、分别地履行其促进和鼓励尊重所有人的人权和基本自由的庄严义务,不得有任何区别包括基于种族、肤色、性别、语言、宗教、政治或其他见解、民族本源或社会出身、财产、出生或其他身份等的区别,重申亟需根据《宪章》达成国际合作以履行这一义务,

承认在促进有效消除对各民族和个人的人权和基本自由的一切侵犯方面,包括大规模、公然或系统的侵犯方面,例如在消除因种族隔离、一切形式的种族歧视、殖民主义、外国统治或占领、侵略或威胁国家主权、国家统一或领土完整,以及因拒绝承认各民族拥有自决权和每一民族有权对其财富和自然资源充分行使主权而造成的这类侵犯方面,国际合作能发挥重要的作用,个人、群体和社团能做出宝贵的工作,

认识到国际和平与安全和享受人权与基本自由之间的关系,并铭记没有实现国际和平与安全不得成为不遵守的借口,

重申所有各项人权和基本自由均为普遍、不可分割、互相依存并互相关联,应在不影响其中每一项权利和自由的实现的前提下公平合理地予以促进和落实,

强调各国负有首要责任和义务促进和保护人权和基本自由,

认识到个人、群体和社团有权利和义务在国家一级和国际一级促进对人权和基本自由的尊重,增进对人权和基本自由的认识,

宣布:

第 1 条

人人有权单独地和与他人一起在国家和国际各级促进、争取保护和实现人权和基本自由。

第 2 条

1. 每个国家负有首要责任和义务保护、促进和实现一切人权和基本自由,除其他外,应采取可能必要的步骤,在社会、经济、政治以及其他领域创造一切必要条件,建立必要的法律保障,以确保在其管辖下的所有人能单独地和与他人一起在实际享受所有这些权利与自由。

2. 每一国家均应采取可能必要的立法、行政和其他步骤,以确保本宣言所提的权利和自由得到有效的保证。

第 3 条

符合《联合国宪章》和各国在人权和基本自由领域的其他国际义务的国内立法,是落实和享受人权和基本自由以及进行本宣言所提一切促进、保护和有效实现这些权利和自由的活动的法律框架。

第 4 条

本宣言任何内容,不得解释为损害或抵触《联合国宪章》的宗旨和原则,也不得解释为限制或减损《世界人权宣言》[第 217 A(III)号决议]、各项国际人权盟约[第 2200 A(XXI)号决议,附件]、以及此领域所适用的其他国际文书和承诺的规定。

第 5 条

为了促进和保护人权和基本自由,人人有权单独地和与他人一起在国家一级和国际一级:

(a) 和平聚会或集会;

(b) 成立、加入和参加非政府组织、社团或团体;

(c) 同非政府组织或政府间机构进行联系。

第 6 条

人人有权单独地和与他人一起:

(a) 了解、索取、获得、接受并保存一切有关人权和基本自由的资料,包括取得有关国内立法、司法或行政系统如何实施这些权利和自由的资料;

(b) 根据人权和其他适用的国际文书,自由向他人发表、传授或传播一切有关人权和基本自由的观点、资料和知识;

(c) 就所有人权和基本自由在法律和实践中是否得到遵守进行研究、讨论、形成并提出自己的见解,借此和通过其他适当手段,促请公众注意这些问题。

第 7 条

人人有权单独地和与他人一起发展和讨论新的人权思想和原则,有权鼓吹这些思想和原则。

第 8 条

1. 人人有权单独地和与他人一起,在不歧视的基础上得到有效机会,参加治理国事,管理公共事务。

2. 这特别包括有权单独地和与他人一起向政府机构、机关和负责公共事务的组织提出批评和建议,以便改进其运作,提请人们注意其工作中可能阻挠或妨碍促进、保护和实现人权和基本自由的任何方面。

第 9 条

1. 在行使人权和基本自由、包括如本宣言所提促进和保护人权时,人人有权单独地和与他人一起援引有效的补救措施,并在这些权利遭到侵犯时得到保护。

2. 为此目的,声称其权利或自由受侵犯的所有人均有权自己或通过法律认可代表向一依法设立的独立、公正的主管司法当局或其他当局提出申诉,并要求该当局通过公开听讯迅速审理申诉,依法作出裁判,如判定该人权利或自由确实受到侵犯,则提供补偿,包括任何应得的赔偿,以及执行最终裁判和赔偿,一切均不得有不当延误。

3. 为了同一目的,人人有权单独地和与他人一起:

(a) 通过诉状或其他适当手段,向国内主管司法、行政、立法当局或该国法律制度授权的任何其他主管当局,对个别官员和政府机构违反人权和基本自由的政策和行为提出申诉,有关当局应对申诉作出裁判,不得有不当延误;

(b) 出席公开听讯、诉讼和审判,以便确定其是否符合国内法律和适用的国际义务和承诺;

(c) 为保护人权和基本自由给予并提供具有专业水准的法律援助或其他有关的咨询意见和援助。

4. 为了同一目的,按照适用的国际文书和程序,人人有权单独地和与他人一起不受阻挠地同具有一般的或特殊的权限受理和审议有关人权和基本自由的来文的国际机构联系和通信。

5. 国家如有合理根据,认为在其管辖的任何领土内发生了侵犯人权和基本自由的行为,应立即、公正地进行调查,或确保这样的查究得以进行。

第 10 条

任何人不得以作为或应有为的不作为参与侵犯人权和基本自由,任何人也不得因拒绝参与而遭受任何形式的处罚或不利行动。

第 11 条

人人有权单独地和与他人一起合法从事其专业或职业。因其职业而可能影响他人尊严、人权和基本自由者应尊重这些权利和自由,遵守有关的国家和国际专业和职业行为或道德标准。

第 12 条

1. 人人有权单独地和与他人一起参加反对侵犯人权和基本自由的和平活动。

2. 国家应采取一切必要措施确保主管当局保护每一个人,无论单独地或与他人一起,不因其合法行使本宣言中所指权利而遭受任何暴力、威胁、报复、事实上或法律上的恶意歧视、压力或任何其他任意行为的侵犯。

3. 在这方面,在以和平手段作出反应或反对造成侵犯人权和基本自由的可归咎于国家的活动和作为,包括不作为,以及反对群体或个人犯下暴力行为影响人权和基本自由的享受时,人人有权单独地和与他人一起受到国内法律的有效保护。

第 13 条

人人有权单独地和与他人一起,根据本宣言第 3 条的规定,以和平手段纯粹为了促进和保护人权和基本自由的目的征集、接受和使用资源。

第 14 条

1. 国家有责任采取立法、司法、行政或其他适当措施,促进在其管辖范围内的所有人了解他们的公民、政治、经济、社会和文化权利。

2. 这类措施,除其他外,应包括:

(a) 出版和广泛供应国家法律和规定以及适用的基本国际人权文书;

(b) 充分和平等地得到人权方面的国际文件,包括缔约国向根据国际人权条约设立的机构提交的定期报告、以及这些机构讨论情况的简要记录和正式报告。

3. 国家应在其管辖的所有领土上,保证并酌情支持建立和发展更多促进和保护人权和基本自由的独立国家机构,不论是监察专员、人权委员会或任何其他形式的国家机构。

第 15 条

国家有责任促进和便利各级教育机构中的人权和基本自由的教学,确保所有负责培训律师、执法官员、武装部队人员和政府官员的培训人员把适当的人权教学内容列入他们的培训方案。

第 16 条

个人、非政府组织和有关机构可以发挥重要作用,通过人权和基本自由方面的教育、训练和研究等活动,促使公众更加注意关系到一切人权和基本自由的问题,以便除了其他以外,进一步加强国与国之间和所有种族和宗教群体之间的理解、容忍、和平和友好关系,但须铭记它们在其中开展活动的不同社会和社区的背景。

第 17 条

在行使本宣言所载的权利和自由时,人人单独和与他人一起均须受符合适用国际义务、由法律纯粹为保证充分承认和尊重他人的权利和自由、满足正当道德要求、公共秩序和民主社会的普遍福利所规定的限制。

第 18 条

1. 人人对社会并在社会内负有义务,因为只有在社会之内人的个性才能得到自由和充分的发展。

2. 个人、群体、机构和非政府组织可发挥重要作用、并负有责任保障民主,促进人权和基本自由,为促进民主社会、民主体制和民主进程的进步作出贡献。

3. 个人、群体、机构和非政府组织也可发挥重要作用、并负有责任视情况作出贡献促进人人有权享有能充分实现《世界人权宣言》和其他人权文书所列人权和自由的社会和国际秩序。

第 19 条

本宣言的任何内容,不得解释为默许任何个人、群体或社会机构或任何国家有权从事任何旨在破坏本宣言所载的权利和自由的活动或行为。

第 20 条

本宣言的任何内容,也不得解释为允许任何国家支持或煽动个人、群体、机构或非政府组织从事违反《联合国宪章》规定的活动。

21. 联合国千年宣言

（联合国大会2000年9月8日通过）

大会
通过以下宣言：
联合国千年宣言

一、价值和原则

1. 我们各国元首和政府首脑，在新的千年开始之际，于2000年9月6日至8日聚集于联合国纽约总部，重申我们对联合国的信心，并重申《联合国宪章》是创建一个更加和平、繁荣和公正的世界所必不可少的依据。

2. 我们认识到，除了我们对各自社会分别要承担的责任外，我们还有在全球维护人的尊严、平等与公平原则的集体责任。因此，作为领导人，我们对世界所有人民，特别易受伤害的人，尤其是拥有未来的全球儿童，负有责任。

3. 我们重申对《联合国宪章》各项宗旨和原则的承诺，它们已证实是永不过时的，是普遍适用的。事实上，随着国家和人民之间的相互联系和相互依赖日益增加，它们的现实意义和感召能力业已加强。

4. 我们决心根据《宪章》的宗旨和原则，在全世界建立公正持久的和平。我们再次申明矢志支持一切为维护各国主权平等的努力，尊重其领土完整和政治独立，以和平手段并按照正义与国际法原则解决争端，给予仍处于殖民统治和外国占领下的人民以自决权，不干涉各国内政，尊重人权和基本自由，尊重所有人的平等权利，不分种族、性别、语言或宗教，进行国际合作以解决经济、社会、文化或人道性质的问题。

5. 我们深信，我们今天面临的主要挑战是确保全球化成为一股有利于全世界所有人民的积极力量。因为尽管全球化带来了巨大机遇，但它所产生的惠益目前分配非常不均，各方付出的代价也不公平。我们认识到发展中国家和转型期经济国家为应付这一主要挑战而面临特殊的困难。因此，只有以我们人类共有的多样性为基础，通过广泛和持续的努力创造共同的未来，才能使全球化充分做到兼容并蓄，公平合理。这些努力还必须包括顾及发展中国家和转型期经济体的需要，并由这两者有效参与制订和执行的全球性政策和措施。

6. 我们认为某些基本价值对21世纪的国际关系是必不可少的。这包括：

- 自由。人们不分男女，有权在享有尊严、免于饥饿和不担心暴力、压迫或不公正对待的情况下过自己的生活,养育自己的儿女。以民心为本的参与性民主施政是这些权利的最佳保障。

- 平等。不得剥夺任何个人和任何国家得益于发展的权利。必须保障男女享有平等的权利和机会。
- 团结。必须根据公平和社会正义的基本原则,以公平承担有关代价和负担的方式处理各种全球挑战。遭受不利影响或得益最少的人有权得到得益最多者的帮助。
- 容忍。人类有不同的信仰、文化和语言,人与人之间必须相互尊重。不应害怕也不应压制各个社会内部和社会之间的差异,而应将其作为人类宝贵资产来加以爱护。应积极促进所有文明之间的和平与对话文化。
- 尊重大自然。必须根据可持续发展的规律,在对所有生物和自然资源进行管理时谨慎行事。只有这样,才能保护大自然给我们的无穷财富并把它们交给我们的子孙。为了我们今后的利益和我们后代的福祉,必须改变目前不可持续的生产和消费方式。
- 共同承担责任。世界各国必须共同承担责任来管理全球经济和社会发展以及国际和平与安全面临的威胁,并应以多边方式履行这一职责。联合国作为世界上最具普遍性和代表性的组织,必须发挥核心作用。

7. 为了把这些共同价值变为行动,兹将我们特别重视的一些关键目标列举于后。

二、和平、安全与裁军

8. 我们将竭尽全力,使我们的人民免于战祸,不受国内战争和国家间战争之害,在过去十年,有五百多万人在这些战争中丧生。我们还将力求消除大规模毁灭性武器造成的危险。

9. 因此,我们决心:

- 在国际和国家事务中加强尊重法制,特别是确保会员国在涉及它们的任何案件中依照《联合国宪章》遵守国际法院的判决。
- 加强联合国维护和平与安全的效力,为它提供预防冲突、和平解决争端、维持和平及冲突后建设和平和重建所需要的资源和工具。在这方面,我们注意到联合国和平行动问题小组的报告,并请大会迅速审议它的各项建议。
- 按照《宪章》第八章的规定,加强联合国同各区域组织之间的合作。
- 确保诸如军备控制和裁军等领域的各项条约以及国际人道法和人权法得到缔约国的执行,并吁请所有国家考虑签署和批准《国际刑事法院罗马规约》。
- 采取协调行动打击国际恐怖主义,并尽快加入所有相关的国际公约。
- 加倍努力履行我们关于反击世界毒品问题的承诺。
- 加强努力打击所有方面的跨国犯罪,包括贩卖和偷运人口以及洗钱行为。
- 尽量减少联合国经济制裁对无辜百姓的不利影响,定期审查制裁制度,以及消除制裁对第三方的不利影响。
- 努力消除大规模毁灭性武器,特别是核武器,灵活选择实现这个目标的一切办法,包括可能召开一次国际会议,以确定消除核危险的方式。
- 采取协调行动,特别是考虑到即将召开的联合国小武器和轻武器非法贸易问题会议的所有建议,增加武器转让的透明度和支持区域裁军措施,制止小武器和轻武器的非法贩运。

• 吁请所有国家考虑加入《关于禁止使用、储存、生产和转让杀伤人员地雷及销毁此种地雷的公约》以及常规武器公约的地雷问题修正议定书。

10. 我们促请会员国从今以后个别及集体遵守奥林匹克休战,并支持国际奥林匹克委员会努力通过体育和奥林匹克理想促进和平及人与人之间的相互谅解。

三、发展与消除贫穷

11. 我们将不遗余力地帮助我们十亿多男女老少同胞摆脱目前凄苦可怜和毫无尊严的极端贫穷状况。我们决心使每一个人实现发展权,并使全人类免于匮乏。

12. 因此,我们决心在国家一级及全球一级创造一种有助于发展和消除贫穷的环境。

13. 上述目标能否成功实现,除其他外,取决于每个国家内部施行善政。这也取决于国际一级的善政,并取决于金融、货币和贸易体制的透明度。我们承诺建立一个开放的、公平的、有章可循的、可预测的和非歧视性的多边贸易和金融体制。

14. 我们对发展中国家在筹集资助其持续发展所需的资源时面临各种障碍表示关切。因此我们将竭尽全力确保订于 2001 年举行的发展融资问题高级别国际和政府间活动圆满成功。

15. 我们还承诺设法满足最不发达国家的特殊需要。在这方面,我们欢迎在 2001 年 5 月举行第三次联合国最不发达国家问题会议,并努力确保会议圆满成功。我们吁请工业化国家:

• 最好在此次会议召开之前,通过一项允许最不发达国家基本上所有出口产品免税和免配额进口的政策;

• 不再拖延地实施增加优惠的重债穷国减免债务方案,并同意取消已作出明显减贫承诺的国家的一切官方双边债务;

• 给予更慷慨的发展援助,特别是援助那些真正努力将其资源用于减贫的国家。

16. 我们还决心以全面有效的方式解决中低收入发展中国家的债务问题,采取各种国家和国际措施使其债务可以长期持续承受。

17. 我们还决心设法满足小岛屿发展中国家的特殊需要,迅速全面执行《巴巴多斯行动纲领》以及大会第二十二届特别会议的结果。我们促请国际社会在制订脆弱性指数时考虑到小岛屿发展中国家的特殊需要。

18. 我们认识到内陆发展中国家的特殊需要和问题,并促请双边和多边捐助者增加对这组国家的财政和技术援助,以满足其特殊发展需要,并通过改善其过境运输系统,帮助其克服地理障碍。

19. 我们还决心:

• 在 2015 年年底前,使世界上每日收入低于一美元的人口比例和挨饿人口比例降低一半,并在同一日期之前,使无法得到或负担不起安全饮用水的人口比例降低一半。

• 确保在同一日期之前,使世界各地的儿童,不论男女,都能上完小学全部课程,男女儿童都享有平等的机会,接受所有各级教育。

- 在同一日期之前,将目前产妇死亡率降低四分之三,将目前五岁以下儿童死亡率减少三分之二。
- 届时制止并开始扭转艾滋病毒/艾滋病的蔓延、消灭疟疾及其他折磨人类的主要疾病的祸害。
- 向艾滋病毒/艾滋病孤儿提供特别援助。
- 到2020年年底前,根据"无贫民窟城市"倡议,使至少一亿贫民窟居民的生活得到重大改善。

20. 我们也决心:
- 促进性别平等和赋予妇女权能,以此作为战胜贫穷、饥饿和疾病及刺激真正可持续发展的有效途径。
- 制订并实施各种战略,让世界各地青年人有机会找到从事生产的正当工作。
- 鼓励制药行业让发展中国家所有有此需要的人更容易买到价格相宜的必要药品。
- 在谋求发展和消除贫穷过程中,与私营部门和民间社会组织建立稳固的伙伴关系。
- 依照《经社理事会2000年部长宣言》所载建议,确保人人均可享受新技术、特别是信息和通讯技术的好处。

四、保护我们的共同环境

21. 我们必须不遗余力,使全人类、尤其是我们的子孙后代不致生活在一个被人类活动造成不可挽回的破坏、资源已不足以满足他们的需要的地球。

22. 我们重申支持联合国环境与发展会议商定的可持续发展原则,包括列于《21世纪议程》的各项原则。

23. 因此,我们决心在我们一切有关环境的行动中,采取新的养护与管理的道德标准,作为第一步,我们决心:
- 竭尽全力确保《京都议定书》生效,最好在2002年联合国环境与发展会议十周年之前生效,并开始按规定减少温室气体的排放。
- 加紧进行集体努力,以管理、保护和可持续地开发所有各类森林。
- 推动全面执行《生物多样性公约》和《在发生严重干旱和/或荒漠化的国家特别是在非洲防治荒漠化公约》。
- 通过在区域、国家和地方各级拟订促进公平获取用水和充分供水的水管理战略,制止不可持续地滥用水资源。
- 加紧合作以减少自然灾害和人为灾害的次数及其影响。
- 确保自由获取有关人类基因组序列的资料。

五、人权、民主和善政

24. 我们将不遗余力,促进民主和加强法治,并尊重一切国际公认的人权和基本自由,包括发展权。

25. 因此,我们决心:
- 全面遵守和维护《世界人权宣言》。
- 力争在我们所有国家充分保护和促进所有人的公民、政治、经济、社会和文化权利。
- 加强我们所有国家的能力,以履行民主的原则与实践,尊重包括少数人权利在内的各项人权。
- 打击一切形式的对妇女的暴力行为,并执行《消除对妇女一切形式歧视公约》。
- 采取措施以确保尊重和保护移徙者、移民工人及其家属的人权,消除许多社会中日益增加的种族主义行为和排外行动,并增进所有社会中人与人之间的和谐与容忍。
- 作出集体努力,以促进更具包容性的政治进程,让我们所有国家的全体公民都能够真正参与。
- 确保新闻媒体有发挥其重要作用的自由,也确保公众有获取信息的权利。

六、保护易受伤害者

26. 我们将不遗余力,确保遭受自然灾害、种族灭绝、武装冲突和其他人道紧急状态的影响特别严重的儿童和所有平民均能得到一切援助和保护,使他们尽快恢复正常生活。

因此,我们决心:
- 依照国际人道法,扩大和加强保护处于复杂紧急状态下的平民。
- 加强国际合作,包括分担责任及协调对难民收容国的人道援助;协助所有难民和流离失所者自愿地、有尊严地安全返回其家园,并顺利重新融入其社会。
- 鼓励批准和全面执行《儿童权利公约》及其关于儿童卷入武装冲突问题的任择议定书和关于买卖儿童、儿童卖淫和儿童色情制品的任择议定书。

七、满足非洲的特殊需要

27. 我们支持巩固非洲的民主,并帮助非洲人为实现持久和平、消除贫穷和促进可持续发展而斗争,从而将非洲纳入世界经济的主流。

28. 因此,我们决心:
- 全力支持非洲新兴民主政体的政治和体制结构。
- 鼓励建立和维持防止冲突和促进政治稳定的区域和分区域机制,并确保非洲大陆的维持和平行动获得可靠的资源流入量。
- 采取特别措施来应付非洲消除贫穷和促进可持续发展的挑战,包括取消债务,改善市场准入条件,增加官方发展援助,增加外国直接投资的流入量以及转让技术。
- 帮助非洲建立应付艾滋病毒/艾滋病和其他传染病蔓延的能力。

八、加强联合国

29. 我们将不遗余力使联合国成为致力实现以下所有优先事项的更有效工具:努力使全

世界所有人民实现发展、战胜贫穷、无知和疾病;维护正义;打击暴力、恐怖和犯罪;以及防止我们的共同家园出现退化和受到破坏。

30. 因此,我们决心:
- 重申大会作为联合国主要的议事、决策和代表机构的核心地位,并使它能有效发挥这一作用。
- 加紧努力全面改革安全理事会的所有方面。
- 在经济及社会理事会最近成就的基础上,进一步加强经济及社会理事会,帮助它发挥《宪章》为其规定的作用。
- 加强国际法院,在国际事务中确保正义与法制。
- 鼓励联合国各主要机构在履行其职责时定期进行磋商和协调。
- 确保以可预期的方式及时为联合国提供其完成任务所需的资源。
- 促请秘书处根据大会商定的明确规则和程序,通过采用现有的最佳管理办法和技术,以及集中力量开展反映会员国商定优先事项的那些工作,为所有会员国的利益,尽量使这些资源得到最佳利用。
- 促进遵守《联合国人员和有关人员安全公约》。
- 确保联合国、其机构、布雷顿森林机构和世界贸易组织以及其他多边机构之间的政策更加协调一致,并进行更好的合作,以期对和平与发展问题采取全面协调的对策。
- 通过各国议会的世界组织各国议会联盟,进一步加强联合国同各国议会在和平与安全、经济和社会发展、国际法和人权、民主及性别问题等各个领域的合作。
- 使私营部门、非政府组织和广大民间社会有更多的机会协助实现联合国的目标和方案。

31. 我们请大会定期审查实施本宣言各项规定的进展情况,并请秘书长印发定期报告,供大会审议,并作为采取进一步行动的依据。

32. 在此具有历史意义的盛会,我们庄严重申,联合国是整个人类大家庭不可或缺的共同殿堂,我们将通过联合国努力实现我们全人类谋求和平、合作与发展的普遍愿望。因此,我们庄严承诺毫无保留地支持这些共同目标,并决心实现这些共同目标。

22. 关于国家机构的地位的原则("巴黎原则")

(联合国大会1993年12月20日通过)

权限与职责

1. 应赋予国家机构促进和保护人权的权限。

2. 应赋予国家机构尽可能广泛的授权,对这种授权在宪法和立法案文中应有明确规定,并具体规定其组成和权限范围。

3. 国家机构除其他外,应具有以下职责:

(a) 应有关当局的要求,或通过行使其在不须向上级请示迳行听审案件的权力,在咨询基础上,就有关促进和保护人权的任何事项,向政府、议会和任何其他主管机构提出意见、建议、提议和报告;并可决定予以公布;这些意见、建议、提议和报告以及该国家机构的任何特权应与以下领域有关系:

(Ⅰ) 目的在于维护和扩大保护人权的任何立法和行政规定以及有关司法组织的规定;为此,国家机构应审查现行的立法和行政规定,以及法案和提案,并提出它认为合适的建议,以确保这些规定符合人权的基本原则;必要时,它应建议通过新的立法,修正现行的立法以及通过或修正行政措施;

(Ⅱ) 它决定处理的任何侵犯人权的情况;

(Ⅲ) 就人权问题的一般国家情况和比较具体的事项编写报告;

(Ⅳ) 提请政府注意国内任何地区人权遭受侵犯的情况,建议政府主动采取结束这种情况的行动,并视情况需要,对政府要采取的立场和作出的反应提出意见;

(b) 促进并确保国家的立法规章和惯例与该国所加入的国际人权文书协调,及其有效执行;

(c) 鼓励批准上述文书或加入这些文书并确保其执行;

(d) 对各国按照其各自条约义务要向联合国机构和委员会以及向区域机构提交的报告作出贡献,必要时,在对国家独立性给予应有尊重的情况下,表示对问题的意见;

(e) 与联合国和联合国系统内的任何其他组织、各区域机构以及别国主管促进和保护人权领域工作的国家机构进行合作;

(f) 协助制定人权问题教学方案和研究方案并参加这些方案在学校、大学和专业团体中的执行;

(g) 宣传人权和反对各种形式的歧视特别是种族歧视的工作,尤其是通过宣传和教育来提高公众认识以及利用所有新闻机构。

组成和独立性与多元化的保障

1. 国家机构的组成及其成员的任命，不论是通过选举产生还是通过其他方式产生，必须按照一定程序予以确定，这一程序应提供一切必要保障，以确保参与促进和保护人权的（民治社会的）社会力量的多元代表性，特别是要依靠那些能够促使与以下各方面代表，或通过这些代表的参与，建立有效合作的力量；

(a) 负责人权和对种族歧视作斗争的非政府组织、工会、有关的社会和专业组织，例如律师、医生、新闻记者和著名科学家协会；

(b) 哲学或宗教思想流派；

(c) 大学和合格的专家；

(d) 议会；

(e) 政府部门（如果包括它们，则它们的代表只能以顾问身份参加讨论）。

2. 国家机构应具备使其能顺利开展活动的基础结构，特别是充足的经费。这一经费的目的是使它能有自己的工作人员和办公房舍，以便独立于政府，而不受可能影响其独立性的财政控制。

3. 为了确保国家机构成员的任务期限的稳定（没有这一点就不可能有真正的独立性），对他们的任命应通过一项正式法令来实行，这种法令应规定明确的任务期限。只要机构的成员多元化得到保证，这种任务期限可续延。

业 务 方 法

在其业务范围内，国家机构应：

(a) 根据其成员或任何请愿人的提议，自由审议属于其权限范围内的任何问题，不论这些问题是由政府提出，还是该机构无须向上级机构请示而自行处理的；

(b) 为评估属于其权限范围内的情况，听取任何人的陈述和获得任何必要的资料及文件；

(c) 特别是为了广为公布其意见和建议，直接或通过任何新闻机构公诸舆论；

(d) 定期并于必要时，经正式召集后召开有全体成员出席的会议；

(e) 必要时建立成员工作小组，并设立地方或地区分机构，协助国家机构履行任务；

(f) 与负责和促进保护人权的其他机构保持协商，不论它们是否有管辖权（特别是与监察专员、调解人和类似机构保持协商）；

(g) 鉴于在开展国家机构工作的过程中非政府组织所发挥的根本作用，应同专门促进和保护人权、从事经济和社会发展、与种族主义进行斗争、保护特别易受伤害群体（尤其是儿童、移徙工人、难民、身心残疾者）或致力专门领域的非政府组织发展关系。

关于具有准管辖权的委员会的地位的附加原则

可以授权一国家机构负责受理和审议有关个别情况的申诉和请愿。个人、他们的代表、第三方、非政府组织、工会联合会或任何其他代表性组织都可把案件提交此机构。在这种情况下，并在不损害涉及委员会其他权力的上述原则的情形下，交托委员会的职务可根据下列原则：

（a）通过调解，或在法律规定的限度内，通过有约束力的决定，或必要时在保持机密的基础上，求得满意的解决；

（b）告诉提出请愿一方其权利，特别是他可以利用的补救办法，并促使他利用这种办法；

（c）在法律规定的限度内，受理任何申诉或请愿，或将它转交任何其他主管当局；

（d）向主管当局提出建议，尤其是对法律、规章和行政惯例提出修正或改革意见，特别是如果它们已使为维护其权利提出请愿的人遇到困难时。

23. 严重违反国际人权法和严重违反国际人道主义法行为受害人获得补救和赔偿的权利基本原则和导则

（联合国大会 2006 年 3 月 21 日通过）

序　　言

大会，

回顾许多国际文书中关于违反国际人权法行为受害人有权得到补救的规定，尤其是《世界人权宣言》第 8 条、《公民权利和政治权利国际公约》第 2 条、《消除一切形式种族歧视国际公约》第 6 条、《禁止酷刑和其他残忍、不人道或有辱人格的待遇或处罚公约》第 14 条和《儿童权利公约》第 39 条，并回顾国际人道主义法，如 1907 年 10 月 18 日《关于陆战法规和习惯的海牙公约》（第四公约）第 3 条、1977 年 6 月 8 日《1949 年 8 月 12 日日内瓦四公约关于保护国际性武装冲突受难者的附加议定书》（第一议定书）第 91 条以及《国际刑事法院罗马规约》第 68 条和第 75 条，

回顾各区域公约中关于违反国际人权行为受害人有权得到补救的规定，尤其是《非洲人权和人民权利宪章》第 7 条、《美洲人权公约》第 25 条和《保护人权与基本自由公约》第 13 条，

回顾第七届联合国预防犯罪和罪犯待遇大会审议通过的《为罪行和滥用权力行为受害者取得公理的基本原则宣言》以及联合国大会 1985 年 11 月 29 日第 40/34 号决议，大会在该项决议中通过了预防犯罪和罪犯待遇大会建议的案文，

重申《为罪行和滥用权力行为受害者取得公理的基本原则宣言》所载各项原则，其中包括应当同情受害人并尊重其尊严，充分尊重其获得司法救助和补救机制救助的权利，鼓励设立、加强和扩大各国的受害人补偿基金，并迅速拟订受害人的适当权利和补救措施，

注意到《国际刑事法院罗马规约》要求制定"赔偿被害人或赔偿被害人方面的原则，包括恢复原状、补偿和康复"，并要求缔约国大会设立一个信托基金，用于援助该法院管辖权内的犯罪的被害人及其家属，授权该法院"保护被害人的安全、身心健康、尊严和隐私"，并准许被害人参与所有"本法院认为适当的诉讼阶段"，

申明本文件所载基本原则和导则针对的是严重违反国际人权法和严重违反国际人道主义法行为，这些行为的严重性质本身就构成了对人的尊严的冒犯，

强调基本原则和导则不设定新的国际或国内法律义务，而是确定国际人权法和国际人

道主义法规定的现有法律义务的各种履行机制、方式、程序和方法;国际人权法和国际人道主义法规范不同,但互为补充,

回顾国际法规定国家有义务根据其国际义务并依照国内法律的要求或根据适用的国际司法机关规约起诉某些国际罪行的行为人,这一起诉义务加强了应当依照国内法律的要求和程序履行的国际法律义务并支持补充性原则的概念,

注意到当代形式的加害行为虽然基本上以个人为目标,但也可能以群体为集体目标,

确认国际社会通过尊重受害人得到补救和赔偿的权利,信守其对受害人、幸存者以及子孙后代所作的承诺,并重申问责、公正和法治的国际法律原则,

深信根据以下基本原则和导则,通过采取以受害人为中心的视角,国际社会对违反国际法包括违反国际人权法和国际人道主义法的行为的受害人以及全人类表示了声援,

通过以下基本原则和导则:

一、尊重、确保尊重和实施国际人权法和国际人道主义法的义务

1. 按相应法律体系的规定尊重、确保尊重和实施国际人权法和国际人道主义法的义务源于:

(a) 本国为缔约方之一的条约;

(b) 习惯国际法;

(c) 每一国的国内法。

2. 国内法尚不符合其国际法律义务的国家应当按国际法的要求,通过以下方式确保其国内法符合其国际法律义务:

(a) 将国际人权法和国际人道主义法规范纳入其国内法,或以其他方式在国内法律制度中实施这些规范;

(b) 采取适当和有效的立法和行政程序以及其他适当措施,提供公正、有效、迅速的司法救助;

(c) 提供以下所界定的充分、有效、迅速和适当的补救,包括赔偿;

(d) 确保其国内法对受害人的保护至少达到其国际义务所要求的程度。

二、义务的范围

3. 按相应法律体系的规定尊重、确保尊重和实施国际人权法和国际人道主义法的义务,除其他外,包括下列义务:

(a) 采取适当的立法和行政措施及其他适当措施,防止违法行为发生;

(b) 有效、迅速、彻底和公正地调查违法行为,并酌情根据国内法和国际法对被指控的责任人采取行动;

(c) 向违反人权法或人道主义法行为的声称受害人提供下述平等和有效的司法救助,不论何人最终应当对违法行为负责;以及

(d) 向受害人提供下述有效补救,包括赔偿。

三、构成国际法规定的犯罪的严重违反国际人权法和严重违反国际人道主义法行为

4. 对于严重违反国际人权法和严重违反国际人道主义法的行为,构成国际法规定的犯罪的,国家有义务进行调查,如果证据充分,国家有义务将被指控的违法行为责任人移交起诉,如果该人被裁定有罪,国家有义务惩处该人。此外,对这些案件,国家应当按照国际法相互合作,并协助主管国际司法机构对这些违法行为进行调查和起诉。

5. 为此目的,如果适用的条约或其他国际法律义务有此规定,国家应当在其国内法中纳入或以其他方式在其国内法中实施适当的普遍管辖权规定。此外,如果适用的条约或其他国际法律义务有此规定,国家应当便利向其他国家和适当的国际司法机构引渡或移交罪犯,并为促进国际司法提供司法协助和其他形式的合作,包括协助并保护受害人和证人。这些程序应当符合国际人权法律标准并遵守国际法律要求,诸如禁止酷刑或其他形式的残忍、不人道或有辱人格的待遇或处罚的要求。

四、时　　效

6. 如果适用的条约有此规定或其他国际法律义务有此要求,构成国际法规定的犯罪的严重违反国际人权法和严重违反国际人道主义法行为不适用时效规定。

7. 对于不构成国际法规定的犯罪的其他种类的违法行为,国内的时效规定,包括适用于民事请求和其他程序的时效规定,不应当具有过大的限制性。

五、严重违反国际人权法和严重违反国际人道主义法行为的受害人

8. 为本文件的目的,受害人是指由于构成严重违反国际人权法或严重违反国际人道主义法行为的作为或不作为而遭受损害,包括身心伤害、精神痛苦、经济损失或基本权利受到严重损害的个人或集体。适当时,根据国内法,"受害人"还包括直接受害人的直系亲属或受扶养人以及介入干预以帮助处于困境的受害人或阻止加害他人行为而遭受损害的人。

9. 受害人的身份不取决于实施违法行为的人是否已被确认、逮捕、起诉或定罪,也不取决于行为人与受害人之间是否存在亲属关系。

六、受害人的待遇

10. 应当仁慈对待受害人,尊重其尊严和人权,并应当采取适当措施,以确保受害人及其家人的安全、身心健康和隐私。国家应当确保在国内法中尽可能规定,遭受暴力或创伤的受害人应当获得特殊考虑和照顾,以免在执行司法和赔偿的法律和行政程序中使受害人再次

遭受创伤。

七、受害人的补救权

11. 对严重违反国际人权法和严重违反国际人道主义法行为的补救包括国际法规定的下列受害人权利：
    (a) 获得平等和有效的司法救助；
    (b) 对所遭受的损害获得充分、有效和迅速的赔偿；
    (c) 获得与违法行为和赔偿机制相关的信息。

八、司法救助

12. 严重违反国际人权法或严重违反国际人道主义法行为的受害人应当可根据国际法平等地获得有效的司法补救。受害人还可以获得其他形式的补救，包括行政和其他机构的补救以及根据国内法设立的机制、方式和程序的补救。国内法应当反映国家根据国际法有义务确保获得司法救助和公正公平程序的权利。为此目的，国家应当：
    (a) 通过公、私机制宣传可以就严重违反国际人权法和严重违反国际人道主义法行为采取的一切补救手段；
    (b) 在关系到受害人利益的司法、行政或其他程序进行之前、期间和之后采取措施，尽量减少给受害人及其代理人带来的不便，适当保护其隐私不受非法干扰，并确保他们及其家人和证人的安全，使其免遭恐吓和报复；
    (c) 向寻求司法救助的受害人提供适当援助；
    (d) 提供一切适当的法律、外交和领事途径，以确保严重违反国际人权法或严重违反国际人道主义法行为的受害人得以行使其补救权。

13. 除了个人可寻求司法救助外，国家还应当努力制定相应程序，酌情允许受害人群体提出赔偿请求并获得赔偿。

14. 对严重违反国际人权法或严重违反国际人道主义法行为的充分、有效和迅速补救，应当包括一切个人具有法律地位的现有和适当的国际程序，并且不应当妨碍任何其他国内补救。

九、对损害的赔偿

15. 充分、有效和迅速赔偿的目的是通过补救严重违反国际人权法或严重违反国际人道主义法行为伸张正义。赔偿应当与违法行为和所受损害的严重程度相称。一国应当根据其国内法和国际法律义务，就可以归咎于该国的作为或不作为的严重违反国际人权法和严重违反国际人道主义法行为，向受害人提供赔偿。个人、法人或其他实体被裁定对受害人负有赔偿责任的，应当向受害人提供赔偿，如果国家已向受害人提供赔偿，则应当向国家提供补偿。

16. 如果应当为所遭受的损害负赔偿责任的当事方无法或不愿履行其义务,国家应当努力制定国家赔偿方案并向受害人提供其他援助。

17. 对于受害人的赔偿请求,国家应当执行对所遭受的损害负赔偿责任的个人或实体作出的国内赔偿判决,并根据国内法和国际法律义务,努力执行有效的外国赔偿法律判决。为此,国家应当在其国内法中规定执行赔偿判决的有效机制。

18. 应当根据国内法和国际法,并考虑个人情况,按照违法行为的严重性和具体情节,根据原则19至原则23的规定,酌情向受害人提供充分和有效的赔偿。赔偿应当包括以下形式:恢复原状、补偿、康复、满足和保证不再发生。

19. 恢复原状应当尽可能将受害人恢复到发生严重违反国际人权法或严重违反国际人道主义法行为之前的原有状态。恢复原状视情况包括:恢复自由、享受人权、身份、家庭生活和公民地位,返回居住地,恢复职务和返还财产。

20. 应当按照违法行为的严重性和具体情节,对严重违反国际人权法和严重违反国际人道主义法行为所造成的任何经济上可以估量的损害提供适当和相称的补偿,此类损害除其他外包括:

(a) 身心伤害;

(b) 失却机会,包括就业机会、教育机会和社会福利;

(c) 物质损害和收入损失,包括收入潜力的损失;

(d) 精神伤害;

(e) 法律或专家援助费用、医药费用以及心理治疗与社会服务费用。

21. 康复应当包括医疗和心理护理以及法律和社会服务。

22. 满足在适用的情况下,应当包括下列任何或所有措施:

(a) 终止持续违法行为的有效措施;

(b) 核实事实并充分公开披露真相,但披露真相不得进一步伤害或威胁受害人、受害人亲属、证人或介入干预以帮助受害人或防止发生进一步违法行为的其他人的安全和利益;

(c) 寻找失踪者的下落,查明被绑架儿童的身份,寻找遇害者的尸体,并协助找回、辨认尸体并按受害人的明示或推定愿望或按家庭和社区文化习俗重新安葬;

(d) 通过正式宣告或司法裁判,恢复受害人和与受害人密切相关的人的尊严、名誉和权利;

(e) 公开道歉,包括承认事实和承担责任;

(f) 对应当为违法行为负责的人实行司法和行政制裁;

(g) 纪念和悼念受害人;

(h) 在国际人权法和国际人道主义法的培训以及各级教材中准确叙述发生的违法行为。

23. 保证不再发生在适用的情况下,应当包括以下任何或所有同样有助于防止违法行为的措施:

(a) 确保军队和安全部队受到文职政府的有效控制;

(b) 保证所有民事和军事程序符合正当程序、公平和公正的国际标准;

(c) 加强司法独立性;

(d) 保护在法律、医卫专业、媒体和其他相关专业工作的人士以及人权捍卫者；

(e) 优先和不间断地对社会各阶层开展人权和国际人道主义法教育，并向执法官员以及军队和安全部队提供培训；

(f) 促进公职人员，包括执法、矫治、媒体、医疗、心理治疗、社会服务和军事人员以及企业遵守行为守则和道德规范，尤其是遵守国际标准；

(g) 促进建立防止和监测并解决社会冲突的机制；

(h) 审查并改革助长或允许严重违反国际人权法和严重违反国际人道主义法行为的法律。

十、获得与违法行为和赔偿机制相关的信息

24. 国家应当设法使公众尤其是使严重违反国际人权法和严重违反国际人道主义法行为的受害人知悉本基本原则和导则所述的各项权利和补救手段，以及受害人可能有权得到的一切现有的法律、医疗、心理、社会、行政及一切其他服务。此外，受害人及其代理人应当有权寻求和获得信息，了解导致其受害的原因、致使实施严重违反国际人权法和严重违反国际人道主义法行为的原因和情况，并了解这些违法行为的真相。

十一、不　歧　视

25. 本基本原则和导则的适用和解释必须符合国际人权法和国际人道主义法，不得有任何形式或任何理由的歧视。

十二、不　减　损

26. 本基本原则和导则的任何内容不应当被解释为限制或减损根据国内法或国际法产生的任何权利或义务。具体而言，一项理解是，本基本原则和导则不影响所有违反国际人权法和国际人道主义法行为的受害人得到补救和赔偿的权利。另一项理解是，本基本原则和导则不影响国际法的特别规则。

十三、其他人的权利

27. 本文件的任何内容不应当被解释为减损其他人在国际上或在国内得到保护的权利，特别是被告人得到适用的正当程序标准待遇的权利。

Ⅲ 区域性人权文件

A. 欧洲人权文件

24. 欧洲社会宪章(修订)

(1995年5月3日于斯特拉斯堡修订)

序　　言

各签约国政府作为欧洲理事会的成员，

考虑到欧洲理事会的目标是为取得各成员国之间在以下事项上的更高度的一致：即为了保障和实现作为它们共同遗产的理念和原则以及辅助它们的经济和社会进步，特别是通过保障和进一步实现人权和基本自由；

考虑到于1950年11月4日在罗马签订的《欧洲保护人权和基本自由公约》及其议定书中，欧洲理事会各成员国同意确保它们的人民享有其中所规定的公民和政治权利和自由；

考虑到于1961年10月18日在都灵开放签署的《欧洲社会宪章》及其议定书中，欧洲理事会的各成员国同意确保它们的人民享有其中所规定的社会权利以提高他们的生活标准和福利；

考虑到1990年11月5日在罗马召开的人权部长会议强调一方面保护所有人权的不可分割的属性，包括公民、政治、经济、社会或文化权利，以及另一方面赋予《欧洲社会宪章》新的活力；

决定，依照1991年10月21日和22日在都灵召开的部长会议的决定，更新和修订《宪章》实体内容以把特别是在《宪章》文本颁布后发生的根本社会变革纳入考量；

认识到在渐进式地设计以替代《欧洲社会宪章》的修订宪章中包括修订后的《宪章》所保障的权利和1988年附加议定书所保障的权利并增加新的权利的益处，

协议如下：

第一部分

缔约国接受把确保可以有效实现以下权利和原则的条件，作为它们将以一切国内和国际性质的手段去实现的政策目标：

1. 每个人应有机会以自由选择的职业维持生计。
2. 所有工人有权获得公平的工作条件。

3. 所有工人有权获得安全和健康的工作条件。

4. 所有工人有权获得公平的足够为他们自己及其家人维持体面的生活标准的报酬。

5. 所有工人和雇员有权获得为保护他们的经济和社会利益而通过国内或国际组织结社的自由。

6. 所有工人和雇员有权进行集体谈判。

7. 儿童和年轻人有权获得针对他们所面临的身体和道德威胁的特殊保护。

8. 被雇佣的妇女在怀孕时有权获得特殊保护。

9. 每个人有权获得适当职业指导的协助以便帮助他选择适合他的个人爱好和兴趣的职业。

10. 每个人有权获得适当的职业训练的协助。

11. 每个人有权从使他能够享有可能实现的最高标准的健康的任何措施中获益。

12. 所有工人和依赖他们抚养的人有权享有社会保障。

13. 任何缺乏足够资源的人有权获得社会救济和医疗救助。

14. 每个人有权从社会福利服务中获益。

15. 残疾人有权独立、融入社会以及参与社区生活。

16. 家庭作为社会的基本单元有权获得适当的社会、法律和经济保护以确保其全面发展。

17. 儿童和年轻人有权获得适当的社会、法律和经济保障。

18. 任何缔约国的国民有权在任何其他缔约国领土内在与后者的国民同等的条件下从事任何职业,基于令人信服的经济或社会原因的限制除外。

19. 是某缔约国国民的移民工人及其家庭有权在任何其他缔约国的领土内获得保护和协助。

20. 所有工人有权在雇佣和职业方面获得平等的机会和平等的对待而不受基于性别的歧视。

21. 工人有权就单位内事务被通知和被咨询。

22. 工人有权参与单位的工作条件和工作环境的决定和改善。

23. 每个年长者有权获得社会保障。

24. 所有工人有权在被解职时获得保护。

25. 所有工人有权在他们的雇主破产时获得对于他们的求偿权的保护。

26. 所有工人有权享有工作时的尊严。

27. 所有承担家庭责任的人有权不受歧视地并且在其家庭责任与工作不冲突的情况下尽可能地从事工作或希望从事工作。

28. 单位的工人代表有权获得针对对他们的不公平的行动的保护,并应受到合理协助以履行他们的职责。

29. 所有工人有权在集体辞退程序中被告知和被咨询。

30. 每个人有权获得针对贫穷和社会排斥的保护。

31. 每个人有权拥有住房。

第二部分

缔约国依第三部分的规定承诺,认可它们受以下各条各款所规定的义务的约束。

第一条 工作的权利

着眼于确保工作的权利的有效行使,缔约国承诺:

1. 接受取得和保持尽可能高和稳定的就业率为它们的主要目标和责任之一,并着眼于实现全面的就业;
2. 有效保护工人以自由选择的职业供养自己的权利;
3. 为所有工人建立或保持免费的就业服务;
4. 提供或改进适当的职业指导、培训和训练。

第二条 获得公平的工作条件的权利

着眼于确保获得公平的工作条件的权利的有效行使,缔约国承诺:

1. 提供合理的日工作时间和周工作时间,工作周应渐进地减至生产力的增加和其他相关因素所允许的最短限度;
2. 提供带薪的公共假期;
3. 提供最短四周的带薪年假;
4. 消除从事根本上危险或不健康的职业的风险,当尚不可能消除或足够地降低此种风险时,为从事此种职业的工人提供工作小时的减少或额外的带薪假期;
5. 确保尽可能与一国传统或习俗或者相关宗教所认可的休息日相同的每周休息日;
6. 确保工人尽快并且在不迟于工作开始之日两个月内被书面告知合同或雇佣关系的关键内容;
7. 确保执行夜间工作的工人从考虑到该工作的特殊性质的措施中获益。

第三条 获得安全和健康的工作条件的权利

着眼于确保获得安全和健康的工作条件的权利的有效行使,缔约国承诺,通过与雇主和工人组织的协商:

1. 制定、执行和检视一个有关职业安全、职业健康和工作环境的协调一致的国家政策。该政策的主要目标应为改善职业安全与健康以及防止工作中产生的、与工作相关或者在工作过程中发生的事故和对健康的伤害,特别是尽可能限制工作环境中本质存在的危险因素;
2. 制定安全和健康规章;
3. 以监督措施实现此种规章的实行;
4. 促进所有工人的具有重要的预防和建议职能的职业健康服务的渐进式发展。

第四条 获得公平报酬的权利

着眼于确保获得公平报酬权利的有效行使,缔约国承诺:

1. 认可工人获得能够给他们和他们的家庭体面的生活标准的报酬的权利;
2. 认可工人获得除在特别情况下为加班工作获得更高的报酬水平的权利;
3. 认可男性和女性工人为同样价值的工作获得同样报酬的权利;
4. 认可所有工人获得解除雇佣时合理的预先通知期限的权利;

5. 仅在国家法律或规章所规定的或者集体协议或仲裁裁决所确定的条件下和限度内允许降低工资。

行使这些权利应由自由达成的集体协议、法定的工资确定体系或其他适合国家条件的方式来实现。

第五条　组织的权利

着眼于确保或促进工人和雇员为保护他们的经济和社会利益而组成当地的、国家的或者国际的组织和加入这些组织的自由,缔约国承诺国内法律不应损害此项自由或者以损害此项自由的方式被适用。本条所规定的保障适用于警察的限度应由国家法律或规章确定。约束这些保障适用于武装部队成员的原则和适用于此类人员的限度同样应由国家法律或规章确定。

第六条　集体谈判的权利

着眼于确保集体谈判权利的有效行使,缔约国承诺:

1. 促进工人和雇主之间的联合商讨;

2. 着眼于通过集体协议的方式来规定雇佣的条款和条件,在必要和适当时促进雇主或雇主组织与工人组织之间的自愿谈判;

3. 促进为解决劳动争议而调解和自愿仲裁的适当机制的建立和使用;

并认可

4. 工人和雇主在利益冲突的情况下采取集体行动的权利,包括罢工的权利,但要受之前达成的集体协议下可能产生的义务的约束。

第七条　儿童和未成年人受保护的权利

着眼于确保儿童和年轻人受保护的权利的有效行使,缔约国承诺:

1. 规定获得许可工作的最低年龄应为十五岁,儿童受雇于特别规定的对他们的健康、道德和教育无害的轻松工作除外;

2. 规定对于特别规定的危险或者有害健康的职业获得许可工作的最低年龄应为十八岁;

3. 规定仍处于强制教育阶段的人不得从事会剥夺他们获得教育所提供的完全益处的工作;

4. 规定十八岁以下的人的工作小时应依他们特别是对于职业培训的需要的发展需要而有所限制,;

5. 认可未成年工人和学徒获得公平的工资或其他适当收入的权利;

6. 规定未成年人在正常工作时间内经雇主允许花在职业培训上的时间应被视为构成工作日的一部分;

7. 规定不满十八岁的雇员应享有最低四周带薪年假;

8. 规定不满十八岁的人不得受雇从事夜间工作,国家法律或规章规定的某些职业除外;

9. 规定受雇于国家法律或规章所规定的职业的不满十八岁的人应接受定期的医疗监察;

10. 确保提供针对儿童和未成年人所面临的身体和道德的危险的特别保护,特别是针对那些直接或间接源自他们的工作的危险。

第八条 被雇佣的妇女获得生育期保护的权利

着眼于被雇佣的妇女获得生育期保护的权利的有效行使,缔约国承诺:

1. 通过带薪假期、充分的社会保险福利或者公共基金的方式向被雇佣的妇女提供婴儿出生前后一共最低十四周的假期;

2. 将雇主在妇女怀孕直至产假结束期间向其发送辞退通知或者发送在此期间内会到期的辞退通知视为非法的;

3. 规定正在照顾其婴儿的母亲应为此目的享受充分的工作外时间;

4. 规制雇佣怀孕妇女、近期生育的妇女和照顾婴儿的妇女从事夜间工作;

5. 禁止雇佣怀孕妇女、近期生育的妇女和照顾婴儿的妇女从事地下开矿工作以及一切其他由于其危险、不健康或艰苦的性质而不适合的工作,并采取适当措施保护这些妇女的劳动权利。

第九条 获得职业指导的权利

着眼于确保获得职业指导的权利的有效行使,缔约国承诺在必要时提供或者促进能协助包括残疾人在内的所有人解决有关职业选择和进步的问题、并适当考虑到个人的特点及它们与职业机会的关系的服务:此种协助应当免费提供,并且同时提供给包括学龄儿童在内的年轻人和成年人。

第十条 获得职业培训的权利

着眼于确保获得职业培训的权利的有效行使,缔约国承诺:

1. 在必要时通过与雇主和工人组织的协商来提供或促进对包括残疾人在内的所有人的技术和职业培训,并且对于完全基于个人资质而接受更高的技术或者大学教育提供协助;

2. 提供或促进学徒制度以及其他为未成年男孩和女孩在其从事的工作中进行培训的系统安排;

3. 在必要时提供或促进:

a. 给成年人的充分的随时能使用的培训场所;

b. 给成年人因为技术发展或者劳动的新趋势而需要的再培训的特别场所;

4. 在必要时提供或促进给长期失业的人的再培训和再融入社会的特别措施;

5. 鼓励完全利用通过例如以下的适当措施提供的协助:

a. 减少或者取消任何费用或者收费;

b. 在适当情况下提供财政协助;

c. 把工人在雇主的提议下在雇佣期间花在辅助培训中的时间包括进正常的工作时间;

d. 通过充分的监督和通过与雇主和工人的组织的协商而确保学徒制和其他给未成年工人的培训安排的有效性以及普遍对未成年工人的充分保护。

第十一条 获得健康保护的权利

着眼于确保获得健康保护的权利的有效行使,缔约国承诺,直接或者通过与公共或私人组织的合作,采取适当措施从而实现包括但不限于以下的目标:

1. 尽可能消除不健康的来源;

2. 为促进健康和鼓励个人在健康事务中的责任而提供建议性和教育性的协助;

3. 尽可能防止传染性、流行性和其他的疾病以及事故。

第十二条 获得社会保障的权利

着眼于确保获得社会保障的权利的有效行使,缔约国承诺:

1. 建立或维持社会保障体系;

2. 维持社会保障体系在一个令人满意的水平,至少等同于批准《欧洲社会保障准则》所必要的水平;

3. 努力渐进地将社会保障体系提高到更高的水平;

4. 通过达成适当的双边和多边协议或者其他方式,并依据这些协议中设置的条件来确保:

a. 对它们的本国国民和其他缔约国公民有关社会保障权利的平等对待,包括获得源自社会保障立法的益处,不论受保护的人在缔约国领土之间进行怎样的迁移;

b. 兑现、保持和继续通过在每个缔约国的立法下完成的保险或者雇佣期间而积累的社会保障权利。

第十三条 获得社会和医疗援助的权利

着眼于确保获得社会和医疗援助的权利的有效行使,缔约国承诺:

1. 确保没有充分资源并且无法通过自身的努力或通过其他来源确保此种资源的人,被给予充分的救济,特别是通过社会保障体系下的益处,并且在患病时被给予他的情况所必需的医疗救助;

2. 确保获得此种救助的人不应由于这个原因而被克减其政治或社会权利;

3. 规定每个人可以获得适当的所需公共或私人服务以帮助他们防止、解除或减轻他们的个人或家庭困难;

4. 依照它们于1953年12月11日在巴黎签署的《有关社会和医疗援助的欧洲公约》下的义务,把本条第一、二、三款以平等的方式适用于它们的本国国民和合法处于它们境内的其他缔约国国民。

第十四条 获得社会福利服务的益处的权利

着眼于确保获得社会福利服务的益处的权利的有效行使,缔约国承诺:

1. 促进或提供通过社会工作的方式可以有助于社会中个人和集体的福利和发展以及适应社会环境的服务;

2. 鼓励个人、志愿者或其他组织参与此种服务的建立和保持。

第十五条 有残疾的人享有独立、融入社会以及参与社区生活的权利

着眼于确保有残疾的人不论年龄和他们残疾的性质和原因而享有独立、融入社会以及参与社区生活的权利的有效行使,缔约国承诺,特别是:

1. 采取必要措施尽可能在普遍系统的框架内为有残疾的人提供指导、教育和职业培训,或者当这样不可能的时候,通过公共的或私人的特别机构提供;

2. 促进他们的就业机会,通过一切倾向于鼓励雇主在普通的工作环境聘用和继续任用有残疾的人并且为他们的需求而调整工作环境的方式,或者,当由于残疾的原因而不可能这样做的时候,通过安排或创造依照残疾情况的保护状态下的就业。在某些情况下,这样的措施可能要求采取特别的安置和支持服务;

3. 促进他们完全融入社会以及参与社区生活,特别是通过包括技术支持在内的着眼于克服沟通和移动障碍以及使他们能够参与交通、居住、文化活动和休闲的措施。

第十六条　家庭获得社会、法律和经济保护的权利

着眼于确保作为社会基本单元的家庭的全面发展的必要条件,缔约国承诺通过社会和家庭福利、财政安排、提供家庭住所、新结婚的人的福利和其他适当手段促进对家庭生活的经济、法律和社会保护。

第十七条　儿童和未成年人受到社会、法律和经济保护的权利

着眼于确保儿童和未成年人在一个鼓励他们人格和身体、精神能力的环境中成长的权利的有效行使,缔约国承诺,直接或者通过与公共和私人组织合作采取一切适当和必要措施以期:

1. a. 在考虑到他们父母的权利和责任的前提下,确保儿童和未成年人享有他们需要的照顾、协助、教育和培训,特别是通过建立或维持足够充分实现此目的的机构和服务;

b. 保护儿童和未成年人不受过失、暴力或剥削的伤害;

c. 由国家向暂时或永久失去了家庭支持的儿童和未成年人提供保护和特别的照顾;

2. 向儿童和未成年人提供免费的基础和中等教育并鼓励定期上学。

第十八条　在其他缔约国领土内从事有收入的工作的权利

着眼于确保在其他缔约国领土内从事有收入的工作的权利的有效行使,缔约国承诺:

1. 以自由精神适用现有的规章;

2. 简化现有手续并减少或废除应由外国工人或他们的雇主支付的档案费用和其他收费;

3. 单独或集体地放松管理雇佣外国工人的规章;

并且认可:

4. 他们的国民离开国家到其他缔约国的领土从事有收入的工作的权利。

第十九条　移民工人和他们的家庭受保护和协助的权利

着眼于移民工人和他们的家庭在任何其他缔约国领土内受保护和协助的权利的有效行使,缔约国承诺:

1. 保持或以另它们自己满意的方式实现有充分和免费的服务来协助这些工人,特别是协助他们获得准确的信息,并在国内法律和规章允许的限度内采取一切适当步骤防止有关移居国外和移居国内的误导性宣传;

2. 在它们自己的法域内采取适当措施协助这些工人和他们的家庭的离开、旅行和接收,并在它们自己的法域内提供适当的健康服务、医疗照顾和旅行中的良好的卫生条件;

3. 在适当时促进在移出和移入国家的公共和私人的社会服务之间的合作;

4. 对于法律或规章所管理的事项或受行政机构所控制的以下事项,确保这些合法处于它们的领土的工人受到不比它们自己的国民差的待遇:

a. 工资和其他雇佣和工作条件;

b. 工会成员资格和享有集体谈判的福利;

c. 住宿;

5. 在有关雇佣的税收、费用以及有关雇员的应付款项的事项上确保这些合法处于它们的领土的工人受到不比它们自己的国民差的待遇;

6. 尽可能协助被允许留居某国领土的外国工人的家庭团聚;

7. 在有关本条中提及的事项的法律程序上,确保这些合法处于它们的领土的工人受到不比它们自己的国民差的待遇;

8. 确保合法居住在它们境内的这些工人不被驱逐,除非他们威胁国家安全或损害公共利益或道德;

9. 在法律允许的框架内允许这些工人按照他们的意愿转移他们的部分收入和存款;

10. 把本条中规定的保护和协助在这些措施适用的情况下延伸至个体经营的移民;

11. 促进和辅助向移民工人和他们的家庭成员教授接收国的国内语言或者几种国内语言中的一种;

12. 在现实可行的限度内促进和辅助向移民工人的孩子教授移民工人的母语。

第二十条 在雇佣和职业事项上获得平等机会和平等待遇而不受基于性别的歧视的权利

着眼于确保在雇佣和职业事项上获得平等机会和平等待遇而不受基于性别的歧视的权利的有效行使,缔约国承诺认可该权利并采取适当措施确保或促进其在以下领域的适用:

a. 获得工作、不受辞退的保护和再就业;

b. 职业指导、培训、再培训和再教育;

c. 劳动合同的内容和工作条件,包括报酬;

d. 职业发展,包括升职。

第二十一条 获得信息和咨询的权利

着眼于确保工人在单位被通知和咨询的权利的有效行使,缔约国承诺采取或鼓励能使工人或其代表依照国内立法和实践进行以下活动:

a. 定期或在适当的时候以全面的方式被告知关于雇佣他们的单位的经济和财政状况,同时应理解对于单位有损害的某些信息的披露可以被拒绝或被要求保密;

b. 及时就可能实质地影响工人的利益的提议决定被咨询,特别是那些有可能对于单位的雇佣状况有严重影响的决定。

第二十二条 参与工作条件和工作环境的决定和改善的权利

着眼于确保工人参与单位的工作条件和工作环境的决定和改善的权利的有效行使,缔约国承诺采取或鼓励能够使工人或他们的代表依国内立法和实践对以下事项作出贡献的措施:

a. 工作条件、工作组织和工作环境的决定和改善;

b. 在单位对健康和安全的保护;

c. 在单位组织社会和社会文化服务和设施;

d. 监督对于有关这些事项的规章的遵守。

第二十三条 老年人获得社会保护的权利

着眼于确保老年人获得社会保护的权利的有效行使,缔约国承诺直接或通过与公共或私人组织的合作采取或鼓励特别是为以下目的的设计的适当措施:

——使老年人能够尽可能长久的继续作为社会的完整成员,通过以下手段:

a. 能够使他们有体面的生活并且在公共、社会和文化生活中作为积极部分的充分的资源；

b. 提供有关给老年人的服务和设施以及他们使用这些服务和设施的机会的信息；

——使老年人能够自由地选择他们的生活方式并尽可能按照他们的愿望和能力在他们熟悉的环境有独立的生活，通过以下手段：

a. 提供适合他们的需要和健康状况的住房或对于他们改变住所的充分支持；

b. 对于他们的状况所必需的医疗照顾和服务；

——保障在养老机构的老年人有适当的支持，同时尊重他们的隐私和对关于养老机构的生活条件的决定的参与。

第二十四条 在被辞退时受保护的权利

着眼于确保工人在被辞退时受保护的权利的有效行使，缔约国承诺认可：

a. 所有工人在没有与它们能力或行为相关或者基于单位、工作场所或服务的运营要求的正当辞退理由时不被辞退的权利；

b. 无正当理由被辞退的工人获得充分的赔偿或者其他适当救济的权利。

为此，缔约国承诺确保认为其被没有正当理由辞退的工人应有权上诉到一个公正的机构。

第二十五条 工人在其雇主破产时的求偿权获得保护的权利

着眼于确保工人在其雇主破产时的求偿权获得保护的权利的有效行使，缔约国承诺规定工人源自劳动合同或劳动关系的求偿权由担保机构担保或享有任何其他有效的保护形式。

第二十六条 享有在工作场所的尊严的权利

着眼于确保所有工人享有对其在工作场所的尊严的保护的权利的有效行使，缔约国承诺，通过与雇主和工人的组织协商：

1. 促进对工作场所或与工作有关的性骚扰的认识、信息和防止，并采取适当措施保护工人免受此种行为；

2. 促进对工作场所或与工作有关的针对工人个人的反复发生的值得谴责或者明显负面的和攻击性的行动的认识、信息和防止，并采取适当措施保护工人免受此种行为。

第二十七条 承担家庭责任的工人获得平等机会和平等待遇的权利

着眼于承担家庭责任的男性和女性工人与其他工人获得平等机会和平等待遇的权利的有效行使，缔约国承诺：

1. 采取适当措施：

a. 使负有家庭责任的工人可以获得以及保持工作并且在由于这些责任而离职后重新从事工作，包括在职业指导和培训领域的措施；

b. 把他们在工作条件和社会保障方面的需求纳入考虑；

c. 发展或促进公共或私人的服务，特别是白天托管儿童和其他照管儿童的安排；

2. 为一方父母在产假结束后休育儿假以照顾儿童提供可能，育儿假的时限和条件应由国内立法、集体协议或实践决定；

3. 确保家庭责任本身不应构成辞退的一个有效的理由。

第二十八条 工人代表在单位获得保护和协助的权利

着眼于确保工人代表履行他们的职责的权利的有效行使，缔约国承诺在工人代表的工作中：

　　a. 他们享有保护而不受针对他们的不公平行动，包括基于他们作为单位的工人代表的地位和活动的辞退；

　　b. 他们被提供适当的能使他们及时和有效地履行职责的便利，此种便利应考虑到该国的工业关系系统以及有关单位的需求、规模和能力。

第二十九条　在集体辞退程序中获得信息和咨询的权利

着眼于工人们在集体辞退程序中被告知和咨询的权利的有效行使，缔约国承诺确保雇主应在集体辞退的适当期间之前，通知和咨询工人代表有关避免集体辞退或者限制它们的出现并减轻它们的后果的方式和方法，例如通过配套的社会措施以期特别是帮助有关工人再就业或再培训。

第三十条　获得针对贫困和社会排斥的保护的权利

着眼于确保获得针对贫困和社会排斥的保护的权利的有效行使，缔约国承诺：

　　a. 在一个整体协作模式的框架内采取措施促进生活在或者有风险生活在社会排斥或贫困情况下的人以及他们的家庭有效的获得特别是雇佣、住房、培训、教育及文化、社会和医疗援助；

　　b. 在必要时检视这些措施以期及时变更它们。

第三十一条　获得住房的权利

着眼于确保获得住房的权利的有效行使，缔约国承诺采取为实现以下目的的措施：

1. 促进人们对具有适足标准的住房的使用权；
2. 防止和减少无家可归的情况以期逐渐消除它；
3. 使住房价格对于那些没有充分资源的人而言也可以负担。

第三部分

第 A 条　承诺

1. 在受以下第 B 条的规定的约束的前提下，每个缔约国承诺：

　　a. 把本《宪章》第一部分视为它会通过一切手段来实现的目标的宣言，就像该部分的引言段所述的那样；

　　b. 将自己视为受本《宪章》第二部分的九个条款中的以下六个条文的约束：第一、五、六、七、十二、十三、十六、十九和二十条；

　　c. 将自己视为受其所选择的本《宪章》第二部分其他数量的条文或编号款项的约束，它所受约束的条文或编号款项的总数不得少于十六个条文或六十三个编号款项。

2. 依本条第一款 b、c 段所选择的条文或款项应在交存批准、接受或同意文书时通知欧洲理事会秘书长。

3. 任何缔约国可以在日后通过发送给秘书长的通知宣布其认为自己受其在本条第 1 款下尚未接受的本《宪章》第二部分任何条文或编号款项的约束。此种后来作出的承诺应被视为批准、接受或同意的一个组成部分并应自该通知之日一个月后的下个月的第一日起具有同等效力。

4. 每个缔约国应保持适合国家条件的劳动监察系统。

第 B 条　与《欧洲社会宪章》和 1988 年附加议定书的联系

1. 如果《欧洲社会宪章》或者 1988 年 5 月 5 日附加议定书的缔约国不将自己视为受本《宪章》中与《欧洲社会宪章》和附加议定书（适当时）中该缔约国受约束的规定相对应的条款的约束，则不得批准、接受或同意本《宪章》。

2. 如果某缔约国受《欧洲社会宪章》或《欧洲社会宪章》及 1988 年附加议定书的约束，则接受本《宪章》的任何条款下的义务应自那些义务对于相关缔约国生效时起导致《欧洲社会宪章》和 1988 年附加议定书中的对应条款不再适用于相关缔约国。

第四部分

第 C 条　对本《宪章》所载承诺的执行的监督

对本《宪章》所载的法律义务的执行应被提交给与《欧洲社会宪章》相同的监督程序。监督程序载于《欧洲社会宪章》第四部分，经 1991 年都灵议定书修订，引述如下：①

第四部分

第二十一条　关于接受的条款的报告

缔约国应以两年为一期以部长委员会决定的形式向欧洲理事会秘书长提交有关本《宪章》第二部分的它们所接受的条款的适用的报告。

第二十二条　有关没有接受的条款的报告

缔约国应在部长委员会请求的适当期间向秘书长提交有关本《宪章》第二部分中它们在批准或接受或在后续通知中没有接受的条款的报告。部长委员会应不时决定有关哪些条款的报告应被请求提交以及被请求提交的报告的形式。

第二十三条　报告与评论文本的往来

1. 当每个缔约国依第二十一条和第二十二条向秘书长提交报告时，应转发一份该报告的文本给作为依第二十七条第二款被邀请到部长委员会会议的雇主国际组织和国际工会组织成员的国内组织。

那些组织应向秘书长提交对于缔约国报告的评论。秘书长应将那些评论的文本发送给相关缔约国，相关缔约国可以回应。

2. 秘书长应将缔约国的报告转发一份给具有欧洲理事会咨询地位并在本《宪章》所管理的事务中具有特别经验能力的国际非政府组织。

3. 第二十一条、第二十二条和本条所指的报告和评论应当应请求向公众公开。

第二十四条　审查报告

1. 依第二十一条和第二十二条提交给秘书长的报告应由依第二十五条建立的独立专家委员会②审查。委员会还应审阅依第二十三条第一款转发给秘书长的任何评论。完成其审

---

① 译者按：以下《欧洲社会宪章》（修订）引述《欧洲社会宪章》的监督程序的部分改用楷体，以区别于《欧洲社会宪章》（修订）的自身内容。

② 原文脚注：自 1998 年起，该委员会被称作"欧洲社会权利委员会"。

查后,独立专家委员会应起草一个包含其结论的报告。

2. 有关第二十一条所指的报告,独立专家委员会①应从法律的角度考察相关缔约国的国内法律和实践与源自《宪章》的义务是否相符。

3. 独立专家委员会②可以直接向缔约国提交对更多信息和澄清的请求。在此事项上独立专家委员会还可以在必要时由其自己主动或应相关缔约国的请求与缔约国代表举行会议,第二十三条第一款所指的各组织应被告知。

4. 独立专家委员会③的结论应公开并由秘书长转发给政府委员会、议会大会和第二十三条第一款和第二十七条第二款所提及的各组织。

第二十五条 独立专家委员会[欧洲社会权利委员会]④

1. 独立专家委员会应由至少九名⑤由议会大会⑥通过多数票从缔约国提名的具有最高的诚信和在国家和国际社会问题上被认可的经验能力的专家名单中选举的委员。委员的准确数量应由部长委员会决定。

2. 委员会的委员应以六年任期被选举。他们可以连选一次。

3. 被选举替代一位任期尚未届满的独立专家委员会的委员的委员应在其前任的剩余任期内任职。

4. 委员会的委员应以个人身份任职。在任职期间,他们不得从事任何与他们的职务所固有的独立、公正和确保工作时间的要求相冲突的职务。

第二十六条 国际劳工组织的参与

国际劳工组织应被邀请提名一位代表以咨询职能参与专家委员会的讨论。

第二十七条 政府委员会

1. 缔约国的报告、依第二十三条第一款和第二十四条第三款往来的评论和信息以及独立专家委员会⑦的报告应被提交给政府委员会。

2. 该委员会应由每个缔约国的一名代表组成。它应邀请不多于两个雇主的国际组织和不多于两个国际工会组织派送具有咨询职能的观察员参加它的会议。另外,它可以咨询具有欧洲理事会咨询地位并在本《宪章》所管理的事务中有特别经验能力的国际非政府组织的代表。

3. 政府委员会应准备部长委员会的决定。特别是,考虑独立专家委员会⑧和缔约国的报告,它应给出选择的理由而基于社会、经济和其他政策考虑选择在它看来应当成为依本《宪章》第二十八条给相关国家的建议的主题的情况。它应向部长委员会提交应公开的报告。

4. 基于其对于本《宪章》的普遍执行的认定,政府委员会可以向部长委员会提交提议以

---

① 原文脚注:自1998年起,该委员会被称作"欧洲社会权利委员会"。
② 同上。
③ 同上。
④ 同上。
⑤ 原文脚注:依照部长委员会的决定,欧洲社会权利委员会由十五名委员组成。
⑥ 原文脚注:这是都灵议定书中唯一未被适用的条款。欧洲社会权利委员会的委员现由部长委员会选举。
⑦ 原文脚注:自1998年起,该委员会被称作"欧洲社会权利委员会"。
⑧ 同上。

期对社会事务和《宪章》可能进行更新的条文进行研究。

第二十八条　部长委员会

1. 部长委员会应通过投票权仅限于缔约国的投票人三分之二多数票,以部长委员会的报告为基础,作出覆盖整个监督过程全程并包括针对相关缔约国的个别建议的决议。

2. 考虑政府委员会依第二十七条第四款作出的提议,部长委员会应在其认为适当时作出相应决定。

第二十九条　议会大会

欧洲理事会秘书长应将独立专家委员会①和政府委员会的报告以及部长委员会的决议提交给议会大会以便进行定期的全体辩论。

第 D 条　集体申诉

1. 提供集体申诉系统的《欧洲社会宪章》附加议定书的规定对于批准了该议定书的缔约国应适用于本《宪章》所载的承诺。

2. 任何不受提供集体申诉系统的《欧洲社会宪章》附加议定书的约束的国家,在交存批准、接受或同意本《宪章》的文书时或在其后的任何时候,可以通过提交给欧洲理事会秘书长的通知宣布其接受依照该议定书中所规定的程序对其在本《宪章》下的义务的监督。

集体申诉程序载于《宪章》的 1995 年附加议定书,引述如下②:

第一条

本议定书缔约国认可以下组织提交控诉本《宪章》令人不满意的适用的申诉的权利:

a.《宪章》第二十七条第二款所指的雇主和工会的国际组织;

b. 在欧洲理事会具有咨询地位、并且已被政府委员会列入为此目的建立的名单的其他国际非政府组织;

c. 在提交的申诉所针对的缔约国法域内的有代表性的雇主和工会的国内组织。

第二条

1. 任何缔约国可以在依第十三条的规定③表达其接受本议定书的约束的同时,或者在之后的任何时候,宣布其认可任何在其法域内的其他在《宪章》管理的事项上有特别的经验能力的有代表性的国内非政府组织针对该缔约国提交申诉的权利。

2. 此种宣言可以为某一特定时段作出。

3. 宣言应交存于欧洲理事会秘书长,秘书长应将副本转发给各缔约国并公布。

第三条

第一条 b 款和第二条分别提及的国际非政府组织和国内非政府组织仅可以就它们具有被认可的特别经验能力的那些事项依前述条款规定的程序提交申诉。

第四条

申诉应以书面提交、有关相关缔约国接受了的《宪章》的条款并且说明后者在哪方面没

---

① 原文脚注:自 1998 年起,该委员会被称作"欧洲社会权利委员会"。

② 译者按:以下《欧洲社会宪章》(修订)引述《欧洲社会宪章》的监督程序的部分改用楷体,以区别于《欧洲社会宪章》(修订)的自身内容。

③ 译者按:1995 年附加议定书的第十三条有关附加议定书本身而并不涉及集体申诉程序,因此《欧洲社会宪章》(修订)并未引述该条文。

有确保该条款的令人满意的适用。

第五条

任何申诉应被提交给秘书长,秘书长应确认收到申诉、将其提交给相关缔约国并立即将其转交给独立专家委员会。①

第六条

独立专家委员会②可以要求相关缔约国以及提交申诉的组织在其规定的时限内就该申诉的可接受性提交书面信息和意见。

第七条

1. 如果独立专家委员会③认为某一申诉可以接受,则它应通过秘书长通知《宪章》的缔约国。它应要求相关缔约国和提交申诉的组织在其规定的时限内提交所有相关书面解释或信息,并要求本议定书的其他缔约国在相同的时限内提交它们希望提交的意见。

2. 如果申诉是由一个国内雇主组织或国内工会或其他国内或国际非政府组织提交,独立专家委员会应通过秘书长通知《宪章》第二十七条第二款所指的雇主或工会的国际组织,并邀请他们在它规定的时限内提交意见。

3. 基于依以上第一、二款提交的解释、信息或意见,相关缔约国和提交申诉的组织可以在独立专家委员会④规定的时限内提交任何附加书面信息或意见。

4. 在审查申诉的过程中,独立专家委员会⑤可以组织各方代表参加的听证会。

第八条

1. 独立专家委员会⑥应起草报告,在其中应说明它在审查申诉中采取的步骤并表明其有关相关缔约国是否确保了申诉中所提及的《宪章》条款的令人满意的适用的结论。

2. 报告应被发送给部长委员会。报告还应被发送给提交申诉的组织和《宪章》各缔约国,它们不得自行公布报告。

报告应被发送给议会大会并与第九条所指的决议同时公开或不晚于其被发送给部长委员会后的四个月内公开。

第九条

1. 基于独立专家委员会⑦的报告,部长委员会应以投票人的多数票通过决议。如果独立专家委员会认为《宪章》并未以令人满意的方式适用,则部长委员会应以投票人的三分之二多数票通过给相关缔约国的建议。在以上两种情况下,投票权仅限于《宪章》的缔约国。

2. 应相关缔约国的请求,在独立专家委员会的报告提出新的问题时部长委员会可以通过《宪章》缔约国三分之二多数票决定咨询政府委员会。

第十条

相关缔约国应在其依照《宪章》第二十一条向秘书长提交的下次报告中就它所采取的实

---

① 原文脚注:自1998年起,该委员会被称作"欧洲社会权利委员会"。
② 同上。
③ 同上。
④ 同上。
⑤ 同上。
⑥ 同上。
⑦ 同上。

现部长委员会的建议的措施提供信息。

第十一条

本议定书第一条至第十条对于加入了《宪章》第一附加议定书的缔约国应同样适用于的该议定书第二部分的它们已经接受的条款。

第十二条

本议定书缔约国认为《宪章》附件有关第三部分的第一段应为如下表述:"《宪章》被理解为包含国际性质的法律义务,其适用仅可以被提交至《宪章》第四部分以及本议定书的款项所规定的监督程序。"

第五部分

第E条 不歧视

享有本《宪章》所载的权利应被确保而不受基于诸如种族、肤色、性别、语言、宗教、政治或其他见解,国别或社会出身、健康状况、与少数民族的联系、出生条件或其他地位的理由的歧视。

第F条 在战争或公共紧急状态时的克减

1. 在战争或其他威胁国家生命的公共紧急状态时任何缔约国可以在情势的紧急程度所严格要求的限度内采取措施克减其在本《宪章》下的义务,但此种措施不得与其其他国际法下的义务相冲突。

2. 任何启用了此项克减权利的缔约国应在合理时间内告知欧洲理事会秘书长其所采取的措施和原因。在此种措施停止施行而其所接受的本《宪章》的规定再次全面实施时,它应同样通知秘书长。

第G条 限制

1. 第一部分所载的权利和原则在有效实现后以及在第二部分中规定的它们的有效行使不应受任何在那些部分中没有说明的限制或遏制,除非是由法律规定的并且对于在民主社会中保护他人的权利和自由或者为保护公共利益、国家安全、公共健康或道德所必要。

2. 本《宪章》所允许的对于其所载的权利和义务的限制不应被适用于不同于它们所被规定的目的的任何其他目的。

第H条 《宪章》与国内法或国际协议的关系

本《宪章》的规定不应影响已生效的或可能生效的对受保护的人给予更有利待遇的国内法或任何双边或多边条约、公约或协议的规定。

第I条 对作出的承诺的执行

1. 在不影响本《宪章》第二部分第一至第三十一条中所预见的执行方式的前提下,这些条文的相关规定应由以下方式执行:

 a. 法律或规章;

 b. 雇主或雇主组织与工人组织之间的协议;

 c. 以上两种方式的组合;

 d. 其他适当方式。

2. 如果本《宪章》第二部分的第二条第一、二、三、四、五和七款,第七条第四、六和七款,第十条第一、二、三和五款以及第二十一、二十二条被依照本条第一款适用于相关工人的绝大多数,则对于源自这些条款的承诺的遵守应被视为有效。

第 J 条　修订

1. 任何由某一缔约国或政府委员会所提议的出于延伸本《宪章》所保障的权利的目的而对本《宪章》第一部分和第二部分作出的修订以及任何对于第三部分至第六部分的修订,应被发送至欧洲理事会秘书长并由秘书长转发给本《宪章》缔约国。

2. 任何依照上一款的规定提议的修订应由政府委员会审查,其应将采纳的文本提交给部长委员会经与议会大会商讨后批准。当该文本被部长委员会批准后应被转发给缔约国接受。

3. 任何对于本《宪章》第一部分和第二部分的修订对于接受它的缔约国应在三个缔约国通知秘书长它们接受该修订之日一个月后的下个月的第一日生效。

对于之后接受它的任何缔约国,该修订应在该缔约国通知秘书长接受该修订之日一个月后的下个月的第一日生效。

4. 任何对于本《宪章》第三部分至第六部分的修订应在所有缔约国通知秘书长它们接受该修订之日一个月后的下个月的第一日生效。

第六部分

第 K 条　签署、批准和生效

1. 本宪章应对欧洲理事会的全部成员国开放签署。它应被批准、接受或同意。批准、接受或同意的文书应交存于欧洲理事会秘书长。

2. 本宪章应在三个欧洲理事会成员国依上一款规定表示其同意接受本宪章的约束之日一个月后的下个月第一日生效。

3. 对于后来表达同意接受本宪章约束的任何成员国,本宪章应在交存批准、接受或同意文书之日一个月后的下个月第一日生效。

第 L 条　领土适用

1. 本《宪章》应适用于每个缔约国的城市领土。每个签署方可以在签署时或者在交存其批准、接受或同意文书时,通过提交给欧洲理事会秘书长的宣言具体说明其应为此目的被视为城市领土的领土。

2. 任何签署方可以在签署时或者在交存其批准、接受或同意文书时或者其后的任何时候,通过提交给欧洲理事会秘书长的通知宣布本《宪章》应全部或部分延伸至此种宣言中所载的其负有国际责任的非本部领土。其应在宣言中具体说明本《宪章》第二部分中其所接受对于宣言中所载的领土有约束力的条文或款项。

3. 本《宪章》应在本宪章应在秘书长收到此种通知之日一个月后的下个月第一日将其适用延伸至上述宣言所载的领土。

4. 任何缔约国可以在日后通过提交给欧洲理事会秘书长的通知宣布,对于《宪章》依照本条第 2 款适用的一块或多块领土,其接受其尚未接受对于该领土有约束力的任何条文或编号款项具有约束力。此种后来作出的承诺应被视为有关该领土的原始宣言的一个组成部分,应在秘书长收到此种通知之日一个月后的下个月第一日与原始宣言具有同等效力。

第 M 条　退出

1. 任何缔约国仅可以在《宪章》对于其生效五年期满时或其后任何两年期满之时退出本《宪章》,在以上任何一种情况下缔约国仅可以在向欧洲理事会秘书长提前六个月发出通知后退出,秘书长应将该情况通知其他缔约国。

2. 任何缔约国可以依上一段所设置的规定退出其所接受了的本《宪章》第二部分的任何条文或款项,但该缔约国受约束的条文或款项的总数不应少于十六个条文或六十三个款项,该条文或款项总数应继续包括缔约国从第 A 条第 1 款 b 段中特别提及的那些中所选择的条文或款项。

3. 任何缔约国可以在本条第 1 款所规定的条件下,对于《宪章》曰于依照第 L 条第 2 款所作的宣言而生效的领土退出本《宪章》或本《宪章》第二部分的任何条文或款项。

第 N 条　附件

本宪章的附件应构成本宪章的一部分。

第 O 条　通知

欧洲理事会秘书长应就以下事项通知理事会成员国和国际劳工办公室主任:

a. 签署;

b. 交存批准、接受或同意文书;

c. 本《宪章》依第 K 条生效的任何日期;

d. 在适用第 A 条第 2、3 款,第 D 条第 1、2 款,第 F 条第 2 款,第 L 条第 1、2、3、4 款中作出的任何宣言;

e. 任何依照第 J 条的修订;

f. 任何依照第 M 条的退出;

g. 任何其他有关本《宪章》的行动、通知或沟通。

特此见证,签署方具有适当授权,签署了本修订《宪章》。

1996 年 5 月 3 日于斯特拉斯堡以英语和法语达成,两种语言的文本同等有效,载于一份文本,交存于欧洲理事会档案处。欧洲理事会秘书长应将经认证的副本转发给每个欧洲理事会成员国以及国际劳工办公室主任。

《欧洲社会宪章》(修订)附件

《欧洲社会宪章》(修订版)受保护人群的范围

1. 在不影响第十二条第四款和第十三条第四款的前提下,被第一至十七条和第二十至三十一条所覆盖的人群仅在外国人为合法地居留或定期工作于相关缔约国领土的其他缔约国国民时才包括外国人,同时应理解这些条文应依照第十八条和第十九条进行解释。

本解释不影响将类似的协助延伸给任何缔约国的其他人群。

2. 每个缔约国将给予符合 1951 年 7 月 28 日在日内瓦签署的《有关难民地位的公约》和 1967 年 1 月 31 日签署的议定书的定义并且合法居留其领土的难民以尽可能有利、并且在任何情况下不得低于该缔约国在该公约下以及在任何适用于那些难民的现有国际文书下所接受的义务的待遇。

3. 每个缔约国将给予符合 1954 年 9 月 28 日在纽约达成的《有关无国籍人地位的公约》的定义并且合法居留于其领土的无国籍人以尽可能有利、并且在任何情况下不得低于该缔约国在该公约下以及在任何适用于那些无国籍人的现有国际文书下所接受的义务的待遇。

第一部分，第十八款以及第二部分第十八条第一款

这些规定被理解为不涉及进入缔约国领土的问题，并且不影响 1955 年 12 月 13 日在巴黎签署的《欧洲居留公约》的规定。

第二部分

第一条，第二款

本规定不应被解释为禁止或者授权任何工会安全条款或实践。

第二条，第六款

缔约国可以规定本条款不适用于：

a. 合同或雇佣关系总期限不超过一个月以及/或者每个工作周的时间不超过八小时的工人；

b. 合同或雇佣关系是不正式的以及/或者具有特别的性质，前提是在这些情况下本条款的不适用有可观考量所支持的正当理由。

第三条，第四款

为本条款的目的，这些服务运行的功能、组织和条件应由国内法律或规章、集体协议或者其他适合国家条件的方式来决定。

第四条，第四款

本条款应被理解为不禁止由于任何严重的错误而立即辞退。

第四条，第五款

缔约国在工人中除那些不被覆盖的人之外的绝大多数不允许通过法律、集体协议或仲裁裁决而被扣除工资时，才可作出本款要求的承诺。

第六条，第四款

每个缔约国就与其相关的情况可以通过法律规制罢工权利的行使，前提是对该权利作出的限制依照第 G 条的规定具有正当性。

第七条，第二款

本款不妨碍缔约国在立法中规定：没有达到设置的最低年龄的年轻人可以从事工作，如果从事工作对于他们的职业培训是绝对必要的、此种工作是依照有权机关规定的条件进行的并且采取了措施保护这些年轻人的健康和安全。

第七条，第八款

如果某缔约国通过以法律要求绝大多数十八岁以下的人不得被雇佣从事夜间工作的方式实现了本承诺的精神，它才可作出本款要求的承诺。

第八条，第二款

本款不应被理解为设置了一个绝对的禁止。可以有例外情况，例如如下情况：

a. 如果一个被雇佣的妇女犯了使断绝雇佣关系具有正当性的罪；

b. 如果相关单位不再运行；

c. 如果雇佣合同中规定的期限届满。

第十二条,第四款

本款序言中"并依据这些协议中设置的条件"被理解为包括担不限于如下内容：对于独立于任何保险缴费即可享有的福利,缔约国可以要求其他缔约国的国民居留满一个规定期间后才向他们发放此种福利。

第十三条,第四款

不是《有关社会和医疗援助的欧洲公约》缔约方的政府可以就本款批准本《宪章》,条件是他们向其他缔约国国民给予与该公约的规定相一致的待遇。

第十六条

本条提供的保护覆盖单亲家庭。

第十七条

除非依据适用于儿童的法律成年的年龄更早,本条覆盖所有十八岁以下的人,但不影响其他本《宪章》的具体规定,特别是第七条。

这不意味着为直到以上提到的年龄前的人提供强制教育的义务。

第十九条,第六款

为适用本款的目的,"外国工人的家庭"被理解为指至少包括工人的配偶和未婚的孩子,只要后者被接受国视为未成年人而应由该移民工人抚养。

第二十条

1. 社会安全事务以及其他与失业救济、老年人福利和死者家属福利相关的规定可以被排除在本条的范围之外。

2. 有关对妇女的保护的规定,特别是有关怀孕、生产以及产后的,不应被视为本条中所指的歧视。

3. 本条不妨碍指定着眼于消除事实上的不平等的特别措施。

4. 由于它们的性质或它们被从事的背景而只能交由某一特定性别的人的职业活动可以被排除在本条或本条某些款项的范围之外。本款不应被解释为要求缔约国在法律或规章中包括一个由于它们的性质或它们被从事的背景而只能交由某一特定性别的人的职业活动的名单。

第二十一条和第二十二条

1. 为适用这些条文的目的,"工人代表"指指被国内立法或实践认可为工人代表的人。

2. "国内立法或实践"在法律和规章之外还包括集体协议、其他雇主和工人代表之间的协议、习惯以及相关的案例法。

3. 为适用这些条文的目的,"单位"被理解为指一套实体和非实体的组成部分,有或没有法律人格,被组成以便为谋取经济收益而生产产品或提供服务并且有权力决定其自己的市场政策。

4. 宗教社区及其机构可以被排除在这些条文的范围之外,即便这些机构符合第三款"单位"的概念。被某些理念所启发或被某些道德概念所指导而进行活动(理念和概念指受国家立法的保护的理念和概念)的场所可以在保护该单位的宗旨所必要的限度内被排除在这些条文的范围之外。

5. 当这些条文中所载的权利在单位的不同场所得到行使，相关缔约国应被视为履行了这些条文下的义务。

6. 缔约国可以将雇佣少于国内立法或实践所决定的一定数量工人的单位排除在这些条文的适用范围之外。

第二十二条

1. 本条不影响国家制定工作场所的健康和安全规章的权力和义务，也不影响负责监督它们的适用的机构的权力和义务。

2. "社会和社会文化服务与设施"被理解为指一些单位提供的社会以及/或者文化设施和协助，例如福利援助、运动场、母婴室、图书馆、儿童的假期营地等。

第二十三条，第一款

为适用本款的目的，"尽可能长久"指相对于老年人的身体、心理和智力能力。

第二十四条

1. 为本条的目的"辞退"和"被辞退"指由雇主主动进行的终止雇佣。

2. 本条覆盖所有工人，但缔约国可以将以下类别的被雇佣的人从本条的部分或全部保护中排除：

a. 基于为一个特定时段或特定任务的雇佣合同雇佣的工人；

b. 试用期的工人，条件是试用期是事先决定的并且期限合理；

c. 在短期的非正式的基础上雇佣的工人。

3. 为本条的目的，特别是以下事项不得构成辞退的正当理由：

a. 在工会的成员身份或者在工作时间外或经雇主同意在工作时间内参与工会活动；

b. 寻求担任、担任或者担任过工人代表的身份；

c. 提交申诉或者参与针对雇主的有关被控违反法律或规章的法律程序或者向有权行政机关申诉；

d. 种族、肤色、性别、婚姻状态、家庭责任、怀孕、宗教、政治见解、国别或社会出身；

e. 产假或育儿假；

f. 由于生病或受伤暂时离开工作。

4. 无正当理由辞退的赔偿或其他适当救济应由国内法律或规章、集体协议或其他适합国家条件的方式决定。

第二十五条

1. 有权国家机关可以通过排除的方式并在咨询雇主和工人的组织之后，基于某些类别的工人的雇佣关系的特别性质而将他们排除出本条的保护。

2. "破产"的定义须由国内法律或实践来决定。

3. 被本条所覆盖的工人的求偿权应至少包括以下：

a. 工人对关于破产前的一个规定时段的或者直至雇佣终结时的工资的求偿权，该规定时段在特权系统下不应短于三个月而在保障系统下不应短于八周；

b. 工人对于在破产或雇佣终结的当年从事了的工作而应得的假期补助的求偿权；

c. 工人对于破产前的一个规定时段的或者直至雇佣终结时的其他类别的带薪假的金额

的求偿权,该规定时段在特权系统下不应短于三个月而在保障系统下不应短于八周。

4. 国内法律或规章可以将工人求偿权的保护限制到一个社会可以接受水平的规定数额。

第二十六条

本条不要求缔约国通过立法。

本条第二款不覆盖性骚扰。

第二十七条

本条适用于负有与他们抚养的儿童有关的家庭责任和负有与他们明显需要照顾或支持的其他近亲成员有关的家庭责任的男性和女性工人,该家庭责任要限制他们准备、进入、参与或者提高经济活动的可能性。"抚养的儿童"和"明显需要照顾或支持的其他近亲成员"指由相关缔约国国内立法所定义的人群。

第二十八条和第二十九条

为本条适用的目的,"工人代表"指被国内立法或实践认可为工人代表的人。

第三部分

《宪章》被理解为包含国际性质的法律义务,其适用仅可以被提交至第四部分所规定的监督程序。

第 A 条,第一款

编号款项被理解为可以包括仅有一个款项的条文。

第 B 条,第二款

为第 B 条第二款的目的,修订的《宪章》的条款与《欧洲社会宪章》的相同条文或相同编号款项相对应,以下条款除外:

a. 修订的《宪章》第三条第二款对应《欧洲社会宪章》第三条第一、三款;

b. 修订的《宪章》第三条第三款对应《欧洲社会宪章》第三条第二、三款;

c. 修订的《宪章》第十条第五款对应《欧洲社会宪章》第十条第四款;

d. 修订的《宪章》第十七条第一款对应《欧洲社会宪章》第十七条。

第五部分

第 E 条

基于客观和理性理由的不同待遇不应被视为有歧视性。

第 F 条

"在战争或公共紧急状态时"应被理解为同时包括战争的威胁。

第 I 条

依照第二十一条和第二十二条的附件被排除的工人被理解为不应被计入相关工人的总数。

第 J 条

"修订"应被延伸为同时包括对《宪章》增加新的条文。

25. 欧洲保护人权和基本自由公约

(经第十一和第十四议定书修订)

本公约文本曾由 1970 年 9 月 21 日生效的第三议定书、1971 年 12 月 20 日生效的第五议定书、1990 年 1 月 1 日生效的第八议定书修订,并在第二议定书于 1970 年 9 月 21 日生效后包括了第二议定书的内容。所有以上议定书所修订或增加的规定均由 1998 年 11 月 1 日生效的第十一议定书所取代。本文本是经 2010 年 6 月 1 日生效的第十四议定书修订的文本。

签署方政府,作为欧洲理事会的成员,

考虑到联合国大会于 1948 年 12 月 10 日发布的《世界人权宣言》;

考虑到此宣言期望保障对其所宣布的权利的普遍和有效的认可和遵守;

考虑到欧洲理事会的目标是在其成员中取得更大程度的团结,而追求该目标的方法之一就是保持和进一步实现人权和基本自由;

重申它们深信那些基本自由是正义与世界和平的基石,对它们最好的保护是一方面通过有效的政治民主和另一方面通过对它们所依赖的人权的共同理解和遵守;

在欧洲国家政府有相似的意愿并且享有政治传统、理念、自由和法治的共同遗产的情况下,决定,采取集体执行《世界人权宣言》所述的某些权利的第一步,

协议如下:

第一条 尊重人权的义务

缔约国应确保在其辖区内的每个人的本公约第一节定义的权利和自由。

第一节 权利和自由

第二条 生命权

1. 每个人的生命权应受法律保护。没有人可以被任意剥夺其生命,除非为执行他在被定罪后法院所判决的法律为此犯罪规定的刑罚。

2. 当剥夺生命源自不超过以下绝对必要的使用武力时,不应被视为违反本条:

a. 为保护任何人不受非法的暴力侵害;

b. 为实行合法的逮捕或防止被依法监禁的人逃跑;

c. 在依法采取的以镇压骚乱或政变为目的的行动中。

第三条 禁止酷刑

没有人应被施以酷刑或不人道或侮辱性的待遇或处罚。

第四条 禁止奴隶制和强制劳动

1. 没有人可以被置于奴隶制或苦役中。

2. 没有人可以被要求进行强迫的或强制的劳动。

3. 为本条的目的,"强迫的或强制的劳动"不应包括:

a. 任何根据本公约第五条的规定进行监禁的正常过程中或者在从此类监禁中被有条件释放的过程中所被要求进行的工作;

b. 任何军事性质的服务或者,对于在认可拒服兵役的国家的拒服兵役者来说,替代强制军事服务所要求的服务;

c. 任何在威胁生命或者威胁社会安定的紧急或灾难情况下被要求的服务;

d. 任何构成正常公民义务的一部分的工作或服务。

第五条 自由和安全的权利

1. 每个人有权拥有个人自由和安全。没有人应被剥夺其自由,除非在以下情况下并且依照法律规定的程序:

a. 在有管辖权的法院对某人定罪后对其依法监禁;

b. 因不服从法院的合法的命令或者为保障履行法律规定的任何义务而对某人依法逮捕或监禁;

c. 在对某人犯下了某项罪行有合理怀疑的情况下,为将他带至有管辖权的法律机关面前的目的而进行的依法逮捕或监禁,或者当被合理认为是防止某人犯下某项罪行或者在犯罪后逃跑所必要时进行的依法逮捕或监禁;

d. 依合法的命令为教育监督的目的监禁未成年人,或者为将其带至有管辖权的法律机关面前而对未成年人依法监禁;

e. 为防止传染性疾病的蔓延而将人依法监禁,依法监禁精神病人、嗜酒者、有毒瘾的人或流浪者;

f. 为防止某人未经授权进入该国而对其依法逮捕或监禁,或者依法逮捕或监禁正在被采取措施驱逐出境或引渡的人。

2. 每个被逮捕的人应立即被用他明白的语言告知他被逮捕的原因以及对他的任何指控。

3. 每个依本条第一款第三项被逮捕或监禁的人应立即被带至法官或者其他被法律授权行使司法权的官员面前,并应有权在合理时间内受审或被释放待审。释放可以附加担保其出庭受审的条件。

4. 每个因逮捕或监禁被剥夺自由的人应有权提起程序,该程序由法院迅速地决定其监禁的合法性,如果监禁不合法应命令将其释放。

5. 每个违反本条规定的逮捕或监禁的受害者应享有可以被执行的获得赔偿的权利。

第六条 获得公正审判的权利

1. 在决定其民事权利义务或者针对其的刑事指控时,每个人有权获得由法律所设立的独立和公正的裁判庭在合理时间内进行的公正和公开的庭审。判决应公开宣布,但为保护民主社会中的道德、公共秩序或国家安全,为未成年人的利益或保护当事人私生活的需要或者当公开会妨害公正的特殊情况下,在法院认为严格必要的限度内,新闻媒体和公众可以被从庭审的全部或部分中排除。

2. 每个被指控犯罪的人应被推定为无罪直到依法证明有罪。

3. 每个被指控犯罪的人有以下最低权利：

a. 被用他明白的语言具体地、立即地告知针对他的控诉的性质和原因；

b. 有充分的时间和便利以准备辩护；

c. 为自己辩护或者通过自己选择的法律协助辩护，或者如果他没有足够的办法为法律协助支付费用，当正义需要时被免费提供法律协助；

d. 质询或由他人质询证人，在控方证人出庭和接受质询的同等条件下使辩方证人出庭和接受质询；

e. 如果他不明白或不讲法院使用的语言，获得免费的翻译员协助。

第七条　罪刑法定

1. 没有人应因任何在发生时在国内法或国际法下不构成犯罪的行为或不行为而被定任何罪。对于犯罪不得施以比在犯罪发生时适用的刑罚更重的刑罚。

2. 本条不妨碍对于在发生时依据文明国家所认可的普遍原则构成犯罪的任何人的任何行为或不行为的审判和处罚。

第八条　私生活和家庭生活被尊重的权利

1. 每个人有权获得对其私生活和家庭生活、住所和通信的尊重。

2. 公共机关不得干预此项权利的行使，除非依照法律并且是在民主社会为国家安全、公共安全或国家经济安定，为防止无秩序或犯罪，为保护健康或道德，或者为保护他人的权利和自由所必要。

第九条　思想、良心和宗教的自由

1. 每个人有权享有思想、良心和宗教的自由；此权利包括改变其宗教或信仰的自由，以及自己或与他人一同、公开或私下表达其宗教或信仰的自由，以及崇拜、教学、实践和遵守的自由。

2. 表达一个人的宗教或信仰的自由仅应受法律规定的，对于在民主社会中的公共安全、保护公共秩序、健康或道德或者保护他人的权利和自由所必要的限制。

第十条　言论自由

1. 每个人有权享有言论自由。此项权利应包括持有见解以及接受和传播信息和理念而无论在哪个领域不受公共机关干涉的自由。本条不应禁止国家要求广播、电视或电影企业的执照。

2. 因为行使这些自由伴随着义务和责任，行使这些自由可以受到法律所规定的，对于在民主社会中的国家安全、领土完整或公共安全、防止无秩序货犯罪、保护健康或道德、保护他人的名誉或权利、防止保密信息的透露或者维持司法权的公信力和公正所必要的形式、条件、限制或惩罚的制约。

第十一条　集会和结社的自由

1. 每个人有权享有和平地集会的自由和与他人结社的自由，包括为保护其利益组成和加入工会的权利。

2. 不应对行使这些权利设置限制，法律所规定的在民主社会中的国家安全、防止无秩序货犯罪、保护健康或道德或者保护他人的权利和自由所必要的限制除外。本条不应妨碍对国家的武装部队、警察或政府的成员行使这些权利设置合法的限制。

第十二条 结婚的权利

婚龄男人和女人有权依照约束此项权利的行使的国内法结婚和组成家庭。

第十三条 获得有效救济的权利

每个本公约所载的权利和自由被违反的人应在国家机关获得有效的救济,即便该违反是由行使公务的人所犯。

第十四条 禁止歧视

享有本公约所载的权利和自由应被确保,而不受基于任何诸如性别、种族、肤色、语言、宗教、政治或其他见解、国别或社会出身、属于某少数民族、财产、出生环境或其他地位等原因的歧视。

第十五条 紧急时刻的克减

1. 在战争或其他威胁国家生命的公共紧急时刻,任何缔约国可以采取措施在情势的紧急所严格要求的限度内克减其在本公约之下的义务,条件是此类措施不违背其在国际法下的其他义务。

2. 除战争中的合法行动所导致的死亡以外,不得对第二条作出克减,也不得对第三条、第四条(第一款)和第七条作出克减。

3. 任何启用此项克减权利的缔约国应将它所采取的措施和理由充分地通知欧洲理事会秘书长。它应告知欧洲理事会秘书长何时该措施将结束实行而本公约的规定将重新被完全实行。

第十六条 限制外国人的政治活动

第十、十一和十四条的任何内容不应被理解为禁止缔约国对外国人的政治活动加以限制。

第十七条 禁止滥用权利

本公约的任何内容不可以被解释为暗示任何国家、团体或个人有任何权利参与或进行任何以破坏任何本公约所载权利和自由或者对它们施加超出本公约所规定的限度的限制为目的的活动或行动。

第十八条 对于限制权利的使用的限制

本公约所允许的对于本公约所载的权利和自由的限制不应因本公约规定以外的任何目的被适用。

第二节 欧洲人权法院

第十九条 法院的设立

为保障缔约国对在本公约和议定书中所作承诺的遵守,应设立欧洲人权法院,以下简称"法院"。它应无限期运行。

第二十条 法官数量

法院应由与缔约国数量相同的法官组成。

第二十一条 任职标准

1. 法官应具有高尚的道德素质,并且必须具有被任命至高级法官职位所需的资历或者是拥有被认可的能力的法学家。

2. 法官应以个人身份任职于法院。

3. 在任期内法官不得从事任何与他们的独立与公正不相符或者要求全职工作的活动；有关本款的适用的疑问应由法院决定。

第二十二条 法官的选举

对应每个缔约国的法官应由欧洲理事会议会以多数票从该缔约国所提名的三名候选人名单中选举。

第二十三条 任期和解职

1. 法官应以九年任期被选举。他们不可以连选连任。

2. 法官的任期应在他们七十岁时届满。

3. 法官应任职直到被替换。但是，他们应当继续处理他们已经在审理的案件。

4. 法官不得被解职，除非其他法官通过三分之二多数决定该法官已不再符合所要求的条件。

第二十四条 书记处和报告员

1. 法院应设有一个书记处，其职权和组织应由法院的规则确定。

2. 当独任法官审判时，法院应由报告员协助，他们应当依法院院长的指示行动。他们构成书记处的一部分。

第二十五条 合议制法院

合议制法院应

a. 以三年任期选举其院长和一个或两个副院长；他们可以连选连任；

b. 设立以固定期限运行的合议庭；

c. 选举法院合议庭的庭长；他们可以连选连任；

d. 设立法院的规则；

e. 选举书记员和一个或多个助理书记员；

f. 依第二十六条第二款作出任何请求。

第二十六条 独任法官、委员会、合议庭以及大合议庭

1. 为审理诉至法院的案件，法院可以以独任法官、三名法官的委员会、七名法官的合议庭和十七名法官的大合议庭审理。法院的合议庭应设立固定期限的委员会。

2. 在合议制法院的请求下，部长委员会可以以一致决定，在固定期限内把合议庭的法官数量减少到五名。

3. 作为独任法官审理时，法官不应审查任何针对其所对应的缔约国提出的申请。

4. 对应涉案缔约国被选举的法官应作为合议庭和大合议庭的特别成员参与审理。如果没有此类法官或如果该法官无法参与审理，一个由法院院长从该缔约国提前提交的名单中选择的人应以法官身份参与审理。

5. 大合议庭应同时包括法院院长、副院长、合议庭庭长和其他依照法院规则选出的法官。当一个案件依第四十三条被提交给大合议庭，作出该判决的原合议庭的法官不应参与大合议庭的审理，合议庭庭长和作为涉案缔约国对应的法官参与审理的法官除外。

第二十七条 独任法官的权限

1. 独任法官可以宣布依第三十四条提交的申请不可接受或者将其从法院的案件名单中

移除,如果该决定可以不经进一步的审查而作出。

2. 该决定应为终局的。

3. 如果独任法官没有宣布一个申请不可接受或将其移除,该法官应将其转交一个委员会或合议庭作进一步审查。

第二十八条　委员会的权限

1. 对于依第三十四条提交的申请,委员会可以以一致投票,

a. 宣布其不可接受或将其从案件名单中移除,如果该决定可以不经进一步的审查而作出;或者

b. 宣布其可以接受并在同时对案件实体作出判决,如果对案件中有关公约或议定书的解释或适用的基本问题已经有法院的明确确立的判例。

2. 依第一款作出的决定和判决应为终局的。

3. 如果涉案缔约国对应的法官不是委员会的成员,委员会在可以考虑包括该缔约国是否反对第1.b款程序中的申请在内的一切相关事实的基础上,在程序的任何阶段邀请该法官接替一名委员会的成员。

第二十九条　合议庭有关可接受性和案件实体的决定

1. 如果没有依第二十七条或第二十八条作出决定或者依第二十八条作出判决,合议庭应决定依第三十条所提交的个人申请的可接受性和案件实体。关于可接受性的决定可以被另行作出。

2. 合议庭应决定依第三十三条提交的跨国申请的可接受性和案件实体。关于可接受性的决定应被另行作出,除非法院在极特别的案件中有不同决定。

第三十条　放弃管辖权而转交大合议庭

当在合议庭悬而未决的案件提出了影响本公约或之后的议定书的解释的严重问题,或者当由合议庭对一个问题的结论可能产生与法院之前作出的判决不一致的结果,合议庭可以在作出判决前的任何时候,放弃管辖权而把管辖权转交给大合议庭,除非案件一个当事方反对。

第三十一条　大合议庭的权力

大合议庭应:

a. 当合议庭依第三十条放弃了其管辖权或者当案件被依第四十三条转交给它时,决定依第三十三条或第三十四条提交的申请;

b. 决定由部长委员会依第四十六条第四款提交给法院的事项;

c. 考虑依第四十七条提交的对建议意见的请求。

第三十二条　法院的管辖权

1. 法院的管辖权覆盖依第三十三条、第三十四条、第四十六条和第四十七条的规定提交给它的有关本公约及其议定书的解释和适用的所有事项。

2. 在对于法院是否有管辖权存在争议的情况下,应由法院决定。

第三十三条　跨国案件

任何缔约国可以将另一个缔约国被指控的对本公约和议定书的规定的违反提交给法院。

第三十四条 个人申请

法院可以接受任何主张其为某缔约国对本公约或其议定书所载的权利的违反的受害者的个人、非政府组织或个人团体提交的申请。缔约国承诺不以任何方式妨碍此项权利的有效行使。

第三十五条 可接受性的标准

1. 法院仅可以在所有国内救济被穷尽之后、依照被普遍认可的国际法规则、在最终决定作出之日后的六个月之内处理某事项。

2. 法院不应处理任何依第三十四条提交的具有以下情况的申请：

a. 是匿名的；或者

b. 实质上与法院已经审查过的或者已经提交给另一个国际调查或解决程序的事项相同而没有新的相关信息。

3. 如果法院认为有以下情况，应宣布任何依第三十四条提交的个人申请不可接受：

a. 申请与本公约或其议定书的规定不相符合、明显是没有依据的或者构成对个人申请权利的滥用；或者

b. 申请人没有受到实质不利的伤害，除非对本公约和议定书所定义的人权的尊重要求在实体上审查该申请，但如果国内裁判庭没有适当考虑过申请人没有受到实质不利伤害这一理由则法院不得以这一理由拒绝接受某案。

4. 法院应拒绝接受其认为依据本条不可接受的任何申请。它可以在诉讼程序的任何阶段这样做。

第三十六条 第三方干预

1. 在合议庭或大合议庭的所有案件，某一国民为申请者的缔约国应有权提交书面评论并参加庭审。

2. 法院院长可以为适当运行正义，邀请不是诉讼程序当事方的缔约国或不是申请者的相关人士提交书面评论或参加庭审。

3. 在合议庭或大合议庭的所有案件，欧洲理事会人权委员可以提交书面评论并参加庭审。

第三十七条 排除申请

1. 当情况导致以下结论时，法院可以在诉讼程序的任何阶段决定将某一申请从案件名单中排除：

a. 申请者无意继续其申请；或者

b. 该事项已被解决；或者

c. 为法院确定的任何其他原因，继续该申请的审理不再具有正当性。

但是，如果对于公约和其议定书中定义的人权的尊重有所要求，法院应继续该申请的审查。

2. 法院可以决定把一项申请重新放回其案件名单中，如果它认为情况使这一行动具有正当性。

第三十八条 审理案件

法院应与当事方代表一同审理案件，并且如果需要，进行调查，涉案缔约国应对调查的有

效进行提供一切必要的便利。

第三十九条　友好和解

1. 在诉讼程序的任何阶段,法院可以服务于涉案各方以期取得在尊重本公约和议定书所定义的人权的基础上对案件的友好和解。

2. 依第一款进行的程序应保密。

3. 如果取得友好和解,法院应以仅限于简要说明事实和达成的解决方案的决定的方式将案件从其名单中除名。

4. 该决定应转交部长委员会,其应监督决定中所载的友好和解的条款的执行。

第四十条　公开庭审以及获取文件

1. 庭审应公开,除非法院在极特别情况下作出不同决定。

2. 交存于书记处的文件应对公众开放,除非法院院长作出不同决定。

第四十一条　公正赔偿

如果法院认定存在对公约或议定书的违反,而该涉案缔约国的国内法只允许作出部分赔偿,法院应在必要时为受伤害的一方判处公正的赔偿。

第四十二条　合议庭的判决

合议庭的判决依第四十四条第二款的规定应为终局的。

第四十三条　提交给大合议庭

1. 在合议庭判决之日的三个月内,案件任何一方当事方可以在极其特别情况下请求将该案提交给大合议庭。

2. 如果案件提出影响本公约或其议定书的解释或适用的解释的严重问题或者一个具有普遍重要性的严重问题,大合议庭的五名法官组成的小组应接受该请求。

3. 如果小组接受该请求,大合议庭应以判决的方式决定该案。

第四十四条　终局判决

1. 大合议庭的判决应为终局判决。

2. 合议庭的判决应成为终局判决:

a. 如果当事方宣布它们不请求案件给提交给大合议庭;或者

b. 在判决之日三个月后,没有把案件提交给大合议庭的请求;或者

c. 如果大合议庭的法官小组拒绝依第四十三条提交的请求。

3. 终局判决应公开。

第四十五条　判决和决定的理由

1. 判决和宣布申请可以接受或不可以接受的决定均应给出理由。

2. 如果判决整体或部分不代表法官们的一致意见,任何法官应有权作出分别意见。

第四十六条　判决的约束力和执行

1. 缔约国承诺在任何它们为当事方的案件中遵守法院的终局判决。

2. 法院的终局判决应被转交给部长委员会,部长委员会应监督其执行。

3. 如果部长委员会认为监督某项终局判决的执行被判决解释的问题所妨碍,它可以将该事项提交给法院就解释问题作出决定。作出提交的决定应须有权出席委员会的代表的三分之二多数票。

4. 如果部长委员会认为某缔约国拒绝遵守其为当事方的终局判决，它可以在向该国提出正式通知后，通过有权出席委员会的代表的三分之二多数票决定将该国是否未能依第一款履行其义务的问题提交给法院。

5. 如果法院认定对第一款的违反，它可以将案件提交给部长委员会考虑要采取的措施。如果法院认定没有对第一款的违反，它应将案件提交给部长委员会，后者应终结该案的审查。

第四十七条 咨询意见

1. 法院可以应部长委员会的请求就有关本公约和议定书的解释的法律问题出具咨询意见。

2. 此类意见不应涉及任何有关本公约第一节或议定书所定义的权利或自由的内容或范围，或者任何法院或部长委员会可能须在依照本公约进行的诉讼程序之后考虑的任何其他问题。

3. 部长委员会请求法院的咨询意见的决定应须有权出席委员会的代表的多数票。

第四十八条 法院的咨询管辖权

法院应决定一项由部长委员会提交的对咨询意见的请求是否在其由第四十七条定义的权限之内。

第四十九条 咨询意见的理由

1. 法院的咨询意见应给出理由。

2. 如果咨询意见的全部或部分不代表法官的一致意见，任何法官应有权发表个别意见。

3. 法院的咨询意见应被告知部长委员会。

第五十条 法院的开销

法院的开销应由欧洲委员会承担。

第五十一条 法官的特权和豁免权

法官应有权在行使职权时获得《欧洲理事会规约》第四十条以及之后达成的协议中所规定的特权和豁免权。

第三节 杂项规定

第五十二条 秘书长的询问

在收到欧洲理事会秘书长的询问后，任何缔约国应提供对其内部法律确保本公约任何规定的有效执行的方式的解释。

第五十三条 保护现有人权

本公约的任何部分不应被理解为对任何缔约国的法律或任何其他其为缔约国的协议所保障的任何人权和基本自由的限制或克减。

第五十四条 部长委员会的权力

本公约的任何部分不应妨害欧洲理事会规约所赋予部长委员会的权力。

第五十五条 排除其他争议解决方式

缔约国同意，除非通过特别协议，它们将不会援引它们之间有效的条约、公约或宣言从而通过申诉的方式将源于本公约的解释或适用的争议提交给本公约所规定以外的解决方式。

第五十六条 领土适用

1. 任何国家可以在其批准本公约之时或在之后的任何时候,通过发给欧洲理事会秘书长通知的方式宣布,在与本条第四款不冲突的前提下,本公约应扩展适用到所有或任何它对其国际关系负责的领土。

2. 本公约应自欧洲理事会秘书长收到通知后的第三十日扩展适用到通知中所述的领土。

3. 但是,本公约规定对此类领土的适用应适当考虑当地要求。

4. 任何依照本条第一款作出宣言的国家可以在之后的任何时候代表宣言所涉及的一块或多块领土宣布其接受本公约第三十四条规定的法院接受个人、非政府组织或个人团体的申请的职权。

第五十七条 保留

1. 任何国家可以在签署本公约或交存其批准文书时,在当时其领土内有效的法律与本公约某项具体规定不一致的限度内对于该规定作出保留。具有普遍性质的保留不被本条所允许。

2. 任何在本条之下作出的保留应包括对于相关法律的简要陈述。

第五十八条 退出

1. 缔约国仅可以在其成为公约缔约国之日的五年期满之后和向欧洲理事会秘书长发出的通知中所包含的提前六个月通知届满后方可以退出本公约,秘书长应通知其他缔约国。

2. 对于缔约国在退出生效之日之前所作的可能构成对本公约之下的义务的违反的任何行为,此类退出不具有解除该缔约国的那些义务的效果。

3. 任何不再是欧洲理事会成员的缔约国也将在同样的条件下不再是本公约的缔约国。

4. 对于第五十六条之下宣布扩展适用的任何领土,本公约可以依照以上各款被退出。

第五十九条 签署和批准

1. 本公约对欧洲理事会成员开放签署。它还应被批准。批准文书应交存于欧洲理事会秘书长。

2. 欧盟可以加入本公约。

3. 本公约应在十份批准文书交存后生效。

4. 欧洲理事会秘书长应将本公约的生效、批准它的缔约国名字和日后生效的所有批准文书的交存通知欧洲理事会所有成员。

1950 年 11 月 4 日以英文和法文于罗马达成,两份文本具有同等效力,载于一份原始文本,交存于欧洲理事会档案处。秘书长应将经认证的副本转发给每一个签署方。

26. 欧洲人权公约第一议定书

(1952 年 3 月 20 日于巴黎通过)

没有包括在公约第一节中的某些权利和自由的执行

本议定书的签字方政府,作为欧洲理事会的成员,

决定采取措施保障某些不同于已经包括在 1950 年 11 月 4 日在罗马签署的《保护人权和基本自由公约》(以下简称"公约")第一节中的那些的权利和自由的集体执行,

协议如下：

第一条

每个自然人或法人有权和平地享有其财产。没有人可以被剥夺其财产,除非为公共利益并符合法律和国际法普遍原则所规定的条件。

但是,上述规定不应以任何方式妨害一国执行其认为依照普遍利益而控制财产使用或者保证税收或其他应缴款或罚金的支付所必要的法律的权利。

第二条

没有人可以被拒绝受教育的权利。在行使其承担的有关教育和教学的职权时,国家应尊重父母确保这种教育和教学符合他们自己的宗教和哲学信仰的权利。

第三条

缔约国承诺在合理的期间内通过秘密投票、在确保人民关于选择立法者的见解的自由表达的条件下举行自由的选举。

第四条

缔约国可以在签署或批准之时或之后的任何时间向欧洲理事会秘书长发送宣言,声明它承诺本议定书的规定将适用于宣言中所述的它在国际关系中所负责的领土。

任何基于前款发送了宣言的缔约国可以不时地发送进一步的宣言,变更任何之前宣言的条款或终止本议定书的规定对于任何领土的适用。

依照本条作出的宣言应被视为依照公约第六十三条第一款作出。

第五条

在缔约国之间,本议定书第一、二、三、四条的规定应被视为公约的新增条款,公约的一切规定因而适用。

第六条

本议定书对是公约签署方的欧洲理事会成员国开放签署；它应在批准公约的同时或之后被批准。它将在十份批准文书交存后生效。对于之后批准的签署方,本议定书将在交存其批准文书之日生效。

批准文书应被交存于欧洲理事会秘书长,他应将批准国家的名字通知所有成员国。

1952 年 3 月 20 日于巴黎以英文和法文达成,两份文本具有同等效力,载于同一份原始文本中,交存于欧洲理事会档案处。秘书长应将经认证的副本转交每个缔约政府。

27. 欧洲人权公约第十二议定书

(2000年11月4日于罗马通过)

欧洲理事会的成员国作为签署方，

考虑到人人在法律面前平等并且有权获得法律的平等保护所依据的根本原则；

决定采取进一步措施通过集体执行1950年11月4日在罗马签署的《保护人权和基本自由公约》（以下简称"公约"）所要求的对歧视的普遍禁止以促进所有人的平等；

重申不歧视原则不妨碍缔约国采取措施以促进全面的有效的平等，条件是那些措施有客观和合理的正当理由；

协议如下：

第一条 普遍禁止歧视

1. 享有法律所载的权利应被保障，不受任何基于性别、种族、肤色、语言、宗教、政治或其他见解、国家或社会出身、属于一国的少数民族、财产、出生环境或其他地位的歧视。

2. 没有人应被任何公共机关基于第一款所述的等理由所歧视。

第二条 领土适用

1. 任何国家可以在签署或交存其批准、接受或通过文书时，明确本议定书所适用的领土范围。

2. 任何国家可以在之后的任何日期通过发送给欧洲理事会秘书长的宣言扩大本议定书的适用到任何其他该宣言中所明确的领土范围。对于这类领土本议定书应在秘书长收到该宣言之日后三个月届满之后的下个月的第一日生效。

3. 任何在以上两款之下所作的宣言，对于在宣言中所明确的任何领土，可以通过发给欧洲理事会秘书长通知的方式被撤回或更改。撤回或更改应在秘书长收到该通知之日后三个月届满之后的下个月的第一日生效。

4. 依照本条作出的宣言应被视为依照公约第五十六条第一款所作出。

5. 任何依照本条第一款或第二款作出宣言的国家可以在之后的任何时候代表宣言所涉及的一个或多个领土宣布，就本议定书的第一条接受公约第三十四条所规定的法院接受个人、非政府组织或个人团体申请的权限。

第三条 与公约的关系

在缔约国之间，本议定书第一条和第二条的规定应被视为公约的新增条款，公约的所有规定因而适用。

第四条 签署和批准

本议定书对签署了公约的欧洲理事会成员国开放签署。它还需被批准、接受或通过。欧洲理事会成员国不可以在批准公约之前或批准公约的同时批准、接受或通过本议定书。批准、接受或通过的文书应交存于欧洲理事会秘书长。

第五条 生效

1. 本议定书在十个欧洲理事会成员国依照第四条的规定表达其同意受本议定书约束之日后三个月届满之后的下个月的第一日生效。

2. 对于之后表达同意受本议定书约束的任何成员，本议定书在其交存批准、接受或通过文书之日后三个月届满之后的下个月的第一日生效。

第六条 交存人职责

欧洲理事会秘书长应通知欧洲理事会全体成员国以下事项：

a. 任何签署；

b. 任何批准、接受或通过文书的交存；

c. 任何本议定书依照第二条和第五条生效的日期；

d. 任何其他与本议定书有关的行动、通知或通讯。

见证签署方，有适当授权，签署了本议定书。

2000年11月4日在罗马，以英文和法文达成，两份文本同等有效，载于同一份正本，交存于欧洲理事会的档案处。欧洲理事会秘书长应转交经认证的副本给欧洲理事会每一个成员国。

28. 欧洲保护少数民族框架公约

（欧洲理事会 1994 年 11 月 10 日通过）

欧洲理事会成员国与其他国家,即本框架公约的签署方,

考虑到欧洲理事会的目标是取得其成员之间更大程度的团结以保障和实现作为它们共同遗产的理念和原则;

考虑到实现该目标的方法之一为保持和进一步实现人权和基本自由;

希望跟进 1993 年 10 月 9 日在维也纳通过的欧洲理事会成员国国家和政府首脑宣言;

决定在它们分别的辖区内保护少数民族的存在;

考虑到欧洲历史的动荡已经说明保护少数民族对于本大陆的稳定、民主安全与和平是关键的;

考虑到一个多元化的、真正民主的社会不仅应尊重属于少数民族的人的种族、文化、语言和宗教身份,还应创造适当条件以使他们能够表达、保存和发展这一身份;

考虑到创造宽容和对话的气氛对于文化多样化成为丰富每个社会的来源和因素而非阻隔是必要的;

考虑到实现一个包容的繁荣的欧洲不仅仅依靠国家间的合作,而且还需要本地和区域机关的在不影响每个国家的组成和领土完整前提下的跨境合作;

考虑到《保护人权和基本自由公约》及其议定书;

考虑到联合国公约和宣言以及欧洲安全合作论坛的文件,特别是 1990 年 6 月 29 日的哥本哈根文件中对于保护少数民族的承诺;

决定在法律范围内和尊重国家领土完整和国家主权的前提下,定义需要尊重的原则和从其导出的义务,以确保在成员国和可能成为本文书缔约国的国家的对于少数民族和属于那些少数民族的人的权利和自由的有效保护;

决心通过国家立法和适当政府政策执行本框架公约所载的原则,

协议如下:

第一节

第一条

对少数民族以及属于那些少数民族的人的权利和自由的保护构成国际人权保护的统一的一部分,因此这属于国际合作的范围。

第二条

本框架公约的规定应在理解与宽容的精神中、以与国家之间的睦邻友好和合作原则一致的方式被诚实信用地适用。

第三条

1. 每个属于少数民族的人应有权自由地选择是否被作为少数民族对待,不应因这一选择或行使与那个选择相关的权利而处于不利地位。

2. 属于少数民族的人可以以个人或者与他人组成群体来行使和享有本框架公约所载的原则所提供的权利和自由。

第二节

第四条

1. 缔约国承诺保障属于少数民族的人在法律面前平等的权利和受法律平等保护的权利。在这方面,任何基于属于一个少数民族的歧视应被禁止。

2. 缔约国承诺在必要时采取充分措施以在所有经济、社会、政治和文化生活领域促进属于少数民族的人和属于多数民族的人之间的全面和有效的平等。在这方面,它们应适当考虑属于少数民族的人的具体条件。

3. 依第二款所采取的措施不应被视为歧视行为。

第五条

1. 缔约国承诺促进必要条件以使属于少数民族的人保持和发展他们的文化,保存他们身份的关键因素,包括宗教、语言、传统和文化遗产。

2. 在不影响为它们的普遍统一政策所采取的措施的前提下,缔约国应远离以违背属于少数民族的人的意愿同化他们为目标的政策或实践,并且应保护这些人不受任何以这样的同化为目标的行为。

第六条

1. 缔约国应鼓励宽容与跨文化交流的精神,并采取有效措施以促进所有生活在它们的领土的人们之间的相互尊重、理解和合作,特别是在教育、文化和媒体领域,而不论他们的种族、文化、语言或宗教身份。

2. 缔约国承诺采取适当措施以保护某些因为他们的种族、文化、语言或宗教身份而可能受到威胁或歧视、敌意或暴力行为的人。

第七条

缔约国应保障尊重每个属于少数民族的人的和平地集会的自由、结社自由、言论自由以及思想、良心和宗教自由。

第八条

缔约国承诺认可每个属于少数民族的人有权表达他或她的宗教或信仰以及有权建立宗教机构、组织和社团。

第九条

1. 缔约国承诺认可每个属于少数民族的人的言论自由,包括持有见解和以少数民族语言接收和传播信息和理念的自由,而不论领域,不受公共机关的干涉。缔约国应在它们的法律体系的框架内确保属于少数民族的人在接触媒体中不受歧视。

2. 第一款不妨碍缔约国在没有歧视并且基于客观标准的前提下要求声音和电视广播或电影院企业的执照。

3. 缔约国不应妨碍属于少数民族的人创设和使用纸面媒体。在声音和电视广播的法律框架中,它们应在把第一款纳入考量的基础上尽可能确保属于少数民族的人被准许创设和使用他们自己的媒体的可能。

4. 在它们的法律体系的框架中,缔约国应采取充分措施以协助属于少数民族的人接触媒体并以此推动宽容和允许文化多元化。

第十条

1. 缔约国承诺认可每个属于少数民族的人有权自由地、不受干涉地、在私下或在公共场所、口头或书面使用他或她的少数民族语言。

2. 在属于少数民族的人传统上或以相当数量居住的地区,如果他们有这样的要求而且该要求对应实际需要,缔约国应努力尽可能确保条件使在他们与行政机关的关系中使用少数民族语言成为可能。

3. 缔约国承诺保障每个属于少数民族的人被使用他或她明白的语言迅速告知他或她被逮捕的原因和任何针对他或她的指控的性质和缘由的权利,以及使用该语言为他或她辩护的权利,如果必要时免费提供翻译。

第十一条

1. 缔约国承诺认可每个属于少数民族的人有权使用他或她的少数民族语言的姓和名,并且有权获得依缔约国的法律体系所规定的模式对它们的官方认可。

2. 缔约国承诺认可每个属于少数民族的人有权用他或她的少数民族语言展示标语、题词和其他公众可见的私人信息。

3. 在属于少数民族的人传统上或以相当数量居住的地区,缔约国在它们的适当时包括与其他国家的协议在内的法律体系的框架内并考虑到它们的具体条件,应努力同时使用少数民族语言展示传统的地区名、街名和其他供公众使用的地名标识,如果对此类标识有足够的需求。

第十二条

1. 缔约国应在适当时候在教育和研究领域采取措施以培养有关他们的少数民族和多数民族的文化、历史、语言和宗教的知识。

2. 在此情境下缔约国应做的包括但不限于提供充分的教师教导和获取教科书的机会,以及协助不同社区的学生和教师的联系。

3. 缔约国承诺促进属于少数民族的人在所有级别上获得教育的平等机会。

第十三条

1. 在它们的教育系统的框架内,缔约国应认可属于少数民族的人有权设立和管理他们自己的私立教育和培训机构。

2. 行使此项权利不应影响缔约国的财政义务。

第十四条

1. 缔约国承诺认可每个属于少数民族的人有权学习他或她的少数民族语言。

2. 在属于少数民族的人传统上或以相当数量居住的地区,如果有足够的需求,缔约国应努力在它们的教育系统的框架内尽可能确保属于那些少数民族的人有充分的机会被教授其少数民族语言或以这种语言被授课。

3. 本条第二款应在不影响学习官方语言或以官方语言教学的前提下被执行。

第十五条

缔约国应创造属于少数民族的人有效参与特别是那些对他们有影响的文化、社会和经济生活以及公共事务所必要的条件。

第十六条

缔约国应远离改变属于少数民族的人居住的区域的人口比例并且目标是限制本框架公约所载的原则所导出的权利和自由的措施。

第十七条

1. 缔约国承诺不干涉属于少数民族的人建立和保持与合法居住在其他国家的人,特别是那些与他们有共同的种族、文化、语言或宗教身份或共同的文化遗产的人,自由与和平地跨境联系的权利。

2. 缔约国承诺不干涉属于少数民族的人在国家和国际平台上参与非政府组织的权利。

第十八条

1. 缔约国应努力在必要时与其他国家,特别是相邻的国家,达成双边和多边协议以确保对属于相关少数民族的人的保护。

2. 相关时,缔约国应采取措施鼓励跨境合作。

第十九条

缔约国承诺尊重和执行本框架公约所载的原则,仅在必要时作出国际法律文书,特别是《保护人权和基本自由公约》所规定的与本框架公约所载原则所导出的权利和自由相关的限制、抑制或克减。

第三节

第二十条

在行使本框架公约所载原则所导出的权利和自由时,任何属于少数民族的人应尊重国家立法和他人的权利,特别是属于多数民族或其他少数民族的人的权利。

第二十一条

本框架公约的内容不得被解释为暗示有参与或进行任何与特别是国家主权平等、领土完整和政治独立的国际法根本原则相反的行动的权利。

第二十二条

本框架公约的内容不得被构建为限制或克减任何缔约国的法律或其他任何缔约国为一方的协议所可能保障的人权或基本自由。

第二十三条

本框架公约所载原则所导出的权利和自由,只要是《保护人权和基本自由公约》或其议定书的对应条款的主题,就应被理解为符合后者的规定。

第四节

第二十四条

1. 欧洲理事会部长委员会应监督缔约国对本框架公约的执行。
2. 不是欧洲理事会成员的缔约国应依之后决定的模式参与执行体制。

第二十五条

1. 在本公约对于某缔约国生效后的一年时间里,后者应向欧洲理事会秘书长提交有关其采取的实现本框架公约所载原则的立法和其他措施的全面信息。
2. 在此之后,每个缔约国应定期以及在部长委员会提出要求时向秘书长提交任何其他有关执行本框架公约的进一步信息。
3. 秘书长应将依本条提交的信息转发给部长委员会。

第二十六条

1. 在衡量缔约国所采取的实现本框架公约所载的原则的措施是否充分时,部长委员会应被一个建议委员会所协助,其委员应具有在保护少数民族领域被认可的专业素养。
2. 这个建议委员会的组成和程序应由部长委员会在本框架公约生效后的一年时间之内确定。

第五节

第二十七条

本框架公约向欧洲理事会成员国开放签署。直到本公约生效前,它同时向部长委员会邀请的任何其他国家开放签署。它应被批准、接受或通过。批准、接受或通过文书应交存于欧洲理事会秘书长。

第二十八条

1. 本框架公约应在十二个欧洲理事会成员国依第二十七条表达其同意受本公约约束之日三个月后的下个月的第一日生效。
2. 对于之后表达同意受其约束的任何成员国,本框架公约应在其交存批准、接受或通过文书之日三个月后的下个月的第一日生效。

第二十九条

1. 在本公约生效后和与缔约国协商后,欧洲理事会部长委员会可以通过《欧洲理事会规约》第二十条 d 款所规定的多数决定邀请依据第二十七条规定被邀请但尚未加入的非欧洲理事会成员国或任何其他非成员国加入本公约。
2. 对于任何加入公约的国家,本框架公约在其将加入文书交存于欧洲理事会秘书长之日三个月后的下个月的第一日生效。

第三十条

1. 任何国家可以在签署之时或者交存其批准、接受、通过或加入文书之时,明确本框架公约应适用于的由它负责国际关系的领土。

2. 任何国家可以在之后任何日期,通过发送给欧洲理事会秘书长的宣言,扩展本框架公约的适用到任何其他在该宣言中明确的领土。对于这些领土本框架宣言应在秘书长收到此类宣言之日三个月后的下个月的第一日生效。

3. 任何依上述两款所作的宣言,对于在此类宣言中明确的领土,可以通过发送给秘书长的通知被撤回。撤回应在秘书长收到此类通知之日三个月后的下个月的第一日生效。

第三十一条

1. 任何缔约国可以在任何时候通过发送给欧洲理事会秘书长的通知退出本框架公约。

2. 此类退出在秘书长收到通知之日六个月后的下个月的第一日生效。

第三十二条

欧洲理事会秘书长应通知理事会成员国、其他签署国和任何加入本框架公约的国家,有关:

a. 任何签署;

b. 任何批准、接受、通过或加入文书的交存;

c. 任何本框架公约依第二十八、二十九和三十条生效的日期;

d. 任何与本框架公约有关的其他行动、通知或通讯。

见证签署方,有适当授权,已签署了本框架公约。

1995年2月1日于斯特拉斯堡以英文和法文达成,两份文本具有同等效力,载于一份原始文本,交存于欧洲理事会档案处。欧洲理事会秘书长应将经认证的副本转交给欧洲理事会每个成员国和任何被邀请签署或加入本框架公约的国家。

29. 欧洲防止酷刑和不人道或有辱人格的待遇或处罚公约

（1987年11月26日于斯特拉斯堡通过，
经2002年3月1日生效的第一号和第二号议定书修订）

欧洲理事会成员国，本公约签署方，

考虑到《保护人权和基本自由公约》的规定；

念及，该公约的第三条规定："没有人可以被处以酷刑或不人道或有辱人格的待遇或处罚"；

注意到该公约所规定的制度只相对于那些声称他们是第三条被违反的受害者的人而运行；

深信保护被剥夺自由的人不受酷刑和不人道或有辱人格的待遇或处罚应当通过以访问为基础的预防性非司法途径被强化；

协议如下：

第一章

第一条

应成立一个防止酷刑和不人道或有辱人格的待遇或处罚的欧洲委员会（以下简称"委员会"）。委员会应通过访问的方式审查对被剥夺自由的人的待遇，以期在必要时强化对这些人的保护使他们不受酷刑和不人道或有辱人格的待遇或处罚。

第二条

每个缔约国应依照本公约允许对其管辖领域内的任何有人被公共机关剥夺自由的地方的访问。

第三条

在适用本公约中，委员会和相关缔约国的有管辖权的国家机关应彼此合作。

第二章

第四条

1. 委员会应由与缔约国数目相等的委员组成。

2. 委员会委员应从具有很高的道德素养、因他们在人权领域的能力而知名或在本公约覆盖的领域有专业经验的人中选择。

3. 两名委员会委员不得为同一国家的国民。

4. 委员应以其个人身份任职,应独立和公正,并应能够有效地服务于委员会。

第五条

1. 委员会委员应由欧洲理事会部长委员会以绝对多数票从欧洲理事会咨询大会局制定的名单中选举;咨询大会的每个国家的代表团应提出三名候选人,其中至少两名应为其国民。

当一名非欧洲理事会成员国的人要被选作委员会委员时,咨询大会局应邀请该国议会提出三名候选人,其中至少两名应为其国民。部长委员会的选举应在与相关缔约国咨询后进行。

2. 在补充通常的席位空缺时应遵循同样的程序。

3. 委员会委员应以四年的任期被选举。他们可以连选连任两次。但是,在第一次选举产生的委员中,三名委员的任期应在两年后届满。在最初两年后任期届满的委员应由欧洲理事会秘书长在第一次选举完成后立即抽签选出。

4. 为保障尽可能使委员会的委员组成每两年可以更新一次,部长委员会可以在进行任何后续选举前决定一名或多名将被选举的委员的任期将不同于四年,但不得多于六年或少于两年。

5. 当涉及多于一个委员的任期而部长委员会适用前款规定时,任期的分配应由秘书长在选举结束后立刻抽签决定。

第六条

1. 委员会应不公开会面。法定最低人数应等同于其委员的多数。除第十条第二款规定的情况之外,委员会的决定应由到场委员的多数作出。

2. 委员会应制定其自己的程序规则。

3. 欧洲理事会秘书长应为委员会提供秘书处。

第三章

第七条

1. 委员会应组织对第二条所指地点的访问。在定期访问之外,委员会可以组织它认为形势需要的其他访问。

2. 作为一项一般规则,访问应由至少两名委员会委员进行。如果其认为必要,委员会可以请专家和翻译进行协助。

第八条

1. 委员会应通知相关缔约国政府其进行访问的意图。在此通知后,它可以在任何时间访问任何第二条所指的地点。

2. 缔约国应为委员会执行其任务提供以下支持:

a. 获准进入其领土和旅行中不受限制的权利;

b. 关于关押被剥夺自由的人的地点的完整信息;

c. 进入被剥夺自由的人所在地点的不受限制的权利,包括在这些地点内部行动的不受限制的权利;

d. 其他缔约国持有的对于委员会执行任务所必要的信息。在寻求此类信息时,委员会应考虑到国家法律和职业操守的适用规则。

3. 委员会可以私下采访被剥夺自由的人。

4. 委员会可以与其认为能够提供相关信息的人自由地沟通。

5. 如有必要,委员会可以将其发现立即发送给相关缔约国的有管辖权的机构。

第九条

1. 在极特别的情况下,相关缔约国的有管辖权的机构可以向委员会提出意见,反对委员会提议的在某一时刻或对某特别地点的访问。此类意见仅可以基于国防、公共安全、被剥夺自由人所在地点的严重失控、某人的医疗状况或者有关一项严重犯罪的紧急审讯正在进行中的理由。

2. 在此类意见提出后,委员会和该缔约国应立即进行协商以澄清情况并寻求就能够使委员会尽快行使其职权的安排达成协议。此类安排可以包括将委员会提议访问的人转移到另一地点。该缔约国应向委员会提供有关任何相关人员的信息,直至访问进行。

第十条

1. 在每次访问后,委员会应制定关于访问中发现的事实的报告,把相关缔约国所可能提交了的意见纳入考虑。它应当向后者转交其报告,如果它认为必要,包括任何建议。委员会可以与该缔约国协商,以期如必要时建议改进对被剥夺自由者的保护。

2. 如果该缔约国在收到委员会的建议后未能或者拒绝对情况进行改进,委员会可以在该缔约国有机会表达其观点后以委员的三分之二多数决定就该事项作出公开声明。

第十一条

1. 委员会收集的有关访问的信息、其报告以及与缔约国进行的协商应保密。

2. 应缔约国的请求,委员会应将其报告与该缔约国的评论一起公开。

3. 但是,没有相关人员的明示同意,不应公布任何个人信息。

第十二条

在遵循第十一条中的保密规则的前提下,委员会应每年向部长委员会提交有关其活动的一般报告,该报告应被转交给咨询大会以及是公约缔约国的欧洲理事会非成员国,并公开。

第十三条

委员会委员、专家和其他协助委员会的人员须在其任期期间和之后对他们在履行职务时了解的事实或信息持续保密。

第十四条

1. 协助委员会的人员的名字应在第八条第一款下的通知中说明。

2. 专家应按照委员会的指示并在委员会的权力之下行动。他们应当具有在本公约所覆盖领域的特殊知识和经验,并应受与委员会委员同样的独立、公正和能够履行职务的要求的约束。

3. 在极特别情况下某缔约国可以声明某位专家或其他协助委员会的人员不被允许参与对其辖区内某处地点的访问。

第四章

第十五条

每个缔约国应通知委员会其有权接受对其政府的通知的机关和任何它可能任命了的协调官员的名字和地址。

第十六条

委员会,其委员和第七条第二款中所指的专家应享有本公约附件中所设定的特权和豁免权。

第十七条

1. 本公约不影响国内法律或任何国际协议为被剥夺自由的人提供更大程度上的保护的规定。

2. 本公约的任何规定不应被理解为对《欧洲人权公约》的机构的职权或缔约国在该公约下所承担的义务的限制或克减。

3. 委员会不应访问保护国或国际红十字会的代表或代表团因1949年8月12日的《维也纳公约》和其1977年6月8日的附加议定书而定期进行有效访问的地点。

第五章

第十八条

1. 本公约向欧洲理事会成员国开放签署。它应被批准、接受或通过。批准、接受或通过的文书应交存于欧洲理事会秘书长。

2. 欧洲理事会部长委员会可以邀请非欧洲理事会成员国加入本公约。

第十九条

1. 本公约应在七个欧洲理事会成员国依照第十八条的规定表达其同意受本议定书约束之日后三个月届满之后的下个月的第一日生效。

2. 对于之后表达同意受其约束的任何国家,本公约应在其交存批准、接受或通过文书之日后三个月届满之后的下个月的第一日生效。

第二十条

1. 任何国家可以在签署时或交存其批准、接受、通过或加入文书时,明确本公约将适用于的领土。

2. 任何国家可以在之后的任何日期,通过发给欧洲理事会秘书长的宣言扩大本公约的适用到任何其他该宣言中所明确的领土范围。对于这类领土本公约应在秘书长收到该宣言之日后三个月届满之后的下个月的第一日生效。

3. 任何在以上两款之下所作的宣言,对于在宣言中所明确的任何领土,可以通过发给欧洲理事会秘书长一份通知的方式撤回。撤回应在秘书长收到该通知之日后三个月届满之后的下个月的第一日生效。

第二十一条

对本公约的规定不可以作出保留。

第二十二条

1. 任何缔约国可以在任何时候通过发给欧洲理事会秘书长的通知退出本公约。

2. 此类退出应在秘书长收到该通知之日后三个月届满之后的下个月的第一日生效。

第二十三条

欧洲理事会秘书长应通知成员国和作为本公约缔约国的非欧洲理事会成员国:

 a. 任何签署;

 b. 任何批准、接受、通过或加入文书的交存;

 c. 任何本议定书依照第十九条和第二十条生效的日期;

 d. 任何其他与本议定书有关的行动、通知或通讯,依据第八条和第十条所采取的行动除外。

见证签署方,有适当授权,签署了本议定书。

1987年11月26日在斯特拉斯堡,以英文和法文达成,两份文本同等有效,载于同一份正本,交存于欧洲理事会的档案处。欧洲理事会秘书长应转交经认证的副本给欧洲理事会每一个成员国。

附件　特权和豁免权(第十六条)

1. 为本附件目的,对委员会成员的提及应被视为包括提及第七条第二款所载的专家。

2. 委员会成员在行使其职权和为行使其职权的旅行中,应享有以下特权和豁免权:

 a. 豁免于对其个人的逮捕或监禁,豁免于被扣押其个人包裹,并且对于其以官方身份所说或所写的言论以及一切行动豁免于所有种类的法律程序;

 b. 在离开和回到他们所居住的国家以及进入和离开他们行使职权的国家时免于对其行动自由的任何限制,并且免于在他们所访问的国家或行使职权时通过的国家进行外国人注册。

3. 在行使他们的职权时的旅行过程中,委员会成员在海关和交易控制的事项中应被给予:

 a. 来自他们自己的政府的、与给予暂时出公差到国外的高级官员的同样的协助;

 b. 来自其他缔约国政府的、与给予暂时履行官方职权的外国政府代表的同样的协助。

4. 委员会的文件和书稿只要与委员会的公务有关联,则不可侵犯。

委员会的官方来往信件和其他官方沟通不可被扣留或审查。

5. 为确保委员会成员在履行他们的职务时完全的言论自由和完全的独立,就以官方身份所说或所写的言论以及一切行动免于所有种类的法律程序的豁免权应持续被赋予,即便有关人员不再从事此类职务的履行。

6. 特权和豁免权是赋予委员会成员,并非为他们的个人利益,而是为保障他们独立地行使职权。委员会自身有权放弃它的委员的豁免权;在它认为豁免权会妨害正义而放弃豁免权不会妨害赋予该豁免权的目的的任何情况下,它不仅有权,而且有义务放弃它的委员的豁免权。

B. 美洲人权文件

30. 美洲人权公约

（1969年11月22日于在哥斯达黎加圣何塞
召开的美洲洲际特别人权会议签署）

序　　言

签署本公约的美洲各国，

重申它们希望在本半球，在民主制度的范围内，巩固以尊重人的基本权利为基础的个人自由和社会正义的制度；

认识到人的基本权利并非来源于某人是某一国家的国民，而是基于人类人格的属性，因此应当为人的基本权利提供公约形式的国际保护，以此来强化或者补充美洲国家国内法所提供的保护；

考虑到这些原则已经在《美洲国家组织宪章》、《美洲人的权利和义务宣言》以及《世界人权宣言》中被阐明，并已经在其他世界范围和地区范围的国际文书中被重申和提炼；

重申，根据《世界人权宣言》，只有在创造了使每个人可以享有其经济、社会和文化权利以及其公民和政治权利的条件下，才能实现自由人享有免于恐惧和匮乏的自由的理想；

并考虑到第三届美洲洲际特别会议（1967年于布宜诺斯艾利斯）批准将经济、社会和教育权利方面更广泛的准则纳入《美洲国家组织宪章》中，并决定应当由一部美洲洲际的人权公约来确定负责这些问题的机关的结构、权限和程序，

达成协议如下：

第一部分　国家义务和受保护的权利

第一章　一般义务

第一条　尊重权利的义务

1. 本公约各缔约国承诺尊重本公约所承认的权利和自由，并确保在它们管辖下的所有人都能自由地、完整地行使这些权利和自由，不因种族、肤色、性别、语言、宗教、政治或其他见解、民族或社会出身、经济地位、出生环境或任何其他社会条件的原因而受任何歧视。

2. 为本公约的目的,"人"指每一个人。

第二条 国内法律效力

当行使第一条所指的任何权利或自由尚未得到立法或其他规定的保障时,各缔约国承诺依照它们各自的宪政程序和本公约的规定采取为使实现这些权利或自由所必需的立法或其他措施。

第二章 公民和政治权利

第三条 法律人格的权利

每个人都有在法律面前作为一个人被承认的权利。

第四条 生命权

1. 每个人都有使其生命受到尊重的权利。这项权利一般自受精卵时起即应受到法律的保护。生命不得受到任意地剥夺。

2. 在尚未废除死刑的国家,只有对最严重的犯罪、经过一个有权管辖的法院作出的最终判决并依照在犯罪发生前即已颁布的设置死刑的法律,才可以施以死刑。这项刑罚的施行不得扩展到目前不适用死刑的犯罪。

3. 死刑在已经废除死刑的国家不得被恢复。

4. 对任何政治犯罪或与之相关的普通犯罪不得施以死刑。

5. 对在犯罪时不满18岁或超过70岁的人不得施以死刑,对孕妇亦不得施以死刑。

6. 每个被判处死刑的人都应有权请求特赦、赦免或减刑,在一切案件中均可以给予特赦、赦免或减刑。在有管辖权的机关尚未对上述请求作出决定时不得执行死刑。

第五条 人道待遇的权利

1. 每个人都有就身体、精神和道德的完整不受侵犯受到尊重的权利。

2. 任何人不得受到酷刑或残忍、非人道或侮辱性的刑罚或对待。所有被剥夺自由的人都应受到尊重其作为人类固有尊严的待遇。

3. 刑罚不得被扩展到罪犯以外的任何人。

4. 除特殊情况外,被控告的人应同已被定罪的人隔离开,并应受到适合其未被定罪者身份的区别待遇。

5. 未成年人受到刑事诉讼时,应同成年人分隔开,并应尽快送交特别法庭,从而使他们受到符合其未成年人身份的待遇。

6. 包括剥夺自由在内的刑罚应以对囚犯的改造和社会再教育为主要目的。

第六条 不受奴役的自由

1. 任何人不得受奴役或非自愿的劳役,各种形式的包括奴隶交易和贩卖妇女在内的奴役和劳役均被禁止。

2. 任何人不得被要求从事强迫或强制劳动。本款规定不应被解释为,在那些对某些犯罪所规定的刑罚是通过强迫劳动来剥夺自由的国家,执行有管辖权的法院作出的施以这样的刑罚的判决也被禁止。强迫劳动不得负面影响囚犯的尊严、身体条件或智力。

3. 为本条的目的,下列情况不构成强迫或强制劳动:

a. 因有管辖权的司法机关的判刑或正式决定而被囚禁的人通常被要求从事的工作或服

务。这种工作或服务应在公共机关的监督和控制下进行，任何从事这种工作或服务的人不得被置于任何私人、公司或法人的支配之下；

　　b. 兵役，以及在认可拒服兵役的国家内法律所规定的代替兵役的国家服务；

　　c. 在有威胁社会的生存或安宁的危险或灾难之时所征用的服务；

　　d. 属于市民正常义务的组成部分的工作或服务。

第七条　个人自由的权利

1. 每个人都享有个人自由和安全的权利。

2. 除根据有关的缔约国宪法或依照宪法制定的法律预先的理由和条件外，任何人不得被剥夺身体自由。

3. 任何人不得被任意逮捕或监禁。

4. 任何被拘留的人应被告知拘留的原因，并迅速被告知对其的控告。

5. 任何被拘留的人应被迅速送交法官或其他依法律授权行使司法权的官员，并有权在合理时间内受到审判或在不妨碍诉讼继续的情况下被释放。释放该人时可以要求其提供担保，以确保其出庭受审。

6. 任何被剥夺自由的人都有权向有管辖权的法院求助，以便该法院可以就逮捕或拘留他的合法性不延迟地作出决定，并且如果逮捕或拘留是不合法的，下令予以释放。缔约国的法律规定任何人如果认为其受到被剥夺自由的威胁则可以向有管辖权的法院求助以便该法院决定该威胁的合法性，这种救济不可被限制或废除。当事一方或代表他的其他人有权寻求这些救济。

7. 任何人不得因债务而被拘留。这一原则不应限制有管辖权的司法机关就未履行供养义务而发出的命令。

第八条　公平审判的权利

1. 每个人都有权就证实针对他的刑事性质的控告或决定其民事、劳动、财务或任何其他性质的权利和义务而在适当的保证并在合理时间内受到一个事先由法律确立的有管辖权、独立和公正的裁判庭的审判。

2. 每个被控有犯罪行为的人，只要未被依法证实其罪行，均有权被视为无罪。在诉讼程序中，每个人均有权完全平等地享有以下最低保障：

　　a. 如果被告不懂或不讲裁判庭或法院所用的语言，他有权免费接受翻译员或口译员的帮助；

　　b. 提前详细告知被告对他的指控；

　　c. 准备他辩护的充分的时间和手段；

　　d. 被告为自己辩护或被他自己所选的律师所协助的权利，以及与其律师自由地、私下地沟通的权利；

　　e. 如果被告不为自己辩护或没有在法律设定的时间内聘请律师，他有不可剥夺的权利受到国家提供的、根据国家法律规定收费或免费的律师的帮助；

　　f. 辩方当庭质询证人以及使证人、专家或其他可能说明事实的人出庭的权利；

　　g. 不被强迫作对自己不利的证言或承认有罪的权利；

　　h. 就判决向上级法院上诉的权利。

3. 被告承认有罪的供述只有在没有受到任何形式的强迫时作出才有效。

4. 被不可上诉的判决宣告无罪释放的被告不得为同一事由接受新一轮审判。

5. 除非为保护正义利益之必需,刑事诉讼程序应公开。

第九条 不受事后法律的溯及力约束

任何人不得因在行为时的适用法律下不构成犯罪行为的任何行为或不行为而被定罪。不得施行比犯罪行为发生时适用的刑罚更重的刑罚。如果在犯罪行为发生后法律规定了更轻的刑罚,则罪犯应从中受益。

第十条 受赔偿的权利

每个人享有因错判而导致的最终判决被处刑而依法获得赔偿的权利。

第十一条 隐私权

1. 每个人都有权使其荣誉受到尊重、其尊严受到认可。

2. 任何人不得受到对其私生活、其家庭、其住宅或其通讯的任意或不正当干涉,也不得受到对其荣誉和名誉的非法攻击。

3. 每个人都有权就这样的干涉或攻击获得法律的保护。

第十二条 良心和宗教的自由

1. 每个人都享有良心和宗教的自由。这种权利包括保持或改变其宗教或信仰的自由,表达或散布其宗教或信仰的自由,不论是单独或是与其他人一起,不论公开还是在私下。

2. 任何人不得受到损害其保持或改变其宗教或信仰的自由的限制。

3. 表达某人宗教和信仰的自由只能受到法律规定的对于保护公共安全、秩序、健康或道德或者其他人的权利或自由所必需的限制。

4. 根据其情况,父母或监护人有权依据他们自己的信仰向其孩子或被监护人提供宗教和道德教育。

第十三条 思想和表达自由

1. 每个人都有权享有思想和表达的自由。这种权利包括寻求、接收和传播各种信息和思想的自由,不分领域,也不论是口头、书面、印刷制品、以艺术的形式或是以任何其他个人所选择的媒介。

2. 行使上一段所规定的权利不受事前审查,但事后应接受由法律在保证以下事项所必需的限度内明确规定的责任:

    a. 尊重他人的权利或名誉;

    b. 保护国家安全、公共秩序或公共健康或道德。

3. 表达的权利不得受间接的方法或方式的限制,例如政府或私人对新闻、广播频率或传播信息设备的控制的滥用,或任何倾向于妨碍思想和见解的沟通和传播的方式。

4. 尽管有上述第二款的规定,公共娱乐可以受到法律规定的只为对儿童和未成年人进行道德保护之目的的事前审查。

5. 任何战争宣传和构成煽动非法暴力的对国家、种族或宗教仇恨的鼓吹或者任何其他基于包括种族、肤色、宗教、语言或国别在内的理由的针对任何人或人群的类似行为应被认为是法律应予处罚的违法行为。

第十四条　回应的权利

1. 任何被法律规制下的通讯媒介向公众传播的不准确或冒犯性的言论或意见所伤害的人，都有权在法律规定的条件下，用同样的通讯媒介进行回应或更正。

2. 更正或回应不应在任何情况下免除其他可能产生的法律义务。

3. 为了荣誉和名誉的有效保护，每一个出版商和每一个报纸、电影、广播和电视公司均应有一个不被豁免权或特别特权所保护的人负责。

第十五条　集会的权利

不携带武器的和平集会的权利被认可。除依照法律并为民主社会中保护国家安全、公共安全或公共秩序等利益或者保护公共健康、道德或他人权利或自由所必需，不得对这种权利的行使设置任何限制。

第十六条　结社的权利

1. 每个人都有为理想、宗教、政治、经济、劳动、社会、文化、体育或其他目的而自由地结社的权利。

2. 行使此种权利只受法律规定的对于民主社会中保护国家安全、公共安全或公共秩序等利益或者保护公共健康、道德或他人权利或自由所必需的限制。

3. 本条规定不禁止对于武装军队和警察所设置的合法限制，甚至包括剥夺其结社权的行使。

第十七条　家庭的权利

1. 家庭是自然的和根本的社会集体单位，并应受社会和国家的保护。

2. 可结婚年龄的男人和女人结婚和组成家庭的权利被认可，如果他们符合国内法所要求的不影响本公约规定的非歧视原则的条件。

3. 如没有未来配偶自由的和完全的同意则不得结成婚姻。

4. 成员国应采取适当举措来保障在结婚、婚姻中和解除婚姻时的权利平等和配偶责任的充分的平衡。解除婚姻时，应当为儿童提供必要的、仅以为保护儿童的最大利益为基础的保护。

5. 法律应承认私生子的平等权利。

第十八条　姓名权

每个人都有拥有名字和其父母或父母一方的姓的权利。法律应以保障所有人的这项权利的方式进行管理，必要时使用推定的名字。

第十九条　儿童的权利

每一个未成年儿童有权获得其家庭、社会和国家承担的其作为未成年人的情况所要求的保障措施。

第二十条　国籍权

1. 每个人都有权拥有国籍。

2. 如果其没有任何其他国籍，每个人都有权拥有其出生地所属国家的国籍。

3. 任何人不得被任意剥夺其国籍或改变国籍的权利。

第二十一条　财产权

1. 每个人都有权使用和享有其财产。法律可以把这种使用和享有置于社会利益之下。

2. 任何人不得被剥夺其财产,除非经支付合理赔偿、为公共利用或社会利益的原因并属于法律规定的情况并依据法律规定的方式。

3. 高利贷和任何其他人剥削人的形式都应受法律的禁止。

第二十二条　迁徙和居住的自由

1. 合法地处在一缔约国领土内的每一个人,有权按照法律的规定在该国境内迁徙和居住。

2. 每个人都有权自由地离开任何国家,包括其自己的国家在内。

3. 上述权利的行使,只能依据法律、在对于民主社会中防止犯罪或保护国家安全、公共安全、公共秩序、公共健康或保护他人权利或自由所必需的限度内加以限制。

4. 第1款承认的权利的行使,也可以因公共利益的原因,在指定的区域内由法律加以限制。

5. 任何人都不得从其国籍所属的国家的领土内被驱逐出去,或者被剥夺其进入该国的权利。

6. 合法地处在本公约缔约国领土内的外国人,只能被依据法律达成的决定驱逐出境。

7. 每一个人当他因政治罪或相关的普通犯罪而被追捕时,有权按照国家法律和国际公约,在外国领土寻求和受到庇护。

8. 如果一个外国人的生命权利或人身自由,在一个国家由于其种族、国籍、宗教、社会地位或政治见解有遭到侵犯的危险时,该外国人在任何情况下都不得被驱逐或送回到该国,不论该国是否是他的原属国家。

9. 禁止集体驱逐外国人。

第二十三条　参与政府的权利

1. 每个公民应享有下列权利和机会:

a. 直接地或通过自由选出的代表参加对公共事务的处理;

b. 在真实的定期选举中投票和被选举,这种定期选举应通过普遍的和平等的投票以及保证投票人自由表达其愿望的秘密投票来进行,以及

c. 在一般平等的条件下,有机会担任其国家的公职。

2. 法律只可以以年龄、国籍、住所、语言、教育、文化和精神能力或被有管辖权的法院在刑事诉讼中判刑为基础而控制对上款所述的权利和机会的行使。

第二十四条　平等保护的权利

法律面前人人平等。因此,他们有权不受歧视地享有法律的平等保护。

第二十五条　司法保护的权利

1. 每个人都有权向有管辖权的法院或裁判庭寻求简单和迅速的援助或任何其他有效的援助,以获得保护而不受违反宪法或有关国家法律或本公约所承认的基本权利的行为的侵害,即使这种违法行为可能是人们在执行其公务的过程中实施的。

2. 各缔约国承诺:

a. 保障要求这种救济的任何人有权由国家法律制度规定的有管辖权的机会决定其权利;

b. 发展司法救济的可能性;以及

c. 确保有管辖权的机关执行已被同意的救济。

第三章 经济、社会和文化权利

第二十六条 逐步发展

各缔约国承诺在国内并通过国际合作采取措施,特别是那些经济和技术性质的措施,以期通过立法或其他适当的方法,逐步取得经《布宜诺斯艾利斯议定书》修订的《美洲国家组织宪章》所载的经济、社会、教育、科学和文化标准所隐含的权利的全面实现。

第四章 暂停保证、解释和实施

第二十七条 暂停保证

1. 在战争、公共危险或威胁到一个缔约国的独立或安全的其他紧急情况下,该缔约国在形势之紧迫所严格要求的限度和期间内,可以采取措施,克减其在本公约下的义务,如果这种措施同该国在国际法下所负的其他义务不抵触,并且不涉及以种族、肤色、性别、语言、宗教或社会出身为理由的歧视。

2. 上述规定不许可对下列各条的暂停:第三条(法律人格的权利)、第四条(生命权)、第五条(人道待遇的权利)、第六条(不受奴役的自由)、第九条(不受事后法律的溯及力约束)、第十二条(良心和宗教自由)、第十七条(家庭权)、第十八条(姓名权)、第十九条(儿童的权利)、第二十条(国籍权)和第二十三条(参与政府的权利),或对保护这些权利所至关重要的司法保护。

3. 启用暂停权利的任何缔约国应立即将该国已暂停适用的规定、导致暂停的原因和预计结束这种暂停的日期,通过美洲国家组织的秘书长告知其他各缔约国。

第二十八条 联邦条款

1. 一缔约国为联邦国家时,该缔约国的国家政府应对它所行使立法和司法管辖的事项贯彻执行本公约的所有规定。

2. 对于该联邦国家的组成单位所管辖的事项所适用的规定,该国家政府应按照宪法和法律,立即采取适当措施,以使其组成单位的有管辖权的机关能制定适当规定已履行本公约。

3. 每当两个或更多的缔约国同意组成联邦或其他形式的联合时,它们应注意使由此产生的联邦协定或其他协定中包括为使本公约的准则在组成的新国家中继续和使之生效所必需的各种规定。

第二十九条 关于解释的限制

本公约的规定不得按照如下解释:

1. 允许任何缔约国、团体或个人压制本公约所认可的权利和自由的享有和行使,或在比本公约所规定的更大的限度内限制它们;

2. 限制享有或行使由任何缔约国法律或由以任一缔约国为一方的其他公约所认可的任何权利或自由;

3. 排除其他人类品格所固有的或源自作为政府形式的代表民主制的权利或保障;

4. 排除或限制《美洲人的权利和义务宣言》以及其他相同性质的国际行为所可能具有的效果。

第三十条　限制的范围

根据本公约可以对本公约认可的权利或自由的享有和行使所进行的限制，除非按照为普遍利益的原因而颁行的法律并按照这种限制所被设置的目的，否则不得适用。

第三十一条　对其他权利的认可

按照第七十六条和第七十七条规定的程序所认可的其他权利和自由可以被包括在本公约的保护系统内。

第五章　个人责任

第三十二条　义务和权利的关系

1. 每个人都对其家庭、社区和人类负有责任。

2. 每个人的权利在民主社会中都被他人的权利、所有人的安全和普遍福利的正当需要所限制。

第二部分　保护方式

第六章　有权机关

第三十三条

以下机关对于有关缔约国对本公约所作承诺的实现的事项有权主管：

1. 美洲人权委员会，简称"委员会"；以及

2. 美洲人权法院，简称"法院"。

第七章　美洲人权委员会

第一节　组　织

第三十四条

美洲人权委员会由七名委员组成，委员应为道德品格高尚的人并且在人权领域有被认可的能力。

第三十五条

委员会代表美洲国家组织的全部成员国。

第三十六条

1. 委员会委员以个人身份由美洲国家组织的大会从成员国政府所提名的候选人名单中选举。

2. 每个成员国政府可以提名最多三名候选人，候选人可以是提名国家的国民或任何其他美洲国家组织成员国的国民。如果提名三名候选人，则其中至少一名候选人应为提名国家之外的国家的国民。

第三十七条

1. 委员会委员以四年为一期选举并可以连选一次，但是第一次选举选中的委员中的三

名的任期将在两年后届满。在第一次选举后大会应立即通过抽签决定那三位委员的名字。

2. 委员会委员不得包括同一国家的两名国民。

第三十八条

委员会因正常届满之外的原因出现的空缺由美洲国家组织的常任委员会按照委员会规约的规定填补。

第三十九条

委员会应准备其章程并提交大会批准。委员会应设立其自己的规则。

第四十条

委员会的秘书服务由美洲国家组织总秘书处的适当特别单位提供。这个单位应被提供完成委员会交给它的任务所需的资源。

第二节 职　　责

第四十一条

委员会的主要职责是推动对人权的尊重的保护。在行使其使命中,它有以下职权和权力:

1. 发展美洲人民中的人权意识;

2. 在其认为可取时,向成员国政府提出有关在其国内法律和宪政规定的框架内采取有利于人权的渐进措施和进一步保护那些权利的适当措施的建议;

3. 准备其认为在其履行职责过程中可取的研究或报告;

4. 要求成员国政府就它们在人权事务中采取的措施向其提供信息;

5. 通过美洲国家组织的总秘书处,回复成员国在与人权有关事务上的询问,并在其可能的限度内向成员国提供它们请求的咨询服务;

6. 根据其在本公约第四十四条至第五十一条的规定项下的权限就请愿书和其他来文采取行动。

7. 向美洲国家组织大会提交年度报告。

第四十二条

缔约国应向委员会转交它们每年度向美洲经济和社会理事会执行委员会和美洲教育、科学和文化理事会在各自领域所提交的每一份报告和研究的副本,以使委员会可以监督隐含在经《布宜诺斯艾利斯议定书》修订的《美洲国家组织宪章》中所载的经济、社会、教育、科学和文化标准中的权利的促进。

第四十三条

缔约国承诺向委员会提供委员会所要求的有关其国内法律确保本公约规定的有效实施的方式的信息。

第三节 权　　限

第四十四条

任何个人或个人团体或任何在一个或多个美洲国家组织的缔约国所依法认可的非政府实体,可以向委员会提交包括对缔约国违反本公约的谴责或控诉的请愿书。

第四十五条

1. 任何缔约国可以在其交存批准或加入本公约的文件时或在任何晚些时候,声明其认可委员会有权限接受和审查一个缔约国声称另一缔约国实施了对本公约所载人权的违反的来文。

2. 只有作出声明认可委员会的上述权限的缔约国基于本条提交的来文可以被接受和审查。委员会不应接受针对没有作出这种申明的缔约国的来文。

3. 有关认可权限的声明可以永久有效、指定期限内有效或对某一具体案件有效。

4. 声明应交存美洲国家组织总秘书处,总秘书处应将其副本转交给美洲国家组织的成员国。

第四十六条

1. 委员会接受根据第四十四条和第四十五条提交的请愿书或来文须符合以下要求:

a. 国内法下的救济已经按照普遍认可的国际法原则被寻求和穷尽;

b. 请愿书或来文是在声称权利被侵犯的一方被告知最终判决之日的六个月内提交的;

c. 请愿书或来文所涉事项不在其他国际程序中悬而未决;

d. 在第四十四条所载的情况下,请愿书包括了提交该请愿书的个人、团体或实体的法定代表人的名字、国籍、职业、住所和签名。

2. 本条第一款第一项和第二项在以下情况不适用:

a. 涉案国的国内立法没有为保护声称被侵犯的权利提供正当程序;

b. 声称其权利被侵犯的一方被拒绝了国内法下的救济或无法穷尽它们;或者

c. 上述救济在作出最终判决上出现了无正当理由的延误。

第四十七条

如有以下情况,委员会对在第四十四条或第四十五条之下提交的任何请愿书或来文不应接受:

1. 第四十六条的任何要求没有被满足;

2. 请愿书或来文没有陈述有可能证明受本公约保障的权利受到了侵犯的事实;

3. 请愿的人或国家的言论说明请愿书或来文明显没有依据或者明显是不恰当的;

4. 请愿书或来文与委员会或其他国际组织以前研究过的请愿书或来文实质上相同。

第四节 程 序

第四十八条

1. 当委员会收到声称本公约所保护的任何权利遭到侵犯的请愿书或来文时,应按如下程序进行:

a. 如果它认为请愿书或通知书可以接受,它应要求被声称对这种侵犯所负责的国家政府提供信息并向该政府提供请愿书或来文相关部分的抄件。这种信息应当在由委员会根据每个案件的情况所决定的合理期限内提交。

b. 收到信息后,或在设定的期限届满后仍未收到信息的,委员会应确定请愿书或来文是否还有依据。如果没有依据,委员会应命令终结案件。

c. 委员会也可以在后来收到的信息或证据的基础上宣布请愿书或来文不可接受或不恰当。

d. 如果案件没有被终结,委员会应依据双方提供的信息审查请愿书或来文中所载的事项以确认事实。如果必须和可取,委员会应进行调查,为了有效地进行,它应要求而涉案国家应当提供所有必要的辅助。

e. 委员会可以要求涉案国家提供任何相关信息,并且应要求应当听取涉案双方的口头陈述或接受涉案双方的书面陈述。

f. 委员会应置身于涉案双方的支配下以期在尊重本公约所认可的人权的基础上达成事项的友好合解。

2. 但是,在严重和紧急的情况下,仅仅提交符合所有可接受性的正式要求的请愿书或来文就足以使委员会在被声称境内发生侵犯的国家事先同意时进行调查。

第四十九条

如果按照第四十八条第一款六项达成了友好和解,委员会应撰写报告,转送请愿者和本公约缔约国,再送交美洲国家组织总秘书处公布。报告应包括对事实和达成的解决办法的简短陈述。应案件的任何一方请求,应向其提供尽可能完整的信息。

第五十条

1. 如果没有达成和解,委员会应在其规约设置的时限内撰写报告载明事实并陈述其结论。如果该报告的部分或全部不代表委员会成员的一致同意,任何成员可以对其附上分别意见。报告也应附上由双方根据第四十八条第一款五项提交的书面和口头陈述。

2. 报告应转交涉案国家,涉案国家无权公布报告。

3. 转送报告时,委员会可以作出其认为适当的提议和建议。

第五十一条

1. 如果在委员会向涉案国家送交报告之日的三个月内,该事项没有被和解或者被委员会或涉案国家提交法院并且法院的管辖权被接受,委员会可以通过其成员的绝对多数票,就提请其考虑的问题表明其意见和结论。

2. 适当时,委员会应作出相关建议并设定期限要求国家采取其负有责任的措施以救济经审查的情况。

3. 当设定的期限届满时,委员会应以其成员的绝对多数票决定国家是否采取了充分的措施和决定是否公布其报告。

第八章 美洲人权法院

第一节 组 织

第五十二条

1. 法院由七名法官组成,法官为美洲国家组织成员国的国民,从有最高道德公信力以及被认可在人权领域的能力、拥有根据他作为国民的国家或者提名他作为候选人的国家的法律行使最高司法职能所需的资历的法学家中以个人身份选出。

2. 同一国家的两名国民不得同为法官。

第五十三条

1. 法官应在美洲国家组织大会上从本公约缔约国所提名的一组候选人中以秘密投票的方式、由本公约缔约国的绝对多数票选举产生。

2. 每个缔约国可以提名最多三名候选人,候选人可以是提名国家的国民或任何其他美洲国家组织成员国的国民。如果提名三名候选人,则其中至少一名候选人应为提名国家之外的国家的国民。

第五十四条

1. 法院的法官以六年为任期选举产生,可以被连选一次。第一次选举产生的法官中的三名的任期将在三年后届满。在选举后,这三名法官的名字应立即以在大会抽签的方式决定。

2. 被选举接替某一任期尚未届满法官的法官将完成前任的任期。

3. 法官在其任期届满前行使职权。但是,对于其已经开始审判且悬而未决的案件,他们应继续任职,在这些案件中他们将不会被新选举出的法官所接替。

第五十五条

1. 如果一个法官是提交法院的案件的任何一方缔约国的国民,他将保持其审判该案的权利。

如果审判某案的法官中的一名为该案一方缔约国的国民,该案中的任何其他缔约国可以任命其任选的一人作为法院的临时法官审判。

2. 如果审判某案的法官中没有一名是该案一方缔约国的国民,则这些缔约国每个都可以任命一名临时法官。

3. 临时法官应具有第五十二条所提的资质。

4. 如果本公约的数个缔约国在某案中拥有相同利益,为以上规定的目的它们将被视为单一一方当事国。如有疑问,由法院决定。

第五十六条

五名法官组成构成代表法院处理事务的法定人数。

第五十七条

委员会在法院的所有案件中出庭参与。

第五十八条

1. 法院设置在本公约缔约国在美洲国家组织大会上决定的地点;但是,当法院多数法官认为适合并取得相关国家事先许可时,法院可以在美洲国家组织的任何成员国的领土内工作。法院所在地可以由本公约缔约国在美洲国家组织大会上以三分之二票数变更。

2. 法院应任命自己的秘书。

3. 秘书应在法院所在地拥有办公室,并应参加法院不在其所在地举行的会议。

第五十九条

法院将设立秘书处,在法院秘书的指示下、按照美洲国家组织总秘书处的行政准则中所有不违反法院独立性的方面运行。法院秘书处的职员由美洲国家组织秘书长的与法院秘书商议任命。

第六十条

法院应起草其规约以提交大会批准。法院应采用自己的程序规则。

第二节 管辖权和职权

第六十一条

1. 只有缔约国和委员会有权将案件提交法院。

2. 法院审理某案件前,第四十八条和第五十条所载的程序必须先被完成。

第六十二条

1. 一缔约国可以在交存其批准或加入本公约的文件之时或之后,声明其就此直接认可法院无须特殊约定即对有关本公约解释和适用的所有事项有管辖权。

2. 这种声明可以无条件作出、按照互惠原则作出、特定期限内有效或对特定案件有效。它应被提交给美洲国家组织秘书长,秘书长应转交给美洲国家组织其他成员国和法院秘书。

3. 法院的管辖权覆盖提交给它的涉及本公约规定的解释和适用的全部案件,条件是案件中的缔约国以按照上一款作出的特别声明的方式或者特别约定的方式认可或者认可过这种管辖权。

第六十三条

1. 如果法院判定本公约所保护的权利或自由被违反,法院应判令受伤害的一方被确保享有其被侵犯的权利或自由。如果适当,它应同时判令改正造成这种权利或自由的侵犯的措施或情形,以及判令向受伤害的一方支付公平的赔偿。

2. 在极端严重和紧急的案件中,当为避免对人造成不可恢复的伤害所必需时,法院对其正在审理的事项应采取其认为相关的临时措施。对于尚未提交给法院的案件,法院可以在委员会的请求下采取临时措施。

第六十四条

1. 美洲国家组织的成员国可以就本公约和其他任何有关美洲国家的人权的条约咨询法院。经《布宜诺斯艾利斯议定书》修订的《美洲国家组织宪章》第十章所载的机关在其职权范围内可以以类似方式向法院咨询。

2. 法院应美洲国家组织成员国的请求可以向该国提供有关其国内法与前述国际文件相符合情况的意见。

第六十五条

法院应向美洲国家组织大会的每次例会提交关于其上一年工作的报告,以供大会考虑。法院应特别说明某国没有遵从其判决的案件同时提出相关建议。

第三节 程 序

第六十六条

1. 法院的判决应给出理由。

2. 如果判决的部分或整体不代表法官的一致意见,任何法官有权对判决附上其反对意见或分别意见。

第六十七条

法院判决是终局的并不可上诉。对判决的含义或范围有异议时,法院应当应任何一方当事人的请求解释判决,条件是这种请求在被告知法院判决之日起九十日之内作出。

第六十八条

1. 本公约缔约国承诺遵守法院对其为一方当事人的案件的判决。
2. 判决中规定损害赔偿的部分可以在相关国家按照国内法对于执行针对国家的判决的程序执行。

第六十九条

案件当事方应被告知法院的判决,判决应被转交本公约各缔约国。

第十章 共同条款

第七十条

1. 法院的法官和委员会的委员应从其被选举时起并在其任期内全程享有按照国际法赋予外交人员的豁免权。在执行公务时,他们还应额外享有执行其职务所必需的外交特权。
2. 法院的法官和委员会的委员在任何时候都不得因其在行使职权中作出的任何决定或意见而被追究责任。

第七十一条

法院法官或委员会委员的职位不容许任何各自的规约中确定的可能影响法官或成员的独立或公正的活动。

第七十二条

法院的法官和委员会的委员应按其规约所载的形式和条件、适当考虑其职位的重要性和独立性来接受报酬和旅行补助。这种报酬和旅行补助应在美洲国家组织的预算中确定,并包括法院和其秘书处的花费。为此目的,法院应草拟自己的预算并通过总秘书处提交给大会批准。总秘书处不得对该预算提出任何改动。

第七十三条

大会只有应视情况而定的委员会或法院的请求、并且在依据委员会或法院的规约有采取行动的合理理由时,才能决定要对委员会委员或法院法官施行的处罚。对于委员会委员的此类决定需要美洲国家组织成员国的三分之二多数票,而对于法院法官的此类决定需要本公约缔约国的三分之二多数票。

第三部分 一般和过渡性条款

第十章 签署、批准、保留、修正、议定书和退出

第七十四条

1. 本公约允许全部美洲国家成员国的签署、批准或加入。
2. 批准或加入本公约应以向美洲国家组织总秘书处交存批准或加入的文书的方式。本公约自十一个国家交存其批准或加入的文书时起生效。对于之后批准或加入的任何国家,本公约在其交存批准或加入的文书之日生效。
3. 秘书长应将本公约的生效通知美洲国家组织全部成员。

第七十五条

对本公约仅可以按照 1969 年 5 月 23 日签署的《维也纳条约法公约》的规定进行保留。

第七十六条

1. 修正本公约的提案可以由任何缔约国向大会直接提出，也可以由委员会或法院通过秘书长向大会提出，由大会采取其认为适当的行动。

2. 修正案对于已经批准它的国家在本公约三分之二的缔约国分别交存了批准文书之日生效。对于其他缔约国，修正案在其分别交存批准文书之日生效。

第七十七条

1. 根据第三十一条，任何缔约国和委员会可以提交议定书提案，由缔约国在大会上考虑，以期逐渐把其他权利和自由包括在本公约的保护系统中。

2. 每份议定书应确定其生效方式，并仅在其缔约国中生效。

第七十八条

1. 缔约国可以在本公约生效后五年届满后，通过提前一年通知的方式退出本公约。退出通知应提交给美洲国家组织秘书长，后者应通知其他缔约国。

2. 对于缔约国在退出生效之日之前所作的可能构成对本公约所包括的义务的违反的行为，这种退出不具有解除该缔约国的那些义务的效果。

第十一章　过渡性条款

第一节　美洲人权委员会

第七十九条

本公约生效后，秘书长应书面要求美洲国家组织成员国在九十日内提交美洲人权委员会成员的候选人。秘书长应准备一份以字母顺序排列候选人的名单，并在大会下次会议至少三十日前将其转交美洲国家组织成员国。

第八十条

委员会的委员由大会从根据第七十九条提出的候选人名单中通过秘密投票选举产生。获得最多票数和缔约国代表的绝对多数票的候选人应被宣布当选。如果需要以多轮投票选举委员会的所有委员，获得最少票数的候选人应以大会确定的方式依次淘汰。

第二节　美洲国家间人权法院

第八十一条

本公约生效后，秘书长应书面要求美洲国家组织成员国在九十日内提交美洲国家间人权法院法官的候选人。秘书长应准备一份以字母顺序排列候选人的名单，并在大会下次会议至少三十日前将其转交美洲国家组织成员国。

第八十二条

法院的法官应由本公约缔约国在大会通过秘密投票从第八十一条所指的候选人名单中选举。获得最多票数和缔约国代表的绝对多数票的候选人应被宣布当选。如果需要以多轮投票选举法院的所有法官，获得最少票数的候选人应被缔约国确定的方式依次淘汰。

31. 美洲人权公约经济、社会和文化权利领域附加议定书

(1988年11月17日于圣·萨尔瓦多通过)

序　　言

《美洲人权公约》,即"哥斯达黎加圣何塞协约"的缔约国,

重申它们在本半球,在民主体制的框架内,巩固以尊重人的基本权利为基础的个人自由和社会正义制度的意愿;

认识到人的基本权利并非源于某人是某一国家的国民,而是基于人类的属性,因此应当给予它们国际保护,以公约的形式来强化或补充美洲各国国内法所提供的保护;

考虑到经济、社会、文化权利和公民、政治权利之间存在的紧密关系,即不同类别的权利构成一个以认可人类尊严为基础的不可分割的整体,因而两者如果要被完全实现则都需要永久的保护和促进,为实现其他权利而违反某些权利绝不是正当的;

认识到促进和发展国家间和国际关系中的合作的益处;

念及,根据《世界人权宣言》和《美洲人权公约》,只有在创造了使每个人可以享有其经济、社会和文化权利以及其公民和政治权利的条件下,才能实现自由人享有免于恐惧和匮乏的自由的理想;

谨记,虽然根本的经济、社会和文化权利已经被先前的世界和区域范围的国际文书所认可,重申、发展、完善和保护那些权利对于在完全尊重个人权利的基础之上在美洲强化民主代表制政府和人民发展、自决以及自由处置其财富和自然资源的权利仍至关重要;

考虑到,《美洲人权公约》规定公约的附加议定书草案可以被提交给在美洲国家组织大会的场合会面的缔约国考虑,以期逐渐把其他权利和自由包括进公约的保护系统;

协议通过了以下《美洲人权公约》的附加议定书,即"圣·萨尔瓦多议定书":

第一条　采取措施的义务

本《美洲人权公约》附加议定书的缔约国承诺,在它们所拥有的资源的限度内并考虑到他们的发展程度,依照它们的内部立法采取包括在国内的以及通过国际合作的必要措施,特别是经济和技术方面的,以逐步实现本议定书所认可的权利的全面遵守。

第二条　制定国内立法的义务

如果本议定书所载的权利的行使尚未被立法或其他规定所保障,缔约国承诺,按照其宪政程序和本议定书的规定,采取实现这些权利所必需的立法或其他措施。

第三条 不歧视的义务

本议定书缔约国承诺保障本议定书所载权利的行使,而没有基于种族、肤色、性别、语言、宗教、政治或其他见解、国别或社会出身、经济地位、出生环境和任何其他社会条件的任何类型的歧视。

第四条 不接受限制

在一国国内由于其内部立法或国际公约而被认可或有效的权利,不得以本议定书不认可该权利或赋予该权利更低程度的认可为借口而被限制或缩减。

第五条 规制和限制的范围

缔约国可以通过颁布法律的方式,为保护民主社会中的普遍福利而对享有和行使在本议定书所规定的权利设置规制和限制,但仅限于它们与作为那些权利基础的目的和理由不冲突的限度内。

第六条 工作的权利

1. 每个人都有权工作,包括通过从事自由地选择或接受的合法活动而获得过一种有尊严的、体面的生活的机会。

2. 缔约国承诺采取措施使工作权完全有效,特别是关于获得完全的雇佣、职业指导以及尤其是针对残疾人的技术和职业培训项目的发展。缔约国同时承诺执行和加强帮助保障适当的家庭关怀的项目,以使女性可以享有行使工作权的真正机会。

第七条 公平、合理和满意的工作条件

本议定书缔约国认识到上一条所指的工作权包含每个人应在公平、合理和满意的条件下享有该权利,而缔约国承诺在其内部立法中为此提供保障,特别是保障:

a. 给所有工人的报酬至少能够保障他们和他们的家庭的有尊严的、体面的生活条件,以及为同样的工作无差别地提供公平和平等的工资;

b. 每个工人的坚持其职业选择的权利、投入能够最好地实现其期望的活动中的权利以及依照相关国内法规更换工作的权利;

c. 每个工人的在职业上晋升或提升的权利,为此目的应考虑其资历、能力、诚信和年资;

d. 工作的稳定性,但受制于各个行业和职业的属性和公平的离职原因。如果被不公平地辞退,工人有权获得赔偿、恢复原职或任何其他国内立法规定的益处。

e. 工作时的安全和卫生;

f. 禁止十八岁以下的人从事夜间工作、在不卫生或危险的工作条件下的工作以及一般说来一切威胁健康、安全或道德的工作。对于十六岁以下的未成年人,工作日应让位于义务教育的规定,并且在任何情况下工作不应成为上学的障碍或对从接受教育中获益的限制;

g. 每日和每周合理有限的工作时间。在危险、不健康或夜间工作的情况下,工作日应当更短。

h. 休息、放松和带薪假期,以及全国性假期时的报酬。

第八条 工会的权利

1. 缔约国应确保:

a. 工人为保护和促进他们的利益的目的而组织工会和参加他们自己所选的工会的权利。作为该权利的延伸,缔约国应允许工会建立全国联盟或同盟,或者与已经存在的工会联

合,以及形成国际工会组织和与他们所选的组织联合。缔约国应允许工会、联盟和同盟自由运作;

b. 罢工的权利。

2. 行使上述权利只可以受到法律所规定的规制,如果这种规制符合民主社会的特点并且是保护公共秩序或者保护公共健康、道德或他人的权利和自由所必需的。武装力量、警察和其他基本公共服务的成员应受法律所规定的限制和规制。

3. 没有人可以被强迫归属于某一工会。

第九条 社会保障的权利

1. 每个人应有权获得社会保障,保护他免受年老和残疾导致的使他身体上或者精神上失去取得有尊严的、体面生活的手段的后果。在受益者死亡的情况下,社会保障福利应提供给他扶养的人。

2. 对于有工作的人,社会保障的权利应至少覆盖医疗和工伤或职业病情况下的津贴或退休福利,以及对于女人来说的婴儿出生前后的带薪产假。

第十条 健康的权利

1. 每个人都应有健康的权利,健康的权利被理解为享有最高程度的身心健康和社会幸福。

2. 为保障健康权利的行使,缔约国同意认可健康为一项公共利益,并且特别同意采取以下措施保障该权利:

a. 基础医疗,即社会上所有个人和家庭可以享有不可或缺的医疗保健;

b. 将健康服务的福利扩展到一国管辖范围内的所有人;

c. 针对主要传染病进行普遍免疫;

d. 防护和治疗流行性、职业性和其他疾病;

e. 对全民进行对健康问题的防护和治疗的教育;

f. 满足最高危人群和因贫困变得最脆弱的人群的健康需求。

第十一条 健康环境的权利

1. 每个人都有权生活在健康的环境里,并可以获得基本的公共服务。

2. 缔约国应促进环境的保护、保持和改善。

第十二条 食物的权利

1. 每个人都有权获得充足的营养以保障其获得最高程度的身体、感情和智力发展的可能。

2. 为促进这种权利的行使并根除营养不良,缔约国承诺改善生产、供给和配送食物的方式,并为此同意促进更大程度的国际合作以支持相关的国家政策。

第十三条 受教育的权利

1. 每个人有权获得教育。

2. 本议定书的缔约国同意教育应着眼于人类人格和人类尊严的全面发展,应增强对于人权、理念多元化、基本自由、正义与和平的尊重。它们进一步同意,教育应使每个人有能力有效地参与民主和多元化的社会并取得体面的生活,应当培养各国和各种族、民族或宗教团体之间的理解、容忍和友谊,并促进维持和平的活动。

3. 本议定书的缔约国认识到为了实现受教育权利的全面行使:

a. 基础教育应当强制,并应免费提供给所有人;

b. 不同形式的中等教育,包括技术性和职业性的中等教育应当通过一切适当的方式,特别是通过逐渐引进免费教育的方式,普遍地向所有人提供;

c. 高等教育应以个人能力为基础,以一切适当方式,特别是通过逐渐引进免费教育的方式,平等地向所有人提供;

d. 应对那些没有接受过或者没有完成基础教育全过程的人尽可能地鼓励或强化基本的教育;

e. 应为残疾人设置特殊教育项目,从而为有身体残疾或精神缺陷的人提供特殊的教育和培训。

4. 在符合缔约国国内立法的基础上,父母应有权选择提供给它们的子女的教育形式,条件是要符合上述的原则。

5. 本议定书不应被解释为限制个人或主体依照缔约国国内立法而建立和指导教育机构的自由。

第十四条 文化利益的权利

1. 本议定书的缔约国认可每个人的以下权利:

a. 参与社会的文化和艺术生活;

b. 享受科学和技术进步带来的益处;

c. 受益于对从任何他作为作者的科学、文学和艺术创作中获得道德和物质利益的保护;

2. 本议定书的缔约国为保障这种权利的全面行使而要采取的措施包括为了保护、发展和传播科学、文化和艺术所必需的措施。

3. 本议定书的缔约国承诺尊重对于科学研究和创作活动所不可或缺的自由。

4. 本议定书的缔约国认可源于在科学、艺术和文化领域鼓励和发展国际合作和关系的益处,并因此同意促进在这些领域的更大程度的国际合作。

第十五条 组成家庭和家庭受保护的权利

1. 家庭是社会的自然和基本的组成因素,理应获得国家的保护,国家应负责改善家庭的精神和物质状况。

2. 每个人都有权组成家庭,该权利应按照相关国内立法的规定行使。

3. 缔约国在此承诺对家庭赋予充分的保护,特别是:

a. 在婴儿出生前后的合理时间段内为母亲提供特殊的照顾和帮助;

b. 保障儿童在哺育期和上学期间获得充足的营养;

c. 采取特别措施以保护青年人,从而保障他们身体、智力和道德的完全发展;

d. 进行家庭培训的特别项目以帮助创造一个稳定、积极的环境,使儿童接受并发展理解、团结、尊重和责任的价值。

第十六条 儿童的权利

每一个儿童,不论其家庭出身,都有权获得他作为未成年人的身份所需要家庭、社会和国家提供的保护。每一个儿童都有权在其父母的保护和责任之下成长;除非在例外的、司法认可的情况下,低龄儿童不应与其母亲分离。每一个儿童都有权至少在基础教育阶段接受免费、强制教育,并有权在教育系统的更高阶段继续其培训。

第十七条　对老年人的保护

每一个人在年老时都有权获得特别的保护。有鉴于此,缔约国同意渐进地采取必要措施实现这一权利,特别是:

a. 提供适当的设施、食物和专门的医疗保障给没有它们而无力扶养自己的老年人;

b. 运作专门设计的工作项目为老年人提供机会参与适合他们的能力、与他们的职业或意愿一致的生产活动;

c. 扶植致力于提高老年人生活质量的社会组织的建立。

第十八条　对残疾人的保护

每个被身体或精神能力的衰减所影响的人都有权受到为帮助他获得其人格最大程度的发展而设计的关注。缔约国同意采取为此目的的必要措施,特别是:

a. 运作专门着眼于为残疾人提供为实现此目标所需的资源和环境的项目,包括与他们的可能性相一致的、并被他们或他们的法定代理人所自愿接受的工作项目;

b. 为残疾人家庭提供特别的培训以帮助他们解决共同生活的问题,并将它们转化成残疾人的身体、精神和感情发展的积极力量;

c. 在其城市发展计划中考虑针对这一群体所需的特别要求的解决方案;

d. 鼓励建立帮助残疾人享受更完整的生活的社会组织。

第十九条　保护措施

1. 根据本条规定和美洲国家组织大会将为此制订的相应规则,本议定书缔约国承诺,就他们为保障对本议定书所载权利的应有尊重所采取的渐进式措施提交周期报告。

2. 所有报告应提交给美洲国家组织秘书长,秘书长应将它们转发给美洲经济、社会理事会和美洲教育、科学和文化理事会,从而使它们可以依据本条规定审查报告。秘书长应发送这些报告给美洲人权委员会。

3. 美洲国家组织秘书长还应将报告或其相关部分转发给本议定书缔约国作为成员的美洲系统的专门组织,如果它们与这些组织的发起文书所规定的职权范围内的事务有关。

4. 美洲系统的专门组织可以向美洲经济、社会理事会和美洲教育、科学和文化理事会提交与就本议定书在它们的活动领域内的规定是否被遵从而相关的报告。

5. 美洲经济、社会理事会和美洲教育、科学和文化理事会向大会提交的年度报告应包括从本议定书缔约国和专门组织处收到的有关为保障尊重本议定书所认可的权利所采取的渐进措施的信息的概要,并应包括它们认为在这方面适当的一般建议。

6. 本议定书的某缔约国违反第八条第 a 款和第十三条所规定的权利的任何情况下,通过美洲人权委员会以及在相关时候美洲人权法院的参与,《美洲人权公约》第四十四条至第五十一条和第六十一条至第六十九条所规定的个人申诉系统应适用。

7. 在不妨害上一段规定的情况下,美洲人权委员会可以形成它认为适当的有关本议定书所规定的经济、社会和文化权利在全部或部分缔约国的状况的观察意见和建议,它可以将其包括在它认为更适当的向大会提交的年度报告或者特殊报告中。

8. 理事会和美洲人权委员会在履行本条中赋予它们的职权时,应当把本议定书所保护的权利的遵守所具有的渐进性质纳入考虑。

第二十条 保留

缔约国可以在通过、签署、批准或加入之时,对本公约的一项或更多规定作出保留,如果该保留与本议定书的目标或目的不相冲突。

第二十一条 签署、批准或加入;生效

1. 本议定书始终向任何《美洲人权公约》的缔约国开放签署、批准或加入。
2. 对本公约的批准或加入以向美洲国家组织秘书处交存批准或加入文书而生效。
3. 本议定书在十一个国家交存其分别的批准或加入文书时生效。
4. 秘书长应将本议定书的生效通知美洲国家组织的全体成员国。

第二十二条 包括其他权利和扩展被认可的权利

1. 任何缔约国以及美洲人权委员会可以在大会会议的场合提交提议的修正案给缔约国考虑,修正案包括认可其他权利或自由,或者延伸或扩展本议定书已经认可的权利或自由。
2. 此类修正案对于批准它们的国家在本议定书三分之二的缔约国交存批准文书之日生效。对于所有其他国家,修正案在他们分别交存其批准文书之日生效。

C. 非洲、阿拉伯和亚洲人权文件

32. 非洲人权和民族权宪章

(1981年6月27日在肯尼亚内罗毕由第十八届国家和政府首脑大会通过)

序　　言

非洲统一组织各成员国,即定名为《非洲人权和民族权宪章》的本公约的各缔约国,

念及1979年7月17日在利比里亚的蒙罗维亚举行的国家及政府首脑会议第16届例会有关准备"建立促进和保护人权和民族权的机构的《非洲人权和民族权宪章》初步草案"的第115(XVI)号决议;

考虑到《非洲统一组织宪章》规定"自由、平等、正义与尊严是实现非洲各国人民合法愿望的主要目标";

重申它们在该宪章第二条所郑重宣布的从非洲根除一切形式的殖民主义,协调并加强他们之间的合作与努力以改善非洲各国人民的生活,并且在促进国际间合作中适当地顾及《联合国宪章》和《世界人权宣言》的誓约;

考虑到它们历史传统的美德和非洲文明的价值理应启发它们对人权和民族权概念的反映并成为其特色;

认识到,一方面,基本人权源自人类的属性从而理应得到国家和国际保护,另一方面,现实和对人权的尊重必然应当保障人权;

考虑到享有人权和自由隐含着每个人对义务的履行;

深信,对于发展的权利给予特别的关注至关重要,公民和政治权利在概念上和普遍性上不能与经济、社会和文化权利分割开,并且满足经济、社会和文化权利对于享有公民和政治权利是一种保障;

意识到他们取得非洲的完全解放的义务,而非洲的人民仍在为他们的尊严和真正的独立而斗争,承诺根除殖民主义、新殖民主义、种族隔离主义和犹太复国主义以及拆除侵略性的外国军事基地和废除各种形式的歧视,尤其是基于种族、民族、肤色、性别、语言、宗教或政治见解的歧视;

重申它们对包含在非洲统一组织、不结盟运动和联合国所通过的宣言、公约和其他文书中的人权、民族权和自由原则的遵从;

坚信它们有义务促进和保护人权、民族权和自由,同时考虑到这些权利和自由在非洲传

统上被赋予的重要性；

协议如下：

第一部分　权利和义务

第一章　人权和民族权

第一条

非洲统一组织成员国，即本宪章的缔约国，应认可本宪章所载的权利、义务和自由，并应承诺采取立法或其他措施使它们有效。

第二条

每个人应有权享有本宪章所认可和保障的权利和自由，不因任何诸如种族、民族、肤色、性别、语言、宗教、政治或任何其他见解、国家和社会出身、财富、出生环境或其他身份的原因而有所不同。

第三条

1. 法律面前人人平等。
2. 每个人有权享有法律的平等保护。

第四条

人类是神圣不可侵犯的。每个人类有权获得对于其生命和个人尊严的尊重。任何一个人不得被任意剥夺此项权利。

第五条

每个人有权获得对人类固有的尊严的尊重和对其法律地位的认可。一切形式的对人的剥削和侮辱，特别是奴隶制、奴隶贸易、酷刑、残忍的、非人道的或者侮辱性的惩罚和待遇应被禁止。

第六条

每个人有权获得个人的自由和安全。除非根据法律事先制定的理由和条件，没有人可以被剥夺其自由。特别是，没有人可以被任意地逮捕或监禁。

第七条

1. 每个人应有权被听取其意见。这包括：

（a）就对其受有效的公约、法律、规章和习惯所保护的根本权利的违反诉诸有管辖权的国家机关的权利；

（b）在被有管辖权的法院或裁判庭证明有罪前被推定无罪的权利；

（c）辩护的权利，包括由其自己选择的律师为其辩护的权利；

（d）在合理时间内被公平的法院或裁判庭审判的权利。

2. 没有人可以因一项在发生时不构成依法应受处罚的犯罪的行为或不行为而被定罪。对在发生时尚未被规定为犯罪的罪行，不得施以刑罚。刑罚归于个人而只能对犯罪者本人施行。

第八条

良心以及信教和自由进行宗教仪式的自由应被保障。除有法律和命令,没有人可以被施以措施限制这些自由的行使。

第九条

1. 每个人应有权获取信息。
2. 每个人应有权在法律范围内表达和传播其见解。

第十条

1. 每个人应有权在遵从法律的前提下自由地结社。
2. 除第二十九条规定的团结一致的义务外,没有人可以被强迫参加某一社团。

第十一条

每个人有权自由地与他人集会。行使这项权利仅受制于法律规定的必要限制,特别是那些为国家安全和安定、健康、道德以及其他人的权利和自由的利益而设置的限制。

第十二条

1. 每个人有权在一国境内自由地迁徙和居住,条件是他遵守法律。
2. 每个人有权离开包括其自己的国家在内的任何国家,也有权回到他的国家。这项权利仅受制于法律为保护国家安全、法律和秩序、公共健康或道德所规定的限制。
3. 每个人有权在受到迫害时,依照其他国家的法律和国际公约在那些国家寻求和取得避难资格。
4. 一个合法进入本宪章缔约国领土的外国人仅能因依法作出的决定而被驱逐。
5. 禁止大规模驱逐外国人。大规模驱逐指针对国籍、种族、民族或宗教团体的驱逐。

第十三条

1. 每个公民有权自由地参与其国家的政府,或者直接地参与或者通过依照法律规定自由选择的代表。
2. 每个公民有权平等地获得其国家的公共服务。
3. 每个人有权与所有人在法律面前严格平等地获得公共财产和服务。

第十四条

财产的权利应被保障。它仅能为公共需要的利益或者社区普遍利益并且依照适当法律的规定才能被侵占。

第十五条

每个人有权在公平和令人满意的条件下工作,并且应为同等工作获得同等报酬。

第十六条

1. 每个人有权享有所能获得的最高水平的身体和精神健康。
2. 本宪章缔约国应采取必要措施保护它们的人民的健康,并保障他们在生病时获得医疗救治。

第十七条

1. 每个人有权接受教育。
2. 每个人可以自由地加入其社区的文化生活。
3. 促进和保护社区所认可的道德和传统价值应为国家的义务。

第十八条

1. 家庭应为社会的自然单位和基础。它应受国家保护，国家应保障其物质上的健康以及道德。

2. 国家有义务帮助作为社区所认可的道德和传统价值的监护人的家庭。

3. 国家应保障根除针对妇女的一切歧视，并保障对国际宣言和公约所载的妇女和儿童的权利的保护。

4. 年老者和残疾人应有权获得特别的保护措施以满足他们的身体或道德需要。

第十九条

所有人是平等的；他们应享有同样的尊重和享有同样的权利。没有任何事情可以使一个民族被别的民族所统治成为正当的。

第二十条

1. 所有民族有权存在。他们有不容置疑、不可剥夺的自治的权利。他们应自由地决定他们的政治地位，并依照他们自由选择的政策追求其经济和社会发展。

2. 殖民地人民或被压迫的人民应有权采取任何国际社会认可的方式把自己从统治的枷锁中解放出来。

3. 所有民族有权在其针对外国统治者的解放斗争中获得本宪章缔约国的帮助，不论这种斗争是政治的、经济的或是文化的。

第二十一条

1. 所有民族应自由地处置他们的财富和自然资源。这项权利应只为该民族的利益而行使。一个民族不得在任何情况下被剥夺该权利。

2. 在被掠夺的情况下，被掠夺的民族有权获得其财产的依法返还以及获得充分的赔偿。

3. 自由处置财富和自然资源权利的行使不应损害在相互尊重、公平交易和国际法原则基础上的促进国际经济合作的义务。

4. 本宪章缔约国应各自以及集体行使自由处置其财富和自然资源的权利，着眼于增强非洲的统一和团结一致。

5. 本宪章缔约国应承诺根除一切形式的垄断，以使其人民完全地从源自他们的自然资源的优势中获益。

第二十二条

1. 所有民族有权获得适当考虑其自由和身份的、平等享有人类共同遗产的经济、社会和文化发展。

2. 国家有义务各自或集体地保障发展权利的行使。

第二十三条

1. 所有民族有权获得国家和国际和平和安全。《联合国宪章》隐含的以及《非洲统一组织宪章》重申的团结一致和友好关系的原则应适用于国家间的关系。

2. 为增强和平、团结和友好关系的目的，本宪章缔约国应保障：

（a）任何在本宪章第十二条之下享有避难资格的人不得从事针对其原国家或任何本宪章缔约国的颠覆活动；

（b）它们的领土不应被用作针对任何本宪章缔约国人民的颠覆或恐怖活动。

第二十四条

所有民族有权享有有利于其发展的一般性的满意的环境。

第二十五条

本宪章缔约国应有义务通过指导、教育和宣传以促进和保障对本宪章所包含的权利和自由的尊重,并保障这些自由和权利以及相应的义务和职责被理解。

第二十六条

本宪章缔约国应有义务保障法院的独立,并允许建立和改进适当的国家机构负责促进和保护本宪章所保障的权利和自由。

第二章 义 务

第二十七条

1. 每个人应对于其家庭和社会、国家和其他依法认可的社区和国际社会负有义务。
2. 每个人的权利和自由的行使应适当考虑他人权利、集体安全、道德和共同利益。

第二十八条

每个人应有义务不歧视地尊重和考虑其他人,并且保持着眼于促进、保护和强化相互尊重和容忍的关系。

第二十九条

个人还应有义务:

1. 保护家庭的和谐发展以及为家庭的团结和尊重而努力;
2. 通过把其体力和智力贡献给国家社区以为其服务;
3. 不影响他作为国民或居民的国家的安全;
4. 保护和增强社会和国家团结,特别是当后者被威胁时;
5. 保护和增强国家独立和其国家的领土完整,并依照法律为其国防作出贡献;
6. 以其最佳的能力和才能工作,并支付法律为社会利益所规定的税负;
7. 在其与其他社会成员的关系中保护和增强积极的非洲文化价值,以宽容、对话、协商以及总体上为促进社会的道德良好作出贡献为精神;
8. 在所有时间和所有层面上为促进和实现非洲统一贡献其最佳的能力。

第二部分 保 护 措 施

第一章 非洲人权和民族权委员会的建立和组织

第三十条

非洲人权和民族权委员会,以下简称"委员会",应在非洲统一组织内部建立以促进人权和民族权以及保障它们在非洲的保护。

第三十一条

1. 委员会应包括十一名从拥有最高的声誉、以高尚的道德、诚实、公正和在人权和民族权事务中的资历而知名的非洲人中所选择的委员;应当给予有法律背景的人以特别的考虑。

2. 委员会委员应以其个人身份工作。

第三十二条

委员会不得有一个以上的委员同为一个国家的国民。

第三十三条

委员会委员应由国家和政府首脑大会从本宪章缔约国所提名的人中以秘密投票方式选举。

第三十四条

每个本宪章的缔约国不得提名多于两名候选人。候选人必须拥有一个本宪章缔约国的国籍。当一个国家提名两名候选人时，其中一名不得为该国的国民。

第三十五条

1. 非洲统一组织秘书长应在选举前至少提前四个月邀请本宪章缔约国提名候选人。

2. 非洲统一组织秘书长应在选举前至少提前一个月做成按字母顺序排列的被提名的候选人名单并将名单发给国家和政府首脑。

第三十六条

委员会委员应被以六年任期选举并可以连选连任。但是，第一次选举的委员中的四名的任期应在两年后届满，而另外三名委员的任期应在四年后届满。

第三十七条

在第一次选举后，非洲统一国家组织国家和政府首脑大会的主席应立即抽签决定第三十六条所指的委员的名字。

第三十八条

在选举后，委员会委员应郑重宣誓公正和诚实地履行他们的义务。

第三十九条

1. 当委员会的委员死亡或辞职时，委员会主席应立刻通知非洲统一组织秘书长，秘书长应宣布该委员席位自死亡或辞职生效时起空缺。

2. 如果委员会其他委员的一致意见认为，某位委员已经因非暂时性的原因停止了履行其职责，委员会主席应通知非洲统一组织秘书长，秘书长应宣布该席位空缺。

3. 在以上情况下，国家和政府首脑大会应在其剩余任期替换席位空缺的委员，除非剩余任期短于六个月。

第四十条

委员会每位委员应任职直到其继任者入职。

第四十一条

非洲统一组织秘书长应任命委员会秘书。他还应提供委员会有效履行其职责所必要的人员和服务。非洲统一组织应承担人员和服务的费用。

第四十二条

1. 委员会以两年的任期选举主席和副主席。他们有资格连选连任。

2. 委员会应制定其程序规则。

3. 七位委员构成作出决定的法定人数。

4. 在票数相同的情况，主席应投决定性一票。

5. 秘书长可以出席委员会的会议。他不应参与讨论,也不应有权投票。但是,委员会主席可以邀请他发言。

第四十三条

履行他们的职责时,委员会委员应享有《非洲统一组织关于特权和豁免权的一般公约》所规定的外交特权和豁免权。

第四十四条

非洲统一组织的定期预算里应为委员会委员提供工资和补贴。

第二章 委员会的任务

第四十五条

委员会的职权应为:

1. 促进人权和民族权,特别是:

(a) 对人权和民族权领域的非洲问题收集文件、进行考察和研究,组织讲座、论坛和会议,传播信息,鼓励国家和地方有关人权和民族权的机构,并且在适当的情况下向政府提出其意见或作出建议。

(b) 形成和制定目标是解决与人权、民族权和基本自由有关法律问题的原则和规则,非洲政府可以以它们为立法的基础;

(c) 和其他与人权和民族权的促进和保护相关的非洲和国际机构合作。

2. 确保在本宪章确定的条件下对人权和民族权的保护。

3. 应某缔约国、非洲统一组织的机构或非洲统一组织认可的非洲组织的请求解释本宪章的规定。

4. 执行国家和政府首脑大会交给它的其他任务。

第三章 委员会的程序

第四十六条

委员会可以采取任何适当的调查方式;它可以听取非洲统一组织秘书长或任何其他有能力启发它的人的意见。

来自国家的来文

第四十七条

如果本宪章缔约国有合理原因认为本宪章另一缔约国违反了本宪章的规定,它可以通过书面来文提请该国对该事项的注意。此来文也应被提交非洲统一组织秘书长和委员会主席。在收到该来文的三个月内,作为沟通对象的国家应当对询问的国家作出书面解释或声明以澄清该事项。其应包括尽可能多的有关适用的和可适用的有关法律和程序规则以及已经作出的救济或可以采取的行动的相关信息。

第四十八条

如果在最初的来文被对象国家收到之日起三个月内,该事项没有通过双边谈判或任何其他和平的程序以令双方国家满意的方式解决,任何一方国家应有权将该事项通过委员会主席提交给委员会,并应通知涉案的其他国家。

第四十九条

虽有第四十七条的规定,如果本宪章的某缔约国认为另一国家违反了宪章的规定,它可以通过向委员会主席、非洲统一组织秘书长和有关国家提交来文的方式直接将该事项提交给委员会。

第五十条

委员会仅可以在确定所有如果存在的当地救济已经被穷尽时,才能处理提交给它的事项,除非对于委员会来说取得这些救济的程序显然会被不适当地拖延。

第五十一条

1. 委员会可以要求涉案国家向它提供相关信息。

2. 当委员会考虑该事项时,涉案国家可以由代理人在委员会面前提交书面或口头代理意见。

第五十二条

在从涉案国家和其他来源获得其认为必要的全部信息以及尝试了一切适当方式以在尊重人权和民族权的基础上达成友好解决方案之后,委员会应在第四十八条所指的通知后的合理期限内,准备一份报告声明事实和其认定。这份报告应被发送给涉案国家并被传送给国家和政府首脑大会。

第五十三条

转交其报告时,委员会可以向国家和政府首脑大会作出它认为有用的建议。

第五十四条

委员会应向国家和政府首脑大会的每一次例会提交有关其活动的报告。

其 他 来 文

第五十五条

1. 在每次会议前,委员会秘书应作出一份来自本宪章缔约国之外的来文的表单并将它们转发给委员会成员,委员会成员应表示那些来文应当被委员会所考虑。

2. 如果委员会成员的简单多数同意,则一个来文应当被委员会所考虑。

第五十六条

第五十五条所指的委员会收到的有关人权和民族权的来文应当被考虑,如果它们:

1. 表明其作者,即使作者请求匿名,

2. 与《非洲统一组织宪章》或本宪章不冲突;

3. 并非以贬低或冒犯涉案国家及其机构或非洲统一组织的语言书写;

4. 不是完全基于大众传媒所传播的新闻;

5. 在穷尽了当地救济之后发送,如果有当地救济的话,除非该程序明显被不适当地拖延;

6. 在当地救济被穷尽后或者委员会开始处理该事项之日后的一段合理期限内提交;

7. 不涉及已经被涉案国家依照《联合国宪章》或《非洲统一组织宪章》的原则或本宪章的规定解决的案件。

第五十七条

在任何实质性的考虑之前,所有的来文应由委员会主席提供给涉案的国家知晓。

第五十八条

1. 当委员会讨论后看起来一个或多个来文明显与表明存在一系列严重或大规模的违反人权和民族权的特别案件相关，委员会应就这些特别案件提请国家和政府首脑大会注意。

2. 国家和政府首脑大会可以之后请求委员会对这些案件采取深入的研究并作出事实报告，附以其认定和建议。

3. 委员会所适当注意到的紧急案件应当由委员会提交给国家和政府首脑大会的主席，他可以要求深入的研究。

第五十九条

1. 所有在本宪章的规定之内采取的措施应保密，直到国家和政府首脑大会作出不同决定为止。

2. 但是，报告应由委员会主席应国家和政府首脑大会的决定公布。

3. 有关委员会活动的报告应由其主席在国家和政府首脑大会考虑过该报告后公布。

第四章 适用的原则

第六十条

委员会应当从有关人权和民族权的国际法中获得启发，特别是从各种非洲有关人权和民族权的文书、《联合国宪章》、《非洲统一组织宪章》、《世界人权宣言》和其他联合国和非洲国家在人权和民族权领域通过的其他文书的规定，以及本宪章缔约国为成员的联合国特别代表机构所通过的各类文书的规定。

第六十一条

委员会还应把其他一般或特别的确定非洲统一组织成员国明确认可的规则的国际公约、与有关人权和民族权的国际规则相一致的非洲实践、普遍被接受为法律的习惯、非洲国家所认可的一般法律原则以及法律先例和学说作为决定法律原则的次级方法纳入考量。

第六十二条

每个缔约国应当承诺自本宪章生效之日后每两年提交一份有关为实现本宪章所认可和保障的权利和自由所采取的立法或其他措施的报告。

第六十三条

1. 本宪章对非洲统一组织的成员国开放签署、批准或加入。

2. 批准或加入本宪章的文书应交存给非洲统一组织秘书长。

3. 本宪章应在秘书长收到非洲统一组织成员国的简单多数的批准或加入的文书的三个月后生效。

第三部分 一 般 规 定

第六十四条

1. 本宪章生效后，委员会成员应依照本宪章的相关条款被选举。

2. 非洲统一组织应在委员会组成的三个月内在组织的总部召开第一次委员会会议。此后，委员会应由主席在必要时召集但每年至少一次。

第六十五条

对于每个在本宪章生效后批准或者遵从本宪章的国家,宪章在该国交存批准或加入文书之日后的三个月生效。

第六十六条

必要时,特别的议定书或协议可以补充本宪章的规定。

第六十七条

非洲统一组织秘书长应就每份批准或加入文书的交存通知组织的成员国。

第六十八条

如果一个缔约国向非洲统一组织秘书长提出书面请求修改本宪章,本宪章可以被修改。国家和政府首脑大会只可以在所有缔约国被适当通知了该修正草案并且委员会已经应支持该草案的国家的请求提出了其意见之后,才可以考虑该修正草案。修正案应被缔约国的简单多数批准。对于每个依照其宪政程序接受了修正案的国家,修正案在秘书长收到其接受的通知之后三个月生效。

33. 阿拉伯人权宪章[①]

(阿拉伯国家联盟2004年5月22日通过,2008年3月15日生效)

基于阿拉伯国家对于神自造物以来即褒扬的人类尊严,以及阿拉伯故土是以崇高的人类价值确认拥有以自由、正义和平等为基础的体面生活的人权的宗教和文明的摇篮这一事实的信仰,

为进一步实现高贵的伊斯兰宗教和其他神示的宗教所尊奉的人类间博爱、平等和宽容之永久原则,

为阿拉伯国家在其悠久历史中所建立的人道主义价值和原则而自豪,它们在传播知识于东西方之间起到了主要的作用而使这一区域成为世界的基准点和寻求知识与智慧的人的目的地,

相信阿拉伯国家之间的团结,它们为其自由而斗争,保护国家的自治权利,保存其财富的权利和发展的权利;

相信法律的至高无上和它对于保护普遍而相互联系的人权的贡献,并且深信人类享有自由、正义和平等的机会是衡量任何社会价值的根本标准,

拒绝一切形式的种族主义和犹太复国主义,它们构成对于人权的违反和对国际和平与安全的威胁,

认识到人权与国际和平安全之间存在的紧密联系,

重申《联合国宪章》与《世界人权宣言》的原则和《公民权利和政治权利国际公约》与《经济、社会文化权利国际公约》的规定,并考虑到《关于伊斯兰人权的开罗宣言》,

本宪章缔约国协议如下:

第一条

本宪章寻求在阿拉伯国家的国家认同和它们属于同一个文明的前提下实现以下目标:

1. 把人权置于阿拉伯国家关键国家考量的核心,使它们成为影响阿拉伯国家的个人的意愿并使其依照高贵的人类价值改进其生活的崇高和根本理念。

2. 依照普遍原则和价值以及国际人权文书所宣扬的内容,教导阿拉伯国家的人们为其身份而骄傲、对其国家忠诚、依恋其本土地、历史和共同利益,并且对他注入人类博爱、容忍和对他人开明的文化。

3. 使阿拉伯国家的新一代对文明社会中的自由和负责人的生活有所准备,这样的文明社会以团结为特点、构建在权利意识和尊重义务的平衡之上并且受平等、宽容和谦虚所约束。

[①] 译自《国际人权报告》2005年第12期所载英文版。网页英文版链接:http://www1.umn.edu/humanrts/instree/loas2005.html,2011年12月10日访问。

4. 巩固所有人权均为普遍、不可分割、相互依赖和相互联系的原则。

第二条

1. 所有民族均有自决权和控制他们的自然财富和资源的权利,有权自由地选择他们的政治体系以及自由地寻求他们的经济、社会和文化发展。

2. 所有民族均有权享有国家主权和领土完整。

3. 一切形式的种族主义、犹太复国主义和外国的占领和统治均构成人类尊严的障碍和行使民族根本权利的主要屏障;一切此类行动必须被谴责,必须付出努力根除它们。

4. 所有民族均有权抵抗外国占领。

第三条

1. 本宪章每个缔约国承诺确保所有其管辖范围内的个人有权享有本宪章所载的权利和自由,而不受基于种族、肤色、性别、语言、宗教信仰、见解、思想、国别或社会出身、财富、出生环境或身体或精神残疾等理由的歧视。

2. 本宪章缔约国应采取所需措施保障在享有本宪章所提倡的权利和自由中的有效平等,以确保不受一切基于上款所提的任何理由的一切形式的歧视。

3. 男人和女人对于人类尊严、权利和义务均为平等,但允许伊斯兰教义、其他神圣教义和适用的法律和法律文书为妇女利益而建立积极歧视。因此,每个缔约国承诺采取一切所需措施保障男人和女人之间的平等机会和在享有所有本宪章所载权利中的有效平等。

第四条

1. 在官方宣布的极特别的威胁国家生命的紧急情况下,本宪章缔约国可以在情况紧急所严格要求的限度内采取措施克减其在本宪章之下的义务,但此类措施不得与它们的其他国际法下的义务相冲突并且不得涉及仅以种族、肤色、性别、语言、宗教或社会出身为理由的歧视。

2. 在极特别的紧急情况下,对下列规定不得克减:第五条、第八条、第九条、第十条、第十三条、第十四条第六款、第十五条、第十八条、第十九条、第二十条、第二十二条、第二十七条、第二十八条、第二十九条和第三十条。另外,不得暂停对于保护上述权利所需的司法保障。

3. 任何启用克减权的本宪章缔约国应立即通过阿拉伯国家联盟秘书长为媒介通知其他缔约国它已经克减的规定以及实行克减的原因。当它终止该克减时,应通过同一媒介进一步作出通知。

第五条

1. 每个人有固有的生命权利。

2. 此项权利应受法律保护。没有人应被任意剥夺其生命。

第六条

死刑仅可以依犯罪发生时有效的法律和依有管辖权法院作出的终局判决对最严重的犯罪施行。任何被判决死刑的人均有权寻求赦免或减刑。

第七条

1. 死刑不应对十八岁以下的人施行,除非在犯罪发生时有效的法律有不同规定。

2. 死刑不应对怀孕的妇女在其生育前施行或者在生育之日两年之内对哺乳的母亲施行;在所有案件中,婴儿的最大利益应为主要考量。

第八条

1. 没有人应被处以身体或心理上的酷刑或残忍、有辱人格的、侮辱性的或不人道的待遇。

2. 每个缔约国应保护其辖区内的每个人不受此类对待并应采取有效措施防止它们。进行或者参加这样的行为应被视为可以依法被惩罚的犯罪而不受追诉时限的限制。每个缔约国应保障在其法律系统中有对酷刑的受害者的救济以及获得康复治疗和赔偿的权利。

第九条

没有人应被用于医疗或科学实验或者被使用其器官,除非他自由地同意并充分了解后果,而且职业道德、人道主义和职业规范、医疗程序被依据在每个缔约国有效的相关国内法律所遵守以确保他的人身安全。

第十条

1. 一切形式的奴隶制与拐卖人口被禁止并且可被依法惩罚。没有人应在任何情况下被奴役。

2. 强制劳动、为卖淫或性剥削的目的而拐卖人口、剥削他人卖淫或任何其他形式的剥削或者在武装冲突中征佣儿童均被禁止。

第十一条

所有人在法律面前平等并且有权不受歧视地享有法律的保护。

第十二条

所有人在法院和裁判庭面前平等。缔约国应保障司法权的独立并保护司法官不受干涉、压力或威胁。它们还应保障其辖区内的每个人有权在所有级别的法院寻求法律救济。

第十三条

1. 每个人有权获得由法律所设立的有管辖权的、独立和公正的法院审查针对他的刑事指控或者决定他的权利和义务的公正的审判。每个缔约国应保障那些没有所需经济来源的人有法律援助以使他们能够保护其权利。

2. 庭审应公开,除非在极特别的案件中尊重人类自由和权利的社会正义有不同要求。

第十四条

1. 每个人均有权享有个人自由和安全。没有人应被置于没有合法许可的任意逮捕、搜查或监禁。

2. 没有人应被剥夺其自由,除非基于法律所确定的理由和条件并且依法律所确定的程序。

3. 任何被逮捕的人应在被逮捕之时用他明白的语言被告知其逮捕的原因,并应迅速被告知针对他的指控。他应有权联系其家庭成员。

4. 任何被逮捕或监禁所剥夺自由的人应有权请求体检,并且必须被告知该权利。

5. 任何因刑事指控被逮捕或监禁的人应被迅速带至法官或法律授权行使司法权的官员面前并应有权在合理期限内受审或被释放。其释放可以被要求设置保障其出庭受审的担保。审前监禁在任何情况下不得为普遍规则。

6. 任何被逮捕或监禁所剥夺自由的人应有权向有管辖权的法院申诉,以使其不延迟地决定他逮捕或监禁的合法性并且在逮捕或监禁非法时命令将其释放。

7. 任何任意或非法逮捕或监禁的受害者应有权获得赔偿。

第十五条

没有事先的法律规定不得定罪、不得处刑。在一切情况下,对刑事被告人最有利的法律应被适用。

第十六条

每个被指控刑事犯罪的人应被视为无罪,直到被依据法律作出的终局判决认定有罪,并且在调查和庭审过程中他应享有下列最低保障:

1. 被用他明白的语言立即、具体地告知针对他的指控的权利。
2. 有充分时间和便利准备辩护以及被准许与他的家人沟通的权利。
3. 在一个普通法院面前在他在场时被审理的权利,以及亲自辩护或者通过他自己选择的可以与其自由地、保密地沟通的律师辩护的权利。
4. 如果他不能为自己辩护或者正义有所要求,获得免费的为其辩护的律师协助的权利,以及如果他不明白或不讲法院使用的语言时获得免费的翻译员协助的权利。
5. 质询或由其律师质询控方证人的权利以及使辩方证人在对控方证人适用的条件下接受质询的权利。
6. 不被强迫作对他自己不利的证言或者认罪的权利。
7. 如果被认定有罪,依法向高一级的裁判庭提起上诉的权利。
8. 在一切环境下使其个人安全和隐私受尊重的权利。

第十七条

每个缔约国应特别保障任何有风险的儿童或者未成年犯罪嫌疑人有权在调查、审判和行刑的所有阶段适用为未成年人所设置的特别法律系统,以及考虑到他的年龄、保护他的尊严、协助其改造和重回社会和使他能够在社会中扮演建设性角色的特别待遇。

第十八条

法院认定的没有能力偿付合同义务中的债务的人不得被监禁。

第十九条

1. 没有人可以为同一犯罪被追诉两次。任何被提起此类诉讼的人应有权挑战它们的合法性并要求被释放。
2. 任何被终局判决证明无罪的人应有权为所受的伤害获得赔偿。

第二十条

1. 所有被剥夺自由的人应获得人道的和尊重其作为人的固有尊严的待遇。
2. 审前监禁的人应被与被定罪的人分开并应被与其未被定罪人身份相符的方式对待。
3. 监狱系统的目标应为改造囚犯并实现他们的社会改造。

第二十一条

1. 没有人应受对其隐私、家庭、住所或通信的任意或非法干涉,也不应受对其荣誉或声誉的非法攻讦。
2. 每个人有权获得法律的保护而不受此类干涉或攻讦。

第二十二条

每个人有权在法律面前被认可为人。

第二十三条

每个本宪章缔约国承诺保障任何本宪章规定的权利或自由被违反的人应获得有效的救济,即便该违反是由行使公务的人所犯。

第二十四条

每个公民有权:

1. 自由的进行政治活动。
2. 直接地或者通过自由选择的代表参与公共事务。
3. 在自由和公正的选举中、在所有公民平等而且被保障其意愿的自由表达的条件下竞选或者选择其代表。
4. 依据平等机会原则,有机会在与他人同等条件下获得在其国家的公职。
5. 自由地组成社团或者加入他人的社团。
6. 获得结社和和平集会的自由。
7. 除法律规定的在民主社会中为国家安全利益或公共安全、公共健康或道德或者保护他人的权利和自由所必要的限制,不得对行使这些权利设置限制。

第二十五条

属于少数民族的人不应被拒绝享有他们自己的文化、使用他们自己的语言和实践他们自己的宗教的权利。这些权利的行使应受法律约束。

第二十六条

1. 每个合法地处于某缔约国领土内的人应在该领土内有权获得迁徙的自由并且有权自由地依有效法律在该领土内的任何部分选择其住所。
2. 缔约国不得将不持有其国籍但合法地处于其领土的人驱逐出境,除非按照在该人被允许向有管辖权的机关提交申诉后依法作出的决定,极其重要的国家安全原因不允许该人申诉的情况除外。在一切情况下禁止集体驱逐。

第二十七条

1. 没有人可以被任意或非法地禁止离开任何国家,包括其自己的国家,也不得被禁止居住或被强迫居住在该国的任何部分。
2. 没有人可以被从其国家放逐或禁止回到其国家。

第二十八条

每个人有权在另一国寻求避难以躲避迫害。此项权利不得被面临普通法律下的犯罪的追诉的人所主张。政治难民不得被引渡。

第二十九条

1. 每个人有权拥有国籍。没有人可以被任意或非法地剥夺其国籍。
2. 缔约国应采取其认为适当的措施,依据它们有关国籍的国内法,允许儿童取得母亲的国籍,同时适当考虑到儿童的最大利益。
3. 在适当考虑其国家的国内法律程序的前提下,没有人应被拒绝取得另一国籍的权利。

第三十条

1. 每个人有权享有思想、良心和宗教的自由,不得对行使此项自由设置除法律规定的以外的限制。

2. 表达某人的宗教或信仰或进行宗教仪式的自由,不论单独行使或是与他人组成社区行使,均仅应受到法律规定的、对于在一个尊重人权和自由的宽容社会保护公共安全、公共秩序、公共健康或道德或他人的根本权利和自由所必要的限制。

3. 父母或监护人享有为它们的儿童提供宗教和道德教育的自由。

第三十一条

每个人有受保障的权利来拥有私人财产,并且不应在任何情况下被任意或非法的剥夺其所有或部分的财产。

第三十二条

1. 本宪章保障获得信息的权利和见解和表达的自由,以及通过任何媒体不论地理界限的寻求、接受和传播信息和理念的权利。

2. 此类权利和自由应以与社会的根本价值相符合的方式行使,应仅受保障对他人的权利或声誉的尊重或保护国家安全、公共秩序以及公共健康或道德所需的限制。

第三十三条

1. 家庭是社会的自然和根本的组成单元;家庭是基于一个男人和一个女人的婚姻。婚龄男女有权依照婚姻的规则和条件结婚和组成家庭。没有双方的完整和自由的同意不得结成婚姻。生效的法律约束男人和女人在结婚、婚姻期间和离婚时的权利和义务。

2. 国家和社会应确保对家庭的保护,加强家庭纽带,保护其成员和禁止一切形式的家庭成员关系中的暴力或虐待,尤其是针对妇女和儿童的暴力或虐待。它们应确保对母亲、儿童、老年人和有特殊需求人的必要保护和照顾,并应为未成年人和年轻人提供身体和精神发展的最好的机会。

3. 缔约国应采取一切必要的立法、行政和司法措施以保障儿童在自由和有尊严的气氛中的保护、生存、发展和福利,并应确保在一切情况下儿童的最大利益是一切对于其所采取的措施的基本衡量标准,不论其是少年犯还是面临成为少年犯的风险。

4. 缔约国应采取必要措施保障特别是对于年轻人的从事体育活动的权利。

第三十四条

1. 工作的权利是每个公民的自然权利。国家应努力在可能的限度内为最多的愿意工作的人提供工作,同时确保生产力、选择工作的权利和不受任何基于种族、肤色、性别、宗教、语言、政治见解、工会中的成员身份、国别、社会出身、残疾或任何其他情况的歧视的平等机会。

2. 每个工人有权享有公平和有利的工作条件,确保有满足他和他家庭的关键需求的适当报酬

第三十五条

1. 每个人有权自由地组成工会或加入工会以及自由地为保护其利益而从事工会活动。

2. 不得对行使此类权利和自由设置限制,由生效法律所规定的、对于保持国家安全、公共安全或秩序或保护公共健康或道德或他人的权利和自由所必要的限制除外。

3. 每个本宪章缔约国保障在生效法律所设置的限制内罢工的权利。

第三十六条

缔约国应确保每个公民获得包括社会保险在内的社会保障的权利。

第三十七条

发展的权利是一项根本人权,而所有国家被要求建立发展政策和采取所需措施保障此项权利。它们有义务实现团结的价值和它们之间以及在国际平台上合作,以期根除贫困和取得经济、社会、文化和政治发展。为此权利,每个公民有权参与发展的实现和享受其利益和成果。

第三十八条

每个人有权获得他自己和他的家庭的充分的生活标准,这种生活标准确保他们的福利和体面生活,包括食物、衣服、住所、服务和获得健康环境的权利。缔约国应采取与它们的资源相符的必要措施保障这些权利。

第三十九条

1. 缔约国认可社会的每个成员有权享有可能获得的最高水平的身体和精神健康,并认可公民有权获得免费的基本医疗服务并有权接触到医疗机构而不受任何类型的歧视。

2. 缔约国采取的措施应包括以下:

(a) 发展基本的医疗服务,并保障免费、容易地接触到提供这些服务的中心,不论地理位置或经济地位。

(b) 努力通过预防和治疗的方式控制疾病以降低死亡率。

(c) 促进健康意识和健康教育。

(d) 抑制对个人健康有害的传统活动。

(e) 为所有人提供基本的营养和安全的饮用水。

(f) 抗击环境污染并提供适当的卫生系统。

(g) 打击毒品、精神类药物、吸烟以及对健康有害的药物。

第四十条

1. 缔约国承诺确保有精神或身体残疾的人有保障他们尊严的体面的生活,并促进他们的自立以及帮助他们积极地参与到社会中去。

2. 缔约国应免费向有残疾的人提供社会服务,应提供那些人、他们的家庭或照顾他们的家庭所需要的物质支持,还应尽一切努力避免将他们关入治疗机构。他们应在一切情况下对残疾人的最大利益负责。

3. 缔约国应采取一切必要措施、以一切可能的手段抑制残疾,包括预防性的健康项目、提高意识和教育。

4. 缔约国应对有残疾的人提供适当的完整的教育服务,并考虑到把这些人纳入到教育系统中来的重要性以及职业培训、辅导和在公共和私人领域创造适当工作机会的重要性。

5. 缔约国应向有残疾的人提供适当的医疗服务,包括着眼于让他们融入社会的恢复治疗。

6. 缔约国应使有残疾的人能够利用一切公共和私人服务。

第四十一条

1. 消除文盲是对国家有约束力的义务,每个人有权获得教育。

2. 缔约国应确保为它们的公民至少在基础和基本等级提供免费教育。一切形式和等级的基础教育应为强制的并且对所有人没有任何歧视地开放。

3. 缔约国应在一切领域着眼于取得国家发展目标、采取适当措施确保男人与女人之间的合作伙伴关系。

4. 缔约国应保障提供目标是人类的全面发展和增强对人权和基本自由的尊重的教育。

5. 缔约国应努力把人权和基本自由的原则包括进正式和非正式的教育内容以及教育和培训项目中。

6. 缔约国应保障建立对于给每个公民提供继续教育所必需的体系并应发展成人教育的国家计划。

第四十二条

1. 每个人有权参与文化生活和享受科技进步和实用的益处。

2. 缔约国承诺尊重科学研究和创造性活动的自由,并确保对源自科学、文学和艺术创作的道德和物质利益的保护。

3. 缔约国应共同努力并增强它们之间在各个级别包括知识分子、发明者和其组织的参与的合作,以发展和执行娱乐、文化、艺术和科学项目。

第四十三条

本宪章的内容不得被说明或解释为伤害缔约国国内法所保护的或者缔约国制定或批准的国际和区域人权文书所载的权利和自由,包括妇女权利、儿童权利和少数民族的人的权利。

第四十四条

缔约国承诺依照它们的宪政程序和本宪章的规定,采取所有实现本宪章所载的权利所必要的立法或非立法措施。

第四十五条

1. 依照本宪章,应建立一个"阿拉伯人权委员会",以下简称"委员会"。委员会应由本宪章缔约国通过秘密投票选举的七名委员组成。

2. 委员会应由本宪章缔约国的国民组成,他们必须在委员会工作的领域非常有经验和有能力。委员会委员应以个人身份任职并且应完全独立和公正。

3. 委员会不得有一个以上的委员同为一个缔约国的国民;委员可以连选一次。应适当考虑轮换原则。

4. 委员会的委员任期四年,虽然第一次选举中选举的三名委员的任期应为两年,下届任期应由抽签决定。

5. 在选举之日六个月前,阿拉伯国家联盟秘书长应邀请缔约国在接下来的三个月内提交它们的提名。他应将候选人名单在选举之日两个月前转交给缔约国。获得最多票数的候选人应被选举为委员会委员。如果因为两名或多名候选人获得同样票数而使获得最多票数的候选人人数超过所需数量,应在获得同样票数的候选人之间进行第二轮投票。如果票数再次相同,该委员应由抽签决定。第一次委员会委员选举应在本宪章生效至少六个月之后举行。

6. 秘书长应邀请缔约国参加在阿拉伯国家联盟总部的会议以选举委员会委员。缔约国多数的存在应构成法定票数。如果不够法定票数,秘书长应召集至少三分之二缔约国须到场的另一次会议。如果仍不够法定票数,秘书长应召集第三次会议,这次会议应不论出席的缔约国数量而召开。

7. 秘书长应召开委员会第一次会议,在此过程中委员会应从其委员中以两年任期选举主席,尽可以为同样的任期连任一次。委员会应制定其自己的程序规则和工作方式并确定它应多频繁地开会等事项。委员会应在阿拉伯国家联盟总部召开会议,也可以在受本宪章任何其他缔约国邀请时在该缔约国召开会议。

第四十六条

1. 秘书长在被主席告知某位委员有以下情况后,应宣布席位空缺:

(a) 死亡;

(b) 辞职;或者

(c) 如果其他委员的一致意见认为委员会的某位委员已经停止履行其职责而没有给出可以接受的正当性或为暂时离开以外的原因停止履行其职责。

2. 如果某位委员的席位依据第一款被宣布空缺而其任期在宣布空缺之日的六个月内不会到期,阿拉伯国家联盟秘书长应将该事项提交给本宪章缔约国,缔约国可以在两个月内依第四十五条提交提名以填补该空缺席位。

3. 阿拉伯国家联盟秘书长应起草所有被适当提名的候选人按字母顺序排列的名单,他应将其转交本宪章缔约国。填补空缺席位的选举应依相关规定举行。

4. 任何被选举填补第一款空缺席位的委员会委员应在被依第一款宣布席位空缺的委员的剩余任期内担任委员会委员。

5. 阿拉伯国家联盟秘书长应在阿拉伯国家联盟的预算内提供为委员会有效地行使其职权所必需的一切财政和人力资源以及便利。

第四十七条

缔约国承诺确保委员会委员应享有保护他们不受任何形式的骚扰、实质的压力、或对他们在行使委员会委员的职务中所采取的立场或他们作出的言论的迫害所必要的豁免权。

第四十八条

1. 缔约国承诺向阿拉伯国家联盟秘书长就它们为实现本宪章所认可的权利和自由所采取的措施和向享有这些权利和自由的方向作出的进步提交报告。秘书长应将这些报告转交给委员会考虑。

2. 每个缔约国应在本宪章生效之日的一年之内向委员会提交初次报告并且在之后每三年提交一份定期报告。委员会可以要求缔约国提供有关本宪章执行的其他信息。

3. 委员会应在报告被考虑的缔约国代表在场时考虑缔约国依本条第二款所提交的报告。

4. 委员会应讨论报告、提出评论并依本宪章的目标作出必要的建议。

5. 委员会应通过秘书长为媒介向联盟理事会提交包含其评论和建议的年度报告。

6. 委员会的包括观察发现和建议在内的报告应为公开文件,委员会应广为传播。

第四十九条

1. 阿拉伯国家联盟秘书长应在本宪章被联盟理事会批准后立即将其提交给成员国签署、批准或加入。

2. 本宪章应在第七份批准文书交存给阿拉伯国家联盟秘书处之日两个月后生效。

3. 在生效后,本宪章应对于每个国家在其交存其批准或加入文书于秘书处两个月后生效。

4. 秘书长应就每个批准或加入文书的交存通知成员国。

第五十条

任何缔约国可以通过秘书长提交本宪章修正案的书面提议。在此类修正案被转交各成员国后,秘书长应邀请成员国考虑提议的修正案,而后将它们提交给联盟理事会采纳。

第五十一条

修正案对于批准它们的缔约国应在它们被缔约国三分之二多数批准后生效。

第五十二条

任何缔约国可以提议本宪章的附加任择议定书,它们应依照采纳本宪章修正案所用的程序被采纳。

第五十三条

1. 任何缔约国在签署本宪章或交存本宪章的批准或加入文书之时,可以对本宪章的任何规定作出保留,条件是此类保留与本宪章的目标和根本目的不冲突。

2. 任何依照本条第一款作出保留的缔约国可以在任何时候通过向阿拉伯国家联盟秘书长递交通知撤回保留。

34. 东南亚国家联盟宪章

(2007年11月20日于新加坡通过)

序　　言

我们,东南亚国家联盟(东盟)成员国的人民,由文莱达鲁萨兰国、柬埔寨王国、印度尼西亚共和国、老挝人民民主共和国、马来西亚、缅甸联邦、菲律宾共和国、新加坡共和国、泰王国以及越南社会主义共和国的国家或政府首脑所代表:

满意地注意到东盟自其在曼谷成立直到通过《东盟宣言》以来的重大成就和拓展;

念及在《万象行动项目》、《关于确立东盟宪章的吉隆坡宣言》以及《有关东盟宪章蓝图的宿务宣言》中所作出的确立东盟宣言的决定;

考虑到被地理位置、共同目标和共同命运所联结的东盟成员国和东盟人民中存在的双边利益和相互依赖;

受"同一个愿景、同一个身份、同一份守护"以及"共担共同体"的启发并团结在其之下;

被生活在一个具有持久的和平、安全和稳定、可持续的经济发展、共有的繁荣和社会进步的区域以及推动我们至关重要的利益、理念和渴望的共同愿望和集体意愿所团结;

尊重友好与合作的根本重要性,尊重主权原则、平等、领土完整、不干涉内政、一致意见和多样性的联合;

遵循民主、法治和善治以及尊重和保护人权和基本自由的原则;

决心保障为了这一代人和未来子孙利益的可持续发展,决心把人民的安乐、生计和福利置于东盟共同体建设过程的核心;

确信强化现有的区域团结的纽带以实现一个政治上有凝聚力、经济上一体化和社会上负责任的东盟共同体,从而有效地应对当前和未来的挑战和机遇的需要;

致力于通过增强的区域合作和一体化来强化共同体建设,特别是通过建立一个就像《东盟第二协定巴厘宣言》所提出的那样的包括东盟安全共同体、东盟经济共同体和东盟社会文化共同体的东盟共同体;

兹决定,通过本宪章,建立东盟的法律和机构框架,

并且为此目的,东盟各成员国国家或政府首脑在东盟成立四十周年的历史时刻聚集在新加坡,达成了此宪章。

第一章　目的和原则

第一条　目的

东盟的目的是:

1. 保持和促进和平、安全和稳定,并进一步强化本区域内以和平为导向的价值;
2. 通过推动更大程度上的政治、安全、经济和社会文化合作以增强区域的活力;
3. 保持东南亚为一个没有核武器并且没有任何其他大规模杀伤性武器的区域;
4. 确保东盟的人民和成员国与外部世界在一个公正、民主和谐的环境中和平相处;
5. 创造一个稳定、繁荣、有高度竞争性和经济一体化的单一市场和生产基地,并有着对贸易和投资的有效便利,这样的贸易和投资包括货物、服务和投资的自由流通,商人、专业人士、才华和劳动力的在协助之下的流动以及资本的自由流通;
6. 减轻贫困并通过双边互助和合作缩小东盟内部的发展差距;
7. 强化民主,促进善治和法治,推动和保护人权和基本自由,同时充分考虑到东盟各成员国的权利和义务;
8. 根据全面安全的原则有效地应对各种形式的威胁、跨国犯罪和跨境的挑战;
9. 推动可持续发展以确保对区域环境的保护、其自然资源的维持、其文化遗产的保存以及其人民的高生活水平;
10. 为了东盟人民的能力提升和东盟共同体的强化,通过在教育和终身学习方面更紧密的合作以发展人力资源;
11. 通过提供给东盟人民公平的接受个人发展、社会福利和正义的机会以促进他们的安乐与生计;
12. 在为东盟人民建设一个安全、安定和无毒品的环境方面强化合作;
13. 推动一个社会各阶层都被鼓励参与东盟一体化和共同体建设的过程并从中获益的以人为本的东盟;
14. 通过培养对于本区域不同文化和传统的更深刻的认识以促进东盟的身份认知;
15. 以一个公开、透明和包容的区域结构来保持东盟在与其外部伙伴的关系和合作中作为主要推动力的核心和主动角色。

第二条　原则

1. 为实现第一条中所载目的,东盟及其成员国再次确认和遵从东盟的宣言、协议、公约、合约、条约和其他文件中所包含的根本原则。
2. 东盟及其成员国将遵循以下原则行事:
（a）尊重东盟各成员国的独立、主权、平等、领土完整和国家身份;
（b）在增强区域和平、安全和繁荣方面的共同承担和集体责任;
（c）摒弃侵略、威胁或使用武力或任何以与国际法不一致的方式所为的其他行为;
（d）依靠和平的争端解决;
（e）不干涉东盟成员国的内政;
（f）尊重每一个成员国的不受外界干涉、颠覆和强迫地领导其国家存在的权利;
（g）促进在严重影响东盟共同利益的事项上的协商;
（h）遵循法治、善治、民主原则和宪政政府;
（i）尊重基本自由、人权的推动和保护以及社会正义;
（j）支持《联合国宪章》和包括国际人道主义法在内的东盟成员国所接受的国际法;
（k）不参与威胁东盟成员国的主权、领土完整或政治、经济稳定的由任何东盟成员国、非东盟成员国或非国家行为人所从事的任何政策或活动，包括不允许其领土被其使用；

（l）尊重东盟人民不同的文化、语言和宗教，同时以多样化中的团结的精神强调他们的共同价值；

（m）东盟在保持积极参加、视角开放、包容和不歧视的同时在对外的政治、经济、社会和文化关系中的核心地位；

（n）遵循多国贸易规则和为了有效履行经济承诺和渐进地减少以至消除通往市场经济中的区域经济一体化的一切壁垒的以规则为基础的东盟的体制。

第二章 法 律 人 格

第三条 东盟的法律人格

东盟，作为一个政府间组织，特此被赋予法律人格。

第三章 成 员 身 份

第四条 成员国

东盟的成员国为文莱达鲁萨兰国、柬埔寨王国、印度尼西亚共和国、老挝人民民主共和国、马来西亚、缅甸联邦、菲律宾共和国、新加坡共和国、泰王国和越南社会主义共和国。

第五条 权利和义务

1. 成员国在本宪章下有平等的权利和义务。
2. 成员国应采取一切必要措施，包括制定适当的国内立法，以有效执行本宪章的规定和旅行成员义务。
3. 在严重违反或不遵守宪章的情况下，该事项应按第二十条处理。

第六条 接纳新成员

1. 申请和接纳新成员入东盟的程序应由东盟协调理事会制定。
2. 接纳应基于以下标准：
（a）位于被认可的东南亚地理区域内；
（b）被所有东盟成员国所认可；
（c）同意受本宪章约束并遵守本宪章；
（d）履行成员国义务的能力和意愿。
3. 接纳应由东盟峰会应东盟协调理事会的建议以一致意见决定。
4. 申请国应在签署加入本宪章的文书之时被接纳进东盟。

第四章 机 构

第七条 东盟峰会

1. 东盟峰会应由成员国国家或政府首脑组成。

2. 东盟峰会应：

（a）作为东盟的最高决策机构；

（b）对有关实现东盟的目标的关键事项、有关成员国利益的重要事项以及所有由东盟协调理事会、东盟共同体理事会和东盟部长级机构提交给它的事项，进行商讨、提供政策指引和作出决定；

（c）指示每个理事会的相关部长召开临时部长间会议，处理有关东盟的跨多个共同体理事会的重要事项。这类会议的程序规则应由东盟协调理事会制定。

（d）通过采取适当行动处理影响东盟的紧急情况；

（e）决定依第七章和第八章提交给它的事项；

（f）授权建立和解散部长级机构和其他东盟机构；以及

（g）任命具有部长位阶和身份的东盟秘书长，其将在取得应东盟外长会议推荐的国家或政府首脑的信任和满意后任职。

3. 东盟峰会应：

（a）每年召开两次，由保有主席席位的成员国作为东道主；并且

（b）在必要时，作为特别或临时会议在东盟成员国同意的地点召开，由保有主席席位的成员国主持。

第八条 东盟协调理事会

1. 东盟协调理事会应包括东盟各外长，并每年集会两次。

2. 东盟协调理事会应：

（a）准备东盟峰会的会议；

（b）协调执行东盟峰会的协议和决定；

（c）与东盟共同体理事会协调以促进它们之间的政策一致性、效率和合作；

（d）协调东盟共同体理事会向东盟峰会提交的报告；

（e）考虑秘书长有关东盟工作的年度报告；

（f）考虑秘书长有关东盟秘书处和其他相关机构的职能和运作的报告；

（g）应秘书长的建议批准副秘书长的任命和解职；

（h）进行其他本宪章规定的任务或其他东盟峰会分配的职务。

3. 东盟协调理事会应有相关资深官员的支持。

第九条 东盟共同体理事会

1. 东盟共同体理事会应包括东盟政治安全共同体理事会、东盟经济共同体理事会和东盟社会文化共同体理事会。

2. 每个东盟共同体理事会应在其之下设有相关东盟部长级机构。

3. 每个成员国应指派其国家代表到每个东盟共同体理事会。

4. 为实现东盟共同体的三个支柱中的每一个的目标，每个东盟共同体理事会应：

（a）保证东盟峰会相关决定的执行；

（b）协调其不同部门的工作以及涉及其他共同体理事会的事项；

（c）就其主管的事项向东盟峰会提交报告和建议。

5. 每个东盟共同体理事会应每年至少集会两次，应由保有东盟主席席位的成员国的适

当部长主持。

6. 每个东盟共同体理事会应有相关资深官员的支持。

第十条　东盟部长级机构

1. 东盟部长级机构应：

（a）依照它们分别确立的命令运作；

（b）在它们分别的主管范围内执行东盟峰会的协议和决定；

（c）在它们分别的领域内强化合作以支持东盟的一体化和共同体建设；

（d）向它们分别的共同体理事会提交报告和建议。

2. 每个东盟部长级机构可以在其主管范围内由相关资深官员和附属机构进行附表1（略）所包含的职能。该附表可以由东盟秘书长应常任代表委员会的建议进行更新而无须依照本宪章有关修正案的规定。

第十一条　东盟秘书长和东盟秘书处

1. 东盟秘书长应由东盟峰会从以字母顺序排列的东盟成员国的国民中任命，应适当考虑诚信、能力、专业经验和性别平等，任期五年，不可连任。

2. 秘书长应：

（a）依照本宪章的规定和相关东盟文书、议定书和确定的实践履行这个高级职务的职责和责任；

（b）协助东盟协议和决定的执行并监督执行进程，就东盟的工作向东盟峰会提交年度报告；

（c）参加东盟峰会、东盟共同体理事会、东盟协调理事会和东盟部长级机构的会议以及其他相关东盟会议；

（d）依照经批准的政策指引和给秘书长的命令参加与外部伙伴的会议并发表东盟的观点；以及

（e）建议任命和解职副秘书长给东盟协调理事会批准。

3. 秘书长还应为东盟的主管行政官员。

4. 秘书长应由四名拥有副部长位阶和身份的副秘书长协助。副秘书长应在履行其职权中对秘书长负责。

5. 四名副秘书长应与秘书长国籍不同且应来自不同的东盟成员国。

6. 四名副秘书长应包括：

（a）两名以不可连任的三年任期任职的副秘书长，从以字母顺序排列的东盟成员国的国民中，适当考虑诚信、资历、能力、经验和性别平等而选择；以及

（b）两名以可以连任一次的三年任期任职的副秘书长。这两名副秘书长应基于实质条件公开选拔。

7. 东盟秘书处应包括秘书长和需要的职员。

8. 秘书长和职员应：

（a）在履行职责的过程中保持最高标准的诚信、效率和能力；

（b）不寻求或接受任何政府或东盟之外的外部伙伴的指示；以及

（c）不采取任何可能影响他们作为只对东盟负责的东盟秘书官员的职务的行动。

9. 每个东盟成员国承诺尊重秘书长和职员的仅属于东盟的责任,而不寻求在他们履行其责任时影响他们。

第十二条 派驻东盟的常任代表委员会

1. 每个东盟成员国应任命一名具有大使位阶的常任代表在东盟,常驻在雅加达。

2. 常任代表集体构成常任代表委员会,该委员会应:

（a）支持东盟共同体理事会和东盟部长级机构的工作;

（b）与东盟国家秘书处以及其他东盟部长级机构进行协调;

（c）与东盟秘书长和东盟秘书处在所有有关其工作的事项上进行联络;

（d）协助东盟与外部伙伴的合作;

（e）履行由东盟协调理事会确定的其他职能。

第十三条 东盟国家秘书处

每个东盟成员国应建立一个东盟国家秘书处,其应当:

（a）作为全国的联络点;

（b）作为国家级别上所有东盟事务的讯息接受机构;

（c）在国家级别上协调东盟决定的执行;

（d）协调以及支持国家对东盟会议的准备;

（e）在国家级别上促进东盟身份和认同;

（f）为东盟共同体建设作出贡献。

第十四条 东盟人权机构

1. 依照《东盟宪章》与促进和保护人权和基本自由的目的和原则,东盟应建立一个东盟人权机构。

2. 东盟人权机构应依照东盟外长会议所确定的条款运行。

第十五条 东盟基金会

1. 东盟基金会应支持东盟秘书长并与相关东盟机构协作,通过促进更大程度的东盟身份认同、人与人的交流和商业领域、市民社会、学术界以及其他东盟涉众的紧密协作来支持东盟的共同体建设。

2. 东盟基金会应对东盟秘书长负责,东盟秘书长应通过东盟协调理事会提交基金会的报告给东盟峰会。

第五章 东盟联合实体

第十六条 东盟联合实体

1. 东盟可以聘用支持《东盟宪章》、特别是其目的和原则的实体。这些联合实体列于附表二（略）。

2. 聘用的程序规则和标准应由常任代表委员会应东盟秘书长的建议制定。

3. 附表二可以由东盟秘书长应常人代表委员会的建议进行更新而无须依照本宪章有关修正案的规定。

第六章　豁免权和特权

第十七条　东盟的豁免权和特权

1. 东盟应在成员国的领土内享有对于实现其目的所必要的豁免权和特权。
2. 豁免权和特权应由东盟与东道主国在分别协议中具体确定。

第十八条　东盟秘书长和东盟秘书处职员的豁免权和特权

1. 东盟秘书长和东盟秘书处参与东盟官方活动或代表东盟的职员在成员国应享有对其独立行使他们的职权所必要的豁免权和特权。
2. 本条之下的豁免权和特权应由另外的东盟协议具体确定。

第十九条　常任代表和执行东盟公务的官员的豁免权和特权

1. 成员国派驻东盟的常任代表以及成员国的参与东盟活动或代表东盟的官员在成员国内应享有对于行使他们的职权所必要豁免权和特权。
2. 常任代表和执行东盟公务的官员的豁免权和特权应受1961年《维也纳外交关系公约》规制或依照有关东盟成员国的国内法律。

第七章　决定的作出

第二十条　协商和一致意见

1. 作为一项基本原则,东盟中决定的作出应基于协商和一致意见。
2. 当一致意见无法达成时,东盟峰会可以决定一项具体决定如何作出。
3. 本条第一款和第二款不影响相关东盟法律文书所载的作出决定的模式。
4. 在严重违反或不遵守宪章的情况下,该事项应被提交东盟峰会决定。

第二十一条　执行和程序

1. 每个东盟共同体理事会应指定自己的程序规则。
2. 在执行经济承诺中,在有一致意见时,可以适用灵活参与的准则,包括东盟减 X 准则。

第八章　争议解决

第二十二条　一般原则

1. 成员国应努力和平地通过对话、协商和谈判的方式及时解决一切争议。
2. 东盟应在东盟合作的一切领域维持和建立争议解决体制。

第二十三条　斡旋、和解和调解

1. 作为争议当事方的成员国可以在任何时候同意寻求斡旋、和解或调解以在协议的时间限制内解决争议。
2. 争议当事方可以请求东盟主席国或者东盟秘书长以非官方的身份提供斡旋、合解或调解。

第二十四条 个别文书中的争议解决体制

1. 有关个别东盟文书的争议应通过这些文书所规定的体制和程序解决。

2. 无关任何东盟文书的解释或适用的争议应当依照《东南亚和睦与合作条约》及其程序规则和平地解决。

3. 在没有不同的特别规定时,有关东盟经济协议的解释或适用的争议应依照《东盟有关强化的争议解决体制的议定书》解决。

第二十五条 争议解决体制的建立

在没有不同的特别规定时,包括仲裁在内的适当的争议解决体制应当被建立以解决有关本宪章和其他东盟文书的解释或适用的争议。

第二十六条 未决争议

当某一争议在适用本章前述规定仍未解决时,该争议应被提交给东盟峰会决定。

第二十七条 遵守

1. 东盟秘书长在东盟秘书处或任何其他授权的东盟机构的协助下,应监督对东盟争议解决体制所产生的认定、建议或决定的遵守,并向东盟峰会提交报告。

2. 任何被不遵守东盟争议解决体制所产生的认定、建议或决定所影响的成员国可以将该事项提交给东盟峰会决定。

第二十八条 《联合国宪章》规定和其他相关国际程序

除非本宪章有不同规定,成员国有权寻求《联合国宪章》第三十三条第一款或任何其他争议成员国为缔约国的国际法律文书所载的和平解决争议的模式。

第九章 预算和财务

第二十九条 一般原则

1. 东盟应依照国际标准建立财务规则和程序。

2. 东盟应遵循合理的财务管理政策和实务以及预算准则。

3. 财务账户应受内部和外部审计。

第三十条 东盟秘书处的运行预算和财务

1. 东盟秘书处应被提供有效履行其职责所必要的财务资源。

2. 东盟秘书处的运行预算应由东盟成员国通过按时缴纳的平等的年度供款所支持。

3. 秘书长应准备东盟秘书处的年度运行预算,提交东盟协调理事会应常任代表委员会的建议而批准。

4. 东盟秘书处应依照东盟协调理事会应常任代表委员会的建议所确定的财务规则和程序运行。

第十章 行政和程序

第三十一条 东盟主席国

1. 东盟主席国应按照成员国英文名字的字母顺序每年轮换。

2. 东盟在每一个公历年应有一个主席席位,取得该主席席位的成员国将作为以下机构的主席:

(a) 东盟峰会与相关峰会;

(b) 东盟协调理事会;

(c) 三个东盟共同体理事会;

(d) 适当时,相关东盟部长级机构和资深官员;以及

(e) 常任代表委员会。

第三十二条 东盟主席国的角色

保有东盟主席席位的成员国应:

(a) 积极推动和促进东盟的利益和福利,包括努力通过政策提议、协调、一致意见和合作以建设一个东盟共同体;

(b) 确保东盟的核心地位;

(c) 确保有效和及时地对影响东盟的紧急事项或危机情况进行反应,包括提供斡旋和此类其他安排以立即应对这些担忧;

(d) 代表东盟强化和推动与外部伙伴的更紧密关系;

(e) 进行其他被要求进行的任务和职务。

第三十三条 外交礼仪和实践

东盟和其成员国应在进行一切有关东盟的活动中遵守现有的外交礼仪和实践。任何改变应由东盟协调理事会应常任代表委员会的建议而批准。

第三十四条 东盟的工作语言

东盟的工作语言应为英语。

第十一章 身份和标志

第三十五条 东盟身份

东盟应推动其共同的东盟身份以及其人民的归属感以实现其共同的命运、目标和价值。

第三十六条 东盟盟训

东盟的盟训应为:"同一个愿景、同一个身份、同一个共同体。"

第三十七条 东盟旗帜

东盟的旗帜应为附件三(略)所示。

第三十八条 东盟徽章

东盟的徽章应为附件四(略)所示。

第三十九条 东盟日

八月八日应作为东盟日庆祝。

第四十条 东盟盟歌

东盟应有一首盟歌。

第十二章 外部关系

第四十一条 处理外部关系

1. 东盟应与国家以及分区域、区域和国际组织和机构发展友好的关系和互利的对话、合作和伙伴关系。

2. 东盟的外部关系应遵从本宪章所载的目的和原则。

3. 东盟应为它所发起的区域安排中的主要推动力并保持其在区域合作和共同体建设中的核心地位。

4. 在处理东盟的外部关系中,成员国应在联合与团结的基础上,协调并努力发展共同的立场和采取协同行动。

5. 东盟外部关系的战略政策方向应由东盟峰会应东盟外长会议的建议而决定。

6. 东盟外长会议应确保处理东盟外部关系中的一致性和连贯性。

7. 东盟可以与国家或分区域、区域和国际组织和机构达成协议。达成这类协议的程序应由东盟协调理事会经与东盟共同体理事会协商决定。

第四十二条 对话协调者

1. 成员国以国家协调者的身份,应轮流承担协调和促进东盟在与相关对话伙伴以及区域和国际组织和机构的关系中的利益的总体责任。

2. 在与外部伙伴的关系中,国家协调者应当,包括但不限于:

(a) 依据东盟的原则代表东盟和促进以互相尊重和平等为基础的关系;

(b) 主持东盟和外部伙伴之间的相关会议;

(c) 被相关的东盟在他国和国际组织的委员会所支持。

第四十三条 东盟在他国和国际组织的委员会

1. 东盟在他国的委员会可以在非东盟国家由东盟成员国的外交使团首脑建立。可以建立与国际组织相关的类似委员会。这类委员会应在东道主国和国际组织促进东盟的利益和身份认同。

2. 东盟外长会议应确定这类委员会的程序规则。

第四十四条 外部伙伴的地位

1. 在处理东盟的外部关系时,东盟外长会议可以赋予外部伙伴以对话伙伴、部门对话伙伴、发展伙伴、特别观察员、来宾的正式身份或其他由其决定的身份。

2. 外部伙伴可以依照程序规则被邀请到东盟的会议或合作活动而不被赋予任何正式身份。

第四十五条 与联合国系统以及其他国际组织和机构的关系

1. 东盟可以在联合国系统以及其他分区域、区域和国际组织和机构寻求适当的身份。

2. 东盟协调理事会应决定东盟在其他分区域、区域和国际组织和机构的参与。

第四十六条 非东盟成员国派驻东盟

非东盟成员国和相关政府间组织可以任命和派驻大使到东盟。东盟外长会议应决定这些派驻。

第十三章 普遍和最终条款

第四十七条 签署、批准、交存和生效
1. 本宪章应由全部东盟成员国签署。
2. 本宪章应由全部东盟成员国依照其各自的内部程序批准。
3. 批准文书应交存于东盟秘书长,其应就每次交存即刻通知全体成员国。
4. 本宪章在第十份批准文书交存于东盟秘书长后的第三十日生效。

第四十八条 修正案
1. 任何成员国可以提议对宪章的修正案。
2. 提议的宪章修正案应经东盟协调理事会的一致意见提交给东盟峰会决定。
3. 经东盟峰会一致同意的宪章修正案应由全体成员国依照第四十七条批准。
4. 修正案于最后一份批准文书交存给东盟秘书长之后的第三十日生效。

第四十九条 相关条款和程序规则
除有本宪章的不同规定,东盟协调理事会应确定相关条款和程序规则,并确保其一致性。

第五十条 复查
本宪章可以在其生效五年后获依照东盟峰会确定的其他时间进行复查。

第五十一条 宪章的解释
1. 应任何成员国请求,宪章的解释应由东盟秘书处依照东盟协调理事会所确定的程序进行。
2. 任何有关宪章的解释的争议应依照第八章的相关规定解决。
3. 本宪章所使用的标题和题目仅为参考目的。

第五十二条 法定存续
1. 在本宪章生效前生效的所有条约、公约、协议、协约、宣言、议定书和其他东盟文书应继续有效。
2. 在这些文书与本宪章之下的东盟成员国的权利和义务不一致的情况下,以宪章为准。

第五十三条 原始文本
经签字的本宪章英文原始文本应交存于东盟秘书长,其应向每一个成员国提供一份经过认证的复本。

第五十四条 东盟宪章的注册
本宪章应由东盟秘书长根据《联合国宪章》第一百零二条第一款向联合国秘书处注册。

第五十五条 东盟财产
组织的财产和资金应以东盟的名义进行投资。

2007年11月20日以英语的唯一原始文本于新加坡达成。

Ⅳ 国际劳工组织文件

35. 歧视（就业及职业）公约

（国际劳工组织大会 1958 年 6 月 25 日通过）

国际劳工大会，

经国际劳工局理事院召开于一九五八年六月四日在日内瓦举行第四十二届会议，

决定对就业及职业方面的歧视问题——会议议程的第四个项目——通过若干建议，

决定这些建议应采取一个国际公约的形态，

考虑到费拉德尔非亚宣言确认全体人类，不分种族、信仰或性别，有权在自由和尊严、经济稳定和机会平等的条件下追求物质福利和精神发展，

并考虑到歧视构成对世界人权宣言所宣布的各项权利的侵害，

于一九五八年六月二十五日通过下面的公约，该公约在引用时可称为一九五八年《歧视（就业及职业）公约》：

第一条

一、为本公约目的，"歧视"一语指：

（甲）基于种族、肤色、性别、宗教、政治见解、民族血统或社会出身的任何区别、排斥或特惠，其效果为取消或损害就业或职业方面的机会平等或待遇平等；

（乙）有关成员在同雇主代表组织和工人代表组织——如果这种组织存在——以及其他有关机构磋商后可能确定其效果为取消或损害就业或职业方面的机会平等或待遇平等的其他区别、排斥或特惠。

二、基于特殊工作本身的要求的任何区别、排斥或特惠，不应视为歧视。

三、为本公约目的，"就业"和"职业"两语指获得职业上的训练，获得就业及获得特殊职业以及就业的条件。

第二条

本公约对其生效的每一成员承担宣布并执行一种旨在以适合本国条件及习惯的方法促进就业和职业方面的机会平等和待遇平等的国家政策，以消除就业和职业方面的任何歧视。

第三条

本公约对其生效的每一成员承担以适合本国条件及习惯的方法：

（甲）寻求雇主组织和工人组织以及其他有关机构的合作，以促进对这一政策的接受和遵行；

（乙）制订旨在使这一政策得到接受和遵行的法律，并促进旨在使这一政策得到接受和遵行的教育计划；

（丙）废止与这一政策相抵触的任何法律规定，并修改与这一政策相抵触的任何行政命令或惯例；

（丁）在国家当局的直接控制下执行就业政策；

（戊）保证职业指导、职业训练和安置服务等活动，均在国家当局的监督下，遵行这一政策；

（己）在其关于本公约执行情况的年度报告里，说明为执行这一政策而采取的行动以及这种行动所得的结果。

第四条

在有正当理由怀疑某人从事损害国家安全的活动或某人正从事损害国家安全的活动的情况下，对其采取的任何措施，不应视为歧视，但该人应有权向按照本国习惯设立的主管机构申诉。

第五条

一、国际劳工大会所通过的其他公约或建议里所规定的特殊保护或扶助措施，不应视为歧视。

二、任何成员在同代表性的雇主组织和工人组织——如果这种组织存在——磋商后，可以确定某些其他的特殊措施，不应视为歧视，因为这些措施的目的是为了适应一些由于性别、年老无能、家庭负担或社会或文化地位的原因而公认更加以特殊保护或扶助的人的特殊需要的。

第六条

批准本公约的每一成员承担按照国际劳工组织的组织法规定，把公约适用于非本部领土。

第七条

本公约的正式批准书，应送交国际劳工局局长登记。

第八条

一、本公约应只对曾经把批准书送交局长登记的那些国际劳工组织成员有拘束力。

二、本公约应于两个成员把批准书送交局长登记之日起十二个月后生效。

三、此后，本公约应于任何成员把批准书送交登记之日起十二个月后对该成员生效。

第九条

一、批准了本公约的成员，可以在公约首次生效之日起满十年后，退出公约；退约时应以退约书送交国际劳工局局长登记。此项退约应于退约书送交登记之日起一年后才生效。

二、批准了本公约的每一成员，如果在上款所述的十年时间满期后一年内，不行使本条所规定的退约权，即须再受十年的拘束，其后，可按本条规定的条件，在每十年时间满期时，退出本公约。

第十条

一、国际劳工局局长应将国际劳工组织各成员送交他登记的所有批准书和退约书通知国际劳工组织的全体成员。

二、在把送交他登记的第二件批准书通知国际劳工组织各成员时，局长应请各成员注意公约生效的日期。

第十一条

国际劳工局局长应按照联合国宪章第一百零二条的规定，将按上述各条规定送交他登记的所有批准书和退约书的全部细节,送交联合国秘书长登记。

第十二条

国际劳工局理事院应于它认为必要的时候,向大会提出一项关于本公约实施情况的报告,并研究是否宜于在大会议程上列入全部或局部订正公约的问题。

第十三条

一、大会倘若通过一个新的公约去全部或局部订正本公约,那么,除非这个新的公约另有规定,否则:

(甲)任何成员如批准新的订正公约,在该订正公约生效时,即系依法退出本公约,不管上述第九条的规定;

(乙)从新的订正公约生效之日起,本公约应即停止开放给各成员批准。

二、对于已批准本公约但未批准订正公约的那些成员,本公约无论如何应按照其原有的形式和内容继续生效。

第十四条

本公约的英文本和法文本具有同等效力。

前文是国际劳工大会在日内瓦举行的并于一九五八年六月二十六日宣布闭会的第四十二届会议正式通过的公约的作准文本。

为此,我们于一九五八年七月五日签字,以昭信守。

36. 强迫劳动公约（国际劳工组织第二十九号公约）

（国际劳工组织大会1930年6月28日通过）

国际劳工组织大会，

应国际劳工局理事院召开，于一九三〇年六月十日在日内瓦举行第十四届会议，

决定就会议议程的第一项目——强迫或强制劳动问题——通过若干个建议，

决定这些建议应采取国际公约的形式，

于一九三〇年六月二十八日通过下面的公约，以备国际劳工组织成员按照国际劳工组织组织法的规定批准，此公约在引用时可称为一九三〇年《强迫劳动公约》：

第一条

1. 凡批准本公约的国际劳工组织成员承担在可能范围内以最短期间制止强迫或强制劳动的一切使用形式。

2. 为了彻底制止强迫或强制劳动，在过渡期间，仅在于为公共目的和作为例外措施时，方可使用强迫或强制劳动，并须受以下所订的条件和保证的限制。

3. 在本公约生效后五年时间期满，国际劳工局理事院依下文第三十一条的规定编制报告时，理事院应研讨不另订过渡阶段期间即制止一切形式强迫或强制劳动的可能性以及研究宜否在国际劳工大会议程上列入这个问题。

第二条

1. 为本公约目的，"强迫或强制劳动"一词指以惩罚相威胁，强使任何人从事其本人不曾表示自愿从事的所有工作和劳务。

2. 但为本公约目的，"强迫或强制劳动"一词不包括：

（a）任何工作或劳务系根据义务兵役法强征以代替纯军事性工作者；

（b）作为一个完全自治国家的正常公民义务一部分的任何工作或劳务；

（c）任何人因法院判定有罪而被迫从事的任何工作或劳务，但上述工作或劳务必须由政府当局监督和管理，该人员不得由私人、公司或社团雇用或处置；

（d）任何工作或劳务，因紧急情况而强征者。所谓紧急情况系指战争或灾害或灾害威胁，例如火灾、水灾、饥荒、地震、猛烈流行病或动物瘟疫、动物、昆虫或植物害虫的侵袭以及一般来说可能危害全部或部分居民的生存或福利的任何情况；

（e）由社区成员为该社区直接利益而从事的，故可视为社区成员应履行的正常公民义务的轻微社区劳务，但这些劳务是否需要，社区成员或其直接选出的代表应有被征询协商的权利。

第三条

为本公约目的，"主管当局"一词指宗主国当局或有关领土的最高中央当局。

第四条

1. 主管当局不得为私人、公司或社团的利益征用或准许征用强迫或强制劳动。

2. 成员把公约批准书送交国际劳工局局长登记之日如仍有这类为私人、公司或社团的利益的强迫或强制劳动的情事，应自本公约对其生效之日起彻底制止这类强迫或强制劳动。

第五条

1. 给予私人、公司或社团的特许权不得附有征用任何形式的强迫或强制劳动之权，以从事生产或收集这些私人、公司或社团所利用或买卖的产品。

2. 已经存在的特许权如没有涉及这类强迫或强制劳动的规定，应尽早废止这些规定，以符合本公约第一条的规定。

第六条

管理当局官员即使在有责任鼓励其管辖下居民从事某种形式的劳动时也不得强迫这些居民或其中任何个人为私人、公司或社团从事工作。

第七条

1. 不负行政职务的酋长不得使用强迫或强制劳动。

2. 负行政职务的酋长在主管当局明白许可下得使用强迫或强制劳动，但须受本公约第十条规定的限制。

3. 经适当承认的酋长如果没有其他形式的充足薪酬，得享有个人服务，但须不违反适当的规章并须采取一切必要措施，以防滥用而杜流弊。

第八条

1. 所有关于征取强迫或强制劳动的决定应由各该领土的最高民政当局负责作出。

2. 强迫或强制劳动，如无须工人离开其惯常居住地，则该最高民政当局得将征取此种强迫或强制劳动之权授予最高地方当局。强迫或强制劳动，如果为了便利管理当局官员在行使职务时的行动和政府贮存物品的运输起见，需要工人离开其惯常居住地，则该最高民政当局亦得将征取此种强迫或强制劳动之权授予最高地方当局。但其期间和条件均须依照本公约第二十三条所述规章的规定。

第九条

除本公约第十条另有规定外，任何有权征取强迫或强制劳动的当局在未决定征取这类劳动之前应先确定：

（a）所从事工作或所提供的劳务对被要求从事这些工作或提供这些劳务的社区有直接的重大利益；

（b）这些工作或劳务是目前必需或迫切必需的；

（c）这些工作或劳务所给付的工资和工作条件与该地区类似工作或劳务通常提供的工资和工作条件比较，并不低劣，但仍无法招募自愿劳工；

（d）这些工作或劳务曾顾及当地所能提供的劳工人数及其从事这些工作的能力，不致使现有的居民负担过重。

第十条

1. 强迫或强制劳动之视为赋税而征用者以及执行职务的酋长为推行公用事业而征用者均应逐渐废止。

2. 目前如有视为赋税而征用强迫或强制劳动以及执行职务的酋长为推行公用事业而征用强迫或强制劳动情事,有关当局应先确定:

(a) 所从事的工作或所提供的劳务对被要求从事这些工作或提供这些劳务的社区有直接的重大利益;

(b) 这些工作或劳务是目前必须或迫切必须的;

(c) 这些工作或劳务已经顾及当地所能提供的劳工人数及其从事这些工作的能力,不致使现有的居民负担过重;

(d) 这些工作或劳务无须工人离开惯常住处;

(e) 按照宗教、社会生活和农业的迫切需要,指导执行这些工作或提供这些劳务。

第十一条

1. 唯年龄显已满十八岁未逾四十五岁的身体健全的成年男子始得被征从事强迫或强制劳动。除本公约第十条所规定者外,所有强迫或强制劳动适用下列限制和条件。

(1) 尽可能由行政当局委派的医官事先诊断各该人员没有患任何传染疾病,而且体格又适宜该项工作和工作环境;

(2) 学校师生和一般行政官员一概豁免;

(3) 为每一社区留存若干为家庭和社会生活所不可少的身体健全的成年男子;

(4) 尊重夫妇关系和家庭关系。

2. 为第一款第三项的目的,本公约第二十三条所规定的规章应定出任何一时期可以从身体健全成年男子居民中征用以从事强迫或强制劳动的人数所占的比例,但在任何情况下这个比例不得超过百分之二十五。主管当局在定出这个比例时应考虑到人口密度、社会和物质发展、季节关系、各该人等自己在当地必须从事的工作以及一般来说,顾及该社区正常生活的经济和社会需要。

第十二条

1. 在十二个月期间内,任何人从事各种强迫或强制劳动,最多不得超过六十天,往返工作地点所需时间一并计算在内。

2. 对已从事强迫或强制劳动者,应发给证书,说明其完成这种劳动的期间。

第十三条

1. 任何从事强迫或强制劳动者的正常工作期间应与自愿劳动者相同,正常工作时间以外的超时工作,其报酬率亦应与自愿劳动者超时工作的通常报酬相同。

2. 所有从事任何种类的强迫或强制劳动者每星期应有一天休息,这个休息日应尽可能与该领土或地域的传统或习惯所定的日期符合一致。

第十四条

1. 除本公约第十条所规定的强迫或强制劳动之外,各种强迫或强制劳动的工资,应以现金支付,其工资率不得低于雇用劳工地区或招募劳工地区通常对类似工作所给付的工资率,比较时以两地工资率之较高者为准,

2. 如酋长在执行职务时征用劳工,应尽可能及早采用按照上款的规定给付工资的办法。

3. 工资应付给个别的工人,而不应付给部落酋长或任何其他当局。

4. 为付给工资的目的,往返工作地点所需日数应作工作日计算。

5. 本条的规定不妨碍以配给粮食作为工资的一部分给付工人；这些粮食的价值至少应与所扣除的货币工资相等；但缴纳捐税或供给特殊食物衣服、房舍使工人在任何特殊工作环境下能够胜任工作或供应工具，这三件事的费用均不得在工资内扣除。

第十五条

1. 关于工人因雇佣关系遭遇意外事故或患病而领受补偿的法律规章以及关于死亡或丧失工作能力工人的受扶养人领受补偿的法律规章在一个领土已施行或将施行者，对于被征用从事强迫或强制劳动的人和自愿工人，同样适用。

2. 在任何情况下，任何使用工人从事强迫或强制劳动的当局负有义务，确保那些因雇佣关系遭遇意外事故或患病以致丧失全部或部分谋生能力者获得生活维持费，并采取措施，确保那些因雇佣关系丧失工作能力或死亡的工人的实际受扶养人获得生活维持费。

第十六条

1. 除特别必要的情形外，不得将被征用从事强迫或强制劳动者迁移至饮食和气候与他们所习惯的情况迥异、会危害他们健康的地方。

2. 除了可以严格执行所有关于卫生和房舍的必要措施，使这些工人能够适应环境和确保健康之外，无论如何不得将其迁移。

3. 遇此种迁移不能避免时，应根据资格相当医师的意见，采取措施，使工人逐渐适应新的饮食习惯和天气状况。

4. 如果需要这些工人做他们不做惯的日常工作，则应采取措施，以确保他们能够适应，特别是关于逐步训练、工作时间、工作若干小时歇一个时候的规定以及饮食的必要增加和改善。

第十七条

强迫或强制劳动如果是为了建筑或维修工作，需要工人在工作地点作相当时期的逗留，主管当局在未准许征用此项劳工之前应确定下列各项：

（1）采取一切必要措施，以保障工人的健康和保证必要的医疗，尤其是（a）工人在开始工作以前和在服务期间定期受体格检查，（b）有足够的医疗人员，具备药房、医务处、医院和必要的设备，以满足各种需要，（c）工场的卫生状况、食水、食物、燃料和烹饪用具的供应以及必要时房舍和衣物的供应均令人满意；

（2）作出一定的安排，以确保工人家属获得生活维持费，特别是应工人的要求或经工人同意，以安全可靠的方法把工资一部分汇寄给家属；

（3）管理当局应负责工人往返工场的问题，尽量利用所有的一切交通工具，便利工人往返工场，并支付他们的路费；

（4）工人如果患病或遭遇意外事故，以致在一个时期内不能工作，管理当局应资送其回原地；

（5）任何工人在强迫或强制劳动期满时，如果要以自愿工人身份继续工作，应许其自便，而且在两年内，不丧失其受资送回原地的权利。

第十八条

1. 从事运送人员或货物的强迫或强制劳动，例如挑夫或船夫，应在最短期间内废止。在未废止之前，主管当局应公布规章，除其他事项外，规定：（a）仅为利便行政官员执行职务时的行动或为政府贮存物品的运输或在非常紧急必要的情况下运送非政府人员,才可以使用这些人,(b) 所使用的工人如有可能应经医生证明其体力足以胜任,倘若实际上无法进行体格检查,使用这类工人者应负责确保他们的体力足以胜任,并且没有患任何传染疾病,(c) 这些工人所能负荷的最高重量,(d) 把他们从家里调到别处的最远距离,(e) 每个月或其他期间内被调离家的最多日数,包括回家所需日数在内,(f) 有权要求这种形式的强迫或强制劳动的人士以及他们的权限。

2. 在订定前款(c)、(d)和(e)项所述的最高额时,主管当局应考虑到一切有关因素,包括受招募工人地区居民的体格发展、他们必须经过的地方的性质及气候状况。

3. 主管当局应进一步规定,这些工人通常每天的行程不得超过与平均每天八小时工作相当的行程,并且有一项了解:即不仅应考虑到工人负荷的重量和路程的远近,还应考虑到道路的状况、季节关系和一切有关因素,如果行程超过通常每天的行程,额外时间的报酬应该比平常的工资率高。

第十九条

1. 主管当局应当准许为预防饥荒或粮食恐慌而强迫耕种,而且这些粮食或产品一定要归从事生产的个人或社区所有。

2. 本条款的规定不得解释为免除社区成员履行其应尽的工作义务,倘若一个社区按其法律或习俗,生产系以社区为基础而组织,而且产品或出售产品所得的利益一律归社区共有。

第二十条

关于社区因其任一成员犯罪而全体受惩罚的集体惩罚法律不得规定强迫或强制劳动为惩罚方法之一。

第二十一条

不得使用强迫或强制劳动去从事地下采矿工作。

第二十二条

批准本公约的成员同意依照国际劳工组织组织法第二十二条的规定向国际劳工局提出的关于为施行本公约条款而采取的措施的年度报告应尽可能详细叙述每一有关领土征用强迫或强制劳动的范围及其目的、工人患病率和死亡率,工作时间、工资给付方式和工资率,以及其他任何有关事项。

第二十三条

1. 主管当局为施行本公约条款起见,应公布关于使用强迫或强制劳动的详尽和精确的规章。

2. 这些规章,除其他事项外,应规定准许从事强迫或强制劳动者就劳动状况向当局申诉,以及如何确保这些申诉获得审查和考虑。

第二十四条

在任何情况下,应采取适当措施,扩大为监察自愿劳工而设的任何现有的劳工监察人员的职务使其兼管监察强迫或强制劳动,或通过其他适当的方法,以确保关于使用强迫或强制劳动的规章严格施行。并应采取措施,以确保从事这类劳动者知道这些规章。

第二十五条

非法征用强迫或强制劳动,应依刑法治罪。批准本公约的成员负有义务确保法律所规定的惩罚确实充分,一定严格执行。

第二十六条

1. 国际劳工组织每一成员于批准本公约时承担在它主权、管辖权、保护权、宗主权、监护权或权限下并且它有权接受与内部管辖有关的义务的领土适用本公约;但该成员国如欲利用国际劳工组织组织法第三十五条规定,应在批准书上附加一份声明,说明:

（1）该国承担不经修改地适用本公约规定的领土;

（2）该国承担在加以修改的情况下适用本公约规定的领土,以及这些修改的细节;

（3）该国保留决定的领土。

2. 上述声明应视为批准书的组成部分,具有批准书的同一效力,任何成员得另以声明全部或局部撤回它在原来声明里按本款第二项和第三项的规定所作的任何保留。

第二十七条

依照国际劳工组织组织法所定条件做成的本公约正式批准书应送交国际劳工局局长登记。

第二十八条

1. 本公约仅对曾经把批准书送交国际劳工局登记的那些国际劳工组织成员有约束力。

2. 本公约应于两个成员把批准书送交局长登记之日起十二个月后生效。

3. 此后,本公约应于任何成员把批准书送交登记之日起十二个月后对该成员生效。

第二十九条

国际劳工局局长于国际劳工组织两个成员把批准书送交国际劳工局登记后,应立即通知全体成员。其后如有其他国际劳工组织成员把批准书送交登记时,亦应照样一律通知。

第三十条

1. 批准了本公约的成员,可以在本公约首次生效之日起满十年后,退出本公约;退约时应以退约书送交国际劳工局局长登记。此项退约应于退约书送交登记之日起一年后方可生效。

2. 批准了本公约的成员,如果在上款所述的十年时间满期后一年内,不行使本条所规定的退约权,即须再受五年的拘束,其后,可按本条规定的条件,在每五年时间满期时,退出本公约。

第三十一条

在本公约生效后每五年时间满期时,国际劳工局理事院应向国际劳工大会提出一项关于本公约实施情况的报告,并研究宜否在国际劳工大会议程上列入全部或局部订正本公约的问题。

第三十二条

1. 国际劳工大会若通过一个新的公约,对本公约作全部或局部修正时,任何成员如批准新的订正公约,在该订正公约生效时,无须等待即系依法退出本公约,不管上述第三十条的规定。

2. 从新的订正公约生效之日起,本公约应即停止开放给各成员批准。

3. 对于已批准本公约但未批准订正公约的那些成员,本公约仍按其原有的形式和内容继续有效。

第三十三条

本公约的英文本和法文本同一作准。

37. 废止强迫劳动公约

(国际劳工组织大会 1957 年 6 月 25 日通过)

国际劳工组织大会,

经国际劳工局理事院召开,于一九五七年六月五日在日内瓦举行第四十届会议,

审议了强迫劳动问题——会议议程的第四个项目,

注意到一九三〇年《强迫劳动公约》的规定,

注意到一九二六年《禁奴公约》规定应当采取一切必要措施去制止强制及强迫劳动产生与奴隶制相类似的状况,以及一九五六年废止奴隶制、奴隶贩卖及类似奴隶制的制度与习俗补充公约规定彻底废止债务质役及农奴制,

注意到一九四九年《保障工资公约》规定工资应定期给付,并禁止采用使工人确定不可能完成其工作的给付工资方法,

决定对废止若干构成违反联合国宪章所述和《世界人权宣言》所列各项人权的强迫及强制劳动方式的问题,通过进一步的建议,

决定这些建议应采取一个国际公约的形态,

于一九五七年六月二十五日通过下面的公约,该公约在引用时,可称为一九五七年《废止强迫劳动公约》:

第一条

凡批准本公约的国际劳工组织成员承担制止和不利用任何方式的强迫或强制劳动:

(甲) 作为政治压迫或政治教育的工具或作为对持有或发表政见或意识形态上与现存政治、社会或经济制度相反的意见的惩罚;

(乙) 作为为经济发展目的动员和使用劳工的方法;

(丙) 作为劳动纪律的工具;

(丁) 作为对参加罢工的惩罚;

(戊) 作为实行种族、社会、民族或宗教歧视的工具。

第二条

凡批准本公约的国际劳工组织成员承担采取有效措施去保证立即彻底废止本公约第一条所述的强迫和强制劳动。

第三条

本公约的正式批准书应送交国际劳工局局长登记。

第四条

一、本公约应只对曾经把批准书送交局长登记的那些国际劳工组织成员有拘束力。

二、本公约应于两个成员把批准书送交局长登记之日起十二个月后生效。

三、此后,本公约应于任何成员把批准书送交登记之日起十二个月后对该成员生效。

第五条

一、批准了本公约的成员,可以在公约首次生效之日起满十年后,退出公约;退约时应以退约书送交国际劳工局局长登记。此项退约应于退约书送交登记之日起一年后才生效。

二、批准了本公约的每一成员,如果在上款所述的十年时间满期后一年内,不行使本条所规定的退约权,即须再受十年的拘束,其后,可按本条规定的条件,在每十年时间满期时,退出本公约。

第六条

一、国际劳工局局长应将国际劳工组织各成员送交他登记的所有批准书和退约书通知国际劳工组织的全体成员。

二、在把送交他登记的第二件批准书通知国际劳工组织各成员时,局长应请各成员注意公约生效的日期。

第七条

国际劳工局局长应按照联合国宪章第一百零二条的规定,将按上述各条规定送交他登记的所有批准书和退约书的全部细节,送交联合国秘书长登记。

第八条

国际劳工局理事院应于它认为必要的时候,向大会提出一项关于本公约实施情况的报告,并研究是否宜于在大会议程上列入全部或局部订正公约的问题。

第九条

一、大会倘若通过一个新的公约去全部或局部订正本公约,那么,除非这个新的公约另有规定,否则:

(甲)任何成员如批准新的订正公约,在该订正公约生效时,即系依法退出本公约,不管上述第五条的规定;

(乙)从新的订正公约生效之日起,本公约应即停止开放给各成员批准。

二、对于已批准本公约但未批准订正公约的那些成员,本公约无论如何应按照其原有的形式和内容继续生效。

第十条

本公约的英文本和法文本具有同等效力。

前文是国际劳工组织大会在日内瓦举行的并于一九五七年六月二十七日宣布闭会的第四十届会议正式通过的公约的作准文本。

为此,我们于一九五七年七月四日签字,以昭信守。

38. 结社自由和组织权利保护公约

(国际劳工组织大会1948年7月9日通过)

国际劳工组织全体大会,

经国际劳工局理事会的召集,于1948年6月17日在旧金山举行第31届会议,

经议决以公约方式采纳关于本届会议议程第7项所列"结社自由和组织权利保护"的若干提议,

考虑到国际劳工组织章程序言中声明"承认结社自由的原则"是改善劳工条件和建立和平的一种手段,

考虑到《费城宣言》重申言论自由和结社自由是不断进步的必要条件,

考虑到第30届国际劳工大会一致通过了构成国际规则基础的原则,

考虑到联合国大会在其第2届会议上批准了这些原则并要求国际劳工组织继续努力以便有可能通过一个或几个国际公约,

于1948年7月9日通过下述公约,此公约得称为1948年《结社自由和组织权利保护公约》。

第一部分 结社自由

第1条

本公约生效的国际劳工组织各会员国承诺实施下述条款。

第2条

工人和雇主没有任何区别,应有权建立和仅根据有关组织的规则加入各自选择的组织,且不须事先批准。

第3条

1. 工人组织和雇主组织应有权制订各自的章程和规则,完全自由地选举其代表,组织其行政管理和活动,制定其计划。

2. 政府当局不得从事限制这种权利和阻碍合法行使这种权利的任何干预行为。

第4条

工人组织和雇主组织不应受到行政当局的解散和中止。

第5条

工人组织和雇主组织应有权利建立和加入联合会、联盟和任何这种组织,联合会或联盟应有权利与国际工人组织和雇主组织交往。

第 6 条

上述第 2 条、第 3 条和第 4 条的规定适用于工人组织和雇主组织的联合会和联盟。

第 7 条

工人组织和雇主组织、联盟和联合会对法人资格的获得不应受具有限制实施本公约第 2 条、第 3 条和第 4 条规定特征的条件的约束。

第 8 条

1. 工人和雇主在行使本公约里规定的权利时,应同其他个人或组织起来的集体一样遵守国内法。

2. 国内法不应损害、也不应被执行得有损于本公约里规定的保证。

第 9 条

1. 本公约规定的保证适用于武装部队和警察的程度应由国家法律或条例来决定。

2. 根据国际劳工组织章程第 19 条第 8 款规定的原则,任何会员国对本公约的批准都不应被视为影响据此拥有武装部队或警察的会员国享受本公约保证的任何权利的任何现有法律、裁决书、惯例或协议。

第 10 条

在本公约里,"组织"一词是指促进和保护工人或雇主利益的任何工人组织或雇主组织。

第二部分　组织权利保护

第 11 条

本公约生效的国际劳工组织各会员国承诺:采取所有必要和适当措施,以确保工人和雇主可以自由地行使组织权利。

第三部分　杂 项 规 定

第 12 条

1. 关于经《1946 年国际劳工组织章程修正文件》修正的《国际劳工组织章程》第 35 条所述领土(但经修正的第 35 条第 4 款和第 5 款所述领土除外),批准本公约的本组织各会员国应在向国际劳工局局长递交其批准书的同时或尽可能随后呈交一份宣言,声明:

(a) 对于哪些领土,它承诺本公约的条款无需修改便可适用;

(b) 对于哪些领土,它承诺本公约的条款但经修改可适用,以及修改的细节;

(c) 对于哪些领土,本公约不适用以及不适用的理由;

(d) 对于哪些领土,它保留其决定。

2. 本条第 1 款(a)和(b)项所述承诺应被视为批准书的组成部分并具有批准书的效力。

3. 任何会员国可以依照本条第 1 款(b)、(c)或(d)项随时通过随后的宣言全部或部分取消其第一份宣言里所做的任何保留。

4. 任何会员国可以在按第 16 条规定本公约可被解约的任何时候向局长递交一份宣言,在其他任何方面对以前任何宣言的条款进行修改,并详细地声明这种领土的现状。

第 13 条

1. 如果本公约的主要问题在任何非宗主国领土的自治权限之内,负责这个领土的国际关系的会员国经商该领土政府同意后,可以向国际劳工局局长呈交一份代表该领土接受本公约义务的宣言。

2. 接受本公约义务的宣言可以由下述会员国或当局递交国际劳工局局长:
   (a) 共同管辖任何领土的本组织的两个或两个以上的会员国,或
   (b) 依照《联合国宪章》或其他章程负责管理任何这种领土的任何国际当局。

3. 根据本条上述各款向国际劳工局局长递交的宣言应指出本公约条款是否须经修改方可适用于有关领土,当宣言指出本公约条款须经修改方可适用时,它应列出修改的细节。

4. 有关会员国或国际当局可以在任何时候以随后的宣言全部或部分放弃以前任何宣言中声明的任何修改。

5. 有关会员国或国际组织可以在按照第 16 条规定对本公约进行解约的任何时候,向国际劳工局局长递交一份宣言,在任何其他方面对以前任何宣言的条款进行修改,并说明其目前对实施本公约的立场。

第四部分　最　终　条　款

第 14 条

本公约的正式批准书应送请国际劳工局局长登记。

第 15 条

1. 本公约应仅对批准书已经局长登记的国际劳工组织会员国具有约束力。

2. 本公约应自两会员国的批准书已经局长登记之日起 12 个月后生效。

3. 此后,对任何会员国,本公约应自其批准书已经登记之日起 12 个月后生效。

第 16 条

1. 凡批准本公约的会员国,自本公约初次生效之日起满 10 年后,可向国际劳工局局长通知解约,并请其登记。此项解约通知书自经登记之日起满 1 年后始得生效。

2. 凡批准本公约的会员国,在前款所述 10 年期满后的 1 年内,如未行使本条所规定的解约权利,即须再遵守 10 年,此后每当 10 年期满,可依本条的规定通知解约。

第 17 条

1. 国际劳工局局长应将国际劳工组织各会员国所送达的所有批准书、宣言和解约通知书的登记情况通知本组织所有会员国。

2. 局长在以所送达的第二份批准书的登记通知本组织各会员国时,应请本组织各会员国注意本公约开始生效的日期。

第 18 条

国际劳工局局长应按照联合国宪章第 102 条,将其按照上述各条规定所登记的一切批准书、宣言和解约通知书的详细情况,送请联合国秘书长登记。

第 19 条

国际劳工局理事会在其认为必要时,应将本公约的实施情况向大会提出报告,并审查是

否将本公约的全部或局部修正问题列入大会议程。

第 20 条

1. 如大会通过一项对本公约作全部或局部的修正的新公约,除该新公约另有规定外,则:

(a) 在新修正公约已生效时,尽管有上述第 16 条规定,会员国对于新修正公约的批准,依法应为对本公约的立即解除;

(b) 自新修正公约生效之日起,本公约应即停止接受会员国的批准。

2. 对于已批准本公约但未批准新修正公约的会员国,本公约现有的形式及内容,在任何情况下,仍应有效。

第 21 条

本公约的英文本与法文本同等为准。

39. 组织和集体谈判权利的原则应用公约

(国际劳工组织大会 1949 年 7 月 1 日通过)

国际劳工组织全体大会,

经国际劳工局理事会召集于 1949 年 6 月 8 日在日内瓦举行第 33 届会议,

经议决采纳本届大会议程第四项所列关于应用组织和集体谈判权利的原则的若干提议,

经决定这些提议应采取国际公约的方式,

于 1949 年 7 月 1 日通过下述公约,此公约得称为 1949 年《组织和集体谈判权利的原则应用公约》。

第 1 条

1. 工人对于其就业、在抵抗反工会歧视行为方面应享受适当的保护。

2. 这种保护应特别适用于抵抗企图产生下述情况的行为:

(a) 使工人就业受条件约束,即他不得参加工会或放弃工会会员资格;

(b) 由于其为工会会员或在工作时间之外或经雇主同意在工作时间之内参加工会活动的原因,解雇工人或侵害其利益。

第 2 条

1. 工人组织和雇主组织在其设立、行使职责和管理方面,应享受适当保护,以抵抗相互间或各自代理或成员的任何干预行为。

2. 尤其那些企图设立受雇主组织支配的工人组织的行为,或为了使雇主或雇主组织达到控制工人组织的目的而通过财政或其他方式资助工人组织的行为,此应被视为构成本条所称的干预行为。

第 3 条

必要时应设立适合国家条件的机构,旨在确保尊重上述各条规定的组织权利。

第 4 条

必要时应采取适合国家条件的措施,鼓励和促进充分开发和利用供雇主或雇主组织和工人组织之间自愿谈判的机构,以便通过集体协议调整雇用条件。

第 5 条

1. 本公约规定的保证在何等程度上应适用于武装部队和警察,应由国家法律或条例加以确定。

2. 根据《国际劳工组织章程》第 19 条第 8 款规定的原则,任何会员国对本公约的批准均不得被视为影响那些使武装部队或警察成员享受本公约保证的任何权利的任何现有法律、裁决书、惯例或协议。

第 6 条

本公约不涉及受雇于国家行政机关的公务员的职位,也不得被解释为任何方式侵害他们的权利或地位。

第 7 条

本公约的正式批准书应送请国际劳工局局长登记。

第 8 条

1. 本公约应仅对其批准书已经局长登记的国际劳工组织各会员国具有约束力。

2. 本公约应自两会员国的批准书已经局长登记之日起满 12 个月后生效。

3. 此后,对于任何会员国,本公约应自其批准书已经登记之日起 12 个月后生效。

第 9 条

1. 根据国际劳工组织章程第 35 条第 2 款规定送交国际劳工局局长的宣言应声明:

(a) 对于哪些领土,有关会员国承诺无需修改便可适用本公约条款;

(b) 对于哪些领土,该会员国承诺经修改适用本公约条款,并提交修改的详细情况;

(c) 对于哪些领土,本公约不适用及不适用的理由;

(d) 对于哪些领土,该会员国在进一步审议其立场之前保留其决定。

2. 本条第 1 款(a)和(b)项所述承诺应被视为该批准书的组成部分并具有批准书的效力。

3. 任何会员国可以在任何时间以随后的宣言全部或部分取消依照本条第 1 款(b)、(c)或(d)在其原宣言中所做的任何保留。

4. 任何会员国,在根据第 11 条规定对本公约进行解约的任何时间,可以向局长送交一份宣言,在任何其他方面对以前任何宣言的条款进行修改并说明其目前对这种领土的立场。

第 10 条

1. 根据国际劳工组织章程第 35 条第 4 款或第 5 款送交国际劳工局局长的宣言应声明本公约规定是否须经修改方可适用于有关领土;当宣言声明本公约须经修改方可适用时,应给出该修改的详细情况。

2. 有关会员国或国际当局可以在任何时候以随后的宣言全部或部分放弃以前任何宣言中声明的任何修改。

3. 有关会员国或国际当局可以在根据第 11 条规定对本公约进行解约的任何时候,向局长送交一份宣言,在任何其他方面对以前任何宣言的条款进行修改,并说明其目前对实施本公约的立场。

第 11 条

1. 凡已批准本公约的会员国,自本公约初次生效之日起满 10 年后,可向国际劳工局局长通知解约,并请其登记。此项解约通知书自经登记之日起满 1 年后始得生效。

2. 凡已批准本公约的会员国,如前款所述 10 年期满后的 1 年内,如未行使本条所规定的解约权利,即须再遵守 10 年,此后每当 10 年期满,可依本条的规定通知解约。

第 12 条

1. 国际劳工局局长应将国际劳工组织各会员国所送达的一切批准书、声明和解约通知书的登记情况,通知本组织所有会员国。

2. 局长在将所送达的第二份批准书的登记通知本组织各会员国时,应请本组织各会员国注意本公约开始生效的日期。

第 13 条

国际劳工局局长应按照联合国宪章第 102 条规定,将其按照以上各条规定所登记的一切批准书、宣言和解约通知书的详细情况,送请联合国秘书长登记。

第 14 条

国际劳工局理事会在其认为必要时,应将本公约的实施情况向大会提出报告,并审查是否将本公约的全部或局部修正问题列入大会议程。

第 15 条

1. 如大会通过一项对本公约作全部或局部的修正的新公约,除该新公约另有规定外,则:

(a) 在新修正公约生效时,尽管有上述第 11 条规定,会员国对于新修正公约的批准,依法应为对本公约的立即解除;

(b) 自新修正公约生效之日起,本公约应即停止接受各会员国的批准。

2. 对于已批准本公约而未批准新修正公约的会员国,本公约现有的形式及内容,在任何情况下,仍应有效。

第 16 条

本公约的英文本与法文本同等为准。

40. 1951年同酬公约("第100号公约")

(国际劳工组织大会1951年6月29日通过)

生效:按照第六条的规定,于1953年5月23日生效。
国际劳工大会,
经国际劳工局理事院召开,于1951年6月6日在日内瓦举行第34届会议,
决议对男女工人同工同酬原则——会议议程的第七个项目——通过若干提议,
决定这些建议应采取一个国际公约的形态,
于1951年6月29日通过下面的公约,该公约在引用时可称为《1951年同酬公约》:

第一条
为本公约目的:
(甲)"报酬"一语指普通的、基本的或最低限度的工资或薪金以及任何其他因工人的工作而由雇主直接地或间接地以现金或实物支付给工人的酬金;
(乙)"男女工人同工同酬"一语指报酬率的订定,不得有性别上的歧视。

第二条
1. 每一成员应以符合现行决定报酬率办法的适当方法促进并在符合这些办法的范围内保证男女工人同工同酬原则对一切工人适用。
2. 这个原则可通过下列方法去实施:
(甲)国家的法律或规章;
(乙)依法设立或在法律上得到承认的工资决定机构;
(丙)雇工与工人间的集体协议;
(丁)这三种方法的混合。

第三条
一、在行动有助于实施本公约规定的情况下,应采取各种措施去促进根据在实际工作的基础上对各种职位作客观评价。
二、评价的方法可以由负责决定报酬率的当局决定;如果这种报酬率系由集体协议决定,则可以由协议的有关各方决定。
三、工人间的报酬率的差异,如果是基于这种客观评价所确定的实际工作的差异,而与性别无关,则不应视为违反男女工人同工同酬的原则。

第四条
每一成员应斟酌情形与有关的雇主组织和工人组织合作,以实施本公约的规定。

第五条

本公约的正式批准书,应送交国际劳工局局长登记。

第六条

一、本公约应只对曾经把批准书送交局长登记的那些国际劳工组织成员有拘束力。

二、本公约应于两个成员把批准书送交局长登记之日起十二个月后生效。

三、此后,本公约应于任何成员把批准书送交登记之日起十二个月后对该成员生效。

第七条

一、在按照《国际劳工组织组织法》第三十五条第二款送交国际劳工局局长的声明里,应说明下列各点:

(甲)有关成员承担不经修改地适用本公约规定的领土;

(乙)有关成员承担在加以修改的情况下适用本公约规定的领土,以及这些修改的细节;

(丙)不适用本公约的领土,以及不适用的原因;

(丁)有关成员保留决定以待进一步考虑立场的领土。

二、本条第一款(甲)项与(乙)项所述的承担,应视为批准书的组成部分,具有批准效力。

三、任何成员随时可以另以声明全部或局部撤销它在原来声明里按本条第一款(乙)、(丙)、(丁)项所作的任何保留。

四、任何成员可以在按照第九条规定得退出本公约的时候,以声明送交局长,对任何以前声明里的条件,加以任何修改,并说明它现在对某些它可能指定的领土所持的立场。

第八条

一、在按照《国际劳工组织组织法》第三十五条第四款或第五款送交国际劳工局局长的声明里,应说明本公约规定是否将不经修改地,或在加以修改的情况下,对有关领土适用;倘若声明里说明本公约规定将在加以修改的情况下适用,则应说明这些修改的细节。

二、有关成员或国际当局可以随时另以声明全部或局部放弃援用任何以前声明里所述的任何修改的权利。

三、有关成员或国际当局可以在按照第九条规定得退出本公约的时候,以声明送交局长,对任何以前声明里的条件,加以任何修改,并说明它现在对本公约的适用所持的立场。

第九条

一、批准了本公约的成员,可以在公约首次生效之日起满十年后,退出公约;退约时应以退约书送交国际劳工局局长登记。此项退约应于退约书送交登记之日起一年后才生效。

二、批准了本公约的每一成员,如果在上款所述的十年时间满期后一年内,不行使本条所规定的退约权,即须再受十年的拘束,其后,可按本条规定的条件,在每十年时间满期时,退出本公约。

第十条

一、国际劳工局局长应将国际劳工组织各成员送交他登记的所有批准书、声明和退约书通知国际劳工组织的全体成员。

二、在把送交他登记的第二份批准书通知国际劳工组织各成员时,局长应请各成员注意公约生效的日期。

第十一条

国际劳工局局长应按照《联合国宪章》第一百零二条的规定,将按上述各条规定送交他登记的所有批准书、声明和退约书的全部细节,送交联合国秘书长登记。

第十二条

国际劳工局理事院应于它认为必要的时候,向大会提出一项关于本公约实施情况的报告,并研究是否宜于在会议议程上列入全部或局部订正公约的问题。

第十三条

一、大会倘若通过一个新的公约去全部或局部订正本公约,那么,除非这个新的公约另有规定,否则:

(甲)任何成员如批准新的订正公约,在该订正公约生效时,即系依法退出本公约,不管上述第九条的规定;

(乙)从新的订正公约生效之日起,本公约应即停止开放给各成员批准。

二、对于已批准本公约而未批准订正公约的那些成员,本公约无论如何应按照其原有的形式和内容继续生效。

第十四条

本公约的英文本与法文本具有同等效力。

前文是国际劳工大会在日内瓦举行的并于 1951 年 6 月 29 日宣布闭会的第三十四届会议正式通过的公约的作准文本。

为此,我们于 1951 年 8 月 2 日签字,以昭信守。

41. 准予就业最低年龄公约

(国际劳工组织大会1973年6月29日通过)

国际劳工组织大会,

经国际劳工局理事会召集,于1973年6月6日在日内瓦举行其第58届大会,并

经决定采纳本届会议议程第4项关于准予就业最低年龄的某些提议,并

注意到1919年(工业)最低年龄公约、1920年(海上)最低年龄公约、1921年(农业)最低年龄公约、1921年(扒炭工和司炉工)最低年龄公约、1932年(非工业就业)最低年龄公约、1936年(海上)最低年龄公约(修订)、1937年(工业)最低年龄公约(修订)、1937年(非工业就业)最低年龄公约(修订)、1959年(渔民)最低年龄公约和1965年(井下工作)最低年龄公约的条款,并

考虑到就此主题制订一个总文件的时机已到,这一文件将逐步替代现有的适用于有限经济部门的文件,以达到全部废除童工的目的,并

经确定这些提议应采取国际公约的形式,于1973年6月26日通过以下公约,引用时得称之为1973年《准予就业最低年龄公约》:

第一条

凡本公约对其生效的会员国,承诺执行一项国家政策,以保证有效地废除童工并将准予就业或工作的最低年龄逐步提高到符合年轻人身心最充分发展的水平。

第二条

1. 凡批准本公约的会员国应在附于其批准书的声明中,详细说明准予在其领土内及在其领土注册的运输工具上就业或工作的最低年龄;除了符合本公约第4至第8条规定外,未满该年龄者不得允许其受雇于或从事任何职业。

2. 凡批准本公约的会员国得随后再以声明书通知国际劳工局长,告知其规定了高于以前规定的最低年龄。

3. 根据本条第1款规定的最低年龄应不低于完成义务教育的年龄,并在任何情况下不得低于15岁。

4. 尽管有本条第3款的规定,如会员国的经济和教育设施不够发达,得在与有关的雇主组织和工人组织(如存在此种组织)协商后,初步规定最低年龄为14岁。

5. 根据上款规定已定最低年龄为14岁的各会员国,应在其按照国际劳工组织章程第22条的规定提交的实施本公约的报告中说明:

(a) 如此做的理由;或

(b) 自某日起放弃其援用有关规定的权利。

第三条

1. 准予从事按其性质或其工作环境很可能有害年轻人健康、安全或道德的任何职业或工作类别,其最低年龄不得小于 18 岁。

2. 本条第 1 款适用的职业类别应由国家法律或条例,或由主管当局在与有关的雇主组织和工人组织(如存在此种组织)协商后确定。

3. 尽管有本条第 1 款的规定,国家法律或条例,或主管当局在与有关的雇主组织和工人组织(如存在此种组织)协商后可准予从 16 岁起就业或工作,条件是必须充分保护有关年轻人的健康、安全和道德,这些年轻人并须在有关的活动部门受过适当的专门指导或职业训练。

第四条

1. 如属必要,主管当局在与有关的雇主组织和工人组织(如存在此种组织)协商后,对运用本公约将产生特殊和重大问题的有限几种职业或工作得豁免其应用本公约。

2. 凡批准本公约的会员国应在其按照《国际劳工组织章程》第 22 条的规定提交的关于实施本公约的第一次报告中,列举按照本条第 1 款的规定得豁免于应用本公约的任何职业或工作类别,陈述豁免的理由,并应在以后的报告中说明该国法律和实践对豁免此类职业或工作所做规定的状况,并说明在何种程度上已经或建议对此类职业或工作实施本公约。

3. 本公约第 3 条所规定的职业或工作,不得按照本条规定而免于应用本公约。

第五条

1. 经济和行政设施不够发达的会员国在与有关的雇主组织和工人组织(如存在此种组织)协商后,得在开始时限制本公约的应用范围。

2. 凡援用本条第 1 款规定的会员国,应在附于其批准书的声明书中,详细说明哪些经济活动部门或企业类别将应用本公约的规定。

3. 本公约的规定至少应适用于下列行业:采矿和采石、制造、建筑、电、煤气和水、卫生服务、运输、仓储和交通,以及种植园和其他主要为商业目的而生产的农业企业,但不包括为当地消费而生产又不正式雇工的家庭企业和小型企业。

4. 任何会员国按照本条规定已限制应用本公约的范围者:

(a)应在其根据《国际劳工组织章程》第 22 条的规定提交的报告中,说明不包括在应用本公约范围内的经济活动部门中年轻人和儿童就业或工作的一般状况,以及为扩大应用本公约的规定所可能取得的任何进展;

(b)得在任何时候通过向国际劳工局长提交声明书,正式扩大应用范围。

第六条

本公约不适用于在普通学校、职业技术学校或其他培训机构中的儿童和年轻人所做的工作,或企业中年龄至少为 14 岁的人所做的工作,只要该工作符合主管当局在与有关的雇主组织和工人组织(如存在此种组织)协商后规定的条件,并是下列课程或计划不可分割的一部分:

(a)一所学校或一个培训机构主要负责的教育或培训课程;

(b)经主管当局批准,主要或全部在一个企业内实施的培训计划;或

(c)为便于选择一种职业或行业的培训指导或引导计划。

第七条

1. 国家法律或条例得允许年龄为 13 至 15 岁的人在从事轻工作的情况下就业或工作,这种工作是:

(a) 大致不会危害他们的健康或发育;并

(b) 不会妨碍他们上学、参加经主管当局批准的职业指导或培训计划或从所受教育中获益的能力。

2. 国家法律或条例还得允许年龄至少为 15 岁但还未完成其义务教育的人从事符合本条第 1 款(a)和(b)所要求的工作。

3. 主管当局应确定按照本条第 1 和 2 款的规定得被允许就业或工作的活动,并应规定从事此种就业或工作的工作小时数和工作条件。

4. 尽管有本条第 1 款和第 2 款的规定,已援用第 2 条第 4 款的会员国,只要其继续这样做,得以 12 岁和 14 岁取代本条第 1 款的 13 岁和 15 岁,并以 14 岁取代本条第 2 款的 15 岁。

第八条

1. 主管当局在与有关的雇主组织和工人组织(如存在此种组织)协商后,得在个别情况下,例如参加艺术表演,准许除外于本公约第 2 条关于禁止就业或工作的规定。

2. 如此作出的准许应对准予就业或工作的小时数加以限制,并规定其条件。

第九条

1. 主管当局应采取一切必要措施,包括规定适当惩罚,以保证本公约诸条款的有效实施。

2. 国家法律或条例或主管当局应规定何种人员有责任遵守实施公约的条款。

3. 国家法律或条例或主管当局应规定雇主应保存登记册或其他文件并使其可资随时取用;这种登记册或文件应包括他所雇用或为他工作的不足 18 岁的人的姓名、年龄或出生日期,尽可能有正式证明。

第十条

1. 本公约按照本条条款修正 1919 年(工业)最低年龄公约、1920 年(海上)最低年龄公约、1921 年(农业)最低年龄公约、1921 年(扒炭工和司炉工)最低年龄公约、1932 年(非工业就业)最低年龄公约、1936 年(海上)最低年龄公约(修订)、1937 年(工业)最低年龄公约(修订)、1937 年(非工业就业)最低年龄公约(修订)、1959 年(渔民)最低年龄公约以及 1965 年(井下工作)最低年龄公约。

2. 本公约生效不应停止接受下列公约的批准:1936 年(海上)最低年龄公约(修订)、1937 年(工业)最低年龄公约(修订)、1937 年(非工业就业)最低年龄公约(修订)、1959 年(渔民)最低年龄公约,或 1965 年(井下工作)最低年龄公约。

3. 如有关各方都以批准本公约或向国际劳工局长送达声明书表示同意停止对 1919 年(工业)最低年龄公约、1920 年(海上)最低年龄公约、1921 年(农业)最低年龄公约和 1921 年(扒炭工和司炉工)最低年龄公约的继续批准,则应停止其继续批准。

4. 如本公约生效或当其生效之时:

(a) 一个已批准了 1937 年(工业)最低年龄公约(修订)的会员国承担本公约的义务且已遵照本公约第 2 条规定了最低年龄不低于 15 岁,则依法应为对该公约的立即解约,

(b) 关于1932年(非工业就业)最低年龄公约所规定的非工业就业,如一个批准了该公约的会员国承担本公约的义务,则依法应为对该公约的立即解约,

(c) 关于1937年(非工业就业)最低年龄公约(修订)所规定的非工业就业,如一个批准了该公约的会员国承担本公约的义务,并遵照本公约第2条规定了最低年龄不低于15岁,则依法应为对该公约的立即解约,

(d) 关于海事就业,如一个批准了1936年(海上)最低年龄公约的会员国承担本公约的义务,并遵照本公约第2条规定了最低年龄不低于15岁或该会员国规定本公约第3条适用于海事就业,则依法应为对该公约的立即解约,

(e) 关于海上捕鱼就业,如一个批准了1959年(渔民)最低年龄公约的会员国承担本公约的义务,并遵照本公约第2条规定了最低年龄不低于15岁或该会员国规定本公约第3条适用于海上捕鱼就业,则依法应为对该公约的立即解约,

(f) 一个批准了1965年(井下工作)最低年龄公约的会员国承担本公约的义务,并遵照本公约第2条规定了不低于该公约规定的最低年龄或该会员国因本公约第3条而规定此年龄适用于井下就业时,则依法应为对该公约的立即解约。

5. 如本公约生效或当其生效之时:

(a) 关于1919年(工业)最低年龄公约,承担本公约的义务应涉及根据该公约第12条对该公约解约,

(b) 关于农业,承担本公约的义务应涉及根据1921年(农业)最低年龄公约第9条对该公约解约,

(c) 关于海事就业,承担本公约的义务应涉及根据1920年(海上)最低年龄公约第10条和1921年(扒炭工和司炉工)最低年龄公约第12条对该公约解约。

第十一条

本公约的正式批准书应送请国际劳工局长登记。

第十二条

1. 本公约应仅对其批准书已经国际劳工局长登记的会员国有约束力。

2. 本公约应自两个会员国的批准书已经登记之日起12个月后生效。

3. 此后对于任何会员国,本公约应自其批准书已经登记之日起12个月后生效。

第十三条

1. 凡批准本公约的会员国,自本公约初次生效之日起满10年后,得向国际劳工局长通知解约,并请其登记。此项解约通知书,自登记之日起满一年后,始得生效。

2. 凡批准本公约的会员国,在前款所述10年期满后的一年内未行使本条所规定的解约权利者,即须再遵守10年,此后每当10年期满,得依本条的规定通知解约。

第十四条

1. 国际劳工局长应将国际劳工组织各会员国所送达的一切批准书和解约通知书的登记情况,通知本组织的全体会员国。

2. 局长在将所送达的第2份批准书的登记通知本组织的各会员国时,应提请本组织各会员国注意本公约开始生效的日期。

第十五条

国际劳工局长应将他按照以上各条规定所登记的一切批准书和解约通知书的详细情况,按照联合国宪章第 102 条的规定,送请联合国秘书长进行登记。

第十六条

国际劳工局理事会在必要时,应将本公约的实施情况向大会提出报告,并审查应否将本公约的全部或部分修订问题列入大会议程。

第十七条

1. 如大会通过新公约对本公约做全部或部分修订时,除新公约另有规定外,应:

(a) 如新修订公约生效和当其生效之时,会员国对于新修订公约的批准,不需按照上述第 13 条的规定,依法应为对本公约的立即解约。

(b) 自新修订公约生效之日起,本公约应即停止接受会员国的批准。

2. 对于已批准本公约而未批准修订公约的会员国,本公约以其现有的形式和内容,在任何情况下仍应有效。

第十八条

本公约的英文本和法文本同等为准。

42. 禁止和立即行动消除最恶劣形式的童工劳动公约

(国际劳工组织于1999年6月17日通过)

国际劳工组织大会,

经国际劳工局理事会召集,于1999年6月1日在日内瓦举行其第87届会议,并

考虑到需要通过新的文书,把禁止和消除最恶劣形式的童工劳动作为包括国际合作和援助在内的国家和国际行动的主要优先目标,以便补充依然是童工劳动方面基本文书的1973年准予就业最低年龄公约和建议书,并

考虑到立即采取全面行动切实消除最恶劣形式的童工劳动,既要关注免费基础教育的重要性,又要关注需要使有关儿童脱离所有此类工作以及为其康复和社会融合提供援助,还要同时解决其家庭需要问题,并

忆及1996年第83届国际劳工大会上通过的关于消除童工劳动的决议,并

认识到童工劳动在很大程度上是由于贫困造成的,长期的解决办法有赖于经济的持续增长带来的社会进步,特别是在消除贫困和普及教育方面,并

忆及联合国大会于1989年11月20日通过的《儿童权利公约》,并

忆及1998年第86届国际劳工大会上通过的《国际劳工组织关于工作中基本原则和权利的宣言及其后续措施》,并

忆及某些最恶劣形式的童工劳动已涵盖在其他国际文书中,特别是1930年《强迫劳动公约》和联合国1956年《废止奴隶制、奴隶贩卖及类似奴隶制的制度与习俗补充公约》,并

经决定采纳本届会议议程第四项关于童工劳动的若干提议,并

经确定这些提议应采取一项国际公约的形式,于1999年6月17日通过以下公约,引用时得称之为1999年《禁止和立即行动消除最恶劣形式的童工劳动公约》。

第一条

凡批准本公约的会员国应立即采取有效的措施,以保证将禁止和消除最恶劣形式的童工劳动作为一项紧迫事务。

第二条

就本公约而言,"儿童"一词适用于18岁以下的所有人员。

第三条

就本公约而言,"最恶劣形式的童工劳动"一词包括:

(a) 所有形式的奴隶制或类似奴隶制的作法,如出售和贩卖儿童、债务劳役和奴役,以及强迫或强制劳动,包括强迫或强制招募儿童用于武装冲突;

(b) 使用、招收或提供儿童卖淫、生产色情制品或进行色情表演；

(c) 使用、招收或提供儿童从事非法活动，特别是生产和贩卖有关国际条约中界定的毒品；

(d) 在可能对儿童健康、安全或道德有伤害性的环境中工作。

第四条

1. 第3条(d)项所指的工作类型应由国家法律或条例，或是主管当局，在同有关雇主组织和工人组织磋商之后，考虑有关国际标准，特别是1999年《禁止和立即行动消除最恶劣形式的童工劳动建议书》第3款、第4款的情况，然后确定。

2. 主管当局在同有关雇主组织和工人组织磋商之后，应查明所确定的工作类型存在场所。

3. 根据本条第1款确定的工作类型一览表，应同有关雇主组织和工人组织磋商，进行定期审查并视需要予以修订。

第五条

凡批准本公约的会员国在同雇主组织和工人组织磋商之后，应建立或指定适当机构，监督实施使本公约发生效力的各项条款。

第六条

1. 凡批准本公约的会员国应将制定和实施行动计划，作为优先目标，以消除最恶劣形式的童工劳动。

2. 制定和实施此类行动计划，应同有关政府机构以及雇主组织和工人组织进行磋商，凡适宜时，考虑其他有关群体的意见。

第七条

1. 凡批准本公约的会员国应采取一切必要措施，包括规定和执行刑事制裁或其他必要制裁，以保证有效实施和强制执行使本公约发生效力的各项条款。

2. 考虑到教育对消除童工劳动的重要性，凡批准本公约的会员国应采取有效的和有时限的措施，以便：

(a) 防止雇用儿童从事最恶劣形式的童工劳动；

(b) 为使儿童脱离最恶劣形式的童工劳动，以及为其康复和社会融合，提供必要和适宜的直接援助；

(c) 保证脱离了最恶劣形式的童工劳动的所有儿童，能享受免费基础教育，以及凡可能和适宜时，接受职业培训；

(d) 查明和接触处于特殊危险境地的儿童；以及

(e) 考虑女童的特殊情况。

3. 凡批准本公约的会员国应指定主管当局，负责实施使本公约发生效力的各项条款。

第八条

凡批准本公约的会员国应采取适宜步骤，通过加强国际合作和/或援助，包括支持社会与经济发展、消除贫困计划与普及教育，以相互帮助，落实本公约的条款。

第九条

本公约的正式批准书应送请国际劳工局长登记。

第十条

1. 本公约应仅对其批准书已经国际劳工局长登记的国际劳工组织会员国有约束力。

2. 本公约自两个会员国的批准书已经国际劳工局长登记之日起 12 个月后生效。

3. 此后，对于任何会员国，本公约应自其批准书已经登记之日起 12 个月后生效。

第十一条

1. 凡批准本公约的会员国，自本公约初次生效之日起满 10 年后得向国际劳工局长通知解约，并请其登记。此项解约通知书自登记之日起满 1 年后始得生效。

2. 凡批准本公约的会员国，在前款所述 10 年期满后的 1 年内未行使本条所规定的解约权利者，即须再遵守 10 年，此后每当 10 年期满，得依本条的规定通知解约。

第十二条

1. 国际劳工局长应将国际劳工组织各会员国所送达的一切批准书和解约通知书的登记情况，通知本组织的全体会员国。

2. 国际劳工局长在将所送达的第二份批准书的登记情况通知本组织全体会员国时，应提请本组织各会员国注意本公约开始生效的日期。

第十三条

国际劳工局长应将他按照以上各条规定所登记的一切批准书和解约通知书的详细情况，按照《联合国宪章》第 102 条的规定，送请联合国秘书长进行登记。

第十四条

国际劳工局理事会在必要时，应将本公约的实施情况向大会提出报告，并审查应否将本公约的全部或部分修订问题列入大会议程。

第十五条

1. 如大会通过新公约对本公约作全部或部分修订时，除新公约另有规定外，应：

（a）如新修订公约已生效，自其生效时，会员国对于新修订公约的批准，不需按照上述第 11 条的规定，即为依法对本公约的立即解约；

（b）自新修订公约生效之日起，本公约应即停止接受会员国的批准。

2. 对于已批准本公约而未批准修订公约的会员国，本公约以其现有的形式和内容，在任何情况下仍应有效。

第十六条

本公约的英文本和法文本同等作准。

43. 关于促进就业和失业保护的公约(第 168 号)

(国际劳工组织大会 1988 年 6 月 21 日通过)

国际劳工组织大会,

由国际劳工局理事会召集,于 1988 年 6 月 1 日在日内瓦举行第七十五届会议,

强调所有社会中劳动和生产性就业的重要性,这不仅是因为它们可为社会创造财富,而且因为它们给工人带来收入,赋予工人社会职责和使工人有自尊感,

回顾在就业和失业保护方面的现有国际标准〔1934 年的失业条款公约和建议书,1935 年的失业(青年人)建议书,1944 年的收入保障建议书,1952 年的社会保障(最低标准)公约,1964 年的就业政策公约和建议书,1975 年的人力资源开发公约和建议书和 1984 年的就业政策(补充条款)建议书〕,

考虑到广泛的失业和就业不足正在影响着全世界处于所有发展阶段的各类国家,并特别考虑到青年人的问题,他们当中许多人系初次谋职,

考虑到自从通过上述关于失业保护的各项国际文件以来,许多成员国的法律和惯例已出现新的重要进展,因而有必要修改现有标准,特别是 1934 年的失业条款公约,并通过关于以一切适当手段——包括社会保障——促进充分、生产性和自由选择的就业的新国际标准,

注意到,1952 年社会保障(最低标准)公约关于失业津贴的条款所规定的保护水平,现在已由工业化国家的大多数现有补偿制度所超过,而且不像关于其他津贴的标准那样,还没有随之建立更高的标准,然而它的标准仍然可以构成能够建立一种失业补偿制度的一些发展中国家要达到的目标,

认识到,导致经济稳定、持续、和非通货膨胀性增长的各项政策和对变化采取的灵活反应以及创造就业和促进所有形式的生产性和自由选择的就业,包括小型企业、合作社、自营职业和当地就业办法,甚至把目前用于纯资助活动的资金转用于促进就业的活动,特别是职业指导、培训和重建能力,都是防止非自愿失业不利影响的最佳保护办法。然而,非自愿失业是存在的,因而,确保社会保障制度向非自愿失业者提供就业帮助和经济支助是很重要的,

决定就促进就业和社会保障问题——会议议程的第五个项目——通过某些建议,特别是为了修订 1934 年失业条款公约,

并决定这些建议应采取一项国际公约的形式,于 1988 年 6 月 21 日通过下列公约,该公约在引用时可称为 1988 年《关于促进就业和失业保护的公约》。

一、一般条款

第 1 条

本公约中：

（a）"立法"一词包括关于社会保障的法定规则以及法律规章；

（b）"规定"一词意味着由国家立法或根据国家立法确定。

第 2 条

每一成员应采取适当步骤使其就业政策与社会保障制度相协调。为此目的，它应寻求确保其失业保护制度，特别是提供失业补偿的方法，使有利于促进充分、生产性和自由选择的就业，而不是阻止雇主提供生产性就业或妨碍工人谋求生产性就业。

第 3 条

本公约各条款的实施应根据国家惯例同雇主组织和工人组织协商并合作进行。

第 4 条

1. 批准本公约的各成员，经由在其批准书中附加一项声明，可从由于批准而接受的义务中排除第七部分的条款。

2. 按照上款作出了这一声明的每一成员，可在任何时候以另一项声明撤回这一声明。

第 5 条

1. 每一成员，经由在其批准书中附加一项声明，可在第 10 条第 4 款、第 11 条第 3 款、第 15 条第 2 款、第 18 条第 2 款、第 19 条第 4 款、第 23 条第 2 款、第 24 条第 2 款及第 25 条第 2 款所规定的暂时性例外中最多利用两种例外。此项声明应陈述为何利用例外情况的理由。

2. 除上述第 1 款的规定之外，一成员出于保护其社会保障制度的理由，经由在其批准书中附加一项声明，可利用第 10 条第 4 款、第 11 条第 3 款、第 15 条第 2 款、第 18 条第 2 款、第 19 条第 4 款、第 23 条第 2 款、第 24 条第 2 款和第 25 条第 2 款所规定的暂时性例外。此项声明应陈述为何利用例外情况的理由。

3. 根据上面第 1 款或第 2 款作了声明的成员，应在它根据国际劳工组织章程第 22 条所提交的关于本公约实施情况的报告中，说明它所利用的每一例外情况：

（a）它这样做的理由仍然存在；或

（b）从某日起，它放弃利用有关例外情况的权利。

4. 根据上面第 1 款或第 2 款作了声明的成员，根据声明的目的和在条件允许时，应：

（a）包括半失业的意外情况；

（b）增加受保护人数；

（c）提高津贴额；

（d）缩短等待期；

（e）延长付给津贴的持续时间；

（f）使法定社会保障制度适应非全日制工人的职业环境；

（g）力图确保向接受失业津贴的人及其家属提供医疗保健；

（h）为获得社会保障津贴的权利并酌情计入残疾、老龄和遗属福利，力图保证将领取这种津贴的时期也考虑在内。

第 6 条

1. 每一成员应确保所有受保护人,不分种族、肤色、性别、宗教、政治见解、民族血统、国籍、族裔或社会背景、残疾和年龄,均享受待遇平等。

2. 第 1 款的规定不应妨碍采取依第 12 条第 2 款中所述办法指定的群体之状况为由而作出的特别措施,或为满足劳力市场上有特殊问题的队层特别是处于不利地位之群体的特殊需要而作出的特别措施,也不应妨碍国家间缔约关于失业津贴的双边或多边互惠协定。

二、促进生产性就业

第 7 条

每一成员应声明以一项旨在以一切适当方式——包括社会保障——促进充分、生产性和自由选择的就业政策作为优先目标。此种方式除其他外应包括就业服务、职业培训和职业指导。

第 8 条

1. 每一成员应在符合国家法律和惯例的条件下,努力制订特别计划促进额外就业机会和就业帮助,向特定的、在谋求持久就业方面有困难或可能有困难的处境不利者,例如妇女、青年工人、残疾人、老年工人、长期失业者、合法居住在该国的移徙工人以及受到结构性变化影响的工人,提供自由选择的生产性就业。

2. 每一成员在根据国际劳工组织章程第 22 条提交的报告中,应详细写明其作为促进就业计划对象人员的类别。

3. 每一成员应做出努力,将对生产性就业的促进逐步扩及比初期包括的类别更多的类别。

第 9 条

本部分所指的措施应当参照 1975 年人力资源开发公约和建议书以及 1984 年的就业政策(补充条款)建议书予以制定。

三、适用的意外情况

第 10 条

1. 在规定的条件下,适用的意外情况应包括失业,即就第 21 条第 2 款而言为某人在能够工作、可以工作并且确定在寻找工作的情况下不能得到适当就业而没有收入的情况。

2. 每一成员应设法在规定的条件下将公约的保护范围扩大到下列意外情况:

(a) 由于暂时缩短正常或法定工作时间引起的收入损失;

(b) 由于暂时停工引起临时解雇而使收入中止,但因特别是经济、技术、结构或类似性质的原因而未中断就业关系。

3. 此外,每一成员应向事实上正在寻求全时工作的非全时工作者付给津贴。津贴和其非全时工作收入的总额应以维持在能刺激他们接受全时工作的水平为宜。

4. 当根据第5条所作的声明有效时,上面第2和第3款可延缓实施。

四、受保护人

第11条

1. 占全体工资85%以上的各类法定工资都应受到保护,包括公务员和学徒。

2. 尽管有上款的规定,在正常退休年龄之前其就业受到国家立法保证的公务员可排除于保护之外。

3. 当根据第5条所作的声明有效时,受保护人应包括:

(a) 占工资劳动者总数50%以上的各类法定工资劳动者;

(b) 占至少雇有20人以上的工业企业的工资劳动者总数50%以上的各类法定工资劳动者,如果发展水平特别证明这样做出正确的话。

五、保护方法

第12条

1. 除非本公约另有规定,每一成员可确定选择一种或几种保护方法,以实施公约的各项条款,无论是采用缴费体制或非缴费体制,或采用二者相结合的体制。

2. 然而,如果某一成员国的立法保护在意外情况期间其资财不超过法定限度的所有居民,根据受益人及其家庭资财的情况所提供的保护可按第16条的规定加以限制。

六、提供的津贴

第13条

以定期支付形式向失业者提供的津贴可与保护方法相联系。

第14条

在全失业的情况下,津贴应以定期支付形式提供,其计算方式应使受益人的收入损失得到部分和过渡性补偿,同时避免造成对工作和创造就业的阻碍作用。

第15条

1. 在全失业和因临时解雇而收入中断但就业关系未发生中断,并当这种意外情况属于保护之列的情况下,应以定期支付的方式提供津贴,其计算方法如下:

(a) 当津贴数额以受保护人所缴的费用或以其名义缴纳的费用或以前的收入为依据时,其数额应定为以前收入的50%以上。对津贴的数额和所考虑的收入可定出最高限额,这一限额可与,例如,技术工人的工资或有关地区工人的平均工资挂钩;

(b) 当津贴数额不以所缴纳费用或以前的收入为依据时,应按不少于法定最低工资或一个普通工人工资的50%,或按基本生活费用的最低额确定,以其中最高者为准。

2. 当根据第5条所作声明有效时,津贴数额应等于:

(a) 过去收入的 40% 以上；或

(b) 法定最低工资或普通工人工资的 45% 以上，或不低于基本生活费用的最低额。

3. 在适当条件下，可将纳税后的定期净收入与纳税和缴费之后的净收入相比较，得出第 1 和第 2 款规定的百分比。

第 16 条

尽管有第 15 条的规定，在第 19 条第 2 款（a）项所指的起算期之后提供的津贴，以及成员国按第 12 条第 2 款支付的津贴，在对受益人及其家属的其他收入资产来源加以考虑之后，按照规定的滑动计算表，可超出规定的数额，在任何情况下，这些津贴与他们应得到的其他津贴相加应保证他们按本国的标准得到健康和合理的生活条件。

第 17 条

1. 如果成员国立法规定，失业津贴享受权的取得以完成资格鉴定期为条件，这一时期不应超过必要的时限，以防止滥用。

2. 每一成员国应努力使资格鉴定期适应季节工人的工作情况。

第 18 条

1. 如果成员国的立法规定，在全失业的情况下，只有在等待期满后才能开始支付津贴时，这一等待期不得超过七天。

2. 当按照第 5 条所作的声明有效时，每次失业的等待期不得超过七天。

3. 对季节性工人，第 1 款规定的等待期可按他们的工作情况加以调整。

第 19 条

1. 在全失业和因临时解雇而中断收入但未中断就业关系的情况下所提供的津贴应于这些意外情况的全部过程中发放。

2. 然而，在全失业的情况：

(a) 第 15 条规定的支付津贴的起算期每次失业可限为 26 周，或每 24 个月限为 39 周；

(b) 当失业的持续时间超过补偿的这一起算期时，根据受益人及其家庭的资产按第 16 条的各项规定计算的津贴发放期可限于一个规定的时期之内。

3. 如果成员国的立法规定，第 15 条所指的支付津贴的起算期应按资格鉴定期的长短而变化，则规定的支付津贴的平均期限最少应达 26 周。

4. 当根据第 5 条所作声明有效时，在十二个月的时期内，支付津贴的时期可限于 13 周或平均 13 周，如果立法规定支付起算期因资格鉴定期的长短而有不同。

5. 在第 2 款（b）项所述情况下，每一成员应尽量给失业者适当的额外支助，以便使他们，特别以第二部分所列的措施，能够重新找到生产性和自由选择的就业。

6. 在不影响上面第 2 款（b）项规定的条件下，季节工人的津贴支付期限可按工作情况加以调整。

第 20 条

受保护人在全失业或半失业或因临时解雇而中断收入但未中断就业关系的意外情况下本有权享受的津贴，可在规定的范围内拒付、取消、停发或削减：

(a) 有关者不在成员国本土时；

(b) 经主管当局判断，有关者故意造成他或她的解雇时；

(c) 经主管当局判断,有关者无正当理由自愿离职时;

(d) 经劳资纠纷期间,当有关者为参加劳资纠纷而停止工作或者当他或她因为劳资纠纷直接造成停工从而不能工作时;

(e) 有关者依靠欺诈试图获得或已经获得补助时;

(f) 有关者无正当理由不利用提供的安置、职业指导、培训、重新培训或调动合适工作的机会时;

(g) 在有关者接受有关成员国立法所规定的除家庭津贴以外另一项维持收入津贴但中断的津贴部分未起过其他津贴时。

第 21 条

1. 受保护人在全失业的情况下本有权享受的津贴,当其本人拒绝接受适当职业时,可在规定的范围内拒付、取消、停发或削减。

2. 在对适当的职业作出估价时,应根据规定的条件并在适当范围内,特别考虑失业者的年龄、从事前一职业的年限、所获得的经验、失业期限、劳力市场状况、该职业对本人及其家属处境的影响,以及就业出缺是否因发生劳资纠纷直接造成停工所引起。

第 22 条

当受保护人根据立法或集体合同已直接从雇主或其他来源领取主要用于抵偿他在全失业的情况下造成的收入损失的离职金时,每一成员可在下列情况中作出选择:

(a) 有关者本可享受的失业津贴可在离职金抵偿收入损失时期内停发;或

(b) 离职津贴可能减少,减少金额相当于在离职金抵偿收入损失的相应时期内有关者有权获得的定期支付款项变换成一次总付金额。

第 23 条

1. 其立法对医疗照顾权利有所规定并使这种权利直接间接地以职业活动为条件的成员国,应按规定的条件尽力向失业津贴的受益人及其家属保证提供医疗照顾。

2. 在根据第 5 条所作的声明有效时,上面第 1 款可延缓实施。

第 24 条

1. 其立法对下列津贴有所规定并使这种津贴直接间接地以职业活动为条件的各成员国应在规定的条件下尽力向接受失业津贴的人保证把领取失业津贴的时期考虑在内:

(a) 以便获得并酌情计算残疾补助金、养老金和遗属抚恤金的权利;以及

(b) 获得在失业结束后享受医疗照顾和疾病津贴、生育津贴及家属津贴的权利。

2. 在根据第 5 条所作的声明有效时,上面第 1 款可延缓实施。

第 25 条

1. 每一成员应确保以职业活动为基础的法定社会保障制度适应非全日制工人的工作环境,除非他们的工作时间和收入按规定的条件可视为微不足道。

2. 在根据第 5 条所作的声明有效时,上面第 1 款可延缓实施。

七、对新谋职者的特殊条款

第 26 条

1. 各成员国应考虑到谋职者可分为许多类别,这些人过去可能从来没有或已不再被认为是失业者,或者他们从来没有或已不再包括在失业补偿制度之内。因此,下列十类谋职者中至少三类人应可按照规定的条件和方式享受社会津贴:

(a) 结束了职业培训的青年人;
(b) 完成了学习的青年人;
(c) 服完义务兵役的青年人;
(d) 经过一段专门教育子女或照顾老、弱、病、残者一段时期之后的人;
(e) 无权领取遗属津贴的丧偶者;
(f) 离婚或分居者;
(g) 被释放的拘留犯;
(h) 结束了培训的成年人,包括残疾人;
(i) 回到原籍国的移徙工人,除非根据他最后在那里工作的国家的法规,他已获得权利;
(j) 以前从事个体就业的人员。

2. 每一成员应在根据国际劳工组织章程第 22 条提出的报告中具体说明,在上述第 1 款所列的各类人员,它保证保护哪几类。

3. 每一成员应努力使受保护人的种类从最初的数目逐步扩大。

八、法律、行政和财政保证

第 27 条

1. 在津贴遭到拒付、取消、停发或削减,或对其数额有争议时,提出要求者应有权向管理津贴的机构提出申诉,然后向独立机构提出上诉。

2. 上诉的程序应使提出要求者能够根据国家法律和惯例得到其自己挑选的称职人员、有代表性的工人组织的代表、或代表受保护人的组织的一名代表的代理或协助。

第 28 条

每一成员应对受托实施本公约的机构和部门的妥善管理负一般责任。

第 29 条

1. 当对议会负责的政府部门直接受托进行管理时,受保护人的代表和雇主的代表应在规定的条件下以咨询身份协同管理。

2. 当管理不是由一个对议会负责的政府部门进行时:

(a) 受保护人的代表应按规定的条件参加行政管理或以咨询资格协同管理;
(b) 国家法律或规章也可规定雇主代表参加;
(c) 法律或规章也可规定政府当局的代表参加。

第 30 条

在国家或社会保障制度为了保障就业而给予补贴的情况下,各成员国应采取必要措施,确保这些补贴专门用于预定的目的并防止接受此类付款的人舞弊或滥用。

第 31 条

本公约修订 1934 年失业条款公约。

第 32 条

本公约的正式批准书应送交国际劳工局局长登记。

第 33 条

1. 本公约应只对曾经把批准书送交局长登记的那些国际劳工组织成员有约束力。

2. 本公约应于两个成员把批准书送交局长登记之日起十二个月后生效。

3. 此后,本公约应于任何成员把批准书送交登记之日起十二个月后对该成员生效。

第 34 条

1. 批准了本公约的成员,可以在公约首次生效之日起满十年后,退出公约;退约时应将退约书送交国际劳工局局长登记。此项退约应于退约书送交登记之日起一年后才生效。

2. 批准了本公约的每一成员,如果在上款所述的十年时间满期后一年内,不行使本条所规定的退约权,即须再受十年的约束,其后,可按本条规定的条件,在每十年时间满期时,退出本公约。

第 35 条

1. 国际劳工局局长应将国际劳工组织各成员送交他登记的所有批准书和退约书通知国际劳工组织的全体成员。

2. 在把送交他登记的第二份批准书通知国际劳工组织各成员时,局长应提请各成员注意公约生效的日期。

第 36 条

国际劳工局局长应按照《联合国宪章》第一百零二条的规定,将按上述各条规定送交他登记的所有批准书和退约书的全部细节,送交联合国秘书长登记。

第 37 条

国际劳工局理事会应于他认为必要的时候向大会提出一项关于本公约实施情况的报告,并研究是否宜于在大会议程上列入全部或局部订正公约的问题。

第 38 条

1. 大会倘若通过一个新的公约去全部或局部订正本公约,那么,除非这个新的公约另有规定,否则:

(a) 任何成员如批准新的订正公约,在该订正公约生效时,即系依法退出本公约,不管上述第 34 条的规定;

(b) 从新的订正公约生效之日起,本公约应即停止开放给各成员批准。

2. 对于已批准本公约但未批准订正公约的那些成员,本公约在任何情况下均应按其原有的形式和内容继续生效。

第 39 条

本公约的英文本和法文本具有同等效力。

V 自决权利

44. 给予殖民地国家和人民独立宣言

(联合国大会1960年12月14日通过)

大会,

考虑到世界各国人民在联合国宪章中所宣布的决心:"重申基本人权,人格尊严与价值,以及男女与大小各国平等权利之信念,促成大自由中之社会进步及较善之民生",

鉴于需要创造建立在尊重各国人民的平等权利和自决的基础上的稳定、福利以及和平和友好的关系的条件,和创造普遍尊重和遵守人类的权利以及不分种族、性别、语言或宗教的所有人的基本自由的条件,

承认一切附属国人民要求自由的殷切愿望和这些国家的人民在获得独立中所起的决定性作用,

意识到由于不给这些国家自由或妨碍他们的自由而产生的、对于世界和平构成严重威胁的越来越多的冲突,

考虑到联合国在帮助托管地和非自治领地内的独立运动方面的重要作用,

认识到世界人民迫切希望消灭一切表现的殖民主义,

认为殖民主义的继续存在阻碍了国际经济合作的发展,妨碍了附属国人民的社会、文化和经济发展,并妨碍了联合国的世界和平的理想的实现,

重申各国人民可以为了自己的目的在互利和国际法的基础上自由地处理他们的自然财富和资源,而不损害以互利原则和国际法为基础的国际经济合作所产生的任何义务,

认为解放的过程是不可抗拒的和不可扭转的,为了避免发生严重的危机,必须结束殖民主义和与之有联系的一切隔离和歧视的措施,

欢迎在最近几年内许多附属领地取得了自由和独立,认识到在还没有取得独立的领地内的日益增长的走向自由的强大趋势,

相信所有国家的人民都有不可剥夺的权利来取得完全的自由、行使主权和保持国家领土完整,

庄严地宣布需要迅速和无条件地结束一切形式和表现的殖民主义,

为此宣布:

一、使人民受外国的征服、统治和剥削的这一情况,否认了基本人权,违反了联合国宪章,并妨碍了增进世界的和平与合作。

二、所有的人民都有自决权;依据这个权利,他们自由地决定他们的政治地位,自由地发展他们的经济、社会和文化。

三、不得以政治、经济、社会或教育方面的准备不足作为拖延独立的借口。

四、必须制止各种对付附属国人民的一切武装行动和镇压措施,以使他们能和平地、自

由地行使他们实现完全独立的权利；尊重他们国家领土的完整。

五、在托管领地和非自治领地以及还没有取得独立的一切其他领地内立即采取步骤，依照这些领地的人民自由地表示的意思和愿望，不分种族、信仰或肤色，无条件地和无保留地将所有权力移交给他们，使他们能享受完全的独立和自由。

六、任何旨在部分地或全面地分裂一个国家的团结和破坏其领土完整的企图都是与联合国宪章的目的和原则相违背的。

七、一切国家应在平等、不干涉一切国家的内政和尊重所有国家人民的主权及其领土完整的基础上忠实地、严格地遵守联合国宪章、世界人权宣言和本宣言的规定。

46. 联合国土著人民权利宣言

（联合国大会2007年9月13日通过）

大会，

秉承《联合国宪章》的宗旨和原则以及履行各国根据《宪章》承担的义务的诚意，

申明土著人民与所有其他民族平等，同时承认所有民族均有权有别于他人，有权自认有别于他人，并有权因有别于他人而受到尊重，

又申明所有民族都对构成全人类共同遗产的各种文明和文化的多样性和丰富多彩作出贡献，

还申明凡是基于或源于民族出身或种族、宗教、族裔或文化差异，鼓吹民族或个人优越的学说、政策和做法，都是种族主义的，科学上是谬误的，法律上是无效的，道德上应受到谴责，且从社会角度来说是不公正的，

重申土著人民在行使其权利时，不应受到任何形式的歧视，

关注土著人民在历史上因殖民统治和自己土地、领土和资源被剥夺等原因，受到不公正的对待，致使他们尤其无法按自己的需要和利益行使其发展权，

认识到亟需尊重和促进土著人民因其政治、经济和社会结构及其文化、精神传统、历史和思想体系而拥有的固有权利，特别是对其土地、领土和资源的权利，

又认识到亟需尊重和促进在同各国订立的条约、协定和其他建设性安排中得到确认的土著人民权利，

欣见土著人民正在为提高政治、经济、社会和文化地位，为结束在任何地方发生的一切形式歧视和压迫，自己组织起来，

深信由土著人民掌管对他们自己和对他们的土地、领土和资源产生影响的发展，将使他们能够保持和加强他们的机构、文化和传统，并根据自己的愿望和需要促进自身发展，

认识到尊重土著知识、文化和传统习惯，有助于实现可持续和公平的发展，并有助于妥善管理环境，

强调实现土著人民土地和领土非军事化，有助于和平、经济和社会进步与发展，有助于世界各国和各民族之间的相互了解和友好关系，

特别认识到土著家庭和社区有权以符合儿童权利的方式，保有共同养育、培养、教育子女和为子女谋幸福的责任，

认为各国与土著人民之间的条约、协定和其他建设性安排所确认的权利，在有些情况下，是国际关注和关心的问题，带有国际责任和性质，

又认为此类条约、协定和其他建设性安排及其所代表的关系，是加强土著人民与各国之间伙伴关系的基础，

认识到《联合国宪章》、《经济、社会、文化权利国际公约》、《公民权利和政治权利国际公约》及《维也纳宣言和行动纲领》都申明,所有民族享有自决权至关重要,根据此项权利,他们可自由决定自己的政治地位,自由谋求自身的经济、社会和文化发展,

铭记本《宣言》的任何内容不得用来剥夺任何民族依照国际法行使的自决权,

深信本《宣言》确认土著人民的权利,会在公正、民主、尊重人权、不歧视和诚意等原则的基础上,增进国家与土著人民之间的和谐与合作关系,

鼓励各国与有关的土著人民协商和合作,遵守和切实履行国际文书、特别是与人权有关的文书为各国规定的所有适用于土著人民的义务,

强调联合国在促进和保护土著人民权利方面应持续发挥重要的作用,

相信本《宣言》是在确认、促进和保护土著人民权利与自由方面,以及联合国系统在这一领域开展有关活动方面,再次向前迈出的重要一步,

认识到并重申土著人有权不受歧视地享有国际法所确认的所有人权,土著人民拥有对本民族的生存、福祉和整体发展不可或缺的集体权利,

认识到土著人民的情况因区域和国家而异,应该考虑到国家和区域的特点和不同历史文化背景,

庄严宣布以下《联合国土著人民权利宣言》,作为本着合作伙伴和相互尊重的精神争取实现的共同目标:

第 1 条

土著人民,无论是集体还是个人,都有权充分享受《联合国宪章》、《世界人权宣言》和国际人权法所确认的所有人权和基本自由。

第 2 条

土著人民和个人享有自由,与所有其他民族和个人平等,有权在行使其权利时不受任何形式的歧视,特别是不受基于其土著出身或身份的歧视。

第 3 条

土著人民享有自决权。基于这一权利,他们可自由决定自己的政治地位,自由谋求自身的经济、社会和文化发展。

第 4 条

土著人民行使其自决权时,在涉及其内部和地方事务的事项上,以及在如何筹集经费以行使自治职能的问题上,享有自主权或自治权。

第 5 条

土著人民有权维护和加强其特有的政治、法律、经济、社会和文化机构,同时保有根据自己意愿充分参与国家政治、经济、社会和文化生活的权利。

第 6 条

每个土著人都有权拥有国籍。

第 7 条

1. 土著人享有生命权以及身心健全、人身自由和安全的权利。

2. 土著人民享有作为独特民族,自由、和平、安全地生活的集体权利,不应遭受种族灭绝或任何其他暴力行为的侵害,包括强行将一个族群的儿童迁移到另一个族群。

第 8 条

1. 土著人民和个人享有不被强行同化或其文化被毁灭的权利。

2. 各国应提供有效机制,以防止和纠正:

(a) 任何旨在或实际上破坏他们作为独特民族的完整性,或剥夺其文化价值或族裔特性的行动;

(b) 任何旨在或实际上剥夺他们土地、领土或资源的行动;

(c) 任何形式的旨在或实际上侵犯或损害他们权利的强制性人口迁移;

(d) 任何形式的强行同化或融合;

(e) 任何形式的旨在鼓动或煽动对他们实行种族或族裔歧视的宣传。

第 9 条

土著人民和个人有权按照一个土著社区或民族的传统和习俗,归属该社区或民族。此项权利的行使不得引起任何形式的歧视。

第 10 条

不得强迫土著人民迁离其土地或领土。如果未事先获得有关土著人民的自由知情同意和商定公正和公平的赔偿,并在可能时提供返回的选择,则不得进行迁离。

第 11 条

1. 土著人民有权奉行和振兴其文化传统与习俗。这包括有权保持、保护和发展其文化过去、现在和未来的表现形式,如古迹和历史遗址、手工艺品、图案设计、典礼仪式、技术、视觉和表演艺术、文学作品等等。

2. 各国应通过与土著人民共同制定的有效机制,对未事先获得他们自由知情同意,或在违反其法律、传统和习俗的情况下拿走的土著文化、知识、宗教和精神财产,予以补偿,包括归还原物。

第 12 条

1. 土著人民有权展示、奉行、发展和传授其精神和宗教传统、习俗和礼仪,有权保持和保护其宗教和文化场所,并在保障私隐之下进出这些场所,有权使用和掌管其礼仪用具,有权把遗骨送回原籍。

2. 各国应通过与有关的土著人民共同制定的公平、透明和有效的机制,设法让土著人民能够使用或取得国家持有的礼仪用具和遗骨,并(或)将其送回原籍。

第 13 条

1. 土著人民有权振兴、使用、发展和向后代传授其历史、语言、口述传统、思想体系、书写方式和文学作品,有权自行为社区、地方和个人取名并保有这些名字。

2. 各国应采取有效措施,确保此项权利得到保护,并确保土著人民在政治、法律和行政程序中能够理解他人和被他人理解,必要时为此提供口译或采取其他适当办法。

第 14 条

1. 土著人民有权建立和掌管他们的教育制度和机构,以自己的语言和适合其文化教学方法的方式提供教育。

2. 土著人,特别是土著儿童,有权不受歧视地获得国家提供的所有程度和形式的教育。

3. 各国应与土著人民共同采取有效措施,让土著人,特别是土著儿童,包括生活在土著社区外的土著人,在可能的情况下,有机会获得以自己的语言提供的有关自身文化的教育。

第 15 条

1. 土著人民有权维护其文化、传统、历史和愿望的尊严和多样性,他们的文化、传统、历史和愿望应在教育和公共信息中得到适当体现。

2. 各国应与有关的土著人民协商和合作,采取有效措施,消除偏见和歧视,促进土著人民与社会所有其他阶层之间的宽容、了解和良好关系。

第 16 条

1. 土著人民有权建立自己的使用自己语言的媒体,有权不受歧视地利用所有形式的非土著媒体。

2. 各国应采取有效措施,确保国有媒体恰当地反映土著文化多样性。各国应在不损害言论充分自由的情况下,鼓励私有媒体充分反映土著文化的多样性。

第 17 条

1. 土著人和土著人民有权充分享受适用的国际和国内劳工法所规定的所有权利。

2. 各国应与土著人民协商和合作,采取具体措施,不让土著儿童遭受经济剥削,不让他们从事任何可能有危险性或妨碍他们接受教育,或有害他们的健康或身体、心理、精神、道德或社会成长的工作,要考虑到他们是特别脆弱的群体,而教育对于提高他们的能力至关重要。

3. 土著人享有在劳动条件以及特别是就业和薪水方面不受歧视的权利。

第 18 条

土著人民有权通过他们按自己的程序选出的代表,参与对事关自身权利的事务的决策,有权保持和发展自己的土著人决策机构。

第 19 条

各国在通过和实行可能影响到土著人民的立法或行政措施前,应本着诚意,通过土著人民自己的代表机构,与有关的土著人民协商和合作,事先征得他们的自由知情同意。

第 20 条

1. 土著人民有权保持和发展其政治、经济和社会制度或机构,有权安稳地享用自己的谋生和发展手段,有权自由从事他们所有传统的和其他经济活动。

2. 被剥夺了谋生和发展手段的土著人民有权获得公正和公平的补偿。

第 21 条

1. 土著人民有权不受歧视地改善其经济和社会状况,尤其是在教育、就业、职业培训和再培训、住房、环境卫生、保健和社会保障等领域。

2. 各国应采取有效措施,并在适当情况下采取特别措施,确保土著人民的经济和社会状况持续得到改善。应特别关注土著老人、妇女、青年、儿童和残疾人的权利和特殊需要。

第 22 条

1. 实施本《宣言》时,应特别关注土著老人、妇女、青年、儿童和残疾人的权利和特殊需要。

2. 各国应与土著人民共同采取措施,确保土著妇女和儿童获得充分的保护和保障,免受一切形式的暴力和歧视。

第 23 条

土著人民有权确定和制定行使其发展权的优先重点和战略。特别是,土著人民有权积极参与制定和确定影响到他们的保健、住房方案及其他经济和社会方案,并尽可能通过自己的机构管理这些方案。

第 24 条

1. 土著人民有权使用自己的传统医药,有权保持自己的保健方法,包括保护他们必需的药用植物、动物和矿物。土著人还有权不受任何歧视地享用所有社会和保健服务。

2. 土著人拥有享受能够达到的最高标准身心健康的平等权利。各国应采取必要步骤,使这一权利逐步得到充分实现。

第 25 条

土著人民有权保持和加强他们同他们传统上拥有或以其他方式占有和使用的土地、领土、水域、近海和其他资源之间的独特精神联系,并在这方面继续承担他们对后代的责任。

第 26 条

1. 土著人民对他们传统上拥有、占有或以其他方式使用或获得的土地、领土和资源拥有权利。

2. 土著人民有权拥有、使用、开发和控制因他们传统上拥有或其他传统上的占有或使用而持有的,以及他们以其他方式获得的土地、领土和资源。

3. 各国应在法律上承认和保护这些土地、领土和资源。这种承认应适当尊重有关土著人民的习俗、传统和土地所有权制度。

第 27 条

各国应与有关的土著人民一起,在适当承认土著人民的法律、传统、习俗和土地所有权制度的情况下,制定和采用公平、独立、公正、公开和透明的程序,以确认和裁定土著人民对其土地、领土和资源,包括对他们传统上拥有或以其他方式占有或使用的土地、领土和资源的权利。土著人民应有权参与这一程序。

第 28 条

1. 土著人民传统上拥有或以其他方式占有或使用的土地、领土和资源,未事先获得他们自由知情同意而被没收、拿走、占有、使用或损坏的,有权获得补偿,办法可包括归还原物,或在不可能这样做时,获得公正、公平、合理的赔偿。

2. 除非有关的土著人民另外自由同意,赔偿方式应为相同质量、大小和法律地位的土地、领土和资源,或金钱赔偿,或其他适当补偿。

第 29 条

1. 土著人民有权养护和保护其土地或领土和资源的环境和生产能力。各国应不加歧视地制定和执行援助土著人民进行这种养护和保护的方案。

2. 各国应采取有效措施,确保未事先获得土著人民的自由知情同意,不得在其土地或领土上存放或处置危险物质。

3. 各国还应采取有效措施,根据需要,确保由受此种危险物质影响的土著人民制定和执行的旨在监测、保持和恢复土著人民健康的方案得到适当执行。

第 30 条

1. 不得在土著人民的土地或领土上进行军事活动,除非是基于相关公共利益有理由这样做,或经有关的土著人民自由同意,或应其要求这样做。

2. 各国在使用土著人民的土地或领土进行军事活动前,应通过适当程序,特别是通过其代表机构,与有关的土著人民进行有效协商。

第 31 条

1. 土著人民有权保持、掌管、保护和发展其文化遗产、传统知识和传统文化体现方式,以及其科学、技术和文化表现形式,包括人类和遗传资源、种子、医药、关于动植物群特性的知识、口述传统、文学作品、设计、体育和传统游戏、视觉和表演艺术。他们还有权保持、掌管、保护和发展自己对这些文化遗产、传统知识和传统文化体现方式的知识产权。

2. 各国应与土著人民共同采取有效措施,确认和保护这些权利的行使。

第 32 条

1. 土著人民有权确定和制定开发或利用其土地或领土和其他资源的优先重点和战略。

2. 各国在批准任何影响到土著人民土地或领土和其他资源的项目,特别是开发、利用或开采矿物、水或其他资源的项目前,应本着诚意,通过有关的土著人民自己的代表机构,与土著人民协商和合作,征得他们的自由知情同意。

3. 各国应提供有效机制,为任何此类活动提供公正和公平的补偿,并应采取适当措施,减少环境、经济、社会、文化或精神方面的不利影响。

第 33 条

1. 土著人民有权按照其习俗和传统,决定自己的身份或归属。这并不妨碍土著人获得居住国公民资格的权利。

2. 土著人民有权按照自己的程序,决定其机构的构架和挑选这些机构的成员。

第 34 条

土著人民有权根据国际人权标准,促进、发展和保持其机构构架及其独特的习俗、精神观、传统、程序、做法,以及原有的(如果有的话)司法制度或习惯。

第 35 条

土著人民有权决定个人对其社区应负的责任。

第 36 条

1. 土著人民,特别是被国际边界分隔开的土著人民,有权与边界另一边的同民族人和其他民族的人保持和发展接触、关系与合作,包括为精神、文化、政治、经济和社会目的开展活动。

2. 各国应与土著人民协商和合作,采取有效措施,为行使这一权利并确保权利得到落实,提供方便。

第 37 条

1. 土著人民有权要求与各国或其继承国订立的条约、协定和其他建设性安排得到承认、遵守和执行,有权要求各国履行和尊重这些条约、协定和其他建设性安排。

2. 本《宣言》的任何内容都不得解释为削弱或取消这种条约、协定和其他建设性安排所规定的土著人民权利。

第 38 条

各国应与土著人民协商和合作,采取适当措施,包括采取立法措施,以实现本《宣言》的目标。

第 39 条

土著人民有权从各国和通过国际合作获得财政和技术援助,以享受本《宣言》所规定的权利。

第 40 条

土著人民有权借助公正和公平的程序,并通过这些程序迅速获得裁决,解决同各国或其他当事方的冲突或争端,并就其个人和集体权利所受到的一切侵犯获得有效的补偿。这种裁决应适当地考虑到有关的土著人民的习俗、传统、规则和法律制度以及国际人权。

第 41 条

联合国系统各机关和专门机构及其他政府间组织,应通过推动财务合作和技术援助及其他方式,为充分落实本《宣言》的规定作出贡献。应制定途径和方法,确保土著人民参与处理影响到他们的问题。

第 42 条

联合国、联合国的机构(包括土著问题常设论坛)、各专门机构(包括在国家一级)以及各国,应促进对本《宣言》各项规定的尊重和充分实施,并跟踪检查本《宣言》的实施效果。

第 43 条

本《宣言》所确认的权利,为全世界土著人民求生存、维护尊严和谋求幸福的最低标准。

第 44 条

土著人不分男女,都平等享有享受本《宣言》所确认的所有权利和自由的保障。

第 45 条

本《宣言》的任何内容都不得理解为削弱或取消土著人民现在享有或将来可能获得的权利。

第 46 条

1. 本《宣言》的任何内容都不得解释为暗指任何国家、民族、团体或个人有权从事任何违背《联合国宪章》的活动或行为,也不得理解为认可或鼓励任何全部或局部分割或损害主权和独立国家的领土完整或政治统一的行动。

2. 在行使本《宣言》所宣示的权利时,应尊重所有人的人权和基本自由。本《宣言》所列各种权利的行使,应只受限于由法律规定的限制,并应符合国际人权义务。任何此种限制不应带有歧视性,而且绝对是必需的,完全是为了确保其他人的权利与自由得到应有的承认与尊重,满足民主社会公正和最紧要的需要。

3. 应依照公正、民主、尊重人权、平等、不歧视、善政和诚意的原则,来解释本《宣言》各项规定。

VI 防止歧视

46. 禁止并惩治种族隔离罪行国际公约

(联合国大会 1973 年 11 月 30 日通过)

本公约缔约国,

忆及在联合国宪章的规定中,全体会员国保证与联合国合作,采取联合和单独行动,以达到全世界对于全人类的人权和基本自由的尊重和遵守,不因种族、性别、语言、宗教而有任何区别,

考虑到世界人权宣言宣布,人人生而自由,在尊严和权利上人人平等,且人人皆得享受该宣言所载的一切权利和自由,不因种族、肤色或民族本源等而有任何区别,

考虑到给予殖民地国家和人民独立宣言,大会在宣言中声明解放的进程是不可抗拒和不能扭转的,为了人类的尊严、进步和正义,必须终止殖民主义以及相关联的一切隔离和歧视作法,

鉴于各国依照消除一切形式种族歧视国际公约,特别谴责种族分离和种族隔离,并承诺在受其管辖的领土内,防止、禁止和根除这种性质的一切做法,

鉴于防止并惩治种族灭绝罪行公约规定,也可列为种族隔离行为的某些行为构成国际法的罪行,

鉴于战争罪及危害人类罪不适用法定时效公约规定,"种族隔离政策所造成的不人道行为"足以列为危害人类罪,

鉴于联合国大会通过了许多决议,谴责种族隔离的政策和作法为危害人类的罪行,

鉴于安全理事会曾经强调,种族隔离及其继续加剧和扩大,严重地扰乱并威胁国际和平与安全,

深信订立禁止并惩治种族隔离罪行国际公约,可使在国际一级和国家一级上能够采取更有效的措施,以禁止和惩治种族隔离的罪行。

兹协议如下:

第一条

1. 本公约缔约国宣布:种族隔离是危害人类的罪行,由于种族隔离的政策和作法以及类似的种族分离和歧视的政策和作法所造成的不人道行为,如本公约第二条所规定者,都是违反国际法原则,特别是违反联合国宪章的宗旨和原则的罪行,对国际和平与安全构成严重的威胁。

2. 本公约缔约国宣布:凡是犯种族隔离罪行的组织、机构或个人即为犯罪。

第二条

为本公约的目的,所谓"种族隔离的罪行",应包括与南部非洲境内所推行的相类似的种族分离和种族歧视的政策和办法,是指为建立和维持一个种族团体对任何其他种族团体的

主宰地位,并且有计划地压迫他们而作出的下列不人道行为:

(a) 用下列方式剥夺一个或一个以上种族团体的一个或一个以上成员的生命和人身自由的权利:

(一) 杀害一个或一个以上种族团体的成员;

(二) 使一个或一个以上种族团体的成员受到身体上或心理上的严重伤害,侵犯他们的自由或尊严,或者严刑拷打他们或使他们受残酷、不人道或屈辱的待遇或刑罚;

(三) 任意逮捕和非法监禁一个或一个以上种族团体的成员;

(b) 对一个或一个以上种族团体故意加以旨在使其全部或局部灭绝的生活条件;

(c) 任何立法措施及其他措施,旨在阻止一个或一个以上种族团体参与该国政治、社会、经济和文化生活者,以及故意造成条件,以阻止一个或一个以上这种团体的充分发展,特别是剥夺一个或一个以上种族团体的成员的基本人权和自由,包括工作的权利、组织已获承认的工会的权利、受教育的权利、离开和返回自己国家的权利、享有国籍的权利、自由迁移和居住的权利、自由主张和表达的权利以及自由和平集会和结社的权利;

(d) 任何措施,包括立法措施,旨在用下列方法按照种族界线分化人民者:为一个或一个以上种族团体的成员建立单独的保留区或居住区,禁止不同种族团体的成员互相通婚,没收属于一个或一个以上种族团体或其成员的地产;

(e) 剥削一个或一个以上种族团体的成员的劳力,特别是强迫劳动;

(f) 迫害反对种族隔离的组织或个人,剥夺其基本权利和自由。

第三条

任何个人、组织或机构的成员、或国家代表,不论出于什么动机,如有下列行为,即应负国际罪责,不论是住在行为发生地的国家的领土内或其他国家:

(a) 触犯、参与、直接煽动或共同策划本公约第二条所列举的行为;

(b) 直接教唆、怂恿或帮同触犯种族隔离的罪行。

第四条

本公约缔约国承诺:

(a) 采用任何必要的立法或其他措施,来禁止并预防对于种族隔离罪行和类似的分隔主义政策或其表现的鼓励,并惩治触犯此种罪行的人;

(b) 采取立法、司法和行政措施,按照本国的司法管辖权,对犯有或被告发犯有本公约第二条所列举的行为的人,进行起诉、审判和惩罚,不论这些人是否住在罪行发生的国家的领土内,也不论他们是该国国民抑或其他国家的国民,抑或是无国籍的人。

第五条

被控犯有本公约第二条所列举的行为的人,得由对被告取得管辖权的本公约任何一个缔约国的主管法庭或对那些已接受其管辖权的缔约国具有管辖权的一个国际刑事法庭审判。

第六条

本公约缔约国承诺遵照联合国宪章,接受和执行安全理事会为了预防、禁止和惩罚种族隔离罪行所作的决定,并协力执行联合国其他主管机关为达成本公约的目的所作的决定。

第七条

1. 本公约缔约国承诺就其为执行本公约的规定而采取的立法、司法、行政及其他措施,向第九条规定设置的小组,定期提出报告。

2. 报告的副本应送由联合国秘书长转送种族隔离问题特别委员会。

第八条

本公约任何缔约国得请联合国任何主管机关依照联合国宪章,采取其认为适当的行动,以预防并禁止种族隔离罪行。

第九条

1. 人权委员会主席应指派兼任本公约缔约国代表的人权委员会委员三人,组成小组,审议各缔约国依照第七条的规定所提出的报告。

2. 人权委员会的委员如果没有本公约缔约国的代表,或这种代表不足三名时,联合国秘书长应于咨商本公约全体缔约国后,指派一名或数名不是人权委员会委员的缔约国代表,在本公约缔约国的代表当选为人权委员会委员之前,参加依照本条第一款所成立的小组的工作。

3. 小组得于人权委员会开会前后,举行不超过五天的会议,审议根据第七条提出的报告。

第十条

1. 本公约缔约国授权人权委员会:

(a) 要求联合国各机关根据消除一切形式种族歧视国际公约第十五条规定转送请愿书副本时,注意关于本公约第二条所列举的行为的控诉;

(b) 根据联合国各主管机关的报告和本公约缔约国的定期报告,编写一份清单,列出据称应对触犯本公约第二条所列罪行负责的个人、组织、机构或国家代表,以及本公约缔约国已对其提起诉讼的个人、组织、机构或国家代表;

(c) 要求联合国各主管机构提出关于负责管理托管领土、非自治领土以及大会一九六〇年十二月十四日第1514(XV)号决议所适用的其他领土的当局,对据称触犯本公约第二条所列罪行,并相信在其领土和行政管辖权之下的个人所采取的措施的情报。

2. 在大会第1514(XV)号决议所载的给予殖民地国家和人民独立宣言的目标尚未达成以前,本公约的规定不得限制其他国际文书或联合国及其专门机构给予这些人民的请愿权利。

第十一条

1. 就引渡而言,本公约第二条所列举的行为不应视为政治罪。

2. 本公约缔约国承诺遇此等情形时,依照本国法律和现行条约,准予引渡。

第十二条

各缔约国如对本公约的解释、适用或执行发生争执而无法以谈判解决时,除争执各方已协议以其他方式解决外,得经争执缔约国请求,提交国际法院处理。

第十三条

本公约开放给所有国家签字。在本公约生效前尚未签字的任何国家得加入本公约。

第十四条

1. 本公约应经各签字国批准。批准书应交存联合国秘书长。

2. 加入应于加入书交存联合国秘书长时生效。

第十五条

1. 本公约应在第二十国的批准或加入书交存联合国秘书长之日后第三十日开始生效。

2. 本公约对于第二十国的批准或加入书交存后，批准或加入本公约的国家，应于该国交存批准或加入书之日后第三十日开始生效。

第十六条

缔约国得用书面通知联合国秘书长退出本公约。退出应于秘书长接到通知之日后一年生效。

第十七条

1. 任何缔约国得随时用书面通知联合国秘书长，要求修正本公约。

2. 联合国大会应对这项要求决定所应采取的步骤。

第十八条

联合国秘书长应将下列事项通知所有国家：

（a）依第十三条和第十四条所作的签字，批准和加入；

（b）本公约依第十五条开始生效的日期；

（c）依第十六条所提的退出；

（d）依第十七条所提的通知。

第十九条

1. 本公约中文、英文、法文、俄文和西班牙文五种文本具有同等效力；本公约应交存联合国档案库。

2. 联合国秘书长应将本公约经证明无误的复制本，分送所有国家。

47. 取缔教育歧视公约

（联合国教育、科学及文化组织大会1960年12月14日通过）

联合国教育、科学及文化组织大会于一九六〇年十一月十四日至十二月十五日在巴黎举行第十一届会议，

回顾世界人权宣言确认不歧视原则并宣告人人都有受教育的权利，

考虑到教育上的歧视是侵害该宣言里所宣布的各项权利的，

考虑到联合国教育、科学及文化组织的宗旨，按照其组织法的规定，为促进各国间的合作，以促进人人的人权都受到普遍尊重，并且教育机会平等，

认识到联合国教育、科学及文化组织因此在尊重各国的不同教育制度的同时，不但有义务禁止任何形式的教育歧视，而且有义务促进人人在教育上的机会平等和待遇平等，

收到有关教育歧视的不同方面——本届会议议程项目17.1.4——的若干提案，

曾于第十届会议时决定就这个问题作出一个国际公约和若干建议，向各成员国提出。

于一九六〇年十二月十四日通过本公约。

第一条

一、为本公约目的，"歧视"一语指基于种族、肤色、性别、语言、宗教、政治或其他见解、国籍或社会出身、经济条件或出生的任何区别、排斥、限制或特惠，其目的或效果为取消或损害教育上的待遇平等，特别是：

（甲）禁止任何人或任何一群人接受任何种类或任何级别的教育；

（乙）限制任何人或任何一群人只能接受低标准的教育；

（丙）对某些人或某群体设立或维持分开的教育制度或学校，但本公约第二条的规定不在此限；

（丁）对任何人或任何一群人加以违反人类尊严的条件。

二、为本公约目的，"教育"一语指一切种类和一切级别的教育，并包括受教育的机会、教育的标准和素质以及教育的条件在内。

第二条

一国所容许的下列情况，不应视为构成本公约第一条含义的歧视：

（甲）对男女学生设立或维持分开的教育制度或学校，如果这些制度或学校提供相等的受教育机会、提供资格同一标准的教员以及同一素质的校舍和设备、并提供研读同一的或相等的课程的机会的话；

（乙）为宗教上或语言上理由，设立或维持分开的教育制度或学校，以提供一种与学生的父母或法定监护人的愿望相符的教育，如果这种制度的参加和这种学校的入学是由人随意选择的，而且所提供的教育又符合主管当局所可能规定或批准的标准——特别是在同级教

育上——的话;

(丙)设立或维持私立学校,如果这些学校的目的不在于排除任何一群人,而在于在公共当局所提供的教育设施之外另再提供其他教育设施,并且学校的管理是按照这一目的进行,其所提供的教育又符合主管当局所可能规定或批准的标准——特别是在同级教育上——的话。

第三条

为了消除并防止本公约所指的歧视起见,本公约缔约各国承担:

(甲)废止含有教育上歧视的任何法律规定和任何行政命令,并停止含有教育上歧视的任何行政惯例;

(乙)必要时通过立法,保证在学校招收学生方面,没有歧视;

(丙)在学费和给予学生奖学金或其他方式的协助以及前往外国研究所必要的许可和便利等事项时,除了以成绩或需要为基础外,不容许公共当局对不同国民作不同的待遇;

(丁)在公共当局所给予学校的任何形式的协助上,不容许任何纯粹以学生属于某一特殊团体这个原因为基础而定的限制或特惠;

(戊)对在其领土内居住的外国国民,给予与本国国民一样的受教育机会。

第四条

本公约缔约各国并承担拟订、发展和实施一种国家政策,以通过适合于环境和国家习俗的方法,促进教育上的机会平等和待遇平等,特别是:

(甲)使初级教育免费并成为义务性质;使各种形式的中等教育普遍设立,并对一切人开放;使高等教育根据个人成绩,对一切人平等开放;保证人人遵守法定的入学义务;

(乙)保证同一级的所有公立学校的教育标准都相等,并保证与所提供的教育的素质有关的条件也都相等;

(丙)对那些未受到或未完成初级教育的人的教育以及他们根据个人成绩继续接受的教育,以适当方法加以鼓励和推进;

(丁)提供师资训练,无所歧视。

第五条

一、本公约缔约各国同意:

(甲)教育的目的在于充分发展人的个性并加强对人权和基本自由的尊重;教育应促进各国、各种族或宗教集团间的了解、容忍和友谊,并应促进联合国维护和平的各项活动;

(乙)必须尊重父母和(如适用时)法定监护人的下列自由:第一,为他们的孩子选择非公立的但系符合于主管当局所可能规定或批准的最低教育标准的学校;其次,在所有方法不违背国家执行法律的程序的情况下,保证他们的孩子能按照他们自己的信仰接受宗教和道德教育;任何人或任何一群人不得被强迫接受同他们的信仰不一致的宗教教育;

(丙)必须确认少数民族的成员有权进行他们自己的教育活动,包括维持学校及按照每一国家的教育政策使用或教授他们自己的语言在内,但:

(1)行使这一权利的方式,不得妨碍这些少数民族的成员了解整个社会的文化和语言以及参加这个社会的活动,亦不得损害国家主权;

(2)教育标准不得低于主管当局所可能规定或批准的一般标准;

（3）这种学校的入学，应由人随意选择。

二、本公约缔约各国承担采取一切必要的措施去保证适用本条第一款所述的各项原则。

第六条

在适用本公约时，本公约缔约各国承担对联合国教育、科学及文化组织大会今后为确定对取缔各种形式的教育歧视应采取的措施以及为保证教育上的机会平等和待遇平等这个目的而通过的任何建议，予以最大的注意。

第七条

本公约缔约各国应在它们按照联合国教育、科学及文化组织大会将来所规定的日期和方式向该大会提出的定期报告里，提出关于下列事项的情报：它们为实施本公约而通过的法律规定和行政规定以及所采取的其他行动，包括为拟订和发展第四条里所述的国家政策而采取的行动在内；在实施该政策方面所取得的进展以及所遇到的保障。

第八条

本公约任何两个或两个以上缔约国之间可能发生的关于本公约的解释或适用问题的争端，如不能经由谈判解决时，倘争端各方提出要求，应于没有其他解决争端的方法可用时，提交国际法院裁决。

第九条

对本公约不得作任何保留。

第十条

本公约不得缩减个人或团体根据两个或两个以上国家之间缔结的协定所可能享有的权利，如果这些权利不违反本公约的条文或精神的话。

第十一条

本公约以英文、法文、俄文和西班牙文写成，四种文本具有同等效力。

第十二条

一、本公约经由联合国教育、科学及文化组织各成员国按照它们各自的宪法程序批准或接受。

二、批准书或接受书应交存联合国教育、科学及文化组织总干事。

第十三条

一、本公约应开放给非联合国教育、科学及文化组织成员但经该组织执行局邀请加入本公约的所有国家加入。

二、加入应将加入书交存联合国教育、科学及文化组织总干事。

第十四条

本公约应自第三件批准书、接受书或加入书交存之日起三个月后生效，但只对在这一日或这一日以前把它们各自的批准书、接受书或加入书交存的那些国家生效。对于任何其他国家，本公约应于该国把其批准书、接受书或加入书交存后三个月生效。

第十五条

本公约缔约各国确认本公约不只适用于它们的宗主领土，而且也适用于所有由它们代负国际关系责任的非自治领土、托管领土、殖民领土和其他领土；它们承担必要时，在批准、接受或加入本公约时或在这样做以前，同这些领土的政府或其他主管当局协商，以保证本公约能适用于这些领土;它们并承担把本公约从而对之适用的那些领土通知联合国教育、科学及文化组织总干事,此项通知于总干事收到之日起三个月后生效。

第十六条

一、本公约每一缔约国可以为它自己或为由它代负国际关系责任的任何领土退出本公约。

二、退约应以书面文件通知;该退约书应交存联合国教育、科学及文化组织总干事。

三、退约应于总干事收到退约书后十二个月生效。

第十七条

联合国教育、科学及文化组织总干事应将第十二条和第十三条所述的一切批准书、接受书和加入书的交存,以及第十五条所述的通知和第十六条所述的退约,通知联合国教育、科学及文化组织各成员国、第十三条所述的非联合国教育、科学及文化组织成员的国家以及联合国。

第十八条

一、本公约得由联合国教育、科学及文化组织大会加以订正。但任何这种订正应只对成为订正公约缔约国的那些国家具有拘束力。

二、倘若大会通过一个新的公约去订正本公约的全部或一部分,那么,除非这个新的公约另有规定,否则本公约应从新的订正公约生效之日起,停止开放给各国批准、接受或加入。

第十九条

在联合国教育、科学及文化组织总干事提出要求时,本公约应按照联合国宪章第一百零二条的规定,在联合国秘书处登记。

一九六〇年十二月十五日订于巴黎,共两份作准文本,每份有联合国教育、科学及文化组织大会第十一届会议主席及联合国教育、科学及文化组织总干事的签字;这两份作准文本应交存联合国教育、科学及文化组织档库,其经证明无误的副本应分送第十二条和第十三条所述的所有国家和联合国。

前文是联合国教育、科学及文化组织大会在巴黎举行的并于一九六〇年十二月十五日宣布闭会的第十一届会议正式通过的公约的作准文本。

为此,我们于一九六〇年十二月十五日签字,以昭信守。

48. 种族与种族偏见问题宣言

(联合国教育、科学及文化组织大会 1978 年 11 月 27 日通过)

序　　言

联合国教育、科学及文化组织大会于一九七八年十月二十四日至十一月二十八日在巴黎举行第二十届会议，

鉴于一九四五年十一月十六日通过的《联合国教育、科学及文化组织组织法》的序言申明，"现已告结束之此次大规模恐怖战争其所以发生，既因人类尊严、平等与相互尊重等民主原则之遭摒弃，亦因人类与种族之不平等主义得以取而代之，借无知与偏见而散布"，并鉴于上述组织法第一条规定联合国教科文组织的宗旨为"通过教育、科学及文化来促进各国间之合作，对和平与安全作出贡献，以增进对正义、法治及联合国宪章所确认之世界人民不分种族、性别、语言或宗教均享人权及基本自由之普遍尊重"，

确认联合国教科文组织创建三十余年来，其组织法所载各项原则尤具有当初之重要意义，

念及非殖民化进程及其他历史变革致使原由外国统治之人民多已收复主权，故国际社会成为全球多样性统一的整体，并为消除种族主义祸害、结束国内和国际社会政治诸方面的种族主义可憎现象提供了机会，

深信哲学、道德及宗教的最高表现形式所确认的人类团结以及由此所产生的全人类、各民族的平等，反映了今日伦理学与科学日益结合的理想，

深信各民族、各社会群体无论其构成或民族血统如何，均以自己的创造能力推动了文明及文化进步，而多种文明和文化相互渗透的结果，成为人类的共有财产，

重申遵循《联合国宪章》、《世界人权宣言》公布的各项原则，决心促进有关人权的各项国际公约及《建立新的国际经济秩序宣言》的执行，

并决心促进执行《联合国宣言》及《消除一切形式种族歧视国际公约》，

注意到《防止及惩治灭绝种族罪公约》、《禁止并惩治种族隔离罪行国际公约》及《战争罪及危害人类罪不适用法定时效公约》，

并忆及联合国教科文组织业已通过的国际文件，特别是《取缔教育歧视公约及建议》、《关于教师地位的建议》、《国际文化合作原则宣言》、《关于增进国际了解、合作与和平的教育以及有关人权和基本自由的教育的建议》、《关于科学研究人员地位的建议》，及关于广大人民群众参与并促进文化生活的建议，

铭记联合国教科文组织专家会议通过的关于种族问题的四项声明，

重申准备积极努力地执行联合国大会第二十八届会议确定的"反对种族主义与种族歧视行动十年"的方案,

最严重关切地注意到不断变换形式的种族主义、种族歧视、殖民主义和种族隔离继续危害世界,此等现象系由于法律条款及政府和行政措施均继续违反人权的原则,由于政治和社会结构继续存在,以及由于以不公正和轻视人为特征的相互关系和态度导致贫穷阶层成员遭受排斥、侮辱和剥削或强迫同化,

对此种侵犯人格尊严的行径表示愤慨,痛惜由此造成各国人民间相互了解的障碍,并对其严重扰乱国际和平与安全的危险性表示震惊,兹通过并郑重宣布《种族与种族偏见问题宣言》:

第一条

1. 全人类属同一种类,均为同一祖先之后代。在尊严及权利上,人人均生而平等,所有人均为人类整体的组成部分。

2. 所有个人与群体均有维护其特性的权利,有自认为具有特性并为他人所确认的权利。然而,生活方式的差异及维护其特性的权利,在任何情况下,不应当作种族偏见的借口;亦不应在法律或实践上成为任何歧视行为的正当理由,不应为种族主义的极端形式——种族隔离政策,提供理论依据。

3. 血统特征在任何情况下,都不得影响人类能够和可以采取不同生活方式的这一事实,不得妨碍由于文化、环境和历史差异造成的不同现状,也不得妨碍维护文化特征的权利。

4. 世界全体人民具有达到最高智慧、技术、社会、经济、文化和政治水平的同等能力。

5. 各国人民文明成就的差异完全由地理、历史、政治、经济、社会和文化等方面因素造成。此等差异不得成为将民族或国家划分等级的任何借口。

第二条

1. 任何主张种族或民族群体存在固有差别、意指某民族有权统治或排斥其他被认为是低劣民族的理论,或任何以种族差别评价为依据的理论,均没有科学根据,均违背人类伦理与道德原则。

2. 种族主义系指由种族不平等以及道德与科学上论证群体之间的歧视关系的错误观念造成的种族主义思想、有偏见的态度、歧视行为、结构安排和制度化的习俗;种族主义表现在立法或规章的歧视性条款以及歧视性的做法中,以及表现在反对社会进步的信念及行动中;种族主义阻碍受歧视者的发展,腐蚀实行歧视者的思想、造成民族分裂,阻碍国际合作,并引起人民之间的政治对立;种族主义违背国际法的基本原则,从而严重危害国际和平与安全。

3. 种族偏见在历史上同权力不平等相联系,由于个人和群体间经济上和社会上的差异而更加严重,至今仍然有人企图为此种不平等辩护。种族偏见是毫无道理的。

第三条

受种族主义思想驱使的、基于种族、肤色、民族血统或宗教上不容忍的任何区别、排斥、限制或优惠,均与公正的并保证尊重人权的国际秩序的要求相抵触;种族主义思想破坏或损害国家主权平等及人民自决权利,或任何限制或歧视性限制每个人或团体的充分发展权利。充分发展的权利系指在国家与世界范围内,文明与文化的价值得到尊重的情况下,一切个人或集体有提高自身地位的同等机会。

第四条

1. 任何基于种族或民族原因对人类充分发挥其才能及人与人之间自由交往实行限制,违背了人类尊严和权利平等的原则,是不能容许的。

2. 种族隔离是对这一原则最严重侵犯的一种表现,种族隔离如同种族灭绝一样,系一危害人类的罪行,并严重扰乱国际和平与安全。

3. 其他种族分离和歧视的政策与习俗构成违反人类良知与尊严的罪行,可能导致政治对抗,并严重危害国际和平与安全。

第五条

1. 作为全人类劳动成果及共同财富的文化以及广义的教育,为世界男女适应环境提出日益有效的手段,使其不仅确信在尊严和权利上人人生而平等,而且认识到,应当在国家及国际范围内尊重所有群体保持其本身文化特征的权利,以及其独特的文化生活的发展。不言而喻,各群体均有充分的自由来决定维护、酌情调整或丰富其认为是本民族特征本质的价值观念。

2. 各国根据其宪法的原则和程序同所有其他有关当局及整个教育界一样,有责任保证各国的教育部门均起着反对种族主义的作用,特别要保证课程和课本包括有关人类团结和多样化的科学与伦理的内容,及对任何民族不得加以恶意地区别;并为此目的,训练师资,向居民中所有群体现有的教育系统提供资助,而不受任何种族的限制或歧视;以及采取适当措施,消除某些种族或民族群体由于他们的教育与生活水平而遭受苦难的不利因素,尤其要防止这些不利因素继续影响其后代。

3. 依据《世界人权宣言》所载各项原则,特别是发表意见的自由的原则,新闻机构和那些负责或从事新闻工作的人员以及全国所有其他组织,必须增进所有个人或群体之间的了解、容忍与友谊,并支持消除种族主义、种族歧视和种族偏见,为此,特别要防止造成对某个人或某群体的陈腐的、偏袒的、片面的或主观的印象。种族或民族群体间的联系必须是相互交往的过程,使他们的意见能自由发表并得到充分听取而不受阻碍。因此,新闻机构应能自由地采纳个人或群体有利于这种联系的意见。

第六条

1. 国家的主要职责是在尊严和权利人人完全平等的基础上,确保所有个人与群体的人权与基本自由。

2. 各国应在其权力范围内,并根据宪法原则与程序,通过立法或其他手段,特别在教育、文化或信息领域内采取一切适当措施,遵照《世界人权宣言》和《公民权利和政治权利国际公约》所载各项原则,防止、禁止并消除种族主义、种族主义宣传、种族分隔和种族隔离,并鼓励宣传自然科学与社会科学方面关于造成及防止种族偏见和种族主义态度的知识和研究成果。

3. 鉴于禁止种族歧视的法律本身尚不全面,各国通过行政机构对种族歧视事例进行系统的调查、通过反对种族歧视行为的法律补救方法的完整体系、通过旨在反对种族偏见和种族歧视的广泛的基础教育和研究方案、通过旨在促进群体间真正相互尊重的、积极的政治、社会、教育和文化措施方案,对上述法律作出补充是义不容辞的责任。在可能情况下,应实施专门方案以促进处于不利地位的群体获得进展,对于本国国民,则应实施确保其有效参与社会决策进程的计划。

第七条

法律如同政治、经济和社会措施一样,是保障个人尊严与权利平等的一种主要手段,亦是制止以所谓某些种族或民族群体具有优越性的思想或理论为根据、或企图为任何形式的种族仇恨的种族歧视辩解或鼓吹的任何宣传、任何组织形式或任何习俗的一种主要手段。各国应为此通过适当的法律,并遵照《世界人权宣言》所载诸原则保证法律效力及保证为所有执法机构所遵行。该法律应成为使其得到实施的政治、经济和社会体制的一部分。个人和其他公共或私人的法律实体必须遵循这一法律,并采用一切适当手段帮助全体公民理解并运用这一法律。

第八条

1. 有权在国内或国际享受经济、社会、文化和法律秩序的个人,诸如容许他们在权利和机会完全均等的基础上行使充分发挥才能的权利的个人,对其同胞、对其生活的社会及对国际社会,都承担相应的义务。因而,根据其促进各国人民和睦的义务,他们应反对种族主义和种族偏见,并尽一切力量消除各种形式的种族歧视。

2. 在种族偏见、种族主义态度和习俗方面,自然科学和社会科学及文化学科的专家以及科学组织和团体有责任在广泛的学科间的基础上进行客观的研究;所有国家都应鼓励上述专家、组织和团体的工作。

3. 上述专家特别有义务通过一切可能的手段,保证其研究成果不致受到误解,同时保证他们帮助公众理解这些研究成果。

第九条

1. 全人类和各国人民不论其种族、肤色及血统,在尊严和权利上一律平等的原则,是得到普遍接受和承认的国际法原则。因而一国家实行任何形式的种族歧视即构成侵犯国际法的行为,应当承担国际责任。

2. 必要时,应采取特别措施,以保障个人或群体在尊严和权利上一律平等,同时保证这些措施不带有种族歧视的色彩。在这方面,应特别关心在社会或经济上处于不利地位的种族或民族群体,以便完全平等地、不加歧视或限制地在法律和规章上对这些人予以保护,并使现行的社会措施符合其利益,特别是关于住房、就业和保健方面;尊重其文化及价值准则的正当性,特别是通过教育促使其社会及职业状况的改善。

3. 对于外裔居民群体,特别是参与侨居国建设的移民工人及其家属,应采取适当措施以维护其安全,并尊重其尊严及文化价值准则,促使其适应侨居国环境及职业的进展,以便其日后同祖国重新结合并为祖国的发展作出贡献;还应采取措施使其子女学习本国语言。

4. 目前国际经济关系的不稳定助长了种族主义和种族偏见的加剧;因此,各国应努力在更加平等的基础上,对国际经济进行调整。

第十条

世界性或区域性的、政府或非政府的国际组织有义务在各自职权和能力范围内为充分彻底执行本宣言的各项原则提供合作与支持,从而促使所有在尊严和权利上生而平等的人投身反对种族主义、种族分隔、种族隔离和种族灭绝迫害的合法斗争,以使全世界人民永远免遭此等祸害。

VII 奴隶制、奴役、强迫劳动和类似的制度与习俗

49. 禁奴公约

(1926年9月25日订于日内瓦)

考虑到一八八九——一八九〇年布鲁塞尔会议总决议书各签字国普一致宣布具有坚决的意图以终止非洲奴隶的贩卖，

考虑到一九一九年圣日耳曼公约各签字国，旨在修改一八八五年柏林总决议书和一八九〇年布鲁塞尔宣言的总决议书，重申了它们愿意完全消灭一切形式的奴隶制以及从陆地和海上进行的奴隶贩卖，

审查一九二四年六月十二日国际联盟行政院委派的奴隶制临时委员会的报告，

愿意对于幸赖布鲁塞尔决议书而实现的事业，加以补充和发展，并就圣日耳曼公约各签字国就奴隶贩卖和奴隶制所表明的意图，在全世界获得实际效力的方法，并且承认有必要为此目的缔结较该公约所载更为详细的协议，

此外，认为有必要制止强迫劳动产生与奴隶制相类似的状况，业已决定缔结公约并为此目的各派全权代表如下：

〔姓名略〕

同意条款如下：

第一条

为本公约之目的，经同意下列的定义：

（一）奴隶制为对一人行使附属于所有权的任何或一切权力的地位或状况；

（二）奴隶贩卖包括在使一人沦为奴隶的一切掳获、取得或转卖的行为；一切以出卖或交换为目的而取得奴隶的行为；将以出卖或交换为目的而取得的奴隶通过出卖或交换的一切转让行为，以及一般而言，关于奴隶的贸易和运输行为。

第二条

缔约各国，如尚未采取必要的措施，承允就各自范围内在其主权、管辖、保护、宗主权或监护下各领土内：

（甲）防止和惩罚奴隶的贩卖；

（乙）逐步地和尽速地促成完全消灭一切形式的奴隶制。

第三条

缔约各国承允采取一切适当的措施，以便制止和惩罚在其领水内，以及一般而言，在悬挂各自国旗的船舶上，装运、卸载和运送奴隶。

缔约各国承允尽速谈判缔结一项关于贩卖奴隶的一般公约，赋给各国的权利和加于各国的义务应与一九二五年六月十七日关于国际军火贸易公约的规定具有同样的性质（该公约第十二、二十、二十一、二十二、二十三、二十四条和附件二第二编第三、四、五各款），但须

作必要的调整,如所谅解该一般公约对于任一缔约国的船舶(即使是小吨位的船舶)决不置于不同于其他缔约国船舶的地位。

经同样谅解,无论在该一般公约生效以前或以后,缔约各国应保持一切自由,以便在它们之间,在不违背前款规定的原则下,基于它们的特殊情况,缔结它们认为适宜的特殊协议,以便尽速完全消灭奴隶的贩卖。

第四条

缔约各国应相互支援,以便实现消灭奴隶制和奴隶的贩卖。

第五条

缔约各国承认实行强迫或强制劳动可能带来严重的后果,并承允在各自主权、管辖、保护、宗主权或监护下各领土的范围内,采取适当的措施,以避免强迫或强制劳动不致引起与奴隶制相类似的状况。

经同意:

(一)在不违背下述第(二)项所载过渡性条款下,只有为了公共的目的才可以要求强迫或义务劳动;

(二)在为了公共目的以外的目的而仍存在着强迫或强制劳动的领土内,缔约各国应努力逐步地和尽快地终止强迫或强制劳动,并且在此项强迫或义务劳动持续期间,只有在给予适当报酬并且在不强加变更习惯居住地点的条件下,才能以破格的名义,予以雇用;

(三)在一切情况下,有关领土的主管中央当局应对进行强迫或义务劳动承担责任。

第六条

缔约各国如其立法在目前尚不足以取缔违反为实施本公约目的而颁行的法律和条例的罪行,应保证采取必要的措施,务使此项罪行受到严厉的刑罚。

第七条

缔约各国承允将各自为适用本公约规定而制订的法律和条例相互通知并通知国际联盟秘书长。

第八条

缔约各国同意关于本公约的解释或适用可能引起的一切争端,如未能通过直接谈判予以解决,得提交常设国际法院。如发生争端之各国或其中一国并非一九二○年十二月十六日关于常设国际法院议定书的缔约国,则此项争端将根据它们自己的意愿并遵照各自宪法的规定,或提交常设国际法院,或提交按照一九○七年十月十八日关于和平解决国际纠纷公约而组成的仲裁法庭,或提交任何其他仲裁法庭。

第九条

每一缔约国得在签字时、批准或加入时,声明关于本公约规定或其中若干规定的适用,它的同意并不拘束在其主权、管辖、保护、宗主权或监护下各领土的全部,并得在以后全部地或部分地以它们之间任何一领土的名义分别加入。

第十条

如各缔约国中一国欲退出本公约,退出应以书面通过国际联盟秘书长,由其立即以证明无误的通过副本分送给所有其他缔约国,并通知他接到通知的日期。

退出仅对作出通知退出的国家,并须在通知书递达国际联盟秘书长满一年后生效。

退出亦得为任何在其主权、管辖、保护、宗主权或监护下的领土分别进行。

第十一条

本公约载明本日的日期,其法文本和英文本具有同等效力,听由国际联盟会员国签字,直至一九二七年四月一日截止。

国际联盟秘书长其后应促请还没有签字的国家、包括非国际联盟会员国的国家注意本公约,并请它们加入该公约。

愿意加入公约的国家应将它的意图以书面通知国际联盟秘书长,并把加入书交给他存放于国际联盟档案库。

秘书长应立即以证明无误的通知副本和加入书副本分送给所有其他缔约国,并通知他接到通知和加入书的日期。

第十二条

本公约应予批准,各批准书应存放于国际联盟秘书长办公室,该秘书长应将上述情形通知各缔约国。

本公约应对每一国家自其交存批准书或加入书之日起生效。

各全权代表在本公约上签署,以昭信守。

一九二六年九月二十五日订于日内瓦,正本仅一份,存放于国际联盟档案库,其正式副本一份应送致每一签字国。

50. 关于修正一九二六年九月二十五日
在日内瓦签订的禁奴公约的议定书

(联合国大会 1953 年 10 月 23 日通过)

本议定书缔约国,

鉴于国际联盟依据一九二六年九月二十五日在日内瓦签订之禁奴公约(以下简称"公约")负有若干职责,

并鉴于各该职责宜由联合国继续执行,

经议定条款如下:

第一条

本议定书各缔约国承担于彼此间依照本议定书之规定,对于本议定书附件内所载之公约修正条款赋予充分法律效力,并予以实施。

第二条

一、本议定书应听由公约之任何缔约国经秘书长送交本议定书副本以备其签署或接受本议定书者,予以签署或接受。

二、各国得依下列方式之一成为本议定书缔约国:

(甲)对于接受不附保留之签署;

(乙)对于接受附有保留之签署,继以接受;

(丙)接受。

三、接受应以正式文书送交联合国秘书长存放为之。

第三条

一、本议定书应自两个国家成为缔约国之日起发生效力,嗣后对于每一个国家应自该国成为缔约国之日起发生效力。

二、本议定书附件内所载之修正条款应自二十三个国家成为本议定书缔约国之日起发生效力,因此,任何国家于公约之修正条款生效后成为公约之缔约国者即为修正后之公约的缔约国。

第四条

兹依照联合国宪章第一百零二条第一款之规定及大会遵照该项规定所订之细则,授权联合国秘书长于本议定书及本议定书对于公约所为之修正分别发生效力之日,予以登记,并于登记后尽速将本议定书及修正后之公约全文予以公布。

第五条

本议定书应交存联合国秘书处档库,其中文、英文、法文、俄文、西班牙文各本同一作准,须依附件修正之公约既仅以英、法文本作准,故附件应以英、法文本同一作准,中、俄、西文各本为译本。秘书长应备就本议定书包括附件在内之正式副本,以便分送公约各缔约国及联合国所有其他会员国。秘书长并应备就修正后之公约之正式副本,俾于修正条款依照第三条规定生效时分送各国,包括非联合国会员国之国家在内。

为此,下列签字人各奉其本国政府正式授权,兹签字于本议定书,以昭信守。其签署日期与签字并列。

一九五三年十二月七日订于纽约联合国总部。

关于修正一九二六年九月二十五日在日内瓦签订的

《禁奴公约》的议定书附件公约第七条内之"国际联盟秘书长"应改为"联合国秘书长"。

第八条内之"常设国际法院"应改为"国际法院","一九二〇年十二月十六日关于常设国际法院议定书的缔约国"应改为"国际法院规约的当事国"。

第十条第一款及第二款内之"国际联盟"应改为"联合国"。

第十一条最后三款应予删除并改为:

"本公约应听由经联合国秘书长送交公约正式副本之所有国家,包括非联合国会员国之国家在内,予以加入。"

"加入应以正式文书送交联合国秘书长存放为之。联合国秘书长应将加入之事实通知公约所有缔约国及本条所称之所有其他国家,并将收存每一该项加入书之日期通知各该国家。"

第十二条内之"国际联盟"应改为"联合国"。

51. 废止奴隶制、奴隶贩卖及类似奴隶制的制度与习俗补充公约

(联合国经济及社会理事会 1956 年 4 月 30 日通过)

序　言

本公约缔约国，

认为自由系人类随生而来之权利，

鉴于联合国人民在宪章重申其对人格尊严与价值之信念，

查联合国大会颁有世界人权宣言，悬为所有人民、所有国家共同努力之标的，内称任何人不得使充奴隶或奴役，奴隶制及奴隶贩卖，不论出于何种方式，悉应禁止，

承认废止奴隶制及奴隶贩卖一事，自一九二六年九月二十五日特为此事在日内瓦缔订禁奴公约以来已续有进展，

鉴于一九三〇年所订强迫劳动公约及其后国际劳工组织对强迫及强制劳动所采行动，

惟深知奴隶制、奴隶贩卖及类似奴隶制之制度与习俗尚未在世界各地完全废除，

爰决定缔结补充公约，俾增益现仍有效之一九二六年公约，借以加强国内及国际方面谋求废止奴隶制、奴隶贩卖及类似奴隶制之制度与习俗之努力，

为此目的，议定条款如下：

第一编　类似奴隶制的制度与习俗

第一条

本公约各缔约国遇有下列制度与习俗依然存在之情形，无论其是否在一九二六年九月二十五日日内瓦《禁奴公约》第一条所载之奴隶制定义范围以内，均应采取一切实际而必要之立法及其他措施，逐渐并尽速达成完全之废止或废弃：

（甲）债务质役，乃因债务人典质将其本人或受其控制之第三人之劳务充作债务之担保，所服劳务之合理估定价值并不作为清偿债务计算，或此种劳务之期间及性质未经分别限制及订明，所引起之地位或状况；

（乙）农奴制，即土地承租人受法律、习惯或契约之拘束须在他人所有之土地居住及劳作，并向该一他人提供有偿或无偿之若干固定劳务，而不能自由变更其身份之状况；

（丙）有下列情况之一之制度或习俗：

子、女子之父母、监护人、家属或任何他人或团体受金钱或实物之报酬,将女子许配或出嫁,而女子本人无权拒绝;

丑、女子之丈夫、其夫之家属或部族,有权取得代价或在其他情形下将女子转让他人;

寅、女子于丈夫亡故后可为他人所继承;

(丁)儿童或未满十八岁少年之生父生母、或两者之一、或其监护人,不论是否为取得报酬,将儿童或少年交给他人以供利用,或剥削其劳力之制度或习俗。

第二条

为废除本公约第一条(丙)款所称各种制度与习俗起见,缔约国承允酌量情形规定适当之最低结婚年龄,鼓励采用婚姻双方可在主管民政或宗教当局之前自由表示同意之方式,并鼓励婚姻登记。

第二编 奴隶贩卖

第三条

一、以任何运输方式将奴隶从一国运至他国之行为或企图,或为此等行为从犯之行为,应由本公约缔约国法律规定为刑事罪;凡经判决之此等罪犯应受极严厉之刑罚。

二、(甲)缔约各国应采取各种有效措施以制止准悬该国旗帜之船舶与飞机从事运输奴隶,并将犯有此等罪行或为此目的利用该国国旗之人予以惩罚。

(乙)缔约各国应采取各种有效措施使其港口、飞机场及海岸不为运输奴隶之用。

三、本公约缔约各国应交换情报以获致各国间就取缔奴隶贩卖所采措施之实际协调,并应将其所发现之每一贩卖奴隶及此项罪行未遂案件互相通知。

第四条

任何奴隶逃避至本公约缔约国所属任何船舶当然获得自由。

第三编 奴隶制及类似奴隶制的制度与习俗

第五条

在奴隶制或本公约第一条所称之制度或习俗尚未完全废止或废弃之国家内,凡为表明其身份或为惩罚、或因任何其他理由对奴隶或奴役身份之人加以毁伤、烙印或他种标记之行为,或为此等行为从犯之行为,应由本公约缔约国法律规定为刑事罪;凡经判决之此等罪犯应受处罚。

第六条

一、使他人为奴隶或引诱他人本身或其受赡养人沦为奴隶,或企图实施此等行为,或为此等行为从犯,或为实施此等行为共谋之当事人之行为,应由本公约缔约国法律规定为刑事罪;凡经判决之此等罪犯应受处罚。

二、在不违背本公约第一条引言之规定下,本条第一款之规定,亦应适用于在第一条所称任一制度或习俗下,引诱他人本身或其受赡养人沦为奴役地位,或企图实施此等行为,或为此等行为从犯,或为实施此等行为共谋之当事人之行为。

第四编 定　义

第七条

为本公约之目的,所称:

甲．"奴隶制"乃依一九二六年禁奴公约定义,对一人行使附属于所有权的任何或一切权力的地位或状况,"奴隶"系指处于该一状况或地位之人;

乙．"奴役地位之人"系指处于本公约第一条所称任一制度或习俗所产生状况或地位之人;

丙．"奴隶贩卖"系指意在使一人沦为奴隶之掳获、取得或处置行为;以转卖或交换为目的取得奴隶之一切行为;将以转卖或交换为目的所取得之人出卖或交换之一切处置行为;及,一般而论,以任何运送方式将奴隶贩卖或运输之一切行为。

第五编　缔约国间之合作与情报之递送

第八条

一、本公约缔约国承允互相合作并与联合国合作实行上开规定。

二、缔约国承允将所有为实施本公约规定而制定或施行之法律、条例及行政措施之副本送交联合国秘书长。

三、秘书长应将依本条第二款所收到之情报转递其他缔约各国,并送交经济及社会理事会,以供该理事会今后就废止奴隶制、奴隶贩卖或本公约所议各项制度与习俗作进一步之建议而从事讨论时所用文件之一部分。

第六编　最后条款

第九条

对本公约不得作任何保留。

第十条

本公约缔约国对于本公约之解释或适用发生争端未能以协商解决时,除非各该国同意其他解决方式,应依争端当事国任何一方之请求,提交国际法院裁决。

第十一条

一、本公约在一九五七年七月一日以前听由联合国或专门机构任何会员国签署。本公约须经签署国批准,批准书应送交联合国秘书长存放,并由秘书长转知各签署国及加入国。

二、本公约在一九五七年七月一日以后听由联合国或专门机构任何会员国或经联合国大会邀请加入之任何其他国家加入。加入应以正式文件送交联合国秘书长存放为之,并由秘书长转知各签署国及加入国。

第十二条

一、本公约对于所有由任何缔约国负责其国际关系之非自治、托管、殖民及其他非本部领土均适用之;该缔约国在不违反本条第二款之规定下,应在其签署、批准或加入时宣告由于此项签署、批准或加入而当然适用本公约之非本部领土。

二、倘依缔约国或其非本部领土之宪法或宪政惯例,须征得非本部领土之事先同意时,该缔约国应尽力于本国签署本公约起十二个月之期限内征得该非本部领土必需之同意,并于征得此项同意后通知秘书长。本公约对于此项通知书所列领土,自秘书长接到通知之日起适用之。

三、在上款所称十二个月期限届满后,缔约各国在其负责国际关系之非本部领土对于实施本公约尚未表示同意时,应将其磋商结果通知秘书长。

第十三条

一、本公约应自有两国成为公约缔约国之日起发生效力。

二、本公约嗣后对各国及领土应自该国批准书或加入书或该领土适用公约的通知书存放之日起发生效力。

第十四条

一、本公约应连贯分期实施,每期三年,其第一期应自公约依第十三条第一款生效之日起开始。

二、任何缔约国得于当届三年期满前至少六个月以该国致秘书长之通知宣告退出本公约;秘书长应将每件退约通知及收到日期转知所有其他缔约国。

三、退约应在当届三年期满时生效。

四、凡本公约依第十二条规定对于缔约国之非本部领土适用者,该缔约国此后随时获有关领土之同意,得通知联合国秘书长,宣告该领土单独退出本公约。此项退约应自秘书长收到通知之日起一年后生效,秘书长应将此项通知及其收到日期转知所有其他缔约国。

第十五条

本公约之中文、英文、法文、俄文及西班牙文各本同一作准,应存放于联合国秘书处档库。秘书长应备就正式副本分送本公约缔约各国以及所有其他联合国或专门机构之会员国。

为此,下列代表各秉其本国政府正式授予签署之权,于各自签署旁侧所注之日期,签署本公约,以昭信守。

一九五六年九月七日订于日内瓦联合国欧洲办事处。

52. 禁止贩卖人口及取缔意图营利使人卖淫的公约

（联合国大会1949年12月2日通过）

序　言

鉴于淫业以及因此而起之贩人操淫业之罪恶，侮蔑人格尊严与价值，危害个人、家庭与社会之幸福；

鉴于禁止贩卖妇女儿童，有下列现行国际文书：

一、经联合国大会一九四八年十二月三日所核定议定书修正之一九〇四年五月十八日之禁止贩卖白奴国际协定；

二、经同议定书修正之一九一〇年五月四日禁止贩卖白奴国际公约；

三、经联合国大会一九四七年十月二十日所核定议定书修正之一九二一年九月三十日禁止贩卖妇孺国际公约；及

四、经同议定书修正之一九三三年十月十一日禁止贩卖成年妇女国际公约，

鉴于国际联盟曾于一九三七年拟订公约草案一件以扩充上述各项文书之范围，又

鉴于一九三七年以后之发展，兹可订立公约一项，并合上述各项文书，兼采一九三七年公约草案内容并加适当之修正；

各缔约国

爰议定

下列各条款：

第一条

本公约缔约国同意：对于意图满足他人情欲而有下列行为之一者，一应处罚：

一、凡招雇、引诱或拐带他人使其卖淫，即使得本人之同意者；

二、使人卖淫，即使得本人之同意者。

第二条

本公约缔约国并同意对于有下列行为之一者，一应处罚：

一、开设或经营妓院，或知情出资或资助者；

二、知情而以或租赁房舍或其他场所或其一部供人经营淫业者。

第三条

第一条及第二条之未遂罪，以及犯有上二项罪之准备行为者，在当地法律所许可之范围内罚之。

第四条

故意共同犯上开第一条及第二条之罪者,亦应就当地法律所许可之范围内加以惩处。

为防止罪犯逃脱惩罚,遇有必要,在当地法律所许可之范围内,参加犯罪之行为,应作单独犯罪论。

第五条

如遇被害人依其本国法律有权为本公约所称罪行诉讼之当事人时,外国人民亦应有权为诉讼当事人,其条件与本国国民同。

第六条

本公约缔约国各同意采取一切必要措施,对于规定卖淫或有卖淫嫌疑者,须经特别登记,或须领取特别证件,或须遵守监督或通知之特别条件之现行法律、规程或行政规定,一律取消或废止之。

第七条

前曾在其他国家经判决犯本公约所列之罪者,应就当地法律所许可之范围内,合并论断以决定:

一、累犯罪是否成立;

二、应否褫夺公权。

第八条

本公约第一条及第二条所列各罪应于本公约缔约国间所订或日后订定之任何引渡条约中视为得行引渡之犯罪。

本公约缔约国其不以订有条约为引渡之条件者,此后应以本公约第一条及第二条所列各罪为彼此引渡之案件。

引渡应依受请国之法律为之。

第九条

引渡本国国民为法律所不许之国家,其国民在境外犯本公约之第一条及第二条各罪,而已回至该国者,应在该国法院予以追诉,并由该国法院惩处之。

如遇在本公约缔约国间类似之情形下,引渡外国人民不获允准时,不适用本条之规定。

第十条

倘被告已在外国受审,且经定罪并已受刑,或依该外国法律业予免除或减轻其刑罚者,不适用第九条之规定。

第十一条

本公约中任何规定不得解释为限制缔约国对国际法下刑事管辖权限一般问题所采取之态度。

第十二条

本公约不影响约文内所称罪行应由各国依当地法律予以确立、追诉之处罚之原则。

第十三条

本公约各缔约国对于他国为惩处本公约所载罪行所作之请求书,应有依本国法律及惯例办理之义务。

请求书之递送应依下列方式为之:

一、司法当局间直接行文；或

二、两国司法部门间直接行文，或由提请国之其他主管当局直接移文受请国之司法部长；或

三、经由在受请国之请求国外交或领馆代表送达；该代表应将请求书直接递交主管司法当局或受请国政府指定机关当局，并应直接收受各该当局为处理所请事由而作之文件。

倘采用一、三两项方式，则必须将请求书副本送交受请国之上级当局。

除另有约定外，请求书应以提请国之语文为之，但受请国得要求以其本国语文作成译本，并由请求当局证明无误。

本公约各缔约国应通知本公约其他缔约国上述各项方式中何者为其认可之请求方式。

在任何国家未发上项通知前，其关于请求书之现行程序应继续有效。

依请求书所为之执行，不得因而索偿专家费用以外之任何性质之费用。

本条规定不得解释为本公约各缔约国担允在刑事案件上采用违反其当地法律之任何取证方式或方法。

第十四条

本公约各缔约国应设立或维持特种机关，负责协调及汇集本公约所称各罪之审讯结果。

此等机关应纂辑一切协进防止及惩治本公约所称各罪之情报，并应与其他国家之类似机关保持密切联系。

第十五条

第十四条所称机关应在当地法律所许可之范围及各该机关主管当局认为适当之范围内，向其他国家之类似机关主管当局提供下列情报：

一、犯本公约所列各罪或任何犯罪未遂之详情；

二、关于犯本公约所列各罪罪犯之侦缉、追诉、逮捕、宣判、禁止入境或驱逐出境之详情，此等罪犯之行踪以及关于彼等之任何其他有用情报。

所提供之此等情报应载明罪犯之特征、指纹、相片、行为习惯、违警记录、犯罪记录。

第十六条

本公约各缔约国同意经由其公私教育、卫生、社会、经济及其他有关机关采取或推进各种措施以防止淫业并对淫业及本公约所指罪行之被害人使之复原并改善其社会地位。

第十七条

本公约缔约国担允对移入或移出人口迁动，依照本公约所规定之义务，采取或续施必需办法，取缔贩卖男女以卖淫为业。

各缔约国特为担允：

一、制定必要之规章，对移入国境或移出国境之人等尤其妇女儿童，在其抵境及离境地点与途中，予以保护；

二、设法为适当之宣传，晓谕民众，告以上述贩人卖淫之危险；

三、采取适当办法，于火车站、飞机场、渔港、沿途以及其他公共场所，严为监督，以防止国际贩卖人口卖淫为业；

四、采取适当办法俾遇有显系从事此种贩卖之主犯及从犯或被害人抵境时，主管当局即能获悉。

第十八条

本公约缔约国担允,依本国法律之规定,向卖淫之外国人取得口供,以凭确认其为本人及查明其根底,并查明谁为其离开本国之主使者。所获供词应送达此等人之原籍国当局,以便将来遣送其回籍。

第十九条

本公约缔约国担允,依本国法律之规定,并在不妨碍因犯法而须予追诉或采取其他行动之情形下,尽可能:

一、在国际贩卖人口使操淫业之贫困被害者遣送回籍办法筹划竣事以前,对于此等人暂时妥予照料并维持其生活;

二、将第十八条所称之人自愿被送回籍者或由声明负责管理之人认领者,或依法判令驱逐出境者遣送回籍。遣送回籍应于获得送往国知悉被遣送人之形貌、国籍及抵达边境之地点、日期等事表示同意后始得为之。本公约各缔约国应予此等人以通过其领土之便利。

前项所称之人如无力自偿回籍费用,又无配偶、亲戚或监护人为之代付,则将其送至距向原籍国之最近边境或登船埠头或飞机场之回籍费用,应由其现居国家担负,至其余途中费用,则应由原籍国担负。

第二十条

本公约缔约国应采取必要办法,对各种介绍职业之机关加以监察,以防求谋就业之人,尤其妇女儿童,有被诱卖淫之危险。

第二十一条

本公约缔约国应将其前已颁布及嗣后每年或将颁布与本公约所述事项有关之法律及条例,以及为实施本公约所采取之一切办法,通知联合国秘书长。秘书长应定期印行所接获之消息并将其送达联合国所有会员国及依照第二十三条规定正式向其送致本公约之非会员国。

第二十二条

本公约缔约国间倘因本公约之解释及适用问题发生争执而不能以其他方法解决时,则经争执当事国任何一造之请求,应将其交由国际法院处理。

第二十三条

联合国任何会员国及凡经经济及社会理事会邀请之其他国家均得签署本公约。

本公约应批准之,其批准书应交存联合国秘书长。

本条第一项所述之国家尚未签署本公约者皆得加入本公约。

加入应以加入书交存联合国秘书长。

就本公约之规定而言,"国家"一词应兼指本公约缔约国或加入国之所有殖民地与托管领土,以及此种国家负有国际义务之其他领土。

第二十四条

本公约于批准书或加入书二件交存联合国秘书长后第九十日起生效。

对于在批准书或加入书二件交存后始行批准或加入本公约之国家,本公约于该国交存其批准书或加入书后第九十日起生效。

第二十五条

本公约生效后五年届满时,任一缔约国均得以通知书送交联合国秘书长声明退出。

此项退出应于联合国秘书长接获退出声明一年后对作退出声明之国家生效。

第二十六条

联合国秘书长应通知联合国各会员国及第二十三条所称之非会员国：

（甲）秘书长所收到依第二十三条而为之签署、批准及加入；

（乙）本公约依第二十四条之规定而生效之日期；

（丙）依第二十五条而为之退出声明。

第二十七条

本公约缔约国担允依其本国宪法制定为确保本公约之实施所必需之法律或其他办法。

第二十八条

本公约之规定，就缔约国间之关系言，应替代前言第二段中第一、二、三、四各分段所称各项国际文书之规定，倘其中一项文书之所有缔约国均已为本公约之缔约国时，则该项文书应视为业已失效。

最后议定书

凡任何法令，为执行禁止贩卖人口及意图营利使人卖淫之各条款，其规定之条件较本公约为严者，不得认为与本公约有所抵触。

本公约第二十三条至第三十六条之规定，对本最后议定书应适用之。

VIII 保护被拘留或监禁的人

53. 囚犯待遇最低限度标准规则

（1955年在日内瓦举行的第一届联合国防止犯罪和罪犯待遇大会通过，并由经济及社会理事会以1957年7月31日第633C(XXIV)号决议和1977年5月13日第2076(LXII)号决议予以核准）

序　　言

1. 订立下列规则并非在于详细阐明一套监所的典型制度，它的目的仅在于以当代思潮的一般公意和今天各种最恰当制度的基本构成部分为基础，说明什么是人们普遍同意的囚犯待遇和监狱管理的优良原则和惯例。

2. 鉴于世界各国的法律、社会、经济和地理情况差异极大，并非全部规则都能够到处适用，也不是什么时候都适用，这是显而易见的。但是，这些规则应足以激发不断努力，以克服执行过程中产生的实际困难，理解到全部规则是联合国认为适当的最低条件。

3. 另一方面，各规则包含一个领域，这个领域的思想正在不断发展之中。因此，各规则的目的并不在于排除试验和实践，只要这些实验和实践与各项原则相符，并能对从全部规则原文而得的目标有所促进。中央监狱管理处若依照这种精神而授权变通各项规则，总得合理的。

4. (1) 规则第一部分规定监所的一般管理，适用于各类囚犯，无论刑事犯或民事犯，未经审讯或已经判罪，包括法官下令采取"保安措施"或改造措施的囚犯。

(2) 第二部分所载的规则只适用于各节所规定的特殊种类。但是，对服刑囚犯适用的A节各项规则，应同样适用于B、C和D各节规定的各类囚犯，但以不与关于这几类囚犯的规则发生矛盾，并对其有利者为限。

5. (1) 这些规则的目的不在管制专为青少年设立的监所——例如青少年犯教善所或感化院——的管理，但是，一般而言，第一部分同样适用于这种监所。

(2) 青少年囚犯这一类别最少应当包括属少年法庭管辖的所有青少年。一般而言，对这些青少年不应判处监禁。

第一部分　一般适用的规则

基本原则

6. (1) 下列规则应予公正执行。不应基于种族、肤色、性别、语言、宗教、政见或其他主张、国籍或社会出身、财产、出生或其他身份而加以歧视。

（2）另一方面，必须尊重囚犯所属群体的宗教信仰和道德标准。

登 记

7．（1）凡是监禁犯人的场所都要置备一本装订成册的登记簿，编好页数，并登记所收每一囚犯的下列资料：

（a）关于他的身份的资料；

（b）他被监禁的原因和主管机关；

（c）收监和出狱的日期和时刻。

（2）非有有效的收监令，而且收监令的详细内容已先列入登记簿，各监所不能收受犯人。

按 类 隔 离

8．不同种类的囚犯应按照性别、年龄、犯罪记录、被拘留的法定原因和必需施以的待遇，分别送入不同的狱所或监所的不同部分。因此，

（a）尽量将男犯和女犯拘禁于不同监所；同时兼收男犯和女犯的监所，应将分配给女犯的房舍彻底隔离；

（b）将未经审讯的囚犯同已经判罪的囚犯隔离；

（c）因欠债被监禁的囚犯和其他民事囚犯应同因犯刑事罪而被监禁的囚犯隔离；

（d）青少年囚犯应同成年囚犯隔离。

住 宿

9．（1）如囚犯在个别独居室或寝室住宿，晚上应单独占用一个独居房或寝室。除了由于特别原因，例如临时过于拥挤，中央监狱行政方面不得不对本规则破例处理外，不宜让两个囚犯占用一个独居房或寝室。

（2）如设有宿舍，应小心分配囚犯，使在这种环境下能够互相保持融洽。晚上应按照监所的性质，按时监督。

10．所有供囚犯占有的房舍，尤其是所有住宿用的房舍，必须符合卫生规定，同时应妥为注意气候情况，尤其立方空气容量、最低限度的地板面积、灯光、暖气和通风等项。

11．在囚犯必须居住或工作的所有地方：

（a）窗户的大小应以能让囚犯靠天然光线阅读和工作为准，在构造上，无论有没有通风设备，应能让新鲜空气进入；

（b）应有充分灯光，使囚犯能够阅读和工作，不致损害眼睛。

12．卫生设备应当充足，使能随时满足每一囚犯大小便的需要，并应维持清洁和体面。

13．应当供给充分的浴盆和淋浴设备，使每一囚犯能够依规定在适合气候的室温之下沐浴或淋浴，其次数依季节和区域的情况，视一般卫生的需要而定，但是，在温和气候之下，最少每星期一次。

14．监所中囚犯经常使用的各部分应当予以适当维修，经常认真保持清洁干净。

个 人 卫 生

15．囚犯必须保持身体清洁，为此目的，应当提供为维持健康和清洁所需的用水和梳洗用具。

16．为使囚犯可以保持整洁外观，维持自尊，必须提供妥为修饰须发的用具，使男犯可以经常刮胡子。

衣服和被褥

17．（1）囚犯如不准穿着自己的衣服，应发给适合气候和足以维持良好健康的全套衣服。发给的衣服不应有辱人格或有失体面。

（2）所有衣服应当保持清洁整齐。内衣应常常更换或洗濯，以维持卫生。

（3）在特殊情况下，经准许将囚犯移至监所之外时，应当准许穿着自己的衣服或其他不惹人注目的衣服。

18．如准囚犯穿着自己的衣服，应于他们入狱时作出安排，确保衣服洁净和适合穿着。

19．应当按照当地或国家的标准，供给每一囚犯一张床，分别附有充足的被褥，发给时应是清洁的，并应保持整齐，且常常更换，以确保清洁。

饮　　食

20．（1）管理处应当于惯常时刻，供给每一囚犯足以维持健康和体力的有营养价值的饮食，饮食应属滋养丰富、烹调可口和及时供应的。

（2）每一囚犯口渴时应有饮水可喝。

体操和运动

21．（1）凡是未受雇从事户外工作的囚犯，如气候许可，每天最少应有一小时在室外作适当体操。

（2）青少年囚犯和其他在年龄和体力方面适宜的囚犯，在体操的时候应获得体育和文娱训练。应为此目的提供场地、设施和设备。

医　　疗

22．（1）每一监所最少应有一位合格医官，他应有若干精神病学知识。医务室应与社区或国家的一般卫生行政部门建立密切关系。其中应有精神病部门，以便诊断神经失常状况，适当时并予以治疗。

（2）需要专科治疗的患病囚犯，应当移往专门院所或平民医院。如监所有医疗的设备，其设备、陈设、药品供应都应当符合患病囚犯的医药照顾和治疗的需要，并应当有曾受适当训练的工作人员。

（3）每一囚犯应能获得一位合格牙科人员的诊治。

23．（1）女犯监所应特别提供各种必需的产前和产后照顾和治疗。可能时应作出安排，使婴儿在监所外的医院出生。如果婴儿在监狱出生，此点不应列入出生证内。

（2）如乳婴获准随母亲留在监所内，应当设置雇有合格工作人员的育婴所，除由母亲照顾的时间外，婴儿应放在育婴所。

24．医务人员应于囚犯入狱后，尽快会晤并予以检查，以后于必要时，亦应会晤和检查，目的特别在于发现有没有肉体的或精神的疾病，并采取一切必要的措施；将疑有传染病状的囚犯隔离；注意有没有可以阻碍培训的身体或精神缺陷，并断定每一囚犯从事体力劳动的能力。

25．（1）医官应当负责照顾囚犯身体和精神的健康，应当每天诊看所有患病的囚犯、自称染病的囚犯、和请他特别照顾的任何囚犯。

（2）医官如认为继续予以监禁或监禁的任何条件已经或将会危害某一囚犯的身体或精神健康时，应当向主任提出报告。

26．（1）医官应经常视察下列各项，并向主任提出意见：

（a）饮食的分量、素质、烹调和供给；

（b）监所和囚犯的卫生和清洁；

（c）监所的卫生、暖气、灯光和通风；

（d）囚犯的衣服和被褥是否适当和清洁；

（e）如无专业人员主持体育和运动活动时，这些活动是否遵守规则。

（2）主任应当审查医官按照第25（2）和26条规则提出的报告和意见，如果他赞同所提的建议，应当立刻采取步骤，予以执行；如果所提建议不在他权力范围之内或他并不赞同，应当立刻向上级提出他自己的报告和医官的建议。

纪律和惩处

27．纪律和秩序应当坚决维持，但是，不应实施超过安全看守和有秩序的集体生活所需的限制。

28．（1）囚犯在监所服务时，不得以任何惩戒职位雇用。

（2）但本项规则并不妨碍以自治为基础的各项制度的正当推行，在这些制度之下，囚犯按应受待遇的目的，分成若干小组，在监督之下，令其担任社会、教育或运动等专门活动或职责。

29．下列各项应经常依法律或依主管行政机关的规章决定：

（a）违反纪律的行为；

（b）应受惩罚的种类和期限；

（c）有权执行惩罚的机关。

30．（1）依这种法律或规章，不得惩罚囚犯，且一罪不得二罚。

（2）除非已将被控的罪行通知囚犯，且已给予适当的辩护机会，不得惩罚囚犯。主管机关应彻底查明案情。

（3）必要和可行时，囚犯应准通过口译提出辩护。

31．体罚、暗室禁闭和一切残忍、不人道、有辱人格的惩罚应一律完全禁止，不得作为对违犯行为的惩罚。

32．（1）除非医官曾经检查囚犯身体并且书面证明他体格可以接受禁闭或减少规定饮食，不得处以此种惩罚。

（2）同样规定亦适用于其他可能有害于囚犯身心健康的惩罚。此种惩罚在任何情况下，都不得抵触或违背第31条规则的原则。

（3）医官应每日访问正在接受这种惩罚的囚犯，如认为根据身心健康的理由，必须终止或变更惩罚，则应通知典狱主任。

戒　具

33．戒具如手镣、铁链、脚镣、拘束衣等，永远不得作为惩罚用具。此外，铁链或脚镣亦不

得用作戒具。除非在下列情况,不得使用其他戒具:
　　(a) 移送囚犯时防其逃亡,但囚犯在司法或行政当局出庭时,应予除去。
　　(b) 根据医官指示有医药上理由。
　　(c) 如果其他管制办法无效、经主任下达命令,以避免囚犯伤害自己、伤及他人或损坏财产;遇此情况,主任应立即咨询医官并报告上级行政官员。
　　34. 中央监狱管理处应该决定使用戒具的方式。戒具非绝对必要时不得继续使用。

囚犯应获资料及提出申诉

　　35. (1) 囚犯入狱时应发给书面资料,载述有关同类囚犯待遇、监所的纪律要求、领取资料和提出申诉的规定办法等规章以及使囚犯明了其权利义务、适应监所生活的其他必要资料。
　　(2) 如果囚犯为文盲,应该口头传达上述资料。
　　36. (1) 囚犯应该在每周工作日都有机会向监所主任或奉派代表主任的官员提出其请求或申诉。
　　(2) 监狱检查员检查监狱时,囚犯也得向他提出请求或申诉。囚犯应有机会同检查员或其他检查官员谈话,监所主任或其他工作人员不得在场。
　　(3) 囚犯应可按照核定的渠道,向中央监狱管理处、司法当局或其他适当机关提出请求或申诉,内容不受检查,但须符合格式。
　　(4) 除非请求或申诉显然过于琐碎或毫无根据,应迅速加以处理并予答复,不得无理稽延。

同外界的接触

　　37. 囚犯应准在必要监视之下,以通信或接见方式,经常同亲属和有信誉的朋友联络。
　　38. (1) 外籍囚犯应准获得合理便利同所属国外交和领事代表通讯联络。
　　(2) 囚犯为在所在国没有外交或领事代表的国家的国民和囚犯为难民或无国籍人时,应准获得类似便利,同代管其利益的国家的外交代表或同负责保护这类人的国家或国际机构通讯联络。
　　39. 囚犯应该以阅读报章杂志和特种机关出版物、收听无线电广播、听演讲或以管理单位核准或控制的类似方法,经常获知比较重要的新闻。

书　　籍

　　40. 监所应设置图书室,购置充足的娱乐和教学书籍,以供各类习犯使用,并应鼓励囚犯充分利用图书馆。

宗　　教

　　41. (1) 如果监所囚禁的同一宗教囚犯达到相当人数,应指派或批准该宗教的合格代表一人。如果就囚犯人数而言,确定恰当而条件又许可,则该代表应为专任。
　　(2) 第(1)款中指派的或批准的合格代表应准按期举行仪式,并在适当时间,私自前往同一宗教的囚犯处进行宗教访问。
　　(3) 不得拒绝囚犯往访任一宗教的合格代表。但如果囚犯反对任何宗教代表前来访问,此种态度应受充分尊重。

42. 在可行范围之内，囚犯应准参加监所举行的仪式并准持有所属教派宗教、戒律和教义的书籍，以满足其宗教生活的需要。

囚犯财产的保管

43. （1）凡囚犯私有的金钱、贵重物品、衣服和其他物件按监所规定不得自行保管时，应于入狱时由监所妥为保管。囚犯应在清单上签名。应该采取步骤，保持物品完好。

（2）囚犯出狱时，这类物品、钱财应照数归还，但囚犯曾奉准使用金钱或将此财产送出监所之外，或根据卫生理由必须销毁衣物等情形，不在此限。囚犯应签收所发还的物品钱财。

（3）代囚犯所收外界送来的财物，应依同样办法加以管理。

（4）如果囚犯携入药剂或药品，医官应决定其用途。

死亡、疾病、移送等通知

44. （1）囚犯死亡、病重、重伤或移送一个机构接受精神治疗时，主任应立即通知其配偶（如果囚犯已婚），或其最近亲属，在任何情况下，应通知囚犯事先指定的其他任何人。

（2）囚犯任何近亲死亡或病重时，应立即通知囚犯。近亲病情严重时，如果情况许可，囚犯应准随时单独或在护送之下前往访问。

（3）囚犯有权将他被监禁或移往另一监所的事，立刻通知其亲属。

囚犯的迁移

45. （1）囚犯被送入或移出监所时，应尽量避免公众耳目，并应采取保安措施，使他们不受任何形式的侮辱、好奇的注视或宣传。

（2）禁止用通风不良或光线不足的车辆，或使囚犯忍受不必要的肉体痛苦的其他方式，运送囚犯。

（3）运送囚犯的费用应由管理处负担，囚犯所享条件一律平等。

监所人事

46. （1）监所的正确管理依赖管理人员的正直、仁慈、专业能力、与个人是否称职，所以，监狱管理处应该对谨慎挑选各级管理人员，作出规定。

（2）监狱管理处应经常设法唤醒管理人员和公众，使其保持这项工作为极其重要的社会服务的信念；为此目的，应利用一切向公众宣传的适当工具。

（3）为保证达成上述目的，应指派专任管理人员为专业典狱官员，具有公务员身份，为终身职，但须符合品行优良、效率高昂、体力适合诸条件。薪资应当适宜，足以罗致并保有称职男女；由于工作艰苦，雇用福利金及服务条件应该优厚。

47. （1）管理人员应该具有教育和智力上的适当水平。

（2）管理人员就职前应在一般和特殊职责方面接受训练，并必须通过理论和实际测验。

（3）管理人员就职后和在职期间，应该参加不时举办的在职训练班，以维持并提高他们的知识和专业能力。

48. 管理人员全体应随时注意言行、善尽职守，以身作则，感化囚犯改恶从善，以赢得囚犯尊敬。

49. （1）管理人员中应该尽可能设有足够人数的精神病医生、心理学家、社会工作人员、教员、手艺教员等专家。

（2）社会工作人员、教员、手艺教员应确定为终身职，但不因此排除兼职或志愿工作人员。

50．（1）监所主任应该在性格、行政能力、适当训练和经验上都合格胜任。

（2）他应以全部时间执行公务，不应是兼职的任用。

（3）他应在监所房舍内或附近居住。

（4）一位主任兼管两个以上监所时，应常常不时访问两个监所；每一监所应有一位常驻官员负责。

51．（1）主任、副主任及其他大多数管理人员应能操囚犯最大多数所用或所懂的语言。

（2）必要时，应利用口译人员的服务。

52．（1）监所规模较大，需有一个以上专任医官服务时，其中至少一人应在监所房舍内或附近居住。

（2）其他监所的医官应每日到所应诊，并应就近居住，以便应诊急病而无稽延。

53．（1）监所兼收男女囚犯时，其女犯部应由一位女性负责官员管理，并由她保管该部全部的钥匙。

（2）除非有女性官员陪同，男性工作人员不得进入监所中的女犯部。

（3）女犯应仅由女性官员照料、监督。但此项规定并不妨碍男性工作人员，特别是医生和教员，在专收女犯的监所或监所的女犯部执行其专门职务。

54．（1）除非自卫、或遇企图脱逃、根据法律或规章所下命令遭受积极或消极体力抵抗，典狱官员在同囚犯的关系中不得使用武力。使用武力的官员不得超出严格必要的限度，并须立即将此事件向监所主任提出报告。

（2）典狱官员应接受特别体格训练，使他们能够制服凶恶囚犯。

（3）除遇特殊情况外，工作人员执行职务而同囚犯直接接触时，不应武装。此外，工作人员非经武器使用训练，无论如何不得配备武器。

检　　查

55．主管当局所派富有经验的合格检查员应按期检查监所，他们的任务在特别确保监所的管理符合现行法律规章，实现监所及感化院的目标。

第二部分　对特种囚犯的规则

A．服刑中的囚犯

指导原则

56．下述指导原则目的在说明按照本规则序言第1段内的陈述管理监所应守的精神和监所应有的目的。

57．监禁和使犯人同外界隔绝的其他措施因剥夺其自由、致不能享有自决权利，所以使囚犯感受折磨。因此，除非为合理隔离和维持纪律等缘故，不应加重此项情势所固有的痛苦。

58．判处监禁或剥夺自由的类似措施的目的和理由毕竟在保护社会、避免受犯罪之害。

唯有利用监禁期间在可能范围内确保犯人返回社会时不仅愿意而且能够遵守法律、自食其力，才能达到这个目的。

59. 为此，监所应该利用适当可用的改造、教育、道德、精神和其他方面的力量及各种协助，并设法按照囚犯所需的个别待遇来运用这些力量和协助。

60. （1）监所制度应该设法减少狱中生活同自由生活的差别，以免降低囚犯的责任感，或囚犯基于人的尊严所应得的尊敬。

（2）刑期完毕以前，宜采取必要步骤，确使囚犯逐渐纳入社会生活。按个别情形，可以在同一监所或另一适当机构内订定出狱前的办法，亦可在某种监督下实行假释，来达到此项目的；但监督不可委之于警察，而应该结合有效的社会援助。

61. 囚犯的待遇不应侧重把他们排斥于社会之外，而应注重他们继续成为组成社会的成员。因此，应该尽可能请求社会机构在恢复囚犯社会生活的工作方面，协助监所工作人员。每一监所都应联系社会工作人员，由此项人员负责保持并改善囚犯同亲属以及同有用社会机构的一切合宜关系。此外，应该采取步骤，在法律和判决所容许的最大可能范围之内，保障囚犯关于民事利益的权利、社会保障权利和其他社会利益。

62. 监狱的医务室应该诊疗可能妨碍囚犯恢复正常生活的身心疾病或缺陷。为此应提供一切必要医药、外科手术、和精神病学上的服务。

63. （1）要实现以上原则，便需要个别地对囚犯施以待遇，因此并需要订立富有弹性的囚犯分组制度。所以，宜把各组囚犯分配到适于进行各该组待遇的不同监所中去。

（2）监所不必对每组囚犯都作出同样程度的保安。宜按各组的需要，分别作出不同程度的保安。开放式监所由于不作具体保安来防止脱逃，而依赖囚犯的自我约束，所以对严格选定的囚犯恢复正常生活便提供最有利条件。

（3）关闭式监所的囚犯人数不宜过多，以免妨碍个别施以待遇。有些国家认为，这种监所的人数不应超过五百。开放式监所的人数愈少愈好。

（4）另一方面，监狱又不宜过小，以致不能提供适当设备。

64. 社会的责任并不因囚犯出狱而终止。所以应有公私机构能向出狱囚犯提供有效的善后照顾，其目的在减少公众对他的偏见，便利他恢复正常社会生活。

待　遇

65. 对被判处监禁或类似措施的人所施的待遇应以在刑期许可范围以内，培养他们出狱后守法自立的意志，并使他们有做到这个境地的能力为目的。此种待遇应该足以鼓励犯人自尊、培养他们的责任感。

66. （1）为此目的，应该照顾到犯人社会背景和犯罪经过、身心能力和习性、个人脾气、刑期长短、出狱后展望，而每一囚犯的个人需要，使用一切恰当办法，其中包括教育、职业指导和训练、社会个案调查、就业辅导、体能训练和道德性格的加强，在可能进行宗教照顾的国家并包括这种照顾。

（2）对刑期相当长的囚犯，主任应于囚犯入狱后，尽早取得关于上款所述一切事项的详细报告，其中应包括医官，可能时在精神病学方面合格的医官，对囚犯身心状况的报告。

（3）报告及其他有关文件应列入个别档案之内。档案应该反映最新情况，并应加以分类，使负责人员需要时得以查阅。

分类和个别待遇

67. 分类的目的如下：

（a）将由于犯罪记录或恶劣个性，可能对人发生不良影响的囚犯，同其他囚犯隔离；

（b）将囚犯分类，以便利于他们所施的待遇，使他们恢复正常社会生活。

68. 可能时应该对不同种类的囚犯所施的待遇在不同的监所或一个监所的不同部分进行。

69. 在囚犯入狱并对刑期相当长的每一囚犯的人格作出研究后，应尽快参照有关他个人需要、能力、性向的资料，为他拟定一项待遇方案。

优　待

70. 每一监所应针对不同种类的囚犯及不同的待遇方法，订定优待制度，以鼓励端正行为，启发责任感、确保囚犯对他们所受待遇感兴趣，并予合作。

工　作

71. （1）监狱劳动不得具有折磨性质。

（2）服刑囚犯都必须工作，但以医官断定其身心俱宜为限。

（3）在正常工作日，应交给足够的有用工作，使囚犯积极去做。

（4）可能时，所交工作应足以保持或增进囚犯出狱后诚实谋生的能力。

（5）对能够从中受益的囚犯，特别是对青少年囚犯，应该提供有用行业方面的职业训练。

（6）在符合正当选择职业方式和监所管理及纪律上要求的限度为，囚犯得选择所愿从事的工作种类。

72. （1）监所内工作的组织与方法应尽量接近监所外类似工作的组织和方法，使囚犯对正常职业生活情况有所准备。

（2）但囚犯及其在职业训练上的利益不得屈居于监所工业营利的目的之下。

73. （1）监所工业和农场最好直接由管理处而不由私人承包商经营。

（2）囚犯受雇的工作不受管理处控制时，应经常受监所工作人员的监视。除为政府其他部门工作外，工作的全部正常工资应由获得此项劳动供应的人全数交付管理处，但应考虑到囚犯的产量。

74. （1）监所应同样遵守为保护自由工人而订定的安全及卫生上的防护办法。

（2）应该订定规定，以赔偿囚犯所受工业伤害，包括职业疾病，赔偿条件不得低于自由工人依法所获条件。

75. （1）囚犯每日及每周最高工作时数由法律或行政规则规定，但应考虑到当地有关雇用自由工人的规则或习惯。

（2）所订时数应准许每周休息一日，且有足够时间依规定接受教育和进行其他活动，作为对囚犯所施待遇和恢复正常生活的一部分。

76. （1）对囚犯的工作，应订立公平报酬的制度。

（2）按此制度，囚犯应准至少花费部分收入，购买核定的物件，以供自用，并将部分收入交付家用。

（3）此项制度并应规定管理处应扣出部分收入，设立一项储蓄基金，在囚犯出狱时交给囚犯。

教育和娱乐

77．（1）应该设法对可以从中受益的一切囚犯继续进行教育，包括在可以进行的国家进行宗教教育。文盲及青少年囚犯应接受强迫教育，管理处应予特别注意。

（2）在可行范围内，囚犯教育应同本国教育制度结合，以便出狱后得以继续接受教育而无困难。

78．一切监所均应提供文娱活动，以利囚犯身心健康。

社会关系和善后照顾

79．凡合乎囚犯及其家庭最大利益的双方关系，应特别注意维持和改善。

80．从囚犯判刑开始便应考虑他出狱后的前途，并应鼓励和协助他维系或建立同监所外个人或机构间的关系，以促进他家庭的最大利益和他自己恢复正常社会生活的最大利益。

81．（1）政府或民间协助出狱囚犯重新自立于社会的服务处和机构都应在可能和必要范围以内，确保出狱囚犯持有正当证件，获得适当住所和工作，能有对季节和气候适宜的服装，并持有足够金钱，以前往目的地，并在出狱后一段时间内维持生活。

（2）此类机构经核可的代表应准于必要时进入监所，会见囚犯，并应在囚犯判刑后受邀咨询囚犯的前途。

（3）这些机构的活动应当尽可能集中或协调，以发挥最大的效用。

B．精神错乱和精神失常的囚犯

82．（1）经认定精神错乱的人不应拘留在监狱之中，而应作出安排，尽快将他们迁往精神病院。

（2）患有其他精神病或精神失常的囚犯，应在由医务人员管理的专门院所中加以观察和治疗。

（3）这类囚犯在监狱拘留期间，应置于医官特别监督之下。

（4）监所的医务室或精神病服务处应向需要此种治疗的其他一切囚犯提供精神治疗。

83．应该同适当机构设法采取步骤，以确保必要时在囚犯出狱后继续精神治疗，并确保社会和精神治疗方面的善后照顾。

C．在押或等候审讯的囚犯

84．（1）本规则以下称"未经审讯的囚犯"，指受刑事控告而被逮捕或监禁、由警察拘留或监狱监禁但尚未经审讯和判刑的人。

（2）未经判罪的囚犯视同无罪，并应受到如此待遇。

（3）在不妨碍法律上保护个人自由的各项规则或订定对于未经审讯的囚犯所应遵守的程序的范围内，这种囚犯应可享受特殊办法，下述规则仅叙述此项办法的基本要件。

85．（1）未经审讯的囚犯应同已经判罪的囚犯隔离。

（2）未经审讯的青少年囚犯应同成年囚犯隔离，原则上应拘留于不同的监所。

86．未经审讯的囚犯应在单独房间单独睡眠，但地方上因气候而有不同习惯时不在此限。

87. 在符合监狱良好秩序的限度以内，未经审讯的囚犯得随意通过管理处或通过亲友从外界自费购买食物。否则，管理处便应供应食物。

88.（1）未经审讯的囚犯如果服装清洁适宜，应准穿着自己的服装。

（2）上项囚犯如穿着监狱服装，则应与发给已经判罪的囚犯的服装不同。

89. 未经审讯的囚犯应随时给予工作机会，但不得要求他工作。如果他决定工作，便应给予报酬。

90. 未经审讯的囚犯应准自费或由第三人支付购买不妨碍司法行政和监所安全及良好秩序的书籍、报纸、文书用具或其他消遣用品。

91. 如果未经审讯的囚犯所提申请合理且有能力支付费用，应准他接受私人医生或牙医的诊疗。

92. 在只受司法行政、监狱安全及良好限制和监督之下，未经审讯的囚犯应准将他被拘留的事立刻通知亲属，并应给予同亲友通讯和接见亲友的一切合理便利。

93. 未经审讯的囚犯为了准备辩护、而社会上又有义务法律援助，应准申请此项援助，并准会见律师，以便商讨辩护，写出机密指示，交给律师。为此，囚犯如需文具，应照数供应。警察或监护官员对于囚犯和律师间的会谈，可用目光监视，但不得在可以听见谈话的距离以内。

D. 民 事 囚 犯

94. 在法律准许因债务或因其他不属刑事程序的法院命令而监禁人犯的国家，此项被监禁人所受限制或保安管理，不得大于确保安全看管和良好秩序所必要的限度。他们所受待遇不应低于未受审讯的囚犯，但也许可以要求他们工作。

E. 未经指控而逮捕或拘留的人

95. 在不妨碍《公民权利和政治权利国际公约》第 9 条规定的情况下，未经指控而被逮捕或被监禁的人应享有第一部分和第二部分 C 节所给予的同样保护。如第二部分 A 节的有关规定可能有利于这一特定类别的被拘押的人，也应同样适用，但对于未经判定任何刑事罪名的人不得采取任何意味着他们必须接受再教育或改造的措施。

54. 囚犯待遇基本原则

(联合国大会 1990 年 12 月 14 日通过)

1. 对于所有囚犯,均应尊重其作为人而固有的尊严和价值。
2. 不得以种族、肤色、性别、语言、宗教、政治或其他见解、民族本源或社会出身、财产、出生或其他状况为由而实行任何歧视。
3. 然而在当地条件需要时,宜尊重囚犯所属群体的宗教信仰和文化信条。
4. 监狱履行其关押囚犯和保护社会防止犯罪的责任时,应符合国家的其他社会目标及其促进社会全体成员幸福和发展的基本责任。
5. 除了监禁显然所需的那些限制外,所有囚犯应保有《世界人权宣言》和——如果有关国家为缔约国——《经济、社会、文化权利国际公约》、《公民权利和政治权利国际公约》及其《任择议定书》所规定的人权和基本自由,以及联合国其他公约所规定的其他权利。
6. 所有囚犯均应有权利参加使人格得到充分发展的文化活动和教育。
7. 应努力废除或限制使用单独监禁作为惩罚的手段,并鼓励为此而作出的努力。
8. 应创造条件,使囚犯得以从事有意义的有酬工作,促进其重新加入本国的劳力市场,并使他们得以贴补其本人或其家庭的经济收入。
9. 囚犯应能获得其本国所提供的保健服务,不得因其法律地位而加以歧视。
10. 应在社区和社会机构的参与和帮助下,并在适当顾及受害者利益的前提下,创造有利的条件,使刑满释放人员得以尽可能在最好的可能条件下重返社会。
11. 应公正无私地应有上述各项原则。

55. 关于医务人员、特别是医生在保护被监禁和拘留的人不受酷刑和其他残忍、不人道或有辱人格的待遇或处罚方面的任务的医疗道德原则

(联合国大会1982年12月18日通过)

原　则　一

医务人员、特别是医生,在负责向被监禁和拘留的人提供医疗时,有责任保护他们的身心健康以及向他们提供同给予未被监禁或拘留的人同样质量和标准的疾病治疗。

原　则　二

医务人员、特别是医生,如积极或消极地从事构成参与、共谋、怂恿或企图施行酷刑或其他残忍、不人道或有辱人格的待遇或处罚的行为,则为严重违反医疗道德和各项适用国际文件的行为。[①]

原　则　三

医务人员、特别是医生,与被监禁或拘留的人的职业关系,其目的如超出确定、保护或增进被监禁或拘留的人的身心健康以外,为违反医疗道德。

原　则　四

医务人员、特别是医生,如有下列情形者,亦为违反医疗道德:
(a) 应用他们的知识和技能以协助对被监禁或拘留的人进行可能对其身心健康或情况

---

① 见《保护人人不受酷刑和其他残忍、不人道或有辱人格待遇或处罚宣言》(第3452(XXX)号决议附件)。

有不利影响并且是不符合各项有关国际文件的审讯;①

(b) 证明或参与证明被监禁或拘留的人可以接受可能对其身心健康不利并且是不符合各项有关国际文件的任何形式的待遇或处罚,或是以任何方式参加施行任何这种不符合各项有关国际文件的待遇或处罚。

原 则 五

医务人员、特别是医生,如参与任何约束被监禁或拘留的人的程序,均属违反医疗道德,除非该项程序根据纯医学标准确定对保护被监禁或拘留者本人的身心健康或安全对其他同被监禁或拘留的人或其管理人的安全为必要并且对被监禁或拘留的人的身心健康无害。

原 则 六

上述原则不得以包括社会紧急状态在内的任何理由予以克减。

---

① 特别是《世界人权宣言》(第217A(Ⅲ)号决议),关于人权的国际盟约(第2200A(ⅩⅪ)号决议附件)、《保护人人不受酷刑和其他残忍、不人道或有辱人格待遇或处罚宣言》(第3452(ⅩⅩⅩ)号决议附件)和《囚犯待遇最低限度标准规则》(第一届联合国防止犯罪和罪犯待遇大会:秘书处的报告(联合国出版物,出售品编号:E.1956.Ⅳ.4)附件Ⅰ.A)。

56. 关于保护面对死刑的人的权利的保障措施

(联合国经济及社会理事会1984年5月25日第1984/50号决议批准)

1. 在没有废除死刑的国家,只有最严重的罪行可判处死刑,但应理解为死刑的范围只限于对蓄意而结果为害命或其他极端严重的罪刑。
2. 只有犯罪时法律明文规定应判死刑的罪行可判处死刑,但应理解为,如果在犯罪之后法律规定可以轻判,该罪犯应予轻判。
3. 犯罪时未满18岁的人不得判处死刑,对孕妇或新生婴儿的母亲,或精神病患者不得执行死刑。
4. 只有在对被告的罪行根据明确和令人信服的证据、对事实没有其他解释余地的情况下,才能判处死刑。
5. 只有在经过法律程序提供确保审判公正的各种可能的保障,至少相当于《公民权利和政治权利国际公约》第14条所载的各项措施,包括任何被怀疑或被控告犯了可判死刑之罪的人有权在诉讼过程的每一阶段取得适当法律协助后,才可根据主管法院的终审执行死刑。
6. 任何被判处死刑的人均有权向较高级的法院上诉,并应采取步骤确保这些上诉必须受理。
7. 任何被判处死刑的人均有权寻求赦免或减刑,所有死刑案件均可给予赦免或减刑。
8. 在上诉或采取其他追诉程序或与赦免或减刑有关的其他程序期间,不得执行死刑。
9. 判处死刑后,应以尽量减轻痛苦的方式执行。

57. 执法人员行为守则

(联合国大会 1979 年 12 月 17 日通过)

第一条

执法人员无论何时均应执行法律赋予他们的任务,本着其专业所要求的高度责任感,为社会群体服务,保护人人不受非法行为的伤害。

评注:

(a)"执法人员"一词包括行使警察权力、特别是行使逮捕或拘禁权力的所有司法人员,无论是指派的还是选举的。

(b)在警察权力由不论是否穿着制服的军事人员行使或由国家保安部队行使的国家里,执法人员的定义应视为包括这种机构的人员。

(c)对社会群体的服务特别要包括下面这种服务,对群体中因个人、经济、社会理由或其他紧急情况而急需援助的成员提供的援助服务。

(d)本条文的适用范围不仅包括一切暴力、抢劫和伤害行为,而且扩大到刑事法规下所禁止的一切事项,它还扩大到不能担负刑事责任的人的行为。

第二条

执法人员在执行任务时,应尊重并保护人的尊严,并且维护每个人的人权。

评注:

(a)上述人权是国家法律和国际法所明确规定和保护的。有关的国际文件包括:《世界人权宣言》、《公民权利和政治权利国际公约》、《保护人人不受酷刑和其他残忍、不人道或有辱人格待遇或处罚宣言》、《联合国消除一切形式种族歧视宣言》、《消除一切形式种族歧视国际公约》、《禁止并惩治种族隔离罪行国际公约》、《防止及惩治灭绝种族罪公约》、《囚犯待遇最低限度标准规则》和《维也纳领事关系公约》。

(b)各国对本条的评注应指明区域或国家确定和保护这些权利的规定。

第三条

执法人员只有在绝对必要时才能使用武力,而且不得超出执行职务所必需的范围。

评注:

(a)本条强调,执法人员应在特殊情况下才使用武力;虽然本条暗示,在防止犯罪或在执行或协助合法逮捕罪犯或嫌疑犯的情况下,可准许执法人员按照情理使用必要的武力,但所有武力不得超出这个限度。

(b)各国法律通常按照相称原则限制执法人员使用武力。应当了解,在解释本条文时,应当尊重各国的这种相称原则。但是,本条文绝不应解释为准许使用同所要达到的合法目标并不相称的武力。

(c) 使用武器应认为是极端措施,应竭力设法不使用武器,特别不对儿童使用武器。一般说来除非嫌疑犯进行武装抗拒或威胁到他人生命,而其他较不激烈措施无法加以制止或逮捕时,不得使用武器。每次使用武器后,必须立刻向主管当局提出报告。

第四条

执法人员拥有的资料如系机密性质,应保守机密,但执行任务或司法上绝对需要此项资料时不在此限。

评注:

执法人员由于本身任务的性质会得到有关别人私生活或可能对别人的利益、尤其是名誉有害的资料。他们应该极力小心保护和使用这些资料,只有在执行任务或为了司法上的需要时才可予以披露;凡为其他目的而披露这种资料都是完全不适当的。

第五条

执法人员不得施加、唆使或容许任何酷刑行为或其他残忍、不人道或有辱人格的待遇或处罚,也不得以上级命令或非常情况,例如战争状态或战争威胁、对国家安全的威胁、国内政局不稳定或任何其他紧急状态,作为施行酷刑或其他残忍、不人道或有辱人格的待遇或处罚的理由。

评注:

(a) 这项禁令源于大会通过的《保护人人不受酷刑和其他残忍、不人道或有辱人格待遇或处罚宣言》,依照该宣言:

"〔这种行为是〕……对人的尊严的冒犯,应视为否定《联合国宪章》宗旨和侵犯《世界人权宣言》〔及其他关于人权的国际文件〕所宣布的人权和基本自由,加以谴责。"

(b) 该宣言对酷刑的定义如下:

"……酷刑是指政府官员、或在他怂恿之下,对一个人故意施加的任何使他在肉体上或精神上极度痛苦或苦难,以谋从他或第三者取得情报或供状,或对他做过的或涉嫌做过的事加以处罚,或对他或别人施加恐吓的行为。按照《囚犯待遇最低限度标准规则》施行合法处罚而引起的、必然产生的或随之而来的痛苦或苦难不在此例。"

(c) 大会对"残忍、不人道或有辱人格的待遇或处罚"一语还没有下定义,但应解释为尽可能最广泛地防止虐待,无论是肉体上的或是精神上的虐待。

第六条

执法人员应保证充分保护被拘留者的健康,特别是必要时应立即采取行动确保这些人获得医疗照顾。

评注:

(a) "医疗照顾"指的是由任何医务人员、包括合格医生和医务辅助人员提供的服务,应于需要时或提出请求时确保取得这种照顾。

(b) 虽然医务人员可能是执法机构的从属部分,但是当这些人员建议由执法机构以外的医务人员为被拘留者提供适当医疗或会同执法机构以外的医务人员为被拘留者提供适当医疗时,执法人员应考虑他们的判断。

(c) 一般的理解是,执法人员也应确保犯法行为受害者或犯法过程中意外事故的受害者获得医疗照顾。

第七条

执法人员不得有贪污行为,并应竭力抵制和反对一切贪污行为。

评注:

(a) 贪污行为和其他任何滥用权力行为一样,都是执法人员专业所不容许的。凡执法人员犯有贪污行为,即应切实绳之以法,因为政府如果不能、或者不愿对自己的人员并在自己的机构里执行法律规定的话,就不能期望对本国公民执行法律规定。

(b) 贪污的定义固然要由国家法律决定,但应理解贪污应包括个人在执行任务时或在与其任务有关的情况下,要求或接受礼物、许诺或酬劳,从而采取或不采取某种行动,或在采取或不采取某种行动后非法接受这些礼物、许诺、酬劳的一切行为。

(c) 上文所指"贪污行为"一词应理解为包括意图贪污在内。

第八条

执法人员应尊重法律和本守则,并应尽力防止和竭力抵制触犯法律和本守则的任何行为。

如执法人员有理由认为触犯本守则行为已经发生或行将发生,应向上级机关报告,并在必要时向授予审查或补救权力的其他有关机构提出报告。

评注:

(a)《守则》一经纳入国内立法或惯例即应予以执行。如法律或惯例载有比本守则更为严格的规定时,则应遵照该规定从严办理。

(b) 本条力图保持下述情形之间的平衡:一方面,公共安全在很大程度上所依靠的机构需有内部纪律;另一方面,也需要处理侵犯基本人权的事件。执法人员应在指挥系统的范围内报告侵犯行为,只有在没有其他补救办法或没有其他有效补救办法的时候,才应在指挥系统以外采取法律行动。一般的理解是,执法人员不应因报告了已经发生或行将发生触犯本守则的行为而受行政处分或其他处罚。

(c) "授予审查或补救权力的有关机构"指的是在国家法律下拥有法定的、习惯的或其他的权力,以审查本守则范围内的触犯行为所引起的冤情和控诉的任何现有机构,无论是设在执法机构以内,或是独立的。

(d) 在某些国家,可以认为新闻工具是在执行类似评注(c)所述的审查控诉的工作。这样,执法人员在按照本国法律和习惯以及本守则第四条的规定的情况下,就可以有正当理由作为一种最后的手段,经由新闻工具引起舆论注意他们所提请注意的触犯行为。

(e) 遵照本守则的规定行事的执法人员应受到他所服务的社会群体和执法机构及司法界的尊重、充分支持与合作。

58. 执法人员使用武力和火器的基本原则

(第八届联合国预防犯罪和罪犯待遇大会1990年8月27日至9月7日通过)

鉴于执法人员[根据《执法人员行为守则》第1条的评注,"执法人员"包括行使警察权力特别是行使逮捕或拘押权力的所有法律官员,不管是任命的还是选举的。有些国家的警察权力由军方当局人员(不管是否穿制服)或由国家安全人员行使,在此情况下,执法人员的定义应认为包括这些部门的人员。]的工作是项极其重要的社会服务,因此有必要维护其工作条件和地位并在需要时加以改善,

鉴于对执行人员生命和安全的威胁必须看成是对整个社会安定的威胁,

鉴于执法人员的保护由《世界人权宣言》给予保证并经《公民权利和政治权利国际盟约》加以重申的生命、自由和人身安全的权利方面起着至关重要的作用,

鉴于《囚犯待遇最低限度标准规则》规定监狱管理人员执勤时可使用武力的各种情况,

鉴于《执法人员行为守则》第3条规定执法人员只有在确有必要并为其执行公务所必需的情况下方能使用武力,

鉴于在意大利瓦伦纳举行的第七届联合国预防犯罪和罪犯待遇大会筹备会议就限制执法人员使用武力和火器的今后工作中应予考虑的因素达成了一致意见,

鉴于第七届大会特别是在其第14号决议中强调,执法人员使用武力和火器时应相应注意对人权的适当尊重,

鉴于经济及社会理事会在其1986年5月21日第1986/10号决议第九节中请会员国在执行《守则》时特别注意执法人员使用武力和火器问题以及联合国大会在其1986年12月4日第41/149号决议中对经社理事会提出的这一建议表示欢迎,

鉴于在适当关心执法人员个人安全的情况下,应该从司法工作、保护生命、自由和人身安全的权利、担负维护公众安全和社会安定的责任以及其资格、培训和行为的重要性等方面,考虑执法人员的作用,

下列各项基本原则是为了协助会员国确保和促进执法人员发挥正当作用而制订的,各国政府应在其本国立法和惯例范围内考虑并尊重这些基本原则,并应提请执法人员予以注意,并提请其他人员例如法官、检察官、律师、行政和立法部门人员及一般公众知照。

一般条款

1. 各国政府和执法机关应制订和执行关于执法人员对他人使用武力和火器的规章条例。在制订这些规章条例时,各国政府和执法机关应对与使用武力和火器有关的道德伦理问

题不断进行审查研究。

2. 各国政府和执法机关应尽可能广泛地发展一系列手段并用各类武器弹药装备执法人员，以便可以在不同情况下有区别地使用武力和火器。这应包括发展供适当情况下使用的非致命但可使抵抗能力丧失的武器，以期不断扩大对使用可引起死亡或伤害人身的手段的限制。为了相同目的，执法人员还应可以配备自卫设备，例如盾牌、钢盔、防弹服和防弹运输工具，以便减少使用任何种类的武器的必要性。

3. 应认真评价非致命但可使抵抗能力丧失的武器的发展和部署，以尽量减少危及与事无关的人的危险，并应认真控制这类武器的使用。

4. 执法人员在执勤时应尽可能采用非暴力手段，最后不得已方求诸使用武力或火器。他们只能在其他手段起不到作用或没有希望达到预期的结果时方可使用武力和火器。

5. 在不可避免合法使用武力和火器时，执法人员应：

（a）对武力和火器的使用有所克制并视犯罪行为的严重性和所要达到的合法目的而行事；

（b）尽量减少损失和伤害并尊重和保全人命；

（c）确保任何受伤或有关人员尽早得到援助和医护；

（d）确保尽快通知受伤或有关人员的亲属或好友。

6. 执法人员使用武力或火器造成伤亡时，应根据第22条原则立即向其上级报告。

7. 各国政府应确保对执法人员任意使用或滥用武力或火器的情况按本国法律作为刑事犯罪予以惩处。

8. 各种非常情况诸如国内政局不稳或任何其他紧急状况均不得作为任何违背上述各项基本原则的理由根据。

特 别 条 款

9. 执法人员不得对他人使用火器，除非为了自卫或保卫他人免遭迫在眉睫的死亡或重伤威胁，为了防止给生命带来严重威胁的特别重大犯罪，为了逮捕构成此类危险并抵抗当局的人或为了防止该人逃跑，并且只有在采用其他非极端手段不足以达到上述目标时才可使用火器。无论如何，只有在为了保护生命而确定不可避免的情况下才可有意使用致命火器。

10. 在第9条原则规定的各种情况下，执法人员应表明其执法人员的身份并发出要使用火器的明确警告，并且留有足够时间让对方注意到该警告，除非这样做会使执法人员面临危险，或在当时情况下显然是不合适的或毫无意义的。

11. 有关执法人员使用火器的规章条例应包括有下列准则：

（a）具体规定准许执法人员携带火器的各种情况并说明允许携带的火器及弹药的种类；

（b）确保只能在适当的情况下才使用火器，并尽可能避免引起不必要伤害的危险；

（c）禁止使用会引起不必要伤害或产生不必要危险的火器和弹药；

（d）规定火器的控制、储存和发放办法，包括规定程序确保执法人员对发给他们的火器和弹药负责；

（e）规定在使用火器时应酌情发生的警告；

(f) 规定执法人员在执勤中使用火器后的报告制度。

对非法集会行使公安权力

12. 根据《世界人权宣言》和《公民权利和政治权利国际盟约》中所体现的原则,人人都可参加合法与和平的集会,因此各国政府以及执法机构和执法人员应认识根据第 13 和第 14 条原则方可使用武力和火器。

13. 在驱散非法而非暴力的集会时,执法人员应避免使用武力,或在实际无法避免时应将使用武力限制到必要的最低限度。

14. 在驱散暴力集会时,执法人员只有在实际上已不可能使用危险性较小的手段的情况下方可使用火器,并且只限于必要的最低限度。执法人员除非在第 9 条原则规定的情况下,一般不得在这些场合使用火器。

对被拘禁或扣押人员行使公安权力

15. 执法人员对被拘禁或扣押人员不得使用武力,但在为维持监禁机构内部的安全和秩序确有必要时或在个人安全受到威胁时除外。

16. 执法人员对被拘禁或扣押人员不得使用火器,但在为了进行必要的自卫或保卫他人免遭死亡或重伤的直接威胁时,或为了阻止构成第 9 条原则所述危险的被拘禁或扣押人员逃跑而确有必要时除外。

17. 上述各原则不损害《囚犯待遇最低限度标准规则》特别是其中第 33、34 和 54 条所规定的监狱管理人员的权利、义务和责任。

资格、培训和指导

18. 各国政府和执法机关应确保所有执法人员均经过适当的筛选程序而选定,具备有效地执行任务所需要的良好的道德、心理和体格素质并接受全面连续的职业培训。他们之是否继续胜任须受定期审查。

19. 各国政府和执法机关应确保所有执法人员均按使用武力的适宜熟练标准,经过训练和测验。需要携带火器的那些执法人员只有经过使用火器的特别训练后才可获准携带火器。

20. 在培训执法人员方面,各国政府及其执法机关应特别重视警察道德伦理和人权问题,特别是在调查过程中应注意其他不用武力和火器的办法,包括和平解决冲突、理解人群行为和运用劝说、谈判和调解方法以及技术手段,以便限制使用武力或火器。执法机关应根据具体事件检查其培训方案和实施程序。

21. 各政府和执法机关应对参与使用武力或火器场面的执法人员提供舒缓紧张情绪的指导。

报告和审查程序

22. 各国政府和执法机关应为第 6 条和第 11(f)条原则中所提的一切事件建立有效的报

告和审查程序。对遵照这些原则作出了报告的事件;各国政府执法机关应确保进行有效的审查,并确保独立的行政或检控部门可以在适当情况下行使管辖权。在造成有死亡和重伤或其他严重后果时,应立即向负责行政审查和司法管理的主管当局送交详细报告。

23. 遭使用武力和火器的有关人员或其法定代理人应可向一个独立的程序申诉,包括司法程序在内。如此种人员已死亡,本规定相应适用于其受养亲属。

24. 各国政府和执法机关应确保,对上级官员如果知道或应该已经知道其管辖下的执法人员正在或已经采取非法使用武力或火器手段而没有在其权力范围内采取一切措施予以阻止、禁止或报告者,追究责任。

25. 各国政府和执法机关应确保,对执法人员按照《执法人员行为守则》和上述基本原则拒绝执行使用武力或火器的命令或对其他执法人员使用武力或火器提出报告者,不给予任何刑事或纪律处分。

26. 如果执法人员知道致人死亡或重伤的使用武力或火器的某一命令明显是非法的,而且有合理机会可以拒绝执行此种命令,则不得以服从上级命令作为辩护理由。无论如何,责任也属于发出此种非法命令的上级官员。

59. 关于律师作用的基本原则

(第八届联合国预防犯罪和罪犯待遇大会
1990年8月27日至9月7日通过)

鉴于世界各国人民在《联合国宪章》中申明决心创造使正义得以维持的条件并宣布其宗旨之一是促成国际合作而不分种族、性别、语言或宗教,增进并激励对于人权及基本自由之尊重,

鉴于《世界人权宣言》提出法律面前人人平等的原则、无罪推定原则、由独立而无偏倚的法庭进行公正和公平听证的权利以及为每一被指控犯有刑事罪的人进行辩护所必要的各项保证,

鉴于《公民权利和政治权利国际公约》进一步宣布了在不无故拖延情况下受审的权利以及由依法设立的合格、独立而无偏倚的法庭进行公正和公开听证的权利,

鉴于《经济、社会和文化权利国际公约》回顾了各国根据《联合国宪章》负有义务促进普遍尊重和遵守人权与自由,

鉴于《保护所有遭受任何形式拘留或监禁的人的原则》明文规定,被拘留的人应有权获得法律顾问的协助,有权与法律顾问联络和磋商,

鉴于《囚犯待遇最低限度标准规则》建议,应确保未受审讯犯人享有获得法律协助和与法律顾问进行保密联络的权利,

鉴于《关于保护面对死刑的人的权利的保障措施》重申,每一涉嫌或被指控犯有可判处死刑罪的人可根据《公民权利和政治权利国际公约》第14条规定在诉讼的各阶段获得适当的法律协助,

鉴于《为罪行和滥用权力行为受害者取得公理的基本原则宣言》为改善罪行的受害者获得司法上的公正与公平待遇、恢复原状、赔偿和援助推荐在国际和国家各级采取各项措施,

鉴于充分保护人人都享有的人权和基本自由,无论是经济、社会和文化权利或是公民权利和政治权利,要求所有人都能有效地得到独立的法律专业人员所提供的法律服务,

鉴于律师专业组织在维护职业标准和道德,在保护其成员免受迫害和不公正限制和侵犯权利,在向一切需要他们的人提供法律服务以及在与政府和其他机构合作进一步推进正义和公正利益的目标等方面起到极为重要作用,

下列各项关于律师作用的基本原则是为了协助各会员国促进和确保律师发挥正当作用而制订的,各国政府应在其本国立法和习惯做法范围内考虑和尊重这些原则,并应提请律师以及其他人例如法官、检察官、行政和立法机关成员以及一般公众予以注意。这些原则还应酌情适用于虽无正式律师身份但行使律师职能的人。

获得律师协助和法律服务

1. 所有的人都有权请求由其选择的一名律师协助保护和确立其权利并在刑事诉讼的各个阶段为其辩护。

2. 各国政府应确保向在其境内并受其管辖的所有的人,不加任何区分,诸如基于种族、肤色、民族、性别、语言、宗教、政治或其他见解、原国籍或社会出身、财产、出生、经济或其他身份地位等方面的歧视,提供关于平等有效地获得律师协助的迅捷有效的程序和机制。

3. 各国政府应确保拨出向穷人并在必要时向其他处境不利的人提供法律服务所需的资金和其他资源。律师专业组织应在安排和提供服务、便利和其他资源方面进行合作。

4. 各国政府和律师专业组织应促进有关方案,使公众了解法律赋予他们的权利和义务以及了解律师在保护他们基本自由方面所起的重要作用。应特别注意对穷人和其他处境不利的人给予帮助,使他们得以维护自己的权利并在必要时请求律师协助。

刑事司法事件中的特别保障

5. 各国政府应确保由主管当局迅速告知遭到逮捕和拘留,或者被指控犯有刑事罪的所有的人,他有权得到自行选定的一名律师提供协助。

6. 任何没有律师的人在司法需要情况下均有权获得按犯罪性质指派给他的一名有经验和能力的律师以便得到有效的法律协助,如果他无足够力量为此种服务支付费用,可不交费。

7. 各国政府还应确保,被逮捕或拘留的所有的人,不论是否受到刑事指控,均应迅速得到机会与一名律师联系,不管在何种情况下至迟不得超过自逮捕或拘留之时起的48小时。

8. 遭逮捕、拘留或监禁的所有的人应有充分机会、时间和便利条件,毫无迟延地,在不被窃听、不经检查和完全保密情况下接受律师来访和与律师联系协商。这种协商可在执法人员能看得见但听不见的范围内进行。

资格和培训

9. 各国政府、律师专业组织和教育机构应确保律师受过适当教育和培训,具有对律师的理想和道德义务以及对国内法和国际法所公认的人权和基本自由的认识。

10. 各国政府和律师专业组织和教育机构应确保在法律职业范围内,对于开始从事或继续从事开业者不因其种族、肤色、性别、族裔本源、宗教、政治或其他见解、原国籍或社会出身、财产、出生、经济或其他地位而有任何歧视,但是关于律师必须是该国国民的规定不应视为具有歧视性。

11. 在国内有一些群体、社区或地区对法律服务的需要得不到满足的情况下,特别是在这类群体有着独特的文化、传统或语言或者这类群体曾是以往歧视的受害者的情况下,该国政府和律师专业组织和教育机构应采取特别措施提供机会使来自这类群体的人选能进入法律专业,并应确保他们受到适合于其群体需要的培训。

义务和责任

12. 律师应随时随地保持其作为司法工作重要代理人这一职业的荣誉和尊严。
13. 律师对其委托人负有的职责应包括:
(a) 对委托人的法定权利和义务,以及在与此种权利和义务有关的范围内,对法律系统的运作,提出咨询意见;
(b) 以一切适当的方法帮助委托人,并采取法律行动保护他们的利益;
(c) 在法院、法庭或行政当局面前给委托人以适当的帮助。
14. 律师在保护其委托人的权利和促进维护正义的事业中,应努力维护受到本国法律和国际法承认的人权和基本自由,并在任何时候都根据法律和公认的准则以及律师的职业道德,自由和勤奋地采取行动。
15. 律师应始终真诚地尊重其委托人的利益。

保证律师履行职责的措施

16. 各国政府应确保律师(a) 能够履行其所有职责而不受到恫吓、妨碍或不适当的干涉;(b) 能够在国内以及国外旅行并自由地同其委托人进行磋商;(c) 不会由于其按照公认的专业职责、准则和道德规范所采取的任何行动而受到或者被威胁会受到起诉或行政、经济或其他制裁。
17. 律师如因履行其职责而其安全受到威胁时,应得到当局给予充分的保障。
18. 不得由于律师履行其职责而将其等同于其委托人或委托人的诉讼事由。
19. 凡是律师辩护权在其面前得到确认的任何法院或行动当局不得拒绝承认一名合格律师代表其委托人出庭的权利,除非按照本国法律和惯例以及根据这里所述的基本原则,该律师已被取消资格。
20. 律师对于其书面或口头辩护时所发表的有关言论或作为职责任务出现于某一法院、法庭或其他法律或行政当局之前所发表的有关言论,应享有民事和刑事豁免权。
21. 主管当局有义务确保律师能有充分的时间查阅当局所拥有或管理的有关资料、档案和文件,以便使律师能向其委托人提供有效的法律协助。应该迟早在适当时机提供这种查阅的机会。
22. 各国政府应确认和尊重律师及其委托人之间在其专业关系内的所有联络和磋商均属保密。

言论和结社自由

23. 与其他公民一样,律师也享有言论、信仰、结社和集会的自由。特别是,他们应有权参加有关法律、司法以及促进和保护人权等问题的公开讨论并有权加入或筹组地方的、全国的或国际性的组织和出席这些组织的会议而不致由于他们的合法行为或成为某一合法组织的成员而受到专业的限制。律师在行使这些权利时,应始终遵照法律和公认准则以及按照律师的职业道德行事。

律师的专业组织

24．律师应有权成立和参加由自己管理的专业组织以代表其自身利益,促进其不断受到教育和培训,并保护其职业的完善。专业组织的执行机构应由其成员选举产生并应在不受外来干涉情况下行使职责。

25．律师的专业组织应与政府合作以确保人人都能有效和平等地得到法律服务,并确保律师能在不受无理干涉情况下按法律和公认的职业标准和道德向其当事人提供意见,协助其委托人。

纪律诉讼

26．应由法律界通过其有关机构或经由立法,按照本国法律和习惯以及公认的国际标准和准则,制定律师职业行为守则。

27．对在职律师所提出的指控或控诉按适当程序迅速、公正地加以处理。律师应有受公正审讯的权利,包括有权得到其本人选定的一名律师的协助。

28．针对律师提出的纪律诉讼应提交由法律界建立的公正无私的纪律委员会处理或提交一个独立的法定机构或法院处理,并应接受独立的司法审查。

29．所有纪律诉讼都应按照职业行为守则和其他公认的准则和律师职业道德规范并参照本基本原则进行判决。

60. 关于检察官作用的准则

(第八届联合国预防犯罪和罪犯待遇大会
1990年8月27日至9月7日通过)

  鉴于《联合国宪章》规定,世界各国人民申明决心创造能维护正义的条件并宣告以进行国际合作,不分种族、性别、语言或宗教,促进并鼓励尊重人权和基本自由作为其宗旨之一。

  鉴于《世界人权宣言》庄严宣布了法律面前人人平等的原则、无罪推定的原则和有权得到独立和不偏不倚的法庭进行公正和公开审讯的原则,

  鉴于目前在这些原则的基本设想和实际情况之间依然常常存在着差距,

  鉴于各国应当按照这些原则的精神去组织和开展司法工作,努力使这些原则完全成为现实,

  鉴于检察官在司法工作中具有决定性作用,有关履行其重要职责的规则应促进其尊重并按照上述原则行事,从而有助于刑事司法公平而合理,并有效地保护公民免受犯罪行为的侵害,

  鉴于通过改进检察官的征聘方法及其法律和专业培训,并向他们提供一切必要手段,使他们在打击犯罪行为,特别是打击新形式和新规模的犯罪行为方面得以恪尽职守,确保检察官具备履行其职责所必需的专业资历具有十分重要的意义,

  鉴于联合国大会根据第五届联合国预防犯罪和罪犯待遇大会的建议,在其1979年12月17日第34/169号决议中通过了《执法人员行为守则》,

  鉴于第六届联合国预防犯罪和罪犯待遇大会在其第16号决议中要求犯罪预防和控制委员会把制定关于法官的独立及关于法官和检察官的甄选、专业培训和地位的指导方针,列为其工作的重点,

  鉴于第七届联合国预防犯罪和罪犯待遇大会通过了《关于司法机关独立的基本原则》,随后又由联合国大会1985年11月29日第40/32号和1985年12月13日第40/146号决议予以批准,

  鉴于《为罪行和滥用权力行为受害者取得公理的基本原则宣言》建议在国际和国家这两级采取措施,使犯罪行为的受害者能更好地获得正义与公平待遇、追复原物、赔偿和援助,

  鉴于第七届联合国预防犯罪大会在其第7号决议中要求犯罪预防和控制委员会考虑是否需要制订有关以下各方面的准则:检察官的甄选、专业培训和地位,对他们的职责和行为的要求,使他们对刑事司法制度的顺利运作作出更大贡献和增进他们与警方的合作的手段,他们的酌处权的范围,以及他们在刑事诉讼程序中的作用,并就此向今后各届联合国预防犯罪大会提出报告,

所制订的下列各项准则,其目的在于协助会员国确保和促进检察官在刑事诉讼程序中发挥有效、不偏不倚和公正无私的作用,各国政府在其国家立法和实践中应尊重并考虑到这些准则的规定,同时还应使检察官、法官、律师、行政和立法部门的成员以及一般公众注意到本准则。本准则制定时考虑的主要是公诉检察官,但它们同样可以酌情适用于特别任命的检察官。

资格、甄选和培训

1. 获选担任检察官者,均应为受过适当的培训并具备适当资历、为人正直而有能力的人。

2. 各国政府应确保:

（a）甄选检察官的标准应包含保障措施,防止基于偏见或成见的任用,不得因种族、肤色、性别、语言、宗教、政治见解或其他见解、种族、社会或族裔出身、财产、本人出身、经济地位或其他地位而对任何人实行歧视,但对检察官候选人须是有关国家国民的要求,不应被视为歧视;

（b）检察官应受过适当的教育和培训,应使其认识到其职务所涉的理想和职业道德,宪法和其他法规中有关保护嫌疑犯和受害者的规定,以及由国家法律和国际法所承认的各项人权和基本自由。

地位和服务条件

3. 检察官作为司法工作的重要作为者,应在任何时候都保持其职业的荣誉和尊严。

4. 各国应确保检察官得以在没有任何恐吓、阻障、侵扰,不正当干预或不合理地承担民事、刑事或其他责任的情况下履行其专业职责。

5. 如若检察官及其家属的安全因履行其检察职能而受到威胁,有关当局应向他们提供人身安全保护。

6. 检察官的服务条件、充足的报酬,在适用的情况下其任期、退休金以及退休年龄均应由法律或者颁布法规或条例加以规定。

7. 如有检察官晋升制度,则检察官的晋升应以各种客观因素、特别是专业资历、能力、品行和经验为根据,并按照公平和公正的程序加以决定。

言论和结社的自由

8. 检察官同其他公民一样,享有言论、信仰、结社和集会的自由。特别是他们应有权参加公众对有关法律、司法和促进及保护人权问题的讨论,有权参加或成立本地、国家或国际组织和参加其会议,而不应因其合法行动或为一合法组织成员而蒙受职业上的不利。在行使这些权利时,检察官应始终根据法律以及公认的职业标准和道德行事。

9. 检察官可自由组织和参加专业协会或代表其利益的其他组织,以促进其专业培训和保护其地位。

在刑事诉讼中的作用

10. 检察官的职责应与司法职能严格分开。

11. 检察官应在刑事诉讼、包括提起诉讼,和根据法律授权或当地惯例,在调查犯罪、监督调查的合法性、监督法院判决的执行和作为公众利益的代表行使其他职能中发挥积极作用。

12. 检察官应始终一贯迅速而公平地依法行事,尊重和保护人的尊严,维护人权从而有助于确保法定诉讼程序和刑事司法系统的职能顺利地运行。

13. 检察官在履行其职责时应:
(a) 不偏不倚地履行其职能,并避免任何政治、社会、文化、性别或任何其他形式的歧视;
(b) 保证公众利益,按照客观标准行事,适当考虑到嫌疑犯和受害者的立场,并注意到一切有关的情况,无论是否对嫌疑犯有利或不利;
(c) 对掌握的情况保守秘密,除非履行职责或司法上的需要有不同的要求;
(d) 在受害者的个人利益受到影响时应考虑到其观点和所关心的问题,并确保按照《为罪行和滥用权力行为受害者取得公理的基本原则宣言》,使受害者知悉其权利。

14. 如若一项不偏不倚的调查表明的起诉缺乏根据,检察官不应提出或继续检控,或应竭力阻止诉讼程序。

15. 检察官应适当注意对公务人员所犯的罪行,特别是对贪污腐化、滥用权力、严重侵犯嫌疑犯人权、国际法公认的其他罪行的起诉,和依照法律授权或当地惯例对这种罪行的调查。

16. 当检察官根据合理的原因得知或认为其掌握的不利于嫌疑犯的证据是通过严重侵犯嫌疑犯人权的非法手段,尤其是通过拷打,残酷的、非人道的或有辱人格的待遇或处罚或以其他违反人权办法而取得的,检察官应拒绝使用此类证据来反对采用上述手段者之外的任何人或将此事通知法院,并应采取一切必要的步骤确保将使用上述手段的责任者绳之以法。

酌处职能

17. 有些国家规定检察官拥有酌处职能,在这些国家中,法律或已公布的法规或条例应规定一些准则,增进在检控过程中作出裁决,包括起诉和免予起诉的裁决的公正和连贯性。

起诉之外的办法

18. 根据国家法律,检察官应在充分尊重嫌疑者和受害者的人权的基础上适当考虑免予起诉、有条件或无条件地中止诉讼程序或使某些刑事案件从正规的司法系统转由其他办法处理。为此目的,各国应充分探讨改用非刑事办法的可能性,目的不仅是减轻过重的法院负担而且也可避免受到审前拘留、起诉和定罪的污名以及避免监禁可能带来的不利后果。

19. 在检察官拥有决定应否对少年起诉酌处职能的国家,应对犯罪的性质和严重程度、保护社会和少年的品格和出身经历给予特别考虑。在作这种决定时,检察官应根据有关少年司法审判法和程序特别考虑可行的起诉之外的办法。检察官应尽量在十分必要时才对少年采取起诉行动。

与其他政府机构或组织的关系

20. 为了确保起诉公平而有效,检察官应尽力与警察局、法院、法律界、公共辩护人和政府其他机构进行合作。

纪律处分程序

21. 对检察官违纪行为的处理应以法律或法律条例为依据。对检察官涉嫌已超乎专业标准幅度的方式行事的控告应按照适当的程序迅速而公平地加以处理。检察官应有权利获得公正申诉的机会。这项决定应经过独立审查。

22. 针对检察官的纪律处分程序应保证客观评价和决定。纪律处分程序均应根据法律规定,职业行为准则和其他已确立的标准以及专业道德规范并根据本《准则》加以处理。

遵 守 准 则

23. 检察官应遵守本准则。他们还应竭尽全力防止和坚决反对任何违反准则的行为。

24. 检察官如有理由认为业已发生或即将发生违反本准则的行为,应向其上级机关,并视情况,向其他拥有检查权或纠正权的有关当局或机构报告情况。

61. 联合国非拘禁措施最低限度标准规则("东京规则")

(联合国大会1990年12月14日通过)

一、总　则

1. 基本目的

1.1　本《最低限度标准规则》为促进采用非拘禁措施提出了一套基本原则,并为作为监外教养对象的人提供最低限度的保障措施。

1.2　本《规则》拟促进社区在更大程度上参与刑事司法管理工作,特别是在罪犯处理方面,并促进在罪犯当中树立对社会的责任感。

1.3　应根据各国现行的政治、经济、社会和文化情况,并顾及各国刑事司法制度的目的和目标来执行本《规则》。

1.4　会员国在执行本《规则》时应力求在罪犯的个人权利与受害者的权利和社会对于公共安全和预防犯罪的关注之间达到妥善的平衡。

1.5　会员国应在其本国法律制度内采用非拘禁措施,从而减少使用监禁办法的程度,并使刑事司法政策合理化,同时考虑到遵守人权的义务、社会正义的需求以及改造罪犯方面的需要。

2. 非拘禁措施的范围

2.1　本《规则》的有关各项规定应在刑事司法执行工作的各个阶段适用于所有受到起诉、审判或执行判决的人。为了本《规则》的目的,这类人通称为"罪犯",不论其为嫌疑犯、被告或被判刑者。

2.2　实施本《规则》时,不得以种族、肤色、性别、年龄、语言、宗教、政治或其他见解、民族本源或社会出身、财产、出生或其他状况为由而实行任何歧视。

2.3　为了配合犯法行为的性质和严重程度、罪犯的个性和背景以及保护社会的需要,并避免不必要地使用监禁办法,刑事司法制度应规定出一套从审前至判决后处置的范围广泛的非拘禁措施。应决定可用的非拘禁措施的数目和种类以便保持始终一贯的判刑。

2.4　应鼓励制定和密切监督新的非拘禁措施,并对其使用情况进行有系统的评价。

2.5　应根据法律保障措施和法制,考虑在社区内对罪犯加以处理,避免诉诸正规的诉讼或法院审判。

2.6 应根据尽少干预的原则应用非拘禁措施。

2.7 采用非拘禁措施应成为向非刑罚化和非刑罪化方向努力的一部分,而不得干预或延误为此目的进行的努力。

3. 法律保障措施

3.1 非拘禁措施的采纳、界定以及适用应在法律条文中加以规定。

3.2 非拘禁措施的选择应是根据对犯法行为之性质和严重程度以及对罪犯个性和背景、判刑目的和受害者权利方面各项既定标准的评估。

3.3 司法当局或其他独立的主管当局应本着充分负责的精神和以法制为唯一的原则,在诉讼程序的各个阶段中行使其酌处权。

3.4 正规诉讼或审判之前或拟替代此类诉讼或审判的所有非拘禁措施,实施前应征得罪犯的同意。

3.5 在罪犯提出申请后,有关给予非拘禁措施的决定,须接受司法机关或其他独立的主管当局审查。

3.6 罪犯应有权就非拘禁措施执行中影响其个人权利的事宜,向司法机关或其他独立的主管当局提出请求或申诉。

3.7 应为任何有关不遵守国际公认人权事件的冤情提供求偿并且可能时补救的适当机制。

3.8 非拘禁措施不应涉及对罪犯进行医疗或心理试验或给罪犯的身心带来不当伤害危险。

3.9 应始终保护受非拘禁措施罪犯的尊严。

3.10 在执行非拘禁拘留时,对罪犯权利的限制不应超过原判决主管当局所规定的程度。

3.11 在适用非拘禁措施时,应尊重罪犯的以及其家庭成员的隐私权。

3.12 罪犯的个人档案记录应予严格保密,不应让第三方接触。只有直接参与处置有关罪犯案件者或其他经过适当授权的人员,才能接触这类档案记录。

4. 保留条款

4.1 解释本《规则》时,不得排除《囚犯待遇最低限度标准规则》、《联合国少年司法最低限度标准规则》(北京规则)、《保护所有遭受任何形式拘留或监禁的人的原则》,或国际社会公认与罪犯待遇及保护其基本人权有关的任何其他人权文书和标准的适用。

二、审 前 阶 段

5. 审前处置

5.1 在适当时并不违反法律制度的情况下,应授权警察、检察部门或其他处理刑事案件的机构,在它们认为从保护社会、预防犯罪或促进对法律或受害者权利的尊重的角度来看,没有必要对案件开展诉讼程序时,可撤销对该罪犯的诉讼。为斟酌决定撤销诉讼或确定予以起诉的目的,应在每一种法律制度内拟订一套既定的标准。对轻微犯罪案件,检察官可酌情处以适当的非拘禁措施。

6. 避免审前拘留

6.1 审前拘留应作为刑事诉讼程序的最后手段加以使用,并适当考虑对被指称违法行为的调查和对社会及受害者的保护。

6.2 应尽量在早期阶段采用替代审前拘留的措施。审前拘留的期限不应超过为实现规则 5.1 中规定的目的所需的时间,并应以合乎人道的方式和在尊重人的固有尊严的基础上实施此种拘留。

6.3 罪犯应有权就审前拘留问题向司法机关或其他独立的主管当局提出上诉。

三、审讯和判决阶段

7. 社会调查报告

7.1 如果社会调查报告有其可能,则司法当局可利用由特许主管官员或机构编写的这一报告。报告应载有关于罪犯本人有关其犯罪方式和现行犯法行为的社会资料。它还应载有有关判决程序的资料和建议。报告应确定、客观和公正,观点应明确。

8. 判决处置

8.1 司法当局由于可使用一系列非拘禁措施,因此在作出判决时应考虑到罪犯改进自新的需要、对社会的保护和受害者的利益,并应尽可能征求受害者的意见。

8.2 判决当局可以下列方式处置案件:

(a) 口头制裁,如告诫、申诉和警告;
(b) 有条件撤销;
(c) 身份处罚;
(d) 经济处分和罚款,如罚钱和按日计算的罚金;
(e) 没收或征用令;
(f) 对被害者追复原物或赔偿令;
(g) 中止或推迟判决;
(h) 缓刑和司法监督;
(i) 社区服务令;
(j) 送管教中心;
(k) 软禁;
(l) 任何其他非监禁方式;
(m) 上述办法的某种结合。

四、判决后阶段

9. 判决后处置

9.1 主管当局应可使用广泛一系列判决后替代办法,以尽可能避免监禁,并协助罪犯早日重返社会。

9.2 判决后处置办法可包括:

(a) 准假和中途管教所;
(b) 工作或学习假;
(c) 各种形式的假释;
(d) 宽恕;
(e) 赦免。

9.3 在罪犯提出申请后,有关判决后处置的决定,除赦免外,须接受司法当局或其他独立的主管当局的审查。

9.4 应尽量在早期阶段考虑以某种形式自监狱释放以实施非拘禁方案。

五、非拘禁措施的执行

10. 监　　督

10.1 监督的目的是减少再度犯罪和协助罪犯重返社会,尽量使其不致重新犯案。

10.2 如必须对非拘禁措施加以监督,则应由主管当局根据法律规定的具体条件予以执行。

10.3 在一定的非拘禁措施范围内,应针对每个案件确定旨在帮助罪犯悔改前非的最适当监督和处理方式。必要时应定期审查和调整监督和处理措施。

10.4 必要时应向罪犯提供心理、社会和物质方面的援助,并使他们有机会与社区加强联系,从而促使他们重返社会。

11. 期　　限

11.1 非拘禁措施的期限不得超过主管当局根据法律确定的时间。

11.2 可订立规定在罪犯积极配合这种措施时,可望早日终止措施。

12. 条　　件

12.1 主管当局在决定罪犯应遵守的条件时,应考虑到社会的需要以及罪犯和受害者的需要和权利。

12.2 须遵守的条件应切实可行、明确,条件数目尽可能少,其目的应是减少罪犯重新染上犯罪行为的可能性,并应是增加他们重返社会的机会,同时考虑到受害者的需要。

12.3 在开始实行非拘禁措施时,应以口头或书面方式向罪犯解释包括罪犯的义务和权利在内的关于适用该项措施的条件。

12.4 主管当局可以根据既定的法律规定,视罪犯的进展表现,更改这些条件。

13. 处 理 过 程

13.1 在一定的非拘禁措施范围内,应对适当案件制定各种不同的方案,诸如个案工作、集体治疗、收容管教方案和对各类罪犯的专门处理等等,以便有效地符合罪犯的需要。

13.2 应由受过适当培训并具有实际经验的专业人员进行处理。

13.3 一旦决定有必要进行处理时,应作出各种努力了解每一罪犯的背景、个性、悟性、智力和价值观念,特别是导致他犯法的环境。

13.4 主管当局可在适用非拘禁措施时设法利用社区和社会支助系统。

13.5 承办案件的数量应切实维持在力所能及的程度,以便确保有效执行处理方案。

13.6 主管当局应为每个罪犯设立和保持专案记录。

14. 惩戒和违反条件

14.1 罪犯违反其须遵守的条件可导致非拘禁措施的更改或撤销。

14.2 更改或撤销非拘禁措施应由主管当局作出,但事先必须对监督人员和罪犯双方提出的事实进行仔细的审查。

14.3 非拘禁措施的失败不应自动导致拘禁措施的施加。

14.4 更改或撤销非拘禁措施时,主管当局应力求确立另一项合适的非拘禁措施。只有当无其他合适的替代措施时,才能实施监禁徒刑。

14.5 罪犯违反条件时予以逮捕和扣押监督的权力应由法律予以明文规定。

14.6 更改或撤销非拘禁措施时,罪犯应有权向司法当局或其他独立的主管当局提出上诉。

六、工 作 人 员

15. 征　　聘

15.1 征聘工作人员时,不得以种族、肤色、性别、年龄、语言、宗教、政治或其他见解、民族本源或社会出身、财产、出生或其他状况为由而实行任何歧视。工作人员征聘政策应考虑到国家关于平权行动的政策,并反映出拟予以监督的罪犯的多种类别。

15.2 任命实施非拘禁措施的人员应有合格的个人条件,在可能情况下应受过适当的专业培训和具有实际经验。对这些资格应有明确的规定。

15.3 为了获得和留住合格的专业工作人员,应使之享有适当的公务员地位、与其工作性质相称的适当薪金和福利,并应有充分的机会在专业和事业上得到发展。

16. 工作人员培训

16.1 培训的目的是使工作人员明了在改造罪犯、确保罪犯的权利和保护社会方面的责任。培训还应使工作人员了解需要与有关机构的活动进行合作与协调。

16.2 在工作人员开始工作前,应向他们提供内容包括有关非拘禁措施的性质、进行监督的目的以及适用非拘禁措施的各种方式的培训课程。

16.3 开始工作后,工作人员应通过参加在职培训和进修班来保持和增进其知识水平和专业能力。应为此目的提供充足的设施。

七、志愿人员及其他社区资源

17. 公众参与

17.1 公众参与是一大资源,应作为改善接受非拘禁措施的罪犯与家庭及社区之间的联系的最重要因素之一来加以鼓励。应用它来补充刑事司法的执法工作。

17.2 应把公众参与视作为社区成员自身为保护社会作出贡献的一个机会。

18. 公众理解与合作

18.1 应鼓励政府机构、私人部门和一般公众向提倡采用非拘禁措施的自愿组织提供支持。

18.2 应定期组织会议、研讨会、专题讨论会及其他活动,来提高对公众参与施行非拘禁措施的必要性的认识。

18.3 应利用各种形式的大众传播媒介,帮助公众采取建设性态度,以便开展有助于更广泛适用非拘禁措施和罪犯社会改造的活动。

18.4 应作出一切努力使公众了解自己在执行非拘禁措施方面的重要作用。

19. 志愿人员

19.1 应根据志愿人员从事有关工作的悟性和兴趣来对他们加以仔细甄选和征聘。应针对他们须履行的特定责任进行适当的培训,应使他们能够从主管当局得到支持和辅导,并有机会与其商量。

19.2 志愿人员应通过提供辅导及其他力所能及且符合罪犯需要的适当援助形式,鼓励罪犯及其家属与社区建立有益的联系和范围较广的接触。

19.3 应确保志愿人员在执行其任务时不发生事故,不受到伤害和不承担公共责任。他们工作中所引起的经核准的开支应得到偿还。他们为社区福利提供的服务应得到公众的承认。

八、研究、规划、政策制定和评价

20. 研究和规划

20.1 应努力争取公私营机构参加组织和推动对罪犯的非拘禁措施的研究工作,以此作为规划过程的一个基本方面。

20.2 应针对当事人、开业者、社区和政策制定者面临的问题定期开展研究工作。

20.3 应在刑事司法制度内设立研究和信息机制,以收集和分析与罪犯的非拘禁措施施行情况有关的数字和统计数字。

21．政策制定和方案发展

21.1 应系统地规划和执行非拘禁措施的方案,以便在国家发展过程中将其作为刑事司法制度的一个组成部分。

21.2 应定期进行评价,以便更有效地执行非拘禁措施。

21.3 应定期进行审查,以评价非拘禁措施的目的、作用和效果。

22．与有关机构和活动的联系

22.1 应逐步在各级形成适当的机制,促进负责非拘禁措施的部门在诸如保健、住房、教育、劳工和大众传播媒介等领域,与刑事司法系统的其他部门及政府的和非政府的社会发展和福利机构之间建立联系。

23．国 际 合 作

23.1 应努力促进各国之间在非拘禁措施领域的科学合作。应与联合国秘书处预防犯罪和刑事司法处密切协作,通过联合国各个预防犯罪和罪犯待遇研究所,加强会员国关于非拘禁措施的研究、培训、技术援助和信息交换。

23.2 应根据《有条件判刑或有条件释放罪犯转移监督示范条约》进一步推动有关立法规定的比较研究和协调工作,以便开拓非拘禁办法的范围,并便利这类办法的跨国适用。

62. 联合国少年司法最低限度标准规则("北京规则")

(联合国大会1985年11月29日通过)

第一部分 总 则

1. 基 本 观 点

1.1 会员国应努力按照其总的利益来促进少年及其家庭的福利。

1.2 会员国应尽力创造条件确保少年能在社会上过有意义的生活,并在其一生中最易沾染不良行为的时期使其成长和受教育的过程尽可能不受犯罪和不法行为的影响。

1.3 应充分注意采取积极措施,这些措施涉及充分调动所有可能的资源,包括家庭、志愿人员及其他社区团体以及学校和其他社区机构,以便促进少年的幸福,减少根据法律进行干预的必要,并在他们触犯法律时对他们加以有效、公平及合乎人道的处理。

1.4 少年司法应视为是在对所有少年实行社会正义的全面范围内的各国发展进程的一个组成部分,同时还应视为有助于保护青少年和维护社会的安宁秩序。

1.5 应根据每个会员国的经济、社会和文化情况来执行本原则。

1.6 应逐步地建立和协调少年司法机关,以便提高和保持这些机关工作人员的能力,包括他们的方法、着手办法和态度。

说明

这些主要的基本观点涉及总的社会政策,旨在尽可能促进少年的幸福,从而尽量减少少年司法制度进行干预的必要。这样做也可减少任何干预可能带来的害处。在不法行为发生前为青少年采取这类照管措施是旨在避免产生有适用本规则之需要的基本政策手段。

规则1.1至1.3说明了积极的少年社会政策所起的重要作用,尤其在预防少年犯罪和不法行为方面的重要作用。规则1.4规定少年司法是为少年取得社会公理的一个组成部分,而规则1.6则谈到有必要经常改进少年司法,不使其落后于一般关于少年的渐进社会政策的发展,并切记有必要不断改善工作人员的服务。

规则1.5力求考虑到会员国的现状,这些现状势必会使会员国执行具体规则的方式互不相同。

2. 规则的范围和采用的定义

2.1 下列最低限度标准规则应公平适用于少年罪犯,不应有任何区别,例如种族、肤色、性别、语言、宗教、政治或其他见解、民族本源或社会出身、财产、血统或其他身份地位的区别。

2.2 为了本规则的目的,会员国应在符合本国法律制度和法律概念的情况下应用下列定义:

(a) 少年系指按照各国法律制度,对其违法行为可以不同于成年人的方式进行处理的儿童或少年人;

(b) 违法行为系指按照各国法律制度可由法律加以惩处的任何行为(行为或不行为);

(c) 少年犯系指被指控犯有违法行为或被判定犯有违法行为的儿童或少年人。

2.3 应努力在每个国家司法管辖权范围内制订一套专门适用于少年犯的法律、规则和规定,并建立授权实施少年司法的机构和机关,其目的是:

(a) 满足少年犯的不同需要,同时保护他们的基本权利;

(b) 满足社会的需要;

(c) 彻底和平地执行下述规则。

说明

特意拟就本最低限度标准规则以使可在不同的法律制度内适月,同时规定了一些无论根据哪种关于少年的定义和任何对待少年犯的制度都可用于处理少年犯的最低限度标准。实施本规则时应始终公平对待和不加任何区别。

因此规则2.1强调了公平和不加任何区别地实行本规则的重要性。这条规则遵循了《儿童权利宣言》原则2的拟写方式。

规则2.2界定"少年"和"违法行为"是"少年犯"要领的组成部分,少年犯是本最低限度标准规则的主要对象(另见规则3和4)。应当指出的是,年龄限度将取决于各国本身的法律制度,并对此作了明文规定,从而充分尊重会员国的经济、社会、政治、文化和法律制度。这样,在"少年"的定义下,年龄幅度很大,从7岁到18岁或18岁以上不等。鉴于各国法律制度的不同,这种差别似乎是难免的,而且不会削弱本最低限度标准规则的作用。

规则2.3说明有必要制订具体的国家立法,以便合法地和符合实际地适当执行本最低限度标准规则。

3. 规则应用范围的扩大

3.1 本规则的有关规定不仅适用于少年犯,而且也适用于可能因犯有对成年人不予惩处的任何具体行为而被起诉的少年。

3.2 应致力将本规则中体现的原则扩大应用于所有受到保护福利和教管程序对待的少年。

3.3 还应致力将本规则中体现的原则扩大应用于年纪轻的成年罪犯。

说明

规则3把少年司法最低限度标准规则规定的保护扩大到下列范围:

(a) 各国法律制度中所称的"身份罪",在这方面少年的违法行为范围较成人为广(如旷课、在学校和家庭不服管教、公共场所酗酒等)(规则3.1);

(b) 少年福利和教管程序(规则3.2);

（c）处理年轻的成年罪犯的程序，当然取决于每一特定的年龄限度（规则 3.3）。

将本规则的应用范围扩大到上述三个方面似乎是有道理的。规则 3.1 规定了这些方面最低限度的保证。人们认为，规则 3.2 是迈向对所有触犯法律的少年提供比较公正、公平、合乎人道的司法待遇的可喜的一步。

4. 刑事责任年龄

4.1 在承认少年负刑事责任的年龄这一概念的法律制度中，该年龄的起点不应规定得太低，应考虑到情绪和心智成熟的实际情况。

说明

由于历史和文化的原因，负刑事责任的最小年龄差别很大。现代的做法是考虑一个儿童是否能达到负刑事责任的精神和心理要求，即根据孩子本人的辨别和理解能力来决定其是否能对本质上反社会的行为负责，如果将刑事责任的年龄规定得太低或根本没有年龄限度的下限，那么责任概念就会失去意义。总之，不法行为或犯罪行为的责任概念与其他社会权利和责任（如婚姻状况、法定成年等）密切有关。

因此，应当作出努力以便就国际上都适用的合理的最低年龄限度的问题取得一致意见。

5. 少年司法的目的

5.1 少年司法制度应强调少年的幸福，并应确保对少年犯作出的任何反应均应与罪犯和违法行为情况相称。

说明

规则 5 提到了少年司法问题两个最重要的目的。第一个目的是增进少年的幸福。这是那些由家族法院或行政当局来处理少年犯的法律制度的一个着重点，但是，在那些遵循刑事法院模式的法律制度中也应当对少年的幸福给予重视强调，从而可以避免只采用惩罚性的处分。（并参看规则 14）。

第二个目的是"相称原则"。这一原则作为限制采取惩罚性处分的一种手段是众所周知的，而这一原则在大多数情况下表现为对违法行为的严重性有公正的估量。不仅应当根据违法行为的严重程度而且也应根据本人的情况来对少年犯作出反应。罪犯个人的情况（如：社会地位、家庭情况、罪行造成的危害或影响个人情况的其他因素）应作出相称的反应产生影响（如：考虑到罪犯为赔偿受害人而作出的努力，或注意到其愿意重新做人过有益生活的表示）。

由于同样的原因，旨在确保少年犯的幸福所作的反应也许会超过需要，因而侵犯了少年个人的基本权利，在某些少年司法制度中就存在这类情况。在这方面，应当确保对罪犯的情况和对违法行为、包括受害人的情况所作出的反应也要相称。

实质上，规则 5 要求的正是在任何少年违法和犯罪案件中作出公正反应。这条规则中包括的问题也许会有助于促进以下两个方面的进展：既需要新的和创新的反应形式，又需要防止不适当地扩大对少年的正规社会约束网。

6. 处 理 权 限

6.1 鉴于少年的各种不同特殊需要，而且可采取的措施也多种多样，应允许在诉讼的各个阶段和少年司法的各级——包括调查、检控、审判和后续处置安排——有适当的处理权限。

6.2 但是,应尽量确保在行使任何这种处理权时所有各阶段和各级别充分承担责任。

6.3 行使处理权的人应具有特别资历或经过特别训练,能够根据自己的职责和权限明智地行使这种处理权。

说明

规则6.1、6.2和6.3结合了有效、公正与合乎人道的少年司法的几个重要特点;必须允许在各级重要的诉讼程序中行使自由处理权,这样使有决定权的人能够对每一案件采取最适当的行动;必须规定进行核查和制衡,以便制止任何滥用自由处理权的现象并保护少年犯的权利。追究责任和专业化对制止扩大处理权是一种最为恰当的手段。因此,这里强调了专业条件和培训专家的重要性,对确保明智地处理少年犯问题是一种宝贵的手段。(并参看规则1.6和2.22)。在这方面,还强调了需要制订行使处理权的具体准则和对审查、上诉等制度作出规定,以便可以对裁决和责任进行检查。这些内容在这里没有具体列明,因为在国际最低限度标准规则中很难包含这些内容,也不可能包括各种司法制度的所有差别。

7. 少年的权利

7.1 在诉讼的各个阶段,应保证基本程序方面的保障措施,诸如假定无罪、指控罪状通知本人的权利、保持沉默的权利、请律师的权利、要求父亲或母亲或监护人在场的权利、与证人对质的权利和向上级机关上诉的权利。

说明

规则7.1强调了几个重要问题,这些问题是进行公平合理审判的基本内容,并且在现有的一些人权文献中已得到了国际上的承认(并参看规则14)。例如,在《世界人权宣言》第11条和《公民权利和政治权利国际公约》第14条第2款中,都有假定无罪的内容。

规则14以下的这些最低限度标准规则特别具体规定了对少年犯的诉讼程序中的一些重要问题,而规则7.1只是一般地确认了最基本的程序方面的保障措施。

8. 保护隐私

8.1 应在各个阶段尊重少年犯享有隐私的权利,以避免由于不适当的宣传或加以点名而对其造成伤害。

8.2 原则上不应公布可能会导致使人认出某一少年犯的资料。

说明

规则8强调了保护少年犯罪享有隐私权的重要性。青少年特别易玷污名誉烙印。犯罪学方面对这种加以点名问题的研究表明,将少年老是看成是"少年犯"或"罪犯"会造成(各种不同的)有害影响。

规则8还强调了保护少年犯不受由于传播工具公布有关案件的情况(例如被指控或定罪的少年犯的姓名)而造成的有害影响的重要性。少年犯的个人利益应当受到保护和维护,至少在原则上应如此。(规则8的一般性内容在规则21中将作进一步的规定)。

9. 保留条款

9.1 本规则的任何部分都不应解释为排除应用联合国所通过的《囚犯待遇最低限度标准规则》和其他人权文书以及国际社会所承认的有关照顾和保护青少年的准则。

说明

规则9旨在避免在根据现有或正在拟订的国际人权文书和标准中所载原则解释和实施本规则时出现任何误解——这些文书如《世界人权宣言》;《经济、社会、文化权利国际公约》和《公民权利和政治权利国际公约》;《儿童权利宣言》和儿童权利公约草案。应该认识到,本规则的适用不影响可能载有适用范围更广泛的规定的任何这类国际文件。(并参看规则27)。

第二部分 调查和检控

10. 初步接触

10.1 一俟逮捕就应立即将少年犯被捕之事通知其父母或监护人,开始无法立即通知,即应在随后尽快通知其父母或监护人。

10.2 法官或其他主管人员或主管机关应不加拖延地考虑释放问题。

10.3 应设法安排执法机构与少年犯的接触,以便在充分考虑到案件发生情况的条件下,尊重少年的法律地位,促进少年的福利,避免对其造成伤害。

说明

《囚犯待遇最低标准规则》第92条在原则上已包括了规则10.1。

法官或其他主管人员应不加拖延地考虑释放问题(规则10.2)。主管人员系该词最广义所指的任何人员或机关,包括有权释放任何被捕的人的社区委员会或警察当局。(并参看《公民权利和政治权利国际公约》第9条第3款)。

规则10.3涉及警察和其他执法人员在处理少年罪行时的某些基本程序问题和行为。大家公认,"避免伤害"的措辞比较灵活,它包括可能互相影响的许多特点(例如恶语相伤、身体暴行或环境影响等)。触犯少年司法程序本身对少年就可能是"有害的";因此,"避免伤害"应首先广义地解释为尽可能不伤害到少年,以及尽可能不造成其他任何或无故的伤害。这在与执法机构的初步接触中特别重要,因为这可能深刻地影响到少年对国家和社会的态度。而且,任何进一步的干预是否成功,在很大程度上取决于这种初步接触。在这种情况下,同情和宽厚坚定的态度极为重要。

11. 观护办法

11.1 应酌情考虑在处理少年犯时尽可能不提交下面规则14.1中提到的主管当局正式审判。

11.2 应授权处理少年犯案件的警察、检察机关或其他机构按照各法律系统为此目的规定的标准以及本规则所载的原则自行处置这种案件,无需依靠正式审讯。

11.3 任何涉及把少年犯安排到适当社区或其他部门观护的办法都应征得少年、其父母或监护人的同意,但此种安排决定在执行前需经主管当局审查。

11.4 为便利自行处置少年案件,应致力提供各种社会方案,诸如短期监督和指导、对受害者的赔偿和补偿等等。

说明

观护办法、包括免除刑事司法诉讼程序并且经常转交社区支助部门,是许多法律制度中正规和非正规的通常做法。这种办法能够防止少年司法中进一步采取的诉讼程序的消极作用(例如被定罪和判刑带来的烙印)。许多时候不干预可能是最佳的对策。因而,在一开始就采取观护办法而不转交替代性的(社会)部门可能是适当的对策。当罪行性质不严重,家庭、学校或进行非正规社会约束的其他机关已经以或可能会以适当的和建设性的方式作出反应时,情况尤其是如此。

规则 11.2 指出,警察、检察机关或法院、仲裁庭、委员会或理事会等其他机构可在做出决定的任何阶段采取观护办法。可以由一个、几个或全部当局根据各法律制度的规则和政策并遵循本规则来施行这种做法。这些做法不一定局限于性质较轻的案件,从而能使观护办法成为一种重要的工具。

规则 11.3 强调取得少年犯(父母或监护人)对建议的观护措施的同意这一要求的重要性。(转送社区服务而不征得这种同意,将违反《废止强迫劳动公约》)。但是对这种同意也并非不能表示反对,因为,这种同意有时完全是由于少年出于走投无路的绝望心情才同意的。这一规则强调,在观护的各个阶段中,都应尽力减少强制和威胁的可能性。少年不应感到有压力(如避免出庭)或被迫同意接受观护方案。因此,最好作出规定,以便由"主管当局在执行前"客观地评价对少年犯的处置是否适宜。("主管当局"可不同于规则 14 所指的当局。)

规则 11.4 建议,以社区观护办法作为代替少年司法诉讼程序的可行办法。特别推举以赔偿受害者的方式来了结的方案以及通过短期间候监督和指导以避免将来触犯法律事件的方案。视个别案件情况有必要采取适当观护方法,即使犯有比较严重的罪行(例如初犯,由于同伙的压力而犯下罪行等)。

12. 警察内部的专业化

12.1 为了圆满地履行其职责,经常或专门同少年打交道的警官或主要从事防止少年犯罪的警官应接受专门指导和训练。在大城市里,应为此目的设立特种警察小组。

说明

规则 12 提请人们注意,必须对从事少年司法的所有执法人员提供专门训练。由于**警察**是与少年司法制度发生接触的第一步,因此,他们必须以充分认识而且恰当的方式行事,这一点极为重要。

虽然都市化与犯罪的关系显然十分复杂,但是少年犯罪行为的增加是与大城市的发展特别是无计划的迅速发展存在着联系的。因此,特种警察小组不仅对实施本文件中所载的具体原则(如规则 1.6)是不可缺少的,而且,从广义上说,对改善少年犯罪的预防和控制及少年罪犯的处理也是不可缺少的。

13. 审前拘留

13.1 审前拘留应仅作为万不得已的手段使用,而且时间应尽可能短。

13.2 如有可能,应采取其他替代办法,诸如密切监视、加强看管或安置在一个家庭或一个教育机关或环境内。

13.3 审前拘留的少年有权享有联合国所通过的《囚犯待遇最低限度标准规则》内载的所有权利和保障。

13.4 审前拘留的少年应与成年人分开看管,应拘留在一个单独的监所或一个也拘留成年人的监所的单独部分。

13.5 看管期间,少年应接受按照他们的年龄、性别和个性所需要的照顾、保护和一切必要的社会、教育、职业、心理、医疗和物质方面的个人援助。

说明

不应低估在审前拘留期间"犯罪污染"对少年的危害性。因此,强调需要采取替代性措施是极为重要的。为此目的,规则13.1鼓励制定新的和创新的措施,以便为了少年的利益而避免采取这种拘留。

审前拘留的少年享有《囚犯待遇最低限制标准规则》以及《公民权利和政治权利国际公约》所规定的一切权利和保障,特别是第9条和第10条第2(b)款和第3款所规定的权利和保障。

规则13.4不妨碍各国采取其他至少与本规则所提措施同样有效的对付成年罪犯的不利影响的措施。

列举了可能必要的各种不同的援助方式,以提请人们注意需要解决的受拘留少年的广泛特别需求(例如少女和少年、吸毒、酗酒、患精神病的少年、由于被逮捕而精神上受到创伤的少年人等)。

受拘留少年的不同的身心特点可能要求采取分类措施,从而对审前拘留的某些人实行单独看管,这样能避免少年受害,并提供更为恰当的援助。

第六届联合国预防犯罪和罪犯待遇大会在其关于少年司法标准的第4号决议规定,本规则除其他外,应反映出这一基本原则,即审前拘留应仅作为万不得已的手段使用,未成年的人不应被关押在易受成年被拘留者不良影响的设施中,并始终应考虑到他们发育成长阶段所特有的需要。

第三部分 审判和处理

14. 审判主管当局

14.1 少年罪犯的案件未(按规则11)转送观护机构时,则应由主管当局(法院、仲裁、委员会、理事会等)按照公平合理审判的原则对其加以处理。

14.2 诉讼程序应按照最有利于少年的方式和在谅解的气氛下进行,应允许少年参与诉讼程序,并且自由地表达自己的意见。

说明

要拟订一个可充当普遍称为审判当局的主管机关或个人的定义是很困难的。"主管当局"包括法院或仲裁庭的主持人(由一名法官或几名法官组成),包括专业和非专业地方法官以及行政管理委员会(如苏格兰和斯堪的纳维亚的制度)或其他更加非正规的带有审判性质的社区机构和解决冲突机构。

处理少年罪犯的程序在任何时候均应遵守在称为"正当法律程序"的程序下几乎普遍适用于任何刑事被告的最低限度标准。根据正当法律程序,"公平合理审判"应包括如下的基本保障:假定无罪、证人出庭和受询问、公共的法律辩护、保持沉默的权利、在审讯时最后发言的权利、上诉的权利等(并参看规则7.1)。

15. 法律顾问、父母和监护人

15.1 在整个诉讼程序中,少年应有权由一名法律顾问代表,或在提供义务法律援助的国家申请这种法律援助。

15.2 父母或监护人应有权参加诉讼,主管当局可以要求他们为了少年的利益参加诉讼。但是如果有理由认为,为了保护少年的利益必须排除他们参加诉讼,则主管当局可拒绝他们参加。

说明

规则15.1采用了同《囚犯待遇最低限度标准规则》第93条类似的词语。法律顾问和义务法律援助来确保向少年提供法律援助是必要的,规则15.2中所述的父母或监护人参加的权利则应被视为是对少年一般的心理和感情上的援助,在整个程序过程中都是如此。

主管当局在对案件寻求适当处理时可能特别会从少年的法律代表(或少年可以而且真正信任的某个其他个人助理)的合作中获益。如果父母或监护人的出席起了反作用,例如,如果他们对少年表现出仇视的态度,那么这种关怀就会受挫;因此必须规定有排除他们参加的可能性。

16. 社会调查报告

16.1 所有案件除涉及轻微违法行为的案件外,在主管当局作出判决前的最后处理之前,应对少年生活的背景和环境或犯罪的条件进行适当的调查,以便主管当局对案件作出明智的判决。

说明

在大多数少年法律诉讼案中,必须借助社会调查报告(社会报告或判决前调查报告)。应使主管当局了解少年的社会和家庭背景、学历、教育经历等有关事实。为此,有些司法制度利用法院或委员会附设的专门社会机构和人员来达到这个目的。其他人员包括缓刑监督人员也可起到这一作用。因此,本规则要求提供足够的社会服务,以便提出合乎要求的社会调查报告。

17. 审判和处理的指导原则

17.1 主管当局的处理应遵循下列原则:

(a) 采取的反应不仅应当与犯罪的情况和严重性相称,而且应当与少年的情况和需要以及社会的需要相称；

（b）只有经过认真考虑之后才能对少年的人身自由加以限制并应尽可能把限制保持在最低限度；

（c）除非判决少年犯有涉及对他人行使暴力的严重行为，或屡犯其他严重罪行，并且不能对其采取其他合适的对策，否则不得剥夺其人身自由；

（d）在考虑少年的案件时，应把其福祉看做主导因素。

17.2　少年犯任何罪行不得判以死刑。

17.3　不得对少年施行体罚。

17.4　主管当局有权随时撤销诉讼。

说明

制订审判少年犯的准则，主要困难在于存在着未解决的哲理性冲突如：

（a）教改，或罪有应得；

（b）帮助，或压制和惩罚；

（c）根据每个案件情况作出反应，或者基于保护整个社会作出反应；

（d）普遍遏制，或逐个瓦解。

处理少年案件的这些做法之间的矛盾比在成人案件中的矛盾要大。少年案件所特有的各种各样的原因和反应，使得所有这些解决办法都相互交错而不可分。

少年司法最低限度标准规则应起的作用不是规定遵循哪种办法，而是确认一种最符合国际上所接受原则的办法。因此，规则17.1尤其是（a）、（c）分段中所确定的要点，基本上应视为能确保有共同起点的实际可行的准则；如果这些准则得到有关当局重视（并参看规则5），就可大大有助于确保少年的基本权利得到保护，特别是个人发育成长和受教育的基本权利。

规则17.1（b）意味着采用严厉的惩罚性办法是不合适的。在成人案件中和可能某些严重的少年违法案件中，可能会认为罪有应得和惩罚性处分有些好处，但在少年案件中必须一贯以维护少年的福祉和他们未来的前途为重。

根据第六届联合国预防犯罪大会第8号决议，考虑到必须满足少年的特别要求，鼓励尽可能采用监外教养办法。因此，考虑到公共安全，应当充分应用现有的替代处分办法和制订新的替代处分办法。应当尽可能通过缓期判刑、有条件的判刑、委员会裁决和其他处置办法实行缓刑。

规则17.1（c）与第六届大会第4号决议的指导原则之一相一致，这条原则旨在避免对少年实行监禁，除非没有其他适当的办法可以保护公共安全才这样做。

规则17.2禁止死刑的规定是与《公民权利和政治权利国际公约》第6条第5款相一致的。

禁止使用体罚的规定是与《公民权利和政治权利国际公约》第7条和《保护人人不受酷刑和其他残忍、不人道或有辱人格的待遇或处罚宣言》以及《禁止酷刑和其他残忍、不人道或有辱人格的待遇或处罚公约》和儿童权利公约草案相一致的。

随时撤销诉讼的权力（规则17.4）是处理少年犯与处理成年犯不同的固有特点。主管当局随时可能掌握到事实情况，而致完全停止干预似乎是对案件最好的处理。

18. 各种不同的处理办法

18.1　应使主管当局可以采用各种各样的处理措施,使其具有灵活性,从而最大限度地避免监禁。有些可以结合起来使用的这类措施包括:

（a）照管、监护和监督的裁决;

（b）缓刑;

（c）社区服务的裁决;

（d）罚款、补偿和赔偿;

（e）中间待遇和其他待遇的裁决;

（f）参加集体辅导和类似活动的裁决;

（g）有关寄养、生活区或其他教育设施的裁决;

（h）其他有关裁决。

18.2　不应使少年部分或完全地离开父母的监督,除非其案情有必要这样做。

说明

规则 18.1 的目的是列举在不同的法律制度下一些已经实行而且至今证实有成效的重要反应和处分。总的来说,它们是一些很有希望的做法,值得效法和进一步加以发展。本规则没有对人员编制提出要求,因为可能某些地区会缺乏足够人员;可在这些地区试行或制定出需要较少人员的措施。

规则 18.1 所举例子都有共同的情况,即它们依靠和求助于社区有效执行监外教养办法。以社区为基础的改造是一种传统办法,现在已有多种形式。在这个基础上,应当鼓励有关当局提供以社区为基础的服务。

规则 18.2 指出家庭的重要性,根据《经济、社会、文化权利国际公约》第 10 条第 1 款,家庭是"社会的自然和基本的单元"。在家庭里,父母不仅有权利,而且有责任照料和监督其子女。因此,规则 18.2 要求把孩子与父母隔离开来这种办法当作万不得已的措施。只有当案情事实证明确实到了需要采取这一重大步骤（例如虐待儿童）时才可采取这种措施。

19. 尽量少用监禁

19.1　把少年投入监禁机关始终应是万不得已的处理办法,其期限应是尽可能最短的必要时间。

说明

进步的犯罪学主张采用非监禁办法代替监禁教改办法。就其成果而言,监禁与非监禁之间,并无很大或根本没有任何差别。任何监禁机构似乎不可避免地会对个人带来许多消极影响;很明显,这种影响不能通过教改努力予以抵消。少年的情况尤为如此,因为他们最易受到消极影响的侵袭。此外,由于少年正处于早期发育成长阶段,不仅失去自由而且与正常的社会环境隔绝,这对他们所产生的影响无疑较成人更为严重。

规则 19 的目的是从两个方面对监禁加以限制:从数量上（"万不得已的办法"）和从时间上（"最短的必要时间"）。规则 19 反映出第六届联合国大会第 4 号决议的基本指导原则之一:除非在别无任何其他适当办法时,才把少年罪犯投入监狱。因此,本规定要求,如果不得不对少年实行监禁,则应将剥夺其自由的程度限制在最低限度,并就监禁作出特殊安排,同时注意区别罪犯、罪行和监禁机构的种类。实际上,应首先考虑采用"开放"而不是"关闭式"监禁机构。此外,任何设施均应是教养或感化性的,而不是监禁性的。

20. 避免不必要的拖延

20.1 每一案件从一开始就应迅速处理,不应有任何不必要的拖延。

说明

在少年案件中迅速办理正式程序是首要的问题。否则,会妨碍法律程序和处置可能会达到的任何好效果。随着时间的推移,少年在理智和心理上就越来越难以(如果不是不可能)把法律程序和处置同违法行为联系起来。

21. 档 案

21.1 对少年罪犯的档案应严格保密,不得让第三方利用。应仅限于与处理手头上的案件直接有关的人员或其他经正式授权的人员才可以接触这些档案。

21.2 少年罪犯的档案不得在其后的成人讼案中加以引用。

说明

本条规则在于在关系档案或案卷的相互冲突利益之间取得平衡,即加强控制的警察、检察机关和其他当局的利益同少年罪犯的利益(并参看规则8)。"其他经正式授权的人员"一般除其他人员外,还包括研究人员。

22. 需要专业化和培训

22.1 应利用专业教育、在职培训、进修课程以及其他各种适宜的授课方式,使所有处理少年案件的人员具备并保持必要的专业能力。

22.2 少年司法工作人员的组成应反映出触犯少年司法制度的少年的多样成分。应努力确保少年司法机构中有合理的妇女和少数民族工作人员。

说明

处理案件的主管当局人员背景可能非常不同(在大不列颠及北爱尔兰联合王国及受习惯法系影响区域的地方法官;采用罗马法的国家及受这些国家影响的地区的经过正式训练的法官;其他一些地方推选的或任命的非专业审判员或陪审人员、社区委员会的成员等)。对于所有这些人员都要求具有最低限度的法律、社会学、心理学、犯罪学和行为科学的知识,这是同有组织的专业化和主管当局的独立性同等重要的。

对于社会工作者和缓刑监督人员来说,要求把职业专门化作为承担处理少年罪犯任务的前提条件可能是行不通的。因此,受过在职专业教育应为最低条件。

专业资格是确保公正有效地执行少年司法的一个重要因素。因此,有必要改进人员的聘用、晋升和专业培训工作,并为其提供必要的手段,以便他们有效地履行其职能。

在遴选、任命、提升少年司法人员时,应避免政治、社会、性别、种族、宗教、文化或其他任何种类的歧视,以便在少年司法工作中保持公正。这是由联合国第六届大会所建议的。此外,该届大会还要求会员国确保给予从事刑事司法工作的妇女公正平等的待遇,并建议应采取特别措施,聘用、培训妇女从事少年司法工作并为其晋升提供便利。

第四部分　非监禁待遇

23. 处理的有效执行

23.1　应为执行以上规则14.1所提到的主管当局所作裁决作出适当的规定,这些裁决可由当局本身或视情况需要由某个其他当局来执行。

23.2　这种规定应包括当局认为有必要时随时更动裁决的权力,其条件是应根据本规则所载原则来决定这种更动。

说明

处理少年案件比处理成人案件更易于对罪犯的一生产生长期影响。因此重要的是主管当局或原来处理案件的具备主管当局同样条件的独立机关(假释委员会、缓刑办公室、保护少年福利机构或其他机构)应监督对处理决定的执行。有些国家为此目的任命了执行法官。

主管当局的组成、权力和职能应是灵活的;规则23对它们进行了大致的说明,目的是使它们获得广泛接受。

24. 提供必要的援助

24.1　应作出努力在诉讼的各个阶段为少年提供诸如住宿、教育或职业培训、就业或其他任何有帮助的实际援助,以便利推动改造的过程。

说明

增进少年的福利应是最优先的考虑。因此,规则24强调,提供必要的设施、服务以及其他必要的协助是十分重要的,因为这样可以通过改造过程增进少年的最佳利益。

25. 动员志愿人员和其他各项社区服务

25.1　应发动志愿人员、自愿组织、当地机构以及其他社会资源在社区范围内并且尽可能在家庭内为改造少年犯作出有效的贡献。

说明

本规则反映出为所有教改少年犯的工作制定改造方针的必要性。要使主管当局的指令得到有效的执行,社区方面的合作是必不可少的。志愿人员特别是自愿服务已经证明是非常有价值的资源,但目前未得到充分利用。在某种情况下,前科犯(包括已戒除的前吸毒者)的合作,可以提供相当大的帮助。

本规则是根据规则1.1至1.6中所列诸项原则和《公民权利和改治权利国际公约》中的有关规定制订的。

第五部分 监禁待遇

26. 监禁待遇的目标

26.1 被监禁少年的培训和待遇的目标是提供照管、保护、教育和职业技能,以便帮助他们在社会上起到建设性和生产性的作用。

26.2 被监禁少年应获得由于其年龄、性别和个性并且为其健康成长所需要的社会、教育、职业、心理、医疗和身体的照顾、保护和一切必要的援助。

26.3 应将被监禁的少年与成年人分开,应将他们关押在分别的一个监所或在关押成年人的监所的一个单独部分。

26.4 对被监禁的少女罪犯个人的需要和问题,应加以特别的关心。她们应得到的照管、保护、援助、待遇和培训绝不低于少年罪犯。应确保她们获得公正的待遇。

26.5 为了被监禁少年犯的利益和福祉,父母或监护人应有权探望他们。

26.6 应鼓励各部会和部门之间的合作,给被监禁的少年提供适当的知识或在适当时提供职业培训,以确保他们离开监禁机关时不致成为没有知识的人。

说明

规则 26.1 和 26.2 所确定的监禁待遇目标是任何制度和文化都可以接受的。但很多地方尚未达到这些目标,在这方面还需做更多的工作。

医疗和特别是心理上的帮助,对被监禁的吸毒成瘾的、狂暴的和患精神病的少年,是极重要的。

规则 26.3 规定,使处于监禁的少年免受成人罪犯的不利影响和保障他们的福祉,正如第六届大会第 4 号决议所规定的,是与本规则的一项基本指导原则相一致的。这一原则不妨碍各国采取至少这一规则中所提措施同样有效的其他对付成人罪犯的不利影响的措施(并参看规则 13.4)。

规则 26.4 是针对第六届大会所指出的女性罪犯一般得到的注意较男性罪犯差这一事实。特别是第六届大会的第 9 号决议要求在刑事司法程序的每一阶段对女性罪犯给予公正的待遇,并在监禁时期对她们的特殊问题和需要给予特别的关心。此外,还应根据第六届大会的《加拉加斯宣言》——该宣言特别要求在刑事司法中给予平等待遇——并以《消除对妇女歧视宣言》和《消除对妇女一切形式歧视公约》为背景来考虑本规则。

探望权(规则 26.5)是根据规则 7.1、10.1、15.2 和 18.2 的规定而来的。部会部门之间的合作(规则 26.6)对普遍提高监禁待遇和培训的质量有特别的重要意义。

27. 联合国所通过的《囚犯待遇最低限度标准规则》的适用

27.1 《联合国囚犯待遇最低限度标准规则》和有关各项建议应就其有关方面适用于被监禁的包括被拘留尚待审判的少年罪犯。

27.2 应尽最大的努力执行《囚犯待遇最低限度标准规则》所规定的有关原则,以便根据少年的年龄、性别和个性满足他们不同的需要。

说明

《囚犯待遇最低限度标准规则》是联合国最早颁布的这类文书之一。人们普遍认为该规则已在全世界范围内产生影响。尽管在一些国家，其执行只是一种愿望而不是一个事实，但是该规则对监禁机关的人道和公平管理仍起着重要的影响作用。

《囚犯待遇最低限度标准规则》包括了一些涉及被监禁的少年罪犯的基本保护（住宿、建筑、被褥、衣服、申诉和要求、与外界的接触、食物、医疗、参加宗教仪式、按年龄分组、工作人员、工作等），其中也包括了处罚和纪律的规定以及对危险罪犯的管束。如果要在少年司法最低限度标准规则范围内，根据少年罪犯监禁机关的特点，来更动上述最低限度标准规则，是不适当的。

规则27着重于被监禁少年的必要需求（规则27.1）以及根据他们年龄、性别和个性的不同需要（规则27.2）。因此，本规则的目标和内容是与《囚犯待遇最低限度标准规则》的有关规定互相关联的。

28. 经常、尽早地采用假释办法

28.1 有关当局应尽最大可能并尽早采用从监禁机关假释的办法。

28.2 有关当局应对从监禁机关假释的少年给予帮助和监督，社区应予充分的支持。

说明

如规则14.1所提到的主管当局或某些其他当局具有就假释作出决定的权力。因此，本规则提到"有关"而不是"主管"当局，这是恰当的。

如果情况允许，应采取假释，不一定要服满刑期。当表明有改过自新进步良好的证据时，甚至在监禁时曾经被认为危险的罪犯，在可行时，也可予以假释。像缓刑一样，假释是有条件的，须做到在有关当局判决规定的一段时间内有良好的表现，例如，罪犯"行为良好"，参加社区教改方案、在重返社会训练所居住等。

从监禁机关获得假释的罪犯，应由一名缓刑工作人员或其他人员（尤其是尚未采用缓刑的地方）给予帮助和监督，也应鼓励社区的支持。

29. 半监禁式的办法

29.1 应努力提供帮助少年重获社会新生的半监禁式办法，如重返社会训练所、教养院、日间训练中心及其他这类适当的安排办法。

说明

不应低估在监禁期后加以照管的重要性。本规则强调有必要组成一系列半监禁式的安排办法。

本规则也强调有必要提供各种不同的设施和服务，以满足少年犯重返社会的不同需要，并且把提供指导和结构上的支助作为帮助顺利重获社会新生的一项重要措施。

第六部分　研究、规划、政策制定和评价

30. 研究作为规则、政策制定和评价的基础

30.1　应作出努力组织和促进必要的研究工作,把它作为有效规则和制定政策的基础。

30.2　应作出努力定期地审查和评价少年不法行为和犯罪的趋势、问题和原因以及被拘禁的少年的各种特殊需要。

30.3　应作出努力在少年司法制度中建立经常的评价研究体制,收集和分析有关数据和资料供有关评价和今后改善和改革管理之用。

30.4　在少年司法方面的提供服务工作应作为国家发展努力的一个组成部分来进行系统地规划和执行。

说明

人们普遍承认,利用研究作为制定一项通晓情况的少年司法政策的基础,是保持实践与知识同时提高并不断发展和改进少年司法制度的一个重要方法。在少年司法方面,研究同政策的相互反馈是尤其重要的。由于少年的生活方式及少年犯罪形式和领域的迅速而且往往急剧的变化,社会和司法机关对少年犯罪和不法行为的反应很快就变得不合时宜和不适当了。

因此规则30为把研究结合到少年司法政策的制定和应用的过程,规定了一些标准。本规则指出,应特别注意有必要对现行的方案和措施做经常的审查和评价,并从总体发展目标这一更大的角度进行规划。

对少年的需要及其不法行为的趋势和问题进行不断的评价,是正规地和非正规地改进制订有关政策和确定适当干预方法的一个条件。在这方面,负责机构应促进独立人士和团体进行研究,获得并考虑到少年本身的意见,不仅是那些触犯过少年司法制度的少年的意见,也许是有价值的。

在规划过程中必须特别强调更加有效和公平地提供必要服务的制度。为此应对少年普遍和特定的需要和问题进行全面和经常的评价,并定出明确的优先事项。在这方面,在使用现有资源、包括适于建立具体程序以执行和监督既定方案的监外教养办法和社区支持方面,也应进行协调。

63. 关于司法机关独立的基本原则

[第七届联合国预防犯罪和罪犯待遇大会(1985年8月26日至9月6日在米兰举行)通过,旋经联合国大会1985年11月29日第40/32号决议及1985年12月13日第40/146号决议核可]

鉴于《联合国宪章》规定,世界各国人民申明决心创造能维护正义的条件以进行国际合作,促进并鼓励尊重人权和基本自由而没有任何歧视,

鉴于《世界人权宣言》特别揭示了法律面前人人平等的原则、无罪推定的原则和有权得到依法设立的合格、独立和不偏不倚的法庭所进行的公正和公开审讯的原则,

鉴于《经济、社会、文化权利国际公约》、《公民权利和政治权利国际公约》两者都保证了这些权利的行使,此外,《公民权利和政治权利国际公约》还进一步保证在不得无故拖延的情况下受审的权利,

鉴于目前作为那些原则的基础的设想和实际情况之间依然常常存在着差距,

鉴于各国应当按照那些原则的精神去组织和执行司法,同时应当努力使那些原则完全成为现实,

鉴于有关执行司法职务的规则应当旨在使法官能够按照那些原则行事,

鉴于法官负有对公民的生命、自由、权利、义务和财产作出最后判决的责任,

鉴于第六届联合国预防犯罪和罪犯待遇大会在其第16号决议中,要求犯罪预防和控制委员会把拟订有关法官的独立以及法官和检察官的甄选、专业训练和地位的准则列为其优先事项,

鉴于因此最好首先考虑司法制度中法官的作用以及法官的甄选、专业训练和行为的重要性,

各国政府应在国家立法和实践范围内考虑并尊重下列为协助会员国确保和促进司法机关的独立而拟订的基本原则,并应提请法官、律师、行政和立法机关人员及一般公众注意这些原则。拟订原则时主要考虑的是专业法官,但如有非专业法官,这些原则根据情况也同样适用于非专业法官。

司法机关的独立

1. 各国应保证司法机关的独立,并将此项原则正式载入其本国的宪法或法律之中。尊重并遵守司法机关的独立,是各国政府机构及其他机构的职责。

2. 司法机关应不偏不倚、以事实为根据并依法律规定来裁决其所受理的案件,而不应有任何约束,也不应为任何直接间接不当影响、怂恿、压力、威胁、或干涉所左右,不论其来自何

方或出于何种理由。

3. 司法机关应对所有司法性质问题享有管辖权,并应拥有绝对权威就某一提交或其裁决的问题按照法律是否属于其权力范围作出决定。

4. 不应对司法程序进行任何不适当或无根据的干涉;法院作出的司法裁决也不应加以修改。此项原则不影响由有关当局根据法律对司法机关的判决所进行的司法检查或采取的减罪或减刑措施。

5. 人人有权接受普通法院或法庭按照业已确立的法律程序的审讯。不应设立不采用业已确立的正当法律程序的法庭来取代应属于普通法院或法庭的管辖权。

6. 司法机关独立的原则授权并要求司法机关确保司法程序公平进行以及各当事方的权利得到尊重。

7. 向司法机关提供充足的资源,以使之得以适当地履行其职责,是每一会员国的义务。

言论自由和结社自由

8. 根据《世界人权宣言》,司法人员与其他公民一样,享有言论、信仰、结社和集会的自由;但其条件是,在行使这些权利时,法官应自始至终本着维护其职务尊严和司法机关的不偏不倚性和独立性的原则行事。

9. 法官可以自由组织和参加法官社团和其他组织,以维护其利益,促进其专业培训和保护其司法的独立性。

资格、甄选和培训

10. 获甄选担任司法职位的人应是受过适当法律训练或在法律方面具有一定资历的正直、有能力的人。任何甄选司法人员的方法,都不应有基于不适当的动机任命司法人员的情形。在甄选法官时,不得有基于种族、肤色、性别、宗教、政治或其他见解、民族本源或社会出身、财产、血统或身份的任何歧视,但司法职位的候选人必须是有关国家的国民这一点不得视为一种歧视。

服务条件和任期

11. 法官的任期、法官的独立性、保障、充分的报酬、服务条件、退休金和退休年龄应当受到法律保障。

12. 无论是任命的还是选出的法官,其任期都应当得到保证,直到法定退休年龄或者在有任期情况下直到其任期届满。

13. 如有法官晋升制度,法官的晋升应以客观因素,特别是能力、操守和经验为基础。

14. 向法院属下的法官分配案件,是司法机关的内部事务。

职业保密和豁免

15. 法官对其评议和他们在除公开诉讼过程外履行职责时所获得的机密资料,应有义务保守职业秘密,并不得强迫他们就此类事项作证。

16. 在不损害任何纪律惩戒程序或者根据国家法律上诉或要求国家补偿的权利的情况下,法官个人应免于因其在履行司法职责时的不当行为或不行为而受到要求赔偿金钱损失的民事诉讼。

纪律处分、停职和撤职

17. 对法官作为司法和专业人员提出的指控或控诉应按照适当的程序迅速而公平地处理。法官应有权利获得公正的申诉的机会。在最初阶段所进行的调查应当保密,除非法官要求不予保密。

18. 除非法官因不称职或行为不端使其不适于继续任职,否则不得予以停职或撤职。

19. 一切纪律处分、停职或撤职程序均应根据业已确立的司法人员行为标准予以实行。

20. 有关纪律处分、停职或撤职的程序的决定须接受独立审查。此项原则不适用于最高法院的裁决和那些有关弹劾或类似程序法律的决定。

IX 新闻自由

64. 国际更正权公约

(联合国大会 1952 年 12 月 16 日通过)

序　　言

缔约国，

切望实施其本国人民获享充分及翔实报道之权利，

切望借新闻及言论之自由流通，促进其各国人民间之了解，

切望借此保障人类免罹战祸，防止侵略自任何方面复起，并对抗旨在或足以煽动或鼓励任何威胁和平、破坏和平或侵略行为之一切宣传，

鉴于不实消息之发表，足以危及各国人民间友好关系之维持及和平之保卫，

鉴于联合国大会曾于其第二届常会中建议采取措施，以对抗足以中伤国际友好关系之虚构歪曲之消息之传播，

惟鉴于制订一项国际间施行之程序，以判定消息之是否正确，借对虚构或歪曲消息之发表，施以处罚，此事目前尚无由实行，

且鉴于欲防止此种消息之发表或减少其流弊，首须促进新闻之广大传流，以及提高经常从事于新闻传播人员之责任心，

鉴于达此目的之有效办法为：凡某一新闻社传播一项消息，经直接受其影响之国家认为虚构歪曲时，其所为更正应予以同等公布之机会，

鉴于若干国家之法律，对于可供外国政府利用之更正权，并无明文规定，故允宜于国际间创设此种权利，

并经议决为此目的订立公约，

爰议定如下：

第一条

于本公约规定之适用范围内：

一、称"新闻稿"者，谓以书面或电信传递之新闻资料，以新闻社所习用之形式于发表前传递至各报纸、新闻杂志及广播机构者。

二、称"新闻社"者，谓经常从事于新闻资料之搜集与传播之一切公营私营新闻纸、广播、电影、电视或影印机构，其设立与组织依据其总组织所在缔约国之法律与规章，而其执行业务则依照其工作所在之各缔约国之法律与规章者。

三、称"通讯员"者，谓缔约国之国民或缔约国新闻社之受雇人，经常从事于新闻资料之搜集与报道，且居留于本国境外时，持有有效之护照或国际间公认之类似文件，以证明其通讯

员身份者。

第二条

一、缔约国承认：通讯员与新闻社本于职业责任之要求，应就事实作正当之报道而不分轩轾，俾克促进对于人权与基本自由之尊重，增进国际了解与合作，并助成国际和平与安全之维持。

并认为：通讯员与新闻社本其职业道德，遇有原由其传递或发表之新闻稿而经证明为虚构或歪曲时，悉应依循通常惯例经由同样途径，将此种新闻稿之更正，予以传递或发表。

爰同意：一缔约国如认为经另一缔约国或非缔约国之通讯员或新闻社自一国传至他国而发表或传播于国外之新闻稿为虚构或歪曲，足以妨害该国与其他国家间之邦交或损害其国家威信或尊严时，得向此种新闻稿发表或传播所在领土之缔约国提出其所知之事实（此后简称"公报"）。同时应将公报抄本一份送达有关通讯员或新闻社，以便该通讯员或新闻社更正该项新闻。

二、公报之发布以针对新闻稿为限，不得附具评论或意见。其文不应长于更正所称之不确或歪曲所需之篇幅，并应检送业经发表或传播之新闻原稿全部原文，以及关系该项新闻稿系由通讯员或新闻社自国外传出之证据。

第三条

一、缔约国于收到依照第二条规定所递送之公报后，不问其对有关事实之意见为何，应于最短可能期间（至迟于收到后五足日）：

（甲）经由惯常发布国际新闻之途径将公报发文在其领土内执行业务之通讯员与新闻社予以发表；

（乙）如负责发出该项新闻稿之通讯员，其所属新闻社之总办事处设于该缔约国领土内时，将公报递送该办事处。

二、如一缔约国对他缔约国所送公报未履行本条规定之义务时，该他缔约国嗣后对此不践约之缔约国向其提送任何公报时，得据相互原则予以同样待遇。

第四条

一、任何缔约国于收到依照第二条规定所递送之公报后，未于规定时限内履行第三条所规定之义务时，行使更正权之缔约国得将其公报连同业经发表或传播之新闻稿全文提送联合国秘书长，同时应将此事通知其所指责之国家。该国得于收到此项通知后五足日内向秘书长提出意见，但以有关该国未履行第三条所规定义务之指责者为限。

二、无论如何，秘书长应于收到公报十足日内，借可资利用之报道途径，将公报连同该项新闻稿及受指责国家所提出之意见（如有此项意见时），为适当之公布。

第五条

两缔约国或两个以上之缔约国间关于本公约之解释或适用问题之争端，未能以磋商方式解决时，除各缔约国同意以其他方式谋求解决外，应交由国际法院裁决。

第六条

一、本公约应开放给联合国所有会员国，被邀参加一九四八年在日内瓦举行之联合国新闻自由会议之每一国家，以及大会以决议宣告合格之其他每一国家签字。

二、本公约应由签字国各依其宪法程序批准。批准书应交存联合国秘书长。

第七条

一、本公约应开放给第六条第一款所指之国家加入。

二、加入应向联合国秘书长交存加入书。

第八条

第六条第一款所指之国家如有六国已经交存其批准书或加入书,本公约应自第六份批准书或加入书交存后之第三十日起对该六国生效。嗣后批准或加入之每一国家,本公约应自其批准书或加入书交存后之第三十日起对之生效。

第九条

本公约各项规定应推行或同样适用于缔约国之本国及由该国管理或治理之一切领土,无论其为非自治领土,托管领土或殖民地。

第十条

任何缔约国得通知联合国秘书长宣告提出本公约。退约应于联合国秘书长收到退约通知书六个月后生效。

第十一条

如因退约关系致本公约缔约国少于六国时,本公约应自最后之退约通知生效之日失效。

第十二条

一、任何缔约国得随时通知联合国秘书长请求修改本公约。

二、对于该项请求所应采取之步骤,应由大会决定之。

第十三条

联合国秘书长应将下列事项通知第六条第一款所指之国家:

(甲)依照第六条及第七条规定所收取之签署、批准书及加入书;

(乙)依照第八条规定本公约开始生效之日期;

(丙)依照第十条规定所收到之退约通知书;

(丁)依照第十一条规定本公约之废止;

(戊)依照第十二条规定所收到之通知书。

第十四条

一、本公约应交存联合国档库,其中文、英文、法文、俄文及西班牙文各本同一作准。

二、联合国秘书长应将正式副本一份送交第六条第一款所指之第一国家。

三、本公约应于生效之日送由联合国秘书处登记。

X 社会福利、进步和发展

65. 发展权利宣言

(联合国大会 1986 年 12 月 4 日通过)

大会,

铭记《联合国宪章》中有关促成国际合作以解决属于经济、社会、文化或人道主义性质的国际问题,且不分种族、性别、语言或宗教,增进并激励对全体人类人权和基本自由的尊重的宗旨和原则,

承认发展是经济、社会、文化和政治的全面进程,其目的是在全体人民和所有个人积极、自由和有意义地参与发展及其带来的利益的公平分配的基础上,不断改善全体人民和所有个人的福利,

认为根据《世界人权宣言》的规定,人人有权要求一种社会的和国际的秩序,在这种秩序中,本宣言所载的权利和自由可得到充分实现,

忆及《经济、社会、文化权利国际公约》和《公民权利和政治权利国际公约》的规定,

还忆及联合国及其各专门机构关于个人的全面发展和各国人民的经济及社会进步和发展的有关协议、公约、决议、建议及其他文书,包括关于非殖民化、防止歧视、尊重和遵守人权和基本自由、根据《宪章》维护国际和平与安全并进一步促进各国间友好关系与合作的文书,

忆及各国人民的自决权利,由于这种自决权利,各国人民有权自由决定他们的政治地位和谋求他们经济、社会和文化的发展,

还忆及各国人民有权在关于人权的两项国际公约有关规定的限制下对他们的所有自然资源和财富行使充分和完全的主权,

念及各国按照《宪章》的规定有义务促进对全体人类人权和基本自由的普遍尊重和遵守,而不分种族、肤色、性别、语言、宗教、政治或其他见解、民族本源或社会出身、财产、出生或其他身份等任何区别,

认为消除大规模公然侵犯受到下列情况影响的各国人民和个人人权的现象,将有助于创造有利条件,以利人类大多数的发展,这些情况是由于新老殖民主义、种族隔离、一切形式的种族主义和种族歧视、外国统治和占领、侵略、对国家主权、国家统一和领土完整的威胁以及战争的威胁等所造成的,

关注继续存在着阻碍发展和彻底实现所有个人和各国人民愿望的严重障碍,这是除其他事项外由于剥夺了公民、政治、经济、社会和文化等权利所造成的,认为所有人权和基本自由都是不可分割和相互依存的,为了促进发展,应当一视同仁地重视和紧急考虑实施、增进和保护公民、政治、经济、社会和文化等权利,因而增进、尊重和享受某些人权和基本自由不能成为剥夺其他人权和基本自由的理由,

认为国际和平与安全是实现发展权利的必不可少的因素,

重申裁军与发展之间关系密切,裁军领域的进展将大大促进发展领域的进展,裁军措施腾出的资源应用于各国人民的经济及社会发展和福利,特别是发展中国家的这些发展和福利,

承认人是发展进程的主体,因此,发展政策应使人成为发展的主要参与者和受益者,

承认创造有利于各国人民和个人发展的条件是国家的主要责任,

认识到除了在国际一级努力增进和保护人权外,同时还必须努力建立一个新的国际经济秩序,

确认发展权利是一项不可剥夺的人权,发展机会均等是国家和组成国家的个人的一项特有权利,

兹宣布《发展权利宣言》如下:

第1条

1. 发展权利是一项不可剥夺的人权,由于这种权利,每个人和所有各国人民均有权参与、促进并享受经济、社会、文化和政治发展,在这种发展中,所有人权和基本自由都能获得充分实现。

2. 人的发展权利这意味着充分实现民族自决权,包括在关于人权的两项国际公约有关规定的限制下对他们的所有自然资源和财富行使不可剥夺的完全主权。

第2条

1. 人是发展的主体,因此,人应成为发展权利的积极参与者和受益者。

2. 鉴于有必要充分尊重所有人的人权和基本自由以及他们对社会的义务,因此,所有的人单独地和集体地都对发展负有责任,这种责任本身就可确保人的愿望得到自由和充分的实现,他们因而还应增进和保护一个适当的政治、社会和经济秩序以利发展。

3. 国家有权利和义务制定适当的国家发展政策,其目的是在全体人民和所有个人积极、自由和有意义地参与发展及其带来的利益的公平分配的基础上,不断改善全体人民和所有个人的福利。

第3条

1. 各国对创造有利于实现发展权利的国家和国际条件负有主要责任。

2. 实现发展权利需要充分尊重有关各国依照《联合国宪章》建立友好关系与合作的国际法原则。

3. 各国有义务在确保发展和消除发展的障碍方面相互合作。各国在实现其权利和履行其义务时应着眼于促进基于主权平等、相互依赖、各国互利与合作的新的国际经济秩序,并激励遵守和实现人权。

第4条

1. 各国有义务单独地和集体地采取步骤,制订国际发展政策,以期促成充分实现发展权利。

2. 为促进发展中国家更迅速的发展,需采取持久的行动。作为发展中国家努力的一种补充,在向这些国家提供促进全面发展的适当手段和便利时,进行有效的国际合作是至关紧要的。

第 5 条

各国应采取坚决步骤,消除大规模公然侵犯受到下列情况影响的各国人民和个人人权的现象,这些情况是由于种族隔离、一切形式的种族主义和种族歧视、殖民主义、外国统治和占领、侵略、外国干涉和对国家主权、国家统一和领土完整的威胁、战争的威胁及拒绝承认民族自决的基本权利等造成的。

第 6 条

1. 所有国家应合作以促进、鼓励并加强普遍尊重和遵守全体人类的所有人权和基本自由,而不分种族、性别、语言或宗教等任何区别。

2. 所有人权和基本自由都是不可分割和相互依存的;对实施、增进和保护公民、政治、经济、社会和文化权利应予以同等重视和紧急考虑。

3. 各国应采取步骤以扫除由于不遵守公民和政治权利以及经济、社会和文化权利而产生的阻碍发展的障碍。

第 7 条

所有国家应促进建立、维护并加强国际和平与安全,并应为此目的竭尽全力实现在有效国际监督下的全面彻底裁军,并确保将有效的裁军措施腾出的资源用于发展,特别是发展中国家的发展。

第 8 条

1. 各国应在国家一级采取一切必要措施实现发展权利,并确保除其他事项外所有人在获得基本资源、教育、保健服务、粮食、住房、就业、收入公平分配等方面机会均等。应采取有效措施确保妇女在发展过程中发挥积极作用。应进行适当的经济和社会改革以根除所有的社会不公正现象。

2. 各国应鼓励民众在各个领域的参与,这是发展和充分实现所有人权的重要因素。

第 9 条

1. 本宣言规定的发展权利的所有各方面都是不可分割和相互依存的,各方面均应从整体上加以解释。

2. 本宣言的任何部分,不得作违背联合国宗旨和原则的解释,也不得暗示任何国家、集体或个人有权从事旨在侵犯《世界人权宣言》和有关人权的两项国际公约中所规定的权利的任何活动或任何行为。

第 10 条

应采取步骤以确保充分行使和逐步增进发展权利,包括拟订、通过和实施国家一级和国际一级的政策、立法、行政及其他措施。

XI 国籍、无国籍状态、庇护和难民

66. 国家继承涉及的自然人国籍问题

(联合国大会 2000 年 12 月 12 日通过)

序　　言

考虑到国家继承引起的国籍问题受到国际社会关注,

强调国籍问题基本上由国内法在国际法规定的限制范围内加以管辖,

确认在有关国籍问题的事项上,应该适当兼顾国家和个人的正当利益,

回顾 1948 年《世界人权宣言》中宣布:人人有权享有国籍,

又回顾 1966 年《公民权利和政治权利国际公约》和 1989 年《儿童权利公约》确认每个儿童有权取得国籍,

强调必须充分尊重其国籍可能受到国家继承影响的人的人权和基本自由,

铭记 1961 年《减少无国籍状态公约》、1978 年《关于国家在条约方面的继承的维也纳公约》和 1983 年《关于国家对财产、档案和债务的继承的维也纳公约》,

深信需要编纂和逐渐发展关于国家继承涉及的国籍问题的国际法规则,作为增进国家和个人的法律保障的手段,

第一部分　一般规定

第 1 条　取得国籍的权利

在国家继承之日具有先前国国籍的每一个人,不论其取得该国籍的方式为何,均有权根据本条款取得至少一个有关国家的国籍。

第 2 条　用语

为本条款的目的:

(a) "国家继承"指一国对领域的国际关系所负责任由另一国取代;

(b) "先前国"指发生国家继承时被另一国取代的国家;

(c) "继承国"指发生国家继承时取代另一国的国家;

(d) "有关国家"按情况指先前国或继承国;

(e) "第三国"指除先前国和继承国以外的国家;

(f) "有关的人"指在国家继承之日具有先前国的国籍,其国籍可能受到国家继承影响的每一个人;

(g) "国家继承之日"指先前国对国家继承所涉领域的国际关系所负责任由继承国取代

的日期。

第3条 适用本条款的国家继承情况

本条款只适用于依照国际法，特别是依照《联合国宪章》体现的国际法原则发生的国家继承的效果。

第4条 防止无国籍状态

有关国家应采取一切适当措施，防止在国家继承之日具有先前国国籍的人由于国家继承而成为无国籍。

第5条 国籍的推定

在本条款的规定的限制下，惯常居所在受国家继承影响的领域内的有关的人，应被推定在国家继承之日取得继承国国籍。

第6条 国籍和其他相关问题的立法

每个有关国家应无不当拖延，就国家继承中引起的国籍和其他相关问题制定符合本条款规定的立法。每个有关国家应采取一切适当措施，确保有关的人在合理期间内获知这种立法对其国籍的影响，可以根据这种立法作出的选择，以及作出的选择将对其地位产生的后果。

第7条 生效日期

如果有关的人在国家继承之日至赋予或获得国籍这段期间可能成为无国籍，国家继承中赋予的国籍，以及因行使选择权而获得的国籍，应在国家继承之日生效。

第8条 惯常居所在另一国的有关的人

1. 如果有关的人的惯常居所在另一国，并且具有该国或任何其他国家的国籍，继承国没有义务赋予本国国籍。

2. 继承国不得违反在另一国有惯常居所的有关的人的意愿，赋予本国国籍，除非不这样他们会成为无国籍。

第9条 以放弃另一国国籍作为赋予国籍的条件

如果一个有关的人有资格取得继承国国籍，但又具有另一有关国家的国籍，则继承国可以要求该人放弃该另一国的国籍，才赋予国籍。但适用这一要求的方式不应导致有关的人成为无国籍，即使只是暂时的无国籍。

第10条 自愿取得另一国国籍后国籍的丧失

1. 先前国可以规定，在国家继承中自愿取得继承国国籍的有关的人，丧失先前国国籍。

2. 继承国可以规定，在国家继承中自愿取得另一继承国国籍或在某些情况下保留先前国国籍的有关的人，丧失在这一国家继承中取得的该国国籍。

第11条 尊重有关的人的意愿

1. 在有关的人有资格取得两个或多个有关国家国籍的情形下，有关国家应当考虑到该人的意愿。

2. 如果有关的人可能因国家继承而成为无国籍，每一有关国家应当给予与该国有适当联系的任何有关的人选择其国籍的权利。

3. 有选择权的人行使这一权利后，被选择国籍国应将国籍赋予这些人。

4. 有选择权的人行使这一权利后，被放弃国籍国应取消其国籍，除非这些人会因而变成无国籍。

5. 有关国家应为选择权的行使规定一个合理的期限。

第 12 条　家庭团聚

如果在国家继承中取得或丧失国籍会损害一个家庭的团聚,有关国家应采取一切适当措施,使该家庭得以留在一起或团聚。

第 13 条　国家继承以后出生的子女

有关的人的子女在国家继承之日以后出生,没有取得任何国籍的,有权取得该子女在其领域内出生的有关国家的国籍。

第 14 条　惯常居民的地位

1. 有关的人作为惯常居民的地位不应受到国家继承的影响。
2. 有关国家应采取一切必要措施,使因为与国家继承有关的事件而被迫离开在该国领域内的惯常居所的有关的人得以返回其惯常居所。

第 15 条　不歧视

有关国家不得以基于任何理由的歧视,剥夺有关的人在国家继承中保留或取得国籍的权利或作出选择的权利。

第 16 条　禁止在国籍问题上任意作决定

不得任意剥夺有关的人的先前国国籍,也不得任意拒绝给予他们在国家继承中享有的权利,即取得继承国国籍的权利或任何选择权。

第 17 条　处理国籍问题的程序

处理在国家继承中取得、保留或放弃国籍或者行使选择权的有关申请,应无不当拖延。有关决定应以书面发出,并可请求对其进行有效的行政或司法复核。

第 18 条　交换资料、协商和谈判

1. 有关国家应交换资料和进行协商,以便查明国家继承对有关的人的国籍和涉及其地位的其他相关问题所产生的任何不利影响。
2. 有关国家应于必要时设法消除或减轻这种不利影响,为此进行谈判并酌情商定协议。

第 19 条　其他国家

1. 本条款中的任何规定均不要求各国把与某一有关国家没有任何有效联系的有关的人视为该国国民,除非这一做法会导致这些人被视为相当于无国籍人。
2. 本条款中的任何规定均不阻止各国把由于国家继承而成为无国籍的有关的人视为有资格取得或保留有关国家国籍的国民,但这种做法须有利于有关的人。

第二部分　涉及特定类别国家继承的规定

第 1 节　领域部分转让

第 20 条　赋予继承国国籍和取消先前国国籍

如果一国将其部分领域转让给另一国,继承国应将其国籍赋予惯常居所在被转让领域内的有关的人,先前国则应取消这些人的国籍,除非这些人行使了他们应有的选择权而另有表示。但先前国不应在有关的人取得继承国国籍以前取消先前国国籍。

第 2 节 国家统一

第 21 条 赋予继承国国籍

在第 8 条规定的限制下,当两个或多个国家合并组成一个继承国时,无论继承国是一个新国家,还是在特性上与合并的国家之一完全相同,继承国都应将其国籍赋予所有在国家继承之日具有某一先前国国籍的人。

第 3 节 国家解体

第 22 条 赋予继承国国籍

在一个国家解体,不复存在,先前国领域的不同部分形成两个或多个继承国的情况下,除非有关的人行使选择权而另有表示,每一继承国应将其国籍赋予:

(a) 惯常居所在其领域内的有关的人;和

(b) 在第 8 条规定的限制下:

(Ⅰ) 不适用(a)项,但与成为该继承国一部分的先前国某一组成单位有适当法律联系的有关的人;

(Ⅱ) 没有资格按照(a)项和(b)项(Ⅰ)目取得任何有关国家的国籍,惯常居所在第三国的有关的人,如果有关的人在成为该继承国领域的地方出生,或在离开先前国以前最后惯常居所在成为继承国领域的地方,或与该继承国有任何其他适当联系。

第 23 条 由继承国给予选择权

1. 各继承国应将选择权给予适用第 22 条的规定,有资格取得两个或多个继承国国籍的有关的人。

2. 每一继承国应将选择其国籍的权利给予不适用第 22 条规定的有关的人。

第 4 节 领域一个或多个部分的分离

第 24 条 赋予继承国国籍

如果一个国家领域的一个或多个部分从该国分离而形成一个或多个继承国,在先前国继续存在的情况下,除非有关的人行使选择权而另有表示,继承国应将其国籍赋予:

(a) 惯常居所在其领域内的有关的人;和 (b) 在第 8 条规定的限制下:

(Ⅰ) 不适用(a)项,但与成为该继承国一部分的先前国某一组成单位有适当法律联系的有关的人;

(Ⅱ) 没有资格按照(a)项和(b)项(Ⅰ)目取得任何有关国家的国籍,惯常居所在第三国的有关的人,如果有关的人在成为该继承国领域的地方出生,或在离开先前国以前最后惯常居所在成为继承国领域的地方,或与该继承国有任何其他适当联系。

第 25 条 取消先前国国籍

1. 先前国应取消按照第 24 条有资格取得继承国国籍的有关的人的国籍,但不应在有关的人取得继承国国籍以前取消先前国国籍。

2. 除非有关的人行使选择权而另有表示,在下列情况下,先前国不应取消第 1 款所指的人的国籍:

(a) 该人的惯常居所在其领域内;

(b) 不适用(a)项,但该人与仍然为先前国一部分的先前国某一组成单位有适当法律联系;

(c) 该人的惯常居所在第三国,但在仍然为先前国领域的地方出生,或在离开先前国以前最后惯常居所在仍然为先前国领域的地方,或与该国有任何其他适当联系。

第 26 条　由先前国和继承国给予选择权

先前国和继承国应将选择权给予第 24 条和第 25 条第 2 款规定所涉及,有权得到先前国和继承国国籍或者两个或多个继承国国籍的有关的人。

67. 关于难民地位的公约

(联合国大会1951年7月28日通过)

序　　言

缔约各方，

考虑到联合国宪章和联合国大会于1948年12月10日通过的世界人权宣言确认人人享有基本权利和自由不受歧视的原则，

考虑到联合国在各种场合表示过它对难民的深切关怀，并且竭力保证难民可以最广泛地行使此项基本权利和自由，

考虑到通过一项新的协定来修正和综合过去关于难民地位的国际协定并扩大此项文件的范围及其所给予的保护是符合愿望的，

考虑到庇护权的给予可能使某些国家负荷过分的重担，并且考虑到联合国已经认识到这一问题的国际范围和性质，因此，如果没有国际合作，就不能对此问题达成满意的解决，

表示希望凡认识到难民问题的社会和人道性质的一切国家，将尽一切努力不使这一问题成为国家之间紧张的原因，

注意到联合国难民事务高级专员对于规定保护难民的国际公约负有监督的任务，并认识到为处理这一问题所采取措施的有效协调，将依赖于各国和高级专员的合作，

兹议定如下：

第一章　一　般　规　定

第一条　"难民"一词的定义

(一) 本公约所用"难民"一词适用于下列任何人：

(甲) 根据1926年5月12日和1928年6月30日的协议或根据1933年10月28日和1938年2月10日的公约以及1939年9月14日的议定书、或国际难民组织约章被认为难民的人；

国际难民组织在其执行职务期间所作关于不合格的决定，不妨碍对符合于本款(乙)项条件的人给予难民的地位。

(乙) 由于1951年1月1日以前发生的事情并因有正当理由畏惧由于种族、宗教、国籍、属于某一社会团体或具有某种政治见解的原因留在其本国之外，并且由于此项畏惧而不能或不愿受该国保护的人；或者不具有国籍并由于上述事情留在他以前经常居住国家以外而

现在不能或者由于上述畏惧不愿返回该国的人。

对于具有不止一国国籍的人,"本国"一词是指他有国籍的每一国家。如果没有实在可以发生畏惧的正当理由而不受他国籍所属国家之一的保护时,不得认其缺乏本国的保护。

(二)(甲)本公约第一条第(一)款所用"1951年1月1日以前发生的事情"一语,应了解为:(子)"1951年1月1日以前在欧洲发生的事情";或者(丑)"1951年1月1日以前在欧洲或其他地方发生的事情";缔约各国应于签字、批准、或加入时声明为了承担本公约的义务,这一用语应作何解释。

(乙)已经采取上述(子)解释的任何缔约国,可以随时向联合国秘书长提出通知,采取(丑)解释以扩大其义务。

(三)如有下列各项情况,本公约应停止适用于上述(甲)款所列的任何人:

(甲)该人已自动接受其本国的保护;或者

(乙)该人于丧失国籍后,又自动重新取得国籍;或者

(丙)该人已取得新的国籍,并享受其新国籍国家的保护;或者

(丁)该人已在过去由于畏受迫害而离去或躲开的国家内自动定居下来;或者

(戊)该人由于被认为是难民所依据的情况不复存在而不能继续拒绝受其本国的保护;

但本项不适用于本条第(一)款(甲)项所列的难民,如果他可以援引由于过去曾受迫害的重大理由以拒绝受其本国的保护;

(己)该人本无国籍,由于被认为是难民所依据的情况不复存在而可以回到其以前经常居住的国家内;

但本项不适用于本条第(一)款(甲)项所列的难民,如果他可以援引由于过去曾受迫害的重大理由以拒绝受其以前经常居住国家的保护。

(四)本公约不适用于目前从联合国难民事务高级专员以外的联合国机关或机构获得保护或援助的人。

当上述保护或援助由于任何原因停止而这些人的地位还没有根据联合国大会所通过的有关决议明确解决时,他们应在事实上享受本公约的利益。

(五)本公约不适用于被其居住地国家主管当局认为具有附着于该国国籍的权利和义务的人。

(六)本公约规定不适用于存在着重大理由足以认为有下列情事的任何人:

(甲)该人犯了国际文件中已作出规定的破坏和平罪、战争罪、或危害人类罪;

(乙)该人在以难民身份进入避难国以前,曾在避难国以外犯过严重政治罪行;

(丙)该人曾有违反联合国宗旨和原则的行为并经认为有罪。

第二条　一般义务

一切难民对其所在国负有责任,此项责任特别要求他们遵守该国的法律和规章以及为维持公共秩序而采取的措施。

第三条　不受歧视

缔约各国应对难民不分种族、宗教、或国籍,适用本公约的规定。

第四条　宗教

缔约各国对在其领土内的难民,关于举行宗教仪式的自由以及对其子女施加宗教教育

的自由方面,应至少给予其本国国民所获得的待遇。

第五条 与本公约无关的权利

本公约任何规定不得认为妨碍一个缔约国并非由于本公约而给予难民的权利和利益。

第六条 "在同样情况下"一词的意义

本公约所用"在同样情况下"一词意味着凡是个别的人如果不是难民为了享受有关的权利所必须要具备的任何要件(包括关于旅居或居住的期间和条件的要件),但按照要件的性质,难民不可能具备者,则不在此例。

第七条 相互条件的免除

(一)除本公约载有更有利的规定外,缔约国应给予难民以一般外国人所获得的待遇。

(二)一切难民在居住期满三年以后,应在缔约各国领土内享受立法上相互条件的免除。

(三)缔约各国应继续给予难民在本公约对该国生效之日他们无需在相互条件下已经有权享受的权利和利益。

(四)缔约各国对无需在相互条件下给予难民根据第(二)、(三)两款他们有权享受以外的权利和利益,以及对不具备第(二)、(三)两款所规定条件的难民亦免除相互条件的可能性,应给予有利的考虑。

(五)第(二)、(三)两款的规定对本公约第十三、十八、十九、二十一和二十二条所指权利和利益,以及本公约并未规定的权利和利益,均予适用。

第八条 特殊措施的免除

关于对一外国国民的人身、财产、或利益所得采取的特殊措施,缔约各国不得对形式上为该外国国民的难民仅仅因其所属国籍而对其适用此项措施。缔约各国如根据其国内法不能适用本条所表示的一般原则,应在适当的情况下,对此项难民给予免除的优惠。

第九条 临时措施

本公约的任何规定并不妨碍一缔约国在战时或其他严重和特殊情况下对个别的人在该缔约国断定该人确为难民以前,并且认为有必要为了国家安全的利益应对该人继续采取措施时,对他临时采取该国所认为对其国家安全是迫切需要的措施。

第十条 继续居住

(一)难民如在第二次世界大战时被强制放逐并移至缔约一国的领土并在其内居住,这种强制留居的时期应被认为在该领土内合法居住期间以内。

(二)难民如在第二次世界大战时被强制逐出缔约一国的领土,而在本公约生效之日以前返回该国准备定居,则在强制放逐以前和以后的居住时期,为了符合于继续居住这一要求的任何目的,应被认为是一个未经中断的期间。

第十一条 避难海员

对于在悬挂缔约一国国旗的船上正常服务的难民,该国对于他们在其领土内定居以及发给他们旅行证件或者暂时接纳他们到该国领土内,特别是为了便利他们在另一国家定居的目的,均应给予同情的考虑。

第二章 法律上地位

第十二条 个人身份

（一）难民的个人身份，应受其住所地国家的法律支配，如无住所，则受其居住地国家的法律支配。

（二）难民以前由于个人身份而取得的权利，特别是关于婚姻的权利，应受到缔约一国的尊重，如必要时应遵守该国法律所要求的仪式，但以如果他不是难民该有关的权利亦被该国法律承认者为限。

第十三条 动产和不动产

缔约各国在动产和不动产的取得及与此有关的其他权利，以及关于动产和不动产的租赁和其他契约方面，应给予难民尽可能优惠的待遇，无论如何，此项待遇不得低于同样情况下给予一般外国人的待遇。

第十四条 艺术权利和工业财产

关于工业财产的保护，例如发明、设计或模型、商标、商号名称，以及对文学、艺术和科学作品的权利，难民在其经常居住的国家内，应给以该国国民所享有的同样保护。他在任何其他缔约国领土内，应给以他经常居住国家的国民所享有的同样保护。

第十五条 结社的权利

关于非政治性和非营利性的社团以及同业公会组织，缔约各国对合法居留在其领土内的难民，应给以一个外国的国民在同样情况下所享有的最惠国待遇。

第十六条 向法院申诉的权利

（一）难民有权自由向所有缔约各国领土内的法院申诉。

（二）难民在其经营居住的缔约国内，就向法院申诉的事项，包括诉讼救助和免予提供诉讼担保在内，应享有与本国国民相同的待遇。

（三）难民在其经常居住的国家以外的其他国家内，就第（二）款所述事项，应给以他经常居住国家的国民所享有的待遇。

第三章 有利可图的职业活动

第十七条 以工资受偿的雇佣

（一）缔约各国对合法在其领土内居留的难民，就从事工作以换取工资的权利方面，应给以在同样情况下一个外国国民所享有的最惠国待遇。

（二）无论如何，对外国人施加的限制措施或者为了保护国内劳动力市场而对雇佣外国人施加限制的措施，均不得适用于在本公约对有关缔约国生效之日已免除此项措施的难民，亦不适用于具备下列条件之一的难民：

（甲）已在该国居住满三年；

（乙）其配偶具有居住国的国籍，但如难民已与其配偶离异，则不得援引本项规定的利益；

（丙）其子女一人或数人具有居住国的国籍。

（三）关于以工资受偿的雇佣问题，缔约各国对于使一切难民的权利相同于本国国民的权利方面，应给予同情的考虑，特别是对根据招工计划或移民入境办法进入其领土的难民的此项权利。

第十八条 自营职业

缔约各国对合法在其领土内的难民，就其自己的经营农业、工业、手工业、商业以及设立工商业公司方面，应给以尽可能优惠的待遇，无论如何，此项待遇不得低于一般外国人在同样情况下所享有的待遇。

第十九条 自由职业

（一）缔约各国对合法居留于其领土内的难民，凡持有该国主管当局所承认的文凭并愿意从事自由职业者，应给以尽可能优惠的待遇，无论如何，此项待遇不得低于一般外国人在同样情况下所享有的待遇。

（二）缔约各国对在其本土以外而由其负责国际关系的领土内的难民，应在符合其法律和宪法的情况下，尽极大努力使这些难民定居下来。

第四章 福 利

第二十条 定额供应

如果存在着定额供应制度，而这一制度是适用于一般居民并调整着缺销产品的总分配，难民应给以本国国民所享有的同样待遇。

第二十一条 房屋

缔约各国对合法居留于其领土内的难民，就房屋问题方面，如果该问题是由法律或规章调整或者受公共当局管制，应给以尽可能优惠的待遇，无论如何，此项待遇不得低于一般外国人在同样情况下所享有的待遇。

第二十二条 公共教育

（一）缔约各国应给予难民凡本国国民在初等教育方面所享有的同样待遇。

（二）缔约各国就初等教育以外的教育，特别是就获得研究学术的机会，承认外国学校的证书、文凭和学位、减免学费以及发给奖学金方面，应对难民给以尽可能优惠的待遇，无论如何，此项待遇不得低于一般外国人在同样情况下所享有的待遇。

第二十三条 公共救济

缔约各国对合法居住在其领土内的难民，就公共救济和援助方面，应给以凡其本国国民所享有的同样待遇。

第二十四条 劳动立法和社会安全

（一）缔约各国对合法居留在其领土内的难民，就下列各事项，应给以本国国民所享有的同样待遇。

（甲）报酬：包括家庭津贴——如此种津贴构成报酬一部分的话，工作时间，加班办法，假日工资，对带回家去工作的限制，雇佣最低年龄，学徒和训练，女工和童工，享受共同交涉的利益，如果这些事项由法律或规章规定，或者受行政当局管制的话；

(乙)社会安全(关于雇佣中所受损害、职业病、生育、疾病、残废、年老、死亡、失业、家庭负担或根据国家法律或规章包括在社会安全计划之内的任何其他事故的法律规定),但受以下规定的限制:

(子)对维持既得权利和正在取得的权利可能作出适当安排;

(丑)居住地国的法律或规章可能对全部由公共基金支付利益金或利益金的一部分或对不符合于为发给正常退职金所规定资助条件的人必给津贴,制订特别安排。

(二)难民由于雇佣中所受损害或职业病死亡而获得的补偿权利,不因受益人居住地在缔约国领土以外而受影响。

(三)缔约各国之间所缔结或在将来可能缔结的协定,凡涉及社会安全既得权利或正在取得的权利,缔约各国应以此项协定所产生的利益给予难民,但以符合对有关协定各签字国国民适用的条件者为限。

(四)缔约各国对以缔约国和非缔约国之间随时可能生效的类似协定所产生的利益尽量给予难民一事,将予以同情的考虑。

第五章 行政措施

第二十五条 行政协助

(一)如果难民行使一项权利时正常地需要一个对他不能援助的外国当局的协助,则难民居住地的缔约国应安排由该国自己当局或由一个国际当局给予此项协助。

(二)第(一)款所述当局应将正常地应由难民的本国当局或通过其本国当局给予外国人的文件或证明书给予难民,或者使这种文件或证明书在其监督下给予难民。

(三)如此发给的文件或证书应代替由难民的本国当局或通过其本国当局发给难民的正式文件,并应在没有相反证据的情况下给予证明的效力。

(四)除对贫苦的人可能给予特殊的待遇外,对上述服务可以征收费用,但此项费用应有限度,并相当于为类似服务向本国国民征收的费用。

(五)本条各项规定对第二十七条和第二十八条并不妨碍。

第二十六条 行动自由

缔约各国对合法在其领土内的难民,应给予选择其居住地和在其领土内自由行动的权利,但应受对一般外国人在同样情况下适用的规章的限制。

第二十七条 身份证件

缔约各国对在其领土内不持有有效旅行证件的任何难民,应发给身份证件。

第二十八条 旅行证件

(一)缔约各国对合法在其领土内居留的难民,除因国家安全或公共秩序的重大原因应另作考虑外,应发给旅行证件,以凭在其领土以外旅行。本公约附件的规定应适用于上述证件。缔约各国可以发给在其领土内的任何其他难民上述旅行证件。缔约各国特别对于在其领土内而不能向其合法居住地国家取得旅行证件的难民发给上述旅行证件一事,应给予同情的考虑。

(二)根据以前国际协定由此项缔约各方发给难民的旅行证件,缔约各方应予承认,并应当作根据本条发给旅行证件同样看待。

第二十九条 财政征收

（一）缔约各国不得对难民征收其向本国国民在类似情况下征收以外的或较高于向其本国国民在类似情况下征收的任何种类捐税或费用。

（二）前款规定并不妨碍对难民适用关于向外国人发给行政文件包括旅行证件在内的法律和规章。

第三十条 资产的移转

（一）缔约国应在符合于其法律和规章的情况下，准许难民将其携入该国领土内的资产，移转到难民为重新定居目的而已被准许入境的另一国家。

（二）如果难民声请移转不论在何地方的并在另一国家重新定居所需要的财产，而且该另一国家已准其入境，则缔约国对其声请应给予同情的考虑。

第三十一条 非法留在避难国的难民

（一）缔约各国对于直接来自生命或自由受到第一条所指威胁的领土未经许可而进入或逗留于该国领土的难民，不得因该难民的非法入境或逗留而加以刑罚，但以该难民毫不迟延地自行投向当局说明其非法入境或逗留的正当原因者为限。

（二）缔约各国对上述难民的行动，不得加以除必要以外的限制，此项限制只能于难民在该国的地位正常化或难民获得另一国入境准许以前适用。缔约各国应给予上述难民一个合理的期间以及一切必要的便利，以便获得另一国入境的许可。

第三十二条 驱逐出境

（一）缔约各国除因国家安全或公共秩序理由外，不得将合法在其领土内的难民驱逐出境。

（二）驱逐难民出境只能以按照合法程序作出的判决为根据。除因国家安全的重大理由要求另作考虑外，应准许难民提出有利于其自己的证据，向主管当局或向由主管当局特别指定的人员申诉或者为此目的委托代表向上述当局或人员申诉。

（三）缔约各国应给予上述难民一个合理的期间，以便取得合法进入另一国家的许可。缔约各国保留在这期间内适用它们所认为必要的内部措施的权利。

第三十三条 禁止驱逐或送回（"推回"）

（一）任何缔约国不得以任何方式将难民驱逐或送回（"推回"）至其生命或自由因为他的种族、宗教、国籍、参加某一社会团体或具有某种政治见解而受威胁的领土边界。

（二）但如有正当理由认为难民足以危害所在国的安全，或者难民已被确定判决认为犯过特别严重罪行从而构成对该社会的危险，则该难民不得要求本条规定的利益。

第三十四条 入籍

缔约各国应尽可能便利难民的入籍和同化。它们应特别尽力加速办理入籍程序，并尽可能减低此项程序的费用。

第六章　执行和过渡规定

第三十五条　国家当局同联合国的合作

一、缔约各国保证同联合国难民事务高级专员办事处或继承该国办事处的联合国任何其他机关在其执行职务时进行合作，并应特别使其在监督适用本公约规定而行使职务时获得便利。

二、为了使高级专员办事处或继承该办事处的联合国任何其他机关向联合国主管机关作出报告，缔约各国保证于此项机关请求时，向它们在适当形式下提供关于下列事项的情报和统计资料：

（甲）难民的情况，

（乙）本公约的执行，以及

（丙）现行有效或日后可能生效的涉及难民的法律、规章和法令。

第三十六条　关于国内立法的情报

缔约各国应向联合国秘书长送交它们可能采用为保证执行本公约的法律和规章。

第三十七条　对以前公约的关系

在不妨碍本公约第二十八条第（二）款的情况下，本公约在缔约各国之间代替1922年7月5日、1924年5月31日、1926年5月12日、1928年6月30日以及1935年7月30日的协议，1933年10月28日和1938年2月10日的公约，1939年9月14日议定书和1946年10月15日的协定。

第七章　最后条款

第三十八条　争端的解决

本公约缔约国间关于公约解释或执行的争端，如不能以其他方法解决，应依争端任何一方当事国的请求，提交国际法院。

第三十九条　签字、批准和加入

（一）本公约应于1951年7月28日在日内瓦开放签字，此后交存联合国秘书长。本公约将自1951年7月28日至8月31日止在联合国驻欧办事处开放签字，并将自1951年9月17日至1952年12月31日止在联合国总部重新开放签字。

（二）本公约将对联合国所有会员国，并对应邀出席难民和无国籍人地位全权代表会议或由联合国大会致送签字邀请的任何其他国家开放签字。本公约应经批准，批准书交存联合国秘书长。

（三）本公约将自1951年7月28日起对本条第（二）款所指国家开放任凭加入。加入经向联合国秘书长交存加入书后生效。

第四十条　领土适用条款

（一）任何一国得于签字、批准或加入时声明本公约将适用于由其负责国际关系的一切或任何领土。此项声明将于公约对该有关国家生效时发生效力。

（二）此后任何时候，这种适用于领土的任何声明应用通知书送达联合国秘书长，并将从联合国秘书长收到此项通知之日后第九十天起或者从公约对该国生效之日发生效力，以发生在后之日期为准。

（三）关于在签字、批准或加入时本公约不适用的领土，各有关国家应考虑采取必要步骤的可能，以便将本公约扩大适用到此项领土，但以此项领土的政府因宪法上需要已同意者为限。

第四十一条　联邦条款

对于联邦或非单一政体的国家，应适用下述规定：

（一）就本公约中属于联邦立法当局的立法管辖范围内的条款而言，联邦政府的义务应在此限度内与非联邦国家的缔约国相同；

（二）关于本公约中属于邦、省或县的立法管辖范围内的条款，如根据联邦的宪法制度，此项邦、省或县不一定要采取立法行动的话，联邦政府应尽早将此项条款附具赞同的建议，提请此项邦、省或县的主管当局注意；

（三）作为本公约缔约国的联邦国家，如经联合国秘书长转达任何其他缔约国的请求时，应就联邦及其构成各单位有关本公约任何个别规定的法律和实践，提供一项声明，说明此项规定已经立法或其他行动予以实现的程度。

第四十二条　保留

（一）任何国家在签字、批准、或加入时，可以对公约第一、三、四、十六（一）、三十三以及三十六至四十六（包括首尾两条在内）各条以外的规定作出保留。

（二）依本条第（一）款作出保留的任何国家可以随时通知联合国秘书长撤回保留。

第四十三条　生效

（一）本公约于第六件批准书或加入书交存之日后第九十天生效。

（二）对于在第六件批准书或加入交存后批准或加入本公约的各国，本公约将于该国交存其批准书或加入书之日后第九十天生效。

第四十四条　退出

（一）任何缔约国可以随时通知联合国秘书长退出本公约。

（二）上述退出将于联合国秘书长收到退出通知之日起一年后对该有关缔约国生效。

（三）依第四十条作出声明或通知的任何国家可以在此以后随时通知联合国秘书长，声明公约将于秘书长收到通知之日后一年停止扩大适用于此项领土。

第四十五条　修改

（一）任何缔约国可以随时通知联合国秘书长，请求修改本公约。

（二）联合国大会应建议对于上述请求所应采取的步骤，如果有这种步骤的话。

第四十六条　联合国秘书长的通知

联合国秘书长应将下列事项通知联合国所有会员国以及第三十九条所述非会员国：

（一）根据第一条第（二）款所作声明和通知；

（二）根据第三十九条签字、批准和加入；

（三）根据第四十条所作声明和通知；

（四）根据第四十二条声明保留和撤回；

（五）根据第四十三条本公约生效的日期；

（六）根据第四十四条声明退出和通知；

（七）根据第四十五条请求修改。

下列签署人经正式授权各自代表本国政府在本公约签字，以昭信守。

1951年7月28日订于日内瓦，计一份，其英文本和法文本有同等效力，应交存于联合国档案库，其经证明为真实无误的副本应交给联合国所有会员国以及第三十九条所述非会员国。

68. 关于难民地位的议定书

（该议定书经联合国经社理事会在 1966 年 11 月 18 日第 1186(XLI)号决议赞同地加以注意，并经联合国大会在 1966 年 12 月 16 日第 2198(XXI)号决议里加以注意。联合国大会在该项决议书里要求秘书长将这个议定书的文本转递给该议定书第五条所述各国，以使它们能加入议定书）

本议定书缔约各国，

考虑到 1951 年 7 月 28 日订于日内瓦的关于难民地位的公约（以下简称"公约"）仅适用于由于 1951 年 1 月 1 日以前发生的事情而变成难民的人，

考虑到 自通过公约以来，发生了新的难民情况，因此，有关的难民可能不属于公约的范围，

考虑到 公约定义范围内的一切难民应享有同等的地位而不论 1951 年 1 月 1 日这个期限，是合乎愿望的，

兹议定如下：

第一条　一般规定

（一）本议定书缔约各国承担对符合下述定义的难民适用公约第二至三十四（包括首尾两条在内）各条的规定。

（二）为本议定书的目的，除关于本条第三款的适用外，"难民"一词是指公约第一条定义范围内的任何人，但该第一条（一）款（乙）项内"由于 1951 年 1 月 1 日以前发生的事情并……"等字和"……由于上述事情"等字视同已经删去。

（三）本议定书应由各缔约国执行，不受任何地理上的限制，但已成为公约缔约国的国家按公约第一条第（二）款（甲）项（子）目所作的现有声明，除已按公约第一条第（二）款（乙）项予以扩大者外，亦应在本协定书下适用。

第二条　各国当局同联合国的合作

（一）本议定书缔约各国保证同联合国难民事务高级专员办事处或继承该办事处的联合国任何其他机关在其执行职务时进行合作，并应特别使其在监督适用本议定书规定而行使职务时获得便利。

（二）为了使高级专员办事处或继承该办事处的联合国任何其他机关向联合国主管机关作出报告，本议定书缔约各国保证于此项机关请求时，向它们在适当形式下提供关于下列事项的情报和统计资料：

（甲）难民的情况，

（乙）本议定书的执行，以及

（丙）现行有效或日后可能生效的涉及难民的法律、规章和法令。

第三条　关于国内立法的情报

本议定书缔约各国应向联合国秘书长送交它们可能采用为保证执行本议定书的法律和规章。

第四条　争端的解决

本议定书缔约国间关于议定书解释或执行的争端，如不能以其他方法解决，应依争端任何一方当事国的请求，提交国际法院。

第五条　加入

本议定书应对公约全体缔约国、联合国任何其他会员国、任何专门机构成员和由联合国大会致送加入邀请的国家开放任凭加入。加入经向联合国秘书长交存加入书后生效。

第六条　联邦条款

对于联邦或非单一政体的国家，应适用下述规定：

（一）就公约内应按本议定书第一条第（一）款实施而属于联邦立法当局的立法管辖范围内的条款而言，联邦政府的义务应在此限度内与非联邦国家的缔约国相同；

（二）关于公约内应按本议定书第一条第（一）款实施而属于邦、省或县的立法管辖范围内的条款，如根据联邦的宪法制度，此项邦、省或县不一定要采取立法行动的话，联邦政府应尽早将此项条款附具赞同的建议，提请此项邦、省或县的主管当局注意；

（三）作为本议定书缔约国的联邦国家，如经联合国秘书长转达任何其他缔约国的请求时，应就联邦及其构成各单位有关公约任何个别规定的法律和实践，提供一项声明，说明此项规定已经立法或其他行动予以实现的程度。

第七条　保留和声明

（一）任何国家在加入时，可以对本议定书第四条及对按照本议定书第一条实施公约第一、三、四、十六（一）及三十三各条以外的规定作出保留，但就公约缔约国而言，按照本条规定作出的保留，不得推及于公约所适用的难民。

（二）公约缔约国按照公约第四十二条作出的保留，除非已经撤回，应对其在本议定书下所负的义务适用。

（三）按照本条第（一）款作出保留的任何国家可以随时通知联合国秘书长撤回保留。

（四）加入本议定书的公约缔约国按照公约第四十条第（一）、（二）款作出的声明，应视为对本议定书适用，除非有关缔约国在加入时向联合国秘书长作出相反的通知。关于公约第四十条第（二）、（三）款及第四十四条第（三）款，本议定书应视为准用其规定。

第八条　生效

（一）本议定书于第六件加入书交存之日生效。

（二）对于在第六件加入书交存后加入本议定书的各国，本议定书将于该国交存其加入书之日生效。

第九条　退出

（一）本议定书任何缔约国可以随时通知联合国秘书长退出本议定书。

（二）上述退出将于联合国秘书长收到退出通知之日起一年后对该有关缔约国生效。

第十条 联合国秘书长的通知

联合国秘书长将本议定书生效的日期、加入的国家、对本议定书的保留和撤回保留、退出本议定书的国家以及有关的声明和通知书通知上述第五条所述各国。

第十一条 交存联合国秘书处档案库

本议定书的中文本、英文本、法文本、俄文本和西班牙文本都具有同等效力,其经联合国大会主席及联合国秘书长签字的正本应交存于联合国秘书处档案库。秘书长应将本议定书的正式副本转递给联合国全体会员国及上述第五条所述的其他国家。

XII 战争罪行和危害人类罪行

69. 防止及惩治灭绝种族罪公约

（联合国大会 1948 年 12 月 9 日通过）

缔约国，

鉴于联合国大会在其 1946 年 12 月 11 日第 96（I）号决议内曾声明灭绝种族系国际法上的一种罪行，违背联合国的精神与宗旨，且为文明世界所不容，

认为有史以来，灭绝种族行为殃祸人类至为惨烈，

深信欲免人类再遭此类狞恶之浩劫，国际合作实所必需，

兹议定条款如下：

第一条

缔约国确认灭绝种族行为，不论发生于平时或战时，均系国际法上的一种罪行，承允防止并惩治之。

第二条

本公约内所称灭绝种族系指蓄意全部或局部消灭某一民族、人种、种族或宗教团体，犯有下列行为之一者：

（a）杀害该团体的成员；

（b）致使该团体的成员在身体上或精神上遭受严重伤害；

（c）故意使该团体处于某种生活状况下，以毁灭其全部或局部的生命；

（d）强制施行办法，意图防止该团体内的生育；

（e）强迫转移该团体的儿童至另一团体。

第三条

下列行为应予惩治：

（a）灭绝种族；

（b）预谋灭绝种族；

（c）直接公然煽动灭绝种族；

（d）意图灭绝种族；

（e）共谋灭绝种族。

第四条

凡犯灭绝种族罪或有第三条所列其他行为之一者，无论其为依宪法负责的统治者、公务员或私人，均应惩治之。

第五条

缔约国承允各依照其本国宪法制定必要的法律，以实施本公约各项规定，而对于犯灭绝种族罪或有第三条所列其他行为之一者尤应规定有效的惩治。

第六条

凡被诉犯灭绝种族罪或有第三条所列其他行为之一者，应交由行为发生地国家的主管法院，或缔约国接受其管辖权的国际刑事法庭审理之。

第七条

灭绝种族罪及第三条所列其他行为不得视为政治罪行，俾便引渡。

缔约国承诺遇有此类案件时，各依照其本国法律及现行条约，予以引渡。

第八条

任何缔约国得提请联合国的主管机关遵照联合国宪章，采取其认为适当的行动，以防止及惩治灭绝种族的行为或第三条所列任何其他行为。

第九条

缔约国间关于本公约的解释、适用或实施的争端，包括关于某一国家对于灭绝种族罪或第三条所列任何其他行为的责任的争端，经争端一方的请求，应提交国际法院。

第十条

本公约载有下列日期：1948年12月9日；其中文、英文、法文、俄文及西班牙文各本同一作准。

第十一条

联合国任何会员国及曾经大会邀请参加签订的任何非会员国，得于1949年12月31日前签署本公约。

本公约应予批准；批准书应交存联合国秘书长。

1950年1月1日，联合国任何会员国及曾接上述邀请的任何非会员国得加入本公约。

加入书应交存联合国秘书长。

第十二条

任何缔约国得随时通知联合国秘书长将本公约适用于该缔约国负责办理外交的一切或任何领土。

第十三条

秘书长应于收存批准书或加入书满二十份之日，拟具备忘录一件，分送联合国各会员国及第十一条所规定的各非会员国一份。

本公约应自第二十份批准书或加入书交存之日起，九十日后发生效力。

本公约生效后的任何批准或加入，应于各该批准书或加入书交存后第九十日起发生效力。

第十四条

本公约自发生效力之日起十年内有效。

嗣后本公约对于未经声明退约的缔约国仍继续有效，以五年为一期；退约声明须在有效时期届满至少六个月前为之。

退约应以书面通知联合国秘书长。

第十五条

如因退约结果，致本公约的缔约国数目不满十六国时，本公约应于最后的退约通知生效之日起失效。

第十六条

任何缔约国得随时以书面通知秘书长请求修改本公约。

大会对于此种请求,应决定采取何种步骤。

第十七条

联合国秘书长应将下列事项通知联合国各会员国及第十一条所规定的非会员国:

(a) 依照第十一条所收到的签署、批准及加入;

(b) 依照第十二条所收到的通知;

(c) 依照第十三条本公约开始生效的日期;

(d) 依照第十四条所收到的退约通知;

(e) 依照第十五条,本公约的废止;

(f) 依照第十六条所收到的通知。

第十八条

本公约的正本应交存联合国档案库。

本公约的正式副本应分送联合国各会员国及第十一条所规定的非会员国。

第十九条

本公约应于生效之日,由联合国秘书长予以登记。

70. 战争罪及危害人类罪不适用法定时效公约

(联合国大会 1968 年 11 月 26 日通过)

序　言

本公约缔约国，

回顾联合国大会关于引渡与惩治战争罪犯的一九四六年二月十三日第 3(I) 号决议及一九四七年十月三十一日第 170(II) 号决议以及确认纽伦堡国际军事法庭组织法及该法庭判决所承认国际法原则的一九四六年十二月十一日第 95(I) 号决议与分别明白谴责侵害土著人民经济及政治权利及种族隔离政策为危害人类罪的一九六六年十二月十二日第 2184(XXI) 号决议及一九六六年十二月十六日第 2202(XXI) 号决议，

回顾联合国经济及社会理事会关于惩治战争罪犯及危害人类罪犯的一九六五年七月二十八日第 1074D(XXXIX) 号决议及一九六六年八月五日第 1158(XLI) 号决议，

鉴悉关于战争罪及危害人类罪追诉权及行刑权的各项郑重宣言、约章或公约均不设法定时效期间的规定，

鉴于战争罪及危害人类罪乃国际法上情节最重大之罪，

深信有效惩治战争罪及危害人类罪为防止此种罪行、保障人权与基本自由、鼓励信心、促进民族间合作及增进国际和平与安全的一个重要因素，

鉴悉国内法关于普通罪行的时效规则适用于战争罪及危害人类罪，为世界舆论极感忧虑的事，因其足以防止追诉与惩罚犯各该罪的人，

承认必须且合乎时宜经由本公约在国际法上确认战争罪及危害人类罪无时效期间的原则并设法使此原则普遍适用，

爰议定条款如下：

第一条

下列各罪，不论其犯罪日期，不适用法定时效：

(甲) 一九四五年八月八日纽伦堡国际法庭组织法明定，并经联合国大会一九四六年二月十三日第 3(I) 号决议及一九四六年十二月十一日第 95(I) 号决议确认的战争罪，尤其为一九四九年八月十二日保护战争受害人日内瓦公约列举的"重大违约情事"；

(乙) 一九四五年八月八日纽伦堡国际军事法庭组织法明定并经联合国大会一九四六年二月十三日第 3(I) 号决议及一九四六年十二月十一日第 95(I) 号决议确认的危害人类罪，无论犯罪系在战时抑在平时，以武装攻击或占领迫使迁离及因种族隔离政策而起的不人道行为，及一九四八年防止及惩治灭绝种族罪公约明定的灭绝种族罪，即使此等行为并不触犯行

为所在地的国内法。

第二条

遇犯在第一条所称各罪情事,本公约的规定适用于以正犯或从犯身份参加或直接煽动他人犯各该罪,或阴谋伙党犯各该罪的国家当局代表及私人,不问既遂的程度如何,并适用于容许犯此种犯罪的国家当局代表。

第三条

本公约缔约国承允采取一切必要国内立法或其他措施,俾得依国际法引渡本公约第二条所称的人。

第四条

本公约缔约国承允各依本国宪法程序,采取必要立法或其他措施,以确保法定或他种时效不适用于本公约第一条及第二条所称各罪的追诉权及行刑权,倘有此项时效规定,应行废止。

第五条

本公约在一九六九年十二月三十一日以前开放给联合国任何会员国、任何专门机构或国际原子能机构的会员国、国际法院规约任何当事国及经由联合国大会邀请参加为本公约缔约国的任何其他国家签字。

第六条

本公约须经批准。批准书应交存联合国秘书长。

第七条

本公约开放给第五条所称任何国家加入。加入书应交存联合国秘书长。

第八条

一、本公约于第十件批准书或加入书交存联合国秘书长后第九十日起发生效力。

二、对于在第十件批准书或加入书存放后批准或加入本公约的国家,本公约应于各该国交存批准书或加入书后第九十日起发生效力。

第九条

一、任何缔约国得于本公约生效之日起满十年后随时以书面通知联合国秘书长请求修改本公约。

二、对于此项请求应采何种步骤,由联合国大会决定。

第十条

一、本公约应交存于联合国秘书长。

二、联合国秘书长应将本公约正式副本分送第五条所称所有国家。

三、联合国秘书长应将下列各事通知第五条所称所有国家:

(甲)依第五条、第六条及第七条对本公约所为的签字及交存的批准书及加入书;

(乙)本公约依第八条发生效力的日期;

(丙)依第九条收到的来文。

第十一条

本公约中文、英文、法文、俄文及西班牙文各本同一作准,订约日期为一九六八年十一月二十六日。

为此,下列各代表各秉其正式授予签字的权利,谨签字于本公约。